Grote

Diversion im Jugendstrafrecht
Effizienz und Rechtsstaatlichkeit der
Richtlinien in Schleswig-Holstein

Kriminologie und Praxis (KUP)

Schriftenreihe der Kriminologischen Zentralstelle e.V. (KrimZ)

Band 49

Diversion
im Jugendstrafrecht

Effizienz und Rechtsstaatlichkeit der Richtlinien in Schleswig-Holstein

von

Christian Grote

Wiesbaden 2006

Bibliografische Information Der Deutschen Bibliothek

Die Deutsche Bibliothek verzeichnet diese Publikation in der Deutschen Nationalbibliografie; detaillierte bibliografische Daten sind im Internet über http://dnb.ddb.de abrufbar.

(c) **Eigenverlag** Kriminologische Zentralstelle e.V.

KrimZ KRIMINOLOGISCHE ZENTRALSTELLE E.V.

Viktoriastraße 35, 65189 Wiesbaden
Alle Rechte vorbehalten
Druck: Elektra GmbH, Niedernhausen
ISBN 3-926371-70-6

Danksagung

Die Entstehung dieses Buches wäre ohne die Unterstützung vieler hilfreicher Geister entweder überhaupt nicht oder zumindest nicht in dieser Form denkbar gewesen. An dieser Stelle möchte ich mich bei all denjenigen bedanken, die es mir ermöglicht haben, ein solch umfangreiches Projekt erfolgreich abschließen zu können. Alle Beteiligten persönlich zu nennen, hätte die Dimension dieses Buches endgültig gesprengt, so dass ich mich in dieser Danksagung auf einige der wichtigsten Personen beschränken möchte.

Zunächst danke ich meinem Doktorvater Herrn Prof. Dr. *Heribert Ostendorf* für seine Unterstützung. Einen besseren „Begleiter" hätte ich mir nicht wünschen können. Er hat sich stets für meine Belange eingesetzt und insbesondere in der Anfangsphase viele hilfreiche Anstöße gegeben und wichtige Türen geöffnet. Trotz seines vollen Terminplans hat er immer die Zeit für eine persönliche Betreuung gefunden.

Prof. Dr. *Ostendorf* war auch maßgeblich daran beteiligt, dass der Kontakt mit der Kriminologischen Zentralstelle zustande kam. Nachdem die Kriminologische Zentralstelle aufgrund eines Beschlusses der Justizministerkonferenz entschieden hatte, u. a. die Schleswig-Holsteinischen Diversionsrichtlinien zu untersuchen, fügte es sich, dass ich zur gleichen Zeit mit der Evaluation begonnen hatte und sich eine Kooperation anbot. Mein Dank gilt besonders Herrn Professor Dr. *Egg*, dem Leiter des Instituts, Herrn Dr. *Claudius Geisler*, der in der Anfangsphase mein Ansprechpartner war, seinem Nachfolger Herrn Dr. *Eric Minthe*, der das Projekt in seiner entscheidenden Phase begleitete und Herrn Dr. *Axel Dessecker*, der die Abwicklung in der Endphase stets unkompliziert gestaltete.

Auf privater Seite danke ich meinen Eltern, die mir mein Leben lang zur Seite gestanden haben und dadurch die Grundlage dafür geschaffen haben, dass ich diese Möglichkeit ergreifen konnte.

Schließlich gilt meine Dankbarkeit vor allem meiner Frau *Tanja* und meinen Söhnen *Finn Jakob* und *Jon Bennet*. Meine Frau hat nicht nur meine Launen ausgehalten und Verständnis dafür gezeigt, dass ich über Monate kaum Zeit für unser Privatleben erübrigen konnte, sondern hat auch Tage und Wochen mit der Korrektur verbracht. Meine Söhne waren mir stets eine große Motivation.

Grömitz, im Juli 2005   Christian Grote

INHALT

Drittes Kapitel

Viertes Kapitel

Fünftes Kapitel

Sechstes Kapitel

Effektivität der praktischen Umsetzung 169

10

Siebtes Kapitel

Achtes Kapitel

Si premis, erumpit.

(Andreas Sutor)[*]

Erstes Kapitel
Einführung

A. Aktualität des Themas

Es ist geradezu Gesetz des ewig währenden Generationenkonflikts, dass sich ältere Generationen über den sittlichen Verfall der Jugend ereifern. Wenn jedoch diejenigen Recht hätten, die in jedem Jahrzehnt aufs Neue den Verfall der Werte anprangern, dann wäre die heutige Gesellschaft schon längst im Chaos versunken. Schon vor Jahrhunderten mussten Schüler beim Betreten der Schulen entwaffnet werden und auf noch ältere Klagen geht das Bild einer gewalttätigen, gefährlichen Jugend zurück.[1] Sobald über den Werteverfall diskutiert wird, ist das Thema Jugendkriminalität nicht weit. Kinder- und Jugenddelinquenz gehört zu jenen juristischen Themen, die sich auch in der öffentlichen Diskussion als Dauerbrenner erweisen.[2] Gelegentlich von aktuellen Gesprächsthemen überlagert, rückt die Problematik spätestens bei der Vorstellung der neuesten Kriminalstatistik wieder ins Blickfeld. In den letzten Jahren wurde die diesbezügliche Berichterstattung immer dramatischer.[3] So wird es selbst für den unvoreingenommenen Beobachter immer schwieriger, sich gegen die Vorstellung zu wehren, dass der Jugendkriminalität nicht mehr Herr zu werden ist. In einer Medienlandschaft, die auf spektakuläre Einzelfälle setzt, wird dem Normalfall und demjenigen, der ihn propagiert, wenig Aufmerksamkeit geschenkt. Geschätzte 95 Prozent der Bürger beziehen ihre Kenntnisse über Kriminalität aus den Massenmedien.[4] Die Medien bilden jedoch nicht die Wirklichkeit ab, sondern sind von ökonomischen Interessen gesteuert. Die Form der Berichterstattung orientiert sich daran, möglichst hohe Auflagen und Einschaltquoten zu erzielen.[5] Da sich ein großer Teil der Nachrichten aus Berichten über abweichendes Sozialverhalten und dessen Folgen zusammensetzt, ist Kriminalität in den Medien überproportional häufig präsent.[6]

---

1   Gegen die Penetranz, mit der stets aufs Neue die Jugendkriminalität dramatisiert wird, wehrt sich u. a. *Sessar*, S. 68.

2   *Walter* in Monatsschrift für Kriminologie 1998, S. 438.

3   Laut *Ostendorf* in DVJJ 4/1996, S. 361, hat die Diskussion „vielfach schon Endzeitcharakter"; vgl. zudem *Pfeiffer* in Kriminologisches Journal 1996, S. 289.

4   *Löhr*, S. 23; *Lamnek* in DVJJ 3/1995, S. 301. Zu der Rolle der Medien wird im 2. Kapitel (S. 50 ff.) noch ausführlich Stellung genommen.

5   *Ostendorf* in DVJJ 1/1997, S. 58; *Löhr*, S. 23.

6   *Althoff*, S. 49.

Das von den Medien deutlich überzeichnete Bild ist allerdings nicht fern jeglicher Realität. Den „Aufhänger" für entsprechende Berichterstattungen bildet häufig die Polizeiliche Kriminalstatistik, kurz PKS, also scheinbar überzeugendes Datenmaterial. Den Ergebnissen dieser Statistik wird in der Fachwelt jedoch Skepsis entgegengebracht. Nach Meinung vieler Kritiker spiegelt die PKS die tatsächlich vorhandene Kriminalität nur unzureichend wider.[7] Gleichwohl ist sie für die Medien die bevorzugte Quelle. Die PKS kannte in den neunziger Jahren nur den Zuwachs von Jugendkriminalität. Sie bot daher für den Betrachter wenig Anlass zum Optimismus und gab den Medien entsprechendes „Futter". Der Anstieg der Jugendkriminalität ist umso bedauerlicher, als dass die Zahlen von Straftaten, die von Erwachsenen begangen wurden, in diesem Zeitraum laut PKS zurückgingen.[8] Wenn man den Blick lediglich auf die PKS richtet, hat sich an der Situation im Bereich der Jugendkriminalität im Grunde nichts geändert. Etwas hoffnungsvoller stimmte zunächst die Bundesstatistik aus dem Jahr 2000, nach der die Kinder- und Jugenddelinquenz zurückgegangen war, was auch die Medien registrierten.[9] Der im Jahr 2000 zum ersten Mal vorgestellte „periodische Sicherheitsbericht", der die polizeiliche Kriminalstatistik mit der Statistik der Strafjustiz kombiniert und durch wissenschaftliche Erkenntnisse ergänzt, unterstützte diese positive Feststellung.[10] Der Konstanzer Strafrechtsprofessor *Wolfgang Heinz*, der diesen Bericht mitverfasst hatte, räumte zwar eine zwei- bis dreimal höhere Kriminalitätsrate von Jugendlichen und Heranwachsenden ein, betonte aber, dass der Schaden in mehr als 50 Prozent der Fälle weniger als 25 DM betragen habe. Mehr als die Hälfte aller Straftaten im Jugendstrafrecht waren Diebstähle. Die Täter entwendeten in der Regel geringwertige Sachen.[11]

In Schleswig-Holstein wurde diese positive Momentaufnahme des Jahres 2000 allerdings ausgespart. Bezeichnenderweise machte sich der Innenminister Klaus Buß (SPD) vor allem um die Jugend große Sorgen.[12] Hauptergebnis des Berichts des Innenministeriums aus dem Jahr 2000 war, neben der allgemeinen Zunahme von Straftaten, der bedenkliche Zuwachs von Gewalt durch

---

7   *Kiehl* in DVJJ 1/1996, S. 21; *Heinz* in DVJJ 3/1997, S. 291; *Walter* in Monatsschrift für Kriminologie 1998, S. 435 und *Walter* in DVJJ 3/1996, S. 214. Dieser Kritik ist zuzustimmen. Auf die Problematik, dass die Daten aus der PKS zuweilen die Wirklichkeit verfälschen, soll innerhalb dieser Arbeit an den Stellen eingegangen werden, wo es relevant ist.

8   PKS 2000 in DVJJ 2/2001, S. 182.

9   Siehe Kieler Nachrichten v. 23.05.2001, „Immer weniger Straftaten", S.1.

10 Siehe Kieler Nachrichten v. 12.07. 2001, S. 2.

11 Dies entspricht im Wesentlichen auch Werten aus Untersuchungen aus den frühen 80er Jahren, vgl. *Hering/Sessar* „Praktizierte Diversion", S. 59/60, insofern hat sich kaum etwas geändert.

12 Kieler Nachrichten v. 02.03.2001, „Gewalt durch junge Täter nimmt zu", S. 1 u. 3.

junge Täter. Für das Jahr 2001 wies die PKS für den Bund einen Anstieg im Bereich der Jugendkriminalität von 1,5 Prozent aus.[13] Die Gesamtkriminalität stieg im selben Jahr sogar um 1,6 Prozent an.[14] Zuvor war sie von 1995 an bis zum Jahr 2000 kontinuierlich gesunken.[15] Das negative Bild bestätigte sich auch im Jahr 2002.[16] Der Trend stetig steigender Jugendkriminalität ist also nicht nachhaltig durchbrochen worden. Trotz allem besteht kein Anlass zur Dramatisierung. In den 70er Jahren gab es beispielsweise noch größere Steigerungsraten.[17] Doch egal aus welcher Perspektive betrachtet, von einer zufriedenstellenden Situation kann in keinem Fall die Rede sein.

Weder die Verharmlosung, es handele sich fast ausschließlich um zu vernachlässigende Bagatellstraftaten, noch die Überzeichnung der Situation kann zu einer positiven Änderung führen. Im Grunde sind zwei Herausforderungen zu bewältigen: Zum einen die Intensivtäterproblematik, inklusive der gesteigerten Gewaltbereitschaft junger Täter, zum anderen der effektive Umgang mit der schier überwältigenden Anzahl an Bagatelldelikten. Auch wenn der Intensivtäter mehr im Rampenlicht steht und von den Medien gelegentlich als Prototyp des jugendlichen Straftäters propagiert wird, ist es wichtig, Konzepte für den Regelfall der Jugendkriminalität zu fördern. Beide Problemfelder bedingen einander. Eine schnelle, effektive Behandlung von Bagatellfällen kann den notwendigen Raum für die problematischen Fälle schaffen.

Effektivität wird häufig mit mehr Repression gleichgesetzt. Nicht immer – wenn überhaupt – sind harte Strafen eine bessere Lösung. Dieser Ansatz spiegelt jedoch anscheinend mehrheitlich die Meinung der Bevölkerung wider. So ist es folglich nicht verwunderlich, wie viel Zuspruch der Leiter des Sozialen Dienstes in Kiel, *Alfred Bornhalm*, erhielt, als er sich für die konsequentere Anwendung normverdeutlichender Sanktionen aussprach.[18] In den veröffentlichten Leserbriefen fanden sich Sätze wie „wer nicht hören will, muss fühlen", „gesunder Schuss vor den Bug" oder „mehr Arrest wäre zu schön, um wahr zu sein".[19] Popularität indiziert jedoch nicht die Geeignetheit einer Maßnahme. Gerade bei Jugendlichen zeigen verschiedene Modelle, dass auch Maßnahmen abseits des üblichen Geld- und Freiheitsstrafenkatalogs Erfolg versprechen.

---

13 Siehe PKS 2001, abgedruckt in DVJJ 2/2002, S. 210 und die Rezeption in den Kieler Nachrichten vom 03.05. 2002, „Kiel bei Kriminalität weit vorne", S. 1.

14 PKS 2001 in DVJJ 2/2002, S. 208.

15 PKS 2000 in DVJJ 2/2001, S. 182.

16 Siehe zur PKS 2002 *Hüneke* in ZJJ 2/2003, S. 179.

17 *Pfeiffer* in Kriminologisches Journal 1996, S. 289; *v. d. Woldenberg*, S. 67.

18 Kieler Nachrichten v. 26.03.2003, „Zu liberal bei jungen Tätern".

19 Die Leserbriefe finden sich in der Ausgabe der Kieler Nachrichten vom 16.04.2003.

Da die Gründe für Jugendkriminalität vielschichtig sind, müssen auch die Antworten individuell ausfallen.

Eine der Antworten auf Bagatellkriminalität im Bereich der Jugendkriminalität heißt „Diversion". Dieses Konzept stellt eine Kontroverse zu den Forderungen nach mehr Repression dar. Für viele Fachleute liegt in dieser Strategie der Schlüssel zur erfolgreichen Bewältigung zahlreicher Probleme im Bereich der Jugendkriminalität. Dass sich dieses Thema in absehbarer Zeit nicht erledigt hat, verdeutlichte der Innenminister von Schleswig-Holstein, *Klaus Buß*, in seinem Fazit zu den Zahlen der Kriminalstatistik 2002. Er hob deutlich hervor, dass Jugendkriminalität ein Schwerpunkt in der Polizeiarbeit bleiben müsse.[20] Damit bleibt auch Diversion als Antwortmöglichkeit hochaktuell. Es ist notwendig, sich diesem Thema zuzuwenden und Diversion auf den Prüfstand zu stellen, bevor dieses Konzept verworfen oder so umgestaltet wird, dass dem Drängen nach mehr Härte gegenüber Jugendlichen genüge getan ist.

B. Gang und Grenzen der Arbeit

Gegenstand dieser Arbeit sind die Schleswig-Holsteinischen Richtlinien zur Förderung der Diversion bei jugendlichen und heranwachsenden Beschuldigten. Besonderes Augenmerk gilt dabei den Kompetenzverlagerungen von der Staatsanwaltschaft auf die Polizei. Dementsprechend standen bei dieser Untersuchung nicht nur Fragen der Effektivität, sondern auch der Rechtsstaatlichkeit im Vordergrund. Diversionsrichtlinien wurden inzwischen in nahezu allen Bundesländern erlassen.[21] Aus diesem Grund ist die vorliegende Untersuchung auch über die Grenzen Schleswig-Holsteins hinaus von Interesse.

Um ein umfassendes Bild über die Wirkungen und die praktische Handhabung der Richtlinien zu gewinnen, ist bei dieser Evaluation ein Ansatz gewählt worden, der die Umsetzung dieser Verwaltungsvorschrift von mehreren Seiten betrachtet.[22] Wichtiges Instrument bei dieser Untersuchung war eine vergleichende Aktenanalyse. Dabei wurden Diversionsfälle aus ganz Schleswig-Holstein aus dem ersten Halbjahr 2000 mit Fällen aus dem entsprechenden Zeitraum von 1998 verglichen. Einen weiteren Schwerpunkt bildeten Befragungen von Beteiligten. Es wurden sowohl Staatsanwälte als auch Polizisten mittels Fragebögen interviewt. Die ursprüngliche Planung, auch betroffene Jugendliche zu inter-

---

20 Kieler Nachrichten v. 28.02.2003, „Erstmals seit sechs Jahren wieder mehr Diebstähle", S. 5.

21 Allein Bayern hält sich bisher bedeckt.

22 Bezüglich der Untersuchungsmittel vgl. die ausführliche Darstellung im 4. Kapitel (S. 104 ff.).

viewen, wurde aus Organisations- und Zeitgründen für ein Annexprojekt zurückgestellt. Aber auch wenn die Jugendlichen und Heranwachsenden nicht selbst befragt wurden, ist ihrer Person ein wesentlicher Teil der Arbeit gewidmet. Mittelbar ließen sich aus Vernehmungsprotokollen und Fragen an Polizei und Staatsanwaltschaft persönliche Daten herauslesen. Den Beschuldigten konnte daher ein entsprechender Anteil innerhalb dieser Arbeit zugewiesen werden. Letztlich sind sie die Adressaten der Diversionsverfahren.

Die vorliegende Arbeit beginnt mit einem Überblick über die Diversion im Allgemeinen. Dabei werden der Stellenwert sowie die Ziele der Diversion beim Umgang mit jugendlichen und heranwachsenden Beschuldigten herausgestellt. In diesem Zusammenhang wird der Begriff der Polizeidiversion erläutert und damit auch in die rechtsstaatliche Problematik eingeführt. Im 3. Kapitel werden die schleswig-holsteinischen Richtlinien kurz vorgestellt, mit den vorangegangen Richtlinien verglichen und ein Blick auf die Richtlinien anderer Bundesländer geworfen, ohne dabei ins Detail zu gehen.

Das 4. Kapitel wendet sich den Untersuchungsmitteln zu. Aus besagtem Grund steht im anschließenden 5. Kapitel der Beschuldigte im Vordergrund.

Bezüglich der Effektivität wird dem Einfluss der Richtlinien auf die Arbeit der Polizei, der Staatsanwaltschaft und deren Zusammenarbeit nachgegangen. Danach steht die Umsetzung der Ziele der Richtlinien im Vordergrund. Dieser Abschnitt stellt das umfangreichste Kapitel dar. Was die rechtsstaatliche Betrachtung der Richtlinien betrifft, wird im 7. Kapitel den immer wieder in der Literatur vorgebrachten rechtsstaatlichen Bedenken in Hinblick auf die Unschuldsvermutung und die Einhaltung der Gewaltenteilung nachgegangen. Dabei werden insbesondere das erzieherische Gespräch und die Kompetenzverlagerungen auf die Polizei beleuchtet. Abschließend werden im letzten Kapitel die wichtigsten Ergebnisse nochmals zusammengefasst. In der Anlage wurde darauf verzichtet, die Auswertungen der Aktenanalyse für die einzelnen Landgerichtsbezirke aufzunehmen. Gleiches gilt für die Interviewbögen der Staatsanwälte. Auch bezüglich der Polizeibefragung beschränkt sich die Darstellung in der Anlage auf die Gesamtauswertung.

Manche Frage war trotz umfangreicher Untersuchung letztlich nicht zu beantworten. Insbesondere ein wichtiger Aspekt im Rahmen der Effektivität, nämlich die Auswirkung der Änderungen auf die Rückfallwahrscheinlichkeit, blieb offen. Eine Rückfalluntersuchung wäre zwar sinnvoll gewesen, hätte aber die Dimension dieses Projekts gesprengt.

Trotz aller Beschränkungen war die Flut der Untersuchungsergebnisse beinahe überwältigend, so dass zahlreiche Erkenntnisse gewonnen werden konnten. Ziel dieser Arbeit ist es, Schwächen und Stärken des Diversionskonzepts in

Schleswig-Holstein aufzuzeigen und Anstöße für Verbesserungen zu geben. Dabei wurde bewusst darauf geachtet, dass sich die Arbeit an der Praxis und deren Möglichkeiten orientiert.

Zweites Kapitel
Allgemeines zur Diversion

A. Begriff

Das Thema Diversion ist trotz seiner Spezialität sehr komplex. Der Begriff Diversion wird in verschiedenen Zusammenhängen gebraucht und bedarf daher zunächst einer genaueren Bestimmung.

Bis in die 70er Jahre hinein war dieser Begriff im deutschsprachigen Raum eher im militär-strategischen Bereich angesiedelt und bekannt.[23] Unter anderem findet sich im Duden unter dem Stichwort Diversion die Umschreibung „Angriff von der Seite",[24] wobei damit ein Scheinangriff zur Ablenkung gemeint ist.[25] Im kommunistischen Sprachgebrauch umschreibt Diversion die Sabotage durch den Klassenfeind. Entsprechend stand Diversion in der ehemaligen DDR gemäß § 103 StGB-DDR unter Strafe.[26] Im Englischen bedeutet der Begriff unter anderem „Zeitvertreib".[27] Sowohl im Englischen wie auch im Deutschen steht Diversion somit für „Ablenkung" – sei es, dass man mit einem Angriff den Feind ablenkt oder sich mittels Zeitvertreib vom Alltag ablenkt.

Die letztgenannte Umschreibung stimmt im Wesentlichen mit der kriminologischen Bedeutung überein. Im kriminologischen Sinne ist unter Diversion die „Ablenkung", „Umleitung" oder „Wegführung" des Beschuldigten vom formellen Prozess zu verstehen.[28] Im Strafrecht ist Diversion jedoch zum „Sammelbegriff verschiedener kriminalpolitischer Strategien und Tendenzen" geworden.[29] Den Begriff Diversion allein dann zu gebrauchen, wenn es zu gar keiner staatlichen Verfahrensbeteiligung kommt, stellt allerdings eine zu enge Interpretation des Diversionsgedankens dar.[30] Genauso ist es verfehlt, von Di-

---

23 *Kaiser*, S. 55.

24 *Duden* „Das große Fremdwörterbuch", 3. Aufl.; Mannheim u. a. 2003 ; Stichwort „Diversion".

25 Vgl. *Heinz/Storz*, S. 6.

26 Strafandrohung nicht unter drei Jahren.

27 *Langenscheidt* „Maxi-Wörterbuch Englisch", München 2002; Stichwort „Diversion".

28 Siehe *Heinz* in DVJJ 3/98, S. 245; *Kaiser*, S. 56; *Kunz*, S. 65; *Meier* in Meier/Rössner/Schöch, S. 145; *Kuhlen*, S. 9; *v. d. Woldenberg*, S. 28; *Trenczek* in DVJJ 1/1991, S. 8; *Wölffel*, S. 27; *Eisenberg*, S. 112.

29 *Trenczek* in DVJJ 1/1991, S. 8; *Kaiser*, S. 56.

30 Ein Beispiel für eine „Diversion" ohne staatliche Beteiligung wäre eine gütliche Regelung zwischen Täter und Opfer in Form einer Entschuldigung nach einer Ohrfeige.

version bereits dann zu sprechen, wenn eine höhere Strafe umgangen oder vermieden wurde. Letzteres wird vereinzelt auch als „Diversion im weiteren Sinne" bezeichnet, während im Unterschied dazu die Modelle, die darauf abzielen, das Verfahren ohne förmliches Endurteil abzuschließen, als „Diversion im engeren Sinne" verstanden werden sollen.[31] Zwar greift die sogenannte „Diversion im weiteren Sinne" Ziele des Diversionsgedankens auf, eine Ablenkung oder Umgehung eines formellen Prozesses wird durch eine mildere Strafe jedoch nicht erreicht. Lediglich die „Diversion im engeren Sinne" kann daher als Diversion bezeichnet werden.[32]

Wenn in einem Diversionsverfahren gegenüber dem Beschuldigten Maßnahmen angeregt werden, wird häufig von „intervenierender Diversion" gesprochen.[33] In der vorliegenden Arbeit wird der Begriff Diversion auch ohne den Zusatz „intervenierend" gebraucht, selbst wenn es sich im Einzelfall um diese Diversionsvariante handeln sollte.[34] Diversion ist eine Form der informellen Erledigung von Straftaten.[35] Sie begegnet einer Straftat nicht mit einem Urteil, sondern mit einer Verfahrenseinstellung bevor es zum Prozess gekommen ist, obwohl vom Vorliegen einer Straftat durch justizielle Kontrollorgane ausgegangen wird.[36] Allein diese Begriffsbestimmung liegt dieser Arbeit zu Grunde. Dabei ist es gleichgültig, welchen Anforderungen der Beschuldigte gerecht werden muss, um in den „Genuss" der Verfahrenseinstellung zu kommen. Ob es sich um legitime Anforderungen handelt, ist eine rechtliche Frage und an anderer Stelle zu klären. Diese Definition bezieht sich allein auf Diversion in Deutschland. Einem einheitlichen Diversionsbegriff über die Grenzen einzelner Staaten hinaus, stehen die unterschiedlichen Rechtsordnungen entgegen.[37]

Diversion kommt nicht nur bei jugendlichen Beschuldigten zur Anwendung. Auch gegenüber Erwachsenen erfolgen informelle Erledigungen. Da Untersuchungsgegenstand dieser Arbeit die Schleswig-Holsteinischen Richtlinien zur

---

31 Vgl. zum „weiten" und „engen" Diversionsbegriff die Ausführungen bei *Heinz/Storz*, S. 9 f. und *v. d. Woldenberg*, S. 29.

32 So im Ergebnis unter anderem *v. d. Woldenberg*, S. 29.

33 Zum Begriff der „intervenierenden Diversion" *Lehmann*, S. 43.

34 In Amerika wird von „screening" gesprochen, wenn die Verfahrenseinstellung absolut folgenlos bleibt. Dieser Begriff hat in der deutschen Diskussion keine Bedeutung erlangt. Vgl. dazu unter anderem *v. d. Woldenberg*, S. 30; *Hering/Sessar* „Praktizierte Diversion", S. 15.

35 *Ostendorf* „Wieviel Strafe braucht die Gesellschaft?", S. 92; *v. d. Woldenberg*, S. 29; *Heinz* DVJJ 3/98 S. 245; *Heinz/Storz*, S. 10.

36 So auch *Heinz/Storz*, S. 10; ähnlich *v. d. Woldenberg*, S. 31.

37 *Wölffel*, S. 29.

Förderung der Diversion bei jugendlichen und heranwachsenden Beschuldigten sind, beschäftigt sich diese Evaluation ausschließlich mit der Klientel der Jugendlichen und Heranwachsenden. Dies soll aber nicht bedeuten, dass der Diversionsbegriff auf das Jugendstrafrecht beschränkt ist.

Eine besondere Ausformung der Diversion ist die „Polizeidiversion". Verkürzt lässt sich bereits an dieser Stelle sagen, dass mit diesem Begriff Diversionsverfahren oder -modelle umschrieben werden, bei denen die Polizei aufgrund eingeräumter Kompetenzerweiterung weitgehend selbstständig die Einstellungsvoraussetzungen schafft. Auf Einzelheiten wird zu einem späteren Zeitpunkt genauer eingegangen.[38]

Angemerkt sei noch, dass es im Zusammenhang mit Diversion im Grunde falsch ist, den Begriff „Täter" zu verwenden. Der Schuldnachweis ist nicht geführt, so dass es sich in diesem Stadium des Verfahrens um Beschuldigte handelt. Bei Diversionsverfahren wird, die Schuld betreffend, im Zusammenhang mit § 45 JGG und § 153 StPO lediglich von einer Schuldprognose ausgegangen.[39]

B. Inhalt der Diversion

Wie gezeigt, lässt sich darüber streiten, welche Fälle unter den Begriff der Diversion zu subsumieren sind und was Diversion im Eigentlichen ausmacht. Der Diversionsgedanke nimmt vor allem Ideen des labeling approach auf, ohne sich jedoch dieser oder einer anderen Theorie zu verpflichten.[40] In dieser Nichtverpflichtung und der damit korrespondierenden Offenheit liegt ein Teil des Erfolges der Diversion. Doch auch wenn sich Diversion aus verschiedenen Ideen speist und sich bei einigen Theorien bedient, ist es zum Verständnis der Diversion förderlich, sich mit dem labeling approach auseinander zu setzen.

Die labeling-Theorie, als eine von vielen Kriminalitätstheorien, geht davon aus, dass Kriminalität allgegenwärtig ist.[41] Aufgrund einer stigmatisierenden Zuschreibung offenbart sich lediglich ein Teil dieser Verbrechenswirklichkeit. Die Auswahl, wer sozusagen mit dem Label „kriminell" belegt wird, obliegt

---

38   Siehe in diesem Kapitel, unter „F. Problemfelder, IV. Polizeidiversion" (S. 65 ff.).

39   Vgl. unter anderem *Diemer* JGG, § 45 Rdnr. 7; *Meier* in Meier/Rössner/Schöch, S. 148; darauf wird in diesem Kapitel z. B. unter „C. Justizielle Diversionsmodelle" (S. 30 ff.) bei Betrachtung der einzelnen Einstellungsnormen noch eingegangen.

40   *Kaiser*, S. 56; *Schneider, H.* in Monatsschrift für Kriminologie 1999, S. 202.

41   Ausführlich zum labeling approach unter anderem *Kaiser*, S. 97 ff.; kurz und kritisch in *Schaffstein/Beulke*, S. 13; eine Definition findet sich auch bei *v. d.* Woldenberg, S. 6.

den Mächtigen in der Gesellschaft. Gleiches gilt für die Auswahl, welches Verhalten überhaupt unter Strafe gestellt wird. Demzufolge ist ein Normbruch im Grunde ein normales Geschehen, dass erst durch die Wahrnehmung und Bewertung anderer Menschen als kriminell eingestuft wird.[42] Dass die Mächtigen diesen Prozess kontrollieren, zeigt sich darin, dass bei den Verurteilten die Unterschicht der Bevölkerung überrepräsentiert ist.[43] Als Reaktion auf diese Verzerrung der Wirklichkeit fordern die Anhänger dieses Ansatzes Entregelung, Entkriminalisierung, bis hin zur vollständigen Nichtintervention. Vorteil einer solchen Kriminalpolitik wäre, dass es weder zu einer Stigmatisierung noch zu einer willkürlichen Auswahl der Beschuldigten kommen könnte.[44]

Für den Diversionsbegriff würde eine Reduktion auf die extremste Ausformung dieses Ansatzes bedeuten, dass unter Diversion eine Non-Intervention um jeden Preis zu verstehen wäre. Der labeling approach kann allerdings, wie im Grunde alle monokausalen Theorien, nur eine Teilerklärung für Kriminalitätsentstehung und deren Bekämpfung liefern.[45] Radikale Non-Intervention trifft daher weder in den USA, wo dieser Gedanke erstmals Ende der 30er Jahre formuliert wurde[46], noch in Deutschland auf große Akzeptanz.[47] Diversion schwächt diese radikale Forderung nach absoluter Non-Intervention jedoch ab, ohne sie vollkommen zu verwerfen. Auch der Diversionsgedanke geht davon aus, dass Kriminalität zumindest bei Jugendlichen überwiegend eine entwicklungsbedingte Erscheinung darstellt und damit zur Normalität gehört.[48] „Normal bedeutet, dass ein bestimmtes, hier also auffälliges Verhalten, wenn bestimmte äußere Bedingungen erfüllt sind, erwartet werden muss, ohne dass dies mit irgendwelchen Erbanlagen, Charakterzügen oder mit liebloser Erziehung zu tun haben muss bzw. hat.“[49] Das Austesten von Grenzen und das Ausprobieren einer Grenzüberschreitung gehört zum Prozess des Erwachsen-

---

42 *Sack* in Kriminologisches Journal 1972, S. 16.

43 Tatsächlich stammen mehrfach auffällige, polizeilich registrierte Jugendliche in der Regel aus unteren Schichten. Vgl. *Schmidt/Lay/Ihle/Esser* in Monatsschrift für Kriminologie 2001, S. 26.

44 *Lehmann*, S. 16.

45 *Schaffstein/Beulke*, S. 13.

46 *Lamnek*, S. 219.

47 *Lehmann*, S. 16; *Peters* in Kriminologisches Journal 1996, S. 108.

48 Dies kann als allgemeine Meinung angesehen werden. Vgl. *Diemer* JGG, § 45 Rdnr. 4; *Heinz/Storz*, S. 3; *Brunner/Dölling*, § 45 JGG Rdnr. 4; *Hering/Sessar* „Praktizierte Diversion", S. 28; *Sessar*, S. 69; *Hübner/Kerner/Kunath/Planas* in DVJJ 1/1997, S. 26/ 27; *Meier* in Meier/Rössner/Schöch, S. 48 u. 144.

49 So *Sessar*, S. 69.

werdens.[50] Dunkelfeldforschungen haben zu dem Ergebnis geführt, dass es beinahe keinen männlichen Jugendlichen gibt, der nicht schon einmal gegen Strafrechtsnormen verstoßen hat.[51] Was den Diebstahl des jugendlichen Beschuldigten von anderem Verhalten demnach trennt, ist nicht seine Erklärungsbedürftigkeit, dafür ist dieses Benehmen zu normal. Fast schon dem labeling approach entsprechend lässt sich formulieren, dass sich delinquentes Verhalten im Bagatellbereich lediglich dadurch von legalen Verhaltensweisen unterscheidet, dass das eine Verhalten unter Strafe steht und das andere Verhalten nicht.[52] Dabei ist zu beachten, dass der Lernprozess, den die Jugendlichen zur Sozialisierung benötigen, in der heutigen Gesellschaft aufgrund rascher Wandlungen risikoreicher und schwieriger geworden ist.[53] Den Jugendlichen bieten sich zunehmend mehr Entscheidungsmöglichkeiten und damit auch mehr Optionen, sich „falsch" zu entscheiden.[54] Für einen etwaigen Anstieg der Jugendkriminalität könnte daher auch ein sozialer Wandel verantwortlich sein.[55]

Dieses entwicklungsbedingte Verhalten reguliert sich mit zunehmender Reife von selbst.[56] Das kriminelle Verhalten stellt daher in der Regel lediglich eine Episode im Leben des Beschuldigten dar.[57] Allgemein sinkt die registrierte individuelle Kriminalitätsbelastung nach dem zwanzigsten Lebensjahr.[58] Eine solche Entwicklung ist als „maturing-out effect", einer Art des Auswachsens durch Reifwerden, selbst bei Drogenabhängigen bekannt.[59] Auch die überwiegende Zahl der stark delinquenzbelasteten Jugendlichen bricht ihre „Karriere" spätestens im Erwachsenenalter ab.[60] Lediglich bei einer kleinen Gruppe von

---

50 *Brunner/Dölling*, § 45 JGG Rdnr. 4; *Hübner/Kerner/Kunath/Planas* in DVJJ 1/1997, S. 26; dies gilt laut *Hering/Sessar* „Praktizierte Diversion", S. 28 insbesondere für männliche Jugendliche.

51 So *v. d. Woldenberg*, S. 22.

52 *Sessar*, 69, 70.

53 Vgl. *Lehmann*, S. 13; *Frehsee* in DVJJ 2/1997, S. 115.

54 *Frehsee*, S. 116.

55 *Meier* in Meier/Rössler/Schöch, S. 57.

56 Allgemeine Meinung, vgl. unter anderem *Kunz*, S. 65; *Schaffstein/Beulke*, S. 3.

57 *Sessar*, S. 74, 75; *Meier* in Meier/Rössner/Schöch, S. 49 u. 144; nach *Schmidt/Lay/Ihle/Esser* in Monatsschrift für Kriminologie 2001, S. 35 wird die Episodenhaftigkeit allerdings überschätzt.

58 Laut *Matt* in Monatsschrift für Kriminologie 1995, S. 153, ist im Dunkelfeld bei 18-Jährigen nochmals eine Spitzenbelastung in Bezug auf kriminelles Verhalten zu beobachten. Danach nimmt die Kriminalitätsrate in den Altersgruppen deutlich ab.

59 Vgl. *Kaiser*, S. 261.

60 *Heinz/Storz*, S. 75.

Personen dauert die kriminelle Karriere an.[61] Es gibt einige typische Bedingungen, die einen Abbruch delinquenten Verhaltens bei Jugendlichen, Heranwachsenden und Erwachsenen fördern.[62] Sanktionserwartungen und Sanktionserfahrungen gehören nur zu einem äußerst geringen Teil dazu.[63] Positiv wirkt sich ein festes Arbeitsverhältnis aus, durch das sich die finanzielle Lage stabilisiert. Auch ein Wohnungs- und Milieuwechsel, verbunden mit dem Abbruch delinquenzbegünstigender Kontakte ist förderlich für den Ausstieg aus der kriminellen Laufbahn. Die Gründung einer Familie und verringerter Alkoholkonsum begünstigen ebenfalls diesen Prozess.[64] Zwar hat sich heutzutage der Prozess der „Abnabelung" vom elterlichen Heim, der Erlangung einer beruflichen Qualifikation und die langfristige Beziehung zu einem anderen Menschen vermehrt in eine Abfolge von Teilübergängen zergliedert.[65] An Gültigkeit hat die These über die Episodenhaftigkeit der jugendlichen Bagatellkriminalität jedoch nicht verloren. Die Erkenntnis, dass vor allem die Übernahme von mehr Verantwortung zu einem Abbruch des delinquenten Verhaltens führt, trifft sowohl auf männliche wie auch auf weibliche Jugendliche zu und wird nicht durch die leichtere Überführbarkeit und die größere Geständnisbereitschaft der Jugendlichen in ihrem Gehalt verzerrt.[66] Auf diesen selbstregulierenden Prozess will Diversion daher so wenig wie möglich einwirken.

Auch eine weitere Anleihe aus dem labeling approach wird im Diversionsgedanken aufgenommen. Die Dunkelfeldforschung zeigt, dass Bagatellkriminalität bei Jugendlichen in allen sozialen Schichten anzutreffen ist.[67] Vornehmlich handelt es sich in diesen Fällen um Delikte wie etwa Ladendiebstahl. Die größere Zahl der jugendlichen Delinquenten wird nicht gestellt, ohne dass dies negative Folgen für ihr späteres Leben hat. Setzt man die Zahl aller Jugendlicher mit der Zahl strafrechtlich registrierter Jugendlicher ins Verhältnis, wird offensichtlich, dass die Auswahl der gestellten Straftäter mehr oder weniger zufällig erfolgt.[68] Nur ein geringer Prozentsatz der straf-

---

61 *Matt* in Monatsschrift für Kriminologie 1995, S. 153.

62 *Kaiser*, S. 293.

63 So zumindest *Karstedt-Henke* in DVJJ 2/1991, S. 112.

64 Vgl. *Matt* in Monatsschrift für Kriminologie 1995, S. 153, der darauf hinweist, dass diese Faktoren nicht zwingend einen Abbruch einer delinquenten Karriere zur Folge haben müssen.

65 So *Matt* Monatsschrift für Kriminologie 1995, S. 154.

66 *Kaiser*, S. 265.

67 *Kuhlen*, S. 4; *Schaffstein/Beulke*, S. 239.

68 *Kuhlen*, S. 5.

fällig gewordenen Jugendlichen wird von der Polizei gestellt, der Rest verbleibt im Dunkelfeld.[69]

Dem labeling approach entsprechend bleibt der Vorrang von Non-Intervention und das Bemühen, stets den geringst möglichen Eingriff vorzunehmen, als Leitmotiv der Diversion erhalten. Die Einhaltung und Stärkung des Subsidiaritätsgedankens ist ein Ziel der Diversion.[70] Da der Beschuldigte der Dunkelfeldforschung zufolge zufällig ausgewählt wird, wäre es fatal, ihm durch Stigmatisierung schwere Nachteile zuzufügen. Stigmatisierung könnte zur Folge haben, dass der Beschuldigte Schwierigkeiten bekäme, sich in die Gesellschaft zu integrieren, anstatt sich problemlos einzugliedern – wie es ohne den Zugriff wahrscheinlich geschehen wäre. Die formelle Reaktion wird daher mitunter in Bagatellfällen als „spezialpräventiv schädlich" angesehen.[71]

Es werden also viele Ansätze der labeling-Theorie in das Gesamtkonzept der Diversion eingebracht. Allerdings nimmt die Diversionspolitik die bestehenden Machtverhältnisse als gegeben hin und versucht, innerhalb der vorgegebenen Konstellation ihre Ziele durchzusetzen.

Grundsätzlich herrscht im deutschen Strafrecht das Legalitätsprinzip.[72] Das heißt, es herrscht Verfolgungszwang, wenn die Strafverfolgungsbehörden von einer Straftat Kenntnis erlangen. Nach Ermittlung des Straftäters soll dieser einer formellen Bestrafung zugeführt werden. Da Diversion bedeutet, dass eine formelle Bestrafung für einen Straftäter ausbleiben soll, wird dieses System durchbrochen. Bei totaler Non-Intervention wäre das Legalitätsprinzip praktisch abgeschafft.[73] Diese Durchbrechung stellt eine notwendige Folge jeder Diversionsentscheidung dar.[74] Sie ist Ausfluss des Opportunitätsprinzips, welches gestattet, in gesetzlich normierten Ausnahmefällen von einer Strafverfolgung abzusehen.[75]

---

69 Siehe *v. d. Woldenberg*, S. 22, die sich für vier Prozent ausspricht, während *Karstedt-Henke* in DVJJ 2/1991, S. 109 von fünf Prozent ausgeht; *Schmidt/Lay/Ihle/Esser* in Monatsschrift für Kriminologie 2001, S. 34, gehen hingegen von acht Prozent aus; allgemein dazu *Hübner/Kerner/Kunath/Planas* in DVJJ 1/1997, S. 27.

70 *Brunner/Dölling*, § 45 Rdnr. 4.

71 *Kuhlen*, S. 5; *Hübner/Kerner/Kunath/Planas* in DVJJ 1/1997, S. 27; *Meier* in Meier/Rössner/Schöch, S. 145.

72 Zum Legalitätsprinzip und seinen Ausnahmen sehr ausführlich bei *Geisler,* S. 13 ff.

73 So *Lehmann*, S. 19.

74 Vgl. *v. d. Woldenberg*, S. 29; *Kuhlen*, S. 15.

75 *Ostendorf* „Wieviel Strafe braucht die Gesellschaft?", S. 31.

Unabhängig von der Frage, wie zweckmäßig ein Festhalten am Legalitätsprinzip ist, können folgende Normen einer Diversionsentscheidung zugrunde liegen: §§ 153 ff. StPO, §§ 31 a, 37, 38 BtMG und die §§ 45, 47 JGG.[76]

Es lässt sich darüber streiten, ob auch Verfahrenseinstellungen aus anderen Opportunitätsgründen als Diversion angesehen werden können. Doch im eingangs erwähnten kriminologischen Sinne, handelt es sich nur in den eben genannten Fällen um ein „Ablenken" vom formellen Strafprozess. Wird beispielsweise von Strafe abgesehen, weil die jetzige Tat neben anderen Straftaten nicht mehr ins Gewicht fällt und erfolgt eine Sanktionierung aufgrund der übrigen Gesetzesverstöße, kann von „Ablenkung" nicht gesprochen werden. Der formelle Prozess bleibt dem Beschuldigten nicht erspart.

Die Einstellung nach § 170 Abs. 2 StPO ist ebenfalls kein Unterfall der Diversion.[77] Gemäß § 170 Abs. 2 StPO wird das Verfahren eingestellt, weil die Ermittlungen nicht genügend Anlass für eine Klageerhebung geben. Es ist also entweder kein Anfangsverdacht begründet oder der anfängliche Verdacht bestätigt sich nicht bzw. lässt sich nicht erhärten.[78] Eine formelle Bestrafung, welche die Diversion in ein informelles Verfahren umleiten müsste, ist deshalb gar nicht erst zu befürchten. Daraus ergibt sich in konsequenter Anwendung des Diversionsgedankens, dass § 170 Abs. 2 StPO gegenüber einer Diversionsentscheidung stets Vorrang einzuräumen ist.[79] Diese Form der Non-Intervention ist immer vor einem Diversionsverfahren in Betracht zu ziehen.

Auch das vereinfachte Jugendverfahren, welches in den §§ 76 ff. JGG geregelt ist, beinhaltet keine Diversionsentscheidung. Zwar werden im vereinfachten Jugendverfahren einige Ziele verfolgt, die sich mit denen der Diversion decken, z. B. die Beschleunigung des Verfahrens. Ein formeller Prozess wird aber nicht umgangen. Das vereinfachte Jugendverfahren ist vielmehr als Ersatz für die gegen Jugendliche unzulässigen Verfahrensarten „Strafbefehl"

---

76 Siehe *Heinz* in DVJJ 3/98, S. 245.

77 *V. d. Woldenberg*, S. 29; *Meier* in Meier/Rössler/Schöch, S. 146.

78 Vgl. *Diemer* JGG, § 45 Rdnr. 7.

79 Dies ergibt sich natürlich nicht nur aus dem Diversionsgedanken. Es wäre rechtsstaatlich verfehlt, ohne ausreichenden Beweis Maßnahmen als Konsequenz für ein bloß vermutetes strafrechtlich relevantes Verhalten anzuordnen; vgl. *Ostendorf* „Das Jugendstrafverfahren", S. 21; *Brunner/Dölling*, § 45 Rdnr. 1; *Trenczek* in DVJJ 1/1991, S. 10; *Meier* in Meier/Rössner/Schöch, S. 146.

und „Beschleunigtes Verfahren" zu verstehen.[80] Insofern steht der Antrag nach § 76 JGG einer Anklage gleich.[81]

In der Gestalt des §§ 153, 153 a StPO oder der Normen aus dem Betäubungsmittelgesetz kommt Diversion, wie bereits angesprochen, auch im Erwachsenenstrafrecht zur Anwendung.[82] Dass Ausführungen zur Diversion in der Literatur vornehmlich im Bereich des Jugendstrafrechts zu finden sind, zeigt, dass die Bandbreite der Diversion verkannt wird. Allerdings bietet sich Diversion vor allem gegenüber Jugendlichen an.

Aufgrund von Kohortenforschung sowie vergleichender Analyse zwischen Kriminalstatistiken und Dunkelfeldbefragungen darf man annehmen, dass sich die stärkste Deliktsbelastung schon im Jugendalter bei etwa 14 bis 16 Jahren findet. Dabei handelt es sich im Wesentlichen um minderschwere Kriminalität. Gerade dieser Bereich ist für die Diversion prädestiniert. Die amtliche Registrierung von Straftaten setzt hingegen erst verzögert ein. Der Grund dafür liegt in der allmählichen Verlagerung der Sozialkontrolle von dem informellen in den formellen Bereich. Zum einen wachsen mit zunehmendem Alter deliktische Schwere und Intensität, zum anderen nimmt die Toleranz der Gesellschaft gegenüber straffälligem Verhalten ab.[83] Diesem Prozess trägt Diversion am besten Rechnung, indem auch dem Jugendlichen bei seiner ersten Straftat noch informell begegnet wird und bei nochmaligem Auffallen „die Zügel" unter Umständen mittels eines formellen Prozesses „angezogen werden". Diversion spiegelt daher ein wenig dessen wider, was einer normalen Erziehung innewohnt, bloß auf staatlicher Ebene.

Insofern ist es verständlich, dass von Diversion fast ausschließlich im Zusammenhang mit Jugendstrafrecht gesprochen wird. Allerdings sollte Diversion auch im Jugendstrafrecht nicht auf § 45 JGG reduziert werden. Wie noch gezeigt wird, fokussieren auch die Schleswig-Holsteinischen Richtlinien zur Diversion die Anwendung des Diversionsverfahrens auf Jugendliche und zudem auf die Fälle des § 45 JGG. Die Verfahrenseinstellung nach § 153 StPO wird zwar angesprochen, jedoch erwecken die Richtlinien den Eindruck, dass diese Vorgehensweise im Bereich der Diversion keine Rolle spielt oder etwas anderes sei als Diversion.

---

80 Zu Einzelheiten vgl. *Ostendorf* JGG, Grdl. z. §§ 76-78; *Ostendorf* „Das Jugendstrafverfahren", S. 28, 29.

81 *Diemer* JGG, § 45 Rdnr. 16.

82 *Heinz* in DVJJ 3/98 im gesamten ersten Teil, insbesondere S. 255, wobei zwischen Allgemeinem Strafrecht und Jugendstrafrecht bezüglich Diversion unterschieden wird.

83 *Kaiser*, S. 263.

Diversion kann sowohl durch den Staatsanwalt als auch durch den Richter erfolgen. Zudem kann eine Diversionsentscheidung auch aufgrund des Zusammenwirkens dieser beiden Instanzen ergehen. Wenn es allerdings bereits zu einem Gerichtsprozess gekommen ist, kann eine Einstellung des Verfahrens vor Gericht nicht mehr als Diversionsentscheidung angesehen werden. Der formelle Prozess wurde nicht umgangen, sondern fand lediglich keinen Abschluss in einer formellen Bestrafung. Die Auffassung, die Anklage solle durch die Diversion verhindert werden, ist jedoch zu eng gefasst. Auch der Jugendrichter soll gemäß § 47 JGG noch die Möglichkeit haben, das förmliche Verfahren zu verhindern.[84] Im Zwischenverfahren kann daher noch eine Diversionsentscheidung ergehen.[85] Der zeitliche Rahmen, in dem eine Diversionsentscheidung erfolgen kann, ist somit begrenzt durch die Tatbegehung auf der einen Seite und die Eröffnung des Hauptverfahrens auf der anderen Seite.[86]

Gründe von einem formellen Prozess abzusehen, können unter anderem im Bagatellcharakter der Tat, der erstmaligen Auffälligkeit des Beschuldigten, einer sofortigen Entschuldigung, einer eingeleiteten Wiedergutmachung oder auch in Erziehungsmaßnahmen der Eltern liegen. Es kommen also auch außerjustizielle Reaktionen in Betracht, die eine Diversionsentscheidung beeinflussen.

Informelle Reaktion statt Prozess bedeutet, auch wenn es im Einzelfall den Beschuldigten härter treffen kann[87], einen Verzicht auf Strafe. Diversion heißt auch das Verzeihen von vorwerfbarem Fehlverhalten, statt Vergeltung zu üben.[88] Der Gedanke der Diversion erschöpft sich nicht in der Vermeidung formeller Prozesse. Die Frage des Zurückdrängens der Stigmatisierung stellt sich auch bei der Entscheidung für oder gegen stationäre Maßnahmen.[89] Die

---

84 So auch *Lehmann*, 38 f. und *v. d. Woldenberg*, S. 28.

85 *Lehmann*, S. 52.

86 *Lehmann*, S. 38 f. Mit dem Eröffnungsbeschluss wird „die Grenze des Diversionsverfahrens überschritten", siehe *Lehmann*, S. 53; zu weit geht *Wölffel*, S. 28, die eine Diversionsentscheidung bis zum Zeitpunkt des Ergehens eines richterlichen Urteils zulassen möchte.

87 Dies ist z. B. dann der Fall, wenn es im informellen Verfahren zu einer Arbeitsleistung kommt, während die Gerichtsverhandlung lediglich mit einer Ermahnung geendet hätte. Allerdings ist die Behauptung, dies sei eine härtere Reaktion, zu relativieren. Ein Gerichtsprozess kann für sich genommen belastender sein und stellt innerhalb der möglichen Sanktionen eine höhere Stufe dar. Der Beschuldigte muss daher bei einer weiteren Strafe mit härteren Konsequenzen rechnen, als sein Pendant, welches Arbeitsstunden im Rahmen eines Diversionsverfahrens abgeleistet hat.

88 *Ostendorf* JGG, Grdl. z. §§ 45 und 47 Rdnr. 4.

89 *Schaffstein/Beulke*, S. 241.

Motive, die sich hinter dem Begriff der Diversion verbergen, sind im Jugendstrafrecht allgegenwärtig.

Neben den justizgelenkten Modellen, wie etwa den in dieser Arbeit untersuchten Diversionsrichtlinien, gibt es auch selbstverantwortete Modelle, bei denen versucht wird, durch eigenes Bemühen der Betroffenen einen Ausgleich zu erzielen und auf eine formelle Bestrafung zu verzichten.[90] Dabei handelt es sich vornehmlich um Täter-Opfer-Ausgleichs-Modelle.[91] In der Praxis dominieren justiznahe Modelle. Damit haben sich auch die Reaktionsmuster der Instanzen in den Vordergrund gestellt.[92]

C. Justizielle Diversionsmodelle

Wie bereits dargestellt, fallen unter den Diversionsbegriff, in bewusster Beschränkung auf justizielle Modelle, die Verfahrenseinstellungen nach §§ 153 ff. StPO, die Einstellungen im Bereich des Betäubungsmittelgesetzes gemäß §§ 31a, 37, 38 BtMG und die Verfahrenseinstellungen gemäß §§ 45, 47 des JGG.[93] Im weiteren Verlauf erfolgt eine Beschränkung auf den Bereich des Jugendstrafrechts, der Gegenstand dieser Forschungsarbeit ist.

Bei der Frage, welche Einstellungsnorm und welche damit verbundenen Maßnahmen angebracht erscheinen oder ob sogar eine Anklage unausweichlich ist, hat sich der Staatsanwalt im Jugendstrafrecht allein von individualpräventiven Argumenten leiten zu lassen.[94] Generalpräventive Gedanken sind im Jugendstrafrecht fehl am Platz. Eine Ausnahme bildet lediglich § 17 Abs. 2, 2. Alt. JGG.[95] Zusätzlich ist entsprechend dem Leitmotiv der Diversion stets die Reaktion zu wählen, die im vorliegenden Fall die geringste Beeinträchtigung für den Betroffenen bedeutet. Die Entscheidung, ob Diversion in Betracht kommt, darf nicht schematisch an der Tat festgemacht werden, sondern muss sich ent-

---

90 Solche Modelle werden mitunter als unzulässig bezeichnet. Vgl. *Diemer* JGG, § 45 Rdnr. 3.

91 *V. d. Woldenberg*, S. 45.

92 *Schaffstein/Beulke*, S. 247.

93 *Heinz* spricht im Zusammenhang mit dieser Auswahl an Normen von der „deutschen Variante der Diversion", vgl. *Heinz/Storz*, S. 11.

94 *Heinz/Storz*, S. 62; Das muss im Übrigen nicht heißen, dass die Reaktion im Jugendstrafrecht stets milder ausfällt; vgl. dazu *Ostendorf* „Das Jugendstrafverfahren", S. 6 mit weiteren Nachweisen.

95 Der BGH hat allerdings in mehreren kritisierten Entscheidungen betont, dass auch die Verhängung von Jugendstrafe allein wegen Schwere der Schuld nur dann zulässig ist, wenn es aus erzieherischen Gründen erforderlich sei. Vgl. dazu *Heinz* „Deutschland", S. 26.

sprechend dem Erziehungsgedanken des Jugendgerichtsgesetzes vor allem an der Persönlichkeit des Beschuldigten orientieren.

Zunächst zu den im Erwachsenenstrafrecht ebenfalls zur Anwendung kommenden §§ 153 ff. StPO.[96] Die Verfahrenseinstellung nach § 153 StPO setzt voraus, dass aufgrund einer hypothetischen Schuldbeurteilung vom schuldhaften Begehen einer Straftat ausgegangen werden kann.[97] Es ist daher nicht ganz korrekt, wenn im Zusammenhang mit Diversion davon gesprochen wird, dass dies eine informelle Antwort auf eine vorliegende *Straftat* sei. Eine gerichtliche Überprüfung der Schuld hat bis zum Ende eines Diversionsverfahrens nicht stattgefunden, so dass im Grunde nur eine hohe Wahrscheinlichkeit für das Vorliegen einer Straftat besteht. Die prognostizierte Schuld muss als gering anzusehen sein.[98] Der absolute Vorrang des § 170 Abs. 2 StPO gegenüber § 153 StPO ist zu beachten.[99] Wenn sich kein Anfangsverdacht für das Vorliegen einer Straftat ergibt, sind die Ermittlungsbehörden nicht zum Einschreiten befugt.[100] Schließlich darf kein öffentliches Interesse an der Strafverfolgung bestehen. Ob ein solches Interesse verneint werden kann, entscheidet allein die Staatsanwaltschaft.

Die Staatsanwaltschaft ist unter den Voraussetzungen des § 153 Abs. 1 S. 1 StPO mit Zustimmung des Gerichts und gemäß § 153 Abs. 1 S. 2 StPO selbstständig dazu berechtigt, das Verfahren einzustellen. Die Polizei ist zur Einstellung nicht befugt, braucht aber auf eigene Initiative begonnene Ermittlungen nicht weiterzuführen, wenn sie zu der Erkenntnis gelangt, die Staatsanwaltschaft würde den Fall nach § 153 StPO einstellen.[101] Die Verfahrenseinstellung ist mit Ausnahme der Eintragung in die MESTA-Liste[102] absolut folgenlos.

---

96 Vereinzelt wird die Anwendung des § 153 StPO im Jugendstrafrecht mit dem Argument, das Bundeszentralregister werde umgangen, verneint. Vgl. *Diemer*, § 45 Rdnr. 9; *Brunner/Dölling*, § 45 Rdnr. 3; *v. d. Woldenberg*, S. 44. Siehe weitere Ausführungen zum Verhältnis von § 45 JGG und § 153 StPO in diesem Kapitel unter „F. Problemfelder, Net Widening und Subsidiarität" (S. 56 ff.).

97 So u. a. *Schoreit* in Karlsruher Kommentar, § 153 StPO Rdnr.15; *Meyer-Goßner*, § 153 StPO Rdnr. 3; *Pfeiffer*, § 153 StPO Rdnr. 1.

98 Dies ist nach der Gesamtheit der schuldbezogenen Umstände zu beurteilen. Vgl. dazu *Krehl* in Heidelberger Kommentar, § 153 StPO Rdnr. 8; *Pfeiffer*, § 153 StPO Rdnr. 1; *Eisenberg* „Kriminologie", S. 281.

99 *Pfeiffer*, § 153 StPO Rdnr. 1; *Ostendorf* „Das Jugendstrafverfahren", S. 21.

100 *Diemer* JGG, § 45 Rdnr. 7.

101 *Krehl* in Heidelberger Kommentar, § 153 StPO Rdnr. 4; *Meyer-Goßner*, § 153 StPO Rdnr. 9.

102 MESTA steht für „Mehrländer-Staatsanwaltliches-Auskunft-System". In diesem Register werden alle Verfahren der Staatsanwaltschaft gespeichert. Dies betrifft auch solche, die mit einer

Nach Erhebung der Klage geht die Befugnis zur Verfahrenseinstellung nach § 153 StPO auf das Gericht über. Die Zustimmung der Staatsanwaltschaft ist allerdings zuvor einzuholen. Im Gegensatz zu der Verfahrenseinstellung vor Klageerhebung hat auch der Angeschuldigte zuzustimmen. Von Diversion kann allerdings nur gesprochen werden, wenn es nicht zur Eröffnung des Hauptverfahrens kommt, da ein formeller Prozess andernfalls nicht umgangen wird.

§ 153 a StPO sieht eine Verfahrenseinstellung bei Erfüllung von Auflagen und Weisungen vor. Insofern wird vom Beschuldigten eine Leistung gefordert. Da er selbst zustimmen muss, obliegt es ihm, freiwillig die Voraussetzungen für die Verfahrenseinstellung zu schaffen. Der Tatverdacht nach § 153 a StPO erfordert einen höheren Grad an Gewissheit bezüglich der Wahrscheinlichkeit einer Verurteilung des Beschuldigten.[103] In diesem Zusammenhang ist darauf hinzuweisen, dass bei einer vorrangigen Anwendung des § 153 a StPO gegenüber dem § 45 Abs. 3 JGG die Geständnisvoraussetzungen der jugendstrafrechtlichen Norm umgangen werden könnten.[104] § 153 a StPO wird daher vereinzelt als unanwendbar im Jugendstrafrecht angesehen.[105] Andererseits könnte gerade der Umstand, dass dem Jugendlichen das Geständnis erspart bleibt, eine Anwendung des § 153 a StPO im Einzelfall sinnvoll machen.[106] Klare Abgrenzungskriterien, die bezüglich der Anwendung des § 153 a StPO Sicherheit gewähren, sind bisher nicht herausgearbeitet worden.[107] Dies ist auch nicht Ziel dieser Arbeit, so dass diese Problematik nicht weiter vertieft werden soll.

Bei §§ 153 und 153 a StPO kann also von einer Diversionsentscheidung gesprochen werden.[108] Davon abzugrenzen ist § 154 StPO. Wenn wie in § 154

Einstellung nach § 170 Abs. 2 StPO endeten. Die Einsicht ist nur Staatsanwälten gestattet, kann also allenfalls Auswirkungen haben, wenn es zu einem Ermittlungsverfahren gegen den Eingetragenen kommt. Dieses Register ist noch nicht in allen Bundesländern eingeführt worden. Näheres vgl. *Feles/Binder*, S. 95 ff.

103 *Pfeiffer*, § 153 a StPO Rdnr. 2; *Meyer-Goßner*, § 153 a StPO Rdnr. 7; *Schoreit* in Karlsruher Kommentar, § 153 a StPO Rdnr. 11.

104 *Ostendorf* JGG, § 45 Rdnr. 6; *v. d. Woldenberg*, S. 43; *v. Friedrichs*, S. 74.

105 *Schoreit* in Karlsruher Kommentar, § 153 a StPO Rdnr. 8; *Brunner/Dölling*, § 45 Rdnr. 3.

106 *Hering/Sessar* „Praktizierte Diversion", S. 23 sehen den § 153 a StPO „im eingeschränkten Rahmen der Auflagen ,gemeinnützige Leistungen' legitimiert".

107 Gegen diese Beliebigkeit in der Normanwendung und der damit verbundenen Rechtsunsicherheit wehrt sich: *Diemer* JGG, § 45 Rdnr. 9; auch *Brunner/Dölling*, § 45 Rdnr. 3 verweisen auf zu schwache Abgrenzungskriterien.

108 Zum umstrittenen Verhältnis von § 153 StPO zu § 45 JGG siehe in diesem Kapitel unter „F. Problemfelder, Net Widening und Subsidiarität" (S. 56 ff.).

Abs. 1 S. 1 StPO die Strafe nicht verhängt wird, weil sie neben einer anderen Strafe nicht weiter ins Gewicht fällt, bleibt es bei einer formellen Bestrafung. Es handelt sich in diesen Fällen also eindeutig um keine Diversionsentscheidungen.

Ähnlich wie mit den §§ 153 ff. StPO verhält es sich mit den Bestimmungen aus dem Betäubungsmittelgesetz. Die Staatsanwaltschaft muss auch für eine Verfahrenseinstellung nach § 31 BtMG, § 38 Abs. 2 BtMG und § 37 Abs. 1 S. 1 und S. 2 BtMG einen hinreichenden Tatverdacht für das Vorliegen einer Straftat feststellen.[109] Mit diesen Einstellungsmöglichkeiten soll der Staatsanwaltschaft vor allem ein adäquates Reagieren gegenüber Konsumenten ermöglicht werden. Im Bereich der Drogenkriminalität hat sich gezeigt, dass bloße Verbote und Strafen die Probleme nicht zu lösen vermögen.[110] Die Verfahrenseinstellung nach den Vorschriften des Betäubungsmittelgesetzes ist spezieller als die Regelung nach § 45 JGG und daher vorrangig anzuwenden.[111] Verfahrenseinstellungen nach dem Betäubungsmittelgesetz kommen nicht nur bei Bagatellstraftaten zur Anwendung.[112] Eine Eintragung ins Erziehungsregister erfolgt nicht. In der Praxis gibt es jedoch Umsetzungsschwierigkeiten in Ermangelung von geeigneten Einrichtungen.[113]

Schließlich kommen §§ 45, 47 JGG in Diversionsfällen zur Anwendung. § 45 Abs. 1 JGG verweist auf § 153 StPO. Im Unterschied zu § 153 StPO zieht eine Einstellung nach 45 JGG jedoch eine Eintragung in das Erziehungsregister nach sich.[114] Zu beachten ist der Vorrang des § 45 JGG gegenüber dem vereinfachten Jugendverfahren.[115] Da die untersuchten Richtlinien § 45 JGG in den Mittelpunkt gerückt haben und ihn konkretisieren, steht in dieser Übersicht über Diversionsformen diese Verfahrenseinstellung im Vordergrund.

§ 45 JGG kommt sowohl gegenüber Jugendlichen als auch in Verbindung mit den §§ 105 Abs. 1, 109 Abs. 2 S. JGG gegenüber Heranwachsenden zur An-

---

109 Vgl. ausführlich *Schröder*, S. 162 ff.

110 Einen schnellen Überblick über die Problematik der Drogenkriminalität und der damit verbundenen Diskussion bietet unter anderem *Albrecht*, S. 345 - 359.

111 *Eisenberg JGG*, § 45 Rdnr. 10 a; *Brunner/Dölling*, § 45 Rdnr. 3; anders *Diemer* JGG, § 45 Rdnr. 9, der in Fällen geringer Schuld § 45 JGG den Vorrang einräumt; *Hering/Sessar* „Praktizierte Diversion", S. 23 sprechen wiederum von zwei alternativen Verfahrenseinstellungsmöglichkeiten.

112 *V. d. Woldenberg*, S. 44.

113 *Ostendorf* JGG, § 45 Rdnr. 8.

114 Diese Eintragungspflicht besteht gemäß § 60 I Nr. 7 BZRG.

115 Siehe *Eisenberg JGG*, § 45 Rdnr. 4.

wendung.[116] Um eine Benachteiligung Jugendlicher durch die Eintragung ins Erziehungsregister zu vermeiden, wird von Verfahrenseinstellungen nach § 45 JGG trotz der allgemeinen Verweisung in § 46 OWiG im Bereich der Ordnungswidrigkeiten abgesehen. Treffen Straftat und Ordnungswidrigkeit zusammen, so wird nur § 45 JGG angewandt.[117]

§ 45 JGG ist in drei Absätze unterteilt. Jeder Absatz stellt dabei eine selbstständige Einstellungsmöglichkeit dar. Von Absatz zu Absatz steigt die Eingriffsintensität an.[118] Dieses Stufenverhältnis entspricht dem Subsidiaritätsgedanken des Jugendstrafrechts.[119] § 45 Abs. 1 JGG stellt innerhalb des § 45 JGG den geringsten Eingriff dar.[120] Die Einstellung gemäß § 45 Abs. 1 JGG erfolgt, im Gegensatz zu § 153 Abs. 1 S. 2 StPO, ohne dass es der Zustimmung des Jugendrichters bedarf.[121] Eine solche Zustimmung würde eine Einschränkung der staatsanwaltlichen Einstellungskompetenz bedeuten und verfahrensökonomisch keinen Sinn machen.[122] Die Entscheidung, von der Verfolgung abzusehen, trifft allein der Staatsanwalt.[123]

Für eine Verfahrenseinstellung nach § 45 Abs. 1 JGG ist zunächst ein Anfangsverdacht ausreichend. Das heißt, es müssen zureichende tatsächliche Anhaltspunkte für eine Straftat vorliegen.[124] Ein Geständnis ist bei § 45 Abs. 1 JGG keine Voraussetzung für eine Einstellung. § 45 Abs. 1 JGG kommt insbesondere bei Ersttätern im Bagatellbereich in Betracht. Allerdings soll bei einer nicht einschlägigen Zweittat mit erheblichem Abstand zur Vortat der Weg über diese Norm ebenfalls geöffnet sein.[125] Die Verfahrenseinstellung nach § 45 Abs. 1 JGG kann vom Staatsanwalt jederzeit wieder rückgängig gemacht werden, solange dabei die Selbstbindung der staatsanwaltlichen Er-

---

116 *Diemer* JGG, § 45 Rdnr. 1.

117 Vgl. § 21 OWiG.

118 *Trenczek* in DVJJ 1/1991, S. 8; *v. Friedrichs*, S. 70.

119 *Hering/Sessar* „Praktizierte Diversion", S. 26.

120 Dieses sachliche Stufenverhältnis von der geringsten zur eingriffsintensivsten Vorschrift innerhalb des § 45 JGG wurde erst mit dem Ersten Gesetz zur Änderung des Jugendgerichtsgesetzes eingeführt. Vgl. ausführlich zu dieser Änderung *Böttcher/Weber* in NStZ, S. 562, 563.

121 *Brunner/Dölling*, § 45 JGG Rdnr. 17.

122 *Ostendorf* JGG, § 45, Rdnr. 10.

123 *Diemer* JGG, § 45 Rdnr. 3.

124 *Diemer* JGG, § 45 Rdnr. 7.

125 Dies ist auch in den Schleswig-Holsteinischen Richtlinien ausdrücklich angesprochen; vgl. unter anderem *Brunner/Dölling*, § 45 JGG Rdnr. 17.

messensentscheidung gewahrt bleibt. Der Verbrauch der Strafklage tritt nicht ein.[126]

§ 45 Abs. 2 JGG stellt eine intensivere Eingriffsform dar und darf dementsprechend erst dann zur Anwendung kommen, wenn § 45 Abs. 1 JGG nicht mehr in Frage kommt. Im Gegensatz zu § 45 Abs. 1 JGG darf § 45 Abs. 2 JGG bei Verbrechen zur Anwendung kommen.[127] § 45 Abs. 2 JGG setzt voraus, dass eine erzieherische Maßnahme bereits durchgeführt oder eingeleitet wurde. Als erzieherische Maßnahme kann jede Einflussnahme auf den Beschuldigten angesehen werden, die von privater oder öffentlicher Seite durchgeführt oder eingeleitet worden ist.[128] Dabei sind auch rechtswidrige Maßnahmen einzubeziehen.[129] Umstritten ist in diesem Zusammenhang insbesondere, wer die Kompetenz innehat, eine erzieherische Maßnahme gegenüber dem Jugendlichen anzuregen.[130] Ebenso wie bei § 45 Abs. 1 JGG ist weder die Zustimmung des Richters noch ein Geständnis des Beschuldigten für eine Verfahrenseinstellung notwendig. Dem Wortlaut entsprechend genügt die Einleitung der erzieherischen Maßnahme. Die erfolgreiche Durchführung ist daher nicht unbedingt abzuwarten.[131]

§ 45 Abs. 2 JGG soll die informelle Sozialkontrolle unterstützen. Dazu gehören auch erzieherische Maßnahmen der Eltern.[132] Zwar sind die Erziehungsberechtigten bezüglich der Anregung, die gegenüber ihrem Kind erfolgt, zu unterrichten, eine Zustimmung ist jedoch nicht gefordert. Die Anregungen allein greifen zumindest formal noch nicht in das Erziehungsrecht der Eltern ein.[133] Gelegentlich sollen die angeregten Maßnahmen gerade Defizite in der elterlichen Erziehung ausgleichen und stehen konträr zu der Meinung der Erziehungsberechtigten. Um eine optimale Wirkung zu erreichen, muss jedoch eine Akzeptanz von Seiten der Eltern angestrebt werden.

---

126 *Eisenberg* JGG, § 45 Rdnr. 31.

127 *Schaffstein/Beulke*, S. 244.

128 *Eisenberg* JGG, § 45 Rdnr. 19; *Diemer* JGG, § 45 Rdnr. 13; *Meier* in Meier/Rössner/Schöch, S. 149; *Streng*, S. 93.

129 Z. B. Prügel, die der Beschuldigte von demjenigen erhält, dessen Fenster er mutwillig zerstört hat. Dieses Bsp. gibt *Diemer* JGG, § 45 Rdnr. 13.

130 Ausführlich zu dieser Problematik vgl. in diesem Kapitel, unter „F. Problemfelder, IV. Polizeidiversion, 3. Kompetenzgewinn als Gefahrenquelle" (S. 67 ff.).

131 Vgl. *Diemer* JGG, § 45 Rdnr. 17; gleichwohl findet sich in fast allen Diversionsrichtlinien der Hinweis, dass nach Durchführung der Maßnahme die Verfahrenseinstellung erfolgen soll.

132 *Ostendorf* JGG, § 45 Rdnr. 12; so auch *Eisenberg JGG*, § 45 Rdnr. 19, wenn er von „privater Seite" spricht, ansonsten auch unter § 45 Rdnr. 20; *Brunner/Dölling*, § 45 JGG Rdnr. 18.

133 *Ostendorf* JGG, § 45 Rdnr. 13.

Eine Verfahrenseinstellung gemäß § 45 Abs. 2 JGG ist ebenso wie nach § 45 Abs. 1 JGG nicht bindend für die Staatsanwaltschaft. Sie kann daher zurückgenommen werden.[134]

Nach § 45 Abs. 3 JGG sieht der Staatsanwalt von einer Verfolgung ab, nachdem er beim Richter die in § 45 Abs. 3 JGG genannten Sanktionen angeregt hat und dieser den Anregungen gefolgt ist. Im Gegensatz zu den übrigen Alternativen des § 45 JGG wird ein geständiger Täter vorausgesetzt. Jugendlichen fällt es oft leichter, eine Strafe zu übernehmen, als ihre Schuld offen einzugestehen. Insofern sind die Voraussetzungen für § 45 Abs. 3 JGG mit dem dort geforderten Geständnis am höchsten angesetzt.[135] Ein fehlendes Geständnis soll die eingriffsschwächeren Alternativen nicht blockieren. Es stellt sich allerdings die Frage, ob ein Geständnis überhaupt zur Notwendigkeit erhoben werden sollte. Trotz diesbezüglicher Kritik wurde im Zuge des Ersten Gesetzes zur Änderung des Jugendgerichtsgesetzes an dem Geständnis als Einstellungsvoraussetzung festgehalten.[136] Die in § 45 Abs. 3 JGG genannten Maßnahmen sind miteinander kombinierbar. Die Jugendgerichtshilfe ist bei Anordnung der in § 45 Abs. 3 JGG genannten Weisungen, die sich aus § 10 JGG ergeben, stets gemäß § 38 Abs. 3 S. 3 JGG zu hören. Dies wird in der Praxis allerdings häufig nicht beachtet.[137] Auch bei § 45 Abs. 3 JGG ist der Gefahr zu begegnen, im Einstellungsverfahren härtere Maßnahmen zu ergreifen als bei einer Verurteilung. Wenn der Richter den Anregungen der Staatsanwaltschaft entspricht und der Jugendliche den angeordneten Maßnahmen nachkommt, so entfaltet die Einstellung nach § 45 Abs. 3 JGG für die Staatsanwaltschaft bindende Wirkung.[138] Eine Anklage wegen derselben Tat wäre dann nur möglich, wenn sich neue Tatsachen ergeben oder sich neue Beweismittel finden würden. Kommt der Jugendliche den Anordnungen des Richters nicht nach, so kann gegen ihn kein Jugendarrest verhängt werden. Stattdessen kommt eine Fortsetzung des Verfahrens mit Anklageerhebung in Betracht.

Gegen die Entscheidung gemäß § 45 JGG sind Rechtsmittel nicht statthaft.[139] Es ist daher unmöglich, gegen die Eintragung ins Erziehungsregister vorzugehen und eine Einstellung nach § 153 StPO zu verlangen. Es kommt allenfalls

---

134 *Eisenberg* JGG, § 45 Rdnr. 31.

135 *Ostendorf* JGG, § 45 Rdnr. 14.

136 *Böttcher/Weber* in NStZ, 1990, S. 563; *Eisenberg* JGG, § 45 Rdnr. 24.

137 *Eisenberg* JGG, § 45 Rdnr. 25.

138 *Diemer* JGG, § 45 Rdnr. 24; *Eisenberg* JGG, § 45 Rdnr. 33.

139 *Ostendorf* JGG, § 45 JGG Rdnr. 23; *Diemer* JGG, § 45 Rdnr. 28.

eine Dienstaufsichtsbeschwerde in Betracht.[140] Das Klageerzwingungsverfahren ist ausgeschlossen.[141]

§ 47 JGG ermöglicht eine Verfahrenseinstellung auch nach Eröffnung der Hauptverhandlung vorzunehmen. Dies entspricht der Einstellung nach § 153 Abs. 2 StPO bzw. § 153 a Abs. 2 StPO. Bezüglich § 47 JGG ist umstritten, ob dies eine abschließende Regelung im Bereich des Jugendstrafrechts darstellt oder ob § 153 StPO bzw. § 153 a StPO neben dieser Regelung bestehen bleibt.[142] § 47 JGG spricht in seiner aktuellen Fassung nicht mehr vom Angeklagten und macht damit deutlich, dass diese Einstellung auch im Zwischenverfahren nach Abschluss des Ermittlungsverfahrens erfolgen kann.[143] Genau betrachtet ist lediglich die Einstellung im Zwischenverfahren eine Diversionsentscheidung. Nach Eröffnung des Hauptverfahrens ist der formelle Prozess so weit fortgeschritten, dass er nicht mehr umgangen werden kann.

§ 47 JGG wird angewandt, wenn sich nach Abschluss des Ermittlungsverfahrens herausstellt, dass ein förmliches Urteil unnötig ist. Dieser Wandel kann darauf begründet sein, dass der Richter, wegen des persönlichen Eindrucks vor Gericht, vom Angeklagten ein anderes Bild bekommt und die Tat deshalb in einem harmloseren Licht erscheint oder zwischenzeitlich bereits die notwendigen erzieherischen Maßnahmen eingeleitet worden sind. Letzteres wird durch die Einschaltung der Jugendgerichtshilfe begünstigt. Eine Verfahrenseinstellung gemäß § 47 JGG bedarf der Zustimmung des Staatsanwalts.

Früher war die Einstellung durch den Richter gemäß § 47 JGG die häufigste Verfahrenseinstellung. Sie ist inzwischen deutlich von den Einstellungsmöglichkeiten des § 45 Abs. 1 und Abs. 2 JGG überflügelt worden. Diese Entwicklung setzte bereits vor Einführung des Ersten Gesetzes zur Änderung des Jugendgerichtsgesetzes ein. Sie wurde aber dadurch, dass mit diesem Gesetz die Einstellungen nach § 45 Abs. 1 JGG und § 45 Abs. 2 JGG mehr in den Vordergrund gerückt wurden, noch verstärkt.[144]

---

140 *Diemer* JGG, § 45 Rdnr. 28.

141 *Diemer*, ebd.

142 *Diemer* JGG, § 47 Rdnr. 5, der sich für eine abschließende Regelung durch den § 47 JGG ausspricht.

143 *Löhr*-Müller, S. 7

144 *Böttcher/Weber* in NStZ, 1990, S. 562.

D. Historische Entwicklung

Der strafrechtliche Diversionsbegriff ist ein relativ moderner Terminus. Die dahinter stehenden Gedanken sind allerdings schon länger Gegenstand vielfältiger Diskussionen. Im Sinne von gütlicher, interner Einigung ohne staatliche Beteiligung hat es Diversion schon immer gegeben.

Die informelle Erledigung von Straftaten gewann in Deutschland Anfang des letzten Jahrhunderts zunehmend an Bedeutung. Es gab mehr und mehr Bestrebungen, Jugendlichen die negativen Auswirkungen des formellen Prozesses zu ersparen oder wenigstens die Folgen abzumildern. Dass die Staatsanwaltschaft bei Bagatelltaten von einer Strafe absehen kann, geht bereits auf § 32 aus dem ersten Jugendgerichtsgesetz Deutschlands von 1923 zurück. Damit wurde erstmals in Deutschland das bis dahin ausnahmslos geltende Legalitätsprinzip durchbrochen.[145] Bereits zuvor gab es Bestrebungen, statt auf formelle Bestrafungen auf die Kraft von Erziehung zu setzen.[146] Im Entwurf einer Strafprozessordnung von 1909 heißt es unter anderem:

> „Was von Personen reiferen Alters begangen, sich als schweres Vergehen oder Verbrechen darstellt, kann bei unreifen Personen sich als geringfügige Verfehlung darstellen, deren strafrechtliche Verfolgung nicht geboten erscheint. Soweit die Tat eines Jugendlichen auf mangelhafte Erziehung zurückzuführen ist und der Täter noch in erziehungsfähigem Alter steht, wird durch staatliche Einwirkung auf die Erziehung den Interessen der Allgemeinheit wie auch dem Jugendlichen selbst weit besser gedient, als durch Bestrafung. Soweit Verfehlungen harmloser Art in Frage stehen, die im Wege der häuslichen Zucht oder der Schulzucht ausreichend geahndet werden können, erscheint es als grundlose Härte, den Jugendlichen einer gerichtlichen Bestrafung zu unterwerfen, die ihn für sein späteres Leben mit einem Makel behaftet, sein Fortkommen erschwert und sein Ehrgefühl abstumpft."[147]

Ein Gesetzesentwurf von 1912 sah vor, von einer Klageerhebung seitens der Staatsanwaltschaft abzusehen, wenn Erziehungs- und Besserungsmaßnahmen einer Bestrafung vorzuziehen seien. Flankiert wurden diese Entwürfe mit zahlreichen unterstützenden Stellungnahmen aus Wissenschaft und Praxis.[148]

---

145 *Heinz/Storz*, S. 3; *Schady*, S. 62.

146 Zur Entwicklung vgl. *Schady*, S. 19 ff.

147 Siehe Verhandlungen des Reichtags. XII. Legislaturperiode. I. Session. Band 254. Anlage zu den stenographischen Berichten. Nr. 1310, Begründung S. 32.

148 Vgl. *Heinz/Storz*, S. 19 uns 20 mit weiteren Nachweisen.

Anfang des letzten Jahrhunderts wurde also bereits das ausgesprochen, was Gegenstand der aktuellen Diversionsprogramme ist.

Dieser fortschrittliche Ansatz ging über die Gesetzesfassung von 1923 hinaus. Trotzdem war die Einführung des 1. Jugendgerichtsgesetzes im Jahre 1923 ein wesentlicher Schritt zur individuellen und stärker erzieherisch ausgeprägten Reaktion gegenüber den jugendlichen Straftätern.[149] Das Gericht konnte trotz Schuldspruch gemäß § 6 JGG von der Strafe absehen, wenn nach dessen Überzeugung eine erzieherische Maßnahme ausreichte. Nach § 9 Abs. 4 JGG konnte in leichten Fällen sogar ganz von Maßnahmen abgesehen werden.[150] Die Staatsanwaltschaft war zudem befugt gemäß § 32 JGG mit Zustimmung des Richters eine Verfahrenseinstellung im Ermittlungsverfahren vornehmen.[151] Die Verfahrenseinstellung durch den Richter im Sinne des heutigen § 45 Abs. 3 JGG hielt erst in der zweiten JGG-Fassung von 1943 Einzug. Ein Geständnis, wie es in § 45 Abs. 3 JGG vorgesehen ist, war allerdings noch nicht gefordert. Auch der Staatsanwalt erhielt eine Einstellungsbefugnis, die nicht an die Zustimmung des Jugendrichters gebunden war.[152] Das JGG von 1953 knüpfte daran an. Das Erfordernis des Geständnisses wurde eingeführt. Die Verfahrenseinstellungsmöglichkeiten wurden in die §§ 45, 47 JGG verlegt, wo sie auch heute noch zu finden sind.

Auf diese Entwicklung hin zu vermehrter informeller Erledigung nahm die amerikanische Diversionsbewegung der 60er und 70er Jahre entscheidenden Einfluss. Dort wurde der kriminologische Diversionsbegriff geprägt.[153] In den USA hatte in den 60er Jahren eine Diskussion über den Umgang mit jugendlichen Straftätern aufgrund neuerer kriminologischer Theorien, insbesondere des labeling approach, begonnen. Um ein schlüssiges Konzept zu entwerfen, wurde am 23. Juli 1965 vom amerikanischen Präsidenten Lyndon B. Johnson eine Kommission eingesetzt. Diese Kommission sprach sich 1967 für das Zurückdrängen der formellen Reaktionen zugunsten von weniger belastenden, aber wirkungsvolleren Maßnahmen aus.[154] In diesem Schlussbericht wurde der Begriff „Diversion" zum ersten Mal offiziell erwähnt.[155] Der Diversions-

---

149 *Ostendorf* „Das Jugendstrafverfahren", S. 6.

150 *Schady*, S. 29.

151 *Schady*, S. 31.

152 *Heinz/Storz*, S. 21.

153 *Heinz/Storz*, S. 7; *Kuhlen*, S. 1; siehe zum kriminologischen Diversionsbegriff auch die Erläuterungen auf S. 13 f.

154 Schlussbericht der President's Commission on Law Enforcement and Administration of Justice: Task Force Report: Juvenile Delinquency and Youth Crime, Washington D. C. 1967; vgl. dazu ausführlich *Dirnaichner*, S. 43 ff.

155 *V. d. Woldenberg*, S. 3.

gedanke breitete sich in den USA in den 70er Jahren schnell aus. Diversion wurde 1973 im zweiten Bericht der „National Advisory Commission on Crimal Justice Standards and Goals: Task Force on Corrections" erstmals definiert. Dort heißt es:

> „As used in this chapter, the term diversion refers to formally acknowledged and organized efforts to utilize alternatives to initial or continued processing into the justice system. To qualify as diversion, such efforts must be undertaken prior to adjudication and after a legally proscribed action has occured. In terms of process, diversion implies halting or suspending formal criminal or juvenile justice proceedings against a person who has violated a statute, in favor of processing through a noncriminal disposition or means."[156]

Zu dieser Zeit entstanden in den USA eine Vielzahl von verschiedenen Diversionsprogrammen, deren Träger in der Regel lokale Jugendbüros waren.[157] Diese Programme wurden erheblich finanziell unterstützt.[158] Der Erfolg dieser Bewegung gründete sich auch auf eine Überlastung des amerikanischen Justizapparates. Nach einer Entscheidung des Supreme Courts aus dem Jahr 1967 mussten aus Gründen des Rechtsschutzes selbst sogenannte „status offenses" das förmliche Justizverfahren durchlaufen. Unter „status offenses" fallen Delikte wie Müßiggang oder Schuleschwänzen, welche nur gegenüber Jugendlichen verfolgt werden. Dadurch kam es zu einer enormen Belastung der Gerichte.[159] Das informelle Verfahren wurde deshalb mit offenen Armen empfangen. Das sozialpolitische Klima während der Reagan-Regierung führte allerdings in den 80er Jahren zu einem Rückzug der Diversion und zu einer Veränderung der Umsetzung.[160] Die Polizei wurde mit weitreichenden Kompetenzen ausgestattet, um vor Ort informell reagieren zu können. Gemäß der Maxime „Wehret den Anfängen" wurde versucht, auf Jugendliche bereits bei ersten Ansätzen von abweichendem Sozialverhalten einzuwirken. Zudem kam es zu massiven Mittelkürzungen.[161] Diversion wird auch heute in den USA üblicherweise durch die Polizei ohne Einschaltung der Strafjustiz durchgeführt. Dieser Trend wird dadurch unterstützt, dass die amerikanische Polizei

---

156 *Dirnaichner*, S. 50 f.

157 *Kuhlen*, S. 2.

158 *V. d. Woldenberg*, S. 4.

159 Vgl. zum Begriff der „status offenses" und der Belastung des amerikanischen Justizapparates *v. d. Woldenberg*, S. 4 f.

160 Zu den Gründen für den Rückgang der Diversion in den USA vgl. *Blau*, S. 318 ff.

161 *V. d. Woldenberg*, S. 10.

nicht an ein Legalitätsprinzip gebunden ist.[162] Diversion wird in den USA mittlerweile zurückhaltender beurteilt als zu ihrer Hoch-Zeit in den 70er Jahren.[163]

Auch international sind Anstrengungen unternommen worden, die Diversionspolitik zu unterstützen. Beispielhaft stehen dafür unter anderem die „Beijing-Grundsätze", die von der UN-Generalversammlung als Appell an die Mitgliedsstaaten am 29.11.1985 unter dem Titel „United Nations Standard Minimum Rules for the Administration of Juvenile Justice" angenommen wurden. Zum Thema „Absehen vom förmlichen Verfahren (Diversion)" lautet die Empfehlung:

> „Soweit angebracht, ist die Möglichkeit in Betracht zu ziehen, gegen jugendliche Täter einzuschreiten, ohne dass das zuständige Organ ein förmliches Verfahren durchführt (11.1 der Empfehlung). Die Polizei, die Jugendstaatsanwaltschaft oder andere mit Fällen der Jugendkriminalität befasste Stellen sind befugt, solche Fälle nach eigenem Ermessen ohne förmliche Verhandlungen zu erledigen (11.2 der Empfehlung)."

1984 hatte bereits der 13. internationale Strafrechtskongress in Kairo Diversion zum Diskussionsgegenstand gemacht.[164] Europa betreffend hat das Ministerkomitee des Europarates in zwei Empfehlungen die Ausweitung der Diversion unterstützt.[165] In der im September 1987 verabschiedeten Empfehlung wurde den Regierungen der Mitgliedstaaten der EG nahe gelegt, „gegebenenfalls ihre Gesetzgebung und ihre Gesetzespraxis mit folgendem Ziel zu überprüfen: (...) die Entwicklung von Diversions- und Vermittlungsverfahren auf staatsanwaltlicher Ebene (Absehen von der Verfolgung/Einstellung der Verfahren) (...) zu fördern, um zu verhindern, dass Minderjährige mit der Strafgerichtsbarkeit und den sich daraus ergebenden Folgen konfrontiert werden".[166] In der Empfehlung von 1988 wurden die Mitgliedstaaten unter anderem dazu aufgefordert, dafür Sorge zu tragen, dass Jugendlichen aus Gastarbeiterfamilien Diversion im gleichen Maß zugute kommt.[167]

---

162 *V. d. Woldenberg*, S. 8; *Lehmann*, S. 123.

163 *V. d. Woldenberg*, S. 10; *Brunner/Dölling*, § 45 Rdnr. 4.

164 *V. d. Woldenberg*, S. 10 f.

165 Vgl. Recommendation Nr. R(87) 20 on social reactions to juvenile delinquency und Recommendation Nr. R (88) 6 on social reactions to juvenile delinquency among young people coming from migrant families, Strasbourg 1988.

166 Zitiert in der Übersetzung des Bundesministeriums der Justiz.

167 *Heinz/Storz*, S. 15.

Wie so vieles kam Diversion, zumindest als Begriff, mit einiger Zeitverzögerung als „amerikanischer Importartikel" in die Bundesrepublik Deutschland.[168] In den 70er Jahren unterstützte die hohe Arbeitsbelastung der mit Jugendkriminalität belasteten Instanzen in Deutschland den verstärkten Einsatz von informellen Maßnahmen.[169] Im Jahr 1979 begannen verschiedene Modellprojekte, wie etwa das Lübecker Modell oder Initiativen der Brücke Köln e.V., Diversion in die Praxis umzusetzen.[170] Ein Jahr später befasste sich auf dem 18. Deutschen Jugendgerichtstag erstmals ein Arbeitskreis mit dem Thema „Diversion".[171] Insbesondere der Gedanke, stets zunächst die eingriffsschwächste Reaktion zu wählen, fand in Deutschland immer mehr Anhänger. Dieses Leitmotiv der Diversion kann seit Ende der 80er Jahre als herrschende Meinung angesehen werden.[172]

Durch die sogenannte „Strafrechtsreform von unten" gewannen die §§ 45, 47 JGG an Bedeutung.[173] Bereits in den 80er Jahren war die Zahl der Verfahrenseinstellungen bundesweit fast ebenso groß wie die Zahl der Verurteilungen.[174] Das Verhältnis von gerichtlichen und staatsanwaltlichen Verfahren kehrte sich zwischen 1982 und 1988 praktisch um.[175] Auf den Konferenzen der Jugend- und Justizminister im Mai und September 1988 wurde empfohlen, die Möglichkeiten der §§ 45, 47 JGG vermehrt zu nutzen.[176] Ende der 80er Jahre kam es auf Basis einiger Modellprojekte zur Einführung erster Richtlinien und zur Gründung von Arbeitsgruppen, die sich mit der Vorbereitung solcher Diversionsrichtlinien beschäftigten.[177] Unter dem Eindruck dieser Entwicklung und der bereits erwähnten Empfehlungen des Ministerkomitees wurde schließlich das Erste Gesetz zur Änderung des Jugendgerichtsgesetzes eingeführt. Es trat am 01.12.1990 in Kraft und betonte insbesondere den Er-

---

168 Als „Importartikel" wird Diversion häufiger bezeichnet. So unter anderem bei *Kuhlen*, S. 2; *Lehmann*, S. 37; *Wölffel*, S. 27; *v. d. Woldenberg*, S. 3.

169 Vgl. *v. d. Woldenberg*, S. 97.

170 Das Lübecker Modell wird im nächsten Kapitel im Rahmen der Entwicklung der Diversion in Schleswig-Holstein ausführlicher angesprochen. Zu einzelnen Modellprojekten vergleiche unter anderem *Hering/Sessar* „Praktizierte Diversion", S. 32 bis S. 37.

171 *Heinz/Storz*, S. 9.

172 *Löhr*-Müller, S. 3; *Kuhlen*, S. 3.

173 *Heinz/Storz*, S. 4; *Brunner/Dölling*, § 45 JGG Rdnr. 16.

174 *Böttcher/Weber* in NStZ 1990, S. 562; auch die Schaubilder 1 und 2, S. 44 f. zeigen diese Entwicklung.

175 *Albrecht*, S. 204.

176 *Heinz/Storz*, S. 4.

177 Vgl. *v. d. Woldenberg*, S. 32 ff.; *Hering/Sessar* „Praktizierte Diversion", S. 125, 126.

ziehungsgedanken.[178] Dieses Gesetz konzentrierte sich vor allem darauf, die Subsidiarität eingriffsintensiverer Maßnahmen zu stärken. Das gesamte Gesetz und die einzelnen Normen wurden konsequenter von der eingriffsschwächsten zur eingriffsintensivsten Maßnahme gegliedert. Bei diesen Veränderungen stand der Diversionsgedanke Pate.[179] Dies führte zusätzlich dazu, dass vermehrt Diversionsprogramme auf den Weg gebracht wurden.[180] Der Gesetzgeber war bestrebt, die Möglichkeiten zur informellen Reaktion auszuweiten.[181] Allerdings ging mit den neuen Diversionsmodellen auch eine vermehrte Kompetenzverlagerung auf die Polizei einher. Der Rückgang von Verfahrenseinstellungen nach §§ 45 Abs. 3 und 47 JGG zeigt, dass Polizei und Staatsanwaltschaft die Diversion mehr und mehr in die Hand genommen haben.

Um empirische Erkenntnisse über die aktuelle Entwicklung der Diversion zu gewinnen, ist es hilfreich, auf die statistischen Erfassungen der Behörden zurückzugreifen. In der Praxis verläuft diese Erfassung jedoch nicht reibungslos.[182] Diese Statistiken erfassen zudem nicht alle Fälle der Diversion. Erforderliche Eintragungen werden vergessen oder unzureichend vorgenommen. Trotzdem lassen sich wichtige Tendenzen festhalten. Die Zahl der Diversionsentscheidungen hat in den letzten Jahren in allen Bundesländern stetig zugenommen und scheint sich jetzt auf einem Höchststand einzupendeln (vgl. Schaubild 1 und 2).[183]

---

178 BT-Drucksache 11/5829, S. 11.

179 *Löhr*-Müller, S. 4; *Heinz/Storz*, S. 13.

180 Zur Einführung des Ersten Gesetzes zur Änderung des Jugendgerichtsgesetzes siehe ausführlich *Böttcher/Weber* in NStZ 1990, S. 561 ff., 1991 S. 7 ff.; kritisch und mit Forderungen für künftige Änderungen versehen: *Heinz* in ZRP, S. 183 ff.

181 *Böttcher/Weber* in NStZ 1990, S. 562; *Diemer* JGG, § 45 Rdnr. 5.

182 Vgl. zur Erfassungsproblematik ausführlich bei *Heinz* in DVJJ 3/98, S. 246 und *Heinz/KrimZ*, S. 133 ff.

183 *Ostendorf* „Wieviel Strafe braucht die Gesellschaft?", S. 94; dort wird bereits von einer Überschreitung des Zenits ausgegangen.

**Schaubild 1: Anteil der Verfahrenseinstellungen gemäß §§ 45, 47 JGG
an der Gesamtzahl aller Entscheidungen (Verurteilungen
und Verfahrenseinstellungen) in Prozent[184]**

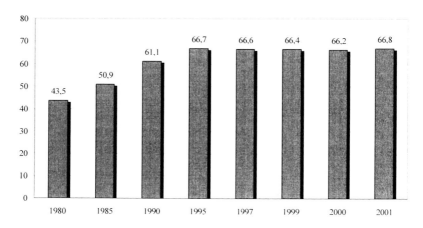

Quelle: *Ostendorf* JGG Grdl. z. §§ 45 u. 47 Rdnr. 7.

In den einzelnen Bundesländern verlief die Entwicklung unterschiedlich, wobei sich vor allem in den Stadtstaaten eine überdurchschnittlich hohe Diversionsrate einstellte.[185]

---

184 Die Zahlen beziehen sich auf die alten Bundesländer; ab 1995 unter Einschluss von Berlin-Ost.

185 Zu der unterschiedlichen Entwicklung der Diversion in den Ländern vgl. die Ausführungen auf
    S. 62 ff.

Schaubild 2: Entwicklung der Diversionsraten in den einzelnen Bundesländern

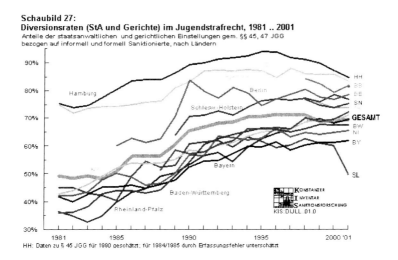

Schaubild 27:
Diversionsraten (StA und Gerichte) im Jugendstrafrecht, 1981 .. 2001
Anteile der staatsanwaltlichen und gerichtlichen Einstellungen gem. §§ 45, 47 JGG
bezogen auf informell und formell Sanktionierte, nach Ländern

HH: Daten zu § 45 JGG für 1990 geschätzt; für 1984/1985 durch Erfassungsfehler unterschätzt

Quelle: Heinz, Wolfgang: Das strafrechtliche Sanktionensystem und die Sanktionierungspraxis in Deutschland 1981-2001/ Stand: Berichtsjahr: 1999/ Version 6/2003, dortiges Schaubild 27: Diversionsraten im Jugendstrafrecht, nach Ländern.

Die kontinuierliche Abnahme formeller Erledigungen zeigt, welche Bedeutung die Diversion in den letzten Jahren gewonnen hat. Die Zahl der Verfahrenseinstellungen hat die Zahl der Verurteilungen überholt.[186]

Die informelle Erledigung wird vor allem von der Staatsanwaltschaft getragen.[187] In absoluten Zahlen gab es 1996 rund 907.000 Personen, die entweder verurteilt wurden oder bei denen eine Verfahrenseinstellung vom Richter vorgenommen wurde. Demgegenüber standen 673.000 Personen, deren Verfahren von der Staatsanwaltschaft eingestellt wurden.[188]

Im allgemeinen Strafrecht haben die vermehrten Verfahrenseinstellungen dazu geführt, dass trotz eines Anstiegs von Tätern, die potentiell einer rechtlichen Sanktion unterworfen werden könnten, die Zahl der Verurteilungen kon-

---

186 *Brunner/Dölling*, § 45 JGG Rdnr. 5.

187 *Schaffstein/Beulke*, S. 242.

188 So *Heinz* in DVJJ 3/98, S. 248.

stant blieb. Im Jugendstrafrecht führte dieser Prozess sogar zu einem Rückgang der formellen Erledigungen.

E. Ziele der Diversion

Wenn eine Form des Umgangs mit Beschuldigten so erfolgreich ist wie die informelle Verfahrenserledigung, muss dies entweder an sachlichen Zwängen, überzeugenden Ergebnissen oder an einer Kombination dieser beiden Möglichkeiten liegen. Ergebnisse vermögen vor allem dann zu überzeugen, wenn sie auf einer überzeugenden Zielsetzung gründen. Diversion verfolgt eine Reihe von Zielen.[189] Diese werden an dieser Stelle nur kurz angesprochen, bevor die Untersuchung zu einem späteren Zeitpunkt ausführlich darauf eingeht, ob die Ziele zumindest in Schleswig-Holstein erfolgreich umgesetzt wurden, ob die Ergebnisse also zu überzeugen wissen.

Ein Ziel der Diversion ist, die Stigmatisierung des Beschuldigten so gering wie möglich zu halten und die übrigen Folgen einer Bestrafung zu minimieren.[190] Der Beschuldigte soll in seinem Sozialisationsprozess nicht gestört werden.[191] Dies ist einer der Grundgedanken, der seine Verwandtschaft zum Ansatz der labeling-Theorie nicht verleugnen kann. Dennoch bleibt auch eine Diversionsentscheidung nicht folgenlos. Ein Diversionsverfahren bedeutet nicht das Verschließen der Augen vor Straftaten Jugendlicher. Sie ist nicht mit einer Null-Reaktion zu verwechseln.[192]

Von der rechtlichen Seite aus betrachtet ist es falsch, im Zusammenhang mit den Folgen der Diversion von „Sanktionen" zu sprechen. Dies ist im sozialwissenschaftlichen Sinne jedoch anders zu sehen.[193] Die Belastungen, die von der Entdeckung einer Straftat für einen Beschuldigten ausgehen, sind nicht zu unterschätzen und mit Sanktionen vergleichbar. Das Ermittlungsverfahren hinterlässt Spuren.[194] Die Tat wird im Familienkreis und im sozialen Umfeld des Beschuldigten bekannt. Unangenehme Reaktionen sind die Folge.[195] So

---

189 Zu den Zielen vgl. auch *v. d. Woldenberg*, S. 26, 27.

190 *Heinz/Storz*, S. 8.

191 *Lehmann*, S. 71.

192 *Ostendorf* JGG, Grdl. zu §§ 45 und 47 Rdnr. 4; tendenziell setzt *Lehmann* Diversion mit Non-Intervention gleich.

193 *Heinz* in DVJJ 3/98, S. 245.

194 *Eisenberg* JGG, § 45 Rdnr. 18; wonach die Konfrontation mit dem Ermittlungsverfahren bereits eine sanktionierende Reaktion mit Auswirkungen auf das soziale Umfeld darstellt; ausführlich *Ostendorf* „Wieviel Strafe braucht die Gesellschaft?", S. 40; *Heinz/Storz*, S. 26 f.

195 *Karstedt-Henke* in DVJJ 2/1991, S. 110.

ergreifen die Erziehungsberechtigten unter Umständen erzieherische Maßnahmen oder es kommt zu einer Krise in der Partnerschaft. Bei Delikten aus
dem Bereich der Körperverletzung oder der Beleidigung kennen sich Opfer
und Täter in der Regel. Daran können Freundschaften zerbrechen. Behörden
und Einzelpersonen werden gegebenenfalls gemäß § 70 JGG informiert, was
stigmatisierende Wirkung entfalten kann.

Die Bedeutung, die allein vom dienstlichen Kontakt mit Polizeibeamten,
Staatsanwälten und Richtern für einen Jugendlichen ausgeht, ist für die staat-
lich bestellten Verfahrensbeteiligten aufgrund des täglichen Umgangs miteinander kaum nachvollziehbar.[196] Während den Strafverfolgern das Prozedere
bekannt ist, stellt es für den Beschuldigten oft eine Ausnahmesituation in psy-
chischer und physischer Hinsicht dar, aus der er möglichst schnell wieder he-
rauskommen möchte. Auch der ungewisse Ausgang des Ermittlungsverfahrens belastet den Beschuldigten. Zudem wird bei Verfahrenseinstellungen
nach § 45 JGG eine Eintragung ins Erziehungsregister vorgenommen. Unter
diesen Gesichtspunkten kann also durchaus von einer Sanktionierung auch bei
informeller Erledigung gesprochen werden.[197]

Zu beachten ist allerdings, dass ein formelles Strafverfahren einen noch größeren Eingriff in das Umfeld des Jugendlichen und seine Privatsphäre darstellt. Alle soeben genannten Konsequenzen kommen auch in einem solchen
Verfahren auf den Beschuldigten zu. Das Gerichtsverfahren stellt noch eine
zusätzliche, erhebliche Belastung dar. Gerichtsverfahren sollten daher auf Fälle der Notwendigkeit beschränkt bleiben. Weniger Stigmatisierung ist stets
begrüßenswert. Es erleichtert die Rückkehr zur Normalität für den Beschuldigten, was für ihn und sein Umfeld von Vorteil ist.

Es ließe sich einwenden, dass mangelnde Stigmatisierung der Beschuldigten
von Diversionsentscheidungen mit einer Stigmatisierung derjenigen einhergeht, die nicht mehr für eine solche Verfahrenseinstellung in Frage kommen.
Diesen Beschuldigten könnten dadurch bei weiteren Auffälligkeiten Nachteile
drohen. Doch diese Personen wären auch ohne die Alternativen der Diversion
bereits genügend stigmatisiert. Dies sollte kein Grund sein, den geeigneten
Beschuldigten ein Diversionsverfahren zu verwehren.

Ein weiteres Ziel von Diversion ist die in der Regel weitaus individuellere und
flexiblere Reaktion auf eine Straftat.[198] Eine individuelle Reaktion kann vom

---

196 Junge Menschen empfinden solche Konfrontationen als Sanktion. Vgl. *Trenczek* in DVJJ
    1/1991, S. 8 und DVJJ 1/1994, S. 34.

197 Vgl. *Ostendorf* „Wieviel Strafe braucht die Gesellschaft?", S. 102.

198 *Heinz/Storz*, S. 8.

Betroffenen besser verstanden werden, da es ihm leichter fällt, den Bezug zu sich und seiner Tat herzustellen. Dies ist auch vom Standpunkt der Prävention aus betrachtet vorteilhaft, denn eine akzeptierte Strafe fördert die Einsicht.[199] Darüber hinaus erleichtert der informelle Weg auch die Möglichkeit, die Reaktion der Erziehungsberechtigten mit einzubeziehen. Wenn Reaktionen aus dem Elternhaus mutmaßlich bereits dazu geführt haben, dass der Beschuldigte in Zukunft von Straftaten absieht, müssen die Strafverfolgungsbehörden keinen weiteren Aufwand betreiben. Ob ein solcher Ausgleich bereits erfolgt ist, muss daher sorgfältig geprüft werden.[200] Bei der Wahl der geeigneten Vorschläge für eine Erziehungsmaßnahme können die Erziehungsberechtigten wertvolle Informationen weitergeben. Es liegt auf der Hand, dass eine auf den Einzelfall abgestimmte Maßnahme effektiver sein muss als eine abstrakte Strafe.

Wichtiges Ziel der Diversion ist es, eine kürzere Zeitspanne zwischen Tat und Reaktion zu erreichen.[201] Es soll zeitnah reagiert werden.[202] Das Umfeld, in dem sich der Jugendliche bewegt, seine finanzielle Lage oder seine persönliche Arbeitssituation, sogar seine Persönlichkeit können sich innerhalb eines halben Jahres komplett geändert haben.[203] In einem solchen Fall stellt sich eine spätere Strafe für den Jugendlichen als ein „ärgerliches Andenken" an eine vergangene Zeit dar. Die Strafe bewegt sich im luftleeren Raum und entfaltet keine der gewünschten Wirkungen. Zudem entwickelt der Beschuldigte mit zunehmender Verfahrensdauer Schutzmechanismen, sogenannte Neutralisierungstechniken.[204] Diese helfen ihm, die Tat zu verarbeiten, führen allerdings dazu, dass die Tat durch den Beschuldigten bagatellisiert und die Schuld auf andere übertragen wird.[205] Die bundeseinheitlichen Richtlinien zum Jugendgerichtsgesetz formulieren bezüglich § 43 JGG unter Nummer 6, dass die Maßnahmen und Strafen des Jugendstrafrechts regelmäßig dann am wirksamsten sind, wenn sie der Tat auf dem Fuße folgen.[206] Was für die formelle Bestrafung gilt, gilt auch für die Diversion. Auch ein informelles Vorgehen bleibt

---

199 *Ostendorf* „Das Jugendstrafverfahren", S. 11.

200 *Lehmann*, S. 174.

201 *Schaffstein/Beulke*, S. 241; *Heinz/Storz* S. 8.

202 *Engel* in DVJJ 3/98, S. 257; *Heinz* in DVJJ 1/99, S. 11; *Ostendorf* „Wieviel Strafe braucht die Gesellschaft?" S. 92; *Ostendorf* JGG Grundlagen zu §§ 45 und 47 Rdnr. 4.

203 *Hering/Sessar* „Praktizierte Diversion", S. 100; *Weyel* in DVJJ 3/1998, S. 207.

204 Vgl. *v. d. Woldenberg*, S. 97.

205 *Hering/Sessar* „Praktizierte Diversion", S. 99.

206 Die Richtlinien sind unter anderem abgedruckt bei *Brunner/Dölling* § 43 im Anschluss an den Gesetzestext.

eine Reaktion und muss schnell erfolgen, um Wirkung zu entfalten. Nur wenn dem Jugendlichen die Tat noch vor Augen ist, ist es ihm möglich zu verstehen, warum für sein Verhalten das Legalitätsprinzip durchbrochen wird. Auch der jugendliche Täter erwartet eine Reaktion auf sein Fehlverhalten. Wenn sich ihm diese aufgrund der langen Verfahrensdauer nicht erschließt, ist eine Diversionsentscheidung, zumindest spezialpräventiv betrachtet, genauso überflüssig, wie eine überharte Strafe. Gegenüber einer Verurteilung führt eine informelle Verfahrenserledigung tatsächlich zu einer erheblichen Beschleunigung des Verfahrens.[207] Dass eine genauere Persönlichkeitserforschung des Beschuldigten im Grunde mehr Zeit benötigt und daher etwas kurz kommt, ist mit Blick auf den Beschleunigungsgrundsatz hinzunehmen.[208]

Die Gründe dafür, dass Diversion in der Praxis so häufig zur Anwendung kommt und z. B. durch Richtlinien weitere Unterstützung erfährt, sind auch ökonomischer Natur.[209] Durch eine geringere Zahl von Verurteilungen soll die Justiz, sowohl was den Arbeitsumfang angeht als auch bezüglich der Kosten der Strafrechtspflege, entlastet werden.[210] Jeder Fall, der nicht in der Hauptverhandlung endet, erspart Zeit und Geld. Ein nahezu universell zu verzeichnender Anstieg von Bagatell- und Jugendkriminalität in den 90er Jahren sowie eine Ausweitung der polizeilichen Aktivitäten haben dazu geführt, dass die Strafverfolgungsorgane mit einer erheblichen Überbelastung zu kämpfen haben.[211] Je höher die Kriminalitätsbelastungszahl in einem Bundesland ist, desto höher ist in der Regel auch die Diversionsrate.[212] Ökonomische Gründe dürften daher wesentlich für den Erfolg der Diversion verantwortlich sein. Die wachsende Skepsis gegenüber der Effizienz herkömmlicher Reaktionen hat ebenfalls ihren Teil zu dieser Entwicklung beigetragen.[213]

Grundsätzlich ist der Diversion damit zu Recht ein hoher Stellenwert einzuräumen. Die verfolgten Ziele sind begrüßenswert. Von diesen Zielen ging im Übrigen auch der Gesetzgeber aus, als er die Diversion mit dem Ersten Gesetz zur Änderung des Jugendgerichtsgesetzes stärkte. Die damalige Bundesregierung, bestehend aus einer Koalition von CDU/CSU und FDP, hob hervor, dass

---

207 *Hering/Sessar*, S. 392 ff.; *Heinz/Storz*, S. 49.

208 *Lehmann*, S. 129.

209 *Kuhlen*, S. 4; *Heinz/Storz*, S. 37.

210 *Kaiser*, S. 56; *Ostendorf* „Wieviel Strafe braucht die Gesellschaft?", S. 36, wonach Schwerpunkte bei der Strafverfolgung zu setzen sind; *Heinz* in DVJJ 1/99, S. 11.

211 *Kaiser*, S. 56.

212 *Heinz/Storz*, S. 37.

213 *Heinz/Storz*, ebd; *v. d. Woldenberg*, S. 21.

das informelle Verfahren kostengünstiger, schneller und weniger belastend sei und im Hinblick auf Prävention und Rückfallvermeidung effizienter.[214]

F. Problemfelder

Die vermehrte Zuwendung zur Diversion und deren praktische Umsetzung ist nicht unumstritten. Im Folgenden werden Vorwürfe aufgelistet, denen sich Diversion ausgesetzt sieht.

I. Mangel an Akzeptanz gegenüber „weichen Sanktionen"

Trotz der vielen Gründe, die für ein Diversionsverfahren sprechen, steht die Diversion als Vertreter der sogenannten „weichen Welle" in der öffentlichen Kritik.[215] Informelle Reaktionen geraten aus verschiedenen Gründen unter Druck. Einer der Gründe ist die – zumindest gemäß der Polizeilichen Kriminalstatistik – steigende Jugendkriminalität. Wie bereits angesprochen, steht der PKS eine große Anzahl von Skeptikern gegenüber.[216] Es wird bemängelt, „dass im aufgeklärten Deutschland die Aussagen einer polizeilichen Statistik in der öffentlichen Meinung mehr gelten, als jede seriöse sozialwissenschaftliche Untersuchung".[217] Trotzdem kann über diese Zahlen nicht hinweggegangen werden. Dies gilt vor allem deswegen, weil die Ergebnisse der PKS in der Öffentlichkeit diskutiert werden und zur Meinungsbildung beitragen. Hinzu kommt, dass Gewalt innerhalb der Straftaten Jugendlicher einen immer größeren Stellenwert einnimmt.[218] Der Öffentlichkeit ist Nachsicht gegenüber jugendlichen Straftätern unter anderem aus diesen Gründen nur schwer zu vermitteln. Dies gilt insbesondere dann, wenn wie in Hamburg auch Mehrfachbeschuldigte immer häufiger in den „Genuss" einer „folgenlosen" Verfahrenseinstellung kommen.[219] Auch in der Wissenschaft regen sich Stimmen, die zumindest nicht ausschließen wollen, dass zwischen den hohen Diversionsraten bei Mehrfachbeschuldigten und der überdurchschnittlichen Kriminalitätsbelastung in den Städten ein Zusammenhang besteht.[220]

---

214 *Böttcher/Weber* in NStZ 1990, S. 562.

215 *Ostendorf* „Wieviel Strafe braucht die Gesellschaft?", S. 92.

216 Vgl. dazu die Ausführungen zu Beginn des 1. Kapitels (S. 15).

217 So *Kiehl* in DVJJ 1/1996, S. 21.

218 *Meier* in Meier/Rössner/Schöch, S. 63.

219 *Schaffstein/Beulke*, S. 245.

220 *Schöch*, S. 302.

Die Daten der PKS werden von den Medien in einer Weise aufbereitet, dass sie Kriminalitätsängste fördern und damit die Toleranzgrenze gegenüber jungen Straftätern weiter senken. Wie bereits erwähnt, beziehen 95 Prozent der Bevölkerung ihre Kenntnisse über Kriminalität aus den Massenmedien.[221] Die Autoren der Berichterstattung sind daran interessiert, möglichst spektakuläre Informationen zu vermelden. Nur auf diese Weise können sie sich im harten Wettbewerb die nötigen Auflagen und Einschaltquoten sichern. Die Kriminalitätsberichterstattung muss den Rezipienten daher möglichst beeindrucken.[222] Deeskalierende Informationen stoßen auf wenig oder überhaupt kein Interesse auf Seiten der Journalisten.[223] Stattdessen wird überproportional häufig über schwere Delikte und Gewalttaten berichtet.[224] Um die breite Masse ansprechen zu können, darf die Schilderung zudem nicht zu kompliziert ausfallen. Symbole und Bilder sind gefragt.[225] Sowohl auf Seiten der Medienproduzenten als auch auf der Seite der Konsumenten scheint das Interesse an empirischen Befunden nicht sehr groß zu sein.[226] Sensationalismus, Dramatisierung und Vereinfachung – eine gefährliche Mischung – sind daher die Zutaten für eine auflagenstarke Berichterstattung.[227] Die verunsicherten Menschen fordern in der Regel ein härteres Vorgehen.[228] Darauf reagieren wiederum die Politiker, da sie den Wünschen möglichst vieler potentieller Wähler entgegenkommen wollen.[229] Je dramatischer sich die Situation darstellt, umso stärker ist der Druck, ein schnelles Gegenrezept anzubieten. Dies kann einer wirksamen Kriminalitätsbekämpfung nicht förderlich sein, da die Berichterstattungen mit den wahren Gegebenheiten nicht übereinstimmen. Die Medien prägen die Vorstellung über Kriminalität und haben daher ihren Anteil daran, dass informelle Reaktionen sich schwer vermitteln lassen. Darüber hinaus fördern sie den Prozess, dass sich die Gesellschaft in ihrem subjektiven Sicherheitsempfinden immer weiter vom objektiven Bedrohungspotential entfernt.[230]

---

221 Siehe oben anfangs des 1. Kapitels (S. 14).

222 Vgl. zu den Faktoren, die zur Auswahl von Nachrichten führen u. a. *Althoff*, S. 48 f.

223 *Walter* in Monatsschrift für Kriminologie 1998, S. 434.

224 *Lamnek* in DVJJ 3/1995, S. 304.

225 *Walter* in Monatsschrift für Kriminologie 1998, S. 434.

226 *Walter* in Monatsschrift für Kriminologie 1998, S. 434.

227 *Löhr*, S. 23; *Winter* in DVJJ 3/1996, S. 291.

228 *Löhr*, S. 23.

229 *Lamnek* in DVJJ 3/1995, S. 301.

230 *Winter* DVJJ 3/1996, S. 291.

Trotz allem wird es wenig bringen, die Medien dazu aufzufordern, eine ausgewogene Berichterstattung vorzunehmen.[231]

Diversion sieht sich auch dem Vorwurf ausgesetzt, Geschädigten- und Opferinteressen nicht ausreichend zu berücksichtigen. Die Opfer haben ein Anrecht auf eine gesellschaftlich gebilligte Reaktion auf Kriminalität.[232] Für sie ist es mitunter schwer nachzuvollziehen, wenn der Beschuldigte von der Polizei wieder nach Hause geschickt wird, scheinbar ohne dass etwas passiert ist. Es ist zudem anzunehmen, dass es eine nicht bestimmbare Grenze gibt, jenseits welcher informelle Erledigungsstrategien von der Gesellschaft nicht mehr ausreichend akzeptiert werden.[233]

Dies sind einige Gründe dafür, dass Vertreter des Diversionsgedankens in der öffentlichen Diskussion einen schweren Stand haben. Selbstverständlich ist bei einer informellen Erledigung auf die Opfer der Straftaten Rücksicht zu nehmen. Deren Belange werden jedoch zum einen mittelbar durch die den Rechtsfrieden sichernde Vorgehensweise im Diversionsverfahren berücksichtigt.[234] Zum anderen wird gerade in Diversionsverfahren bei Delikten, in denen es sich anbietet, wie etwa Körperverletzungen und Beleidigungen, auf den Ausgleich mit dem Opfer gesetzt. Außerdem verfolgt das Jugendstrafrecht nicht in erster Linie den Sühnegedanken, sondern setzt vornehmlich auf Spezialprävention.

Aus generalpräventiven Gründen erscheint es unangebracht, von Kleinstkriminalität keine Notiz zu nehmen, selbst wenn sie der Normalität entspricht.[235] Generalprävention ist im Jugendstrafrecht grundsätzlich unzulässig.[236] Generalpräventive Reflexe als Nebenprodukt einer Diversionsentscheidung sind allerdings allgemein erwünscht.[237] Der Jugendliche darf aber auch aus spezialpräventiven Gründen nicht das Gefühl bekommen, Gesetzesverstöße blieben ungeahndet und Schuld und Verantwortung gebe es nicht.[238] Es besteht die Gefahr, dass sich die Erfahrung, dass auf Gesetzesverstöße keine Reaktion erfolge, in der Vorstellung des Beschuldigten verfestigt. Dem muss entgegengewirkt und stattdessen ein positiver Lerneffekt erzielt werden. Daher ist zu-

---

231 So aber der Appell von *Bilsky* in Kriminologisches Journal 1996, S. 286.

232 *Kaiser*, S. 56.

233 Vgl. *Meier* in Meier/Rössner/Schöch, S. 161.

234 Vgl. *Lehmann*, S. 99.

235 Vgl. *Schaffstein/Beulke*, S. 240.

236 Vgl. *Hübner/Kerner/Kunath/Planas* in DVJJ 1/1997, S. 28.

237 Vgl. *Lehmann*, S. 110.

238 Vgl. *Brunner/Dölling*, § 45 JGG Rdnr. 10.

mindest so auf den Normverstoß zu reagieren, dass der Jugendliche erkennt, dass die soziale Abweichung unerwünscht ist.[239] Auf der anderen Seite werden die „Einwirkungsmöglichkeiten des Justizapparates quantitativ und qualitativ überschätzt".[240] Jugendliche lassen sich selbst von härtesten Sanktionsandrohungen nicht von ihrem entwicklungsbedingten Verhalten abbringen.[241] Als Alternative zum förmlichen Strafverfahren muss Diversion also dessen Nachteile vermeiden, ohne die von einem Strafverfahren ausgehende Warnfunktion vollkommen zu vernachlässigen. Unterschwellig steht jedoch stets der Vorwurf im Raum, Diversion fördere durch Nachsicht die Kriminalität und könne daher keine geeignete Antwort auf Straftaten sein.

Es gibt allerdings gute Gründe, warum Diversionspolitik zwar weniger hart durchgreift, gleichwohl aber ebenso erfolgreich, wenn nicht sogar erfolgreicher ist, wenn es darum geht, Straftaten und Straftätern wirksam zu begegnen. Die Befürworter der Diversion stützen sich dabei auf die empirische Erkenntnis, dass die formelle der informellen Erledigung in spezialpräventiver Hinsicht nicht überlegen ist.[242] Die informelle Reaktion wird aufgrund ihrer Effizienz im Hinblick auf die Rückfallquote sogar als tertiäre Prävention eingestuft.[243] Rückfallstatistiken belegen nach verschiedenen Untersuchungen einen Vorteil für die informelle Erledigung.[244] Einer repräsentativen Untersuchung zu Folge ist der Vorteil einer informellen Reaktion eine über zehn Prozent niedrigere Rückfallquote gegenüber einer formellen Bestrafung.[245] Bei dieser Untersuchung wurden sämtliche Eintragungen im Erziehungs- und Bundeszentralregister des Geburtsjahrganges 1961 zur Hand genommen und zwei homogene Gruppen von Ersttätern im Bereich „Einfacher Diebstahl" und „Fahren ohne Fahrerlaubnis" gebildet. Die Rückfallquote der Verurteilten betrug 45,3 Prozent, während diejenigen, deren Verfahren nach §§ 45, 47 JGG eingestellt worden waren, nur in 34,4 Prozent aller Fälle rückfällig wurden. Die Ergebnisse solcher Untersuchungen haben in der Vergangenheit zusätz-

---

239 Vgl. *Lehmann*, S. 86.

240 So *Karstedt-Henke* in DVJJ 2/1991, S. 112.

241 *Karstedt-Henke*, ebd; vgl. *Hübner/Kerner/Kunath/Planas* in DVJJ 1/1997, S. 27.

242 *Kaiser*, S. 56; *Lehmann*, S. 113; *v. d. Woldenberg*, S. 73; *Heinz* in DVJJ 1/99, S. 13.

243 *Kaiser*, S. 77 f.

244 Vgl. *Heinz/Storz*, S. 3, davon geht auch *Meier* in Meier/Rössner/Schöch, S. 160 aus.

245 Siehe dazu u. a. die Untersuchung von *Storz* in *Heinz/Storz*, S. 131 ff.; *Eisenberg* JGG, § 45 Rdnr. 17 f, der auf die Problematik der Untersuchung von Rückfallquoten eingeht.

lich die Vermutung eines mangelnden Erfolgs formeller Sanktionierung bestätigt.[246]

Ähnlich diversionsunterstützend ist die Tatsache, dass die Kriminalitätsrate in der zweiten Hälfte der 80er Jahre zurückging, obwohl es zu vermehrten Diversionsentscheidungen gekommen war. Zudem war die Kriminalitätsrate vor der Einführung von Diversionsmodellen in Deutschland in den 70er Jahren in einer Weise angestiegen, die heutige Verhältnisse übersteigt.[247] Die Einführung der Diversion kann daher nicht per se zu einem Anstieg von Straftaten geführt haben. Die Wirkung des Strafrechts ist vielmehr so stark, dass die Diversion auch in generalpräventiver Hinsicht keine Schwächung verursacht.[248] Angesichts der komplexen Zusammenhänge ist jedoch davor zu warnen, umgekehrt auf einen Kausalzusammenhang zwischen einer härteren Bestrafung und höheren Rückfallquoten zu schließen.[249] Dies wäre ein ähnlicher Fehlschluss, wie wenn man mit der Ausweitung härterer Sanktionen, wie z. B. Freiheitsstrafen, Kriminalität zurückzudrängen glaubt.[250] Daher ist bei der genannten Untersuchung hinsichtlich der Rückfallquote zu beachten, dass Verurteilte und Nichtverurteilte nur begrenzt vergleichbare Personengruppen darstellen.

Die zunächst auf empirischen Untersuchungen basierende Annahme, dass ein informelles Verfahren zu einer besseren Legalbewährung führt, ist mittlerweile in Frage gestellt.[251] Das frühe Intervenieren mit härteren Sanktionen kann aber zur Folge haben, dass es zu einem Zeitpunkt zu einer Überreaktion kommt, in dem altersentsprechend die Häufigkeit der Rechtsbrüche schon wieder abnimmt.[252] Auch die steigende Zahl von Straftaten Jugendlicher kann im Grunde nicht der Diversion angelastet werden. Falls die Zahl der registrierten Bagatelltaten steigt, geschieht dies im Grunde im Einklang mit dem Diversionsgedanken. Da diese Form der Kriminalität normal und ubiquitär ist, beleuchtet die größere Anzahl von registrierten Taten lediglich ein wenig mehr

---

246 Vgl. *v. d. Woldenberg*, S. 21, wonach die Skepsis gegenüber der Wirksamkeit herkömmlicher Sanktionen in den letzten Jahrzehnten gestiegen ist; so auch *Heinz* in *Heinz/Storz*, S. 37, der in der Frustration, die sich aus der Erfolglosigkeit der herkömmlichen Reaktionen ergibt, einen Grund für den Anstieg der Diversionsrate sieht.

247 Vgl. *v. d. Woldenberg*, S. 67.

248 So im Ergebnis *Schöch*, S. 1104 f.; vgl. auch *Ostendorf* „Wieviel Strafe braucht die Gesellschaft?", S. 37, 100; *Heinz/Storz*, S. 64; *Rössner* in Meier/Rössner/Schöch, S. 42.

249 *Kaiser*, S. 256.

250 Dies ist mehr oder weniger zwingend, weil sich der betroffene Personenkreis um Delinquenten erweitert, die eine bessere Sozialprognose aufweisen.

251 *Schaffstein/Beulke*, S. 241.

252 *Heinz/Storz*, S. 61 f.

vom großen Dunkelfeld. Es kann daher nur der besseren Verbrechensaufklärung zugeschrieben werden, wenn diese Zahlen steigen – und nicht einer kriminellen Jugend.

Da sich eine formelle Bestrafung im Bagatellbereich bei Ersttätern zumindest nicht als erfolgreicher erweist, ist an der Diversion festzuhalten. Sie ist nicht nur wegen des Gebotes der Subsidiarität im Jugendstrafrecht vorzuziehen, sondern auch dann, wenn die Gebote der Sozialstaatlichkeit und der Verhältnismäßigkeit herangezogen werden.[253] In anderen Wissenschaften ist es üblich, auf wissenschaftlichen Erkenntnissen konsequent aufzubauen. Im Bereich des Jugendstrafrechts scheint es hingegen so, als ob man das Rad immer wieder von vorne erfinden wolle, indem man den Forderungen nach härteren Strafen stets aufs Neue nachgeht, obwohl dies erwiesenermaßen keinen Erfolg verspricht.

Die Anwendung der Diversion ist im Wesentlichen auf den Bereich der Bagatelle beschränkt. § 45 Abs. 1 JGG, der Regelfall, bei dem Diversion zur Anwendung kommt, ist auf Vergehen eingegrenzt. Der Gesetzgeber hat jedoch über § 45 Abs. 2 JGG die Möglichkeit, mit Diversion zu reagieren, auch für Verbrechen eröffnet. Somit ist in einzelnen Fällen auch für mittelschwere Kriminalität eine informelle Reaktion gestattet. Diese Fälle sind jedoch genau zu prüfen, um nicht denjenigen Argumente zu liefern, die weiche Sanktionierung bei mittelschweren oder schweren Delikten bemängeln und in Diversion einen Grund für die Zunahme vermehrter Kriminalität, insbesondere Gewaltkriminalität sehen. Dieser Anstieg kann dem Diversionskonzept nicht zugeschrieben werden.[254] Es richtet sich gemäß der zugrundeliegenden Intention an Jugendliche, die ihren Alters- und Geschlechtsgenossen im Wesentlichen gleichen und entwicklungsbedingt eine Straftat in der Regel aus dem Bereich der Bagatelle begangen haben. In solchen Fällen ist das Diversionskonzept vorzuziehen.

Es gibt allerdings auch eine Gruppe jugendlicher Straftäter, bei denen das erste Delikt den Einstieg zur kriminellen Karriere ebnet. Eine Gruppe von gerade einmal fünf Prozent unter den Jugendlichen Beschuldigten ist für die Hälfte aller Delikte verantwortlich.[255] Mit normaler Jugendkriminalität hat dies nichts mehr zu tun.[256] Diesen Jugendlichen kann mit Diversion nicht beige-

---

253 Vgl. *v. d. Woldenberg*, S. 25; *Heinz* in DVJJ 1/99, S. 15; *Trenczek* in DVJJ 1/1991, S. 8.

254 Trotz allem bleiben die schweren Gewaltdelikte eine Domäne der Erwachsenen.

255 *Ostendorf* „Wieviel Strafe braucht die Gesellschaft?", S. 103; auch *Meier* in Meier/Rössner/Schöch, S. 49 spricht davon, dass Intensivtäter für die große Masse der Delikte verantwortlich sind.

256 *Meier* in Meier/Rössner/Schöch, S. 49.

kommen werden. Die Anwendung von Diversion ist bei ihnen nutzlos.[257] Es gibt aber kein sicheres Mittel, um den potentiellen Serientäter bei seiner ersten Straftat vom gewöhnlichen Jugendlichen zu unterscheiden.[258] Es gibt zwar Indizien dafür, dass bei dem einen oder anderen Beschuldigten eine größere Gefahr besteht, dass er weiter auffällig bleibt, eine Sicherheit gibt es aber nicht. Bei der Auswahl der zur Diversion geeigneten Fälle besteht daher ein Risiko, Personen, die einer formellen Bestrafung zuzuführen sind, lediglich informell gegenüberzutreten. Konsequenz kann es aber nicht sein, den übrigen 95 Prozent die geeigneten und positiven Wirkungen der Diversion vorzuenthalten. Die konsequente Anwendung von Diversion bei Bagatelltaten bis hin zu mittelschwerer Kriminalität ist auch mit Blick auf die geringe Zahl der Intensivtäter unproblematisch, da diese nur bei erstmaliger Auffälligkeit in den „Genuss" des Diversionsverfahrens kommen. Daher ist die Anwendung der Diversion bei diesen Personen insofern sinnvoll, als dass es ihnen nicht schadet und gleichzeitig den anderen Beschuldigten gegenüber zu keiner unnötigen Verschärfung kommt. Es darf allerdings nicht der Fehler gemacht werden, auf Personen, die mehrfach auffällig geworden sind und sich von Diversionsmaßnahmen unbeeindruckt gezeigt haben, weiter informell einzuwirken.[259]

Es besteht somit die Gefahr, dass Diversion durch falsche Anwendung in die Kritik gerät, obwohl sie helfen könnte, zumindest den Bereich der Bagatelltaten wirksam und schnell unter Kontrolle zu bringen. Dieser Freiraum könnte der Verfolgung der Intensivtäter gewidmet werden. Diversion ist im Ergebnis zwar auf weniger Stigmatisierung ausgelegt, deswegen aber nicht weniger effektiv. Die Anwendung auf Beschuldigte, die sich wiederholt auffällig gezeigt haben und sich daher offensichtlich nicht normal entwickeln, verbietet sich jedoch. Eine solche Fehlanwendung schadet nicht nur den Beteiligten, sondern auch dem Ansehen des Diversionskonzepts insgesamt.

II. Net Widening und Subsidiarität

Ein Ziel der Diversion ist es, so wenig Einfluss wie möglich auf einen Beschuldigten zu nehmen. Dem natürlichen Prozess des „maturing out" soll nicht entgegengewirkt werden. Daher ist es wichtig, stets zuerst die Eingriffs-

---

257 Es ist aber auch bei solchen Intensivtätern zu beobachten, dass sie vereinzelt unter den bereits genannten Voraussetzungen ihre „Karriere" abbrechen; vgl. dazu *Heinz/Storz*, S. 75.

258 *Wölffel*, S. 26 ist jedoch der Auffassung, dass Diversion eine Trennung von Intensivtätern und Bagatelltätern ermögliche. Nach *Bock*, S. 180 ist die Klärung, wann eine nachhaltige Intervention zu erfolgen hat von größter Wichtigkeit.

259 Siehe *Ostendorf* in DVJJ 3-4/1994, S. 232, wonach wiederholte folgenlose Einstellungen bei Ladendieben nichts bewirken.

form zu wählen, die mit der geringsten Stigmatisierung einhergeht. Es gilt der Grundsatz der Subsidiarität.[260] Darin findet der Verhältnismäßigkeitsgrundsatz im Jugendstrafrecht seine Ausformung.[261] Neben dem Subsidiaritätsgrundsatz ist der Erziehungsgedanke des Jugendgerichtsgesetzes zu beachten.[262] Diversion verkennt nicht die Notwendigkeit der Erziehung. Im Gegenteil, Erziehung soll bewusst dort eingesetzt werden, wo sie nötig ist.

Das Jugendstrafrecht kann die Leistung der Erziehungsberechtigten nicht ersetzen. Wenn diese von ihrem Erziehungsrecht bereits ausreichend Gebrauch gemacht haben, muss sich der Staat mit Erziehungsmaßnahmen zurückhalten. Falls jedoch ein Defizit vorliegt, muss gehandelt werden. Für ein erzieherisches Einwirken stehen im Diversionsverfahren eine Reihe von Möglichkeiten zur Verfügung. Zu viel Erziehung oder Erziehung die nicht von Nöten ist, kann beim Zögling allerdings zu unerwünschten Gegenreaktionen führen. Überdies halten es Kritiker für wahrscheinlich, dass der Erziehungsgedanke zum Übersehen des Subsidiaritätsgedankens führt.[263] Dies könnte zum einen aus ungewolltem Übereifer passieren, da das positive Erziehungsziel den Blick für die Subsidiarität trübt. Zum anderen könnte dies aber auch ganz bewusst, frei nach dem Motto „Erziehung hat noch niemandem geschadet", geschehen. Somit wäre es möglich, dass eine höhere Registrierung von abweichendem Sozialverhalten nicht auf vermehrte Auffälligkeit, sondern auf eine stärkere Sozialkontrolle zurückgeführt werden könnte.[264] In common law-Systemen ist die Gefahr, wegen Erziehungsaspekten mehr Verfahren einzuleiten, jedoch erheblich größer. Dort darf von der Einleitung eines Verfahrens von Seiten der *Polizei* von Anfang an abgesehen werden. Dementsprechend hängt die Zahl der Verfahren nicht von den entdeckten Straftaten ab, sondern vom Willen der Polizei. In Deutschland sollten aufgrund des Legalitätsprinzips solche Entwicklungen ausgeschlossen sein.

Diversion wird von Polizeibeamten häufig mit mehr Erziehung gleichgesetzt. In Gesprächen mit Polizeibeamten wurde dem Verfasser erläutert, dass durch Diversion im Gegensatz zu früher nun wenigstens *etwas* passiere. Beispielhaft führt auch das Polizeipräsidium Wuppertal in einer Erläuterung über einen von ihm durchgeführten Modellversuch mit einem „Diversionstag" aus, dass herkömmliche Diversion bedeute, es werde „größtmögliche Gewähr zur Ent-

---

260 *Brunner/Dölling*, § 45 Rdnr. 4.

261 Vgl. *v. d. Woldenberg*, S. 25.

262 Zum Wandel des Erziehungsgedankens vgl. auch *Peterich* in DVJJ 1/1998, S. 10, 11.

263 *Lehmann*, S. 147.

264 *Löhr-Müller*, S. 5.

faltung erzieherischer Wirkung geboten".[265] Es liegt im Übrigen nahe, dass eine stärkere Sozialkontrolle insbesondere von nonjustiziellen, privaten Diversionsmodellen zu befürchten ist, welche die Erziehung des jugendlichen Beschuldigten in der Regel noch stärker forcieren möchten.

Mehr Erziehung bedeutet mehr Kontrolle. Kontrolle lässt sich mit einer Vernetzung zwischen verschiedenen Instanzen effizienter gestalten. Kritiker befürchten daher, dass ausgerechnet Diversion zu einer Ausweitung von Kontrollmaßnahmen führt und sich das Bemühen um eine zurückhaltende Reaktion ins Gegenteil verkehrt.[266] Es wird sogar behauptet, mit Diversion werde eine Doppelstrategie strafrechtlicher Sozialkontrolle verfolgt, die aufgrund von Überbelegung und Kapazitätsengpässen notwendig geworden sei.[267] Diese Kontrollausweitung wird mit dem Begriff „net-widening process" umschrieben. In Diversionsmodellen wird regelmäßig gefordert, dass die Zusammenarbeit von Polizei, Staatsanwaltschaft, Jugendamt und Jugendgerichtshilfe gestärkt werden muss. Auch wird die Erziehung des Jugendlichen in den Vordergrund gerückt. Damit wird soziale Kontrolle ausgeweitet.

Auf der anderen Seite könnte dieser Entwicklung auch etwas Positives abgewonnen werden. Durch eine umfassende Vernetzung könnte mehr Datenmaterial gesammelt werden. Dies könnte bei der Kriminalitätsbekämpfung hilfreich sein. Ob sich dieser Aufwand lohnt, erscheint fraglich. Es wäre besser, wenn die bereits bekannten Erkenntnisse über Bagatellkriminalität erst einmal umgesetzt würden, bevor weiteres Material gesammelt wird. Unter der Prämisse, dass Jugendkriminalität ubiquitär und entwicklungsbedingt ist, lässt sie sich kaum verhindern. Dass ein Jugendlicher grundsätzlich dazu neigt, dass Gesetz zu übertreten, kann durch eine Vernetzung nicht geändert werden. Diversion sollte sich daher eher auf einen effizienten Umgang mit dem gefassten Beschuldigten konzentrieren. Dessen Daten werden in einem dem Bagatellfall angemessenen Rahmen erfasst. Dafür bedarf es keiner Vernetzung.

Möglicherweise wäre aber ein durch Zusammenwirken verschiedener Institutionen erreichtes Mehr an Erziehung tatsächlich ein Vorteil. Schließlich erhofft man sich von Maßnahmen wie dem erzieherischen Gespräch die Entwicklung des Jugendlichen positiv zu beeinflussen. Intervenierende Diversion, bei der erzieherische Aufgaben z. B. auf die Jugendgerichtshilfe oder Sozialarbeiter delegiert werden, könnte ein Schlüssel zur „Bekämpfung" von Bagatellkriminalität sein. So kam z. B. eine Untersuchung einer intervenierenden

---

265 Näheres zum „Diversionstag" siehe in Kapitel 6 (S. 187 f.).

266 *Schaffstein/Beulke*, S. 242; *v. d. Woldenberg*, S. 76; *Heinz/Storz*, S. 5; *Brunner/Dölling*, § 45 JGG Rdnr. 6.

267 *Brunner/Dölling*, § 45 JGG Rdnr. 6 mit weiteren Nachweisen.

Staatsanwaltsdiversion im Landgerichtsbezirk Kaiserslautern zu einem Ergebnis, das diese Hoffnung stützt. Die intervenierende Diversion wies gegenüber der Non-Intervention einen Vorteil in der Legalbewährung auf. Von den Jugendlichen, deren Verfahren „folgenlos" eingestellt worden waren, wurden 25,1 Prozent rückfällig. Bei jenen Jugendlichen, bei denen die „intervenierende" Diversion durchgeführt wurde, waren es nur 11,6 Prozent.[268] Dieser Untersuchung muss allerdings entgegengehalten werden, dass der Jugendstaatsanwalt, welcher die Untersuchung durchführte, als zuständiger Jugenddezernent diesen Modellversuch selbst entscheidend beeinflusste. Außerdem waren die Gruppen, die verglichen wurden, nicht nach den selben Kriterien ausgewählt worden, was das Untersuchungsergebnis zusätzlich abschwächt.[269]

Wägt man Nutzen und Risiko einer Ausweitung der sozialen Kontrolle gegeneinander ab, so ist mit Blick auf die Diversion vor einer solchen Entwicklung zu warnen. Am Ende der Entwicklung stünde eine perfekte Vernetzung zwischen Polizei, Staatsanwaltschaft, Schule, Jugendamt, Jugendgerichtshilfe und Eltern. Dies bedeutet jedoch auf jeden Fall mehr Kontrolle und Einmischung. Dem Diversionsgedanken läuft diese Entwicklung zu wider. Auch dem Erziehungsgedanken kann diese Entwicklung nur scheinbar gerecht werden. Erziehung sollte sich auf das Notwendige beschränken. Andernfalls besteht die Gefahr, dass sie an Wirkung einbüßt. Die große Mehrzahl der Beschuldigten ist nicht behandlungsbedürftig.[270] Angesichts des maturing-out-Effekts ist Einmischung in der Regel kaum notwendig. Es ist überflüssig, dass die Jugendgerichtshilfe bei jeder Bagatelltat tätig wird.[271] Die Vernetzung ist lediglich für Intensivtäter geeignet und angebracht.

Vernetzung kann auch den Subsidiaritätsgedanken gefährden. Je mehr Institutionen mit der Bearbeitung eines Falles betraut sind, desto größer ist die Wahrscheinlichkeit, dass zumindest von einer Seite mehr Initiative ergriffen wird als notwendig. Non-Intervention stellt den geringsten Eingriff in das Umfeld und die Person des Beschuldigten dar. Daher ist ihr Vorrang einzuräumen. Dies ergibt sich auch daraus, dass zum Zeitpunkt der Einleitung eines Diversionsverfahrens die Schuld des Beschuldigten noch nicht von einem

---

268 Vgl. *Matheis*, S. 119.

269 *Matheis* hatte sämtliche eigene Fälle, bei denen nach einem 1986 in Kaiserslautern durchgeführten Diversionsmodell verfahren wurde, mit ausgewählten Fällen seiner Vorgängerin verglichen. Bei der Auswahl hatte er versucht, vergleichbare Fälle herauszufiltern. Die Auswahl war dementsprechend sehr subjektiv.

270 *Lehmann*, S. 26; *Trenczek* in DVJJ 1/1991, S. 8; *Hübner/Kerner/Kunath/Planas* in DVJJ 1/1997, S. 28.

271 *Trenczek* in DVJJ 1/1991, S. 8 und DVJJ 1/1994, S. 34.

Richter überprüft wurde. Deswegen ist dieser Vorrang besonders dann zu beachten, wenn bezüglich des Vorliegens einer Straftat Zweifel bestehen. § 170 Abs. 2 StPO, der, wie gezeigt, keinen Unterfall der Diversion darstellt, ist ohne Ausnahme zuerst zu prüfen. Dies darf auch angesichts der erhofften erzieherischen Wirkung, die von einer Diversionsentscheidung ausgehen soll, nicht übersehen werden. Das Verfahren wird durchgeführt, weil von einer Straftat ausgegangen wird und nicht, weil eine Erziehungsbedürftigkeit vorliegt.[272] Bezüglich des Vorrangs von § 170 Abs. 2 StPO vor jeglicher Diversionsentscheidung besteht Einigkeit. Ob dieser Vorrang beachtet wird, ist daher weniger ein rechtliches als ein praktisches Problem.

Angesichts der Tatsache, dass z. B. im Jahr 1997 in Deutschland 54,8 Prozent aller Verfahren gegen einen bekannten Täter nach § 170 Abs. 2 StPO eingestellt wurden[273], ist die Befürchtung nicht unbegründet, dass ein solcher Fall im Eifer der erzieherischen Bemühung und der totalen Vernetzung übersehen werden könnte. Diese Annahme wird zusätzlich dadurch gestärkt, dass bei Jugendlichen seltener nach § 170 Abs. 2 StPO eingestellt wird als bei Erwachsenen.[274] In den USA sind Kontrollausweitungen durch Diversion nachgewiesen worden.[275] Dort hatte die „Therapiebesessenheit in den 60er und 70er Jahren zu der Überzeugung geführt, dass jedes abweichende Verhalten einer sozialpädagogischen Behandlung bedürfe".[276] Bisherige Untersuchungen in Deutschland scheinen diese Befürchtungen jedoch zu widerlegen oder sie zumindest nicht zu bestätigen.[277] Sowohl eine Untersuchung in 17 Landgerichtsbezirken in Baden-Württemberg[278] als auch eine weitere in Lübeck[279] ließen keine rückläufige Entwicklung der Entscheidungen nach § 170 Abs. 2 StPO wegen einer vermehrten Einstellung nach §§ 45, 47 JGG erkennen.

---

272 *Lehmann*, S. 143; *Trenczek* in DVJJ 1/1991, S. 8.

273 *Heinz/KrimZ*, S. 140, unter Berücksichtigung aller, auch der unbekannten Täter, wurden sogar 60,3 Prozent aller Fälle nach § 170 II StPO eingestellt.

274 *Lehmann*, S. 148.

275 Vgl. *v. d. Woldenberg*, S. 76; *Hering/Sessar* „Praktizierte Diversion", S. 131; *Kuhlen*, S. 2 mit weiteren Nachweisen.

276 Vgl. *v. d. Woldenberg*, S. 7.

277 So *Brunner/Dölling*, § 45 JGG Rdnr. 7; *Hering/Sessar* „Praktizierte Diversion", S. 131; *v. d. Woldenberg*, S. 78 f.

278 Siehe *Heinz* in: Neue ambulante Maßnahmen nach dem Jugendgerichtsgesetz, hrsg. v. Bundesministerium der Justiz, 1986, S. 179.

279 *Sessar/Hering*, S. 387.

Trotzdem können diese Erkenntnisse die Befürchtungen hinsichtlich einer Ausweitung des Netzes nicht ad acta legen. Für konkrete Aussagen liegen bisher zu wenige Untersuchungsergebnisse vor.[280]

Während bezüglich § 170 Abs. 2 StPO Einigkeit darüber besteht, dass jede andere Reaktion oder Verfahrenseinstellung demgegenüber subsidiär sein muss, ist die Position des § 153 StPO innerhalb der Diversion weniger klar bestimmt. Was das Verhältnis von § 153 Abs. 1 StPO und § 45 Abs. 1 JGG betrifft, gibt es unterschiedliche Ansichten. Auf den ersten Blick sieht es so aus, als ob § 45 JGG als Spezialnorm der Vorzug zu gewähren sei und § 153 Abs. 1 StPO dahinter zurückzutreten habe.[281] Dies scheint auch ein Blick auf die Einstellungsvoraussetzungen zu bestätigen. Bezüglich dieser bezieht sich § 45 JGG auf § 153 StPO und unterscheidet sich insofern nicht von seinem Pendant.

Im Gegensatz zu § 153 StPO erfolgt allerdings im Anschluss an eine Verfahrenseinstellung nach § 45 JGG eine Eintragung ins Erziehungsregister.[282] Der Jugendliche wird daher bei einer Einstellung nach § 45 JGG gegenüber einer Einstellung gemäß § 153 StPO beschwert.[283] Diese Eintragung belastet den Beschuldigten unter Umständen bis zum 24. Lebensjahr.[284] Es soll „empirisch beobachtbar" sein, dass durch die Registrierung eine „Sanktionsleiter aufgebaut" wird.[285] Angesichts dieses Makels spricht vieles dafür § 45 Abs. 1 JGG als subsidiär zu § 153 Abs. 1 StPO zu begreifen.[286] Mit Blick auf diese Problemlage wird gefordert, das Eintragungserfordernis zumindest für § 45 Abs. 1 und 45 Abs. 2 JGG zu streichen.[287] Es sei auch „nicht erkennbar, warum die registerliche Vorbelastung bei Jugendlichen notwendig ist, bei Erwachsenen

---

280 Vgl. *v. d. Woldenberg*, S. 79.

281 So auch *Diemer* JGG, § 45 Rdnr. 9 oder *Meier* in Meier/Rössner/Schöch, S. 159, wonach im Verfahren gegen Jugendliche § 45 JGG die §§ 153, 153 a StPO ersetzt.

282 Vgl. § 60 I Nr. 7 BZRG.

283 So unter anderem *Ostendorf* „Das Jugendstrafverfahren", S. 21; *Eisenberg* will in der Eintragung allerdings vielleicht sogar einen Vorteil für den Beschuldigten entdecken, da er in etwaigen späteren Verfahren mit hilfreichen Maßnahmen bedacht werden könnte, vgl. *Eisenberg* JGG, § 45 Rdnr. 10. Im Ergebnis ebenso *v. Friedrichs*, S. 73, die sich allerdings für eine Verkürzung der Tilgungsfrist ausspricht. Die Nachteile einer solchen Stigmatisierung dürften diesen möglichen Vorteil allerdings deutlich überwiegen.

284 Vgl. § 63 Abs. 1 BZRG.

285 So *Hering/Sessar* „Praktizierte Diversion", S. 22.

286 Es sei denn, man folgt unter anderem *Diemer* JGG, § 45 Rdnr. 9, wonach die Eintragung kein unnötiger Makel ist, sondern sich durch den Erziehungsgedanken rechtfertigt und damit eine hinzunehmende objektive Schlechterstellung darstellt.

287 *Ostendorf* JGG, Grdl. zu §§ 45 und 47 Rdnr. 9; *Heinz* „Deutschland", S. 61.

dagegen nicht".[288] In der Rechtslehre wird zum Teil § 153 StPO dann der Vorrang eingeräumt, wenn das Gericht zugestimmt hat, um eine Benachteiligung des Jugendlichen gegenüber dem Erwachsenen zu vermeiden.[289] Im Ergebnis gebietet das Prinzip der Gleichbehandlung von jugendlichen, heranwachsenden und erwachsenen Beschuldigten, § 153 StPO Vorrang zu gewähren, da dieser kein Eintragungserfordernis aufweist.[290]

§ 45 Abs. 1 JGG sollte deshalb lediglich dann zur Anwendung kommen, wenn ein Eintragungserfordernis besteht. Dies könnte beispielsweise darin begründet sein, dass aufgrund der Persönlichkeit des Täters mit weiteren Taten gerechnet werden kann. Auch an der Tatschwere kann angesetzt werden. Da in der momentanen Situation der Trend jedoch eher hin zur vollkommenen Erfassung der Täter geht und der „gläserne Mensch" langsam Realität annimmt, dürfte der Appell nach weniger Eintragung ungehört verhallen. Angesichts der Erfassung aller Verfahren in der MESTA-Liste[291] besteht von Seiten der Strafverfolgungsbehörden aber kein Bedürfnis, jede Tat ins Erziehungsregister aufzunehmen.

Weder der net-widening-process noch mehr staatliche Erziehung ist mit dem Grundgedanken der Diversion vereinbar. Diversionsmodelle fördern diese Entwicklung jedoch, wenn sie zu mehr Zusammenarbeit zwischen einzelnen Institutionen und zu mehr Kompetenz für diese Institutionen auffordern. Darin ist ein Dilemma der Diversionspolitik zu sehen.

III. Einheitliche Anwendung

Ein weiteres Problem der Diversion liegt in ihrer uneinheitlichen Anwendung. Dieses Phänomen zeigt sich sowohl auf Bundes- als auch auf Landesebene. Mit Blick auf den Gleichbehandlungssatz aus Art. 3 GG ist dies bedenklich.[292]

Die Diversionsraten schwanken im Jugendstrafrecht im regionalen Vergleich weitaus stärker als im Allgemeinen Strafrecht. Das folgende Schaubild zeigt die deutlichen Unterschiede, die zwischen den einzelnen Bundesländern bei den Diversionsraten bestehen.

---

288 So *Lehmann*, S. 267.

289 Vgl. *Ostendorf* JGG, § 45 Rdnr. 5.

290 *Trenczek* in DVJJ 1/1991, S. 8; *Ostendorf* JGG, § 45 Rdnr. 9; *Streng*, S. 98; *Lehmann*, S. 149 verweist in diesem Zusammenhang auf Art. 3 Abs. 1 GG.

291 Auf dieses Datenmaterial nimmt in der Regel nur die Staatsanwaltschaft Rückgriff. Bis jetzt sind aber noch nicht alle Länder an dieses System angeschlossen.

292 So u. a. auch *Meier* in Meier/Rössner/Schöch, S. 161.

Schaubild 3: Diversionsraten des Jahres 1998 bei Jugendlichen der alten Bundesländer im Vergleich (in Prozent)

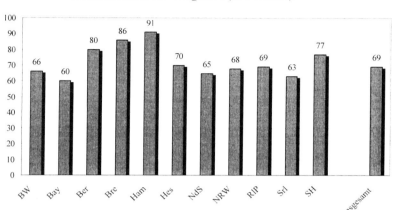

Quelle: *Heinz, Wolfgang* in: Das Jugendstrafrecht an der Wende zum 21. Jahrhundert, Hrsg. Dölling S. 74.

Insbesondere in den Stadtstaaten wird häufig informell reagiert, während vor allem in Bayern und im Saarland eine deutlich geringere Diversionsrate zu auszumachen ist. Diese Entwicklung war schon vor der Reform des Jugendgerichtsgesetzes zu erkennen. Die Diversionsquote lag im Jahr 1989 in Bayern bei 48 Prozent und in Hamburg bei 87 Prozent.[293] Es liegt nahe, die hohen Diversionsraten in Hamburg, Bremen und Berlin auf die hohe Arbeitsbelastungen der jeweiligen Staatsanwaltschaften zurückzuführen.[294]

Diese Diskrepanzen beruhen in diesem Ausmaß jedenfalls nicht allein auf einer unterschiedlichen Kriminalitätsstruktur oder auf Abweichungen in den Merkmalen der Täter in den einzelnen Ländern. Bei Untersuchungen vergleichbarer Tat- und Tätergruppen gehen diese Unterschiede nicht zurück.[295] Auch innerhalb der einzelnen Bundesländer sind regionale Unterschiede in der Diversionspraxis auszumachen.[296] Die Handhabung differiert sogar in ein

---

293 *Diemer* JGG, § 45 Rdnr. 31.

294 *Ostendorf* „Wieviel Strafe braucht die Gesellschaft?", S. 94.

295 *Heinz* in DVJJ 3/98, S. 253.

296 Vgl. *v. d. Woldenberg*, S. 125; *Brunner/Dölling*, § 45 JGG Rdnr. 7a.

und derselben Behörde.[297] Die Unterschiede verstärken sich durch regional orientierte Diversionsprogramme.[298] Es ist daher eher eine Frage des Wohnortes, ob der Beschuldigte mit einer formellen Bestrafung oder informellen Erledigung zu rechnen hat. Es erfolgt demgemäß eine Ungleichbehandlung ohne sachlichen Grund.[299] Wesentlich Gleiches ohne sachlichen Grund ungleich zu behandeln, verstößt jedoch gegen das Gleichheitsgebot des Art. 3 GG. Dies ist ein rechtsstaatliches Defizit der Diversion. Das Bundesverfassungsgericht hat im Zusammenhang mit § 31 a BtMG die Problematik einer unterschiedlichen Behandlung von Tätern bei Verfahrenseinstellungen kritisiert. Die Länder wurden daher aufgefordert, für eine einheitliche Einstellungspraxis in diesem Bereich zu sorgen.[300] Diese Entscheidung ist auch auf die Diversionspraxis übertragbar. Die Änderung des Jugendgerichtsgesetzes im Jahr 1990 sollte nach dem Willen des Gesetzgebers ein Signal in Richtung verstärkter Gleichbehandlung sein.[301] Das obige Schaubild zeigt, dass auch Jahre nach Einführung dieses Gesetzes von einer einheitlichen Anwendung nicht gesprochen werden konnte. Die Unterschiede in den Diversionsraten der einzelnen Bundesländer haben sich seit Anfang der Diversionsbewegung sogar vergrößert.[302]

Eine Vereinheitlichung wurde in den meisten Bundesländern durch die Einführung von Diversionsrichtlinien angestrebt. Die Richtlinien der einzelnen Länder sollen zumindest auf Landesebene eine Vereinheitlichung der Diversionspraxis herbeiführen.[303] Bereits an dieser Stelle lässt sich sagen, dass es ein schwieriges Unterfangen ist, auf der einen Seite möglichst individuell auf Beschuldigte zu reagieren, auf der anderen Seite aber vergleichbare Reaktionen sicherzustellen. Jedenfalls dürften Unterschiede in der Diversionspraxis zwischen den einzelnen Bundesländern kaum aufgehoben werden, wenn jedes Bundesland seine eigenen, von den anderen Ländern abweichenden Richtlinien hat.[304]

---

297 *Hering/Sessar* „Praktizierte Diversion", S. 32.

298 *Eisenberg JGG*, § 45 Rdnr. 17 d.

299 *Albrecht*, S. 209, der dies als Preis der Opportunität beklagt.

300 BVerfGE 90, 145, 190.

301 *Böttcher/Weber* in NStZ 1990, S. 562.

302 *V. d. Woldenberg*, S. 123.

303 *V. d. Woldenberg*, S. 127.

304 So auch *Diemer JGG*, § 45 Rdnr. 5.

IV. Polizeidiversion

Viele Bedenken gegen Diversion, die sich allerdings weniger gegen die ihr zugrunde liegende Idee richten, als gegen die praktische Umsetzung, können in einem Wort zusammengefasst werden: Polizeidiversion. In diesem Begriff bündeln sich die Gefahren, die von Kritikern vor allem im Zusammenhang mit neueren Diversionsrichtlinien gesehen werden. Nach deren Auffassung drohen von der „Polizeidiversion" vor allem Verstöße gegen den in-dubio-pro-reo-Grundsatz und das Prinzip der Gewaltenteilung.[305] Da sich die Diversion in Schleswig-Holstein diesen Vorwürfen ebenfalls ausgesetzt sieht, soll an dieser Stelle ausführlich auf die Polizeidiversion eingegangen werden.

1. Begriff

Das zusammengesetzte Substantiv lässt bereits erahnen, was sich hinter dem Wort „Polizeidiversion" verbirgt. Es ist die Umschreibung für eine Form der Diversion, bei der die Polizei eine entscheidende Rolle spielt.

Der Begriff selbst ist nicht unumstritten. In der Wissenschaft hat er sich bereits etabliert.[306] Doch vor allem unter Praktikern gibt es Vorbehalte. Das Wort „Polizeidiversion" wird vielfach als ungeeignet oder provokativ empfunden. Es soll durch diesen Begriff Wirklichkeit verzerrt und bewusst in bestimmte Richtungen intendiert werden. Der Polizei soll eine Rolle unterstellt werden, die sie in Wirklichkeit nicht innehat.[307] Von Praktikern wird dieser Begriff daher weitestgehend ignoriert.

An diesem Begriff ist jedoch festzuhalten. Er selbst kann nicht der Ansatzpunkt für Kritik sein. Fraglich ist allein, ob die Polizeidiversion mitsamt ihren Gefahren in der Wirklichkeit überhaupt existiert. Im Bezug auf die untersuchten Richtlinien ist insbesondere dem Vorwurf nachzugehen, dass gerade die Diversionsrichtlinien der Polizeidiversion Tür und Tor öffnen. Es gilt daher zunächst den Begriff mit Inhalt zu füllen, um später zu überprüfen, ob er die tatsächliche Lage reflektiert.

---

305 *Eisenberg JGG*, § 45 Rdnr. 20 f; *Eisenberg* „Kriminologie", S. 600.

306 *Heinz* benutzt ihn ohne nähere Begriffserklärung in DVJJ 2/99, S. 139 oder auch bei *Heinz/Storz*, S. 10; ebenso *Ostendorf* JGG, § 45 Rdnr. 16; *Hering/Sessar* „Praktizierte Diversion", S. 38; *v. d. Woldenberg*, S. 49 u. S. 141; *Schoreit* in Karlsruher Kommentar § 153 Rdnr. 10.

307 Dies sind Erfahrungen aus persönlichen Gesprächen mit Staatsanwälten in Berlin und Kiel.

2. *Inhalt der Polizeidiversion*

Grundsätzlich ist die Polizei dem Legalitätsprinzip verpflichtet. Ein Absehen von der Verfolgung, was eine Durchbrechung dieses Prinzips beinhaltet, liegt daher nicht in ihrer Entscheidungsgewalt.[308] Trotzdem stehen Polizeibeamte im Verdacht, gegen dieses Prinzip unerlaubter Weise zu verstoßen. Nicht alle polizeilichen Maßnahmen im Rahmen einer informellen Erledigung, sind jedoch unter den Begriff der Polizeidiversion zu subsumieren.

Beginnend mit einer negativen Abgrenzung zeigt sich, dass informelle Erledigung bei der Polizei vielfach praktiziert wird, so z. B. als sogenannte „faktische Diversion auf polizeilicher Ebene".[309] Der einzelne Polizeibeamte trifft stets eine Vorauswahl, welcher Fall von ihm verfolgt wird und welcher nicht. Ein solches Vorgehen liegt allerdings nicht unbedingt an der Masse der zu bearbeitenden Fälle, sondern ist vor allem in der Person des einzelnen Beamten begründet. Es hängt von dessen Persönlichkeitsprofil ab, welche Prioritäten er bei der Strafverfolgung setzt. Wenn beispielsweise bei einer Verkehrskontrolle der kontrollierte Autofahrer den Polizeibeamten mit einer Beleidigung bedenkt, mag der eine Polizist darüber lächeln, der nächste jedoch Strafantrag stellen. Auch Anzeigen von Privatpersonen werden nicht in jedem Fall verfolgt. Einer empirischen Untersuchung zufolge wurden 21 Prozent der Anzeigenbegehren von Privatpersonen durch die Polizei zurückgewiesen. Zwei Drittel davon wären verfolgbar gewesen.[310] Dies ist ein Verstoß gegen das Legalitätsprinzip. Es stellt sich allerdings die Frage, ob dieses formal illegale Verhalten nicht akzeptiert werden muss, da es überhaupt nicht oder nur unwesentlich zu ändern ist. Diese Form der informellen Erledigung von Straftaten ist allerdings nicht deckungsgleich mit dem Begriff der Polizeidiversion, wie er in der Kritik steht.[311] Er ist auch nicht mit einer „diversion to nothing" zu verwechseln, wie sie in den USA praktiziert wird.[312] Dort ist die Polizei nicht an das Legalitätsprinzip gebunden und darf auf die Einleitung der Ermittlungen verzichten.

Auch polizeiliches Vorarbeiten für Verfahrenseinstellungen durch die Staatsanwaltschaft oder das Gericht hat mit Polizeidiversion nichts gemein. So ist es

---

308 *Brunner/Dölling*, § 45 JGG Rdnr. 12.

309 Siehe dazu *Kunz*, S. 248, der in diesem Zusammenhang diesen Begriff verwendet, wobei unter faktischer Polizeidiversion allerdings auch verstanden werden kann, dass die Polizei in einem „richtigen" Diversionsverfahren faktisch bestimmt, wie verfahren wird.

310 *Albrecht*, S. 167.

311 Auch wenn z. B. *v. d. Woldenberg*, S. 49 in diesem Zusammenhang von illegaler Polizeidiversion spricht.

312 Vgl. *v. d. Woldenberg*, S. 9.

äußerst hilfreich, wenn die Polizei Informationen, die sie am Tatort erlangt hat, weitergibt und dadurch eine Diversionsentscheidung unterstützt. Dies ist notwendig, weil die Polizeibeamten vor Ort den besten Zugang zu entlastendem oder auch belastendem Material haben. Sie vermögen häufig das Umfeld des Beschuldigten besser einzuschätzen.[313] Es ist daher unverzichtbar, auf die Informationen der Beamten bei einer Diversionsentscheidung zurückzugreifen. Sie nimmt auf diese Weise notwendig auf die Diversionsentscheidung Einfluss.[314] Auch diese bloß unterstützende Tätigkeit ist vom Begriff der Polizeidiversion zu trennen.

„Echte" Polizeidiversion bedeutet, dass die Einstellungsvoraussetzungen aus Opportunitätsgründen von den Polizeibeamten geschaffen werden.[315] Die Ausprägungen der Polizeidiversion sind je nach gewähltem Diversionsmodell verschieden. Alle Varianten gehen mit einer Kompetenzerweiterung für die Polizei einher. Sie soll aufgrund erweiterter Kompetenzen selbstständig den Beschuldigten dazu anregen, Maßnahmen durchzuführen oder zu erdulden, die eine Einstellung des Verfahrens rechtfertigen. Die Staatsanwaltschaft oder gar der Richter sollen erst zu einem späteren Stadium über den jeweiligen Fall informiert werden. Davon verspricht man sich unter anderem schnellere Reaktionen und eine Entlastung der Justiz.

Polizeidiversion kann demzufolge verkürzt wie folgt umschrieben werden: Nach Ermittlung eines Tatverdächtigen soll die Polizei die Voraussetzung für eine Verfahrenseinstellung im Rahmen eines Diversionsverfahrens selbst herbeiführen.

3. *Kompetenzgewinn als Gefahrenquelle*

Eine weitgehend selbstständige Durchführung von Diversionsverfahren verlangt nach einer entsprechenden Befugnis für den Polizeibeamten. Aus § 45 JGG lässt sich eine Kompetenz für Polizeibeamte – welcher Art auch immer – nicht unmittelbar entnehmen. Bei Betrachtung der einzelnen Absätze zeigt sich, dass der Polizei ausdrücklich keine Kompetenz zugewiesen ist. Der Begriff der Polizei findet sich auch in keinem anderen Zusammenhang. Es ist allein von der Staatsanwaltschaft und dem Richter die Rede. Die Kompetenz für eine Diversionsentscheidung liegt in deren Händen.

---

313 Zu Recht wendet jedoch *Engel* in DVJJ 3/98, S. 258 ein, dass zumindest in Großstädten eine solche Nähe nur schwer möglich ist.

314 *Ostendorf* „Wieviel Strafe braucht die Gesellschaft?", S. 103.

315 *Wieben* in DVJJ 1-2/1992, S. 65 sieht dies als selbstverständlich an.

Die Sanktionskompetenz, welche es erlaubt, Maßnahmen im Sinne des § 10 JGG oder Vergleichbares anzuordnen, liegt beim Richter. Er ist der Inhaber der Judikative.[316] Es ist den Strafverfolgungsbehörden untersagt, Feststellungen zur Schuld des Beschuldigten zu treffen, Schuld auszusprechen und Strafe zuzumessen.[317] Dies ist als Konsequenz der Gewaltenteilung in Art. 20 Abs. 2 GG als verfassungsmäßiges Prinzip festgeschrieben. Selbstverständlich kann davon auch im Bereich der Diversion nicht abgewichen werden. Dass die Sanktionskompetenz beim Richter liegt, bestätigt auch der Wortlaut des § 45 Abs. 3 JGG. Danach werden Ermahnungen und Weisungen als richterliche Maßnahmen bezeichnet. Dementsprechend und unstrittig besitzt der Staatsanwalt keine solche Anordnungs- oder Sanktionskompetenz.[318] Dies war im Übrigen in der Gesetzesfassung des JGG von 1943 noch deutlicher herausgestellt, als es heute der Fall ist.[319]

Falls die Diversionsvoraussetzungen bereits vorliegen, kann der Staatsanwalt gemäß § 45 Abs. 2 JGG selbstständig ein Diversionsverfahren bis zum Ende durchführen. Dies wäre z. B. der Fall, wenn es zwischen Opfer und Täter schon zu einem einvernehmlichen Ausgleich gekommen ist.[320] Anders sieht es aus, wenn entsprechende Maßnahmen noch ausstehen. Es ist umstritten, ob der Staatsanwalt dann eine Anregungskompetenz gegenüber dem Beschuldigten hat und falls dies der Fall ist, von welchem Umfang diese ist. Zu unterscheiden ist in diesem Zusammenhang eine restriktive, eine weite und eine vermittelnde Auffassung.[321] Nach restriktiver Meinung besitzt der Staatsanwalt keine Anregungskompetenz. Eine Ermahnung sei überdies nur dann zulässig, wenn sie die Entscheidungsfindung unterstützt, nicht allerdings als Einstellungsbedingung.[322] Der Richter solle im Hinblick auf die in § 45 Abs. 3 JGG festgestellte Anordnungskompetenz auch bei Maßnahmen im Sinne des § 45 Abs. 2 JGG gefragt werden. Für diese Sichtweise spricht, dass der Wortlaut des § 45 Abs. 2 JGG durchaus so verstanden werden könnte, dass die erzieherische Maßnahme nur von einem Dritten durchgeführt oder eingeleitet werden dürfte.[323] Als Dritter käme dieser Auslegung zufolge nur eine Person

---

316 *Ostendorf* „Das Jugendstrafverfahren", S. 25.

317 BVerfGE 74, 358, 371.

318 *Ostendorf* JGG, § 45 Rdnr. 12; *Heinz* in DVJJ 2/99, S. 136.

319 *Ostendorf* JGG, Grdl. z. §§ 45 u. 47 Rdnr. 3.

320 Dies steht mit der Unschuldsvermutung im Einklang, vgl. *v. d. Woldenberg*, S. 114 f.

321 *Heinz* in DVJJ 2/99, S. 136/137, der die unterschiedlichen Positionen darstellt.

322 Vgl. die Darstellung bei *Heinz* in DVJJ 2/99, S. 136/137; unter anderem *Diemer* JGG, § 45 Rdnr. 14 lehnt jede Anregungskompetenz strikt ab.

323 So unter anderem *Diemer* JGG, § 45 Rdnr. 14; *v. d. Woldenberg*, S. 149; nach *Trenczek* in DVJJ 1/1991, S. 9 liegt diese Interpretation zumindest nahe.

in Frage, die weder als Beschuldigte noch als Strafverfolgungsorgan am Verfahren beteiligt wäre. Zwingend ist diese Interpretation des Wortlauts jedoch nicht.[324] Der Wortlaut schließt die Staatsanwaltschaft und im Übrigen auch die Polizei als diejenigen, welche die Maßnahmen einleiten könnten, nicht aus.

Nach der vermittelnden Auffassung hat der Staatsanwalt eine eingeschränkte Anregungskompetenz. Er dürfe neben einem ermahnenden Gespräch einen Täter-Opfer-Ausgleich anregen, sowie die Erziehungsberechtigten zu erzieherischen Maßnahmen anhalten.[325] In der Entwurfbegründung für das Erste Gesetz zur Änderung des Jugendgerichtsgesetzes findet sich dieser Gedanke wieder. Dort heißt es, dass der Staatsanwalt die Voraussetzungen für ein Absehen von der Verfolgung selbst herbeiführen kann, wobei normverdeutlichende Gespräche und Entschuldigungen als Beispiele genannt werden.[326] Diese Ausführungen sind jedoch nicht Bestandteil des Gesetzes und stellen allenfalls eine Auslegehilfe dar. Die staatsanwaltliche Ermahnung war zudem lediglich im Referentenentwurf von 1987 vorgesehen.[327] Dass solche Kompetenzen für die Staatsanwaltschaft in die endgültige Gesetzesfassung nicht übernommen wurden, könnte dafür sprechen, dass sich die Staatsanwaltschaft zurücknehmen sollte.[328] Das Anregen von Maßnahmen nach § 45 Abs. 3 JGG müsste nach der vermittelnden Auffassung dem Staatsanwalt versagt bleiben, da die Eingriffsintensität des dritten Absatzes nicht erreicht werden dürfte.[329]

Die weite Auffassung will dem Staatsanwalt eine Anregungskompetenz in dem Maße zubilligen, wie der Jugendrichter in § 45 Abs. 3 JGG Maßnahmen anordnen darf.[330] Der Staatsanwalt kann nach dieser Auffassung die Voraussetzung einer Verfahrenseinstellung uneingeschränkt selbst schaffen.[331]

---

324 *Trenczek* in DVJJ 1/1991, S. 9 ist der Ansicht, die Formulierung sei dem Gesetzgeber verunglückt.

325 *Heinz* in DVJJ 2/99, S. 137.

326 BT-Dr 11/5829, S. 24.

327 Referentenentwurf 1987, Art. 1, Nr. 15.

328 So unter anderem *Böhm* in NJW 1991, S. 535.

329 Vgl. *Eisenberg* JGG, § 45 JGG Rdnr. 21; *Heinz/Storz* S. 97.

330 *Heinz* in DVJJ 2/99, S. 137; *Brunner/Dölling*, § 45 JGG Rdnr. 21; restriktiver *Walter* in ZStW 1983, S. 61; Für eine Anregungskompetenz in diesem Umfang hat sich auch der 64. Deutsche Juristentag in Berlin 2002 ausgesprochen.

331 *Brunner/Dölling*, § 45 JGG Rdnr. 21; *Streng*, S. 90; nach *Meier* in Meier/Rössner/Schöch, S. 151, steht es weitestgehend außer Frage, dass der Staatsanwalt Maßnahmen anregen und einleiten darf.

Der Gesetzgeber hat sich bezüglich der Anregungskompetenz nicht eindeutig ausgedrückt.[332] Der Gesetzeswortlaut steht keiner der drei Meinungen ausdrücklich entgegen. Gegen die letzte, weite Auffassung könnte die Systematik des § 45 JGG sprechen.[333] Die Maßnahmen aus § 45 Abs. 3 JGG sind am eingriffsintensivsten und werden nur im Zusammenhang mit dem Richter angesprochen. Es ließe sich jedoch auch argumentieren, dass dies eine Überinterpretation der Gesetzessystematik darstelle. Es heißt in § 45 JGG nicht, was der Richter darf, darf kein anderer. Der Richter könnte auch allein aus pädagogischen Gründen am Ende genannt werden.[334] Zudem lässt sich die weite Auffassung gut mit dem Grundgedanken der §§ 45 und 47 JGG vereinbaren. Demnach soll die nächste Verfahrensstufe erst dann beschritten werden, wenn Maßnahmen der vorherigen Stufe nicht mehr ausreichen. Bei restriktiver Auslegung käme es regelmäßig zum eingriffsintensiveren Antrag nach § 45 Abs. 3 JGG.[335] Die Staatsanwaltschaft wäre in ihren Möglichkeiten stark beschnitten.[336] Zu bedenken ist zudem, dass eine Verfahrenseinstellung nach § 45 Abs. 3 JGG ein Geständnis erfordert. Der Beschuldigte, der sich also durch Schweigen oder Bestreiten verteidigt, hätte damit keine Chance, das Diversionsangebot ohne Einschaltung des Richters zu erhalten. Viele Vorteile der Diversion, wie etwa die verkürzte Verfahrenszeit, blieben ungenutzt.[337] Dem Staatsanwalt ist es zuzubilligen, dass er die Strafbarkeit eines Verhaltens richtig einzuschätzen vermag. Seine Ausbildung in Studium und Referendariat verläuft identisch mit der eines Richters. Eine Prognose über die Schuld eines Tatverdächtigen kann er daher mit genau derselben Sicherheit abgeben. Eine Anregungskompetenz, die es ihm erlaubt, Maßnahmen im Sinne des § 45 Abs. 3 JGG vorzuschlagen, ist bei ihm in kompetenten Händen. Auch die Parallelregelung des § 153 a StPO sieht vor, dass der Staatsanwalt mit dem Beschuldigten Leistungen vereinbaren kann.[338] Entscheidend ist allerdings, dass der Staatsanwalt lediglich anregt und nicht anordnet. Nur so bleibt ein Abstand zur Eingriffsintensität des § 45 Abs. 3 JGG erhalten, der im Unterschied zwischen einer Anregung und einer Anordnung besteht. Dieser Unterschied

---

332 So auch *Trenczek* in DVJJ 1/1991, S. 9. Der Gesetzgeber habe die Bedeutung der Reaktion im sozialen Nahbereich hervorheben wollen.

333 Vgl. z. B. *Meier* in Meier/Rössner/Schöch, S. 152.

334 So sieht es u. a. *Streng*, S. 92.

335 Dies kritisiert u. a. *Meier* in Meier/Rössner/Schöch, S. 151.

336 *Heinz/Storz*, S. 98.

337 *Meier* in Meier/Rössner/Schöch, S. 151.

338 *Streng*, S. 91.

rechtfertigt die Kompetenz des Staatsanwalts, da die Schwere des Eingriffs einer Kriminalstrafe nicht gleichkommt.[339]

Letzteres wird bezweifelt, da sich die Frage stellt, ob praktisch zwischen einer Anregung und einer Anordnung ein allzu großer Unterschied besteht.[340] Eine Anregung muss zwar nicht befolgt werden, es besteht aber die Gefahr, dass ein Jugendlicher sich dem Druck, der von einer staatsanwaltlichen Anregung ausgeht, nur schwer entziehen kann.[341] Angesichts der eingangs erwähnten Folgen ist eine Diversionsentscheidung – wenn auch keine Sanktion im Rechtssinne – einer Sanktionierung in vielem gleichzusetzen. Es ist daher auch hinsichtlich einer staatsanwaltlichen Anregungskompetenz Vorsicht zu wahren. Aufgrund der umfassenden juristischen Ausbildung und der obengenannten Vorteile kann jedoch dem Staatsanwalt eine solche Anregungskompetenz zugebilligt werden.[342] Der Staatsanwalt sollte allerdings nur Maßnahmen anregen, die den Beschuldigten nicht allzu sehr belasten.[343] Eine gesetzliche Obergrenze für die Anzahl gemeinnütziger Arbeitsstunden wäre z. B. ein Schritt in diese Richtung.[344]

Der Vorwurf, die Freiwilligkeit der Entscheidung des Beschuldigten sei nicht gewährleistet, überspannt die Anforderungen an ein Diversionsverfahren.[345] Die Entscheidung wird grundsätzlich nicht auf unzulässige Art und Weise eingeschränkt.[346] Sicherlich ist ein Diversionsverfahren ein verlockendes Angebot und wird von den Beschuldigten in der Regel einem Gerichtsverfahren vorgezogen. Der Horizont des Beschuldigten wird mit dem Diversionsangebot allerdings um eine Alternative erweitert und nicht beengt. „Freiwillig" bedeutet nicht, aus mehreren gleich attraktiven Angeboten auswählen zu dürfen. Davon, dass die Entscheidung unzulässig beeinflusst wird, kann nicht gespro-

---

339 So *Brunner/Dölling*, § 45 JGG Rdnr. 21.

340 *Ostendorf* JGG, § 45 Rdnr. 13, der die Gefahr anspricht, dass aus der Anregung in der Praxis leicht eine Anordnung werden kann.

341 *Eisenberg* JGG, § 45 Rdnr. 21 spricht davon, dass dem Jugendlichen Sanktionen „abgenötigt" werden; *Diemer* JGG, § 45 Rdnr. 14 spricht von einem gesetzlich nicht vorgesehenem Zwang; vgl. auch *Hering/Sessar* „Praktizierte Diversion", S. 40; *v. d. Woldenberg*, S. 141.

342 Im Ergebnis ebenso u. a. *Heinz* in DVJJ 2/99, S. 137 und *Meier* in Meier/Rössner/Schöch, S. 152.

343 Vgl. *Trenczek* in DVJJ 1/1991, S. 9; *Schaffstein/Beulke*, S. 249.

344 Für eine Höchstgrenze bei Arbeitsleistungen als Sanktion im JGG hat sich auch der 64. Deutsche Juristentag in Berlin 2002 ausgesprochen.

345 Die folgende Argumentation geht davon aus, dass alle Beteiligten sich an die Verfahrensvorschriften einhalten. Dies darf allerdings auch vorausgesetzt werden.

346 Anderer Meinung ist allerdings unter anderem *v. d. Woldenberg*, S. 152; nach *Trenczek* in DVJJ 1/1991, S. 9 ist sie zumindest nicht offensichtlich sichergestellt.

chen werden. Es ist legitim, das formelle und das informelle Verfahren als Alternativen gegenüberzustellen. Ein Angebot zur Diversion zu machen ist ein Weg, den die Strafverfolgungsbehörden zulässiger Weise einschlagen dürfen. Keinesfalls dürfen Anregungen jedoch die Grenzen des § 45 Abs. 3 JGG überschreiten.[347] Der Staatsanwalt muss sich seiner Verantwortung und der Tatsache bewusst sein, dass er Organ der Exekutive ist.[348] Er gewinnt durch diese Zugeständnisse an Kompetenz hinzu. In gewisser Weise löst der Staatsanwalt den Richter im Bagatellbereich ab, weil er mehr Verfahren an sich zieht und entscheidet.[349] Dies wird auch daran deutlich, dass Einstellungsmöglichkeiten nach § 45 Abs. 3 und 47 JGG zunehmend eine geringere Rolle spielen. Allerdings hat der Gesetzgeber dem Jugendrichter im Jugendstrafverfahren einen geringeren Stellenwert eingeräumt als im Allgemeinen Strafrecht.[350] Im Ergebnis stehen die Vorteile dieser Kompetenzverlagerung bei Beachtung der genannten Voraussetzungen einem vertretbaren Risiko gegenüber. Eine auf Kooperation und Freiwilligkeit setzende Verfahrensweise ist daher mit rechtsstaatlichen Prinzipien durchaus vereinbar.[351]

Da allerdings bereits dieses Zugeständnis an rechtsstaatliche Grenzen stößt, und insbesondere die juristische Ausbildung des Staatsanwalts ausschlaggebend ist, darf diese Kompetenz keinem Polizeibeamten zustehen.[352] § 45 JGG enthält daher keine Anregungs- und schon gar keine Sanktionskompetenz für die Polizei. Dies ist weder im Wortlaut so vorgesehen, noch ergeben sich solche Kompetenzen aus einer teleologischen Auslegung. Die Polizei ist nicht dafür ausgebildet, eine abschließende Feststellung über das Vorliegen einer Straftat zu treffen.[353]

Die Justizminister der Länder haben auf ihrer Konferenz 1999 einstimmig beschlossen, dass es sinnvoll ist, bereits beim ersten Vernehmungsgespräch

---

347 Dort zieht u. a. auch *Streng*, S. 92 die Grenze. Nach *Ostendorf* „Das Jugendstrafrecht", S. 25 sollten lediglich erzieherische Maßnahmen angeregt werden dürfen, die unterhalb der Eingriffsschwere des § 45 Abs. 3 JGG liegen.

348 Ein extremer Fall, der zeigt, was passiert, wenn ein Staatsanwalt sich seiner Verantwortung nicht bewusst ist, findet sich in BGHSt 32, 357 ff. In diesem Fall züchtigte ein Jugendstaatsanwalt jugendliche Beschuldigte mit Einverständnis der Eltern und stellte die Verfahren dann nach § 45 JGG ein.

349 So *Albrecht*, S. 204 und *v. d. Woldenberg*, S. 147.

350 *Streng*, S. 91.

351 So *Meier* in Meier/Rössner/Schöch, S. 150. Laut *Streng*, S. 92 ist die Zulässigkeit einer „aktiven Staatsanwaltsdiversion" herrschende Meinung.

352 *Wieben* in DVJJ 1-2/1992, S. 65, will allerdings dem Polizeibeamten zugestehen, die Voraussetzungen für eine Verfahrenseinstellung selbst zu schaffen.

353 *Ostendorf* in DVJJ 4/1999, S. 356.

durch den Polizeibeamten normverdeutlichend auf den Jugendlichen einzuwirken. Soweit dieses Gespräch jedoch präjudizierend auf eine Diversionsentscheidung hinwirkt, bedarf es der Verständigung mit der Staatsanwaltschaft.[354]

Auch dieser Beschluss vermag nicht eine Kompetenz von obengenanntem
Umfang für die Polizei in den § 45 JGG hineinzuinterpretieren. Vielmehr wird
darin deutlich, wie viel Vorsicht bezüglich einer Kompetenzverlagerung nötig
ist. Plattform für Polizeidiversion könnten daher allein die Richtlinien zur Diversion auf Länderebene sein, sofern in diesen Vorschriften entsprechende
Kompetenzen zugewiesen werden. Es wird allerdings schon an dieser Stelle
deutlich, dass eine Verlagerung der Kompetenzen auf Polizeibeamte kritisch
betrachtet werden muss. Daher ist es nicht verwunderlich, wenn befürchtet
wird, dass die Überwindung der in Art 20 Abs. 2 GG garantierten Gewaltenteilung droht.[355] Unter der Prämisse, dass ein Polizeibeamter Ankläger und
Richter in einer Person ist, gehen Kritiker soweit, Parallelen zu einem Inquisitionsprozess zu ziehen.[356]

Aber nicht nur das Aufheben der Trennung zwischen Exekutive und Judikative wird befürchtet, auch die Unschuldsvermutung kann beeinträchtigt sein,
welcher als besonderer Ausprägung des Rechtsstaatsprinzips Verfassungsrang
zukommt.[357]

Die Schuld der Beschuldigten ist zu dem Zeitpunkt, in dem eine Verfahrenseinstellung nach § 45 Abs. 1 oder Abs. 2 JGG in Frage kommt, noch nicht
durch einen Richter festgestellt worden. Trotzdem regen auch Polizeibeamte
in manchen Diversionsmodellen Maßnahmen an. Oder es werden von Polizisten, wie z. B. in Schleswig-Holstein oder Berlin, erzieherische Gespräche mit
dem Beschuldigten geführt. Keinesfalls tolerabel wäre ein solches Vorgehen,
wenn im Einzelfall von der Schuld des Beschuldigten nicht mit Sicherheit
ausgegangen werden kann. Bei Zweifeln droht immer ein Verstoß gegen den
in-dubio-pro-reo-Grundsatz. Die bereits angesprochene Problematik bezüglich
einer Anregungskompetenz bei Staatsanwälten zeigt, dass selbst einem bloßen
Vorschlag mit Vorsicht zu begegnen ist, da er verbindliche Wirkung entfalten
könnte. Wenn solche Vorschläge für Personen unterbreitet werden, deren
Schuld zweifelhaft ist, liegt ein eindeutiger Verstoß gegen die Unschuldsvermutung vor.

---

354 Justizministerkonferenz 7./9. 6. 1999 in Baden-Baden; vgl. *Ostendorf* JGG, § 45 Rdnr. 16.

355 *Ostendorf* „Wieviel Strafe braucht die Gesellschaft?", S. 146; *Engel* in DVJJ 3/98, S. 257.

356 *Ostendorf* JGG, § 45 Rdnr. 16; *Schaffstein/Beulke*, S. 249; *Hübner/Kerner/Kunath/Planas* in
    DVJJ1/1997, S. 27 sprechen hingegen von einer seit Jahrzehnten geübten und bewährten Praxis.

357 BVerfGE 19, 342, 347.

In diesem Zusammenhang ist darauf hinzuweisen, dass auch ein Geständnis keinen Schuldspruch ersetzt.[358] Aber in der Regel spricht bei einem Geständnis ein hoher Grad an Wahrscheinlichkeit für das Vorliegen einer Tat.[359] In § 45 Abs. 3 JGG ist das Geständnis Einstellungsvoraussetzung. In § 45 Abs. 1 und Abs. 2 JGG ist ein Geständnis nicht gefordert. Die Richtlinien in Schleswig-Holstein fordern bei diesen Verfahrenseinstellungsmöglichkeiten allerdings einen „möglichst geständigen Täter". Die Voraussetzung, dass der Beschuldigte geständig sein soll, birgt allerdings ebenso die Gefahr, dass gegen die Unschuldsvermutung verstoßen wird. Auch eingriffsintensivere Vernehmungsmethoden sind zu befürchten.[360] Zu bedenken ist, dass sich bei Bagatellfällen häufig 14- oder 15-Jährige ohne Anwalt einem professionellen Strafverfolger gegenüber sehen. Die Grenze zu illegalen Vernehmungsmethoden ist schnell überschritten. Wenn dem Beschuldigten z. B. erklärt würde, ein Geständnis werde zu einer Verfahrenseinstellung führen, läge bereits ein Fall des § 136 a StPO vor.[361] Die Entscheidungsgewalt darüber, welches Ergebnis den Beschuldigten erwartet, hat der Polizist nicht inne. Er kann keine Erklärungen abgeben, die den Jugendstaatsanwalt in irgendeiner Form binden.[362]

Eine Belehrung über das Schweigerecht heißt nicht, dass Jugendliche dieses Recht auch umsetzen können, insbesondere, da dem Beschuldigten ein Verteidiger fehlt, der ihm beratend zur Seite stehen könnte.[363] Gerade bei Jugendlichen ist der Wahrheitsgehalt eines Geständnisses sorgsam zu prüfen. Untersuchungen zeigen bei Jugendlichen eine bemerkenswerte Geständnisfreudigkeit.[364] Die eingeschränkte Verteidigungsmöglichkeit am Tatort kann dazu führen, dass der Jugendliche die Lage als aussichtslos ansieht und er mit einem Geständnis wenigstens eine milde Sanktionierung erreichen möchte.[365] Es kann auch vorkommen, dass Jugendliche entweder andere durch ein Geständnis „heldenhaft" schützen oder aus Abneigung schädigen wollen. Gewichtig ist auch die Beobachtung, dass Jugendliche nachgeben, um eine sofortige Besserung der Situation zu erreichen. Selbst wenn sich die Person der Konse-

---

358 *Eisenberg* JGG, § 45 Rdnr. 24.

359 *Diemer* JGG, § 45 Rdnr. 19.

360 *Lehmann*, S. 199.

361 *Lehmann*, S. 169 f.

362 *Meier* in Meier/Rössner/Schöch, S. 150.

363 *Kunz*, S. 74, der die Drucksituation beschreibt.

364 *Eisenberg*, S. 282; *Eisenberg* JGG, § 45 Rdnr. 24; *Ostendorf* JGG, § 45 Rdnr. 14 mit weiteren Nachweisen; *v. d. Woldenberg*, S. 119; *Lehmann*, S. 203 rät dazu, diese Ergebnisse mit Vorsicht zu genießen, da sich viele Untersuchungen auf Aussagen in Sexualdelikten beschränken.

365 *Eisenberg* JGG, § 45 Rdnr. 24.

quenzen bewusst ist, überwiegt der Wunsch, die unangenehme Vernehmungssituation endlich zu beenden.[366] Der Vernehmungsdruck ist zwar abhängig von der Persönlichkeit des Beschuldigten und damit individuell, er dürfte aber bei Jugendlichen, die zum ersten Mal einer Straftat verdächtigt werden, überdurchschnittlich groß sein. Einer Untersuchung zufolge schätzen die Jugendlichen die Vernehmung im Strafverfahren als besonders belastend ein.[367] Und auch in der Retrospektive sehen ehemalig Beschuldigte die Vernehmung als „eine sehr unangenehme Erfahrung" an.[368] Auch die Präjudizierung eines solchen Geständnisses für zivilrechtliche Verfahren ist zu beachten.[369] Dies kann z. B. in den Fällen der Eigentumsbeschädigung durch Farbschmierereien problematisch sein. Es muss zudem gewährleistet sein, dass derjenige, der sich gegen den Tatvorwurf zur Wehr setzt, nicht schlechter gestellt wird.[370] Auf der anderen Seite ist auch der Gefahr zu begegnen, dass der Aufwand in einem Diversionsverfahren unnötig erhöht wird. Der Beschuldigte wird zusätzlich belastet, wenn sein Geständnis bis ins Detail hinterfragt wird.[371] Auch die Verfahrensbeschleunigung sollte nicht dazu führen, ein Geständnis zu Lasten der Unschuldsvermutung aus dem Beschuldigten herausholen zu wollen.[372] Eine beschleunigte Vernehmung kann zu Suggestivfragen führen.[373] Liegt kein anfängliches glaubhaftes Geständnis vor, sollte in der Regel davon abgesehen werden, den Beschuldigten zur Abgabe eines Geständnisses zu drängen. Die Unschuldsvermutung kann dann nur durch andere objektive Beweise widerlegt werden.

In diesem Zusammenhang ist zudem auf die Gefahr einer Vorprüfkompetenz der Polizei hinzuweisen.[374] Die Verständigung mit der Staatsanwaltschaft müsste so gestaltet sein, dass der jeweilige Staatsanwalt frei entscheidet, wie in einem Diversionsfall vorzugehen ist. Der Polizeibeamte würde zwar den Vorschlag einbringen, letztlich aber keine Entscheidungsgewalt innehaben. Der Staatsanwalt kann sich allerdings bei seiner Entscheidung nur an der Sachver-

---

366 Ausführlich dazu *Eisenberg*, S. 282 mit entsprechenden Fußnoten sowie *Eisenberg* JGG, § 45 Rdnr. 24, 24 a, 24 b.

367 *Karstedt-Henke* in DVJJ2/1991, S. 110.

368 *Karstedt-Henke*, ebd.

369 *Lehmann*, S. 206; *Eisenberg*, § 45 Rdnr. 24.

370 *Ostendorf* JGG, Grdl. zu §§ 45 und 47 Rdnr. 8.

371 *Diemer* JGG, § 45 Rdnr. 19.

372 *Lehmann*, S. 37.

373 *Lehmann*, S. 201.

374 *Schröer* in DVJJ 4/1991, S. 314 spricht in diesem Zusammenhang von einem urteilendem Vorvergleich.

haltsschilderung des Polizeibeamten orientieren.[375] Die Akten bekommt er lediglich bei Unstimmigkeiten mit den Vorschlägen der Polizeibeamten vorgelegt.[376] Dieser hat eine faktische Vorprüfkompetenz.[377] Untersuchungen zeigen, dass der Polizeibeamte versucht, den Sachverhalt so zu schildern, dass es möglichst zu einer einvernehmlichen Entscheidung kommt.[378]

Es zeigen sich also viele Ansatzpunkte für Kompetenzverlagerungen und die damit verbundene Kritik. Mitunter wird davon gesprochen, dass „die Polizei eine nahezu eigenständige Ermittlungsbehörde geworden sei".[379] Inwieweit sich diese Problematik in Schleswig-Holstein zeigt und ob die Rechtsstaatlichkeit des Diversionsverfahren dadurch in Frage gestellt ist, wird im Rahmen der Untersuchung noch zur Sprache kommen.

4.   Eignung des Polizeibeamten

Bei Kompetenzverlagerungen auf Polizeibeamte wird häufig übersehen, welche Schwierigkeiten auf diese damit zukommen. Es wird vom Polizeibeamten in der Regel ein Maß an juristischer und pädagogischer Eignung abverlangt, die ihn zuweilen an den Rand seiner Fähigkeiten bringen dürfte. Polizeidiversion birgt daher auch die Gefahr, dass Kompetenzen unqualifiziert wahrgenommen werden.

Es ist fraglich, ob den Polizeibeamten aufgrund ihrer beruflichen Ausbildung und Erfahrungen ein solches Maß an Verantwortung innerhalb eines Diversionsverfahrens übertragen werden sollte. Ein großer Teil der polizeilichen Arbeit beschäftigt sich mit der Ermittlung von Tatverdächtigen. Nur in wenigen Fällen werden Tatverdächtige jedoch einer Verurteilung zugeführt.

---

375 *Heinz* in DVJJ 2/99, S. 141.

376 So zumindest im schleswig-holsteinischen Diversionsmodell.

377 *Heinz* in DVJJ 2/99, S. 141.

378 *Heinz* DVJJ 2/99, S. 137.

379 *Hübner/Kerner/Kunath/Planas* in DVJJ 1/1997, S. 26, 27.

Schaubild 4: Verhältnis von Tatverdächtigen und Verurteilten

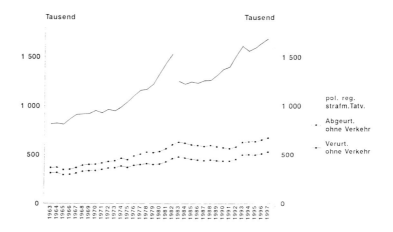

Quelle: *Heinz/KrimZ* S. 130.

Auffallend ist zunächst, dass die Zahl der Tatverdächtigen im dargestellten Zeitraum enorm angestiegen ist, während dies für die Verurteilten nur bedingt zutrifft. Ein Vergleich der Zahl der Tatverdächtigen mit der Zahl der Verurteilten legt darüber hinaus die Vermutung nahe, dass Polizeibeamte häufig von Taten ausgehen, obwohl sich nachher die Unschuld des Verdächtigen herausstellt.

Eine solche Interpretation des Schaubilds wird der Realität allerdings nicht gerecht. Wenn sich trotz Anfangsverdachts im späteren Verfahren nicht genügend Beweise für eine Täterschaft finden lassen, kann dem Polizisten nicht angelastet werden, zunächst von einer Straftat ausgegangen zu sein. Die Polizisten gehen meistens Hinweisen aus der Bevölkerung nach. In der Regel geht der Tatverdacht also vom Anzeigenden und nicht vom Polizeibeamten aus. Das Ansteigen der Kurve für Tatverdächtige kann daher auch auf ein verändertes Anzeigeverhalten zurückzuführen sein.[380] Noch gewichtiger ist die Tatsache, dass das Schaubild keinen Aufschluss über die wegen Geringfügigkeit eingestellten Verfahren gibt. Deren Zahl ist jedoch nicht zu vernachlässigen. Auch der Erfolg der Diversion trägt dazu bei, dass die Kluft zwischen Tatver-

---

380 Was angesichts der veränderten Medienlandschaft nicht verwundern dürfte.

dächtigen und Verurteilten immer größer geworden ist. Das Schaubild zeigt somit nicht den Unterschied zwischen Schuldigen und unschuldig Beschuldigten.

Zunächst von einer Tat und einem Tatverdächtigen auszugehen, liegt trotz allem in der Natur des Polizeiberufs. Der Polizeibeamte vor Ort muss bei einem Anfangsverdacht Ermittlungen einleiten und hierbei von dem schwerwiegendsten Verdacht ausgehen, um nicht irgendwelche Spuren oder Hinweise zu übersehen, die später nicht mehr nachzuvollziehen wären. Dementsprechend besteht stets die Gefahr, einen Sachverhalt überzuinterpretieren. Ein Beispiel aus der Praxis verdeutlicht diese These[381], wobei aus Gründen der Illustration bewusst ein Extremfall ausgewählt wurde: In einem Mehrfamilienhaus zündeln Jugendliche im Keller – ein Verhalten, wie es in diesem Alter nicht untypisch ist. In die polizeiliche Kriminalstatistik geht dieser Fall als versuchter Mord ein; tatsächlich begründeten die spielenden Jugendlichen noch nicht einmal einen diesbezüglichen Tatverdacht. Dieses extreme Beispiel verdeutlicht besonders plastisch, worin die Gefahren gründen, die sich daraus ergeben, dass der Polizeibeamte in erster Hinsicht Ermittler ist und dass PKS und Wirklichkeit erheblich differieren können.

Dass Polizeibeamte täglich mit Gesetzesbrüchen zu tun haben, ist einer objektiven Beurteilung der Sachlage nicht zuträglich. Dieser aus psychologischer Sicht ganz normale Vorgang, dürfte sich mit zunehmenden Dienstalter verstärken.[382] Darin unterscheiden sich Polizisten aber nicht grundlegend von anderen Personen, die beruflich mit Straftaten zu tun haben. Hinzu kommt ein großes Interesse an der Aufklärungsquote.[383] Objektivität und Aufklärungsquote passen jedoch nur bedingt zusammen. Es sind im Grunde sogar gegenläufige Interessen.

Mehr Kompetenz bedeutet mehr Einfluss. Kritiker befürchten, dass faktisch die Polizei wegen ihrer Vorprüfkompetenz die Entscheidungsgewalt innehat. Es wird eine Übersanktionierung befürchtet, da die Polizei im Rahmen des Diversionsverfahrens nur für kleinere Straftaten zuständig ist[384] und sich das Gesamtgefüge für den einzelnen Beamten verliert. Es käme folglich zwar nicht dazu, dass Unschuldige bestraft werden, aber dass unter dem Deckmantel der Diversion härter gestraft wird. Dies würde den eingangs genannten Zielen der Diversion widersprechen.

---

381 Vgl. *Ostendorf* „Wieviel Strafe braucht die Gesellschaft?", S. 174.

382 Diese Vermutung wurde dem Verfasser gegenüber von Polizisten geäußert.

383 *Ostendorf* „Wieviel Strafe braucht die Gesellschaft?", S. 146 und in DVJJ 4/1999, S. 356.

384 *Ostendorf* „Wieviel Strafe braucht die Gesellschaft?", S. 146.

Einigen Gefahren könnte wirksam entgegengetreten werden, wenn gewährleistet wäre, dass die Kompetenzverlagerung mit entsprechender Schulung einherginge. Den Beamten werden in den Richtlinien der Bundesländer in der Regel hohes pädagogisches Einfühlungsvermögen und juristische Fähigkeiten abverlangt. Aus diesem Grund verlangen die Richtlinien selbst nach geschulten Polizeibeamten. Ob diese Forderung jedoch umgesetzt wird, ist zweifelhaft. Zu viele Beamte kommen mit Diversionsverfahren in Kontakt und Schulungsplätze sind schwer zu finanzieren. Die Haushaltslage der Länder wird immer schlechter. Hinzu kommt, dass Jugendstrafrecht in der gewöhnlichen Ausbildung des Polizeibeamten kaum angesprochen wird.[385] Ohne eine spezielle Schulung verbietet sich allerdings jegliche Kompetenzverlagerung auch unter dem Gesichtspunkt der Verantwortung gegenüber den Polizeibeamten. Selbst bei geschulten Polizeibeamten ist zu beachten, dass eine Schulung keine Ausbildung ersetzt.[386] Dies bedeutet, dass die Anforderungen an die Polizeibeamten nicht so hoch gestellt werden dürften, dass sie trotz einer qualifizierten Schulung nicht erfüllt werden könnten. Es spricht also vieles dafür, dass Polizeibeamte auf eine erzieherische und stärker juristisch ausgeprägte Rolle nur unzureichend vorbereitet sind.[387] Dementsprechend ist bei einer Kompetenzverlagerung Vorsicht geboten, erst Recht, wenn Schulungen überhaupt nicht gewährleistet werden können.

Es darf außerdem nicht außer Acht bleiben, dass Polizeibeamte auch ohne zusätzliche Kompetenzen und neue Aufgabenfelder bereits in den meisten Fällen mit Arbeit überlastet sind. Beispielhaft sei dazu angeführt, dass sich die Zahl der registrierten Straftaten in Westdeutschland inklusive Gesamt-Berlin zwischen den Jahren 1990 und 1996 um 15,6 Prozent erhöht hat. Die Zahl der Planstellen bei der Polizei hat sich im gleichen Zeitraum jedoch nur um 7,9 Prozent erhöht.[388] Der Anstieg der Arbeitsbelastung der Polizei wird mit diesen Zahlen sogar noch verharmlost. Die Straftaten, mit denen ein höherer Arbeitsaufwand verbunden ist, wie z. B. Gewaltdelikte, haben überproportional stark zugenommen. Bei der Polizei herrscht ein hohes Maß an Arbeitsunzufriedenheit, viele Beamte leiden am Burnout-Syndrom. Beides sind psychologische Reaktionsformen auf eine zu hohe Beanspruchung im Beruf. Dass dies nicht nur negative Auswirkungen auf den einzelnen Polizeibeamten, sondern auch auf die Qualität seiner Arbeit hat, liegt auf der Hand. Zusätzliche Beanspruchung durch Mehrarbeit aufgrund der Diversionsrichtlinien könnte

---

385 *Hübner/Kerner/Kunath/Planas* in DVJJ 1/1997, S. 27.

386 So wird dies von *Engel* in DVJJ 3/98, S. 258 angemahnt.

387 *Wieben* in DVJJ 1-2/1992, S. 65.

388 Hierzu und zum Folgenden die Ergebnisse der in Niedersachsen durchgeführten Untersuchung von *Ohlemacher*.

diese Entwicklung verstärken. Die Bearbeitung eines Ermittlungsvorgangs gegen Jugendliche ist ohnehin mit mehr Aufwand verbunden als bei vergleichbaren Fällen mit erwachsenen Beschuldigten.[389] Eine intervenierende Diversion geht mit noch mehr Arbeit einher. Für den Polizeibeamten ist dies häufig zeit- und arbeitsaufwändiger als ein Verfahren mit einem Bagatellfall, das mit einer Anklage endet.[390]

Der Druck, der von den Medien und der öffentlichen Diskussion über die Zunahme der Kriminalität herrührt, muss ebenfalls berücksichtigt werden. Es ist nicht einfach, ein informelles Verfahren zu akzeptieren, wenn scheinbar „zero tolerance" das Gebot der Stunde ist.[391]

Es gibt somit eine Vielzahl von Faktoren, die Vorbehalte gegen eine Polizeidiversion begründen können.

G. Fazit

Diversion ist in Praxis und Wissenschaft anerkannt, auch wenn sie sich vielfältiger Kritik ausgesetzt sieht. Die vielen positiven Ziele, die sich mittels Diversionsverfahren durchsetzen lassen, können jedoch nicht darüber hinwegtäuschen, dass die praktische Umsetzung der Diversion Gefahren birgt. Interessanter Weise sind diese Gefahren nicht zwangsläufig Folge der konsequenten Umsetzung des Diversionsgedankens. Vielmehr wird befürchtet, dass Diversionsprogramme genau das Gegenteil dessen erreichen, was Diversion bezwecken möchte. So steht Diversion zwischen zwei Stühlen: Die einen sehen in ihr die Gefahr, dass gegen jugendliche Beschuldigte nicht hart genug vorgegangen wird, die anderen befürchten paradoxer Weise das Gegenteil.

---

389 *Hübner/Kerner/Kunath/Planas* in DVJJ 1/1997, S. 31.

390 *V. d. Woldenberg*, S. 99.

391 *Ohlemacher* in Monatsschrift für Kriminologie 2000, S. 3.

Drittes Kapitel
Die Schleswig-Holsteinischen Richtlinien zur Förderung der Diversion bei jugendlichen und heranwachsenden Beschuldigten

A. Schleswig-Holsteins Diversionsrichtlinien in der Übersicht[392]

Um die praktische Umsetzung und Wirkung von Diversion zu untersuchen, muss ein genauer Blick auf die Diversionsrichtlinien der Länder geworfen werden. Gegenstand dieser Untersuchung sind die gegenwärtigen schleswig-holsteinischen Diversionsrichtlinien, die im Folgenden mit den Vorgängerrichtlinien Schleswig-Holsteins aus dem Jahr 1990 verglichen werden. Im Anschluss erfolgt eine Vorstellung der Änderungen, welche die Richtlinien mittlerweile durch mehrere ergänzende Erlasse erfahren haben.

I. Die aktuellen und die vorangegangenen Richtlinien im Vergleich

Den schleswig-holsteinischen Diversionsrichtlinien, die Gegenstand dieser Untersuchung sind, gingen Diversionsrichtlinien voraus, die im Jahre 1990 eingeführt wurden. Doch auch jene Richtlinien beruhten auf einer bereits deutlich früher einsetzenden Entwicklung auf dem Gebiet der Diversion in Schleswig-Holstein.

Im Jahr 1979 wurde in Schleswig-Holstein das sogenannte Lübecker Modell eingeführt.[393] Dieses sah vor, dass der Staatsanwalt den jugendlichen Beschuldigten innerhalb von vierzehn Tagen nach Tatentdeckung ermahnen sollte. Der Staatsanwalt führte zu diesem Zweck ein ca. halbstündiges Gespräch mit dem Beschuldigten, um sich einen persönlichen Eindruck zu verschaffen.[394] Auf Fehmarn kam es in dieser Zeit zu einem Modellversuch, welcher der heutigen Vorgehensweise ähnelt. In diesem ländlich geprägten Gebiet schien es aufgrund der großen Entfernung zur Staatsanwaltschaft sinnvoller zu

---

392 Die Diversionsrichtlinien Schleswig-Holsteins befinden sich in Anhang 1 und sind unter anderem abgedruckt in DVJJ 3/98, S. 260 ff.

393 Vgl. ausführlich zum Lübecker Modell: *Hering/Sessar* „Praktizierte Diversion"; kurz vorgestellt unter anderem bei *v. d. Woldenberg*, S. 57.

394 *Lehmann*, S. 63 f.

sein, das Gespräch von Polizeibeamten durchführen zu lassen.[395] Dem Jugendlichen konnten erzieherisch sinnvolle Betätigungen auferlegt werden. Dazu mussten zuvor der Jugendliche, die Staatsanwaltschaft und die Erziehungsberechtigten der Maßnahme zustimmen.

Am 7. Dezember 1984 führte der schleswig-holsteinische Innenminister *Claussen* (CDU) einen Erlass mit dem Titel „Verfahren zur Beschleunigung der Bearbeitung von kleineren Straftaten Jugendlicher (Diversion)" ein. In diesem Erlass war vorgesehen, dass Polizeibeamte geständige junge Ersttäter, die eine Bagatelltat begangen hatten, ermahnen sollen und erzieherische Maßnahmen anregen dürfen. Bei positivem Ergebnis sollte die Polizei der Staatsanwaltschaft die Verfahrenseinstellung vorschlagen.[396] Damit war der Grundstein zu einer landesweiten Kompetenzverlagerung in Richtung der Polizei gelegt worden, der dem heutigen Status quo im Wesentlichen entspricht. Kritiker sahen in diesem Erlass die offizielle Einführung von Polizeidiversion in Schleswig-Holstein.[397] Auf die Kritik reagierte die Landesregierung unter anderem mit einer Pressemitteilung des Innen- und Justizministeriums vom 24. Mai 1985. Darin heißt es, dass die Landespolizei über zahlreiche qualifizierte Jugendsachbearbeiter verfüge, die im Umgang mit jugendlichen Straftätern gut geschult seien. Ihr Anliegen sei es nicht, auf solche Jugendliche „Druck auszuüben" oder „Geständnisse herauszuholen", vielmehr wollten sie diesen Jugendlichen helfen, auf den richtigen Weg zurückzufinden.[398]

In den Jahren 1985 und 1986 kam es zu Änderungen dieses Erlasses. So wurde die Geltung auf Jugendliche beschränkt und die Möglichkeit, gemeinnützige Arbeit anregen zu dürfen, aus dem Erlass entfernt.

Mit der Einführung des Ersten Änderungsgesetzes zum Jugendgerichtsgesetz und der damit verbundenen Stärkung der Diversion brachten die zuständigen Ministerien der SPD-Landesregierung in Schleswig-Holstein die ersten Diversionsrichtlinien auf den Weg.[399] Der Erlass des Innen- und Justizministeriums vom 10. April 1990 trägt die gleiche Überschrift wie der momentan gültige Erlass zur Diversion in Schleswig-Holstein. Die aktuellen „Richtlinien zur Förderung der Diversion bei jugendlichen und heranwachsenden Beschuldigten" wurden von den Ministerien des Inneren und für Justiz, Frauen, Jugend und Familie am 24. Juni 1998 erlassen. Neben der Namensgleichheit ist auch

---

395 Eine kurze Skizzierung dieses Projekts findet sich bei *Lehmann*, S. 64, 65.

396 Siehe dazu *Hering/Sessar* „Praktizierte Diversion", S. 38, 39; *Frehsee*, S. 116.

397 So z. B. *Hering/Sessar* "Praktizierte Diversion", S. 38; *v. d. Woldenberg*, S. 49.

398 Vgl. zum Inhalt der Pressemitteilung *Hering/Sessar* „Praktizierte Diversion", S. 40.

399 Zu der Entwicklung der Diversionsrate seit Beginn der 90er Jahre vgl. Schaubild 2 (S. 45).

die Untergliederung in 1. Allgemeines, 2. Anwendungsbereich, 3. Verfahren und Verfahrensbeteiligte, 4. Statistische Erfassung, 5. Inkrafttreten sowie der Anlage identisch.

Die Einleitung unter der Überschrift „Allgemeines" beginnt in beiden Erlassen nahezu gleich. In beiden Fällen wird auf den episodenhaften Charakter von Jugendkriminalität abgestellt.[400] Während allerdings die „alten" Richtlinien auf die Gefahr der Stigmatisierung hinweisen, betonen die aktuellen Richtlinien, dass es auch Intensivtäter gebe, deren erstes Delikt nur eines von vielen zukünftigen darstelle. In diesem Unterschied wird bereits deutlich, dass die aktuellen Richtlinien eine etwas erzieherisch ausgeprägtere Sichtweise annehmen. Es ist zutreffend, dass es neben dem „normalen Jugendlichen" auch den Intensivtäter gibt. Diesem muss mit mehr Aufmerksamkeit als dem gewöhnlichen Beschuldigten begegnet werden. Es ist jedoch schwierig bei einer ersten Auffälligkeit diesen Typus herauszufiltern.[401] Dem Diversionsverfahren ist bei einer Bagatelltat daher stets Vorrang einzuräumen, egal, wie sich der Beschuldigte einmal entwickeln sollte. Am Anfang der Diversionsrichtlinien den Intensivtäter anzusprechen, bedeutet daher, den Anwender der Richtlinien unnötig zu sensibilisieren. Folglich vermutet dieser unter Umständen hinter jedem Beschuldigten den potentiellen Intensivtäter. Dies könnte dazu führen, stets etwas mehr zu tun, um sicherzustellen, dass kein Intensivtäter verschont bleibt. Die älteren Richtlinien waren in dieser Hinsicht eindeutiger auf den Zweck der Diversion ausgerichtet.

Die aktuellen Richtlinien setzen sich von den alten Vorschriften in der Einleitung insgesamt dadurch ab, dass die Bedeutung von „Erziehung" und „Verantwortung" mehr in den Vordergrund gestellt wird. Zum einen wird die Aufgabe der Polizei besonders betont, was in den älteren Richtlinien gänzlich fehlte, zum anderen wird davon gesprochen, dass aufgrund gesellschaftlicher Veränderungen die erzieherischen Reaktionen nicht immer gewährleistet sind. Dahinter steckt der Gedanke, der Staat bzw. die Strafverfolgungsbehörde solle erzieherische Defizite ausgleichen. Die Verlagerung von mehr Kompetenz auf die Polizei wird also mit der Notwendigkeit begründet, vermehrt erzieherisch tätig werden zu müssen. Die Ursache dafür liege in der Gesellschaft, die zunehmend versage und dem Jugendgerichtsgesetz, das den Erziehungsgedanken propagiere. Davon findet sich in den Richtlinien von 1990 kein Wort.

---

400 Diese allgemein anerkannte Erkenntnis hat sich selbst der Bundestag im Zusammenhang mit dem Ersten Gesetz zu Änderung des Jugendgerichtsgesetzes zu eigen gemacht, vgl. BT-Drs. 11/7421, S. 1; siehe dazu auch die Ausführungen im 2. Kapitel unter „B. Inhalt der Diversion" (S. 22).

401 Vgl. dazu im 2. Kapitel unter F. Problemfelder, I. Mangel an Akzeptanz gegenüber „weichen Sanktionen" (S. 50 ff.).

Diese beschränken sich auf das, was Diversion ausmacht: Weniger Stigmatisierung durch weniger Einmischung. Die gegenwärtigen Richtlinien liegen damit in einem zu beobachtenden Trend, der auf mehr Polizeikompetenz und mehr Erziehung setzt. Die Darstellung in den aktuellen Richtlinien erinnert an Ausführungen des Polizeipräsidiums Wuppertal zum Thema „Diversionstag".[402] Dort heißt es unter anderem: „(...) dass die zunehmende Jugendkriminalität in wesentlichen Teilen auf die veränderten gesellschaftlichen Rahmenbedingungen zurückgeführt werden kann." An anderer Stelle heißt es: „Die Familie als sozialer Bezugspunkt und damit Hauptvermittler von Werten und Normen verliert immer mehr an Bedeutung. (...) Die gesellschaftliche Reaktion auf Normverstöße erfolgt immer später." Die damit einhergehende Besorgnis scheinen auch die Schöpfer der aktuellen Diversionsrichtlinien in Schleswig-Holstein geteilt zu haben.

Der nächste Gliederungspunkt der Richtlinien lautet „Anwendungsbereich". Er beginnt in beiden Erlassen mit Ausführungen zu § 170 Abs. 2 StPO und widmet sich nach kurzer Erwähnung des § 153 StPO ausführlich dem § 45 JGG. Der Absatz zu § 170 Abs. 2 StPO ist in beiden Richtlinien identisch. Der Vorrang des § 170 Abs. 2 StPO wird zu Recht als Erstes herausgestellt. Ein Übersehen dieser Vorschrift hätte unter Umständen fatale Folgen für den zu Unrecht Beschuldigten.

Auch der Abschnitt über § 153 StPO wurde direkt aus den alten Richtlinien übernommen. Die Richtlinien erteilen also jenen Meinungen eine Absage, die eine Anwendung des § 153 StPO im Verfahren mit Jugendlichen und Heranwachsenden ablehnen.[403] Doch war auch bereits die alte Fassung wenig geglückt. Unter dem Gesichtspunkt der Subsidiarität wurde bereits ausführlich darauf eingegangen, dass dem § 153 StPO aufgrund der geringeren Stigmatisierung grundsätzlich Vorrang einzuräumen ist.[404] Auf den ersten Blick scheinen auch die Richtlinien die Subsidiarität des § 45 JGG vorauszusetzen. Bei genauerem Hinsehen ist jedoch zu differenzieren. Unter Gliederungspunkt 2.2 beider Richtlinien wird der Vorrang des § 153 StPO im Diversionsverfahren angesprochen. Demnach soll § 153 StPO unmittelbar zur Anwendung kommen, wenn es angebracht erscheint, die Eintragung ins Erziehungsregister zu vermeiden. Dass dies als Vorrang verstanden werden soll, wird im folgen-

---

402 Unter www.pp.wtal.de/sonstiges/0211/diversionstag findet sich eine Beschreibung des Projekts. In Kapitel 6 (S. 187 f.) wird noch genauer darauf eingegangen; vgl. auch die Ausführungen von *Achenbach* in DVJJ 4/2000, S. 384 ff. zu diesem Projekt. Bei *Achenbach* finden sich allerdings keine Äußerungen zum Werteverfall. Die Projektbeschreibung ist insofern für die Veröffentlichung in einer Fachzeitschrift aufgearbeitet worden.

403 Wie etwa *Diemer* JGG, § 45 Rdnr. 9.

404 Vgl. 2. Kapitel unter F. Problemfelder, II. Net Widening und Subsidiarität (S. 56 ff.).

den Satz deutlich. Darin ist von einem *entsprechenden Vorrang* des § 154 StPO gegenüber § 45 JGG die Rede. Die wünschenswerte Subsidiarität des § 45 JGG ist damit aber nicht klargestellt. Vielmehr scheint kein uneingeschränkter Vorrang zu gelten, sondern § 153 StPO soll gleich einer Ausnahme nur dann zur Anwendung kommen, wenn auf einen Eintrag ins Erziehungsregister verzichtet werden kann. Es wird also nicht von einem grundsätzlichem Vorrang des § 153 StPO gesprochen, dessen Anwendung erst dann versagt sein soll, wenn ein weiteres Erfordernis hinzutritt. Laut Richtlinien kann § 153 StPO *auch* unmittelbar angewendet werden, wenn auf das Erfordernis der Eintragung verzichtet werden kann. Zum Grundfall ist daher § 45 JGG erhoben. Dass § 45 JGG selbst dann angewendet werden kann, wenn eine Eintragung nicht erforderlich erscheint, verdeutlicht zudem die vorsichtige Formulierung in diesem Absatz. § 153 StPO „ist" nicht anzuwenden, sondern „sollte" lediglich in solchen Fällen zur Anwendung kommen. Die Formulierung in den Richtlinien stellt daher alles andere als eine eindeutige Regelung dar und verlangt nach einer Interpretation.

Dem Wortlaut zufolge liegt eine Regelung vor, die vom Gedanken abweicht, stets zunächst die eingriffsschwächste Reaktion zu wählen. Um den Zielen der Diversion gerecht zu werden, müsste der Wortlaut aus teleologischen Gründen umformuliert werden. Der Vorrang des § 153 StPO wird in dieser Form nur scheinbar gewährt. Dem Polizeibeamten dürfte sich das Verhältnis der beiden Einstellungsmöglichkeiten aufgrund dieser auslegungsbedürftigen Darstellung nur bei entsprechender Schulung erschließen.

Es zeigt sich also, dass die Diversionsrichtlinien das Verhältnis zwischen § 45 Abs. 1 JGG und § 153 StPO nicht klar umschreiben. Tendenziell wird der eingriffsstärkeren Einstellungsnorm der Vorrang eingeräumt. Eine Änderung dieses Absatzes wäre bei der Einführung der aktuellen Richtlinien wünschenswert gewesen.

Die kurzen Ausführungen zu § 31 a BtMG sind lediglich in den neuen Richtlinien zu finden. Ausführlich wenden sich beide Richtlinien dem § 45 JGG zu. Beide Richtlinien bauen dabei von der eingriffsschwächsten zur eingriffsintensivsten Variante auf. Zum Zeitpunkt der Einführung der älteren Richtlinien war die Absatzreihenfolge im § 45 JGG noch eine andere. § 45 Abs. 2 Nr. 2 JGG entsprach dem heutigen § 45 Abs. 1 JGG. Die Ausführungen zu dieser an den § 153 StPO angelehnten Einstellungsvariante sind weitestgehend identisch. Allerdings findet sich in den geltenden Richtlinien der Hinweis, dass der Erziehungsgedanke des Jugendgerichtsgesetzes voraussetze, dass eine erzieherische Wirkung sichergestellt werden muss. Auch an dieser Stelle findet sich demnach die Betonung auf mehr Erziehung, die notwendig sei. Dadurch wird der Anwender zusätzlich aufgefordert, im Zweifel etwas mehr zu tun.

Die Voraussetzungen einer Verfahrenseinstellung nach § 45 JGG und eine Umschreibung der dafür geeigneten Personen erfolgt, verglichen mit den Ausführungen zu § 153 StPO, sehr ausführlich. Für § 45 Abs. 1 JGG kämen demnach Jugendliche in Betracht, die ein Delikt von geringem Schuldgehalt verübt haben und bei denen bereits die Entdeckung der Tat oder das Ermittlungsverfahren selbst eine erzieherische Wirkung hinterlassen hat. Ein Geständnis sei nicht erforderlich, es genüge, wenn ein Tat- und Schuldnachweis anderweitig geführt werden könne und der Beschuldigte der Anwendung des § 45 Abs. 1 JGG nicht widerspreche. Selbst bei bereits auffällig gewordenen Jugendlichen komme § 45 Abs. 1 JGG in Betracht, wenn zwischen Erst- und Zweittat ein längerer Zeitraum liege oder zumindest keine einschlägige Zweittat vorliege.[405] Dies entspricht im Wesentlichen auch den bundeseinheitlichen Richtlinien zu § 45 JGG, wonach eine Anwendung *insbesondere* bei erstmals auffälligen Jugendlichen in Betracht kommt. Damit wird eine Anwendung bei Mehrfachbeschuldigten nicht ausgeschlossen.[406]

Bezüglich der eingriffsintensiveren Variante des § 45 Abs. 2 JGG bzw. § 45 Abs. 2 Nr. 1 JGG a. F. liegt der einzige Unterschied in den Ausführungen darin, dass in den alten Richtlinien darauf hingewiesen wird, vor Anordnung einer erzieherischen Maßnahme die Zustimmung des Beschuldigten und gegebenenfalls der Sorgeberechtigten einzuholen. In den neuen Richtlinien wird die Pflicht zum Einholen einer Zustimmung zu einem späteren Zeitpunkt bei der Beschreibung des Verfahrensablaufs thematisiert. Der Begriff der „Anordnung" wird in den neuen Richtlinien bewusst vermieden. Schließlich steht weder dem Staatsanwalt noch einem Polizeibeamten eine solche Kompetenz zu. Der Verzicht auf diese Vokabel ist konsequent und richtig.

Die Ausführungen zu § 45 Abs. 3 JGG (in der alten Fassung zu § 45 Abs. 1 JGG) sind identisch. Sie schließen mit dem Hinweis, dass diese Vorschrift anzuwenden sei, wenn ein Geständnis vorliege und die Sanktionsmöglichkeiten dieser Vorschrift notwendig seien. Damit bleibt es relativ offen, in welchen Fällen auf diese Weise verfahren werden sollte.

Die größten Veränderungen hat es im Bereich des Verfahrens gegeben. Die alten Richtlinien sahen vor, dass der Polizeibeamte die Akten nach einer Vernehmung sofort zur Staatsanwaltschaft übersendet – mit oder ohne Informationen bezüglich in Betracht zu ziehender Reaktionen. Außerdem konnte der Polizeibeamte nach Absprache mit der Staatsanwaltschaft den Beschuldigten

---

405 Dass dies bei unterschiedlichen Taten mit einem erheblichen zeitlichen Intervall vertretbar ist, entspricht der herrschenden Literaturmeinung. Vgl. u.a. *Eisenberg* JGG, § 45 Rdnr. 18 a.

406 Vgl. Richtlinien zu § 45 Ziffer 2. U. a. abgedruckt bei *Brunner/Dölling*, § 45 im Anschluss an den Gesetzestext des § 45 JGG.

und gegebenenfalls den Sorgeberechtigten auf die Möglichkeiten der Schaffung von Einstellungsvoraussetzungen hinweisen. Vollkommen anders ist dies in den aktuellen Richtlinien geregelt, in denen die Polizeibeamten deutlich an Kompetenzen gewonnen haben. Erneut wird auf die Notwendigkeit der Erziehung des Beschuldigten abgestellt. Mit einem geständigen Beschuldigten oder einem Beschuldigten, der die Tat nicht ernstlich bestreitet, soll zur Sicherstellung der erzieherischen Wirkung ein Gespräch geführt werden. Ging man in den alten Richtlinien davon aus, dass Maßnahmen nicht immer getroffen werden müssen, sehen es die aktuellen Richtlinien als notwendig an, dass in praktisch jedem Fall zumindest in Form eines Gesprächs erzieherisch Einfluss genommen wird. Fraglos gibt es Fälle, in denen ein erzieherisches Gespräch überflüssig ist. Der Ausgangsprämisse des Diversionsgedankens entsprechend, werden sich die Beschuldigten ohne große Einmischung von staatlicher Seite vollkommen „normal" weiterentwickeln und ihr kriminelles Verhalten ablegen. Die positiven Erfahrungen mit Diversion bezüglich der Legalbewährung wurden mit Modellen ohne solche Gespräche erzielt. Allerdings dürfte sich die Stigmatisierung durch ein Gespräch im Grenzen halten, wenn es im Zusammenhang mit einer Vernehmung durchgeführt wird. Außenstehende nehmen diese zusätzliche Maßnahme nicht wahr, da der Beschuldigte wegen der Vernehmung ohnehin die Polizei aufsuchen muss.

Trotzdem werden die alten Richtlinien dem Grundgedanken der Diversion eher gerecht. Offensichtlich hat sich aber die Meinung durchgesetzt, dass mehr Erziehung notwendig sei. Probleme bereitet auch die Formulierung „nicht ernstlich bestreiten". Diese Formulierung ist zwar aus den bundeseinheitlichen Richtlinien zum JGG entnommen[407], was darunter zu verstehen ist, bleibt jedoch offen. Es obliegt einmal mehr dem Polizeibeamten diese Formulierung mit Inhalt zu füllen. Unbestimmte Rechtsbegriffe sollten in einer Richtlinie, die ein Verfahren erläutern soll, möglichst vermieden werden. Noch dazu, wenn es um einen so sensiblen Bereich geht, wie der des Geständnisses.

Das neue Aufgabenfeld, das die Richtlinien für Polizeibeamte vorsehen, beschränkt sich nicht allein auf erzieherische Gespräche. Unter Gliederungspunkt 3.1.1.1 werden den Polizeibeamten Kompetenzen für Anregungen gegenüber den Beschuldigten zugesprochen. Auch davon war in den alten Richtlinien nicht die Rede. Es zeigt sich deutlich, dass die neuen Richtlinien die Ausweitung der Kompetenzen forcieren – ganz so, wie es die Kritiker der Richtlinien bemängeln.

---

407 Siehe ebd.

Die Polizei ist sogar dazu ermächtigt, nach telefonischer Rücksprache mit der Staatsanwaltschaft erzieherische Maßnahmen im Sinne des § 45 Abs. 2 JGG anzuregen. Mit dieser Neuerung nehmen die aktuellen schleswig-holsteinischen Diversionsrichtlinien bundesweit eine führende Rolle hinsichtlich der Kompetenzverlagerung ein. Es verwundert angesichts der übrigen Ausführungen nicht, dass gemäß den Richtlinien erzieherische Aspekte diese Handhabung notwendig machen sollen.

Während die alten Richtlinien eine Zustimmung des Beschuldigten und der Sorgeberechtigten verlangten, wird bei den neuen Richtlinien lediglich vorausgesetzt, dass diese Personen nicht widersprechen. Dies ist eine weitere Nuance, welche die Handlungsfähigkeit der Strafverfolgungsbehörden erweitert. Dass in Diversionsverfahren nur speziell geschulte Polizeibeamte eingesetzt werden sollen, zeigt, dass die Betonung der Erziehung innerhalb der Diversion ernst genommen wird.

Bezüglich der Staatsanwaltschaft hieß es in den alten Richtlinien, dass diese die Voraussetzung für eine Einstellung nach § 45 Abs. 2 Nr. 1 JGG (dem heutigen § 45 Abs. 2 JGG) selbst herbeiführen dürfe, wenn noch keine entsprechende Anordnung einer erzieherischen Maßnahme ergangen sei. Diese Formulierung ist problematisch. Es lässt sich daraus nämlich auch herauslesen, dass der Staatsanwalt Maßnahmen anordnen dürfe. Dies wäre ein Verstoß gegen das Gewaltenteilungsprinzip. In den aktuellen Richtlinien wird erneut auf das Wort „Anordnung" verzichtet. Auf diese Weise droht zumindest dem Wortlaut nach kein Verstoß gegen Verfassungsrecht. Dem roten Faden des Erziehungsgedankens folgend, wird in den neuen Richtlinien auf die erzieherische Ausprägung der Einstellungsnachricht hingewiesen. Ansonsten sind die Ausführungen in Bezug auf die Staatsanwaltschaft in beiden Richtlinien identisch.

Die Vorgaben bezüglich der statistischen Erfassung, des Inkrafttretens und die Anlage weisen keine Unterschiede auf. Bei einem Vergleich der beiden Richtlinien werden vor allem zwei Dinge deutlich: Es wird mehr Kompetenz auf die Polizei verlagert und es soll deutlich stärker erzieherisch auf den Beschuldigten eingewirkt werden. Diese Entwicklung zeigt sich auch in den aktuellen Richtlinien anderer Bundesländer. Wie bereits beschrieben, befürchten Kritiker dadurch zahlreiche Nachteile für die Beschuldigten und Verstöße gegen rechtsstaatliche Prinzipien.

II. Präzisierung der aktuellen Richtlinien

Bereits kurz nach Inkrafttreten der geltenden Richtlinien wurde offenbar, dass in einzelnen Punkten nachgebessert werden musste. Bezüglich der Anlaufschwierigkeiten wurden in dieser Untersuchung sowohl die Polizeibeamten als auch die Staatsanwälte befragt. Von den Polizeibeamten erinnerten sich 21 Prozent an Anfangsschwierigkeiten.[408] Bei den Staatsanwälten erwähnten 12 Prozent der Befragten, es habe Probleme bei der Einführung der Richtlinien gegeben. Das folgende Schaubild gibt eine Übersicht über die genannten Probleme:

Schaubild 5: Anlaufschwierigkeiten laut Polizei und Staatsanwaltschaft (in Prozent)

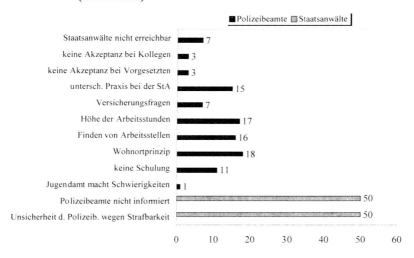

Die Staatsanwälte sehen die Probleme vor allem in der mangelnden Schulung der Polizeibeamten. Dass die Staatsanwälte grundsätzlich weniger Schwierigkeiten benannten, mag daran liegen, dass sich der Arbeitsalltag der Staatsanwälte durch die Richtlinien weniger stark geändert hat. Insbesondere erschloss sich durch die Richtlinien kein neues Aufgabenfeld. Eine Einarbeitung war daher kaum notwendig. Es wurde von den Staatsanwälten nichts verlangt, was sie nicht bereits aufgrund ihrer Ausbildung hätten wissen müssen. Anders sah dies bei den Polizisten aus. Die Richtlinien wandten sich vornehmlich an sie. Ihr Umgang mit jugendlichen und heranwachsenden Beschuldigten im Bereich der Bagatellkriminalität wurde neu geregelt. Mangelnde Schulung sahen

---

408 59 Prozent der Polizeibeamten gaben an, es habe keine Schwierigkeiten gegeben, 20 Prozent der Beamten wussten zu der Frage nichts zu sagen.

Polizisten allerdings nur als ein Problem von vielen an. Ein besonderes Problem stellte offensichtlich die Anregung von Arbeitsleistungen gegenüber Beschuldigten dar. Zum einen war den Polizisten unklar, wie viel Stunden sie anregen sollten, zum anderen mussten geeignete Plätze für die Umsetzung der Anregungen gefunden werden. Auch die Frage, wie der Beschuldigte während eines Arbeitseinsatzes versichert ist, stellten sich einige Beamte.

Angesichts dieser Fragen ließ der erste Folgeerlass nicht lange auf sich warten. Die praktische Erfahrung der Verfahrensbeteiligten und Kritik von Außen führten in der Folge zu einer Reihe von Ergänzungen zu den schleswigholsteinischen Diversionsrichtlinien, die insbesondere der Polizei die Arbeit erleichtern sollten. Durch diese Erlasse wurde die praktische Umsetzung der Richtlinie entscheidend beeinflusst.

Der Erlass der aktuellen Richtlinien datiert vom 24. Juni 1998. Bereits am 9. November des gleichen Jahres folgte eine umfassende Ergänzung. Überschrieben mit „Ergänzende Regelungen zur Anwendung der Diversionsrichtlinien" wurden Maßstäbe festgelegt, die unter anderem eine einheitlichere Anwendung gewährleisten sollten. Mit den Ergänzungen sollten einige der angesprochenen Probleme aus der Praxis künftig der Vergangenheit angehören.

Zu Beginn des Ergänzungserlasses vom 9. November 1998 wird darauf hingewiesen, dass die Richtlinien in Form des § 45 Abs. 2 JGG auch bei Mehrfachtätern zur Anwendung kommen dürfen. Grundsätzlich handelt es sich bei diesem Hinweis um eine überflüssige Wiederholung, da bereits die Richtlinien selbst klargestellt haben, dass sie bei Mehrfachtätern Anwendung finden. Allerdings wird in den Richtlinien auf diese Möglichkeit bereits im Rahmen des § 45 Abs. 1 JGG hingewiesen. Dies lässt die Schlussfolgerung zu, dass einem Wiederholungstäter erst Recht mit einer Verfahrenseinstellung nach § 45 Abs. 2 JGG begegnet werden kann. Die Betonung des § 45 Abs. 2 JGG im ergänzenden Erlass in Zusammenhang mit Mehrfachauffälligen kann aber auch auf eine Verschärfung hindeuten oder eine solche Veränderung in der Praxis herbeiführen. Zwar wird die Möglichkeit bei einem Wiederholungstäter nach § 45 Abs. 1 JGG zu verfahren, wie es die Richtlinien unter bestimmten Voraussetzungen vorsehen, nicht ausdrücklich aufgehoben, aber ohne eine Gesamtschau mit den Richtlinien erweckt die Ergänzung den Eindruck, dass bei Wiederholungstätern nur nach § 45 Abs. 2 JGG zu verfahren ist.

Im nächsten Absatz des Ergänzungserlasses wird auf die „sofortige Entschuldigung" und die „sofortige Schadenswiedergutmachung" eingegangen. Diese darf der Polizeibeamte gemäß Gliederungspunkt 3.1.1.1 der Richtlinien selbst anregen. In den Ergänzungen wird versucht, diese Anregungen von den Maßnahmen abzugrenzen, welche nach Rücksprache mit der Staatsanwaltschaft vorgeschlagen werden sollen. Aus dem Gesamtzusammenhang wird auch bei den Richtlinien deutlich, dass es sich bei den von Polizeibeamten anzuregenden Maßnahmen um ein Weniger gegenüber den Anregungen handeln muss, die mit der Staatsanwaltschaft abgestimmt werden sollen. Da Polizisten im Grunde überhaupt keine Anregungen tätigen sollten, ist eine Klarstellung, dass es sich bei polizeilichen Anregungen nur um Maßnahmen von äußerst geringer Eingriffsintensität handeln darf, zumindest ein kleiner Schritt in die richtige Richtung. Allerdings lassen auch die Formulierungen in der Ergänzung die notwendige Klarheit vermissen. So heißt es dort unter anderem, dass es sich um Maßnahmen anlässlich einer zeitnahen Vernehmung handeln solle. Da im Diversionsverfahren im Grunde alle Vernehmungen so zeitnah wie möglich erfolgen sollten und damit auch alle Maßnahmen im engen zeitlichen Zusammenhang mit der Vernehmung stehen, würde diese Ausweitung der Anregungskompetenz deutlich zu weit gehen. Diese Anregungen müssen sich auf das beschränken, was jeder Unbeteiligte dem Beschuldigten vor Ort raten würde. In Frage käme z. B. eine Entschuldigung beim noch anwesenden Opfer. Dies wird die Polizei in der Vergangenheit in der Regel schon von selbst getan haben, so dass eine Verankerung in den Richtlinien im Grunde überflüssig war und nur den Eindruck erweckt, es ginge um weit mehr, als um diese „kleinen Gesten". Es hilft daher wenig, wenn es in diesem Absatz der Ergänzungen weiter heißt, dass die sofortige Schadenswiedergutmachung nur ein relativ geringes Handlungsmaß umfassen soll. Das Wort „relativ" lässt jegliche Präzision vermissen. Der Sachbearbeiter bei der Polizei erfährt dadurch keinerlei Hilfestellung. Im Zweifel wird durch die Worte „relativ" und „soll" suggeriert, es dürfe in Einzelfällen auch mehr angeregt werden.

Weiter wird in dem ergänzenden Erlass betont, dass erzieherische und sonstige Reaktionen aus dem sozialen Umfeld der Beschuldigten erfragt und aktenkundig gemacht werden sollen. Dieser Hinweis ist einerseits zu begrüßen. Nur durch umfassende Informationen über den Beschuldigten kann eine auf ihn abgestimmte individuelle Reaktion ausgewählt werden. Auf diese Weise wird auch gesichert, dass die Reaktionen der eigentlichen Erzieher berücksichtigt werden, damit einer Übersanktionierung des Beschuldigten entgegengewirkt werden kann. Auf der anderen Seite ist jedoch darauf zu achten, dass die Persönlichkeitserforschung nicht das Verfahren „aufbläht" und unter Umständen den Beschuldigten unnötig stigmatisiert.[409] Außerdem widerspricht eine zu umfangreiche Ermittlung dem Beschleunigungsgrundsatz.[410]

---

409 Dies befürchten unter anderem *Hübner/Kerner/Kunath/Planas* in DVJJ 1/1997, S. 31.

410 *Lehmann*, S. 129.

Der nächste Absatz der Ergänzungen stellt klar, dass die Zustimmung der Staatsanwaltschaft zu erzieherischen Maßnahmen stets vom zuständigen Dezernenten in der Jugendabteilung und nicht vom Bereitschaftsstaatsanwalt einzuholen ist. Dies ist eine wichtige Ergänzung. Auf diese Weise wird eine Befragung desjenigen gewährleistet, der mit hoher Wahrscheinlichkeit das Verfahren später einstellt. Die Beschäftigung von mehreren Staatsanwälten mit einem und demselben Bagatellfall würde einen unnötigen Aufwand darstellen. Zum einen würde dies zu doppelter Einarbeitungszeit führen. Zum anderen wäre die Akte zum Zeitpunkt des Telefonats noch bei der Polizei, so dass der angerufene Staatsanwalt darin nichts für seinen Kollegen vermerken könnte. Der Staatsanwalt, der das Verfahren später einstellt, weiß hingegen, was ihm am Telefon geschildert wurde. Er kann dann anhand der später vorliegenden Akte den Vorschlag des Polizeibeamten überprüfen. Dies gewährleistet mehr Kontrolle. Zudem verfügt der Jugendstaatsanwalt über die notwendige Fachkompetenz. Im Gegensatz zu ihm sind dem Bereitschaftsstaatsanwalt Jugendsachen unter Umständen fremd. Auf Fragen des Polizeibeamten kann der zuständige Staatsanwalt kompetenter eingehen. Außerdem gehört dieser Teil des Diversionsverfahrens zur Aufgabe des Jugendstaatsanwalts. Dieser wird schon genügend von der Polizei entlastet. Zwar wurde sich vereinzelt von Seiten der Polizei darüber beschwert, dass es Probleme mit der Erreichbarkeit des entsprechenden Staatsanwalts gebe, die Vorteile dieser Regelung überwiegen jedoch deutlich. Die Einrichtung eines festen, zentralen Ansprechpartners ist daher nicht unbedingt vorteilhaft. Gleichwohl ist eine solche Verfahrensweise in Berlin eingeführt worden. Aufgrund der Probleme, den zuständigen Staatsanwalt telefonisch zu erreichen, wurden bei der Staatsanwaltschaft je ein Abteilungsleiter mit seinem Vertreter als Ansprechpartner für eine Direktion bestimmt.[411] Damit wären derjenige, welcher der Maßnahme zustimmt und der derjenige, der das Verfahren einstellt, wieder personenverschieden. Die schleswig-holsteinische Lösung ist aus den genannten Gründen daher insgesamt vorzugswürdig.

Des Weiteren wird in der Ergänzung der Richtlinien die Höchstgrenze für die gemeinnützige Arbeit auf sechs bis acht Stunden festgelegt. In diesem Absatz wird zudem die Versicherungsfrage für die arbeitenden Beschuldigten geklärt.[412] Damit wurden zwei von Polizeibeamten artikulierte Probleme aufgegriffen. Die Festlegung einer Obergrenze bezüglich der abzuleistenden Arbeit

---

411 Vgl. *Victor Weber*, in einem Bericht anlässlich des Präventionstags 2001 in Berlin. Dieser Beitrag ist auf www.senbjs.berlin.de/jugend/landeskommission_berlin_gegen_Gewalt unter der Rubrik Veranstaltungen – Praeventionstag 2001 zu finden.

412 Genaueres zu einzelnen Versicherungsfragen vgl. *Wimmer* in DVJJ 1/1998, S. 35-38; *Höynck* in DVJJ 3/2000, S. 285-287.

ist unverzichtbar. Es besteht ansonsten die Gefahr, mit dem außergerichtlichen Diversionsverfahren eine zweite Ebene der Bestrafung zu schaffen, die an Umfang der gerichtlichen Praxis nicht nachsteht oder diese sogar übertrumpft. Unter diesem Gesichtspunkt ist die Höchstgrenze mit maximal acht Stunden schon recht hoch, aber noch akzeptabel angesetzt. Ohne eine solche Grenze wäre dem Missbrauch Tür und Tor geöffnet. Die gemeinnützige Arbeit als Sanktion ist im Jugendgerichtsgesetz an keine Höchstgrenze gebunden.[413] Da Polizeibeamte für solche Anregungen lediglich bei Bagatelltaten zuständig sind, besteht die Gefahr, dass sie, aufgrund fehlender Relation zu anderen Fällen, einzelne Vergehen ungerechtfertigter Weise als besonders ahndenswert einschätzen.[414] Die Festlegung der Höchstgrenze hätte daher schon in den ursprünglichen Richtlinien geregelt werden müssen. Sie ist zudem ein Schritt zu einer größeren Gleichbehandlung auf Landesebene.[415]

Im nächsten Abschnitt wird diese Höchstgrenze auch für die Schadenswiedergutmachung vorgeschlagen. Zusätzlich findet sich dort unter anderem der Hinweis, darauf zu achten, dass durch diese Arbeit keine Stigmatisierung des Beschuldigten erfolgt. Dieser Hinweis auf ein zentrales Ziel der Diversion sollte eigentlich für alle Anregungen gelten und nicht nur für die Schadenswiedergutmachung.

Zu den Geldzahlungen wird ergänzt, dass diese sich am Gegenwert der Arbeitsstunden orientieren sollten. Grundsätzlich stellen Geldleistungen angesichts der Möglichkeiten, die Diversionsverfahren bereithalten, wenig geeignete und recht phantasielose Anregungen dar.

Zum förmlichen Täter-Opfer-Ausgleich wird im Ergänzungserlass noch einmal dessen Ablauf erläutert. Im Anhang werden insgesamt 21 Schlichtungsstellen genannt, wobei es sich in der Regel um Jugendämter handelt. Dies ist eine nützliche Ergänzung, die etwas Scheu vor dem aufwändigen Verfahren eines Täter-Opfer-Ausgleichs nehmen sollte.

Nach dem Hinweis auf den Täter-Opfer-Ausgeich wird die Möglichkeit der formlosen Entschuldigung aufgezeigt. Als Beispiel wird unter anderem die „klassische" Entschuldigung mittels Blumenstrauß erwähnt.[416]

---

413 In Frankreich sind z. B. 120 Stunden, in Österreich 60 Stunden als Höchstgrenze festgelegt. Siehe dazu *Ruf* in DVJJ 1/2001, S. 64.

414 *Ostendorf* in DVJJ 4/1999, S. 356.

415 Dazu, dass die Gleichbehandlung von Beschuldigten in Diversionsverfahren Schwierigkeiten bereitet vgl. 2. Kapitel, F. Problemfelder, III. Einheitliche Anwendung (S. 62 ff.).

416 Tatsächlich haben in mehreren untersuchten Fällen Täter von sich aus den Geschädigten einen Blumenstrauß überbracht.

Schließlich wird auf das Ausfüllen des Diversionsbogens hingewiesen.[417] Ein Vordruckmuster wurde am gleichen Tag mit einem weiteren Erlass ausgegeben. Es sollten landesweit zunächst insgesamt 5.000 dieser Bögen verteilt werden. Tatsächlich dauerte es noch einige Zeit, bis alle Polizeistationen in Schleswig-Holstein ausreichend mit diesen Bögen versorgt waren. Der Rest der Ergänzungen dieses Erlasses befasst sich mit der statistischen Erfassung durch die Polizei.

Neben diesen Ergänzungen und der Einführung der Diversionserfassungsbögen erging letztmalig am 26. März 2001 ein die Diversionsrichtlinien betreffender Erlass. Darin ging es um die Neuregelung der Zuständigkeit der Polizei. Dies war notwendig geworden, da mitunter Schwierigkeiten auftraten, wenn Beschuldigte ihren Wohnsitz nicht am Tatort hatten oder gar in einem anderen Bundesland wohnten. Die Polizeibeamten waren dann gelegentlich verunsichert, ob die Tatortdienststelle auch das Diversionsverfahren durchführen sollte. Dies wurde im letzten Erlass abschließend geregelt. Die Tatortdienststelle soll die Anzeigenaufnahme, den Tatortbericht, die Spurensicherung und die Zeugenvernehmung durchführen. Die Dienstelle am Wohnsitz oder am ständigen Aufenthaltsort des Beschuldigten soll hingegen das Diversionsverfahren durchführen. Bei Beschuldigten mit Wohnsitz außerhalb Schleswig-Holsteins ist die Akte möglichst der Staatsanwaltschaft zu übergeben, welche das Verfahren dann abgibt.

Es zeigt sich, dass die Richtlinien durch einige Ergänzungen ein wenig präzisiert wurden. Zumeist waren diese Präzisierungen notwendig und hilfreich. Die Probleme, die sich aus der praktischen Anwendung der Richtlinien bei der Einführung ergaben, konnten verringert werden. Dass dies nicht zur Überwindung aller Probleme und Bedenken geführt hat, lässt dieser Arbeit Raum, weitere notwendige Veränderungen vorzuschlagen.

III. Bisherige Evaluation

Bei Beginn dieser Untersuchung und während des gesamten Zeitraumes, den diese Untersuchung einnahm, wurde von vielen Seiten Interesse an den Ergebnissen bekundet. Ein Grund dafür war, dass die praktische Entwicklung der Diversion nach Einführung der Richtlinien nicht eingehend überprüft worden ist. Eine ursprünglich angedachte Begleituntersuchung wurde aus Kostengründen nicht begonnen. Dem Verfasser ist bekannt, dass einige Per-

---

417 Insgesamt 1015 dieser Bögen wurden in dieser Arbeit untersucht. Nähere Erläuterungen inklusive einer Abbildung eines solchen Bogens finden sich im 4. Kapitel, B. Erfassungsbogen (S. 104 ff.).

sonen, die tagtäglich das Diversionsverfahren mitgestalten, ihre eigene Arbeit ausgewertet haben. Eine erste zusammenfassende Bewertung erfolgte mit einem Erfahrungsbericht, der unter der Federführung des Landesjustizministeriums in Schleswig-Holstein entstand.[418]

Dieser Erfahrungsbericht erweckt mitunter den Eindruck, als wolle er vornehmlich die von Kritikern vorgebrachten Befürchtungen entkräften. Er versucht insbesondere den Annahmen entgegenzutreten, die tatsächlichen Kompetenzverlagerungen hätten negative Auswirkungen auf das Verfahren und die Polizei hätte das Verfahren faktisch an sich gezogen. Grundlage für diesen Erfahrungsbericht bildete ein Fragebogen an die Staatsanwälte, mit dem herausgefunden werden sollte, inwieweit sich Staatsanwälte von den Vorschlägen der Polizisten leiten lassen. Aus den Antworten ergab sich ein Überblick über die Abweichungen der Staatsanwälte von den Vorschlägen der Polizei.

In der nachfolgenden Tabelle sind die Abweichungen der Staatsanwälte der Landgerichtsbezirke Kiel, Itzehoe, Flensburg und Lübeck von den Diversionsvorschlägen der Polizeibeamten dargestellt.

Tabelle 1: Ergebnisse des Erfahrungsberichts (Quelle: Erfahrungsbericht in DVJJ 1/2000, S. 80)

	Kiel	Itzehoe	Flensburg	Lübeck
poliz. Vorschlag	113	188	52	220
Änderung d. StA	3	4	5	79

Zwei Dinge fallen bei Betrachtung dieser Zahlen ins Auge: Zum einen weichen die Staatsanwälte in Kiel, Itzehoe und Flensburg kaum von den Vorschlägen der Polizei ab, zum anderen erstaunt die hohe Anzahl von Abweichungen in Lübeck.

Im Erfahrungsbericht wird herausgestellt, dass die Staatsanwälte die Zusammenarbeit mit der Polizei im Großen und Ganzen als positiv einschätzen. Die Abweichungen in Lübeck werden mit Anfangsschwierigkeiten erklärt. Die Informationen am Telefon seien manchmal unzureichend gewesen.[419] Es erscheint jedoch trotz dieser Begründung seltsam, wenn in einem Landgerichtsbezirk bei zeitgleicher Einführung derselben Richtlinien, absolut betrachtet, mehr als sechsmal so viele Probleme auftauchen als in allen anderen Landge-

---

418 Der Bericht wurde in DVJJ 1/2000, S. 78 ff. abgedruckt.

419 Siehe Bericht in DVJJ 1/2000, S. 82.

richtsbezirken zusammen. Sollte es an den Anfangsschwierigkeiten gelegen haben, müssen sich die dortige Polizei und Staatsanwaltschaft fragen, warum die Kommunikation bei ihnen so schlecht lief. Zumindest scheint sich damit das Telefonat zwischen Polizei und Staatsanwaltschaft als Ansatzpunkt für mögliche Kommunikationsstörungen herauszukristallisieren.

Man kann sich allerdings auch fragen, ob die Staatsanwaltschaft in Lübeck vielleicht ihren Auftrag besonders ernst nimmt und die Polizei gründlicher kontrolliert. Zumindest spricht das Ergebnis aus Lübeck am wenigsten für eine faktische Einflussnahme der Polizei. Der Staatsanwaltschaft in Lübeck wird im Bericht eingeräumt, noch etwas Zeit zu benötigen. An dieser Stelle stellt sich daher die Frage, ob eine häufige Abweichung überhaupt gewünscht wird. Die weniger gut geschulten juristischen Fähigkeiten eines Polizeibeamten und das gesteigerte Interesse an der Aufklärungsquote[420] könnten zu einer größeren Anzahl juristisch fehlerhafter Vorschläge führen, die einer Korrektur bedürfen. Aus dem Grund lassen sich die Probleme vielleicht folgendermaßen erklären: Während bei den anderen Staatsanwaltschaften die Vorschläge der Polizeibeamten bereits am Telefon korrigiert wurden, kam es in Lübeck erst später zu einer Korrektur mit unter Umständen unangenehmen Folgen für den Beschuldigten. Ob diese Erklärung zutrifft, lässt sich mit den genannten Zahlen nicht abschließend feststellen.

Die Zahlen für die Abweichungen sind darüber hinaus wenig aussagekräftig. Es ergibt sich aus ihnen nicht, aus welchem Grund die Abweichung zustande kam. Es können unterschiedliche Auffassungen bezüglich des Verhältnisses von § 153 StPO zu § 45 Abs. 1 JGG vorliegen. Es wäre aber auch denkbar, dass der Staatsanwalt anhand der Akte erkennt, dass überhaupt kein Tatverdacht begründet wurde und das Verfahren nach § 170 Abs. 2 StPO einzustellen ist. Im ungünstigsten Fall ist der Beschuldigte zu diesem Zeitpunkt bereits einer Anregung zur Arbeitsleistung gefolgt. Diese Abweichung hätte eine ganz andere Dimension. Trotzdem wäre sie in dieser Erfassung vom unproblematischen ersten Fall nicht zu unterscheiden.

Nachdenklich stimmen in dem Bericht zudem zwei weitere Informationen aus Lübeck und Itzehoe. In Lübeck wurden Maßnahmen durch die Polizei angeregt und durchgeführt, ohne dass eine vorherige Zustimmung durch die Staatsanwaltschaft erfolgt ist. Die Polizei hat also in einigen Fällen alle Kompetenzen an sich gerissen. Dies zeigt zumindest, dass es Probleme beim Verstehen der Richtlinien gibt. Die Polizei in Itzehoe möchte, obwohl sie, laut Bericht, bei der Einordnung der Absätze des § 45 JGG noch Probleme hat,

---

420 *Ostendorf* „Wieviel Strafe braucht die Gesellschaft?", S. 146.

eine Generalvollmacht, um nicht immer anrufen zu müssen.[421] Diese Forderung einiger Polizeistationen aus dem Landgerichtsbezirk Itzehoe ist äußerst bedenklich. Der Anruf soll ein Mindestmaß an Kontrolle gewährleisten. Die Anregungskompetenz muss im Grunde beim Staatsanwalt verbleiben.[422] Die Forderung einer Generalvollmacht würde der Polizei Kompetenzen zubilligen, die selbst kühnste Befürchtungen der Kritiker überträfen. Bei Gesprächen mit Staatsanwälten wurde dem Verfasser allerdings versichert, dass es nicht so weit kommen würde.[423] Angesichts zunehmender Kompetenzverlagerungen und der Entwicklung zu mehr Erziehung und Kontrolle im Jugendstrafrecht muss diese Entwicklung im Auge behalten werden. Der Erfahrungsbericht geht auf die Problematik, welche das Ansinnen dieser Polizeistationen im Landgerichtsbezirk Itzehoe mit sich bringt, nicht ein.

Die wenigen Abweichungen von den polizeilichen Vorschlägen werden im Übrigen als Zeichen gewertet, dass die Polizei die Eingriffsintensität richtig einschätzt.[424] Die Häufigkeit der polizeilichen Vorschläge, nach § 45 Abs. 1 JGG zu verfahren, wird vom Bericht positiv herausgestellt. Dies soll beweisen, dass die Polizei nicht übermäßig hart reagiert, wenn ihr mehr Verantwortung zugewiesen wird.[425] Dies kann aber auch anders interpretiert werden: Entscheidet sich der Polizist für einen Fall des § 45 Abs. 2 JGG, so muss er die Ausführung der Maßnahme später überwachen. Dies ist ein Arbeitsaufwand, der, was die Aufklärungsquote betrifft, keinen Vorteil bringt. Zudem macht bereits der Ruf nach einer Generalvollmacht deutlich, dass es einzelnen Polizeibeamten lästig ist, beim Staatsanwalt anzurufen. Dies könnte ebenso dazu führen, vermehrt nach § 45 Abs. 1 JGG zu verfahren. Eindeutige Belege für die Richtigkeit der einen oder anderen These kann der Erfahrungsbericht nicht liefern. Die geringe Zahl der Abweichungen kann daher auch nicht beweisen, dass die Staatsanwaltschaft weiter „Herrin des Vorverfahrens" ist, da sie immerhin einige Male korrigierend eingreift.[426] Es ließe sich auch eine gegenteilige Ansicht vertreten.

---

421 Siehe Bericht in DVJJ 1/2000, S. 82.

422 Vgl. zu dieser Problematik die Ausführungen im 2. Kapitel, F. Problemfelder, IV. Polizeidiversion, 3. Kompetenzgewinn als Gefahrenquelle (S. 67 ff.).

423 Gespräche dazu wurden sowohl mit Staatsanwälten aus Schleswig-Holstein als auch Berlin geführt, da zum Zeitpunkt des Vorliegens dieses Erfahrungsberichts noch die Option im Raum stand, die Berliner Richtlinien mit zu untersuchen.

424 Siehe Bericht in DVJJ 1/2000, S. 82.

425 Siehe Bericht in DVJJ 1/2000, S. 82.

426 So klingt es aber im Bericht in DVJJ 1/2000, auf S. 82 an: „Es gibt keinen Hinweis darauf, dass sie sich durch die Polizei das Heft aus der Hand nehmen lässt und nur gegenzeichnet, was die Polizei vorschlägt."

Jedenfalls macht dieser erste Erfahrungsbericht deutlich, dass es Anlaufschwierigkeiten gab und eine landesweite Gleichbehandlung auch durch die
Einführung der Richtlinien nicht gewährleistet ist. Kritiker wie Befürworter
können sich die Ergebnisse gleichermaßen zu eigen machen. Die dort getrof-
fenen Aussagen können daher aber beide Seiten auch nicht befriedigen. Die
folgende Untersuchung wird an gegebener Stelle auf die Aussagen des Berichts zurückkommen.

B. Diversion in anderen Bundesländern

Diversionsrichtlinien wurden mittlerweile in allen Bundesländern, mit Ausnahme von Bayern, eingeführt. Diversionsprojekte als Vorläufer für diese
Richtlinien, wie das Lübecker Modell in Schleswig-Holstein, hatte es auch in
anderen Bundesländern gegeben. Beispielhaft sollen an dieser Stelle die Zusammenarbeit zwischen dem Verein Brücke Köln e. V. und der Staatsanwaltschaft in Köln und ein Modellprojekt in Braunschweig, bei dem mit der Jugendgerichtshilfe zusammengearbeitet wurde, genannt werden. Unter den vielen Modellen ist auch das relativ bekannte Diversionsprogramm in Mönchen-
gladbach Anfang der 80er Jahre durch einen Verein namens „Gesellschaft zur
Förderung integrativer Maßnahmen e. V.", kurz INTEG, zu erwähnen.[427]

Durch das Erste Gesetz zur Änderung des Jugendgerichtsgesetzes von 1990
wurden bundesweit Diversionsprogramme forciert.[428] Dies führte schließlich
zur flächendeckenden Einführung der Diversionsrichtlinien Anfang der 90er
Jahre.[429]

Obwohl die Richtlinien auf einer gemeinsamen Idee basieren, weichen sie
teilweise deutlich voneinander ab. Insbesondere die Kompetenz der Polizei
innerhalb des Diversionsverfahrens ist in den einzelnen Richtlinien unterschiedlich geregelt. Es überwiegen allerdings auf den ersten Blick eine Vielzahl von Gemeinsamkeiten. Ziel all dieser Verwaltungsvorschriften ist neben
der Vereinheitlichung des Verfahrens, dem Anwender eine Anleitung zur Diversion an die Hand zu geben. Einzelne Richtlinien nehmen direkten Bezug
auf kriminologische Erkenntnisse. So findet sich unter anderem in den Richt-

---

427 Siehe zu diesen Modellen bei *Hering/Sessar* „Praktizierte Diversion", S. 32 - 37.

428 *V. d. Woldenberg*, S. 32 ff.

429 Fundorte und Daten über das Inkrafttreten einzelner Richtlinien finden sich bei *Heinz* DVJJ
     2/99, S. 142 ff. in Fußnote und bei *Ostendorf* JGG, Grundlagen zu §§ 45 und 46 Rdnr. 8 bzw.
     Ostendorf „Das Jugendstrafverfahren", S. 21 und 22; zum Hamburger Diversionsprojekt vgl.
     ausführlich *Wölffel*, S. 33 ff.

linien von Niedersachsen[430] und Sachsen[431] der Hinweis, dass Jugendkriminalität zumeist ein entwicklungstypisches Fehlverhalten darstellt.[432] Aber auch die Gefahr einer kriminellen Karriere weniger Täter wird angesprochen. Eine so starke Sensibilisierung für diesen Bereich ist im Rahmen von Diversionsrichtlinien jedoch unangebracht.[433] In Sachsen-Anhalt wird indirekt vor der Anwendung von Diversion auf Intensivtäter gewarnt, ohne diese Problematik zu sehr in den Vordergrund zu rücken: „(...) Diversion kommt für Ersttäter in Betracht. Bei anderen Beschuldigten kann sie in Betracht gezogen werden, wenn deren weitere Straftaten episodenhaften Charakter zeigen und insbesondere nicht Ausdruck einer weitergehenden Entwicklung zu einer kriminellen Laufbahn sind."[434]

Das Problem des net-widening wird gelegentlich angesprochen. In den Richtlinien von Thüringen, Brandenburg und Mecklenburg-Vorpommern wird beispielsweise betont, dass Diversion nicht zur Ausweitung der Kontrolle führen darf.[435] Allerdings nützt es wenig, wenn vor einer Kontrollausweitung gewarnt wird und gleichzeitig z. B. eine stärkere Zusammenarbeit mit Jugendamt und Jugendgerichtshilfe unterstützt wird. Den Widerspruch zwischen mehr Erziehung und weniger Stigmatisierung dürfte keine der Richtlinien überwinden können.

Einige Richtlinien sehen umfangreiche Kompetenzverlagerungen vor. In den Blickpunkt rücken insbesondere die geltenden Richtlinien in Berlin[436] und die in dieser Arbeit untersuchten Richtlinien Schleswig-Holsteins.[437]

Die Berliner Richtlinien sehen sich den gleichen oder sogar noch schärferen rechtsstaatlichen Bedenken gegenüber wie das schleswig-holsteinische Pendant. Beide Modelle weisen einige Parallelen auf. Da die Bedenken gegen die

---

430   *Heinz* in DVJJ 2/99, S. 132.

431   Abgedruckt in DVJJ 4/99, S. 432 ff.

432   Vgl. dazu, dass dies mittlerweile allgemeine Meinung ist, die Ausführungen im 2. Kapitel, B. Inhalt der Diversion (S. 22 ff.).

433   Siehe dazu die Stellungnahme bezüglich der schleswig-holsteinischen Richtlinien zu Beginn dieses Kapitels unter „A. Schleswig-Holsteins Diversionsrichtlinien im Überblick, I. Die aktuellen und die vorangegangenen Richtlinien im Vergleich" (S. 81 ff.).

434   Abgedruckt bei *Heinz* in DVJJ 2/99, S. 132.

435   Vgl. dazu die Ausführungen von *Heinz* in DVJJ 2/99, S. 133.

436   Die Berliner Richtlinien sind u.a. abgedruckt in DVJJ 2/99, S. 201 ff.

437   Andere Länder haben sich diese Richtlinien als Vorbild genommen. So sehen die aktuellen Richtlinien in Brandenburg beispielsweise den teilweise für problematisch gehaltenen Telefonanruf zwischen Polizei und Staatsanwaltschaft vor; vgl. den Abdruck der Richtlinien in DVJJ 2/2001, S. 183-186.

Berliner Richtlinien auf ähnlichen Kompetenzverlagerungen wie bei den
schleswig-holsteinischen Richtlinien fußen, sind auch einige Untersuchungsergebnisse dieser Arbeit bedingt auf die Richtlinien in Berlin übertragbar.

Die Richtlinien in Berlin können als Richtlinien mit der weitreichendsten Kompetenzverlagerung bezeichnet werden. Damit ist gemeint, dass die ursprünglich
beim Staatsanwalt oder Richter beheimatete Anregungskompetenz sich von den
Justizorganen so weit weg bewegt hat wie in keinem anderen Bundesland. Ende
1998 begannen in Berlin Gespräche über neue Diversionsrichtlinien.[438] § 45
Abs. 2 JGG kam mittlerweile immer häufiger zur Anwendung. Bundesweit
wurde inzwischen zunehmend davon ausgegangen, dass auch der Staatsanwalt
Maßnahmen anregen dürfe. Die Staatsanwälte hatten in Berlin bereits Ende der
80er Jahre begonnen, erzieherische Gespräche mit den Jugendlichen zu führen.
Diese Gespräche waren jedoch aufgrund der neuen Belastungen, die mit der
Wiedervereinigung einhergingen, eingeschlafen. In den Jahren 1997/1998 waren bundesweit Diversionsmodelle ins Leben gerufen worden, in denen vor allem die Polizei mit mehr Kompetenzen ausgestattet wurde.[439] Berlin wollte mit
der Kompetenzverlagerung auf Polizeibeamte jedoch moderat umgehen. Allerdings sollten die erzieherischen Maßnahmen auch nicht von Staatsanwälten angeregt werden. Dies sollte Fachleuten vorbehalten bleiben. Zunächst war daran
gedacht worden, die Jugendgerichtshilfe einzuschalten. Zur Bewältigung einer
solch umfangreichen, zusätzlichen Belastung sah sich die Jugendgerichtshilfe
personell jedoch nicht in der Lage. Daher entstand die Idee, einen freien Träger
der Jugendhilfe damit zu beauftragen. Letztlich wurde das „Berliner Büro für
Diversionsberatung und -vermittlung des Sozialpädagogischen Instituts Berlin"
gewonnen. Die Übertragung von Kompetenzen auf Sozialpädagogen wurde mit
den Richtlinien vom 22. März 1999 umgesetzt. Nach einem Probelauf kommen
sie seit Mai 2000 in ganz Berlin zum Einsatz.

Das Diversionsverfahren soll demgemäß folgendermaßen ablaufen: Der möglichst geschulte Polizeibeamte muss bei einer Tat eines jugendlichen Beschuldigten entscheiden, ob es sich um einen Fall des § 45 Abs. 1 JGG, § 45 Abs. 2
JGG handelt oder ob keine dieser Alternativen zutrifft. Unabhängig von dieser
Entscheidung führt der Beamte zunächst ein normverdeutlichendes Gespräch
mit dem Jugendlichen. Falls der Polizist von einem Fall des § 45 Abs. 2 JGG
ausgeht und der Meinung ist, dass noch weitere Maßnahmen erforderlich sind,
ruft er den Jugendstaatsanwalt an. Von ihm holt er eine Zustimmung für wei-

---

438 Einen Überblick über den Inhalt und die Umsetzung der Richtlinien gibt *Victor Weber*, der
    anlässlich des Präventionstags 2001 in Berlin darüber berichtete. Dieser Beitrag ist auf
    www.senbjs.berlin.de/jugend/landeskommision_berlin_gegen_Gewalt unter der Rubrik Veran-
    staltungen – Praeventionstag 2001 zu finden.

439 So auch die aktuellen Richtlinien aus Schleswig-Holstein.

tere Diversionsmaßnahmen ein. Gibt der Staatsanwalt sein Einverständnis, schickt der Polizeibeamte den Jugendlichen zum Diversionsmittler, meist ein Sozialarbeiter, in das Diversionsbüro.[440] Dabei hat der Polizist darauf hinzuweisen, dass der Beschuldigte dieser Anregung nur freiwillig Folge zu leisten hat. Der Diversionsmittler bekommt vom Polizeibeamten eine Schilderung des dem Beschuldigten vorgeworfenen Sachverhalts an die Hand. Der Beschuldigte muss sich dann innerhalb einer Woche beim Diversionsbüro melden. Die Diversionsbüros befinden sich direkt in den Polizeidirektionen. Hat der Beschuldigte den Kontakt aufgenommen, meldet der Diversionsmittler dies der Polizei. Die Polizei wiederum schickt die Akte daraufhin zum Staatsanwalt. Der Diversionsmittler wählt nun eine ihm angemessen erscheinende „Sanktion" aus. Dabei ist er freier als jeder Richter in den §§ 45 Abs. 3 oder 47 Abs. 1 JGG. Bis auf Arrest und Jugendstrafe kann der Diversionsmittler alles anordnen, was ihm im jeweiligen Fall angemessen erscheint. Nach Durchführung der Diversionsmaßnahme sendet der Diversionsmittler einen Bericht an die Staatsanwaltschaft, die eine Abschlussentscheidung bezüglich des Verfahrens fällt.

Das Berliner Modell bietet einen diskussionswürdigen Ansatz.[441] Die Schulung der Polizeibeamten lässt in allen Bundesländern zu wünschen übrig. Ausreichende Ausbildung kann in der Regel nicht finanziert werden. Insofern ist es konsequent, wenn die Berliner Richtlinien die Erziehung in die Hände von Fachleuten legen. Allerdings ist dies rechtsstaatlich höchst prekär. Sämtliche Bedenken, die sich bereits bei der Polizeidiversion aufgedrängt haben, stellen sich mit Ausnahme der mangelnden Schulung auch dann, wenn man erzieherische Maßnahmen im Rahmen eines Diversionsverfahrens auf Sozialpädagogen überträgt.[442] Möglicherweise hat in Berlin die Frage der Effektivität die der Rechtsstaatlichkeit in den Hintergrund gedrängt.

Im Zusammenhang mit Diversion ist es nicht nur interessant, über die Landesgrenzen zu blicken und sich dortige Modelle anzuschauen, sondern auch einen Blick über die Bundesgrenzen zu wagen. Im Ausland, z. B. in den Niederlanden, haben sich mittlerweile Diversionsprogramme entwickelt, die vollkom-

---

440 Im Internet finden sich Websites, auf denen Diversionsmittler vorgestellt werden. So findet sich z.B. unter der Adresse www.berlin.de/Polizei/LSA/dir6diversion.html, eine Vorstellung des Diversionsbüros der Polizeidirektion 6, in dem eine Sozialarbeiterin als Diversionsmittlerin tätig ist; eine Übersicht über die Diversionsberatung in Berlin bieten auch *Haustein/Niethammer* in DVJJ 4/1999, S. 427-435.

441 Zur Kritik an diesen Richtlinien vgl. *Herrlinger* in DVJJ 2/1999, S. 149-151.

442 Zu den rechtsstaatlichen Bedenken gegen die Polizeidiversion vgl. im 2. Kapitel, F. Problemfelder, IV. Polizeidiversion, 3. Kompetenzgewinn als Gefahrenquelle (S. 67 ff.).

men privatisiert sind.[443] Das sogenannte HALT-Projekt in den Niederlanden sieht vor, dass die Polizei in Bagatellfällen die jugendlichen Beschuldigten an sogenannte „HALT-Büros" verweisen.[444] Dort kümmern sich dann unter anderem Sozialarbeiter um die Durchführung von Maßnahmen, wie etwa einer Schadenswiedergutmachung. Die Staatsanwaltschaft wird in keiner Phase des Verfahrens eingeschaltet.[445] Diese Projekte sehen sich einer ähnlichen Kritik ausgesetzt wie die deutschen Varianten, in denen Kritikern zufolge, Polizeidiversion zum Einsatz kommt.[446]

Gegen eine solche Entwicklung, die derjenigen aus den USA in den 70er Jahren ähnelt, spricht in Deutschland unter anderem das Legalitätsprinzip.[447] Die eine oder andere Idee dieser ausländischen Ansätze wird aber in den deutschen Richtlinien bereits umgesetzt. Bei allen Richtlinien moderner Prägung wird deutlich, dass Kompetenzen verlagert werden – zumeist auf die Polizei, im Falle Berlins sogar auf Sozialarbeiter. Es bleibt zu fragen, ob dies effektiv und rechtsstaatlich vertretbar ist. Auch der verstärkte Einsatz von erzieherischen Maßnahmen und Erziehung insgesamt, widerstrebt dem Diversionsgedanken. Daher muss geklärt werden, ob sich Diversion in Deutschland gewandelt hat. Es fragt sich, ob unter dem Begriff der Diversion, gleich einem trojanischen Pferd, in Wahrheit ein härterer oder zumindest eingriffsintensiverer Umgang mit jugendlichen Straftätern eingeführt wird.

---

443 Vgl. zum holländischen Diversionsprogramm „RBS" *v. d .Woldenberg*, S. 15.

444 Siehe *Mijnarends* in DVJJ 1/2000, S. 21.

445 *Mijnarends* in DVJJ 1/2000, S. 21.

446 *Mijnarends* in DVJJ 1/2000, S.22; *Kowalzyck*, in DVJJ 4/2002, S. 382.

447 Die Abschaffung dieses Prinzips wird vielfach gefordert. Unter anderem spricht sich *Wieben* in DVJJ 1-2/1992, S. 65 für die Einführung eines reinen Opportunitätsprinzips aus.

Viertes Kapitel
Die Untersuchungsmittel

A. Allgemeines zu den Untersuchungsmitteln

Die Wirkungen, die von der praktischen Umsetzung der Richtlinien ausgehen, sind komplex. An einem Diversionsverfahren wirken nicht nur die Polizeibeamten, die Staatsanwaltschaft und die Beschuldigten selbst mit. Auch die Erziehungsberechtigten, die Leiter der Arbeitsstellen, in denen Beschuldigte Arbeitsleistungen erbringen können, das Jugendamt und sogar der Ladendetektiv haben Einfluss darauf, wie effektiv eine Diversionsentscheidung ist. Manche Wirkungen können jedoch nicht zuverlässig untersucht werden, andere wiederum wären mit einem unverhältnismäßigen Untersuchungsaufwand verbunden. Die in dieser Arbeit verwandten Untersuchungsmittel können zwar der Komplexität eines Diversionsverfahrens nur bis zu einem gewissen Grad Rechnung tragen, sie decken aber wesentliche Bereiche des Verfahrens ab und richten sich nach dem, was in den Richtlinien geregelt wurde.

Da sich die Richtlinien vorwiegend an die Polizei wenden, wurden die Sachbearbeiter der Polizei mit Hilfe von Interviewbögen befragt. Ebenso wurde mit den Jugendstaatsanwälten verfahren. Eine ursprünglich geplante Befragung von Beschuldigten bezüglich des erzieherischen Gesprächs, welches die Polizeibeamten im Rahmen der Vernehmung mit dem Beschuldigten führen sollen, musste aus Organisations- und Zeitgründen einem Annexprojekt vorbehalten bleiben. Trotzdem lassen sich wichtige und interessante Aussagen über die Beschuldigten aus den mit den anderen Untersuchungsmitteln gewonnenen Ergebnissen herauslesen. Den Anfang machte eine umfangreiche Aktenanalyse, in der zunächst 320 Fälle aus dem ersten Halbjahr 2000 aus ganz Schleswig-Holstein untersucht wurden, bei denen gemäß der Diversionsrichtlinien verfahren wurde. Im Anschluss wurden 160 vergleichbare Fälle aus dem ersten Halbjahr 1998 ausgewertet, also unmittelbar vor Einführung der Richtlinien. Begleitend und als Vorbereitung für die Aktenanalyse wurden zusätzlich sämtliche Diversionserfassungsbögen des ersten Halbjahres 2000 herangezogen.

B. Erfassungsbogen

Zu Beginn der Untersuchung wurden Diversionserfassungsbögen ausgewertet. Diese Erfassungsbögen befinden sich zunächst unausgefüllt und in dreifacher Ausfertigung bei der Polizei.

Dienststelle Polizeizentralstation Ahrensburg An der Reitbahn 5 22926 Ahrensburg	Ort, Datum Ahrensburg, 10.06.2000 Sachbearbeiter/in ..., PK'in Telefon/Fax 04102/ 809-109

Erfassungsbogen Diversionsverfahren

Delikt	Sachbeschädigung durch Graffiti, Vorgang 2027/00 ▪️
Beschuldigte/r	[X] m [ ] w Alter: 17 Jahre [X] Ersttäter [ ] Zweittäter [ ] Drittäter [ ]

Vorschlag

§ 45 Abs. 1 JGG	[ ] ohne Maßnahmen
	[ ] nach folgenden Maßnahmen
	[ ] erzieherisches Gespräch
	[ ] sofortige Entschuldigung
	[ ] sofortige Schadenswiedergutmachung
	[ ] nach Hinweis auf Hilfsangebote
§ 45 Abs. 2 JGG	[X] nach folgenden Maßnahmen / Anregung:
	[X] gemeinnützige Arbeit
	[ ] Arbeit zur Schadenswiedergutmachung
	[ ] kl. Geldzahlung an (örtl.) gemeinn. Einrichtung, Betrag:
	[ ] Ausgleich mit dem Verletzten
	[ ] Vorbereitung eines förmlichen Täter-Opfer-Ausgleiches (TOA)
	[ ] Teilnahme am Verkehrsunterricht
	Zustimmung der StA eingeholt am: 15.03.2000 vom: StA ...
	Durchführung festgestellt: Ergebnis: vier Stunden gemeinnützige Arbeit wurden abgeleistet
§ 45 Abs. 3 JGG	[ ]
Unterrichtung JGH	[ ] ja, am [X] nein

Im Auftrage ▬▬▬▬▬ ..., PK'in
Unterschrift

Abbildung eines Diversionserfassungsbogens

Der Polizeibeamte vermerkt auf dem Erfassungsbogen Geschlecht, Alter des Beschuldigten und ob es sich um einen Erst-, Zweit- oder Drittäter handelt. Weiter wird der Diversionsvorschlag des Polizeibeamten festgehalten. Danach wird der Bogen zusammen mit der Akte zur Staatsanwaltschaft geschickt. Die Staatsanwaltschaft versieht den Bogen dann in der Regel mit einem Aktenzeichen. Wenn der Staatsanwalt etwas an dem Vorschlag des Polizeibeamten auszusetzen oder sich für ein anderes Vorgehen entschieden hat, vermerkt er dies in der Regel ebenfalls auf dem Bogen. Eine Ausfertigung des Bogens wird zurück zur Polizei geschickt, eine weitere verbleibt bei der Akte und eine dritte Durchschrift wird in einem Sammelaktenordner für Diversionserfassungsbögen bei der Staatsanwaltschaft aufbewahrt.

Ursprünglich waren die Erfassungsbögen bei dieser Untersuchung nur ein Mittel, um eine Auswahl von Akten für die Aktenauswertung des ersten Halbjahres 2000 treffen zu können. Da die Anzahl der Erfassungsbögen jedoch weit über die Zahl der untersuchten Akten hinausgeht und die darin enthaltenen Daten deshalb in einigen Punkten repräsentativer sind, erschien es sinnvoll, auch die Erfassungsbögen auszuwerten. Zur Auswertung wurden sämtliche Bögen aus den Aktenordnern der einzelnen Staatsanwaltschaften herangezogen. Insgesamt wurden auf diese Weise 1015 Fälle erfasst. Bezüglich der in den Erfassungsbögen genannten Daten ergibt sich aufgrund der Masse ein noch repräsentativeres Bild als durch die Aktenauswertung. Allerdings gilt dies nur für einige wenige Werte. Auf jeden Fall sind die Eintragungen bezüglich des Geschlechts, des Alters, der durchgeführten Maßnahme und des Einstellungsvorschlags vollständig. Ob eine Zustimmung bei § 45 Abs. 2 JGG eingeholt worden ist, wurde nicht auf allen Bögen vermerkt. Aus den in den Akten befindlichen Erfassungsbögen ging hervor, dass einzelne Beamte eine Zustimmung eingeholt, dies auch in einem Vermerk niedergelegt, dies allerdings nicht auf dem Erfassungsbogen vermerkt hatten. Diese Fälle waren zwar äußerst selten, trotzdem sind die Akten in dieser Frage verlässlicher. Die mit Hilfe der Erfassungsbögen ermittelten Zahlen stellen nicht die gesamte Zahl aller Diversionsfälle in Schleswig-Holstein im ersten Halbjahr 2000 dar. Zum einen fehlen die Verfahren, die gemäß § 153 StPO eingestellt wurden, zum anderen ist nicht auszuschließen, dass in dem einen oder anderen Fall kein Erfassungsbogen angefertigt wurde. Da allerdings das Ausfüllen der Bögen im Diversionsverfahren vorgesehen ist, umfasst diese Auswertung alle Fälle, in denen der Weg eingeschlagen wurde, den die Diversionsrichtlinien anraten.

C. Aktenanalyse

Neben der Erfassungsbogen-Auswertung wurde eine umfangreiche vergleichende Aktenanalyse von Diversionsverfahren aus Schleswig-Holstein durchgeführt. Dabei wurde das erste Halbjahr 2000 einem Vergleichszeitraum im Jahr 1998 gegenübergestellt.

I. Aktenauswertung 2000

Das erste Halbjahr 2000 wurde gewählt, um einen zeitlichen Abstand zum Erlass der Diversionsrichtlinien, dem 24. Juni 1998, herzustellen. Auf diese Weise sollte sichergestellt werden, dass Schwierigkeiten bei der Einführung der Richtlinien bei den Untersuchungsergebnissen keine Rolle mehr spielten. Der gewählte Zeitraum sollte ein relativ zuverlässiges Bild darüber liefern, wie Diversion aufgrund der Richtlinien auch in den nächsten Jahren ablaufen dürfte.

Bei der Untersuchung sollten Fälle ausgewertet werden, bei denen das Diversionsverfahren entsprechend der Richtlinien zur Anwendung kam. Es bot sich daher an, eine Auswahl mit Hilfe der Diversionserfassungsbögen zu treffen, in welchen die Vorschläge der Polizeibeamten niedergelegt sind. Damit wurde allerdings gleichzeitig eine Beschränkung der Fälle auf solche nach § 45 JGG getroffen, da die Erfassungsbögen eine Einstellung nach § 153 StPO nicht vorsehen.[448] Die Richtlinien stellen § 45 JGG in den Vordergrund. Da solchen Verfahrenseinstellungen in jedem Fall ein Diversionsverfahren vorausgeht, musste aus den ermittelten Fällen keine weitere Auswahl getroffen werden. Die Verfahrenseinstellungen nach § 153 StPO hätten mehrheitlich Erwachsene betroffen, was eine Auswahl allein anhand von Aktenzeichen unmöglich gemacht hätte. Daher fiel die Entscheidung letztlich für eine Auswahl der Akten mittels der Erfassungsbögen und für eine Ausklammerung von § 153 StPO.

Für die Auswertung wurden die Ordner bei den Staatsanwaltschaften herangezogen, in denen Durchschriften sämtlicher Bögen aufbewahrt werden. Nach der selbstständigen Erfassung der 1015 Bögen wurde eine zufällige Auswahl getroffen, bei der Aktenzeichen bzw. Vorgangsnummern von insgesamt 300 Erfassungsbögen notiert wurden. Die 300 Bögen wurden anteilig aus den vier Ordnern der vier Staatsanwaltsbezirke in Schleswig-Holstein selektiert. Demgemäß fielen auf den bevölkerungsreichsten Bezirk, nämlich Kiel mit 966.418 Bewohnern, 35 Prozent der ausgewählten Bögen, also 105. Auf Lübeck (803.764 Einwohner) entfielen 29 Prozent, also 87 Bögen. Für Itzehoe (562.795 Einwohner) wurden entsprechend 20 Prozent der Gesamtzahl ausgewählt, dies entspricht 60 Bögen. Auf Flensburg, dem kleinsten Staatsanwaltsbezirk, entfielen schließlich 16 Prozent, was 48 Bögen entsprach.

Bei den Staatsanwaltschaften in Kiel, Flensburg und Itzehoe verlief die Untersuchung wie geplant, da sich auf allen Erfassungsbögen ein Aktenzeichen befand. Diese Aktenzeichen wurden den Staatsanwaltschaften übermittelt und die entsprechenden Akten zur Auswertung bereitgestellt. Anders verlief dieser Vorgang in Lübeck. Dort war nur in den wenigsten Fällen ein Aktenzeichen auf den Bögen vermerkt. Aus diesem Grund mussten die Aktenzeichen über die von der Polizei vermerkten Vorgangsnummern ermittelt werden. Die Vorgangsnummern wurden zentral über die Polizeidirektion Süd den entspre-

---

448 Dies fördert allerdings die Entwicklung, in Bagatellfällen § 153 StPO zu übersehen.

chenden Polizeistationen zugesandt, die wiederum in der Lage waren, die entsprechenden Aktenzeichen zu ermitteln. Im Anschluss konnten auch die Akten aus Lübeck zur Verfügung gestellt werden.

Während der Auswertung der Akten stellte sich heraus, dass in den einzelnen Akten unterschiedlich viele Beschuldigte aufgeführt wurden. Da sich in den Kieler Akten überdurchschnittlich häufig zwei oder mehr Beschuldigte pro Fall vorfanden, führte dies zu einem Ungleichgewicht. Statt wie geplant insgesamt 300 Fälle mit 300 Beschuldigten zu untersuchen, erhöhte sich die Zahl der Beschuldigten beträchtlich. Allerdings erfolgten die Diversionsentscheidungen in der Regel individuell auf den einzelnen Beschuldigten abgestimmt. In den 300 Akten wurden also weit mehr Diversionsverfahren dokumentiert. Insgesamt erhöhte sich die Zahl somit auf 397 Fälle. Dadurch war jedoch das Verhältnis bezogen auf die Einwohnerzahl der einzelnen Landgerichtsbezirke nicht mehr gewahrt. Kiel wäre unverhältnismäßig stark repräsentiert gewesen. Da in Lübeck die geringste Steigerung vorlag, die größere Anzahl von Fällen aber mehr Repräsentanz bedeutet, wurden alle Lübecker Fälle übernommen und die übrigen Zahlen aus den anderen Landgerichtsbezirken entsprechend angepasst, indem einzelne Verfahren nach dem Zufallsprinzip aus der Untersuchung herausgenommen wurden. Auf diese Weise blieb das ursprünglich gewählte Verhältnis der Gerichtsbezirke gewahrt. Die Zahl der untersuchten Fälle erhöhte sich von den ursprünglich geplanten 300 auf 320 Entscheidungen.

Die Auswertung erfolgte mit Hilfe eines dafür erstellten dreiseitigen Erfassungsbogens.[449] Auf der ersten Seite dieses Bogens finden sich Möglichkeiten, die persönlichen Daten des Beschuldigten, wie etwa Alter und Geschlecht, und Bemerkungen zu dessen Umfeld einzutragen, gefolgt von dem Einstellungsvorschlag der Polizei. Auf der zweiten und dritten Seite steht der Gang und der Inhalt des Verfahrens im Vordergrund. Diese Bögen lieferten die Grundlage für die umfangreiche statistische Erfassung der Akten, deren Ergebnisse zum größten Teil in die Untersuchung einflossen oder im Anhang zu finden sind.

II. Aktenauswertung 1998

Den 320 Entscheidungen aus dem ersten Halbjahr 2000 wurden 160 aus dem ersten Halbjahr 1998 gegenübergestellt, also aus der Zeit direkt vor Einführung der Richtlinien. Die ursprünglich geplante Vergleichsgruppe aus dem

---

449 Eine Abbildung dieses Erfassungsbogens findet sich in Anhang 4.

Jahr 1997 fiel den abgelaufenen Aufbewahrungsfristen zum Opfer. Da es Anfang 1998 noch keine Erfassungsbögen gab, musste die Auswahl der 160 Akten auf andere Weise erfolgen. Die Generalstaatsanwaltschaft legte zu diesem Zweck eine Liste mit allen Entscheidungen gemäß § 45 JGG aus dem Jahr 1998 vor. Daraus wurde die entsprechende Anzahl von Aktenzeichen ermittelt und den Staatsanwaltschaften zugeleitet, die daraufhin die Akten bereit stellten. Auch diese Akten wurden mit Hilfe des oben gezeigten Erfassungsbogens ausgewertet.

D. Befragungen

Um einen Einblick über die Einschätzung derjenigen zu gewinnen, die von den Richtlinien direkt „betroffen" sind, waren ursprünglich Interviews mit Polizisten, Staatsanwälten und den Beschuldigten selbst geplant. Letztendlich konzentrierten sich die Befragungen in diesem Projekt jedoch ausschließlich auf Polizeibeamte und Staatsanwälte.

Eine Befragung der Beschuldigten, als diejenigen, für die das Diversionsverfahren letztlich gedacht ist, wäre grundsätzlich eine wichtige Informationsquelle gewesen. Es gestaltete sich jedoch schwierig, ein geeignetes Konzept dafür zu erstellen. Abgesehen davon, ob eine Befragung nicht eine negative Wirkung auf die interviewten Beschuldigten entfalten könnte[450], fällt es schwer, eine repräsentative Interviewgruppe auszuwählen. Auf Basis freiwilliger Teilnahme an der Befragung hätte es dazu kommen können, dass sich nur besonders aufgeschlossene Interviewpartner bereit erklärt hätten und „Problemfälle" außen vor geblieben wären. Für eine verbindliche Regelung hätte es allerdings keine Legitimation gegeben. Obwohl bereits ein Leitfaden für mögliche Interviews entworfen worden war, musste die Befragung aus Zeitgründen in einem Folgeprojekt platziert werden. So wurde die Projektleitung in die Hände des psychologischen Instituts der Universität Kiel gelegt.

Zunächst wurde die Befragung der Polizeibeamten durchgeführt. Es sollte eine möglichst breite Basis angesprochen werden. Aus diesem Grund wurde die schriftliche Form mit Hilfe eines Interviewbogens gewählt.[451] Eine persönliche Befragung in Form eines Interviews konnte aus Zeitgründen nicht durchgeführt werden. Mit Hilfe der Interviewbögen wurde zudem eine vergleichbare Befragung der einzelnen Beamten gewährleistet. Nachdem der erste Entwurf der Kriminologischen Zentralstelle in Wiesbaden vorgelegt worden war,

---

450 Ein Diversionsverfahren soll schließlich so wenig Einfluss wie möglich auf den Beschuldigten nehmen.

451 Das Muster eines solchen Bogens findet sich in Anhang 2.

wurde er auf einer Schulung für Polizeibeamte an der Landespolizeischule bei Malente vorgestellt. Die Idee, den einzelnen Beamten nach seiner Meinung zu fragen, fand dort große Zustimmung. Auch aus dieser Veranstaltung wurde die eine oder andere Anregung mitgenommen. Schließlich wurde der Fragebogen einer ausgiebigen Prüfung durch das Innenministerium unterzogen. Einige Fragen, z. B. die Einschätzung des Vorgesetzten, wurden als problematisch angesehen, so dass die Fragen teilweise umformuliert werden mussten. Inhaltlich blieben sie jedoch im Wesentlichen so, wie sie eingebracht worden waren. Am Ende der Überprüfungen umfasste der Fragebogen 43 Fragen.

Da Diversion landesweit zum Einsatz kommt und sowohl in großen Polizeirevieren als auch kleinen Polizeistationen praktiziert wird, wurde eine Verteilung der Interviewbögen gewählt, die diesem Umstand Rechnung trägt. Die Verteilung erfolgte zentral mit Unterstützung des Landeskriminalamts. Dadurch erhielt die Befragung einen offiziellen Charakter, was der Rücklaufquote dienlich war. Jedes Polizeirevier in Schleswig-Holstein wurde mit fünf Bögen bedacht, jede Zentralstation mit zwei Bögen und jede einfache Polizeistation erhielt einen Interviewbogen. Die Bögen wurden mit der Bitte übersandt, dass diejenigen Beamten, die in den einzelnen Stationen mit Diversion betraut sind, den Bogen ausfüllen. Nach dem Ausfüllen sollten die Bögen dann anonym, lediglich mit dem Zusatz „Diversion" versehen, zurückgeschickt werden. Insgesamt wurden ca. 455 Bögen verteilt.[452] Davon kamen 315 Bögen zurück, was einer Rücklaufquote von 69,2 Prozent entspricht. Allerdings konnten nur 307 dieser Bögen der Auswertung zugeführt werden, da die restlichen Interviewbögen erst Monate nach der gesetzten Frist ankamen.[453] Nicht nur die hohe Rücklaufquote, sondern auch die Ausführlichkeit, mit der die Bögen ausgefüllt wurden, macht deutlich, dass die Mehrzahl der Polizeibeamten die Richtlinie sehr motiviert umsetzen. Zudem zeigt sich, wie viele Polizeibeamte mit dem Thema Diversion befasst sind. Zum Teil erhielt der Verfasser zusätzlich Briefe mit ausführlichen Erläuterungen und wurde sogar persönlich von Polizisten aufgesucht, die den Bogen selbst vorbei brachten. Dadurch fand über die schriftliche Befragung hinaus das ein oder andere Gespräch statt.

Inhaltlich sind die Fragebögen folgendermaßen aufgebaut: Die ersten sechs Fragen sind unter die Überschrift „Allgemeines" gestellt. Zum einen sind in diesem Abschnitt Fragen zu finden, die sich mit Zielen der Diversion beschäftigen. Zum anderen sollen diese Fragen darüber Auskunft geben, ob der jeweilige Polizeibeamte Spezialist ist oder nur gelegentlich Jugendsachen bearbei-

---

452 Die Zahl wurde mir vom LKA genannt.

453 Es wurden also „lediglich" 67,5 Prozent der im Umlauf befindlichen Bögen ausgewertet.

tet.[454] Unter der Überschrift „Zu den Richtlinien" finden sich Fragen, die vor allem auf die Änderungen abzielen, die sich durch die Richtlinien ergeben haben könnten. Im nächsten Fragenkomplex wird unter der Überschrift „Zum normverdeutlichenden Gespräch" ausführlich auf das erzieherische Gespräch eingegangen.[455] Auch die Einbeziehung der Erziehungsberechtigten wird dort angesprochen. Der Abschnitt „Zur Schulung" befasst sich mit der Ausbildung der Beamten. Unter der Überschrift „Zum Verhältnis Polizei/Staatsanwaltschaft" wird ein Blick auf diese wichtige Schnittstelle geworfen. Dabei wird unter anderem der Frage nachgegangen, ob und wie sich die Zusammenarbeit zwischen beiden Behörden durch die Richtlinien verändert hat. Einige Fragen gehen auf das telefonische Gespräch ein, welches die Polizeibeamten mit den Staatsanwälten in Fällen des § 45 Abs. 2 JGG führen sollen. Im Abschnitt „Zur vorgeschlagenen Maßnahme" geht es um die vom Polizeibeamten angeregten Maßnahmen und deren Überwachung. Im letzen Abschnitt wird schließlich nach der „Zusammenarbeit mit anderen Stellen" gefragt. Wo es sich angeboten hat, wurden die Fragen offen formuliert. In einem Begleitschreiben wurde darauf hingewiesen, dass bei den Fragen 4, 14, 15, 16, 17, 20, 29, 32, 36 und 40 mehrere Antworten möglich sind.

Ähnlich wurde bei der Befragung der Staatsanwälte vorgegangen. Auch dafür wurde ein Fragebogen entwickelt und der Kriminologischen Zentralstelle vorgelegt. Anschließend wurden die Fragen einzelnen Jugendstaatsanwälten vorgestellt und erfuhren dadurch einige Detailverbesserungen. Insgesamt beinhaltet der Interviewbogen 38 Fragen.[456] Die Befragung wurde von der Generalstaatsanwaltschaft genehmigt und die Interviewbögen den vier Staatsanwaltschaften vorgelegt. Insgesamt wurden 33 Fragebögen nach Erledigung zurückgesandt, was auch der tatsächlichen Zahl der Jugendsachbearbeiter in Schleswig-Holstein entspricht oder ihr zumindest sehr nahe kommt.

Da auf den Fragebögen vermerkt ist, welcher Staatsanwaltschaft der Bearbeiter angehört, konnten Unterschiede und Gemeinsamkeiten zwischen den einzelnen Staatsanwaltschaften herausgearbeitet werden. Die erste Frage gibt Auskunft über die Spezialisierung des Befragten im Bereich Jugendsachen. Die folgenden Fragen unter der Überschrift „Zur Sanktionierung in Jugendsa-

---

454 Grundsätzlich richtet sich der Bogen zwar an die Spezialisten der einzelnen Stationen, in kleineren Polizeistationen kann es jedoch dazu kommen, dass eine Person für jede Art von Fällen zuständig ist und daher mit Diversion nur gelegentlich in Berührung kommt.

455 Ursprünglich hieß die Überschrift „Zum erzieherischen Gespräch". Seitens des Innenministeriums wurde allerdings darauf bestanden, die oben genannte Überschrift zu wählen. Hintergrund war die Überlegung, dass Polizeibeamte weniger zur Erziehung als zur Normverdeutlichung bestellt seien.

456 Vgl. Anhang 3.

chen im Allgemeinen" lassen Rückschlüsse darauf zu, wie der Bearbeiter der Diversion und damit verbundenen Folgen gegenübersteht. Bei den Fragen „Zu den Richtlinien" stehen Veränderungen im Vordergrund, die durch die Diversionsrichtlinien eingetreten sind. Die beiden Abschnitte „Zum erzieherischen Gespräch" und „Zur Schulung" sind kurz gehalten, da sie die Staatsanwaltschaft weniger betreffen als die Polizei. Die anschließenden Fragen „Zum Verhältnis Polizei/Staatsanwaltschaft" und dem Telefongespräch zwischen beiden Behörden sind im Wesentlichen das Pendant zu den Fragen im Polizeifragebogen. Abschließend wird auch im Fragebogen der Staatsanwaltschaft nach der Zusammenarbeit mit anderen Stellen gefragt.

Fünftes Kapitel
Der Beschuldigte und seine Tat

A. Der Beschuldigte

Ein Diversionsverfahren ist in der Regel für erstmals auffällige Beschuldigte geeignet, deren Tat dem Bagatellbereich zugeordnet werden kann. Diese Einschätzung wird auch in den Diversionsrichtlinien vertreten. Dort heißt es in Bezug auf eine Verfahrenseinstellung nach § 45 Abs. 1 JGG, dass besonders bei jugendtypischen Taten mit geringen Auswirkungen und geringem Schuldgehalt erstmals auffällig gewordener Jugendlicher und Heranwachsender an diese Einstellungsmöglichkeit zu denken sei. Es entspricht der allgemeinen Meinung, dass Jugendkriminalität in einer für ein Diversionsverfahren geeigneten Dimension allgegenwärtig ist.[457] Bei den Beschuldigten im schleswig-holsteinischen Diversionsverfahren müsste es sich folglich um Jugendliche und Heranwachsende handeln, die sich nicht von Altersgenossen unterscheiden. Um diese These zu bestätigen, ist es auch notwendig, neben dem Beschuldigten selbst, sein Umfeld genauer zu betrachten.

I.   Zur Person des Beschuldigten

Im Folgenden steht zunächst die Person des Beschuldigten im Vordergrund. Die Daten auf die sich die Aussagen im Einzelnen stützen, sind aus den Aktenanalysen und der Auswertung der Erfassungsbögen entnommen. Bezüglich der Persönlichkeit des Beschuldigten fließen allerdings auch Einschätzungen von Polizei und Staatsanwaltschaft mit ein, die mit Hilfe der Interviewbögen gewonnen wurden.

1.   Alter

Die Diversionsrichtlinien sollen gegenüber Jugendlichen und Heranwachsenden zur Anwendung kommen. Neuere Kohortenforschung, Dunkelfeld-Befragungen und Analysen von Kriminalstatistiken zeigen, dass sich die stärkste De-

---

457 *Diemer*, § 45 JGG Rdnr. 4; *Brunner/Dölling*, § 45 JGG Rdnr. 4; *Heinz/Storz*, S. 3; *Hering/Sessar* „Praktizierte Diversion", S. 28; *Sessar*, S. 69; *Hübner/Kerner/Kunath/Planas* in DVJJ 1/1997, S. 26, 27.

liktsbelastung schon im Jugendalter bei etwa 14 bis 16 Jahren findet.[458] Dies bestätigte sich auch bei der Auswertung der insgesamt 480 Diversionsverfahren mittels Aktenanalyse. Das Durchschnittsalter eines Beschuldigten in einem Diversionsverfahren lag in Schleswig-Holstein im ersten Halbjahr 2000 bei 15,46 Jahren. Damit war der Altersdurchschnitt deutlich unter dem des ersten Halbjahres 1998. In diesem Zeitraum belief sich das Durchschnittsalter auf 16,25 Jahre.

Betrachtet man die ermittelten Zahlen innerhalb der einzelnen Altersgruppen, fällt zunächst auf, dass der Altersdurchschnitt aus dem Jahr 2000 zusätzlich dadurch vermindert wurde, dass insgesamt drei Beschuldigte aufgeführt sind, deren Alter unterhalb der Grenze der Strafmündigkeit von 14 Jahren liegt. Diese drei Fälle sind jedoch in diese Statistik mit einzubeziehen, auch wenn die Verfahren nach § 170 Abs. 2 StPO eingestellt wurden. In den drei Fällen waren durchweg mehrere Beschuldigte beteiligt. Dabei waren in allen Fällen miteinander befreundete Kinder und Jugendliche an der Tat beteiligt. Die Kinder wurden jeweils zu einem erzieherischen Gespräch geladen. Warum der Polizei ein solcher Fehler unterlaufen ist, lässt sich nur vermuten. Bei der Frage, wie hoch das Durchschnittsalter derjenigen ist, bei denen Diversion zum Einsatz kam, waren auch diese Kinder mit einzubeziehen. Sie sahen sich einer Diversionsmaßnahme ausgesetzt. Doch selbst wenn man diese drei Beschuldigten aus der Berechnung herausnähme, und damit den Altersdurchschnitt um einen Wert von knapp 0,03 auf 15,49 Jahre anheben würde, bliebe es bei einem auffallend differierenden Altersdurchschnitt in den Vergleichsjahren.

Während im ersten Halbjahr 2000 die Anzahl der Beschuldigten bereits bei den 14-jährigen Jugendlichen ihren Höhepunkt erreichte und mit steigendem Alter stetig abnahm, war im Vergleichszeitraum 1998 der Scheitelpunkt bei 15 Jahren erreicht. Auffällig ist, dass die absolute Zahl der ermittelten Heranwachsenden im ersten Halbjahr 1998 höher lag als die des ersten Halbjahres 2000, obwohl nur halb so viele Fälle untersucht wurden. Es ist zu beobachten, dass die Zahlen bei den 18-jährigen fast gleichauf liegen und zum zwanzigsten Lebensjahr hin immer mehr divergieren. Während im ersten Halbjahr 2000 der Anteil der Jugendlichen bei 91 Prozent lag, war er im Jahr 1998 mit rund 75 Prozent deutlich niedriger. Heranwachsende spielten bei Diversionsentscheidungen im ersten Halbjahr 2000 also kaum noch eine Rolle.

---

458 *Kaiser*, S. 263; laut *Matt* in Monatsschrift für Kriminologie, S. 153, lassen sich Spitzenbelastungen aufgrund von Dunkelfeldforschung jedoch bei 15 und 18 Jahren feststellen.

Christian Grote

Schaubild 6: Alter der Beschuldigten im Jahre 2000 laut Aktenanalyse

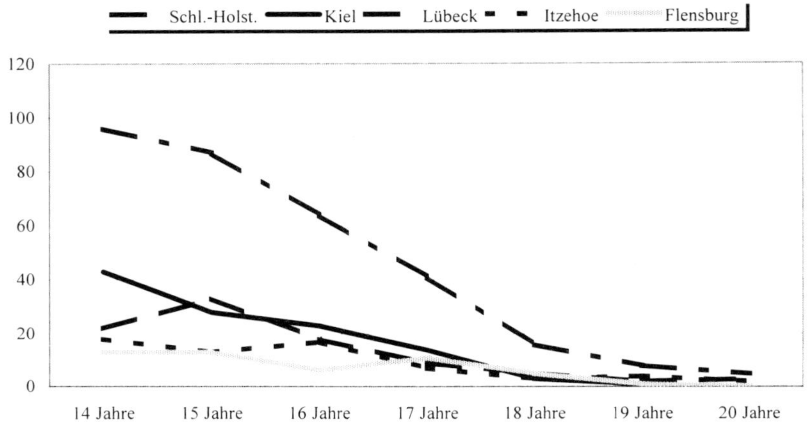

Die für das Jahr 2000 genannten Zahlen entsprachen auch den Auswertungen der Erfassungsbögen, die den Blick auf insgesamt 1015 Beschuldigte aus dem ersten Halbjahr 2000 ermöglichten. Auch bei der Untersuchung der Erfassungsbögen wurde ein Durchschnittsalter von 15,5 Jahren ermittelt. Die 14-Jährigen stellten bei dieser Auswertung ebenfalls die größte Personengruppe. Der Anteil der Heranwachsenden war mit 10,7 Prozent genau wie bei der Aktenanalyse deutlich unter den 25 Prozent der Untersuchung aus dem Jahr 1998.

Innerhalb der einzelnen Landgerichtsbezirke ergaben sich beachtenswerte Unterschiede. Interessant ist die Beobachtung, dass sich Landgerichtsbezirke mit ähnlicher Struktur in der Frage des Durchschnittsalters der Beschuldigten nicht unbedingt glichen.[459] Beim Durchschnittsalter wich Kiel nach unten ab. Während in Lübeck das Durchschnittsalter der Beschuldigten im ersten Halbjahr 2000 bei 15,54 Jahren lag, betrug es in Kiel lediglich 15,19 Jahre. In Itzehoe und Flensburg lagen die Werte bei 15,75 Jahren bzw. 15,57 Jahren. Ein Blick in das Jahr 1998 zeigt, dass in Kiel der Wert bei 16,46 Jahren lag, in Lübeck bei 15,79 Jahren. In Itzehoe betrug das Durchschnittsalter 17 Jahre und in Flensburg 15,68 Jahren. In Lübeck und Flensburg hatten die Diversionsrichtlinien offensichtlich keinen Einfluss auf den Altersdurchschnitt. In Kiel

---

459 Die Bezirke Kiel und Lübeck sind jeweils deutlich größer als Flensburg und Itzehoe. Zudem liegt in den beiden erstgenannten Landgerichtsbezirken jeweils eine größere Stadt, während die anderen Bezirke eher ländlich geprägt sind.

und Itzehoe hingegen war für das Jahr 2000 ein deutlich niedrigerer Wert zu verzeichnen.

Schaubild 7: Durchschnittsalter der Beschuldigten 2000/1998

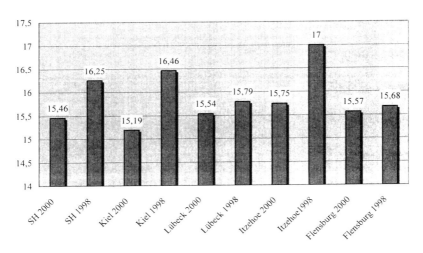

Bei einem Vergleich des Durchschnittsalters der Geschlechter liegt das der weiblichen Beschuldigten erwartungsgemäß unter dem der männlichen Tatverdächtigen. Nach Geschlechtern getrennt ergab sich für das erste Halbjahr 2000 bezüglich der männlichen Beschuldigten ein Durchschnittsalter von 15,55 Jahren und bei den weiblichen Beschuldigten von 15,24 Jahren. Im ersten Halbjahr von 1998 lag das Alter der Beschuldigten männlichen Geschlechts bei 16,49 Jahren und beim weiblichen Pendant bei 15,69 Jahren. Das heißt, innerhalb von nur zwei Jahren sank der Altersdurchschnitt aller Beschuldigten um 0,79 Jahre. Bei männlichen Beschuldigten ging das Alter sogar noch stärker um 0,94 Jahre zurück. Bei den weiblichen Beschuldigten lagen immerhin noch 0,45 Jahre zwischen den Vergleichszeiträumen.

Vergleicht man die regionalen Werte für das erste Halbjahr 2000, zeigt sich ein etwas anderes Bild: Lediglich in Flensburg waren die männlichen Beschuldigten deutlich älter als die weiblichen. Der Abstand ist dort mit 1,65 Jahren erstaunlich groß. Während in Lübeck der Abstand mit 0,28 Jahren schon deutlich geringer ausfällt, sind die weiblichen Tatverdächtigen in Kiel und Itzehoe sogar im Schnitt geringfügig älter als ihre männlichen „Kollegen".[460] Dass die männlichen Beschuldigten Schleswig-Holsteins in dieser Untersuchung im Schnitt älter als die weiblichen Beschuldigten sind, liegt also in erster Linie an den Zahlen aus Flensburg. Ansonsten gibt es zwischen männlichen und weiblichen Beschuldigten kaum nennenswerte Unterschiede im Durchschnittsalter.

Im Jahr 1998 lag noch in allen Bezirken das Alter der männlichen Untersuchungsgruppe über dem der weiblichen. Allerdings war schon zu diesem Zeitpunkt der Abstand in Flensburg mit 1,14 Jahren relativ groß. Kiel, mit 1,34 Jahren Unterschied zwischen den Geschlechtern, wies jedoch den größten Abstand auf. In Itzehoe und Lübeck hielten sich die geschlechtsspezifischen Altersunterschiede im Rahmen.[461] Regional betrachtet hat sich unter Berücksichtigung der Besonderheiten der Geschlechter lediglich in Kiel eine relevante Veränderung gezeigt.

Schaubild 8: Durchschnittsalter männlich/weiblich

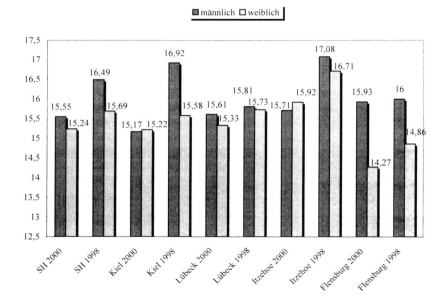

---

460 In Kiel betrug der Abstand 0,04 Jahre und in Itzehoe 0,22 Jahre.

461 In Itzehoe waren es 0.37 Jahre und in Lübeck 0,08 Jahre.

Dass männliche Beschuldigte in der Regel älter sind als weibliche, lässt sich mit der verzögerten Entwicklung im Reifeprozess der männlichen Jugendlichen erklären. Mädchen bringen ihr Leben bereits zu einem Zeitpunkt in ruhigere Bahnen, bei dem bei männlichen Jugendlichen der Prozess, in denen sie sich und der Umwelt noch etwas beweisen müssen, häufig noch anhält.[462] Wie auch diese Studie zeigt, werden Frauen seltener straffällig als Männer.[463] Es ist eine gesicherte Erkenntnis, dass Frauen in der Regel keine schwereren Delikte begehen.[464] Im Bagatellbereich, in dem die Diversion zum Einsatz kommt, ist der Anteil der Frauen an der Anzahl aller Beschuldigten daher deutlich höher, als im Bereich schwererer Kriminalität. Der Ausschnitt aus dem Spektrum der Straftaten weiblicher Beschuldigter, den diese Untersuchung bietet, ist daher vollständiger als der Ausschnitt bezüglich der männlichen Straftäter. Bei ihnen fällt das Ausblenden der schwereren Delikte stärker ins Gewicht. Zudem kommt es bei letzteren auch häufiger zu Wiederholungstaten, die dann ebenfalls nicht mehr in den Bereich der Diversion fallen. Dies alles dürfte dazu führen, dass der Altersdurchschnitt der männlichen Jugendlichen bei Diversionsverfahren im Vergleich zu dem Durchschnitt aller Taten männlicher Täter niedriger ausfällt und daher näher an dem der weiblichen Beschuldigten liegt als üblich.

Auf den ersten Blick scheint sich durch die Einführung der Richtlinien das Durchschnittsalter der Beschuldigten gesenkt zu haben. Zumindest liegt dies nahe, wenn man die Zahlen für ganz Schleswig-Holstein zugrunde legt. Die Zahlen aus Lübeck zeigen jedoch, dass sich dort im Hinblick auf das Alter nichts Wesentliches verändert hat. Ob die Einführung der Richtlinien zwingend für die Veränderungen verantwortlich ist, lässt sich daher nicht ohne Weiteres aus den Zahlen folgern.

Es fragt sich allerdings, warum der Altersdurchschnitt in Kiel so deutlich gesunken ist. Mangelnde Repräsentanz der ermittelten Zahlen kann nicht als Erklärung herhalten. Die Auswertung der Erfassungsbögen bestätigt die Zahlen. Außerdem hat Kiel, als der Landgerichtsbezirk mit den deutlichsten Änderungen bezüglich des Durchschnittsalters und der Angleichung des Alters zwischen den Geschlechtern, die meisten Fälle auf sich vereint. Das tatsächliche Alter der Täter dürfte sich nicht so dramatisch vermindert haben, wie dies die Daten aus Kiel nahe legen. Zwar wird allgemein befürchtet, dass das Alter der

---

462 Kriminalität ist daher vor allem bei männlichen Jugendlichen als normal anzusehen. Vgl. *Hering/Sessar* „Praktizierte Diversion“, S. 25.

463 Vgl. zu den Unterschieden zwischen den Geschlechtern die umfangreicheren Ausführungen im folgenden Abschnitt.

464 *Laubenthal*, Rdnr. 515.

Täter ständig sinkt, eine so einschneidende Veränderung im Bereich der Bagatelldelikte ist aber höchst unwahrscheinlich. Im Übrigen wäre es verwunderlich, wenn sich eine solche Entwicklung allein in Kiel zeigen würde. Es liegt daher nahe, dass die Veränderungen in Kiel auf die Umsetzung der Diversionsrichtlinien zurückzuführen sind. Zwar müssen die Richtlinien nicht zwangsläufig zu einer Veränderungen im Altersdurchschnitt führen, wie die Vergleichswerte aus den anderen Landgerichtsbezirken belegen. In Kiel scheinen die Richtlinien aber eine Entwicklung in Richtung jüngerer Beschuldigter bewirkt zu haben.

Da die Täter in Kiel nicht in diesem Maße jünger geworden sind, müssten auch 1998 entsprechend viele Beschuldigte jüngeren Alters gestellt worden sein. Diese haben jedoch kein Diversionsverfahren mit anschließender Einstellung nach § 45 JGG durchlaufen. Es stellt sich die Frage, was mit den jungen Beschuldigten im Jahr 1998 geschehen ist. Möglicherweise hat eine Verschiebung von der eingriffsschwächsten Norm des § 153 StPO hin zu § 45 JGG eingesetzt. Dies wäre eine plausible Erklärung für die erstaunliche Entwicklung in Kiel. Es ließ sich mit den Untersuchungsmitteln jedoch nicht nachweisen, ob die Zahl der Verfahrenseinstellungen nach § 153 StPO im Jugendbereich zu Lasten des § 45 JGG zurückgegangen ist. Ein bloßer Blick auf die Einstellungen nach § 153 StPO der Staatsanwaltschaft Kiel wäre wenig hilfreich gewesen, da bei dieser Norm in der intern geführten Statistik nicht zwischen Einstellungen gegenüber Jugendlichen und Erwachsenen unterschieden wird. Eine Entwicklung zu weniger Verfahrenseinstellungen nach § 153 StPO und dem verstärkten Gebrauch von § 45 JGG ist denkbar. Grund für eine solche Entwicklung könnte der Kompetenzgewinn der Polizei sein. § 45 JGG ist eingriffsintensiver. Er ermöglicht der Polizei in größerem Maße eigene Vorstellungen bei der Verfahrenseinstellung einzubringen. Angesichts der Diskussion, die in der Öffentlichkeit über ein härteres Vorgehen gegenüber Jugendlichen geführt wird, könnten sich Polizisten dazu berufen fühlen, ihren Einfluss geltend zu machen, um eingriffsintensivere Maßnahmen möglichst früh zum Einsatz kommen zu lassen.[465]

---

465 Zur Drucksituation des Polizeibeamten aufgrund öffentlicher Diskussionen über härteres Vorgehen vgl. *Ohlemacher* in Monatsschrift für Kriminologie 2000, S. 3.

2. *Anteil von männlichen und weiblichen Beschuldigten*

Wie sich bereits im letzten Abschnitt gezeigt hat, bestehen geschlechtsspezifische Unterschiede zwischen männlichen und weiblichen Beschuldigten.[466] Da weibliche Beschuldigte in der Regel jünger sind als männliche und zu weniger schweren Taten neigen[467], deckt sich die Zahl der Frauen, die einer Diversionsmaßnahme zugeführt werden mit der Zahl aller weiblichen Beschuldigten weitaus deutlicher, als dies bei den männlichen Beschuldigten der Fall ist.

Aus diesen Gründen ist auch die Rate der weiblichen Beschuldigten in dieser Untersuchung wesentlich höher als die Kriminalitätsrate des weiblichen Geschlechts, die sich üblicherweise aus Statistiken ergibt. Im Jahr 2001 lag die Quote der weiblichen Tatverdächtigen bezogen auf alle Delikte im Bund bei 23,2 Prozent.[468] Hingegen lag der Anteil der weiblichen Beschuldigten bei Diversionsverfahren in Schleswig-Holstein im ersten Halbjahr 2000 gemäß der Aktenanalyse bei 27 Prozent. Die Auswertung der Erfassungsbögen ergab sogar einen Anteil von 31 Prozent. 1998 lag diese Quote laut Aktenanalyse bei 30 Prozent. Trotz allem zeigt sich auch bei Bagatelldelikten, dass die große Mehrzahl der Delikte von männlichen Jugendlichen begangen werden. Die Allgegenwärtigkeit von Jugendkriminalität ist daher eher ein männliches Phänomen.[469] Dunkelfeldforschungen sind zu dem Ergebnis gekommen, dass es „fast keinen männlichen Jugendlichen gibt, der nicht schon einmal gegen Strafrechtsnormen verstoßen hat".[470]

Die hohe Frauenquote bei Diversionsverfahren hat noch einen weiteren Grund: Das Bagatelldelikt, das innerhalb der Diversion den größten Stellenwert einnimmt, nämlich der Diebstahl geringwertiger Sachen, ist ein weit überdurchschnittlich von Frauen verübtes Delikt.[471] Bei einfachem Ladendiebstahl lag die Quote der weiblichen Tatverdächtigen im Jahr 2001 bundesweit bei 39 Prozent.[472] Die relativ hohe Rate an weiblichen Beschuldigten in der Untersuchung kann daher nicht überraschen.

---

466 Laut *Meier* in Meier/Rössler/Schöch S. 50 sind die geschlechtsspezifischen Unterschiede im Dunkelfeld nicht so deutlich ausgeprägt, wie im Hellfeld.

467 *Laubenthal*, Rdnr. 515; Kaiser, S. 270 ff; Streng, S. 3.

468 Vgl. PKS 2001 in DVJJ 2/2002, S. 209.

469 Siehe *Hering/Sessar* „Praktizierte Diversion", S. 28, die davon sprechen, dass *insbesondere* die männliche Jugendkriminalität als eine normale Erscheinung anzusehen sei.

470 *V. d. Woldenberg*, S. 22.

471 Vgl. *Kaiser*, S. 270 dazu, dass beim Ladendiebstahl überdurchschnittlich häufig Frauen unter den Tätern zu finden sind; ebenso *Meier* in Meier/Rössler/Schöch, S. 58; zu der Häufigkeit einzelner Delikte im Diversionsverfahren in Schleswig-Holstein vgl. S. 146 ff.

472 Siehe PKS 2001 in DVJJ 2/2002, S. 209.

In den größeren Bezirken Kiel und Lübeck lag der Anteil an weiblichen Beschuldigten im Jahr 2000 mit 33 Prozent bzw. 26 Prozent deutlich höher als in den kleineren Bezirken Flensburg (22 Prozent) und Itzehoe (20 Prozent). Diese Erkenntnis deckt sich mit den Zahlen aus 1998. In diesem Zeitraum lag der Anteil der weiblichen Beschuldigten in Kiel und Lübeck mit 34 Prozent und 32 Prozent ebenfalls höher als in Flensburg (28 Prozent) und Itzehoe (22 Prozent). Da die Ladendiebstahlsdelikte die Zahlen erheblich beeinflussten, machte es sich bemerkbar, dass sich in größeren Städten mehr Gelegenheiten für diese Taten bieten.

3. Erst-, Zweit- oder Dritttäter

Unter Gliederungspunkt 2.4 der Richtlinien wird vom „erstmals auffälligen Jugendlichen" gesprochen, bei dessen Fehlverhalten eine Verfahrenseinstellung nach § 45 Abs. 1 JGG zu prüfen ist. Diese Form der Verfahrenseinstellung wird bei einem Diversionsverfahren am häufigsten gewählt.[473] Dementsprechend müsste der größte Teil aller Beschuldigten Ersttäter sein. Diese Vermutung wird durch die Untersuchung gestützt: Die Quote der Ersttäter lag in Schleswig-Holstein im ersten Halbjahr 2000 bei 80 Prozent. Diversion richtet sich also auch in der Praxis vorwiegend an Ersttäter. Vor allem diese Gruppe soll durch eine möglichst wenig stigmatisierende Behandlung auf jenen Weg zurückgeführt werden, den sie eigentlich gar nicht verlassen hat.[474] Selbst die tendenziell stärker belasteten männlichen Beschuldigten werden in fast allen Fällen nur einmal auffällig.[475] Bei Ersttätern ist ein formelles Verfahren aus Gründen der Verhältnismäßigkeit daher unangebracht. Bei den weiblichen Beschuldigten liegt der Anteil an Ersttätern mit 91 Prozent wesentlich höher als die Quote bei den männlichen Beschuldigten mit lediglich 70 Prozent. Dies dürfte weniger daran liegen, dass bei weiblichen Tätern im Wiederholungsfall härter durchgegriffen wird und damit ein Diversionsverfahren nicht mehr zur Anwendung kommt, sondern daran, dass weibliche Täter weniger häufig rückfällig werden.[476]

Bei der Betrachtung der einzelnen Ergebnisse der Landgerichtsbezirke fallen die Zahlen aus Flensburg deutlich ins Auge. Während in allen anderen Bezir-

---

473 Siehe Schaubild 51 (S. 240).

474 *Lehmann*, S. 71.

475 Die Quote der männlichen Beschuldigten, die nur einmal auffällig werden liegt bei 95 Prozent. Vgl. *Lehmann*, S. 14.

476 Siehe u. a. *Feuerhelm/Kügler*, S. 155, die ähnliche Beobachtungen machten.

ken der Ersttäteranteil bei über 80 Prozent lag[477], lag er in Flensburg bei lediglich 65 Prozent und senkt damit die Gesamtquote. Es ist jedoch zu beachten,
dass in Flensburg als kleinstem Bezirk, anders als z. B. in Kiel, schon wenige
Fälle genügen, um das Ergebnis zu beeinflussen. Tatsächlich zeigt ein Blick
auf die Auswertung der Erfassungsbögen, dass in der Auswahl der Akten zufällig alle Taten der Dritttäter aus dem ersten Halbjahr 2000 enthalten waren
und sich damit das Bild in Flensburg etwas verzerrte. Die Erfassungsbogen-
Auswertung ergab auch für Flensburg ein Anteil von Ersttätern von über 80
Prozent.[478] Der Anteil an Ersttätern lag in Schleswig-Holstein im ersten Halbjahr 2000 bei dieser Auswertung bei 81 Prozent.

**Schaubild 9: Erst-, Zweit- und Dritttäter im ersten Halbjahr 2000 auf Ba-
sis der Aktenauswertung**

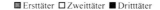
◼ Ersttäter ☐ Zweittäter ◼ Dritttäter

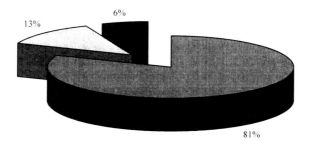

Auch ein Zweittäter kommt für ein Diversionsverfahren in Betracht.[479] Unter
Gliederungspunkt 2.4 der Richtlinien wird im dritten Absatz ausdrücklich darauf hingewiesen, dass im Wiederholungsfall von einer Verfolgung abgesehen
werden kann, wenn die erste Tat entweder schon länger zurückliegt, oder die

---

477 In Kiel und Itzehoe sind es jeweils 81 Prozent und in Lübeck sogar 87 Prozent.

478 Flensburg 80,7 Prozent; Kiel 81,7 Prozent; Lübeck 84,6 Prozent und Itzehoe 79,4 Prozent.

479 *Brunner/Dölling*, § 45 JGG Rdnr. 17; laut *Trenczek* in DVJJ 1/1991, S. 8 ist Diversion aus
„Gründen der rechtsstaatlichen Verhältnismäßigkeit erst Recht bei mehrfach Auffälligen" anzuwenden.

zweite Verfehlung in keinem Zusammenhang mit der ersten Tat stand.[480] Dass auch gegenüber mehrfach Beschuldigten ein Diversionsverfahren eingeleitet werden kann, ist mit Blick auf den drohenden Verlauf zukünftiger Sanktionseskalation durchaus sinnvoll. Ansonsten besteht die Gefahr, dass zu einem Zeitpunkt, in welchem sich das entwicklungsbedingte kriminelle Verhalten des Jugendlichen eigentlich auswachsen würde, bereits mit schweren Sanktionen vorgegangen wird, die eine Eingliederung des Jugendlichen in die Gesellschaft erschweren. Der Zweittäteranteil lag in Schleswig-Holstein im ersten Halbjahr 2000 bei 13 Prozent, wobei 86 Prozent der Zweittäter männlich waren. Dies stützt die These, dass Frauen weniger häufig rückfällig werden. Da ein Diversionsverfahren bei einem Zweittäter Anwendung finden kann, wenn die erste Tat schon länger zurückliegt und, logisch betrachtet, einer Zweittat eine Ersttat vorausgehen muss, waren die Zweittäter im Schnitt älter als die Ersttäter. Regional betrachtet gab es keine nennenswerten Auffälligkeiten. Auch die Auswertung der Erfassungsbögen liefert keine abweichenden Erkenntnisse.

Im ersten Halbjahr 1998 lag der Anteil der Zweittäter bei 9 Prozent und damit deutlich unter dem Anteil des Vergleichszeitraums aus dem Jahr 2000. Der Anteil von männlichen und weiblichen Beschuldigten verschob sich etwas in Richtung letzterer.[481] Weibliche Zweittäter fanden sich in der Auswertung von 1998 jedoch lediglich in Kieler Akten. Die Ergänzungen der Richtlinien vom 09. November 1998 hatten es nahe gelegt, die Anwendung der Diversion bei Zweittätern auf § 45 Abs. 2 JGG zu beschränken.[482] Bei konsequenter Umsetzung hätte die Zahl der Zweittäter daher zurückgehen müssen. In der Praxis hat sich gezeigt, dass dies nicht der Fall gewesen ist. Allerdings kann daraus nicht geschlossen werden, dass die Ergänzungen der Richtlinien keinen Einfluss auf die Behandlung der Mehrfachtäter gehabt hat. Wie sich zu einem späteren Zeitpunkt dieser Arbeit noch zeigen wird, ist die Zahl der Verfahrenseinstellungen nach § 45 Abs. 1 JGG unter anderem zu Gunsten der Einstellungen nach § 45 Abs. 2 JGG zurückgegangen.[483] Es ist daher durchaus denkbar, dass die Mehrfachtäter nun vermehrt nach § 45 Abs. 2 JGG behandelt werden, sich gegenüber ihnen also eine Verschärfung des Verfahrens gezeigt hat.

---

480 Letzteres ist typischerweise der Fall, wenn z. B. der Jugendliche beim Diebstahl aufgegriffen wurde und irgendwann später beim „Schwarzfahren" im Bus ertappt wird.

481 Bezüglich männlicher Beschuldigter ergab sich ein Anteil von 79 Prozent, bei den weiblichen Beschuldigten lag der Anteil dementsprechend bei 21 Prozent.

482 Vgl. Kapitel 3, A. Schleswig-Holsteins Diversionsrichtlinien in der Übersicht, II. Präzisierung der aktuellen Richtlinien (S. 88 ff.).

483 Siehe Schaubilder 51 und 52 (S. 240 f.).

Bei den Dritttätern, die streng genommen für ein Diversionsverfahren wenig geeignet sind[484], lag die Quote im Jahr 2000 bei 6 Prozent. In diese Kategorie fielen fast ausschließlich Männer.[485] Zu beachten ist, dass bei der Auswertung auch alle Mehrfachauffälligen, die häufiger als dreimal beschuldigt wurden, zu den Dritttätern gezählt wurden. Auf mehrfache Verfehlungen stets gleich zu reagieren, bewirkt wenig.[486] Ein Mehrfachauffälliger kann allerdings auch bei mehreren Verfahrenseinstellungen jeweils etwas härter bedacht worden sein. So z. B., wenn die erste Einstellung nach § 153 StPO erfolgte und sich die Eingriffsintensität über § 45 Abs. 1 JGG zu § 45 Abs. 2 JGG inklusive einer Anregung zur Arbeitsleistung gesteigert hat. Auffällig beim Vergleich der einzelnen Landgerichtsbezirke sind die 20 Prozent an Dritttätern im Raum Flensburg. Die Gründe für diesen hohen Anteil wurden schon an anderer Stelle erläutert.[487] Eine hohe Dritttäterquote bei Einstellungen nach § 45 JGG ist nicht typisch für Flensburg. Wie ein Blick ins Jahr 1998 zeigt, wurde in dessen ersten Halbjahr kein einziger Dritttäter einem Diversionsverfahren zugeführt. Weitere Auffälligkeit gibt es nicht.

Ob die mehrfach auffällig gewordenen Beschuldigten eine einschlägige Vortat aufwiesen, ließ sich anhand der Akten in manchen Fällen nicht ermitteln. Die diesbezüglichen Zahlen sind daher etwas vage. Sicher ist jedoch, dass mindestens 14 Prozent der mehrfach auffälligen Personen im ersten Halbjahr 2000 einschlägig aufgefallen waren. Dies entspricht einem Anteil innerhalb aller Beschuldigter von 3 Prozent. Diese Quoten fielen im Vergleichszeitraum 1998 etwas geringer aus.

Die Richtlinien haben bezüglich der mehrfach auffälligen Beschuldigten keine Veränderung dahingehend bewirkt, dass ein Diversionsverfahren nur noch bei Ersttätern zur Anwendung kommt. Im Gegenteil: Der Anteil von Zweit- und Dritttätern ist gestiegen. Die Bandbreite derjenigen Beschuldigten, die nach den Grundsätzen der Diversion behandelt werden, ist tendenziell etwas größer geworden. Diese beachtenswerte Tendenz war nicht unbedingt zu erwarten. Auf der anderen Seite korrespondiert dieses Ergebnis mit den Befürchtungen, Diversion werde vermehrt auf Fälle angewandt, die dafür nicht geeignet sind. Vom Grundgedanken der Diversion aus betrachtet, ist es in den meisten Fällen

---

484 Im Einzelfall ergibt Diversion jedoch mitunter mehr Sinn als ein formelles Verfahren, so dass sich ein strenges Korsett bezüglich der Anwendung verbietet; *Trenczek* in DVJJ 1/1991, S. 8 ist sogar der Ansicht, dass kriminologische Erkenntnisse zu einer Anwendung von Diversion bei Mehrfachauffälligen geradezu nötigen.

485 Insgesamt waren 90 Prozent aller Dritttäter männlich.

486 *Ostendorf* in DVJJ 3-4/1994, S. 232.

487 Vgl. in diesem Kapitel S. 120 f.

sinnvoll, auch bei einem Beschuldigten der in einem Zeitraum von fünf Jahren mit zwei oder drei unterschiedlichen Bagatelltaten auffällt, ein möglichst wenig stigmatisierendes Diversionsverfahren einzuleiten.

4. Staatsangehörigkeit

Falls Jugendkriminalität ubiquitär ist, müsste sie bei deutschen und ausländischen Jugendlichen gleichermaßen verbreitet sein. Der Anteil der Ausländer unter den Beschuldigten müsste also dem Anteil der Ausländer an der Bevölkerung entsprechen. Allerdings ist seit den siebziger Jahren zu beobachten, dass Ausländer überproportional häufig straffällig werden.[488] Die Zahlen der PKS sind in diesem Zusammenhang jedoch mit Vorsicht zu betrachten.[489] Würde man Deutsche mit vergleichbarem Bildungsniveau und aus den gleichen sozialen Schichten mit den entsprechenden Ausländern vergleichen, ginge der Anteil der strafrechtlich auffälligen Ausländer um einige Prozent zurück. Während mehr als 50 Prozent der deutschen Schüler ein Gymnasium besuchen, nimmt bei den Nichtdeutschen die Hauptschule mit Abstand den ersten Platz ein.[490] Eine Vergleichbarkeit ist auch deshalb nicht gegeben, weil die Gruppe der Nichtdeutschen, die in Deutschland leben, einen größeren Anteil jüngerer männlicher Personen aufweist, einer tendenziell hochbelasteten Personengruppe.[491] Zudem werden Ausländer, die z. B. als Touristen oder als international tätige „berufsmäßige" Straftäter durch eine Straftat auffallen, zwar als Tatverdächtige registriert, aber nicht bei der ausländischen Wohnbevölkerung mitgezählt.[492]

Von der Fragwürdigkeit der Zahlen aus der PKS abgesehen, sind die Gründe für die hohe Ausländerkriminalität häufig in der mangelnden Chancengleichheit zwischen Ausländern und Deutschen zu sehen.[493] Damit korrespondierende höhere Arbeitslosigkeit oder Kulturkonflikte begünstigen die Kriminalität.[494] Bei Jugendlichen, auf der Suche nach ihrer eigenen Identität, wirken sich diese Belastungen besonders stark aus. Es sind in diesem Zusammenhang

---

488 *Kaiser*, S. 349; *Eisenberg* „Kriminologie", S. 802, 803.

489 Umfassend zur Problematik der PKS in Bezug auf die Ausländerkriminalität u. a. *Henninger*, S. 30 ff.

490 *Henninger*, S. 21.

491 *Eisenberg* „Kriminologie", S. 799.

492 Vgl. *Eisenberg* „Kriminologie", S. 798. Danach lag der Anteil dieser Personengruppe an den Tatverdächtigen bspw. in den Jahren 1991-1997 zwischen 21,5 und 31,4 Prozent.

493 *Eisenberg* „Kriminologie", S. 806.

494 Dazu ausführlich unter anderem *Kaiser*, S. 346 ff. und *Henninger*, S. 22 f.

nicht nur die Ausländer zu betrachten, sondern auch die Gruppe der Migranten. Jugendliche Spätaussiedler, sogenannte „Russlanddeutsche", hatten einen höheren Anteil an der Gesamtzahl der Beschuldigten als die Gruppe der Ausländer.[495] In der PKS werden sie jedoch nicht speziell erfasst, da sie Deutsche im Sinne des Art. 116 GG sind. Die nichtdeutschen und die im Ausland geborenen Jugendlichen gehören oft unteren sozialen Schichten an.[496] Der Alltag der Migranten- und Ausländerjugendlichen ist von Diskriminierung und Ausgrenzung geprägt.[497] Migrantenjugendliche erwähnen ausdrücklich, dass sie in der Schule von Mitschülern und sogar Lehrern diskriminiert werden.[498] Auch bei der Aktenanalyse zeigte sich vor allem in den Fällen körperlicher Gewalt, dass Diskriminierung von Ausländern eine Rolle spielte.[499] Die Ausgrenzung durch andere führt dazu, dass sich diese Gruppen zusammenschließen und in der Freizeit lieber „unter sich" bleiben.[500] Ein Teil dieser Gruppen, in denen ausschließlich auf russisch kommuniziert wird, lässt keinen Zweifel daran, dass sie nicht freiwillig nach Deutschland gekommen sind.[501] Sie mussten sich dem Druck der Großfamilie beugen. Aber auch diejenigen, die mit vielen Erwartungen nach Deutschland gekommen sind, sind angesichts der geschilderten Schwierigkeiten vielfach frustriert.[502] Es gibt daher durchaus Gründe, warum die Rate der Ausländer und Migranten innerhalb der Diversionsverfahren etwas höher liegen könnte als der Anteil der jugendlichen Ausländer und Migranten in der entsprechenden Altersgruppe insgesamt.

Im ersten Halbjahr 2000 lag der Anteil von Ausländern bei den untersuchten Diversionsverfahren bei 7 Prozent. Von den 93 Prozent der deutschen Beschuldigten waren zudem 14 Prozent im Ausland geboren worden. Im Wesentlichen handelte es sich bei der letztgenannten Gruppe um Spätaussiedler. Von diesen Zahlen weicht im regionalen Vergleich Flensburg mit lediglich 2 Prozent Ausländeranteil am deutlichsten nach unten ab. Dies lässt sich zum einen mit der eher ländlichen Struktur dieses Landgerichtsbezirks erklären, zum anderen liegt Flensburg im Gegensatz zu Itzehoe nicht in der Nähe einer

---

495 Nach *Dorfner*, S. 149 war auch im Modellprojekt „Haus des Jugendrechts" die Zahl der auffälligen Spätaussiedler besorgniserregend.

496 *Kiehl* in DVJJ 1/1996, S. 22.

497 *Brakhage/Drewniak*, S. 78.

498 *Brakhage/Drewniak*, ebd.

499 Junge Ausländer sind vor allem an Jugendgewalt überdurchschnittlich häufig beteiligt. Vgl. *Traulsen* in DVJJ 4/2000, S. 400.

500 So *Brakhage/Drewniak*, ebd; Bodenburg in DVJJ 1/1999, S. 73.

501 *Bodenburg* in DVJJ 1/1999, S. 74; *Eisenberg* „Kriminologie", S. 797.

502 *Luff*, S. 186.

Großstadt wie Hamburg, die einen großen Ausländeranteil in der Bevölkerung aufweist.[503] Dass Flensburg an der dänischen Grenze liegt und sich deshalb vermehrt Dänen in der Stadt aufhalten, ist mit der „Ausländersituation" einer Millionenstadt wie Hamburg nicht vergleichbar. Die Dänen sind in der Umgebung von Flensburg zu Hause, so dass sich viele Konflikte, die aus einer Entfernung zur Heimat oder einer Sprachbarriere resultieren, nicht ergeben. Die Polizeiliche Kriminalstatistik von 2000 für Schleswig-Holstein ergab für die Gruppe der 14- bis 21-jährigen einen Ausländeranteil von 16,72 Prozent unter den Tatverdächtigen.[504] Ausländer sind bei Diversionsverfahren im ersten Halbjahr 2000 also auffällig selten vertreten. Es bieten sich einige Erklärungen an. Eine eher unwahrscheinliche Erklärung dafür wäre, dass sich der Tatverdacht gegenüber den Ausländern seltener erhärtet als bei den deutschen Tatverdächtigen, so dass es häufiger zu Verfahrenseinstellungen gemäß § 170 Abs. 2 StPO kommt. Vielleicht begehen Ausländer vermehrt Straftaten, die nicht mehr mittels eines Diversionsverfahrens zu einer Verfahrenseinstellung gebracht werden können. Für diese Erklärung spricht zumindest die Beobachtung, dass ausländische Jugendliche bei Gewaltdelikten überdurchschnittlich häufig auffallen.[505] Andererseits gibt es empirische Ergebnisse, die eher für eine Benachteiligung von Nichtdeutschen sprechen. So gibt es Anhaltspunkte für eine erhöhte Anzeigebereitschaft und einer erhöhten polizeilichen Verfolgungsintensität gegenüber Nichtdeutschen.[506] Daher wäre es denkbar, dass Ausländer, trotz Vorliegen der Voraussetzungen eines Diversionsverfahrens nicht in dessen „Genuss" kommen. Die niedrige Ausländerrate wurde im Übrigen auch bei dem Projekt „Diversionstag" in Wuppertal festgestellt.[507] Dort waren vergleichsweise wenig Ausländer zu Gesprächen geladen worden.[508]

---

503 Zudem steht die Größe einer Stadt mit der Häufigkeit bestimmter Delikte im Zusammenhang. Vgl. *Eisenberg* „Kriminologie", S. 799.

504 Vgl. Kriminalstatistik von Schleswig-Holstein für 2000, S. 68 und S. 69. Die Zahlen sind nicht zu verwechseln mit dem Anteil der ausländischen Tatverdächtigen an der gesamten Bevölkerung.

505 *Traulsen* in DVJJ 4/2000, S. 400.

506 *Eisenberg* „Kriminologie", S. 804; laut *Henninger*, S. 109, 113, kann von einer empirischen Bestätigung einer erhöhten Anzeigebereitschaft jedoch noch nicht gesprochen werden, obwohl es Hinweise dafür gebe.

507 Zum Diversionstag allgemein vgl. *Achenbach* in DVJJ 4/2000 S. 384-387.

508 So *Achenbach* in DVJJ 4/2000, S. 386.

Im Untersuchungszeitraum 1998 war der Ausländeranteil deutlich höher. Im ersten Halbjahr 1998 lag der Anteil bei 19 Prozent. Von den 81 Prozent der deutschen Beschuldigten waren zudem 9 Prozent im Ausland geboren. Die Kriminalstatistik in Schleswig-Holstein wies ebenfalls einen deutlich höheren Anteil an Ausländern aus, wenngleich diese Veränderung weit weniger deutlich ausfiel. Der Anteil von ausländischen Tatverdächtigen lag bei 19,03 Prozent.[509] Auf den ersten Blick scheinen die Diversionsrichtlinien daher dazu beigetragen zu haben, dass sich der Ausländeranteil innerhalb der Diversionsverfahren deutlich abgesenkt hat. Eine Erklärung dafür drängt sich jedoch nicht auf.

Schaubild 10: Staatsangehörigkeit 2000/1998 (in absoluten Zahlen)

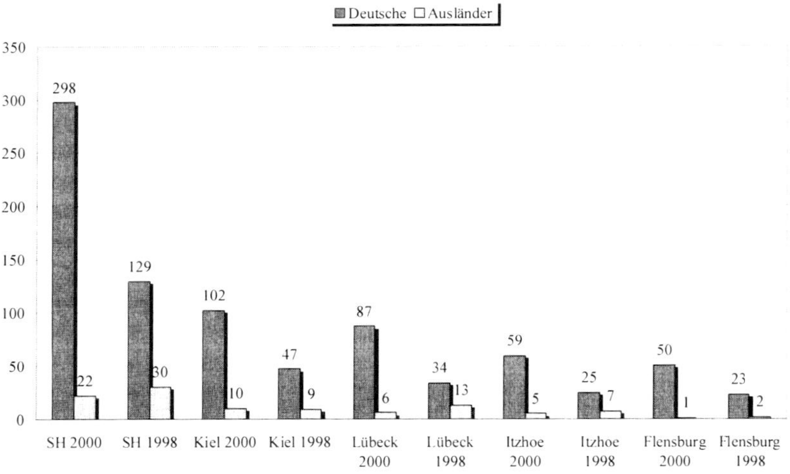

Insbesondere Lübeck hatte 1998 bei Diversionsentscheidungen einen hohen Ausländeranteil von 28 Prozent. Flensburg lag auch diesmal mit lediglich 8 Prozent erwartungsgemäß am anderen Ende der Skala.

---

509 Vgl. Kriminalstatistik von Schleswig-Holstein für 1998, S.68 und S. 69.

Vergleicht man die Geschlechter miteinander, so ergeben sich für Schleswig-Holstein im Jahr 2000 insgesamt keine wesentlichen Unterschiede. Der Anteil von Ausländern innerhalb der Gruppe der männlichen Beschuldigten lag ein Prozent höher als bei den weiblichen Beschuldigten. Dagegen waren drei Prozent mehr der weiblichen deutschen Beschuldigte im Ausland geboren. In Itzehoe und Flensburg waren die ausländischen Beschuldigten allesamt männlich. Insgesamt scheinen aber die Anteile der ausländischen Beschuldigten an der Gesamtzahl aller Beschuldigten des jeweiligen Geschlechts ungefähr gleich hoch zu sein.

Im Vergleichszeitraum von 1998 lag der Anteil der männlichen ausländischen Beschuldigten jedoch deutlich höher als der der weiblichen Beschuldigten.[510] Dies lag vor allem an den Zahlen aus Lübeck, bei denen der Anteil der männlichen Beschuldigten bei 34 Prozent lag, während er beim anderen Geschlecht lediglich 13 Prozent betrug. Eine nachvollziehbare Erklärung für diese Besonderheit ließ sich mit den ausgewählten Untersuchungsmitteln nicht ermitteln.

Betrachtet man das Alter der weiblichen ausländischen Beschuldigten, so fällt auf, dass sowohl im ersten Halbjahr 1998 wie auch im ersten Halbjahr 2000 der Anteil der Beschuldigten mit steigendem Alter zunahm. Möglicherweise gelingt es ausländischen weiblichen Beschuldigten erst später, die Hemmschwelle für eine Straftat zu überwinden. Dies kann kulturelle Gründe haben. Insbesondere Nichtdeutsche aus einem islamischen Kulturkreis durchlaufen einen anderen Entwicklungsprozess als deutsche Altersgenossen. Die Bindung an die Familie und damit einhergehende sittliche und moralische Vorstellungen unterscheiden sich zum Teil grundlegend von denen, die in deutschen Familien vorherrschen.[511] Die Frau nimmt im Familienverbund eine eher untergeordnete Rolle ein. Die Jugendlichen haben sich dieser Geschlechtshierarchie unterzuordnen.[512] Dies könnten Gründe dafür sein, dass ein Teil der weiblichen Nichtdeutschen erst später das Selbstbewusstsein entwickeln, dass für das Begehen von Straftaten in der Regel notwendig ist.

Insgesamt lässt sich also festhalten, dass der Ausländeranteil im Untersuchungszeitraum zurückgegangen ist. Zudem kam in Schleswig-Holstein bei vergleichsweise wenigen ausländischen Beschuldigten ein Diversionsverfahren zur Anwendung.

---

510 Der Anteil bei den männlichen ausländischen Beschuldigten lag bei 21 Prozent, der Anteil beim anderen Geschlecht bei 15 Prozent.

511 Vgl. ausführlich *Henninger*, S. 164 ff.

512 *Henninger*, S. 165.

5. Beeinflussbar oder „abgebrüht"

Die Diversionsrichtlinien erwähnen in ihrer Einleitung unter der Überschrift „Allgemeines", dass sich im Jugendstrafrecht der Schwerpunkt von der staatlichen zur erzieherischen Reaktion verlagere. Im Hinblick auf durchgeführte oder durchzuführende erzieherische Reaktionen könne auf strafrechtliche Reaktion verzichtet werden. Dieser Ansatz lässt sich nur dann umsetzen, wenn eine erzieherische Reaktion auch Wirkung zeigt. Dies setzt voraus, dass die Jugendlichen durch die Diversionsmaßnahmen noch beeinflusst werden können. Wenn das vielfach gezeichnete Bild von einer Jugend, die sich nichts mehr sagen lässt und an der jeder Appell abprallt[513], der Realität entspräche, würde jede erzieherische Maßnahme ohne Wirkung verpuffen. Gleichermaßen gegen wie auch für eine Beeinflussbarkeit spricht, dass es sich bei der Jugendkriminalität um eine normale, entwicklungsbedingte Erscheinung handelt.[514] Solange der Jugendliche sich noch in der Entwicklung befindet, lässt sich grundsätzlich noch Einfluss nehmen. Stellt man andererseits auf die Gesetzmäßigkeit dieses Phänomens ab, könnte man zu der Erkenntnis gelangen, dass sich an der Entwicklung ohnehin nichts ändern lässt.

Die Entwicklung des Jugendlichen verläuft jedoch nicht auf so vorhersehbaren Bahnen, wie es noch vor Jahrzehnten die Regel war. Die Sozialisation ist in der modernen, vielschichtigen Gesellschaft sehr kompliziert geworden.[515] Vieles ist im Wandel begriffen.[516] Es gibt immer weniger Tabus und Verbindlichkeiten.[517] Manch ein Jugendlicher befindet sich gleichsam auf einem Drahtseil in der Gefahr, jederzeit abzustürzen.[518] Umso mehr Verantwortung tragen diejenigen, die auf diesen Prozess Einfluss nehmen wollen. Der Jugendliche darf mit der Reaktion auf strafbares Verhalten keinesfalls aus der Bahn geworfen werden.[519] Die positiven Effekte des Reifens mit zunehmendem Alter würden sonst ausbleiben.[520] Andererseits müssen die Sankti-

---

513 *Sessar*, S. 68, der die Penetranz verurteilt, mit welcher der Verfall der Jugend beklagt wird; ähnlich auch *Ostendorf* in DVJJ 1/1997, S. 60, der das Vorleben des Werteverfalls durch Politiker anprangert.

514 Siehe *Diemer* JGG, § 45 Rdnr. 4; *Heinz/Storz*, S. 3; *Brunner/Dölling* § 45 JGG Rdnr. 4; *Sessar*, S. 69; *v. d. Woldenberg*, S. 22; *Hübner/Kerner/Kunath/Planas* in DVJJ 1/1997, S. 26, 27.

515 *Lehmann*, S. 13.

516 ebd.

517 *Frehsee* in DVJJ 2/1997, S. 116.

518 Zur Veränderung der Welt des Jugendlichen in den 90er Jahren vgl. *Frehsee* in DVJJ 2/1997, S. 115 ff.

519 Zu den Gefahren, die von zu viel Erziehung drohen, vgl. oben S. 56 ff.

520 Zum „maturing-out", dem Auswachsen durch Reifwerden, vgl. oben S. 22 ff.

onserwartungen des Jugendlichen erfüllt werden. Die Beschuldigten machen sich ein recht realistisches Bild darüber, was sie als Konsequenz einer Straftat erwarten.[521] Man kann sie daher nicht einfach folgenlos gewähren lassen.[522]

Bezüglich ihrer Beeinflussbarkeit kamen die Jugendlichen in der Untersuchung nicht selbst zu Wort. Daher lassen sich nur Schlüsse aus dem ziehen, was Polizeibeamte und Staatsanwälte zu der Person des Jugendlichen geäußert haben und was aus den Akten herauszulesen ist. Die große Mehrzahl der Jugendlichen, die Beschuldigte in einem Diversionsverfahren sind, sind Ersttäter. Folglich haben die Jugendlichen meistens noch keine kriminelle Erfahrung gesammelt. Eine erstmalige Reaktion auf ein solches Fehlverhalten seitens der Strafverfolgungsbehörden verspricht daher einen nachhaltigen Eindruck zu hinterlassen. Dass Jugendliche durch den Zugriff beeindruckt sind und sich selten „bockig" und „verstockt" präsentieren, zeigen die Zahlen bezüglich der Geständnisbereitschaft der Beschuldigten. Es ist allerdings bei jugendlichen Beschuldigten wegen ihrer Geständnisfreudigkeit stets Vorsicht zu wahren.[523] Aus dem Protokoll der Ladendetektive ging in der Regel bereits hervor, ob ein sofortiges Geständnis vorlag. Ansonsten vermerkten die Polizeibeamten in der Akte, ob der Beschuldigte ein Geständnis abgelegt hatte. Die weitaus größte Zahl der Jugendlichen gestanden, eine Straftat begangen zu haben. In der Untersuchung aus dem Jahr 2000 waren es im Schnitt 76 Prozent aller Jugendlichen, die ihre Tat ohne zu zögern einräumten. Nach etwas Zögern, aber aus autonomen Motiven heraus, gestanden noch weitere 16 Prozent die Tat. Nur 6 Prozent der Beschuldigten gaben die Tat erst zu, als der Druck von Außen zu groß wurde, weil beispielsweise Mittäter gestanden hatten oder sie sich selbst in Widersprüchen verfingen. Die Tatbeteiligung wurde lediglich von 3 Prozent der Beschuldigten bestritten. Auffällig ist, dass weibliche Tatverdächtige häufiger sofort gestanden als männliche Jugendliche.[524] Allerdings war bei ihnen auch die Quote derjenigen höher, die eine Tatbeteiligung nicht einräumten. Möglicherweise lassen sich weibliche Beschuldigte von äußeren Umständen nicht so sehr beeinflussen und bleiben daher bei ihrer ersten Aussage. Die Zahl derjenigen, die die Tat erst leugnen und später einräumen, ist bei ihnen sehr gering. Bezüglich dieser Beobachtungen gab es im Jahr 2000 keine bedeutenden regionalen Unterschiede.

---

521 *Karstedt-Henke* in DVJJ 2/1991, S. 109.

522 *Lehmann*, S. 18 f. und S. 86.

523 *Eisenberg* JGG, § 45 Rdnr. 24; *Ostendorf* JGG, § 45 Rdnr. 14; *Lehmann*, S. 202; *v. d. Woldenberg*, S. 119. Zudem darf ein zulässiges Schweigen nicht grundsätzlich als Verstocktheit interpretiert werden.

524 Während 74 Prozent der männlichen Beschuldigten die Tat sofort gestanden, waren unter den weiblichen Beschuldigten 82 Prozent gleich geständig.

Schaubild 11: Geständnisbereitschaft 2000 bezogen auf alle Beschuldigte

■gleich gestanden □nach Zögern □unter Druck □geleugnet

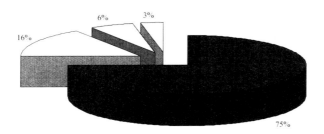

Etwas abgeschwächt lässt sich dies auch für das erste Halbjahr 1998 feststellen. In diesem Zeitraum bestritten allerdings 13 Prozent – also mehr als vier mal so viele Beschuldigte – jegliche Tatbeteiligung. Auffällig waren zudem die unterschiedlichen Ergebnisse von Lübeck und Kiel. Während in Kiel lediglich 68 Prozent der Beschuldigten sofort geständig waren, gaben in Lübeck 89 Prozent der Beschuldigten die Tat sofort zu.

Tendenziell lässt sich seit Einführung der aktuellen Richtlinien eine höhere Rate an geständigen Tätern feststellen. Allerdings ließ sich in den Akten keine Begründung dafür finden. Unzulässiger Druck war nicht zu ermitteln. Vielleicht lockt das erzieherische Gespräch den einen oder anderen Beschuldigten aus der Reserve. Vielleicht wird auch das Angebot, dass mit dem Diversionsverfahren gemacht wird, stärker an ein Geständnis gekoppelt. Dafür bestünde zwar formal kein Anlass, da auch Verfahren gegen nicht geständige Täter nach § 45 Abs. 1 oder § 45 Abs. 2 JGG eingestellt werden können. In der Praxis wird aber auf das Geständnis in einem Diversionsverfahren großer Wert gelegt. Schließlich könnte auch das geringere Durchschnittsalter der Beschuldigten im Verhältnis zum Vergleichszeitraum für den einen oder anderen Prozentpunkt verantwortlich sein.

Offenbar nimmt die Geständnisbereitschaft mit steigendem Alter ab. Jugendliche im Alter von 17 Jahren und Heranwachsende versuchten häufig, durch eine mehr oder minder plausible Geschichte die Tatbeteiligung zu leugnen, die Schuld an der Tat herunterzuspielen oder eine eigene Schuld auszuschlie-

ßen. Dieses Verhalten war im Übrigen unabhängig vom Bildungsstand zu beobachten. Auch Gymnasiasten hielten teilweise an Aussagen fest, obwohl deren Inhalt, selbst bei aller gebotenen Vorsicht, deutlich als Schutzbehauptun-
gen zu erkennen war. Dieses Verhalten ist jedoch normal und kann den Beschuldigten nicht vorgeworfen werden. Je mehr Zeit zwischen der Tat und der
Vernehmung liegt, desto eher setzten bei den Beschuldigten Neutralisierungs-
strategien ein, die dazu führen, dass die Beschuldigten die Tat verharmlosen
und die Schuld bei anderen suchen.[525] Dieser Prozess kann für den Beschuldigten notwendig sein, um sein positives Selbstbild wiederzufinden.[526]

**Schaubild 12: Altersbedingte Veränderung der Geständnisbereitschaft im
Jahr 2000 (in Prozent)**

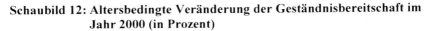

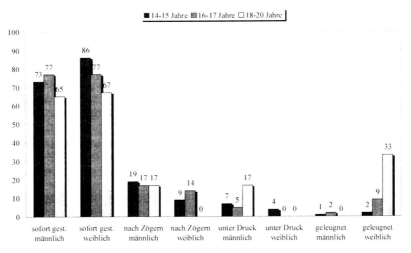

Auch 74 Prozent aller Staatsanwälte gaben in ihrer Befragung an, dass Jugendliche regelmäßig geständig sind. In Lübeck waren hingegen nur knapp
mehr als die Hälfte der Staatsanwälte dieser Ansicht. Allerdings hatten die
meisten dieser Staatsanwälte im Interviewbogen angegeben, dass alle Reaktionen – vom Geständnis bis zur Aussageverweigerung – vorkommen, ohne
nach einem vermehrten Auftreten einer dieser Antwortmöglichkeiten zu un-

525 *V. d. Woldenberg*, S. 97; *Hering/Sessar* „Praktizierte Diversion", S. 99.

526 *Hering/Sessar* „Praktizierte Diversion", S. 99.

terscheiden. Die Polizeibeamten erklärten ebenfalls in der Mehrheit, dass die Beschuldigten die Tat meistens einräumten. Allerdings sei dies bei 37 Prozent der Beschuldigten erst nach einem Gespräch der Fall. Dass Jugendliche oftmals die Tat bestreiten, war die Meinung von 9 Prozent der befragten Beamten. Das Ergebnis dieser Aussage war unabhängig davon, ob ein Polizeibeamter nur gelegentlich mit Jugendsachen zu tun hat oder ausschließlich Jugendsachen bearbeitet. Die hohe Geständnisbereitschaft der Beschuldigten vereinfacht natürlich auch die Fallarbeit. In 97 Prozent der Fälle aus der 2000er-Auswertung unterstützte ein Geständnis die Beweisführung. Dies ist eine deutlich höhere Quote als noch 1998, als lediglich in 85 Prozent der Fälle ein Geständnis vorlag.

Manchmal stellten sich die Beschuldigten auch selbst bei der Polizei. So zum Beispiel einige Sprayer, in deren Schule ihre „Kunstwerke" zum Gespräch wurden, wobei Lehrer im Unterricht ihre Graffiti als „das Werk von Hirnlosen" bezeichneten. In einem weiteren Fall bekannte sich eine Gruppe von Jugendlichen aus Scham Wochen später dazu, den Garten einer Kirche verwüstet zu haben. Ein ebenso schlechtes Gewissen dürfte ein Jugendlicher gehabt haben, der einen Glaskasten für kirchliche Bekanntgaben stahl, später zurückbrachte und sich selbst anzeigte.

Sowohl aus den Akten von 1998 und 2000 als auch nach Aussage derjenigen, die in der Regel Adressat eines Geständnisses sind, zeigt sich also, dass Jugendliche mehrheitlich das Unrecht ihrer Tat eingestehen. Falscher Stolz oder das Beharren auf unglaubhaften Darstellungen war selten zu beobachten. Das ehrliche Geständnis ist wiederum eine gute Voraussetzung, damit auch die erzieherische Reaktion wirken kann. Nur der Täter, der sich sein Fehlverhalten eingesteht, ist offen, andere Ratschläge oder Anregungen aufzunehmen. Ein erzwungenes Geständnis würde demgegenüber genau das Gegenteil bewirken.

Aus den Akten ging zudem hervor, dass der deutlichen Mehrheit der Taten eine spontane Eingebung zugrunde lag.[527] Dies ist bei Beleidigungstaten und Körperverletzungen in der Regel offensichtlich. Jugendliche ließen sich durch Beleidigungen anderer zu Gegenbeleidigungen hinreißen oder antworteten mit körperlicher Gewalt. Auch Demütigungen führten zu spontanen Gewaltausbrüchen. Diebstähle, die einen Großteil aller Delikte im Bagatellbereich ausmachen, erfolgten ebenfalls meist spontan. In den Vernehmungsprotokollen fand sich vermehrt der Satz: „Ich weiß auch nicht, was über mich gekommen ist." Wenige der jugendlichen Ersttäter gingen mit dem Vorsatz in ein Geschäft, dort einen Diebstahl begehen zu wollen. Dieser Gedanke erwuchs

---

527 76 Prozent der Taten erfolgten spontan. Zu den einzelnen Motiven siehe Schaubild 20 (S. 155).

meist erst beim Anblick der Ware. Beschuldigte wollten zudem nicht als Feig-
linge gelten, wenn Mitglieder ihrer Gruppe sich mit Diebstählen brüsteten
oder vor ihren Augen scheinbar erfolgreich stahlen.[528]

Geplant waren lediglich 18 Prozent der Taten. Beispiele für solche Taten sind
etwa „Schwarzfahren" in Bus oder Bahn. Diese Taten planten die Beschuldigten in der Regel und rechneten damit, durch das weitmaschige Netz der Kontrollen zu schlüpfen. Wenig Spontaneität war auch bei den Beschuldigten zu
beobachten, die mit frisierten Mofas unterwegs waren.

Zwar sind die Aussagen von jugendlichen Beschuldigten in einem Vernehmungsprotokoll immer vor dem Hintergrund zu betrachten, dass sich die Täter
in einem guten Licht präsentieren wollen. Die geschilderten Vorgänge wirkten
jedoch zumeist glaubhaft und wurden auch von den vernehmenden Polizeibeamten als glaubhaft eingestuft. Der spontan gefasste Vorsatz des Jugendlichen
oder Heranwachsenden ist typisch für Taten in diesem Alter und lässt sich mit
der Reifeentwicklung der Beschuldigten erklären. Fahrlässige Taten spielten
mit lediglich 4 Prozent eine Nebenrolle.

Dies alles erklärt, dass die Beschuldigten ihrer Tat meist selbst mit Unver-
ständnis gegenüberstehen. Zur Tatzeit von eigenen Gefühlen übermannt, er-
schreckt sie dieser Kontrollverlust hinterher selbst. Auch dies spricht dafür,
dass die Beschuldigten in dieser Situation offen für ein Diversionsverfahren
sind und die Ratschläge geradezu dankbar annehmen, da sie das Gefühl haben, für diesen „Ausrutscher" nicht zu hart bezahlen zu müssen. Dies zeigt
sich auch daran, dass nur 1 Prozent der Polizeibeamten angab, die Beschuldigten würden ein erzieherisches Gespräch ablehnen. Die Beschuldigten „arbeiten" also in der Regel im Diversionsverfahren mit. Dies darf allerdings nicht
dazu führen, die Bereitwilligkeit der Beschuldigten dafür zu nutzen, ihnen
mehr aufzubürden als notwendig wäre.

---

528 Vgl. zu den Ursachen eines Ladendiebstahls auch *Ostendorf* in DVJJ 4/1999, S. 335; *Traulsen*
   in DVJJ 4/2000, S. 399.

Schaubild 13: Planung der Tat (in Prozent)

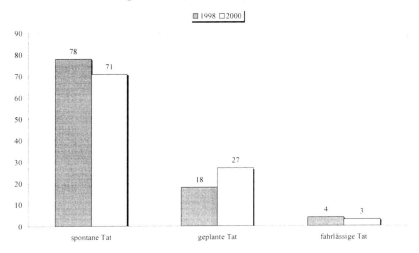

Wie sich noch zeigen wird, entstammten die meisten Beschuldigten eines Diversionsverfahrens aus geregelten Familienverhältnissen und lebten in der Regel noch bei ihren Eltern.[529] Auch dies sind Faktoren, die darauf schließen lassen, dass die meisten Beschuldigten noch offen gegenüber einem Diversionsverfahren sind. Darin zeigt sich aber auch, dass die Eltern bei der Diversionsentscheidung einbezogen werden sollten, um die Einflussmöglichkeiten auf den Beschuldigten auszuschöpfen.[530]

In der Regel zeigen die Jugendlichen gegenüber der Polizei Einsicht und Reue. In der Untersuchung von 2000 waren 86 Prozent einsichtig und 82 Prozent empfanden starke Reue.[531] Die Polizeibeamten nahmen diese Beobachtungen in ihre Vermerke auf. Teilweise wird auch aus den Vernehmungen oder Protokollen zum erzieherischen Gespräch deutlich, dass die Beschuldigten ihre Taten aufrichtig bereuen. Beispielsweise lief ein 15-jähriger für einen Tag von zu Hause weg, nachdem er sich das Auto seiner Mutter „ausgeliehen" hatte und es 100 m vom Haus entfernt in einen Graben setzte. Insbesondere jüngere Mädchen im Alter von 14 Jahren weinten mitunter beim Zugriff durch

---

529 Vgl. ausführlich zur Wohnsituation den folgenden Abschnitt.

530 Zum Einbezug von Erziehungsberechtigten siehe ausführlich unten S. 276 ff.

531 Dies natürlich unter der Prämisse, dass man diese inneren Vorgänge überhaupt erkennen kann.

den Ladendetektiv oder während der Vernehmung. Manche schämten sich für die Tat vor ihren Eltern oder baten, ihre Eltern nicht zu informieren, da ihnen ihr Fehlverhalten peinlich war. Manchmal war auch Angst vor der elterlichen Reaktion der Grund.

Heranwachsenden geht diese Erfahrung erwartungsgemäß weniger unter die Haut. Dies gilt sowohl für männliche als auch für weibliche Beschuldigte. Ebenso liegt bei Heranwachsenden die Zahl derjenigen höher, die sich uneinsichtig zeigten oder sich rechtfertigten. Diese Beobachtung konnte auch für das erste Halbjahr 1998 gemacht werden. Lediglich deutlich weniger Reue konnte mit der notwendigen Wahrscheinlichkeit nachgewiesen werden. Nur bei 68 Prozent der Beschuldigten konnte diese Gefühlsregung erkannt werden. Allerdings waren die Vermerke 1998 rudimentär und ein erzieherisches Gespräch, in dem sich solche Gefühle hätten zeigen können, fand zu diesem Zeitpunkt noch nicht statt. Die Aussagen bezüglich der Gefühlslage der Beschuldigten im Jahr 1998 sind daher nur bedingt aussagekräftig. Es gibt aber keinen Grund, warum die Beschuldigten zum damaligen Zeitpunkt weniger emotional berührt gewesen sein sollten.

Insgesamt lässt sich also festhalten, dass vor allem jugendliche Beschuldigte durch die mit einer Diversionsentscheidung verbundenen Folgen beeindruckt werden. Bereits der erste Zugriff durch die Polizei dürfte einen großen, wenn nicht den größten Eindruck auf die Jugendlichen machen.[532] Dies schätzte auch die Mehrzahl der Polizeibeamten so ein, von denen 57 Prozent den ersten Eindruck als unterschiedlich, meistens aber als sehr beeindruckend einschätzten. 13 Prozent hielten die polizeiliche Entdeckung der Tat sogar für äußerst beeindruckend. Keiner der befragten Polizeibeamten hielt dies für überhaupt nicht beeindruckend. Immerhin 30 Prozent der Beamten hielten diese Phase eines Diversionsverfahrens jedoch für wenig oder meistens wenig beeindruckend. Aus diesen Werten lässt sich ablesen, dass, zumindest nach Meinung der meisten Polizeibeamten der Polizist von den Beschuldigten als Respektsperson angesehen wird. Je unregelmäßiger und seltener ein Polizeibeamter mit Jugendsachen befasst war, umso größer war allerdings die Wahrscheinlichkeit, dass er die Entdeckung der Tat als weniger beeindruckend einschätzte. Unerfahrenheit und Resignation könnte die Ursache dafür sein. Studien haben ergeben, dass Beschuldigte die Vernehmung als besonderes Übel ansehen und die Einschätzungen der Polizisten daher durchaus zutreffend sind.[533]

---

532 Siehe Schaubild 22 (S. 171).

533 *Karstedt-Henke* in DVJJ 2/1991, S. 110.

Diversion und damit erzieherische Mittel außerhalb eines formellen Prozesses entfalten somit durchaus Wirkung bei jugendlichen Ersttätern. Je jünger der Beschuldigte ist, desto mehr Eindruck hinterlässt ein Diversionsverfahren bei ihm. Damit zeigt sich einmal mehr, dass Diversion vor allem bei jungen Tätern ein adäquates Mittel darstellt, um auf ein Fehlverhalten zu reagieren, zumal die Wirkungen von formellen Strafen in der Regel deutlich überschätzt werden.[534]

II. Zum Umfeld der Beschuldigten

Das Bild des „typischen" Beschuldigten in einem Diversionsprozess wird erst durch die Ausleuchtung seines Umfelds komplettiert. Da sich die Beschuldigten nicht wesentlich von gewöhnlichen Jugendlichen unterscheiden, stellt sich die Frage, ob das auch auf deren Umfeld zutrifft. Dies würde für eine Ubiquität von Jugendkriminalität sprechen und bestätigen, dass die Auswahl der Beschuldigten eine zufällige ist. Sollte es im Bereich des Umfelds jedoch Auffälligkeiten geben, könnten diese bei Diversionsentscheidungen verstärkt miteinbezogen werden. Entsprechende Erkenntnisse könnten auch für Präventionsprojekte interessant sein. Wenn man weiß, wo sich potentielle Täter aufhalten und aus welchem Milieu sie stammen, kann man sie durch gezielte Angebote und Aktionen an Schulen und in der Freizeit ansprechen.

1. Wohnsituation

Aus der Aktenanalyse des ersten Halbjahres 2000 ging hervor, dass die Mehrzahl der Beschuldigten, nämlich 69 Prozent, bei ihren Eltern lebten. Mit einem großem Abstand von 50 Prozent folgte eine Gruppe von Jugendlichen, die entweder bei Mutter oder Vater lebten. In einer jugendbetreuenden Einrichtung wohnten 4 Prozent der Beschuldigten, dicht gefolgt von den 3 Prozent derjenigen, die in einer Pflegefamilie lebten. Heranwachsende wohnten mitunter schon allein, was 2 Prozent aller Fälle ausmachte; schließlich wohnte 1 Prozent der Beschuldigten bei Verwandten. Diese Verwandten waren meistens die Großeltern von Beschuldigten mit getrennt lebenden Eltern. In den Landgerichtsbezirken Flensburg und Itzehoe wohnten die Beschuldigten häufiger noch bei ihren Eltern, als dies in den eher städtisch geprägten Landgerichtsbezirken Kiel und Lübeck der Fall war.

---

534 Vgl. *Karstedt-Henke* in DVJJ 2/1991, S. 112; *Hübner/Kerner/Kunath/Planas* in DVJJ 1/1997, S. 27.

Schaubild 14: Wohnsituation 2000

■ bei Eltern   ■ in jugendbetr. Einrichtung □ wohnt allein   □ bei Mutter/Vater
□ bei Pflegeeltern   ■ bei Verwandten   ▨ keine Angaben

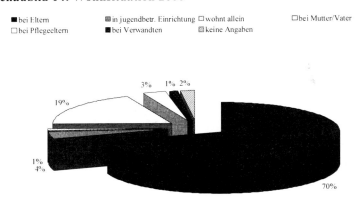

Von denjenigen, über die diesbezügliche Angaben in den Akten zu finden waren, lebten 73 Prozent der Eltern zusammen. Geschieden waren 24 Prozent, und bei 3 Prozent der Beschuldigten war ein Elternteil bereits verstorben. Sowohl die Zahlen bezüglich der Wohnsituation als auch des Familienstands der Eltern war bei männlichen und weiblichen Beschuldigten nahezu identisch. Dies galt auch für die zu erwartende Beobachtung, dass die „Bilderbuchsituation" – Beschuldigter lebt bei den Eltern und diese leben zusammen – bei den 14- und 15-jährigen am stärksten vertreten war und mit zunehmenden Alter etwas seltener wurde. In den einzelnen Landgerichtsbezirken gab es zu den Zahlen für das gesamte Bundesland kaum Abweichungen. Es fiel lediglich auf, dass in Kiel und Lübeck die Quote jener Eltern, die getrennt lebten, bei 27 Prozent bzw. 29 Prozent lag, während sie bei den kleineren, mehr ländlich geprägten Bezirken Itzehoe und Flensburg bei 18 Prozent bzw. 17 Prozent angesiedelt waren. Dort waren die Familienverhältnisse anscheinend noch intakter. Ein Drittel aller Beschuldigten gab in den Vernehmungen an, Geschwister zu haben.

Schaubild 15: Familienstand 2000 (in Prozent)

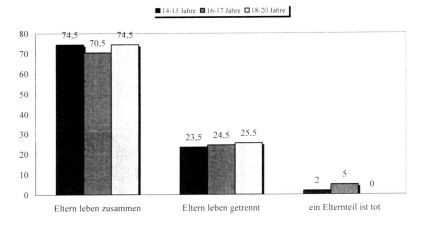

■ 14-15 Jahre ▨ 16-17 Jahre ☐ 18-20 Jahre

Die Untersuchungsergebnisse weichen nicht wesentlich von den Zahlen des Statistischen Landesamts Schleswig-Holsteins ab. Nach dem Mikrozensus, also der Repräsentativstatistik über die Bevölkerung und den Arbeitsmarkt, lag die Zahl der unvollständigen Familien mit Kindern in Schleswig-Holstein im Mai 2000 bei 30,35 Prozent.[535] Unter *unvollständigen* Familien werden auch diejenigen gefasst, in denen einer der Partner verstorben ist. Addiert man die Quote der geschiedenen Eltern mit der Prozentzahl der verstorbenen Elternteile, so ergibt sich für die in dieser Arbeit untersuchten Fälle ein Wert von 27 Prozent. Unter Berücksichtigung, dass die Statistik des Statistischen Landesamts „Kinder" bis zum Alter von 27 Jahren berücksichtigt und die Wahrscheinlichkeit einer Scheidung oder des Todes eines Elternteils mit jedem Jahr des Kindes steigt, dürften die Werte der Untersuchung und der landesamtlichen Statistik im Wesentlichen übereinstimmen. Diesbezüglich unterscheiden sich die Beschuldigten also nicht von ihren Altersgenossen. Es kann daher nicht die Rede davon sein, bei den Beschuldigten lägen in der Regel zerrüttete Familienverhältnisse vor.

---

535 Siehe Statistische Berichte des Statistischen Landesamts Schleswig-Holstein, 6.3 Familien/Alleinstehende ohne Kinder nach Familientyp sowie Zahl und Alter der ledigen Kinder im Mai 2000; Ergebnis des Mikrozensus 1000.

Gegenüber dem ersten Halbjahr 1998 scheint sich eine erstaunliche Entwicklung abzuzeichnen: Im Vergleichszeitraum 1998 wohnten anscheinend lediglich 36 Prozent der Beschuldigten bei ihren Eltern. Dies wären 33 Prozent weniger als zwei Jahre darauf. Bei genauerem Hinsehen lässt sich dies aber dadurch erklären, dass bei 48 Personen in den ausgewerteten Akten keinerlei Angaben zur Wohnsituation zu finden waren, während dies im Jahr 2000 nur bei neun Personen der Fall war.

Schaubild 16: Wohnsituation 1998

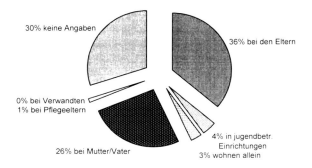

Absolut betrachtet ist dies ein mehr als fünfmal so hoher Wert an Personen, über die diesbezüglich nichts in Erfahrung gebracht werden konnte, obwohl nur halb so viel Beschuldigte untersucht wurden. Dass so wenig in den Akten von 1998 über die Wohnsituation der Beschuldigten zu erfahren war, lag insbesondere daran, dass sich das Diversionsverfahren im Jahr 2000 aufwändiger gestaltete und die Akten deswegen mehr Informationen enthielten. Die Staatsanwaltschaft fügte wie zuvor lediglich eine Einstellungsverfügung und eine Einstellungsnachricht hinzu. Auf Seiten der Polizei wurden die Protokolle und Vermerke jedoch umfangreicher, da sie den Vorschlag zur jeweiligen Einstellungsnorm rechtfertigen sollten. Warum diese mangelnden Angaben so einseitig zu Lasten der Angabe: „wohnt bei der eigenen Familie" gingen, lässt sich schwer nachvollziehen. Dass es so gewesen sein muss, lässt sich daraus entnehmen, dass sich diese Werte unmöglich innerhalb von zwei Jahren so stark geändert haben können. Möglicherweise war eine „normale" Familiensituation keine Erwähnung in der Akte wert, während die Tatsache, dass ein Jugendlicher nicht zu Hause wohnt, vom Polizeibeamten als wichtig für eine staatsanwaltliche Entscheidung über eine erzieherische Maßnahme erachtet wurde. Die dürftigen Angaben in den Akten aus 1998 wirken sich natürlich auch auf die anderen Werte bezüglich des Umfeldes aus. Bei der Frage nach dem Familienstand waren bei 55 Personen keine Angaben zu finden. Insgesamt sind daher die Zahlen aus 1998, was das Umfeld der Beschuldigten angeht, wenig aussagekräftig. Aus der Statistik des Landesamts ergab sich für April 1998 eine Quote von 30,13 Prozent für unvollständige Familien mit Kindern. Gegenüber dem Jahr 2000 gab es also lediglich eine Abweichung von 0,22 Prozent.[536]

Ebenfalls wenig aussagekräftig sind die ermittelten Werte auf die Frage, ob es zu Hause Probleme oder ein gutes Verhältnis zu den Erziehungsberechtigten gab. Bei 66 Prozent der Beschuldigten im ersten Halbjahr 2000 ließen sich keine Angaben feststellen. Von dem Drittel, zu dem sich Angaben diesbezüglich fanden, bekannten sich wiederum zwei Drittel zu einem guten Verhältnis zu den Erziehungsberechtigten. Dabei war anteilig genauso häufig ein gutes Eltern-Kind-Verhältnis bei den männlichen wie auch den weiblichen Beschuldigten zu finden. Probleme, die geschildert wurden, lagen häufig zwischen den Beschuldigten und dem neuen Lebenspartner der Mutter oder des Vaters vor. Finanzielle Probleme wurden so gut wie nie geschildert. In der Regel bekamen die Beschuldigten ihren Angaben zufolge genügend Taschengeld. Im ersten Halbjahr 1998 waren bei 78 Prozent der Beschuldigten keine Angaben zu dieser Frage zu finden. Das Verhältnis von denjenigen, die eine gute Beziehung zu den Erziehungsberechtigten hatten, zu denen, die Probleme im privaten Bereich beklagten, unterschied sich nicht vom Ergebnis des Jahres 2000.

Massivere Probleme gab es meistens bei den Beschuldigten, die bereits in einer jugendbetreuenden Einrichtung wohnten. Diese Personen schilderten häufig, dass die Eltern oder ein erziehender Elternteil mit ihnen zu Hause nicht mehr zurecht gekommen sei. Unter den mehrfach auffälligen Beschuldigten war diese Gruppe stark vertreten. In der Regel schilderten sie, bereits im Kindesalter Straftaten begangen zu haben. Dies war nach ihrer Meinung auch häufig ein Grund für die Schwierigkeiten im Elternhaus. Bei einigen Beschuldigten dieser Gruppe erscheint es fraglich, ob ein Diversionsverfahren geeignet ist. Trotzdem gebietet das Gleichheitsgebot und das Gebot der Verhältnismäßigkeit der Mittel zunächst ein Diversionsverfahren durchzuführen.

Insgesamt ist aber die Wohnsituation der Beschuldigten als unauffällig zu werten. Die Beschuldigten heben sich nicht von ihren Alters- und Geschlechtsgenossen ab. In den eher ländlich geprägten Landgerichtsbezirken

---

536 Siehe Statistische Berichte des Statistischen Landesamts Schleswig-Holstein, 6.3 Familien/Alleinstehende ohne Kinder nach Familientyp sowie Zahl und Alter der ledigen Kinder im April 1998; Ergebnis des Mikrozensus 1000.

Flensburg und Itzehoe wohnten die Beschuldigten mehrheitlich noch in einer vollständigen Familie. Dementsprechend ist der Einfluss der Erziehungsberechtigten auf die Beschuldigten relativ hoch und sollte entsprechend genutzt werden.

2. *Schulbildung*

Die ermittelten Werte zur Schulbildung, Ausbildung und zum Beruf der Beschuldigten sind aussagekräftiger. Aber auch hier war der Anteil der Beschuldigten, über deren Schulbildung oder Beruf nichts in den Akten zu finden war, im Jahr 1998 deutlich höher.[537] Im ersten Halbjahr 2000 gingen 85 Prozent aller Beschuldigten zur Schule. Über die Hälfte aller Beschuldigten, die im ersten Halbjahr 2000 eine Schule besuchten, gingen auf die Hauptschule.[538] Zur Realschule gingen 24 Prozent, auf das Gymnasium insgesamt 15 Prozent. Eine Sonderschule besuchten 5 Prozent der Beschuldigten. Auf einer Förderschule waren 8 Prozent untergebracht.

Diejenigen, die zum Zeitpunkt der Untersuchung nicht zur Schule gingen, waren in der Regel schon etwas älter. Arbeitslos waren 7 Prozent aller Beschuldigten, Auszubildende waren mit 8 Prozent vertreten und 1 Prozent der Beschuldigten übten einen Beruf aus. Da die weiblichen Beschuldigten im Schnitt etwas jünger waren, war bei ihnen der Anteil derjenigen, die zur Schule gingen, entsprechend höher. Der Anteil der weiblichen Beschuldigen war zudem auf der Realschule deutlich höher als der der Geschlechtsgenossen. Auf dem Gymnasium hingegen waren die männlichen Beschuldigten geringfügig in der Überzahl.

Die folgenden Angaben zu den Schulleistungen beruhten sämtlich auf persönlichen Einschätzungen der Beschuldigten. Im Zweifel sind die durchschnittlichen Leistungen daher eher als schlechter einzuschätzen als von den Beschuldigten angegeben. Die schulischen Leistungen bewertete die Mehrzahl der Beschuldigen mit dem Prädikat „in Ordnung". Ein Drittel derer, die Angaben gemacht hatten, stuften sich selbst als „schlecht" ein. Davon gaben viele an, dass ihre Versetzung gefährdet sei. Als „gut" schätzten sich lediglich 14 Prozent der Schüler ein. Nur zwei der männlichen Heranwachsenden hatten die Schule abgebrochen. Einen konkreten Berufswunsch äußerten nur wenige. Zwischen den einzelnen Landgerichtsbezirken ergaben sich nur unwesentliche Unterschiede.

---

537 Im Jahr 2000 war bei lediglich 6 Prozent der Beschuldigten keine Daten dazu zu finden, im Jahr 1998 waren es 35 Prozent.

538 Es sind 55 Prozent.

Schaubild 17: Schulbildung der Beschuldigten in den Jahren 1998 und 2000 (in Prozent)

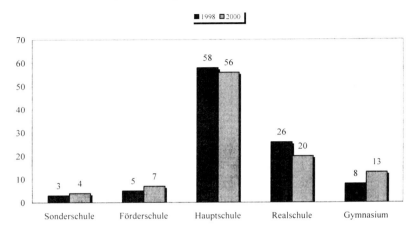

Im Vergleichszeitraum 1998 sah es ähnlich aus. Der Anteil derjenigen, die bereits einen Beruf ausübten, war mit 10 Prozent jedoch deutlich höher. Dies war angesichts der größeren Zahl von Heranwachsenden zu erwarten. Darüber hinaus war der Anteil von Hauptschülern noch höher.

Die Zahl der Hauptschüler war in beiden Untersuchungszeiträumen auffällig hoch. Diese Besonderheit wird umso deutlicher, wenn man sich die Verteilung der Schüler für Schleswig-Holstein insgesamt vor Augen führt. Im Schuljahr 1997/98 besuchten insgesamt 39.636 Schüler in Schleswig-Holstein eine Hauptschule. Auf Realschulen gingen 53.759 Schüler und auf die Gymnasien verteilten sich insgesamt 63.519 Schüler.[539] Für das Jahr 2001/2002 zeigte sich ein ähnliches Bild. 44.638 Schüler waren auf der Hauptschule, 62.444 Schüler auf der Realschule und 69.593 Schüler besuchten das Gymnasium. Während bei den Beschuldigten die Zahl der Hauptschüler überragend hoch war und die Zahl der Gymnasiasten deutlich geringer ausfiel, ist das Bild bezüglich aller Schüler in Schleswig-Holstein genau entgegengesetzt.

Es zeigt sich, dass die Beschuldigten bezüglich ihrer Schulleistungen nicht das Verhältnis unter Gleichaltrigen in der Bevölkerung widerspiegeln. Die Hauptschüler sind deutlich überrepräsentiert. Die Gründe dafür sind vermutlich viel-

---

539 Vgl. Statistische Berichte des statistischen Landesamts Schleswig-Holsteins über die allgemeinbildenden Schulen in Schleswig-Holstein Schuljahr 1997/98. Die Zahlen beziehen sich stets auf öffentliche und private Schulen.

schichtig und ließen sich mit den vorhandenen Untersuchungsmitteln nicht ausmachen. Eine der Ursachen für eine höhere Kriminalitätsbelastung könnte in der Perspektivlosigkeit vieler Hauptschüler liegen. Nur wenige haben nach Abschluss der Schule eine attraktive Lehrstelle in Aussicht. Dadurch können Ängste und Unsicherheiten entstehen, die unter Umständen zu abweichendem Sozialverhalten führen. Schüler, die eine Realschule oder ein Gymnasium besuchen, müssen sich mit der Frage, welche Perspektiven sich nach dem Schulabschluss bieten, erst zu einem späteren Zeitpunkt befassen. Die schwierige Zeit der Pubertät ist dann bereits überwunden.

Auch wenn es die Untersuchungsmittel nicht ermöglichten, dieser Frage nachzugehen, bleibt festzuhalten, dass dies einer der wenigen Bereiche ist, wo die These, „Bagatellkriminalität kommt bei allen Jugendlichen gleichermaßen vor", nicht bestätigt wird. Männliche Hauptschüler sind in Diversionsverfahren überrepräsentiert.

3. Freizeitgestaltung

Zur Freizeitgestaltung der Beschuldigten lässt sich wenig sagen. Im Jahr 2000 gab es bei 58 Prozent der Beschuldigten dazu keine Angaben in den Akten. Diejenigen, die Angaben machten, äußerten im Wesentlichen in ihrer Freizeit Sport zu treiben oder sich mit Freunden zu treffen. 14 Prozent gaben an, dass der Computer ihr größtes Hobby sei. Abgesehen davon, dass viele Jugendliche rauchten, was allerdings der aktuellen Entwicklung entspricht, war Drogenkonsum (Alkohol ausgenommen) in keinem der Fälle aufgefallen. Alkohol wurde vorwiegend auf Partys konsumiert und spielte keine nennenswerte Rolle für die Taten. Lediglich Sachbeschädigungen wurden vergleichsweise häufig aufgrund einer durch Alkohol bedingten Enthemmung begangen. So z. B. das Abbrechen von Autospiegeln auf dem Heimweg von einer Party. Die Zahlen für 1998 gaben so gut wie keinen Aufschluss über das Freizeitverhalten. Nur in 21 Prozent aller Fälle fanden sich überhaupt Angaben in den Akten.

III. Fazit

Die Beschuldigten in einem Diversionsverfahren unterscheiden sich nur wenig von vergleichbaren Personen ihrer Altersgruppe. Die Mehrzahl wohnte zu Hause bei ihren Eltern, verbrachte die Freizeit mit Freunden und ging noch zur Schule. Auffällig war allein der hohe Anteil an Hauptschülern unter den Beschuldigten. Es wurde deutlich, dass die Beschuldigten in einem Diversionsverfahren in der Regel keine aufwändigen Hilfsangebote des Jugendamtes oder anderer sozialer Einrichtungen benötigten. Nur vereinzelt liefen Beschuldigte Gefahr, die kriminelle Karriere eines Intensivtäters einzuschlagen. Bei diesen Beschuldigten war in der Regel das Jugendamt bereits eingeschaltet. Solche Fälle lagen jedoch im einstelligen Prozentbereich. Bei allen anderen war weder die Persönlichkeit noch das Umfeld alarmierend. Maßnahmen, die darauf einwirken, müssen daher behutsam gewählt werden, um diesen Zustand nicht zu gefährden. Eine weitere Erkenntnis ist, dass die Eltern eine äußerst wichtige Rolle im Leben der meisten Beschuldigten spielten. Die Eltern stellen deshalb einen wichtigen Ansprechpartner für die Polizei dar.

B. Bagatellkriminalität

In den Diversionsrichtlinien wird die Geeignetheit der Diversion für Fälle von leichter und im Grenzbereich zur mittleren Kriminalität herausgestellt. Es wird im Zusammenhang mit einer Verfahrenseinstellung nach § 45 Abs. 1 JGG von jugendtypischem Fehlverhalten mit geringer Schuld und geringen Folgen gesprochen. Besonders geeignete Delikte sind in einer Anlage niedergelegt.[540]

I. Delikte

Der Katalog mit geeigneten Straftaten in der Anlage ist nicht abschließend, so dass es auch in anderen Fällen zu einem Diversionsverfahren kommen kann. Genauso muss bei Verletzungen von im Katalog genannten Strafvorschriften nicht zwingend ein Diversionsverfahren eingeleitet werden. Laut Anlage soll Diversion insbesondere dann zur Anwendung kommen, wenn eine Bezugnahme zur Geringwertigkeit von Sachen vorliege, bei leichten Fällen von Vergehen und wenn sich die Tat als jugendtypisch darstelle.

---

540 Siehe dazu Anhang 1, in dem die Richtlinien samt ihrer Anlage zu finden sind.

Christian Grote

1. Die Straftaten im Detail

In Tabelle 2 sind alle in der Untersuchung ermittelten Delikte aufgeführt. Insgesamt wurden den Beschuldigten 33 verschiedene Straftaten vorgeworfen.

Tabelle 2: Delikte in der Übersicht

Delikt	Anzahl 2000	Anzahl 1998	2000 in Prozent	1998 in Prozent
§§ 242, 248 a StGB	107	71	33,44	44,38
§ 303 StGB	46	6	14,38	3,75
§ 242 StGB	33	15	10,31	9,36
§ 223 StGB	30	11	9,38	6,88
§ 21 StVG	28	3	8,75	1,88
§ 265 a StGB	12	8	3,75	5
§ 123 StGB	11	2	3,44	1,25
§ 304 StGB	8	2	2,5	1,25
§ 6 PflVersG	7	7	2,19	4,38
§ 246 StGB	6	2	1,88	1,25
§ 224 StGB	5	6	1,56	3,75
§ 259 StGB	5		1,56	
§§ 242, 244 StGB	4		1,25	
§ 185 StGB	4	1	1,25	0,63
§ 145 StGB	3		0,94	
§ 248 b StGB	2		0,63	
Verst. gg. WaffG	2	1	0,63	0,63
§ 293 StGB	1		0,31	
§ 229 StGB	1	2	0,31	1,25
§ 308 StGB	1	1	0,31	0,63
§ 316 StGB	1		0,31	
§ 315 b StGB	1		0,31	
§ 267 StGB	1	6	0,31	3,75
§ 164 StGB	1	1	0,31	0,63
§ 142 StGB		2		1,25
§ 92 AuslG		2		1,25

Verst. gg. BtMG		2		1,25
§ 263 StGB		1		0,63
§§ 255, 22, 23 StGB		2		1,25
§ 240 StGB		2		1,25
§ 17 TierSchG		1		0,63
§ 263 a StGB		1		0,63
§ 241 StGB		1		0,63

Es waren einige „Exoten" unter den Delikten, wie etwa Fischwilderei gemäß § 293 StGB. Als absolut dominant erwiesen sich jedoch die Diebstahlsdelikte und darunter insbesondere der Diebstahl geringwertiger Sachen im Sinne der §§ 242, 248 a StGB. Zwar haben die Sachbeschädigungen im Jahr 2000 deutlich zugenommen, die Dominanz der Diebstahlsdelikte blieb aber ungebrochen. Wie sich aus Schaubild 18 ergibt, nehmen alle Diebstähle zusammen genommen knapp die Hälfte aller Delikte ein.

Schaubild 18: Die Delikte anteilsmäßig betrachtet im Jahr 2000

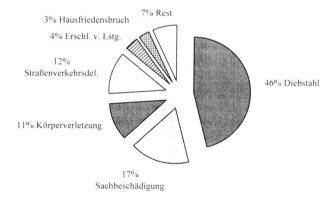

3% Hausfriedensbruch
7% Rest
4% Erschl. v. Lstg.
12% Straßenverkehrsdel.
11% Körperverletzung
17% Sachbeschädigung
46% Diebstahl

Bei der Auswertung der Erfassungsbögen für das erste Halbjahr 2000 ergab sich hinsichtlich des Anteils der Diebstähle an allen Taten sogar eine Quote von 50,3 Prozent. Es hat sich in den letzten Jahren nichts an der Dominanz der Diebstahlsdelikte geändert. Die aktuellen Beobachtungen decken sich mit Zahlen, die bereits Anfang der 80er Jahre erhoben wurden.[541] Auch damals lag der Anteil der Diebstähle bei knapp 50 Prozent.

Bei den weiblichen Beschuldigten ist der Anteil der Diebstähle an allen begangenen Taten deutlich höher als beim anderen Geschlecht.[542] 1998 lag dieser Anteil bei 69 Prozent aller durch weibliche Beschuldigte begangene Delikte. Im ersten Halbjahr 2000 stieg dieser Wert sogar auf insgesamt 78 Prozent an.[543] Die Konzentration auf Diebstähle bei den weiblichen Beschuldigten hat mehrere Faktoren: Unter anderem gehen Mädchen häufiger einkaufen; „Shoppen" ist geradezu Hobby vieler weiblicher Teenager. Dabei bieten sich viele Verlockungen und auch Gelegenheiten. Der Druck, der durch den Markenzwang ausgeübt wird, trägt sein Übriges zur Tatgeneigtheit bei. Dass die eher ländlich geprägten Landgerichtsbezirke bezüglich der Prozentzahlen nicht wesentlich hinter denen der Großstädte liegen, hat mit dem Wohnortsprinzip zu tun. Die Diebstähle geschehen zwar meistens in größeren Städten, die Jugendlichen fahren zum Einkaufen jedoch oftmals extra in die Stadt. Somit fallen Tatort und Wohnort auseinander. Dass Frauen prozentual gesehen häufiger stehlen, hängt auch damit zusammen, dass andere Delikte mehr dem männlichen Rollenbild entsprechen. Zwar gibt es auch Körperverletzungsdelikte, die von Frauen begangen werden, dies ist jedoch eher die Ausnahme. Auch Delikte, die dazu dienen, den Nervenkitzel und die eigene Profilierungssucht zu befriedigen, wie zum Beispiel das illegale Sprühen von Graffiti, sind eher „Männersache". Auf diese Weise grenzt sich das Spektrum der Delikte bei Frauen sehr stark auf Diebstähle ein.

Bei den Delikten der Sachbeschädigung handelt es sich vornehmlich um strafbare Sprühaktionen von Jugendlichen. Illegale Graffiti haben offensichtlich in der zweijährigen Untersuchungszeit nochmals an Bedeutung gewonnen. Allerdings kann die erhöhte Prozentzahl auch mit der konsequenteren Verfolgung dieser Straftaten und der damit verbunden höheren Aufklärungsquote zusammenhängen. Die Polizei startete verschiedene Aktionen um der Farb-

---

541 Vgl. die Zahlen von Lübeck, Hamburg, Köln und Braunschweig aus den frühen 80er Jahren in *Hering/Sessar* „Praktizierte Diversion", S. 59, 60.

542 Dies wird auch durch die PKS bestätigt. Während im Jahr 2001 23,2 Prozent aller Tatverdächtigen bezogen auf alle Taten weiblich waren, lag die Quote weiblicher Tatverdächtiger bei den Diebstählen bei 39 Prozent. Vgl. PKS 2001 in DVJJ 2/2002, S. 210.

543 Bei den männlichen Beschuldigten lag die Quote 1998 bei 47 Prozent und im Jahr 2000 bei lediglich 33 Prozent.

schmierereien Herr zu werden – so zum Beispiel die Initiative „Klar Schiff" in Kiel. Da die Folgen dieser meist nächtlich durchgeführten Taten für jeden über lange Zeit sichtbar sind, hat sich in der Bevölkerung eine starke Lobby von Graffitigegnern gebildet. Die Polizei hat diese Stimmung aufgenommen. Sie fahndet verstärkt und gezielter nach solchen Tätern.

Deutlich angestiegen ist vom Jahr 1998 zum Jahr 2000 auch das strafbewehrte Fahren ohne Fahrerlaubnis gemäß § 21 StVG. Mit den Untersuchungsmitteln ließ sich dafür keine Erklärung finden.

Wie bereits angedeutet, werden Körperverletzungen in der Regel männlichen Beschuldigten vorgeworfen. Bei einfachen Körperverletzungen lag der Anteil der männlichen Beschuldigten im ersten Halbjahr 1998 bei 73 Prozent und im Vergleichszeitraum zwei Jahre später sogar bei 93 Prozent. Für die gefährliche Körperverletzung lagen diese Werte bei 83 Prozent und 100 Prozent.

Wie ein Blick auf Tabelle 2 zeigt, spielen unter den übrigen Delikten noch das Erschleichen von Leistungen und Fahren eines Fahrzeugs ohne den dafür erforderlichen Versicherungsschutz gemäß § 6 PflVersG eine Rolle. Bei Ersterem handelt es sich um das „Schwarzfahren" mit Bahn oder, wie zumeist in den untersuchten Fällen, dem Bus. Der Verstoß gegen das Pflichtversicherungsgesetz betrifft in der Regel Jugendliche, die vergessen haben, den Versicherungsschutz für ihr Mofa oder Moped zu verlängern. Das „Frisieren" dieser Fahrzeuge führt hingegen zum Fahren ohne Fahrerlaubnis, da der Jugendliche für ein schnelleres Gefährt einen anderen Führerschein braucht.

Während der Diebstahl bereits bei den jüngsten Beschuldigten seinen Zenit erreicht, spielen erwartungsgemäß Delikte wie etwa das Fahren ohne Fahrerlaubnis erst bei älteren Beschuldigten eine Rolle. Die Delikte, bei denen in den Vergleichszeiträumen ein Diversionsverfahren zur Anwendung kam, entsprechen im Wesentlichen dem Katalog, der sich im Anhang der Diversionsrichtlinien befindet.

2. Schwere der einzelnen Straftaten

Die Diversionsrichtlinien machen es bereits in der Einleitung unter der Überschrift „Allgemeines" deutlich: Diversion soll im Bereich der leichten und im Grenzbereich zur mittleren Kriminalität Anwendung finden. Sie ist also im Wesentlichen ein Mittel, um Bagatelltaten zu begegnen. Das folgende Schaubild 19 zeigt deutlich, dass sich die Diversionsverfahren fast ausschließlich auf den Bagatellbereich konzentrieren.

Schaubild 19: Schwere der Delikte männlich/weiblich in den Jahren 1998/2000 (in Prozent)

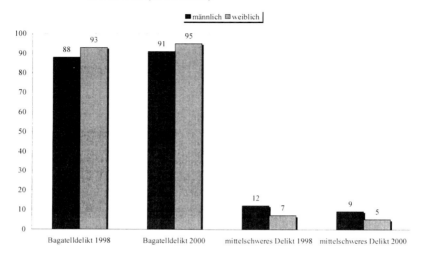

Mit Blick auf Tabelle 2 fragt es sich, ob ein Diversionsverfahren für gefährliche Körperverletzung, versuchte räuberische Erpressung oder Diebstahl mit Waffen geeignet sein kann.[544] Die gefährlichen Körperverletzungen, wie sie in der Tabelle aufgeführt sind, entspringen fast ausschließlich der Variante des § 224 Abs. 1 Nr. 4 StGB, also aufgrund gemeinschaftlicher Begehung. Diese Variante der gefährlichen Körperverletzung ist jedoch schnell erfüllt, da Jugendliche häufig in Gruppen unterwegs sind. Manchmal sind Körperverletzungen auch „Bestrafungen für Ehrverletzungen", wobei ein Jugendlicher das Opfer festhält, damit der andere dem Opfer eine Ohrfeige verpassen kann. Häufig sind die Opfer bei den Körperverletzungen vorher selbst zumindest verbal aggressiv geworden.

Der Fall der versuchten räuberischen Erpressung war ein Versuch, einem körperlich überlegenem Gegenüber auf dilettantische Art und Weise ein Handy abzunehmen. Bei den Diebstählen mit Waffen lagen die Fälle so, dass die Jugendlichen ausnahmslos ein Messer oder ein gefährliches Werkzeug bei sich führten, weil sie dies immer aus Gewohnheit bei sich hatten, dann aber bei

---

544 Die mittelschweren Delikte in Schaubild 19 umfassen neben diesen Taten vor allem Sachbeschädigungen, bei denen ein hoher Schaden eingetreten ist, z. B. das über Jahre geschaffene „Werk" einer Gruppe von Sprayern.

einem Diebstahl einer Sache mit absolut geringfügigem Wert gestellt wurden. Unglücklicherweise sieht § 244 StGB für solche Fälle keinen minder schweren Fall vor. An den schwereren Taten waren männliche Beschuldigte sowohl im ersten Halbjahr 1998 wie auch im Vergleichsjahr 2000 mehr als doppelt so häufig beteiligt wie weibliche Beschuldigte.

Der Rückgang bei den schwereren Delikten fiel relativ verhalten aus. Andererseits wurden mehr Körperverletzungsdelikte einbezogen und erstmalig vier Diebstähle mit Waffen divertiert.[545] Betrachtet man die Gesamtentwicklung der Kriminalität, ist der zahlenmäßig geringfügige Rückgang jedoch insofern bemerkenswert, als die schwere Kriminalität im Vergleichszeitraum grundsätzlich zugenommen hat. So stieg beispielsweise der Anteil der Jugendlichen bei der Gewaltkriminalität in den 90er Jahren konstant an.[546] Diese Entwicklung hat sich in den Diversionsverfahren in Schleswig-Holstein nicht niedergeschlagen. Das Ergebnis spricht also dafür, dass die Diversionsrichtlinien tendenziell eher eine Begrenzung der Diversion auf eindeutige Bagatelltaten fördern. Dies widerspricht im Grunde sowohl dem Wortlaut der Einleitung der Diversionsrichtlinien wie auch den bundeseinheitlichen Richtlinien zu § 45 Abs. 2 JGG. Während in den Richtlinien zu § 45 JGG diese Verfahrenseinstellung für kleinere und mittelschwere Verfehlungen empfohlen wird, sprechen die Diversionsrichtlinien eine Eignung nur für leichte und den *Grenzbereich* der mittelschweren Kriminalität aus. Der Wortlaut der Diversionsrichtlinien ist also restriktiver. Eine Beschränkung der Diversionsverfahren auf reine Bagatellfälle hätte jedoch unter anderem zur Folge, dass Beschuldigten das Diversionsverfahren versagt bliebe, denen es nach dem Willen des Gesetzgebers eigentlich zustünde. Die Veränderungen sind jedoch zu geringfügig, um eine solche Beschränkung des Anwendungsbereichs aufgrund der Richtlinien mit Sicherheit annehmen zu können.

Es gab allerdings auch einzelne Fälle, bei denen ein Diversionsverfahren kaum noch akzeptabel war. So zum Beispiel, als ein Jugendlicher von einer Brücke mit Steinen auf Autos warf und dabei ein Fahrzeug traf. Nur einem Zufall ist es zu verdanken, wenn in einem solchen Fall der Fahrzeugführer nicht verletzt wird. Bei solchem Verhalten erscheint die Grenze zur Anklage überschritten.[547] Allein die abstrakte Gefahr, die mit solchem Verhalten verbunden ist, könnte ein formelles Verfahren rechtfertigen, auch wenn general-

---

545 *Ostendorf/KrimZ*, S. 135, der einige vorläufige Ergebnisse der Evaluation im Rahmen einer Fachtagung der Kriminologischen Zentralstelle in Wiesbaden im Mai 2003 vorstellte.

546 *Meier* in Meier/Rössner/Schöch, S. 63.

547 Auch wenn der Beschuldigte in diesem Fall einen Vorsatz mit einer unglaubhaften Geschichte bestritt.

präventive Aspekte außen vor bleiben müssen.[548] Die Sanktionserwartung ist nicht nur auf Seiten der Opfer vorhanden[549], auch die Beschuldigten erwarten eine entsprechende Bestrafung. Diese Erwartungen sollten nicht enttäuscht werden.[550] Aus diesen Gründen ist bei Taten, die nicht mehr dem Bagatellbereich zugerechnet werden können, genauer zu prüfen, ob sie für ein Diversionsverfahren geeignet sind.

Eine grundsätzliche Ausweitung der Diversion auf schwerere Taten wäre im Übrigen nicht im Sinne der Staatsanwälte. 58 Prozent der befragten Jugendstaatsanwälte sprachen sich gegen eine Ausweitung aus. Ein Staatsanwalt[551] war der Meinung, dass bereits zu schwere Delikte einbezogen werden. Aber der relativ hohe Anteil von Staatsanwälten, der eine Ausweitung begrüßen würde, ist beachtenswert. Dies zeigt, dass Diversion auch bei schwereren Fällen für ein geeignetes Mittel gehalten wird. Aufgrund der Erfolge der Diversion wird gelegentlich die Ausweitung sogar als notwendig eingefordert und wegen des „Verhältnismäßigkeitsgrundsatzes für geboten gehalten".[552] Ab einer gewissen Schwere kann bei den Taten allerdings nicht mehr von einem entwicklungsbedingten, *normalen* Fehlverhalten gesprochen werden, für welches das Diversionsverfahren vornehmlich ausgelegt ist.

II. Motivation

Interesse galt auch der Frage, was den einzelnen Jugendlichen zu seiner Straftat getrieben hat. Aus den Informationen können Erkenntnisse gewonnen werden, die bei Präventionsmaßnahmen und Diversionsentscheidungen hilfreich sind. Darüber hinaus ist die kriminelle Energie, die hinter einer Tatbegehung steckt, mitentscheidend dafür, ob man von einem Bagatelldelikt sprechen kann. In der Motivation können sich Anknüpfungspunkte für das Jugendtypische einer Tat finden. Es gibt einige Beweggründe, Straftaten zu begehen, die sich bei Jugendlichen deutlich häufiger feststellen lassen als bei Erwachsenen.

---

548 Ein Verfahren vor Gericht hat aufgrund der gesteigerten Stigmatisierung immer auch ein wenig generalpräventiven Charakter. Allerdings scheinen sich auch Maßnahmen im Rahmen eines Diversionsverfahrens unter den Jugendlichen herumzusprechen und schrecken ab, so zumindest die Ansicht einiger Polizeibeamter über den Erfolg der Diversion in ihrem Bezirk.

549 Vgl. dazu *Kaiser*, S. 56.

550 So *Lehmann*, S. 18, 19 und S. 86, der darin die Gefahr sieht, dass sich beim Beschuldigten falsche Weichen stellen.

551 Ein Befragter entsprach 3 Prozent aller befragten Jugendstaatsanwälte.

552 *Trenczek* in DVJJ 1/1991, S. 8.

1. Spontan oder geplant

Wie sich aus Schaubild 13 ergibt, begingen die Jugendlichen ihre Taten zumeist spontan. Die Untersuchung hat ergeben, dass die Beschuldigten oftmals vom Gedanken, eine Straftat begehen zu wollen, unvorbereitet übermannt wurden. Bei Körperverletzungen und Beleidigungen ist dies leicht nachvollziehbar.[553] Aber auch die Mehrzahl derjenigen, die einen Kaufhausdiebstahl begingen, entschieden sich spontan zur Wegnahme. Entsprechend entsetzt waren die Beschuldigten in der Regel über sich selbst, wenn sie erkannten, was ihre Unbeherrschtheit für Folgen hatte. Nur wenige Beschuldigte gingen bereits mit einer Tatgeneigtheit in ein Kaufhaus, geschweige mit dem Vorsatz, etwas ganz Bestimmtes klauen zu wollen. Fahrten mit dem Bus ohne Fahrkarte wurden hingegen meistens vorsätzlich begangen. Die Täter fassten häufig schon auf dem Weg zur Haltestelle den Vorsatz, den Fahrpreis nicht zu entrichten. Gleiches galt für das Fahren mit einem „frisierten" Mofa oder Moped. Schon lange vor der Fahrt, in der Regel schon vor der Manipulation, wollten die Täter ohne den dafür erforderlichen Führerschein fahren und hofften, nicht entdeckt zu werden. Auch das Besprühen der Wände mit Graffiti war regelmäßig geplant. Schließlich benötigt man für diese Straftat entsprechende Utensilien. Gelegentlich hatte allerdings ein Beschuldigter Spraydosen dabei und überredete andere zur spontanen Tat. Da das Fahren mit einem Moped und das Besprühen von Wänden im Wesentlichen ein Hobby von männlichen Jugendlichen darstellt, war die Zahl der geplanten Taten bei den männlichen Beschuldigten höher. Die Zahl der geplanten Taten hat im Vergleichszeitraum von 18 Prozent auf 27 Prozent zugenommen. Dies gründete sich vor allem auf den Anstieg der Sachbeschädigungen, was hauptsächlich auf das Graffitisprühen zurückzuführen war.

Dem Fahren ohne Versicherungsschutz ging meistens ein fahrlässiges Übersehen des Ablaufs des Versicherungsschutzes voraus. Häufig hatten die Polizeibeamten den jeweiligen Beschuldigten nur wenige Tage nach Ablauf des Versicherungsschutzes überprüft. Im Zusammenhang mit dem Fahren von Mopeds kam es allerdings auch zu fahrlässigen Körperverletzungen. Dies zeigte sich in zwei Fällen, in denen der unerlaubt mitgenommene Fahrgast sich bei einem Sturz verletzte.

Dass Jugendliche in der Regel ohne große Vorüberlegungen zur Tat schreiten, ist ein Zeichen ihrer mangelnden Reife und daher „jugendtypisch" im Sinne der Richtlinien. Jugendliche lassen sich nicht von hohen Straferwartungen beeinflussen.[554] Da sie die Taten spontan begehen, bleibt für solche Überlegun-

---

553 Zu den Beweggründen siehe ausführlich den folgenden Abschnitt (S. 154 ff.).

554 *Karstedt-Henke* in DVJJ 2/1999, S.112.

gen selten Zeit. Allenfalls die Möglichkeit, entdeckt zu werden, nimmt Einfluss auf die Entscheidung, eine Straftat begehen zu wollen.[555] Die Erhöhung der Entdeckungswahrscheinlichkeit dürfte daher im Bereich der Prävention eine effektive Möglichkeit sein, die eine oder andere Tat zu verhindern.[556] Die Kriminalität ist zwar entwicklungsbedingt und damit scheinbar nur von inneren Vorgängen abhängig. Es hängt jedoch maßgeblich auch von äußeren Umständen ab, z. B. von der Gelegenheit, diesem Reiz nachgehen zu können, ob es tatsächlich zur Straftat kommt. Bei einer hohen Entdeckungswahrscheinlichkeit würde sich das Gefühl, etwas ausprobieren zu können, bei vielen Jugendlichen gar nicht erst einstellen.

2. Anreiz zur Tat

Aus Schaubild 20 ist abzulesen, dass die Gründe, die Jugendliche zu einer Tat motivierten, vielfältig waren.[557] Auch wenn die Werte in den Vergleichsjahren voneinander abweichen, so ist zu sehen, dass das schlechte Vorbild anderer und die Gelegenheit zur Tatbegehung sowohl im Jahr 1998 als auch im Vergleichsjahr 2000 eine große Rolle spielten. Außerdem gab es offensichtlich geschlechtsspezifische Motive. Dass bestimmte Motive erst ab einem gewissen Alter hinzutraten oder mit zunehmenden Alter uninteressant wurden, war nicht zu erkennen. Auch Heranwachsende ließen sich gelegentlich unter Druck setzen oder suchten den Nervenkitzel.

---

555 Laut *Karstedt-Henke* in DVJJ 2/1999, S. 108, haben eine Vielzahl amerikanischer Studien ergeben, dass die Entdeckungswahrscheinlichkeit das ausschlaggebende Gewicht auf die Abschreckungswirkung hat; vgl. auch *Hübner/Kerner/Kunath/Planas* in DVJJ 1/1997, S. 27.

556 Vgl. *Lehmann*, S. 112/113, der darin die beste Generalprävention sieht; so auch *Keudel*, S. 33 mit weiteren Nachweisen.

557 Dies deckt sich mit anderen Untersuchungen. Auch *Traulsen* in DVJJ 4/2000, S. 399, spricht von einer breiten Streuung von Motiven bei jugendlichen Ladendieben.

Schaubild 20: Motive für Straftaten 1998 und 2000 (in Prozent)

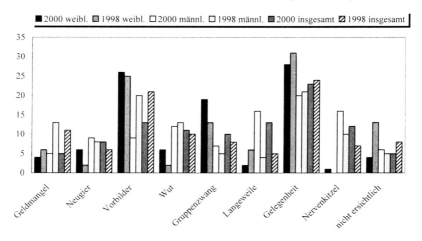

Bei der Frage, was Jugendliche dazu verleitet, eine Straftat zu begehen, muss man nach den einzelnen Delikten unterscheiden. Allen Jugendlichen und vielen Heranwachsenden ist gemein, dass sie sich aufgrund ihrer Suche nach der eigenen Identität nicht so gut unter Kontrolle haben wie Erwachsene. Dies wird bei Körperverletzungs- und Beleidigungsdelikten besonders deutlich. Jugendliche ließen sich mitunter spontan zu Gewaltausbrüchen hinreißen und überlegten bei einer verbalen Auseinandersetzung nicht darüber nach, inwiefern die geäußerten Worte strafrechtlich relevant sein könnten. Den Taten ging häufig ein ähnlich schwerwiegendes Verhalten der späteren Opfer voraus. Die Opfer von Körperverletzungen oder Beleidigungen waren in der Regel selbst Jugendliche und kannten den Beschuldigten zumindest flüchtig. Manchmal entlud sich ein aufgestauter Zorn wegen zahlreicher kleiner Demütigungen unberechtigterweise in einem körperlichen Angriff. So zum Beispiel in einem Fall, als der spätere Täter von seinem Opfer zuvor wegen seiner ausländischen Herkunft mehrmals gehänselt wurde.[558] In einigen Fällen war es die Ohnmacht, sich verbal nicht verteidigen zu können, die Beschuldigte wütend machte und zu handfesten Mitteln greifen ließ. In einem anderen Fall wurde der spätere Beschuldigte in der Klasse bloßgestellt und wegen seines Sitzenbleibens aufgezogen. Sogar das Geltendmachen berechtigter Forderungen mündete laut einer Akte in einer Körperverletzung, als das Gegenüber die ausgeliehene Sache nicht mehr hergeben wollte. Der Beschuldigte wusste

---

558 Bei Ausländern entlädt sich angestaute Wut häufig in Gewalt, vgl. *Traulsen* in DVJJ 4/2000, S. 400.

sich in dem Moment nicht anders zu helfen. All diese Gründe können eine Tat nicht rechtfertigen, aber helfen, die Reaktionen der Beschuldigten zu verstehen. Diese Motive sind unter dem Begriff „Wut" in Schaubild 2" zusammengefasst. Männliche Beschuldigte wurden häufiger wegen aufgestauter Wut handgreiflich.

Hin und wieder entstand eine Gruppendynamik, die zu Körperverletzungen führte. In einem der untersuchten Fälle fing ein Jugendlicher an, einen anderen festzuhalten. Der Festgehaltene wehrte sich, indem er dem Gegner vor das Schienbein trat. Sofort kamen Freunde des Festhaltenden und drückten den anderen Jugendlichen zu Boden. Da dieser sich wehrte, schlugen die anderen ihm mit Fäusten gegen Gesicht und Oberkörper, wobei sich keiner der Beschuldigten dieser Dynamik entziehen konnte.[559] Dies ist im Übrigen ein Beispiel für eine gefährliche Körperverletzung in der Variante der gemeinschaftlichen Körperverletzung. Ähnlich wie bei der Wut, wurden die Täter von einem Gefühl übermannt. Ein ähnlicher Fall spielte sich vor einer Diskothek ab, in der einem der später Beschuldigten der Zutritt verweigert wurde. Der sich daraus entwickelnde Streit mit dem Türsteher löste eine Dynamik aus, die zu einer Schlägerei mit vielen Beteiligten führte.

Bei Diebstählen – dem häufigsten aller Delikte – spielten vor allem Gelegenheit und schlechte Vorbilder eine Rolle.[560] Wie bereits dargelegt, begingen die meisten Beschuldigten einen Diebstahl aus einer spontanen Eingebung heraus. Selbst Wut konnte dabei eine Rolle spielen. So entwendete ein Beschuldigter ein paar Ersatzteile für ein Fahrrad, da er nach dem Kauf einer Batterie nicht mehr genügend Geld dabei hatte, um den Rest zu bezahlen. Dies geschah allerdings nicht aus Geldmangel sondern aus Wut. Tage zuvor hatte er die Preise verglichen und den genauen Betrag extra abgehoben. Das Kaufhaus hatte zwischenzeitlich jedoch eine deutliche Preiserhöhung vorgenommen. Die meisten Diebstähle gründeten jedoch darauf, dass weibliche Beschuldigte ziellos durch die Einkaufshäuser gingen, um sich einfach nur einen Überblick über das Angebot zu verschaffen und dann einer Diebstahlsgelegenheit nicht widerstehen konnten. Der Drang, das Objekt der Begierde in Besitz zu bekommen, war mitunter so stark, dass andere Möglichkeiten, die Ware zu bekommen, vollkommen ausgeblendet wurden. So wurden z. B. zahlungsfähige und – willige Eltern nicht gefragt, obwohl diese sich im gleichen Kaufhaus befanden. Beschuldigte sprachen in diesem Zusammenhang davon, dass sie

---

559 Diese Gefühle wurden von den Beteiligten beschrieben.

560 Bei Ladendiebstählen kam *Ostendorf* in DVJJ 4/1999, S. 355 jedoch zu anderen Ergebnissen. Laut jener Untersuchung stahlen 34 Prozent der Beschuldigten wegen des Nervenkitzels und immerhin 22 Prozent aus Geldmangel. Die Leichtigkeit des Diebstahls war mit 5 Prozent nicht besonders ins Gewicht gefallen.

sich auch nicht erklären könnten, was in diesem Moment in ihnen vorgegangen sei. Sie hätten nur noch den Gegenstand gesehen und den starken Wunsch verspürt, ihn besitzen zu wollen. Der Aufenthalt im Kaufhaus bietet viele Verlockungen. Es ist daher bedenklich, dass Kaufhäuser vielen Kindern und Jugendlichen als Aufenthaltsort dienen.[561] Dies gilt nicht nur für die kälteren Jahreszeiten. Die häufig in Spielwarenabteilungen zum Probespielen aufgestellten Videospielkonsolen sind das ganze Jahr über umlagert. Diese bedauernswerte Situation ist weniger den Kaufhäusern als den Erziehungsberechtigten anzulasten.

Mit schlechten Vorbildern sind in Schaubild 20 zunächst einmal Freunde oder Bekannte gemeint, mit denen die Beschuldigten einen Einkaufsbummel machten und welche selbst einen Diebstahl begingen. Dies hatte häufig eine anstiftende Wirkung. Oft wurde an Schulen damit geprahlt, dass man in einigen Läden geklaut habe und dies ein Leichtes sei. Das animierte zum Nachahmen. Ein Viertel aller weiblichen Beschuldigten gab an, durch andere animiert worden zu sein. Dies geschah entweder direkt im Laden oder aufgrund der Erzählungen von Klassenkameraden. Letzteres muss nicht heißen, dass die Beschuldigten in einen Laden gehen, um das auszuprobieren, was sie gehört haben. Häufig war es so, dass sie sich in dem Moment, wenn der bereits beschriebene Wunsch auftauchte, einen Gegenstand an sich zu bringen, an die Erzählungen erinnerten, wie einfach es sei, im entsprechenden Laden zu stehlen.

Eher unter die Rubrik „Gruppenzwang" fällt es, wenn die Beschuldigten einen Diebstahl deswegen begingen, weil sie nicht zurückstehen wollten. Wer einen Diebstahl begeht, ohne erwischt zu werden, genießt ein gewisses Ansehen. Er gilt bei vielen Altersgenossen als „cool". Wenn Jugendliche in einer Gruppe unterwegs waren und einer davon stahl, wirkte dies auf die anderen zunächst meist dreist. Wenn allerdings die Konsequenz ausblieb und sich der Dieb brüstete oder gar die anderen wegen ihrer Bedenken belächelte, fühlten sich Jugendliche herausgefordert. Im nächsten Laden wollten sie dem anderen und sich selbst beweisen, dass sie mithalten können. Jugendliche wünschen sich Anerkennung.[562] Der Druck, anderen gerecht werden zu wollen, war umso größer, wenn Jugendliche Freunde gewinnen wollten. So scheint es auf den ersten Blick erstaunlich, dass sich Jugendliche auch von Personen animieren ließen, die sie erst an diesem Tag kennen gelernt hatten oder mit denen sie zum ersten Mal unterwegs waren. Aber wahrscheinlich gerade dann, wenn man sich der Freundschaft der anderen noch nicht sicher sein kann, will man

---

561 *Ostendorf* in DVJJ 4/1999, S. 355.

562 *Ostendorf* in DVJJ 4/1999, S. 356.

nicht als „Feigling" oder „Spielverderber" dastehen. Eine solche Druckkulisse besteht auch in einem Gruppenverband von Jugendlichen und oder Heranwachsenden, in dem eine Person bestimmend ist. Um deren Gunst zu gewinnen oder nicht hinter anderen zurückzufallen, wurden sogar Körperverletzungen begangen. Dabei ließen sich die Beschuldigten hinreißen, obwohl sie später einräumten, sich von Anfang an sehr schlecht gefühlt zu haben, weil sie körperliche Gewalt im Grunde ablehnen oder Mitleid mit dem Opfer hatten.

Für Sachbeschädigungen war häufig Nervenkitzel als Motivation ausschlaggebend. Beim Beschädigen von öffentlichem Eigentum machten sich die Jugendlichen in der Regel kein Bild vom Betroffenen und unterlagen dem „Kitzel", etwas Illegales zu tun. Ähnlich war dies bei Taten im Zusammenhang mit Graffitis. Die Opfer – meistens Privatpersonen – spielten in der Regel keine Rolle in den Überlegungen der Beschuldigten. In der Sprayerszene gilt der als bedeutsam, der sein „Tag"[563] möglichst weit verbreitet und häufig anbringt. Die Personen in diesem Kreis kennen oftmals nur das Pseudonym der anderen. Der „fame"[564] steigt durch spektakuläre Aktionen, z. B. dem Sprayen unter den Augen der Ordnungshüter oder an schwer erreichbaren Stellen. Die Jugendlichen versanken zum Teil in einer Parallelwelt, in der sie um Ruhm und Ehre mit anderen im Wettbewerb standen. Häufig wurde ihnen aber das Prahlen vor anderen oder der eigene Übermut zum Verhängnis und führte zum Fahndungserfolg.

Geldmangel motivierte ebenfalls zum Stehlen. Zwar war der Anteil dieses Anreizes gemessen an allen anderen relativ gering[565], doch es betrübt, dass Jugendliche aus diesem Grund zu Kriminellen werden. Der verbreitete Markenzwang führte oft dazu, dass Jugendliche mit ihren eigenen finanziellen Mitteln nicht auskamen. Die Konsumorientierung unserer Gesellschaft ist daher ein weiterer kriminogener Faktor.[566] Aber auch echte Armut war für einige junge Menschen Grund, sich über die Regeln der Gesellschaft hinwegsetzten. Es ist allerdings keinesfalls so, dass größere Armut unter den Jugendlichen dramatischen Einfluss auf die Tathäufigkeit genommen hätte.[567] Langfristig betrachtet

---

563 Ein gespraytes Kürzel; meistens bestehend aus zwei Buchstaben, hinter dem sich in der Regel der Künstlername des Sprayers verbirgt. Zu den einzelnen Begriffen in der Szene vgl. unter anderem *Patra/Schmitt* in DVJJ 2/2000, S. 168, 169.

564 Damit wird in der Szene das Ansehen umschrieben, das der Sprayer bei anderen genießt.

565 *Ostendorf* in DVJJ 4/1999, S. 335, kam allerdings auf einen deutlich höheren Wert von 22 Prozent.

566 *Streng*, S. 5.

567 So allerdings *Pfeiffer* in Kriminologisches Journal 1996, S. 290.

verläuft die Jugendkriminalität wellenförmig, ohne die Schwankungen der wirtschaftlichen Situation des Landes nachzuvollziehen.[568]

Langeweile und Neugier wiederum kamen nur dann als Motive für Straftaten in Frage, wenn Jugendliche oder Heranwachsende keine interessanteren Alternativen in ihrer Freizeit hatten. In einer Akte wurde beschrieben, wie einige Jugendliche und Kinder den halben Tag vor dem Gemeindehaus saßen und sich langweilten, ehe sie anfingen, den Schwächsten der Gruppe zu ärgern. In einem anderen Fall brachen Jugendliche nachts in ein Jugendzentrum ein, um den einzigen Aufenthaltsraum der Gemeinde nutzen zu können.

In der deutlichen Mehrzahl der Fälle zeigten sich also Motive für die Straftaten, die als jugendtypisch bezeichnet werden können. Genau dies gibt Hoffnung, dass die Beschuldigten mit dem Erwachsenwerden wieder zurück auf den Pfad der Tugend finden, sofern sie ihn überhaupt verlassen haben. Diversion wird den Problemen der Jugendlichen, mit ihrem Drang etwas ausprobieren zu wollen, um sich selbst zu finden, gerecht, ohne sie zu sehr aus ihrer Bahn zu werfen. Die Motive zeigen, dass für die Beschuldigten kein Programm für Intensivtäter aufgefahren werden muss. Das Jugendamt oder gar die Jugendgerichtshilfe müssen in der Regel nicht eingeschaltet werden, da die Taten Teil einer ganz normalen Entwicklung Jugendlicher sind.[569]

C. Reaktionen außerhalb des behördlichen Verfahrens

Bevor die Polizei von einer Tat Kenntnis erlangt und während des gesamten Verfahrens nehmen außerhalb des „offiziellen" Vorgangs auch eine Vielzahl von anderen Personen auf den Beschuldigten und damit auf das Diversionsverfahren Einfluss. Diese Personen werden im Folgenden vorgestellt. Im Anschluss wird eine Übersicht über die Maßnahmen gegeben, die den Beschuldigten von dieser Seite erwarten.

I. Reaktionen Dritter

Außer den Erziehungsberechtigten, dem Beschuldigten, der Polizei und der Staatsanwaltschaft nehmen unter anderem der Ladendetektiv, der Fahrkartenkontrolleur, die Nachbarn und Mitschüler auf das Diversionsverfahren Einfluss. Eine effektive und wohl dosierte Reaktion muss daher alle Einflüsse auf den Beschuldigten berücksichtigen. Mitunter ist zu erwägen, ob nicht bereits

---

568 *Traulsen* in DVJJ 4/2000, S. 401.

569 *Trenczek* in DVJJ 1/1991, S. 8 und in DVJJ 1/1994, S. 34.

die Maßnahmen Dritter ausreichend eingewirkt haben, so dass weitere erzieherische Schritte obsolet sind.

Auch wenn den Erziehungsberechtigten in diesem Zusammenhang eine zentrale Bedeutung zukommt, soll auf sie an dieser Stelle nur kurz eingegangen werden.[570] Da die Beschuldigten in der Regel zwischen 14 und 15 Jahre alt sind und noch zu Hause wohnen, dürfte den Eltern, die in der Regel erziehungsberechtigt sind, das Fehlverhalten des Kindes in einem frühen Stadium des Diversionsverfahrens bekannt werden. Oft werden die Beschuldigten nach der Entdeckung der Tat von der Polizei nach Hause gebracht. Falls dies nicht der Fall ist, geht der Vorwurf den Erziehungsberechtigten spätestens durch die Ladung zur Vernehmung zu. Die Reaktionen der Eltern sind mannigfaltig und reichen von persönlichen Gesprächen über Verbote bis hin zu Prügeln.[571] Da die Erziehung ein geschütztes Recht der Eltern ist, haben die Strafverfolgungsbehörden entsprechend Rücksicht zu nehmen. Der Einfluss der Eltern auf die Beschuldigten und damit auf das Gelingen des gesamten Verfahrens ist so bedeutend, dass er vom Polizeibeamten auch aus Gründen der Effektivität berücksichtigt werden muss.

Da es sich bei einer Vielzahl von Fällen um Ladendiebstähle handelt, fällt zunächst dem Ladendetektiv eine wichtige Rolle zu. Ausgehend davon, dass der erste Zugriff für einen jugendlichen Täter äußerst beeindruckend ist, trägt auch das Verhalten des Ladendetektivs zum Ausgang eines Diversionsverfahrens bei. Darüber hinaus sind Ladendetektive im Fall des Bestreitens durch den Beschuldigten wertvolle Zeugen. Die Entdeckung durch den Ladendetektiv ist für den Beschuldigten ein höchst emotionaler Moment. Es kam durchaus vor, dass Ladendiebe bei der Ergreifung weinten.[572] Die Beschuldigten stehen, sofern es sich um unerfahrene Ersttäter handelt, unter einer enormen Anspannung. Es ist zu vermuten, dass einige Beschuldigte bei der Ergreifung durch den Ladendetektiv psychisch an ihre Grenzen geraten. Manche Beschuldigte versuchten wegzulaufen oder gaben einen falschen Namen an, in der Hoffnung, von weiteren Repressalien verschont zu bleiben.[573] Die große Mehrzahl der Beschuldigten fügte sich jedoch den Gegebenheiten und folgte dem Ladendetektiv in dessen Büro. Dort versuchten zwar einige die Tat weiter abzustreiten, der weitaus größere Teil erkannte jedoch die Ausweglosigkeit

---

570 Ausführlich unten S. 276 ff.

571 Auch *Karstedt-Henke* in DVJJ 2/1991, S. 110 geht davon aus, dass mit einer Reaktion der Eltern fest zu rechnen ist.

572 Dies lässt sich vorwiegend bei weiblichen Beschuldigten beobachten.

573 Letzteres ist so gut wie nie erfolgreich, da in der Regel die Polizei gerufen wird und diese die Adresse überprüft.

der Situation und gab das Diebesgut sofort heraus. In den Akten fand sich kein Fall, in dem der Ladendetektiv fälschlicherweise von einem Diebstahl ausging. Die Fälle, in denen gleich nach § 170 Abs. 2 StPO verfahren wurde, waren aber nicht Gegenstand der Untersuchung, so dass eine Fehlerquote der Ladendetektive, welcher Höhe auch immer, nicht ausgeschlossen werden kann. Da Jugendliche häufig in Gruppen unterwegs waren, ist es durchaus möglich, dass Ladendetektive Jugendliche der Beihilfe bezichtigten, obwohl diese mit dem Fall nichts zu tun hatten.

Die Detektive warteten, bis die Diebe den Kassenbereich verlassen hatten, so dass sich die Wegnahme manifestiert hatte. In allen Fällen hatte der Dieb die Beute bei sich, so dass unproblematisch auf einen Diebstahl geschlossen werden konnte. Zudem zeigten sich die Jugendlichen in der Regel sofort geständig, weshalb Zweifel an einer Täterschaft selten angebracht erschienen.

Bei den Vernehmungen oder dem erzieherischen Gespräch gab es gelegentlich Beschwerden über das Verhalten der Ladendetektive. In manchen Fällen scheinen sich diese unangemessen aufzuspielen. Die Beschwerden bezogen sich sowohl auf das Festhalten und das Verbringen ins Büro (selten) als auch auf die Wortwahl, mit der den Beschuldigten gegenübergetreten wurde (häufiger). Ladendetektive versuchen offenbar, ihre Autorität deutlich häufiger herauszukehren als zum Beispiel Polizeibeamte. Die von Ladendetektiven angefertigten Diebstahlsprotokolle, die regelmäßig Bestandteil der Akten waren, ließen auf ein äußerst geringes Bildungsniveau der Ladendetektive schließen, zumindest wenn man dies anhand der Fähigkeit festmacht, sich in deutscher Schriftsprache ausdrücken zu können. Allerdings sind, dem Namen nach, häufig Ausländer mit dieser Arbeit betraut, was die Sprachprobleme etwas relativiert. Zusammenfassend lässt sich aber festhalten, dass oftmals der Zugriff durch den Ladendetektiv „härter" ausfiel als durch die Polizei.

Im Landgerichtsbezirk Lübeck wurden für Ladendiebe auch Informationsgespräche der Firma Karstadt angeboten. Vermutlich soll bei solchen Gesprächen erzieherisch auf die Beschuldigten eingewirkt werden. Dann würde es sich um etwas Ähnliches wie das in den Richtlinien angesprochene erzieherische Gespräch handeln, allerdings auf nichtstaatlicher Ebene. Möglicherweise wird bei solchen Veranstaltungen darüber aufgeklärt, wie viel Schaden das Kaufhaus jährlich aufgrund von Ladendiebstählen hat. Es zeigt sich, dass insbesondere bei einem Ladendiebstahl sehr viel Einfluss durch Dritte auf die Täter genommen wird.

Anders gestaltet sich das Bild bei einer Fahrkartenkontrolle im Bus. Hier ist der Kontrolleur derjenige, der den ersten Zugriff vornimmt. Der ganze Vorgang erstreckte sich meist auf wenige Minuten. Es wurden lediglich die Personalien festgestellt und Anzeige erstattet. Dies mag auch der Grund sein, dass viele Beschuldigte meinen, „Schwarzfahren" sei mit einem Diebstahl in keiner Weise vergleichbar. So geht es zumindest aus den Vermerken der Polizei hervor, bei denen man den Eindruck gewinnt, die Beschuldigten sind sich teilweise gar nicht darüber im Klaren, straffällig geworden zu sein. Man muss ihnen zwar zugestehen, dass beim Fahren ohne gültigen Fahrausweis die angewandte kriminelle Energie geringer sein dürfte als bei einem Ladendiebstahl, die Folgen, dass man z. B. bei einer Verfahrenseinstellung nach § 45 JGG einen Eintrag im Erziehungsregister vorzuweisen hat, sind jedoch vergleichbar.

Häufig erfahren auch Freunde oder Bekannte von der Straftat. Gerade bei Diebstählen konnte beobachtet werden, dass Jugendliche in einer Gruppe unterwegs waren und einer aus der Gruppe etwas stahl, ohne dass dies abgesprochen worden war. Manchmal bemerkten die anderen gar nichts von der Tat. Ein Diebstahl mag das Ansehen in gewissen Kreisen heben, wenn man dabei nicht erwischt wird. Ein Diebstahl jedoch, bei dem der Täter gestellt wird, ruft bei niemandem Respekt hervor. Vielmehr dürfte das Gegenteil der Fall sein. Freundschaften werden auf die Probe gestellt, wenn der Diebstahl des einen dazu führt, dass die gesamte Gruppe ins Büro des Ladendetektivs zitiert wird, um ihre Taschen zu leeren. Freunde nehmen auch insofern Einfluss, als die Beschuldigten in der Regel ihre Tat mit ihnen aufarbeiten. Dunkelfeldforschungen gehen davon aus, dass ein Drittel der Taten, die nicht registriert werden, nur unter Freunden bekannt werden.[574] Aber auch dann, wenn die Taten der Polizei und den Eltern bekannt sind, dürfte sich ein erheblicher Teil der Beschuldigten wegen ihrer Probleme, die aus der Tat und ihrer Entdeckung entstehen, allein an ihre Freunde wenden.

Die Beschuldigten gehen meistens noch zur Schule. Manche Delikte finden auch in der Schule oder im Zusammenhang mit dem Unterricht statt. Es gab mehrere Fälle, in denen die Umkleidekabine während des Sportunterrichts zum Tatort für einen Diebstahl wurde. Die Taten geschahen ausnahmslos spontan, weil sich eine günstige Gelegenheit ergab. Häufig war der Beschuldigte als Letzter noch im Umkleideraum gewesen und hatte bemerkt, dass jemand etwas liegen gelassen hatte oder sein Spind nicht abgeschlossen war. Aus der anfänglichen Neugier hinsichtlich der fremden Sachen entwickelte sich dann der Diebstahlsvorsatz. Wenn so eine Tat später ans Licht kommt, hat der Beschuldigte im Klassenverband einen schweren Stand. Dem Zusammentreffen mit den Klassenkameraden kann er sich zudem nicht entziehen.

---

574 *Karstedt-Henke* in DVJJ 2/1999, S. 109.

Körperverletzungsdelikte oder Beleidigungen, die sich an der Schule abspielen, beeinflussen das Verhältnis der Schüler untereinander besonders stark. Problematisch war dies vor allem dann, wenn der Beschuldigte noch gar nicht in der Klasse integriert war, weil er zum Beispiel neu an die Schule gekommen oder zurückgestuft worden war. Dass ein Schüler sitzen bleibt, ist für ihn häufig allein schon Grund, mit Minderwertigkeitsgefühlen kämpfen zu müssen. Mangelnde Anerkennung oder gar Hänseleien durch die neuen Klassenkameraden verschlimmern die emotionale Lage zusätzlich. Wenn dann jedoch dieser Schüler körperlich oder verbal in ungerechtfertigter Art und Weise selbst zum Angriff übergeht, isoliert er sich meistens noch stärker als zuvor.

Auch Lehrer reagieren auf die Straftaten der Schüler, wenn sie ihnen bekannt werden und sie sich in der Schule abgespielt haben. Einige Lehrer ließen dabei pädagogisches Feingefühl vermissen. So wurden Ansprachen vor den anderen Schülern gehalten oder die Beschuldigten wurden unter Aufsicht gestellt. In der Regel wurden die Beschuldigten zum Rektor bestellt und in manchen Fällen drohte ein Schulverweis. Auch hier zeigt sich ein ganzer Katalog von Maßnahmen, die einer Bagatelltat folgen können.

Nachbarn und Bekannte der Eltern ändern mitunter ebenfalls ihr Verhalten gegenüber dem Beschuldigten. So wird den eigenen Kindern unter Umständen dazu geraten, sich von dem Beschuldigten fern zu halten. Dies gilt insbesondere dann, wenn das eigene Kind z. B. bei einem Ladendiebstahl in irgendeiner Form dabei gewesen ist und sogar, wenn es selbst Mittäter gewesen ist. Die Eltern wollen ihre Kinder verständlicherweise vor schlechtem Umgang schützen. Dies ging so weit, dass Eltern es sich verbaten, dass sich die Beschuldigten bei ihren Kindern entschuldigen.

Es kommt auch jenen Personen eine Verantwortung zu, welche die Arbeitsmaßnahmen überwachen oder anweisen. Ihnen ist der Beschuldigte in der Zeit während der erzieherischen Maßnahme anvertraut. Sie wissen, warum er diese Arbeit ausführt und nehmen mit ihrem Verhalten direkt oder indirekt darauf Einfluss, ob die Auflage sinnvoll genutzt wird oder als unvermeidliche, aufgezwungene Strafe begriffen wird.

Schließlich, aber nicht weniger wichtig, sind auch die Reaktionen der Opfer zu berücksichtigen. Bei Körperverletzungen und Beleidigungsdelikten kennen sich Opfer und Täter in der Regel. Weitere Begegnungen sind häufig unvermeidlich, weil sie beispielsweise die gleiche Schule besuchen oder in unmittelbarer Nähe voneinander wohnen. Dies ist auch für den Beschuldigten keine einfache Situation. In einigen Fällen kann eine Entschuldigung das Verhältnis nicht normalisieren. Manche Opfer sind nicht in der Lage, eine Entschuldigung anzunehmen. Dann kann allerdings auch der Beschuldigte den Fall für sich persönlich nur schwer abschließen.[575] Mitunter bereuen Beschuldigte die Tat aufgrund der Opferreaktion noch stärker als durch jede Sanktion. Als Beispiel dienen zwei Fälle, in denen die Beschuldigten ihre Freundin im Streit geschlagen hatten. Diese beendeten jeweils die Beziehung und erstatteten Anzeige. Die Trennung traf die Beschuldigten weitaus härter als die Anzeige. Um so mehr, als in einem Fall sogar ein gemeinsames Kind vorhanden ist. Daneben haben Opfer häufig zivilrechtliche Ansprüche, die sie gegen die Beschuldigten durchsetzen können. Dem Beschuldigten werden die Konsequenzen seines Handels zusätzlich klar, wenn er eine hohe Schadensersatzzahlung leisten muss.[576]

Selbst wenn die staatlichen Behörden überhaupt nicht einschreiten würden, müssten sich die Beschuldigten mit einer Vielzahl von unangenehmen Folgen ihrer Tat auseinandersetzten. Auch dies ist im Rahmen eines Diversionsverfahrens und seiner Wirkung zu berücksichtigen. Die staatliche Reaktion ist nur ein Teil dessen, was den Erfolg eines Diversionsverfahrens bestimmt und ausmacht. Gleichzeitig geht vom Bekanntwerden einer Straftat eine spürbar generalpräventive Wirkung aus.[577] So berichten Polizeibeamte, dass es sich in ihrem Bezirk herumspricht, dass bei Bagatelltaten mit Arbeitsmaßnahmen gerechnet werden kann und die Polizei vor Ort diese überwacht. Die Zahl der Taten sei in der Folge zurückgegangen. Es nehmen also nicht nur Dritte Einfluss auf das Diversionsverfahren, sondern auch umgekehrt nimmt das Verfahren Einfluss auf Dritte.

II. Sanktionsähnliche Maßnahmen

Neben den Reaktionen der Personen, die neben der Polizei und der Staatsanwaltschaft Einfluss auf ein Diversionsverfahren nehmen, gibt es auch sanktionsähnliche Maßnahmen außerhalb des staatlichen Verfahrens, die den Beschuldigten treffen. Im Untersuchungszeitraum wurden die meisten dieser Maßnahmen von den Eltern durchgesetzt oder zumindest angeregt. Eine Auswahl dieser Maßnahmen ist auf dem folgenden Schaubild zusammengestellt. Maßnahmen die in keinem nennenswerten Umfang erfolgten, wie z. B. das bereits angesprochene Informationsgespräch bei Karstadt, wurden darin nicht aufgenommen. Ebenso verhält es sich mit Maßnahmen, die selten genannt

---

575 Zum Täter-Opfer-Ausgleich vgl. unten S. 271 ff.

576 Auf die Präjudizierung eines Diversionsverfahrens ist daher verantwortungsvoll zu achten. Vgl. *Lehmann*, S. 206.

577 Diese generalpräventive Wirkung wird allgemein als erwünscht angesehen, auch wenn Generalprävention im Jugendstrafrecht im Grunde ein Fremdwort ist. Vgl. *Lehmann*, S. 110.

wurden, aber vermutlich deutlich häufiger zum Einsatz kamen, wie z. B. körperliche Züchtigung.

Schaubild 21: Sanktionierung von Beschuldigten außerhalb des staatlichen Einflussbereichs (in Prozent)

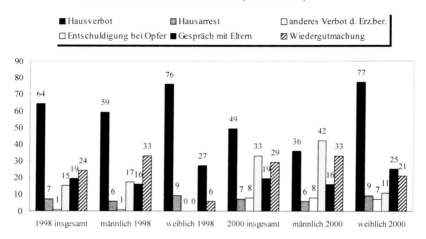

An den abgebildeten Maßnahmen hat sich durch die Einführung der Richtlinien verständlicher Weise nicht viel verändert, da sie nicht Regelungsinhalt der Richtlinien waren. Auffällig hoch ist die hohe Quote an Hausverboten. Damit sind solche gemeint, die von Kaufhäusern gegenüber Ladendieben ausgesprochen wurden. Diese Verbote gelten in der Regel ein Jahr und, sofern es sich um ein Unternehmen mit mehreren Filialen handelt, für alle Geschäfte dieses Unternehmens. Da Jugendliche häufig dort stahlen, wo sie selbst gern einkaufen, traf sie dieses Verbot empfindlich. Dies galt natürlich besonders, wenn sich das Hausverbot auf den einzigen großen Laden im Ort bezieht. Die Diebstähle werden allerdings eher in großen unpersönlichen Kaufhäusern in größeren Städten begangen. Das Hausverbot hat unter anderem zur Folge, dass sich die Beschuldigten erneut strafbar machen, falls sie das Geschäft nochmals betreten. Für manche Jugendliche stellt dies eine Strafbarkeitsfalle dar.

In Schaubild 21 werden weder die sogenannten „Fangprämien" noch das „erhöhte Fahrgeld" für das Fahren ohne gültigen Fahrausweis berücksichtigt. Darüber ließen sich anhand der Untersuchungsmittel keine verlässlichen Aussagen treffen. Die Legitimation solcher Maßnahmen ist umstritten. Der Bundesgerichtshof hat in einer Entscheidung in einem Musterprozess, den das Einzelhandelsgeschäft Karstadt initiiert hatte, die „Fangprämie" in einem Zivilprozess grundsätzlich unter bestimmten Voraussetzungen für ersatzfähig erklärt.[578] Das Urteil wurde für seine „Brauchbarkeit" in der Praxis gelobt.[579]Andererseits wurde im Schrifttum „die Gefahr eines Entstehens oder weiteren Anwachsens eines zivilrechtlichen Strafrechts durch die Bestätigung der Fangprämie thematisiert".[580] Ein derartiger privater Selbstschutz könne in Einzelfällen zu exzessiver Selbstjustiz ausarten.[581] Das Urteil des Bundesgerichtshofs blendete strafrechtliche Fragen vollkommen aus und wurde daher der Problematik der Fangprämie nicht gerecht.[582] Bezüglich der Frage, ob die Fangprämie gegenüber Jugendlichen erhoben werden dürfe, hat sich der BGH insoweit erklärt, als dass er eine Fangprämie für unverhältnismäßig halte, wenn Jugendliche geringwertige Süßigkeiten entwenden würden.[583] Ob dies heißt, dass Jugendliche generell beim Diebstahl geringwertiger Sachen nicht verpflichtet sind, eine Fangprämie zu bezahlen, blieb daher offen.

Die „Fangprämien" oder erhöhten Bearbeitungsgebühren, die bei Ladendiebstählen verlangt wurden, trafen vor allem die Gruppe der Heranwachsenden. Doch gab es auch Fälle, in denen dieser Betrag von Minderjährigen abverlangt wurde. In der Regel hat die Prämie einen höheren Wert als das erbeutete Diebesgut. Das „erhöhte Fahrgeld", das von den Verkehrsgesellschaften verlangt wird, liegt bei 40 €. Auch dieser Betrag ist damit deutlich höher als der eingesparte Betrag durch die erschlichene Leistung. Unabhängig von der rechtsstaatlichen Bewertung solcher Maßnahmen, stellen sie ohne Frage eine Sanktionierung der Beschuldigten dar.

Mit Hausarrest ist eine durch die Erziehungsberechtigten verhängte Ausgangssperre für die Jugendlichen gemeint. Dies ist, wie bereits erläutert, nur der Anteil an der Gesamtzahl aller Fälle, in denen die Beschuldigten bei ihrer Aussage bei der Polizei einen Hausarrest erwähnten. Die tatsächliche Zahl dürfte höher liegen. Hausarrest bedeutet für viele der Beschuldigten, dass sie für diese Zeit ihre Kontakte nicht pflegen können. Zudem ist es peinlich, vor anderen Jugendlichen zuzugeben, dass man seine Freiheit nicht selbst bestimmt, sondern vom Wohlwollen der Eltern abhängig ist.

---

578 Vgl. BGHZ 75, 230 ff.

579 *Diersch*, S. 141.

580 *Diersch*, S. 143.

581 *Diersch*, S. 144.

582 So zumindest *Diersch*, S. 152 f., der von einem „faulen Kompromiss" spricht.

583 BGHZ 75, 230 (240).

Unter die Rubrik „andere Verbote der Eltern" fällt eine breite Palette von Einschränkungen, die den Jugendlichen, aber auch den Heranwachsenden treffen. Je nachdem, welche Vorlieben der Beschuldigte hatte, kam es zu Fernsehverbot, Computerverbot, Fahrverbot für Mofa oder Moped, Kinoverbot oder Discoverbot. In einzelnen Fällen wurde beispielsweise auch der Geburtstag samt Ausflug nach Disneyland gestrichen. Bei jüngeren Beschuldigten sind dies besonders eingriffsintensive Maßnahmen, da die Eltern die Vorlieben der Kinder kennen und so genau wissen, welche Maßnahme am einschneidendsten ist. Dies ist auch ein Beispiel dafür, dass die Erziehungsberechtigten selbst am besten wissen, welche Maßnahmen Wirkung erzielen und daher in erster Linie für die Strafen zuständig sein sollten. Erst wenn zu erwarten ist, dass von dieser Seite zu wenig geleistet wird oder wenn das Vergehen darüber hinaus noch Strafe fordert, sollten weitere Maßnahmen in Erwägung gezogen werden. Es ist allerdings immer daran zu denken, dass die Jugendlichen mit der Reaktion der Eltern und genauso mit einer staatlichen Reaktion rechnen, weil sie erwarten, dass eine Straftat nicht ungestraft bleibt. Wenn nun aber entweder Eltern oder Staat diese Erwartungshaltung des Jugendlichen enttäuschen, ohne dass sich ihm dahinter ein Sinn erschließt, kann dies die gefährliche Folge haben, dass der Jugendliche aus seinem Fehlverhalten keine Konsequenzen zieht.[584]

Eine ebenso wichtige, wie auch sinnvolle Reaktion des Beschuldigten ist die Entschuldigung beim Opfer. In dem obigen Schaubild sind nur die Entschuldigungen aufgeführt, die auf eigene Initiative der Beschuldigten erfolgten, also nicht durch die Polizei angeregte Maßnahmen oder gar förmliche Täter-Opfer-Ausgleiche. Auf den ersten Blick mag es verwundern, dass die Anzahl der Entschuldigungen in dem Maße angestiegen ist. Die Zunahme lässt sich unter Umständen damit erklären, dass in den Akten aus 1998 Entschuldigungen weniger häufig vermerkt wurden. Eine Entschuldigung beim Opfer bietet sich natürlich besonders· bei Körperverletzungsdelikten an. Aber auch bei Diebstählen entschuldigen sich viele Jugendliche von sich aus. Manchmal werden sie auch von ihren Eltern zu einer schriftlichen Entschuldigung angehalten. Eine Entschuldigung wirkt regelmäßig friedensstiftend. Der Konflikt, der zwischen Täter und Opfer besteht, kann auf diesem Weg aus der Welt geschafft werden. Dies ist für beide Seiten von Vorteil. Die positiven Wirkungen sind bezüglich des Täter-Opfer-Ausgleichs bekannt und auf eine ehrliche und angenommene Entschuldigung übertragbar. Teilweise wirkt ein weiteres Verfahren durch Polizei und Staatsanwaltschaft aufgesetzt, wenn zwischen den Konfliktparteien längst schon wieder Friede geschlossen wurde.

---

584 *Lehmann*, S. 86.

Geradezu überflüssig wirkte das Einschreiten in einem Fall aus dem Jahr 2000, in dem sich drei Jugendliche leicht alkoholisiert prügelten. Es kam zu keinen ernsthaften Verletzungen und es wurden auch keine Dritten beeinträchtigt. Bei Ankunft der Polizei, die das Geschehen zufällig beobachtet hatte, hatten die Beschuldigten bereits voneinander abgelassen. Obwohl in diesem Fall alle Beteiligten von einer Anzeige absahen, sich wieder beruhigt und beieinander entschuldigt hatten, wurde ein Ermittlungsverfahren eingeleitet, das zu einer Verfahrenseinstellung nach § 45 Abs. 1 JGG führte. In der Regel wird der Entschuldigung zu Recht eine hohe Bedeutung beigemessen und in den Fällen in denen sie sinnvoll erscheint und noch nicht erfolgt ist, von der Polizei angeregt.

Unter Wiedergutmachung ist in diesem Zusammenhang eine freiwillige selbst initiierte Schadensregulierung durch den Beschuldigten zu verstehen. Dies findet sich meistens bei Sachbeschädigungen. Entweder wird der Schaden bezahlt, wobei bei jüngeren Beschuldigten zunächst häufig die Eltern den Geldbetrag auslegen. Meistens arbeiten die Beschuldigten diesen Betrag dann zu Hause wieder ab. Oder es geht um eine Reparatur oder Säuberung durch den Beschuldigten selbst. Letzteres ist ein Vorschlag, den Jugendliche meistens spontan bei einer Sachbeschädigung durch Graffiti unterbreiten. Falls sie nicht von selbst auf diese Idee kommen, wird dies regelmäßig auch vom Polizeibeamten angeregt. Auf diese Weise bleiben auch die Kosten für eine Säuberung im Rahmen und der Beschuldigte gewinnt einen Eindruck davon, wie schwer seine Schäden zu beseitigen sind.[585] Häufig zeigt es sich, dass dem Graffiti mit einfachen Methoden nicht beizukommen ist und selbst nach stundenlanger Säuberung noch Rückstände zu erkennen sind. Wiedergutmachung und persönliche Entschuldigung sind im Übrigen zwei Maßnahmen, die bei den Heranwachsenden eine große Rolle spielen. Anscheinend führt die zunehmende Reife diesbezüglich zu mehr Einsicht bei den Beschuldigten.

Es zeigt sich, dass viele Beschuldigte bereits von sich aus bereit sind, eine Maßnahme durchzuführen, ohne dass eine Anregung durch die Polizei erforderlich wäre. Auch vor Einführung der Anregungskompetenz für Polizeibeamte durch die neuen Richtlinien erklärten sich viele der Beschuldigten bereit, freiwillig eine Arbeitsleistung zu erbringen oder erbrachten sie ohne Aufforderung als Wiedergutmachung.

---

585 Zu der Säuberung von Graffiti und die dadurch gewonnene Einsicht auf Seiten der Beschuldigten vgl. *Patra/Schmitt* in DVJJ 2/2001, S. 171.

Sechstes Kapitel
Effektivität der praktischen Umsetzung

A. Veränderungen bei Polizei und Staatsanwaltschaft

Die Diversionsrichtlinien richten sich vornehmlich an die Polizeibeamten. Dementsprechend kam es für die Polizisten zu zahlreichen Änderungen hinsichtlich der Bearbeitung von Jugendsachen. Aber auch für die Staatsanwaltschaft haben sich einige Details geändert. Die Frage ist, ob sich durch die einzelnen Veränderungen bestimmte Verfahrensweisen herausgebildet haben und ob diese als effizient angesehen werden können.

I. Einfluss auf die Polizei

Erwartungsgemäß zeigten sich die größten Änderungen bei der Arbeit der Polizei. Der Polizei kommt innerhalb des Diversionsverfahrens in Schleswig-Holstein die zentrale Bedeutung zu. Da die Richtlinien genügend Raum für eine individuelle Umsetzung geben, haben sich unterschiedliche Konzepte herausgebildet. Im Anschluss an eine Darstellung der einzelnen Veränderungen und deren Effizienz finden sich Ausführungen zur Eignung der Polizeibeamten für das veränderte Diversionsverfahren, der Akzeptanz des Verfahrens bei der Polizei und zur Schulung der Sachbearbeiter.

1. Veränderungen im Verfahrensablauf

Zunächst zu den Neuerungen in der Praxis, die durch die Diversionsrichtlinien eingeführt wurden. Die Darstellung der Änderungen werden im Folgenden an den Verlauf des Diversionsverfahrens angelehnt. Den Anfang macht daher der erste Zugriff. Um ein vollständiges Bild über den Ablauf des Diversionsverfahrens zu geben, wurde bewusst der gesamte Vorgang auf polizeilicher Ebene dargestellt, auch wenn sich für einzelne Abschnitte kaum Veränderungen ergeben haben.

a)   Der erste Zugriff

Die Entdeckung der Tat markiert den Beginn eines Diversionsverfahrens.[586]
Aus der Sicht des Polizeibeamten ist dies gleichbedeutend mit dem ersten
Zugriff auf den Beschuldigten. Häufig sind es jedoch gar nicht Polizisten,
die als erste am Tatort sind und den Beschuldigten ergreifen, sondern Ladendetektive, Fahrkartenkontrolleure oder Dritte, die eine Straftat beobachtet
haben. Erst durch das Hinzukommen der Polizei wird den meisten Beschuldigten bewusst, dass ihr Verhalten nicht ohne Konsequenzen bleibt. Bei
Sachbeschädigungen durch Sprayer sind Polizeibeamte häufig als erste vor
Ort. Wie erwähnt, haben diese Taten im Vergleichszeitraum zugenommen.[587]
Dies kann auch an der erhöhten Aufmerksamkeit der Polizei liegen. Dafür
spricht, dass sich nur in den 2000er Akten Fälle fanden, in denen die Polizeibeamten auf Streifenfahrten oder als Zivilstreife verdächtige Jugendliche
verfolgten und auf frischer Tat ertappten, während in den Akten aus dem
Jahr 1998 die Initiativen stets von besorgten Passanten oder Eigentümern
ausgingen. Die Polizei hat auf diesem Gebiet scheinbar eine bedeutend akti-
vere Rolle eingenommen.

Bei Verstößen gegen das Pflichtversicherungsgesetz oder beim Fahren ohne
Führerschein war es ebenfalls in der Regel die Polizei, die den Täter stellte.
Fahren ohne Führerschein unter Benutzung eines PKW kam in den untersuchten Fällen selten vor. In den wenigen Fällen war es meistens die auffällige,
weil unsichere Fahrweise des ungeübten Jugendlichen, welche die Polizeibeamten aufmerksam machte. Die meisten Delikte in diesem Bereich ereigneten
sich allerdings im Zusammenhang mit Fahrten auf manipulierten Mofas oder
Mopeds. Den Polizeibeamten fiel die überhöhte Geschwindigkeit oder das
außergewöhnlich laute Auspuffgeräusch auf, so dass sie sich zu einer Verkehrskontrolle entschlossen. Manchmal mussten sie sich allerdings Verfol-
gungsfahrten mit den Tatverdächtigen liefern.

Bereits während der Tatbegehung dürften die meisten Beschuldigten sehr an-
gespannt sein. Die Entdeckung der Tat erhöht die Anspannung noch weiter.
Manche Beschuldigte sind so überwältigt, dass sie in Tränen ausbrechen. Allein die Erinnerung an diesen peinlichen Moment dürfte in ihrer Abschreckung formellen Strafen überlegen sein. Eine solche Situation will niemand

---

586 *Lehmann*, S. 38; *v. d. Woldenberg*, S. 28; nach *Wölfel*, S. 28 und *v. d. Woldenberg*, S. 31, beginnt das Diversionsverfahren erst mit dem Kontakt eines Tatverdächtigen mit einem justizi-
ellen *Kontrollorgan*, der Kontakt mit dem Ladendetektiv wäre daher dem Diversionsverfahren
vorgelagert. Diese Sichtweise ist genauer. Das offizielle Verfahren beginnt mit dem Einschreiten der Polizei. Alles was zuvor passierte, hat jedoch Auswirkungen auf das Verfahren und ist
von staatlicher Seite zu berücksichtigen.

587 Siehe oben S. 148 f.

freiwillig ein zweites Mal durchleben. Der erste Zugriff erzielt daher innerhalb des gesamten Diversionsverfahrens vielleicht sogar den größten Eindruck
beim Beschuldigten. Zu diesem Zeitpunkt haben noch keine Neutralisierungstechniken bei ihm einsetzen können.[588] Er ist sich seines Fehlverhaltens in
vollem Umfang bewusst. In der ersten Aufregung überschätzt er vielleicht sogar die Bedeutung des Gesetzesverstoßes.[589]

Dass der erste Zugriff durch die Polizei von Polizeibeamten als für den Täter
beeindruckend eingeschätzt wird, zeigt folgendes Schaubild.

**Schaubild 22: Eindruck von Zugriff und Vernehmung auf den
Beschuldigten nach Meinung der Polizei**

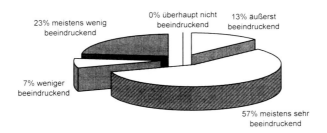

Bei dem Schaubild ist allerdings zu beachten, dass nach Zugriff *und* erster Vernehmung gefragt wurde. Trotzdem lässt sich sagen, dass auch die Polizeibeamten davon ausgehen, dass sich jugendliche Ersttäter in diesem frühen Verfah-
rensstadium beeindrucken lassen. Je mehr sich ein Polizeibeamter mit Jugendsachen beschäftigte, desto häufiger gab er an, dass die Jugendlichen beeindruckt sind.

---

588 Zu Selbstschutz durch Neutralisierungstechniken vgl. *Hering/Sessar* „Praktizierte Diversion",
S. 99.

589 Im stressfreien Normalfall schätzen Jugendliche die Folgen einer Tat realistisch ein, vgl.
Karstedt-Henke in DVJJ2/1991, S. 109.

In der Regel gestaltete sich der Zugriff für die Polizei unproblematisch. Die meisten Täter verhielten sich kooperativ. Die Position des Polizeibeamten scheint bereits genügend Respekt einzuflößen. Es handelt sich schließlich, wie gezeigt, nicht um abgebrühte Intensivtäter, sondern in der Regel um erstmals aufgefallene „normale" Jugendliche, an denen das Geschehen nicht einfach vorübergeht.[590] Für manche dieser Beschuldigten kommt bereits der Kontakt mit der Polizei einer Sanktion gleich.[591] Auf den Zugriff haben die Richtlinien jedoch keinen Einfluss genommen, so dass sich Ausführungen zur Effektivität an dieser Stelle erübrigen.

b)   Anregungen vor Ort

Nach den Richtlinien sollen Polizeibeamte vor Ort eine Wiedergutmachung oder eine Entschuldigung anregen dürfen. Dies soll also direkt nach oder in Verbindung mit dem ersten Zugriff geschehen.

Unter den Maßnahmen, die durch den Polizeibeamten ohne Rücksprache mit der Staatsanwaltschaft angeregt werden können, nimmt die formlose Entschuldigung einen wichtigen Platz ein. Die Richtlinien sind diesbezüglich etwas unklar formuliert. Unter Gliederungspunkt 3.1.1.1 der Richtlinien heißt es, dass als „weitere erzieherische Reaktionen eine sofortige Entschuldigung und eine sofortige Schadenswiedergutmachung in Betracht kommen". Damit sind Maßnahmen gemeint, die ohne Rücksprache mit der Staatsanwaltschaft angeregt werden sollen. Im folgenden Satz heißt es weiter, dass die Polizei diese „Wiedergutmachung an Ort und Stelle anregen" soll. Es ist daher unklar, ob mit Wiedergutmachung allein die Schadenswiedergutmachung oder auch die Entschuldigung gemeint ist. Aus dem Gesamtzusammenhang ist jedoch darauf zu schließen, dass auch die Entschuldigung beim Opfer damit gemeint sein muss. Auch sie ist eine Form der Wiedergutmachung und hat einen positiven Einfluss auf die Entschließung der Staatsanwaltschaft.

Es ist durchaus schwierig, eine Grenze zwischen diesen Formen der Anregung und den staatsanwaltlich legitimierten Anregungen zu ziehen. Die sofortige Anregungskompetenz soll dem Polizeibeamten dann obliegen, wenn er z. B. bei einem Ladendiebstahl vor Ort den Beschuldigten auffordern kann, sich gleich beim Filialleiter zu entschuldigen oder die gestohlenen Sachen herauszugeben.[592] Ein weiteres Beispiel könnte der Vorschlag sein, bei einer gerade

---

590 Vgl. das Fazit oben S. 144 f.

591 *Trenczek* in DVJJ 1/1991, S. 8 und in DVJJ 1/1994, S. 34.

592 Dieses Beispiel wurde dem Verfasser von einem Staatsanwalt auf die Frage genannt, welche Maßnahmen sofort und ohne Rücksprache angeregt werden dürften.

beendeten Schlägerei sich gegenseitig die Hand zu reichen. Vom Polizeibeamten wird in diesem Zusammenhang verlangt, diese schwierige Abgrenzung mit Fingerspitzengefühl vorzunehmen. Dass sich diese Anregungen nur auf kleinere Gesten beziehen sollen, wurde, wenn auch etwas unbefriedigend, durch die „ergänzenden Regelungen zur Anwendung der Diversionsrichtlinien" vom 9. November 1998 nochmals betont.[593] Aus Gründen der Effektivität kann eine sofortige, ernsthafte Entschuldigung beim Opfer in den obengenannten Fällen nur begrüßt werden. Dem Polizeibeamten aufzuerlegen, in dieser Situation vor Ort erst den Staatsanwalt anzurufen, wäre mit zusätzlichem Zeitaufwand verbunden. Es wäre auch dem Beschuldigten schwer zu vermitteln, dass der Polizist erst anrufen muss, um ihm sagen zu dürfen, dass er sich entschuldigen solle. Auf diese „Anregungskompetenz" vor Ort muss daher entweder ganz verzichtet werden oder es muss eine solche Kompetenz in vollem Umfang zugestanden werden – also ohne Rückversicherung. Alles andere wäre ineffizient.

Diese Interpretation beinhaltet aber auch den Schluss, dass die Entschuldigung nur *vor Ort* direkt vom Polizeibeamten angeregt werden soll. Eine formlose Entschuldigung nach der Vernehmung anzuregen, ohne Rücksprache zu halten, wäre formal daher ein Verstoß gegen die Richtlinien. Aus der Sicht einer effektiven Umsetzung könnte man dies für eine überflüssige „Förmelei" halten. Zwischen einer sofortigen Maßnahme vor Ort und einer weit zu verstehenden Anregungskompetenz für Polizeibeamte im Rahmen einer Vernehmung ist jedoch streng zu unterscheiden. Unter Ausblendung der rechtsstaatlichen Problematik kann man unter dem Gesichtspunkt einer Beschleunigung des Verfahrens jedoch zu dem Schluss gelangen, dass es möglich sein muss, eine formlose Entschuldigung ohne Rücksprache anzuregen. Der Aufwand einer solchen Geste hält sich für den Beschuldigten in Grenzen. Für eine solche Anregung einen Staatsanwalt zu bemühen, wirkt unangemessen. Aus Gründen der Effektivität wäre daher der Absatz so zu deuten, dass auch eine spätere Anregung im Rahmen der Vernehmung von den Richtlinien gedeckt sein muss.

Die Beschuldigten entschuldigen sich häufig bereits aus freien Stücken selbst beim Opfer, wie es sich aus dem Schaubild 21 ergibt. Bei den Delikten der Körperverletzung und Beleidigung ist eine Entschuldigung beim Opfer eine sinnvolle Reaktion. Die Aktenauswertung hat gezeigt, dass sich die Parteien häufig bereits ausgesöhnt haben, wenn der Beschuldigte zur Vernehmung kommt. Das Verhältnis zwischen Täter und Opfer ist zwar aufgrund der Tat gestört, aber diese Störung ist selten so tiefgreifend, dass eine Aussöhnung aussichtslos erscheint.

---

593 Vgl. dazu oben S. 88 ff.

Schaubild 23: Entschuldigungsverhalten im Vergleich (in Prozent)

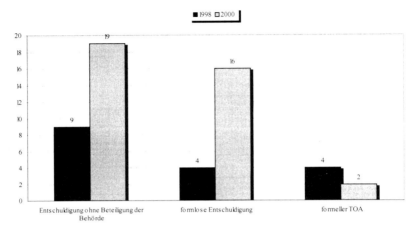

Der Anstieg der Entschuldigungen im ersten Halbjahr 2000 ergibt sich daraus, dass die Polizeibeamten ihre Kompetenzen nutzten, um mehr Entschuldigungen anzuregen. Allerdings trügen die Zahlen. Der Anstieg dürfte nicht so erheblich gewesen sein, wie ihn die Grafik vermittelt. Im Jahr 2000 fanden sich deutlich mehr Informationen in den Akten, so dass die Zahl der Entschuldigungen 1998 wahrscheinlich höher lag, als es das Schaubild zeigt. Bei der Auswertung der Diversionserfassungsbögen lag die Quote der sofortigen Entschuldigungen sogar bei 24 Prozent. Diese hohe Quote dürfte sich aber daraus ableiten, dass viele Polizisten eine Entschuldigung des Täters beim Opfer, die ohne polizeiliches Zutun erfolgte, als sofortige Entschuldigung auf dem Erfassungsbogen vermerkten. Bei der Aktenanalyse war aufgrund der ausführlicheren Informationen besser zu unterscheiden, ob die Entschuldigung auf Anregung des Polizeibeamten oder bereits zuvor erfolgte. Dass die formlose Entschuldigung deutlich mehr von den Veränderungen in den Richtlinien profitierte als der Täter-Opfer-Ausgleich, hat verschiedene Gründe.[594] Ein aufwändiger Täter-Opfer-Ausgleich ist in den meisten Fällen gar nicht von Nöten, wenn sich die beiden Parteien bereits ausgesprochen haben. Falls dies noch nicht geschehen sein sollte, können Täter und Opfer trotzdem in der Regel ohne Hilfe erfahrener Streitschlichter zu einem positiv verlaufenden Treffen bewegt werden. Eine unnötige Verlängerung des Verfahrens und eine zusätzliche Stigmatisierung durch einen belastenden Täter-Opfer-Ausgleich sollte

---

594 Ausführlich zum Täter-Opfer-Ausgleich im Diversionsverfahren unten S. 271 ff.

vermieden werden.[595] Zumindest gilt dies in den Fällen, die sich aufgrund ihres bagatellhaften Charakters für eine Verfahrenseinstellung nach § 45 Abs. 1 JGG anbieten. Manchen Beamten dürfte auch der Aufwand eines formalen Täter-Opfer-Ausgleichs abschrecken.[596] Schließlich kann der Polizeibeamte den formlosen Weg von Anfang bis Ende selbst beeinflussen und überwachen, ohne von anderen Institutionen abhängig zu sein. Die formlose Entschuldigung ist in einfach gelagerten Fällen also ebenso sinnvoll wie effektiv, weil sie sowohl dem Täter als auch dem Opfer einen schnellen Weg bietet, die Geschehnisse der Tat besser zu verarbeiten.

Die sofortige Schadensregulierung kann ebenso wie die sofortige Entschuldigung vor Ort vom Polizeibeamten angeregt werden. Wenn der Schaden unproblematisch vor Ort sofort reguliert werden kann, soll der Polizeibeamte den Beschuldigten darauf hinweisen. Im ersten Halbjahr 2000 kam es lediglich in 7 Prozent der Fälle zu dieser Form der Wiedergutmachung.[597] Dies zeigt den beschränkten Anwendungsbereich dieser Maßnahme. Falls es sich anbietet, muss ein solcher Hinweis durch den Polizisten eigentlich selbstverständlich sein. Andernfalls würde er den Beschuldigten der Möglichkeit berauben, bereits zu diesem frühen Zeitpunkt positiven Einfluss auf den Ausgang des Diversionsverfahrens zu nehmen. Es ist aber streng darauf zu achten, dass eine Wiedergutmachung nur *vor Ort* vom Polizeibeamten angeregt werden darf. Zu einem späteren Zeitpunkt ist die Staatsanwaltschaft einzubeziehen. Anders als bei der Entschuldigung sind Handlungen zur Wiedergutmachung zu aufwändig, um über das Erfordernis, den Staatsanwalt zu informieren, hinwegzugehen.

c)   Vernehmung

Nach dem Zugriff wird der Beschuldigte zu einer Vernehmung geladen. Die befragten Polizisten gingen mehrheitlich davon aus, dass Beschuldigte durch die Vernehmung nachhaltig beeindruckt werden (Schaubild 22). Empirische Forschungen belegen, dass dies von den Beschuldigten genauso gesehen wird.[598] Im ersten Halbjahr 1998 war nach der Vernehmung die Arbeit der Polizei im Wesentlichen abgeschlossen. Gelegentlich wurde der Beschuldigte verwarnt. Es wurde ein Vernehmungsprotokoll erstellt und mitunter ein Abschlussvermerk gefertigt. Danach wurde die Akte zur Staatsanwaltschaft ge-

---

595 *Schwenkel-Omar*, S. 268.

596 Näheres zum Aufwand, der mit dem Täter-Opfer-Ausgleich einhergeht, unten S. 271 ff.

597 Die Auswertung der Diversionserfassungsbögen ergab einen Wert von 11 Prozent.

598 *Karstedt-Henke*, S. 110; *Ostendorf/KrimZ*, S. 131.

sandt. Im Jahr 2000 war die Vernehmung in der Regel nur eine Zwischensta-
tion für den Polizeibeamten, der das Verfahren noch weiter begleitete.

Da sich die Jugendlichen meistens geständig zeigten (Schaubild 11), bestand
die Arbeit des Vernehmungsbeamten selten darin, den Jugendlichen durch
geschickte Fragestellungen zu überführen oder eine Geständnis zu „erzwin-
gen".[599] Meistens schilderte der Beschuldigte auf Fragen von sich aus den
Tathergang. Abenteuerliche Begründungen oder Entschuldigungen bekam der
Beamte eher selten zu hören. Zwar versuchten viele der Beschuldigten die Tat
etwas herunterzuspielen, der Sachverhalt wurde aber im Wesentlichen so eingeräumt, wie ihn häufig auch die Zeugen, z. B. Ladendetektive, gesehen hatten. Viele der Beschuldigten gaben an, sich selbst bis heute nicht erklären zu
können, was sie zur Tat bewegt hatte. Wenn es allerdings darum ging, Mittäter zu benennen, zeigten die Beschuldigten häufig ein großes Maß an falsch
verstandener Ehre. Insbesondere in der Sprayerszene besteht ein Ehrenkodex,
den die Vernehmungsbeamten nur mit viel Einfühlungsvermögen überwinden
können.

Zwar liegt ein Geständnis in der Regel vor, es ist allerdings nicht unbedingt
erforderlich. Verfahrenseinstellungen nach § 45 Abs. 1 oder Abs. 2 JGG können auch bei nicht geständigen Tätern erfolgen. Es sollte daher von Seiten der
Polizei nicht zu viel Energie darauf verwandt werden, den Beschuldigten zu
einem Geständnis zu bringen. Dies ist nicht das Ziel einer Vernehmung. Ein
obligatorisches Geständnis zu verlangen, wäre auch aus Sicht der Effektivität
nicht wünschenswert. Es würde zum einen demjenigen, der aus irgendeinem
Grund nicht gestehen möchte, das Diversionsverfahren verbauen. Zum anderen könnte dies zu eingriffsintensiveren Vernehmungsmethoden führen, mit
allen Gefahren einer fehlerhaften Beweisgewinnung.[600] Staatliche Reaktionen
sind auf das notwendige Maß zu reduzieren.[601] Die möglichst zurückhaltende
Einflussnahme auf den Beschuldigten im Diversionsverfahren sollte sich bereits bei der Vernehmung zeigen.

Bei Minderjährigen werden die Erziehungsberechtigten um ihr Einverständnis
dafür gebeten, dass der Beschuldigte vernommen werden darf. Auf dieser An-
frage findet sich der Hinweis, dass die Erziehungsberechtigten selbst nicht
erscheinen müssen. Aus Schaubild 66 ergibt sich jedoch, dass die Erziehungsberechtigten bei der Vernehmung in vielen Fällen zugegen sind. Dies ist
grundsätzlich begrüßenswert. Allerdings kann die Gegenwart von nahen An-

---

599 Zur rechtsstaatlichen Problematik unten S. 299 ff.

600 *Lehmann*, S. 199.

601 *Hübner/Kerner/Kunath/Planas* in DVJJ 1/1997, S. 28.

gehörigen auch die Geständnisbereitschaft herabsetzen.[602] Dies ist von Nachteil, da derjenige, der sich die Tat eingesteht und dies auch vor anderen zeigt, ein Diversionsverfahren nicht als ungerechte Strafe begreift. Es hat sich daher als effektiv erwiesen, wenn Erziehungsberechtigte im Einzelfall während einer Vernehmung den Raum verlassen. Dies darf natürlich vom Polizeibeamten nicht so verstanden werden, den Beschuldigten jetzt unbeaufsichtigt unter Druck setzen zu können. Ein freiwilliges, ehrliches Geständnis ist in seinem Wert für das Diversionsverfahren nicht zu ersetzen.

Dass Jugendliche nicht zur Vernehmung erscheinen, ist die Ausnahme. Ein solches Verhalten ist eher bei Heranwachsenden zu beobachten, die zudem häufiger von der Möglichkeit Gebrauch machen, sich schriftlich zum Vorwurf zu äußern. In Einzelfällen wird auf einen Vernehmungstermin bei der Polizei verzichtet, wenn der Jugendliche die Tat vor Ort eingeräumt hat und es sich um eine absolute Bagatelle handelt. Der Verzicht auf eine verantwortliche Vernehmung ist bei Einstellung des Verfahrens gemäß § 163 a StPO zulässig. Wenn ein Beschuldigter nicht bei der Polizei erscheint oder von seinem Aussageverweigerungsrecht Gebrauch macht, so ist das Diversionsverfahren im Sinne der Richtlinien praktisch nicht durchzuführen. Für diesen Fall sehen die Richtlinien unter Gliederungspunkt 3.1.2 vor, von Diversionsmaßnahmen abzusehen und den Vorgang sofort zur Staatsanwaltschaft zu übersenden. Der Polizist kann eine Vernehmung anders als der Staatsanwalt nicht durchsetzen. Es ergibt jedoch wenig Sinn, die Vernehmung vom Staatsanwalt durchführen zu lassen.[603] Aufgrund der Sachnähe des Polizisten empfiehlt sich der in den Richtlinien vorgesehene Ablauf. Wenn der Beschuldigte nicht zur Vernehmung erscheinen möchte, so sollte dies ihm, angesichts des Bagatellcharakters der Tat, selbst überlassen bleiben. Äußerungen zum Tatvorwurf unter Einschaltung eines Rechtsanwalts waren im Übrigen an einer Hand abzuzählen. Darin zeigt sich auch, dass Jugendstrafrecht für Anwälte finanziell zu unattraktiv ist.[604]

d) Erzieherisches Gespräch

Das erzieherische Gespräch nimmt sowohl als Maßnahme im Diversionsverfahren, als auch als Gegenstand rechtsstaatlicher Bedenken eine zentrale Rolle ein. Die rechtsstaatliche Problematik soll jedoch zunächst zurückgestellt wer-

---

602 *Lehmann*, S. 200.

603 Dieser Vorschlag findet sich z. B. bei *Lehmann*, S. 133.

604 *Semrau/Kubnik/Walter* in DVJJ 2/1995, S. 218.

den. Im Folgenden steht zunächst der Inhalt und der Ablauf eines solchen Gesprächs sowie die Frage der effektiven Umsetzung im Vordergrund.

In den Richtlinien heißt es unter Gliederungspunkt 3.1.1: „Anlässlich der verantwortlichen Vernehmung hat die Polizei deshalb ein erzieherisches Gespräch mit den Beschuldigten zu führen, das der Normverdeutlichung dient und die erzieherische Wirkung des Ermittlungsverfahrens unterstützen soll," Dieses erzieherische Gespräch war bis zur Einführung der Richtlinien noch nicht Aufgabe der Polizei.[605] Bis dahin fand lediglich eine Vernehmung der Beschuldigten statt. Wie aus zahlreichen Gesprächen und einigen Aktenvermerken ersichtlich, wurde aber bereits vor der Einführung der Richtlinien, während der Vernehmung, erzieherisch auf die Jugendlichen eingewirkt und Normen sowie deren Inhalt verdeutlicht. Vereinzelt fand sich auch in den Akten aus dem ersten Halbjahr 1998 der Hinweis, der Polizeibeamte habe den Jugendlichen eindringlich ermahnt. Dies erinnerte an den Erlass zur Diversion aus dem Jahr 1984. In diesem Erlass war die Ermahnung des Beschuldigten vorgesehen. Im Jahr 1990 wurde dieses Verfahren jedoch mit den damaligen Richtlinien zur Förderung der Diversion wieder zurückgenommen. Das folgende Schaubild zeigt, dass die Vernehmung im Jahr 1998 das Instrument darstellte, mit dem die Polizei den meisten Einfluss auf die Beschuldigten im Diversionsverfahren nahm. Die Ermahnungen, die im Schaubild mit lediglich 10 Prozent angegeben sind, wurden wahrscheinlich deutlich häufiger ausgesprochen. In den Akten fand sich allerdings nur in 10 Prozent aller Fälle ein Hinweis auf diese Maßnahme in den Vernehmungsprotokollen oder in einem gesonderten Vermerk. Interessant ist, dass im ersten Halbjahr 1998 deutlich mehr Verfahren ohne jegliche Maßnahme eingestellt wurden. Dies waren in der Regel Verfahren gegen Heranwachsende, die sich lediglich schriftlich zum Vorwurf äußerten. Da die Zahl der Heranwachsenden bezogen auf alle Diversionsverfahren 1998 größer war, wirkte sich dies entsprechend aus.

---

605 Lediglich in Modellversuchen wie dem Lübecker Modell und dem Projekt auf Fehmarn waren erzieherische Gespräche vorgesehen. Vgl. dazu *Lehmann* S. 63 ff.

Schaubild 24: Maßnahmen auf polizeilicher Ebene (in Prozent)[606]

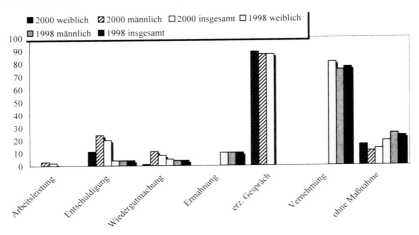

Im ersten Halbjahr 2000 stand von allen Diversionsmaßnahmen eindeutig das erzieherische Gespräch im Vordergrund. Da fast immer eine Vernehmung erfolgt und das erzieherische Gespräch anlässlich dieser Vernehmung stattfinden soll, ist davon auszugehen, dass beinahe in jedem Diversionsverfahren ein solches Gespräch geführt wurde. Die Dominanz dieser Maßnahme zeigt sich daher auch deutlich in den Schaubildern 24 und 25.

Die Zahlen aus Schaubild 24 decken sich mit der Auswertung der Erfassungsbögen. Danach waren 85 Prozent der Maßnahmen, die zu einem Einstellungsvorschlag nach § 45 Abs. 1 JGG führten, erzieherische Gespräche. Die tatsächliche Zahl der erzieherischen Gespräche dürfte sogar noch höher liegen, da ein erzieherisches Gespräch in den Akten nur dann Erwähnung fand, wenn eine Einstellung nach § 45 Abs. 1 JGG von der Polizei vorgeschlagen wurde. Wie sich aus den Richtlinien ergibt, sind die für § 45 Abs. 2 JGG vorgesehenen Maßnahmen allerdings erst dann anzuregen, wenn Maßnahmen nach § 45 Abs. 1 JGG durchgeführt wurden, aber nicht ausreichen. Eine Vernehmung und ein erzieherisches Gespräch dürften also auch einem Vorschlag nach § 45 Abs. 2 JGG zugrunde liegen. Schaubild 24 zeigt den Anteil von erzieherischen Gesprächen innerhalb der Entscheidungen nach § 45 Abs. 1 JGG, bei denen die Polizei selbstständig über die Maßnahme bestimmt, ohne Rücksprache mit der Staatsanwaltschaft zu halten. Schaubild 25 zeigt den Stellenwert,

---

606 Die Vernehmungen wurden für das erste Halbjahr 2000 nicht gesondert aufgeführt.

den das erzieherische Gespräch bei den Maßnahmen nach § 45 Abs. 1 und Abs. 2 JGG einnimmt.

Schaubild 25: Diversionsmaßnahmen nach § 45 Abs. 1 JGG und § 45 Abs. 2 JGG (in Prozent)

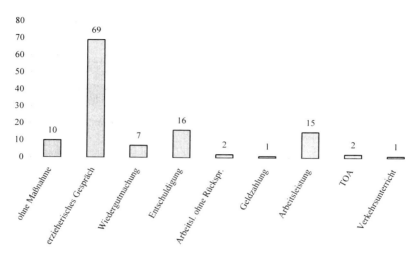

Da Informationen über den Ablauf eines erzieherischen Gesprächs weder in den Richtlinien, noch in den ergänzenden Regelungen zu finden sind, handhabt dies jeder Polizeibeamte unterschiedlich. Inhaltlich setzt man sich in den Gesprächen mit der Person und dem Umfeld des Beschuldigten auseinander. Dies ging aus den Vernehmungsprotokollen und den Vermerken hervor. Die Polizisten engagierten sich hierbei stärker als vor Einführung der Richtlinien. In den Vermerken war häufig zu lesen, dass die Beschuldigten ihre Tat aufrichtig bereuen. Das lässt darauf schließen, dass die Beschuldigten in den Gesprächen darüber befragt wurden, wie sie zu ihrem Verhalten stehen. Es sollte aber darauf geachtet werden, die Persönlichkeitserforschung nicht zu übertreiben. Dies widerspräche dem Beschleunigungsgedanken.[607] Am Ende des Vermerks fand sich häufig die Floskel, dem Jugendlichen sei „das Unrecht seiner Tat eindringlich vor Augen geführt worden".

---

607 *Lehmann*, S. 129; *Hübner/Kerner/Kunath/Planas* in DVJJ 1/1997, S. 31.

Unterschiede beim Ablauf des erzieherischen Gesprächs gab es auch hinsichtlich des Zeitpunkts des Gesprächs. Mehrheitlich wurde es direkt im Anschluss an die Vernehmung geführt. Schaubild 26 zeigt jedoch, dass Gespräche auch vor der Vernehmung oder zu gesonderten Terminen abgehalten wurden.

Schaubild 26: Zeitpunkt für das erzieherische Gespräch (in absoluten Zahlen)

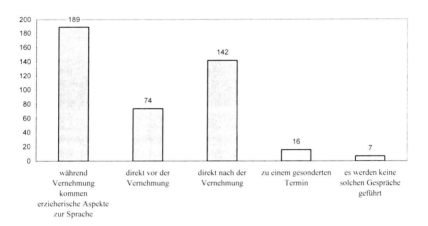

Es war den Polizeibeamten freigestellt, bei der Frage zum Zeitpunkt auch mehrere Antworten zu geben. In vielen Fällen wurde die Aussage, dass man erzieherische Aspekte in die Vernehmung einfließen lasse, mit anderen Antworten kombiniert. Auch wenn diese Antwortmöglichkeit am häufigsten ausgewählt wurde, heißt dies nicht, dass meistens kein gesondertes Gespräch vor oder nach der Vernehmung stattfand. Laut Auswertung gab es aber auch viele Fälle, in denen lediglich die Vernehmung erzieherisch gestaltet wurde. Da die Richtlinien selbst vorgeben, dass ein erzieherisches Gespräch „anlässlich der verantwortlichen Vernehmung" zu erfolgen hat, verwundert es nicht, dass so wenig Gespräche zu einem gesonderten Termin stattfanden. Solche Termine wurden mitunter auch in der vertrauten Umgebung des Beschuldigten vorgenommen, also zum Beispiel in der Wohnung der Eltern oder im Heim.

Einen Sinn dafür, ein erzieherisches Gespräch vor der Vernehmung zu führen, lässt sich nicht erkennen. Zu diesem Zeitpunkt mag zwar schon ein Geständnis vorliegen, das der Beschuldigte am Tatort abgelegt hat, die Vernehmung sollte allerdings letzte Klarheit über den Sachverhalt und auch über die Umstände geben, die zur Tat führten. Erst das Wissen über diese Umstände befähigt dazu, ein sinnvolles Gespräch zu führen. Falls dem Beschuldigten noch vor der Vernehmung ein erzieherischer Vortrag gehalten wird, kann dass bei ihm den Eindruck erwecken, seine Meinung würde niemanden interessieren und eine Vorverurteilung habe schon stattgefunden. Zweckmäßig wäre ein Gespräch frühestens im Anschluss an eine Vernehmung. Der Beschuldigte sollte in seiner Vernehmung zunächst die Gelegenheit haben, den Sachverhalt aus seiner Sicht schildern zu können.

Tatsächlich wurde ein Großteil des erzieherischen Gesprächs in die Vernehmung integriert oder zeitlich kaum davon getrennt. Der Übergang zwischen Vernehmung und erzieherischem Gespräch dürfte in solchen Fällen für den Beschuldigten kaum zu bemerken sein. Die Veränderungen zu der Handhabung vor Einführung der Richtlinien sind daher nicht so groß, wie man angesichts des Richtlinientextes vermuten könnte. Das separate erzieherische Gespräch zu einem gesonderten Termin ist eine absolute Ausnahme. Es verwundert deshalb nicht, dass die Einführung des erzieherischen Gesprächs bei der Frage, ob sich etwas bei der Arbeit verändert habe, von den Polizeibeamten nicht erwähnt wurde. Viele Beamten lassen seit jeher erzieherische Aspekte in die Vernehmungen von Jugendlichen einfließen.

Dass zwischen einer Vernehmung und dem erzieherischen Gespräch von vielen Polizeibeamten differenziert wurde, zeigt, dass 41 Prozent von ihnen bei der Frage nach der Länge des erzieherischen Gesprächs angaben, dass sich nicht die Vernehmung verlängere, sondern das separat geführte Gespräch eine bestimmte Minutenzahl in Anspruch nehme (Schaubild 27). Aus pädagogischer Sicht ist zu überlegen, ob ein gesondertes Gespräch zu einem anderen Termin nicht sinnvoller wäre. Die klare Trennung zwischen Vernehmung und erzieherischem Gespräch würde dem Jugendlichen deutlich machen, dass es beim Inhalt des erzieherischen Gesprächs um Perspektiven für seine eigene Zukunft gehe. Der zeitliche Abstand zur Vernehmung könnte auch die Akzeptanz gegenüber dem Diversionsverfahren fördern. Die erste Nervosität, die aufgrund einer erstmaligen Vernehmung entsteht, wäre bereits verarbeitet. Dadurch könnte der Beschuldigte dem Gespräch unter Umständen mit einem klareren Kopf folgen und überzeugt, nicht überredet werden. Eine andere Atmosphäre als die des Polizeireviers könnte dazu führen, dass sich der Beschuldigte mehr öffnet.

Es ließe sich allerdings ebenso das Gegenteil einwenden. Auch aus pädagogischer Sicht kann ein Gespräch im Polizeirevier direkt im Anschluss an eine Vernehmung sinnvoll erscheinen. Gerade pubertierende Jugendliche empfinden Fürsorge von Erwachsenen manchmal als peinlich und übertrieben. Ein besonders pädagogisches Vorgehen im Zusammenhang mit der Straftat kann deswegen unter Umständen zu Abwehrreaktionen führen. Zudem dürfte ein Polizeibeamter bei einem Ersttäter im Rahmen der Vernehmung Respekt hervorrufen. Dieser Respekt kann dann auch bei erzieherischen Anregungen zu vermehrter Aufmerksamkeit führen. Dem Beschuldigten ist der Ernst der Lage noch stärker bewusst. Ihm kann daher besser verdeutlicht werden, dass er etwas in seinem Leben verändern muss. Der Verdrängungsprozess, der aus Gründen des Selbstschutzes dazu führt, die eigene Tat zu bagatellisieren, hat noch nicht eingesetzt.[608] Es ist im Einzelfall zudem schwierig, Gedanken oder Fragen, die bei der Vernehmung im Raum standen, an einem späteren Tag zu rekapitulieren. Zudem spricht einiges dafür, dass der Beschuldigte durch einen gesonderten Gesprächstermin zusätzlich stigmatisiert wird. Der zusätzliche Termin stellt eine psychische Belastung dar. Andere, die vielleicht noch gar nicht auf das Fehlverhalten des Beschuldigten aufmerksam geworden waren, könnten sensibilisiert werden. Wenn die Polizei einen Hausbesuch durchführt, kann sich dies in der Nachbarschaft herumsprechen.

Abgesehen von den pädagogischen Gesichtspunkten, die für den einen oder anderen Zeitpunkt sprechen, ist aus arbeitsökonomischer Sicht ein gesonderter Gesprächstermin vollkommen abzulehnen. Wie sich aus Schaubild 27 ergibt, verlängert sich durch das erzieherische Gespräch die eigentliche Vernehmung in der Regel um fünf bis zehn Minuten. Ein gesonderter Termin bedeutet jedoch einen ungleich höheren Aufwand. Dieser Aufwand ist mit den Richtlinien sicherlich nicht gewünscht, da sich dies nicht mehr mit „anlässlich der Vernehmung" umschreiben lässt. Der Zeitaufwand für die Bearbeitung von Ermittlungsvorgängen gegenüber Jugendlichen ist erheblich höher als bei vergleichbaren Vorgängen gegen Erwachsene.[609] Jeder zusätzliche Aufwand ist daher zu vermeiden, zumal es sich vorliegend um Kleinstkriminalität handelt.

---

608 Zur Neutralisierungstechnik vgl. *Hering/Sessar* „Praktizierte Diversion", S. 99; *v. d. Woldenberg*, S. 97.

609 *Hübner/Kerner/Kunath/Planas* in DVJJ 1/1997, S. 31.

Schaubild 27: Länge des erzieherischen Gesprächs

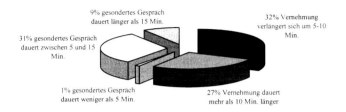

9% gesondertes Gespräch dauert länger als 15 Min.

32% Vernehmung verlängert sich um 5-10 Min.

31% gesondertes Gespräch dauert zwischen 5 und 15 Min.

1% gesondertes Gespräch dauert weniger als 5 Min.

27% Vernehmung dauert mehr als 10 Min. länger

Bezüglich der Länge des Gesprächs treffen erneut zwei widerstreitende Interessen aufeinander. Zum einen wäre aus ökonomischer Sicht ein möglichst kurzes Gespräch wünschenswert, zum anderen sollte ein Gespräch aus pädagogischer Sicht möglichst ausführlich sein. Die Mehrzahl der Gespräche belaufen sich auf 5 bis 15 Minuten, wobei die benötigte Zeit durchschnittlich bei knapp unter 10 Minuten anzusiedeln ist. Eine Normverdeutlichung kann in dieser Zeit geleistet werden, wenn man darunter versteht, dass dem Jugendlichen die betroffenen Rechtsgüter und die Folgen für ihn und sein Umfeld verdeutlicht werden sollen. Dies käme auch dem näher, was die Richtlinien ursprünglich vorsahen. Anfangs sollte das erzieherische Gespräch „Ermahnungsgespräch" heißen. Wahrscheinlich um den optischen Abstand zur richterlichen Verwarnung herzustellen und um nicht den Erlass von 1984 zu wiederholen, wurde von diesem Namen Abstand genommen. Die Frage ist, ob in der relativ kurzen Zeit von knapp zehn Minuten neben einer Normverdeutlichung auch noch die erzieherische Wirkung des Ermittlungsverfahrens effektiv gefördert werden kann. Außerdem soll der Beamte laut Richtlinien gegebenenfalls auf Hilfsangebote staatlicher und sozialer Organisationen hinweisen.

Von einem Polizeibeamten sollte sowohl aus pädagogischer wie auch aus arbeitsökonomischer Sicht nicht zu viel verlangt werden. Erziehung ist vornehmlich Aufgabe der Erziehungsberechtigten.[610] Solange es sich nicht um

---

610 Diese sind seit Einführung der Richtlinien im Übrigen häufiger bei der Vernehmung und dem erzieherischen Gespräch anwesend. Vgl. dazu Schaubild 66 (unten S. 278).

ausgesprochene Problemfälle handelt, muss daher auch ein kurzes Gespräch ausreichen, um erzieherische Wirkungen sicherzustellen. Hilfsangebote sind für die meisten Jugendlichen überflüssig.[611] Wenn allerdings echte Erziehungsdefizite festzustellen sind, dürfte ein in Sozialpädagogik überhaupt nicht ausgebildeter Polizeibeamter die falsche Adresse sein, um diese auszugleichen.[612] Es ist daher nicht zu fordern, dass Polizeibeamte umfassende erzieherische Gespräche führen sollten. Auf der anderen Seite wäre es übertrieben formal zu fordern, dass sich der Polizeibeamte jedes Kommentars enthalten müsste. Grundsätzlich sollten Polizeibeamte auch bei einer gewöhnlichen Vernehmung ihre jugendkriminologischen und sozialpädagogischen Kenntnisse anwenden.[613] Die meisten erfahrenen Polizeibeamten dürften bereits vor der Einführung der Richtlinien das richtige Maß gefunden haben, dem Jugendlichen auch erzieherische Hilfestellung mitzugeben. Wichtig ist allerdings, dass in einem solchen Gespräch der Erziehungsgedanke im Vordergrund steht und nicht das Vorhalten von Unzulänglichkeiten und mangelnder Reife. Das Gespräch soll Perspektiven bieten und keinen strafenden Charakter haben. Vielleicht hätte dies in den Richtlinien oder Begleitschreiben deutlicher klargestellt werden müssen.

Zu einer Ablehnung des Gesprächs durch den Jugendlichen kam es laut Befragung der Polizeibeamten nur selten. Da ein solches Gespräch entweder in die Vernehmung integriert war oder in unmittelbarem zeitlichen Zusammenhang damit stattfand, wird dem Jugendlichen der Wechsel von der Vernehmung zu einem solchen Gespräch meistens kaum aufgefallen sein. Daher verwundert es, dass 31 Prozent der befragten Polizisten angaben, dass ein solches Gespräch auch abgelehnt würde.[614] Dies würde logisch vorausgesetzten, dass der Jugendliche vor dem erzieherischen Gespräch gefragt wurde, ob er an einem solchen teilnehmen möchte. Das ist eigentlich nur bei separaten Gesprächen an gesonderten Terminen denkbar, die jedoch selten stattfinden.

Die Polizeibeamten und die Staatsanwälte halten ein solches Gespräch für sinnvoll. Der zusätzliche Aufwand scheint von den Polizeibeamten als lohnenswert angesehen zu werden.

---

611 *Lehmann*, S. 26.

612 Die Polizeibeamten sind häufig schon für den „Normalfall" schlecht vorbereitet. Vgl. *Wieben* in DVJJ 1-2/1992, S. 65; *Hübner/Kerner/Kunath/Planas* in DVJJ 1/1997, S. 27.

613 *Brunner/Dölling*, § 45 JGG Rdnr. 12.

614 30 Prozent der befragten Polizisten gaben an, das erzieherische Gespräch werde selten abgelehnt, 1 % gab an, es werde häufiger abgelehnt. Laut dem Rest der Befragten kommt es zu gar keinen Ablehnungen.

Schaubild 28: Halten Polizei und Staatsanwaltschaft ein erzieherisches Gespräch für sinnvoll? (in Prozent)

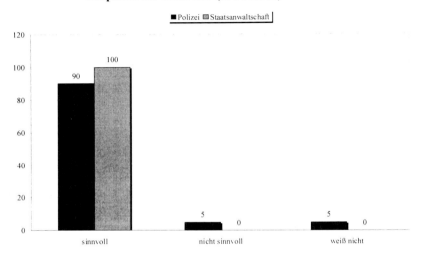

Auf der Suche nach einer Methode, das erzieherische Gespräch möglichst effektiv zu gestalten, könnten Gesprächstage eine Alternative zur derzeitigen Praxis darstellen. Es wäre denkbar, Tage in den einzelnen Polizeistationen einzurichten, an denen mehrere Beschuldigte zum Gespräch geladen werden.

Dies dürfte allerdings eher mit mehr als mit weniger Aufwand verbunden sein. Für die Zeit des Gesprächs müssten Räume zur Verfügung gestellt werden. Von kurzfristigen Terminschwierigkeiten wäre eine größere Gruppe betroffen. Ein Gesprächstag würde stets mit einer geringeren Flexibilität bezüglich der Termine einhergehen. Zudem würde diese Praxis auf ein separates erzieherisches Gespräch hinauslaufen, verbunden mit den bekannten Nachteilen, wie mangelnde pädagogische Ausbildung und Zeitverlust.

In kleinen Polizeistationen würden solche Aktionen zudem wenig Sinn ergeben. Es würden nicht genügend Jugendliche in einem kurzen Zeitraum zusammenkommen, um einen Gesprächstag auszufüllen. Eine Zusammenarbeit mit anderen Stationen zöge einen Mehraufwand nach sich und würde für die Beschuldigten in vielen Fällen längere Anfahrtswege beinhalten. Der Vorteil, dass die Polizei vor Ort in der Sache aufgrund der Ortskenntnis mehr Kompetenz hat, wäre verschenkt. Der vernehmende Beamte und derjenige, der das Gespräch führen würde, wären personenverschieden. Das hieße auch, dass sich nun zwei Polizeibeamte in den Fall einarbeiten müssten, was weiteren

Aufwand bedeuten würde. Dieses Modell aber nur in großen Polizeirevieren einzusetzen, würde die unterschiedliche Handhabung der Richtlinien innerhalb des Bundeslandes verstärken, ohne dass dafür eine Notwendigkeit bestünde.

Eine solche „Massenabfertigung" widerspricht zudem dem individuellen Charakter, den das Gespräch vermitteln soll. Es ist nicht auszuschließen, dass sich der Bezug zur Tat und zur Persönlichkeit des Täters für den Polizeibeamten verliert, wenn sie innerhalb kürzester Zeit mehrere erzieherische Gespräche führen müssen.[615] Insgesamt erscheint die Idee, Gespräche auf einen Tag zu konzentrieren, eher unvorteilhaft. Zumindest rechtfertigt der Aufwand nicht die zu erwartenden Ergebnisse.

Noch weiter geht die Idee eines Diversionstages, wie er beispielsweise beim Polizeipräsidium Wuppertal in der praktischen Erprobung ist.[616] Das Polizeipräsidium Wuppertal sieht darin eine Möglichkeit auf steigende Jugendkriminalität zu reagieren. Vorwegzunehmen ist allerdings, dass Diversion von dieser Behörde in einer Art und Weise begriffen wird, wie sie von Kritikern der Diversionsmodelle befürchtet wird: Es wird seitens des Präsidiums beklagt, dass ein Lernprozess in die falsche Richtung eingesetzt habe. Angesichts einer Veränderung in der Werteordnung würde das Gefühl vermittelt, das Überschreiten von Grenzen sei folgenlos. Eine komplexe Vernetzung von Ursachen verlange daher auch eine Vernetzung der Institutionen, die gegen Jugendkriminalität angehen. Ziel der Diversion sei es, Jugendliche mit erzieherischer Wirkung von weiteren Straftaten abzuhalten.

Es zeigt sich also, dass von einem Diversionsverständnis ausgegangen wird, welches Kontrollausweitung und konsequenteres Durchgreifen propagiert.[617] Um diese Ziele zu verwirklichen wird ein Diversionstag als sinnvoll erachtet. Er soll vor allem der Verfahrensbeschleunigung dienen. Dies wird durch eine engere Zusammenarbeit von Polizei, Staatsanwaltschaft und Jugendgerichtshilfe angestrebt.

Das Konzept sieht Folgendes vor: Über einen Zeitraum von ungefähr einem Monat sammelt die „Arbeitsgruppe Jugendkriminalität" geeignete Vorgänge

---

615 Auch im Bericht zum im Folgenden vorgestellten Projekt „Diversionstag" wird davon berichtet, dass die Jugendlichen sehr schnell bemerken, wenn ihnen nicht genügend Aufmerksamkeit entgegengebracht wird, was den erzieherischen Wert eines Gesprächs in Frage stellt.

616 Genaueres hat das Polizeipräsidium Wuppertal ins Internet gestellt. Unter www.pp.wtal.de/sonstiges/0211/diversionstag findet sich eine Beschreibung des Projekts; Vgl. dazu auch *Achenbach* in DVJJ 3/2000, S. 384 ff.

617 Dieses Verständnis von Diversion findet sich allerdings ausschließlich im Internet in der Projektbeschreibungt. *Achenbach* in DVJJ 3/2000, S. 385 ff. stellt dasselbe Projekt neutraler dar.

und übergibt eine Auflistung mit den Personalien der Beschuldigten an die
Jugendgerichtshilfe und die Staatsanwaltschaft. An einem mit allen Beteiligten abgestimmten Tag bringt die Staatsanwaltschaft die Akten mit zur Polizei
und die Jugendgerichtshilfe bewertet dort die Fälle aus ihrer Sicht. Die betroffenen Jugendlichen werden gemeinsam mit ihren Erziehungsberechtigten
schriftlich zum Diversionstag geladen. An diesem Tag wird zunächst eine
verantwortliche Vernehmung seitens der Polizei vorgenommen, danach wird
der Jugendliche an den Vertreter der Jugendgerichtshilfe übergeben, der ein
erzieherisches Gespräch führt. Die Jugendgerichtshilfe unterbreitet dann dem
Staatsanwalt einen Vorschlag für eine geeignete Maßnahme. Der Staatsanwalt
erteilt daraufhin dem Beschuldigten eine Auflage. Die Auflagen sind innerhalb von vier Wochen abzuleisten, wobei die Jugendgerichtshilfe die Maßnahmen überwacht und ein Abschlussgespräch führt. Danach bekommt die
Staatsanwaltschaft die Akten übersandt. Von Jugendlichen soll dieses Projekt
gut angenommen werden.[618]

Auf den ersten Blick wird deutlich, dass vom Diversionsgedanken, der möglichst zurückhaltenden Reaktion mit wenig stigmatisierender Wirkung, nicht
viel übrig geblieben ist. Es wird ein Aufwand betrieben, der gegenüber dem
Durchschnittstäter übertrieben ist. Der Kontakt zwischen den Institutionen
wird zwar intensiviert, aber es sind auch mehr Kontrollschritte eingebaut worden. Allerdings gründet sich diese Idee darauf, dass die Beteiligten annehmen,
der Wertewandel habe andere Modelle obsolet gemacht und mehr Erziehung
sei notwendig. Die Umsetzung ist dahingehend konsequent, aber sie widerspricht in einigen Punkten dem Diversionsgedanken, wie er auch in den
Schleswig-Holsteinischen Richtlinien zu finden ist. Zudem ist es hoffentlich
nur eine unglückliche Formulierung in der Projektbeschreibung im Internet,
dass die Staatsanwaltschaft die Auflagen „erteilt". Eine Sanktionskompetenz
steht ihr bekanntlich nicht zu.

Dieses Modell geht an der Wirklichkeit vorbei und führt zu mehr Aufwand als
nötig, den sich alle Beteiligten im Grunde nicht leisten können. Es ist für Jugendliche gemacht, bei denen bereits ein Erziehungsdefizit vorliegt. Es greift
bei den meisten Diversionsfällen unnötig tief in die Persönlichkeit und das
Umfeld des Beschuldigten ein. Die in Schleswig-Holstein gängige Praxis wird
der Problematik der Jugenddelinquenz im Bagatellbereich besser gerecht.

Da ein erzieherisches Gespräch pädagogische Fähigkeiten voraussetzt, wäre
es grundsätzlich naheliegend, das Gespräch von einem Pädagogen führen zu
lassen. Einen solchen Ansatz verfolgt das Diversionsmodell in Berlin.[619] Dort

---

618 So *Achenbach* in DVJJ 3/2000, S. 386.

619 Siehe dazu ausführlich oben S. 99 ff.

führen Sozialpädagogen ein erzieherisches Gespräch mit den Beschuldigten. Dies ist aus verschiedenen Gründen dennoch abzulehnen.[620]

Beratungsgespräche mit Pädagogen können, sofern dies sinnvoll erscheint, über die Anregung eines Hilfsangebots seitens der Polizei angeboten werden. Da sich nur in wenigen Fällen schwere Erziehungsdefizite zeigen, sollte die Notwendigkeit für solche Gespräche nicht überschätzt werden. Es ist immer daran zu denken, das mildeste von gleich geeigneten Mitteln zur Anwendung kommen zu lassen. Die Richtlinien ermöglichen also bereits das Gespräch mit dem Pädagogen. Für den gewöhnlichen Diversionsfall ist die erzieherisch ausgeprägte Vernehmung durch den Polizeibeamten vollkommen ausreichend.

Auch die Polizisten und Staatsanwälte sehen das Heranziehen eines Pädagogen für ein erzieherisches Gespräch nicht unbedingt als Alternative zur bisherigen Praxis an. Ginge es nach ihnen, sollte darauf verzichtet werden.[621]

Schaubild 29: Sollten Pädagogen aus Sicht der Polizei und Staatsanwaltschaft das erzieherische Gespräch führen? (in Prozent)

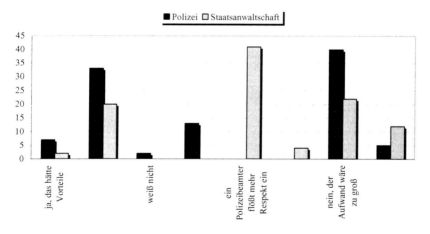

Die Zahl derjenigen, die den Einsatz von Pädagogen uneingeschränkt befürworten, ist mit 2 Prozent respektive 7 Prozent relativ gering. Die Notwendigkeit für solche Gespräche dürfte von denjenigen, die ein solches Gespräch im

---

620 Rechtsstaatliche Bedenken werden an dieser Stelle noch nicht vertieft. Vgl. dazu unten S. 299 ff.

621 Die Antwortmöglichkeiten in den Interviewbögen bei Polizei und Staatsanwaltschaft stimmten nur teilweise überein.

Einzelfall dem Pädagogen überlassen wollen, für Fälle angedacht sein, in denen erhebliche Erziehungsdefizite erkennbar sind. Für solche Fälle bietet sich das Hilfsangebot an. Dies setzt voraus, dass entsprechende Pädagogen bekannt sind und dass Polizeibeamte sich darüber bewusst sind, ein solches Gespräch anbieten zu können.

Beide Behörden sind darüber einig, dass der Aufwand in der Regel in keinem Verhältnis zum Nutzen steht. Ein Gespräch mit Pädagogen bedeutet in jedem Fall eine Zeitverzögerung. Die Polizei wird eine Vernehmung durchführen und den Beschuldigten dann zum Pädagogen schicken. Der dortige Termin muss abgewartet werden, damit ein entsprechender Vermerk geschrieben werden kann. Der Vermerk basiert dann lediglich auf einer mittelbaren Beobachtung. Es wäre auch denkbar, dass der Polizist eine bloß schriftliche Bestätigung über die Wahrnehmung eines solchen Gesprächs bekommt, so dass über die Inhalte überhaupt nichts bekannt wird.

Aus den Antworten von Polizei und Staatsanwaltschaft wird deutlich, dass sie im Grunde den Erhalt des Status quo wünschen. Sie sehen den Polizisten als Respektsperson für besonders geeignet an, den nötigen Eindruck bei den Beschuldigten zu hinterlassen. Dass einige Polizisten jedoch ihre Ausbildung für erzieherische Gespräche als unzureichend ansehen, war daran zu erkennen, dass mehrere Polizeibeamten besonders betonten, dass es gut geschulte Sachbearbeiter braucht, um den Anforderungen eines solchen Gesprächs gerecht zu werden. Dies wurde durch entsprechende Randbemerkungen in den Fragebögen zusätzlich unterstrichen. Ein Pädagoge kann also herangezogen werden, wenn es für notwendig erachtet wird. Im Normalfall verzögert sich das Verfahren jedoch nur unnötig.

Anstelle von Pädagogen könnten auch Richter zur Durchführung erzieherischer Gespräche besonders geeignet sein. In einem Modellversuch, dem sogenannten Rüsselsheimer Versuch, wurde dies bereits erprobt. Der Einsatz des Richters ist jedoch genauso problematisch wie überflüssig.

Für das richterliche Gespräch spricht, dass der Richter in seinem Amtszimmer dem Beschuldigten gegenüber gehörigen Respekt einflößen dürfte. Dies war auch einer der wesentlichen Gründe, warum der Rüsselsheimer Versuch initiiert wurde.[622] Gegenüber einem Polizeibeamten dürfte der Respekt bei einem Jugendlichen allerdings ähnlich hoch sein. Der Richter kann jedoch für sich in Anspruch nehmen, dass er im Ernstfall die letzte Instanz bildet und letztendlich auch Strafen verhängen darf. Der Gesetzgeber hat die Beteiligung des Richters am Diversionsverfahren jedoch nicht ohne Grund erst auf der Ein-

---

622 Zum Ablauf vgl. *Löhr*, S. 26 ff.

griffsstufe des § 45 Abs. 3 JGG vorgesehen. Der Richter darf im Diversionsverfahren im Gegensatz zu allen anderen Beteiligten eine Maßnahme anordnen, was ihm nur aufgrund seiner grundsätzlichen Sanktionskompetenz zugestanden werden kann. Eine Anordnung ist eine eingriffsintensive Maßnahme. Auch die Ermahnung ist eine Sanktion. Solche Maßnahmen sollten jedoch erst zum Einsatz kommen, wenn Anregungen nicht mehr ausreichen. Letztere sind das mildere Mittel. Der Richter sollte daher erst hinzugezogen werden, wenn eine bloße Anregung keinen Erfolg verspricht. Das Durchführen eines erzieherischen Gesprächs durch den Richter, wäre im Grunde das Vorziehen der Ermahnung aus § 45 Abs. 3 JGG. Eine erzieherisch ausgeprägte Vernehmung würde dagegen deutlich weniger intensiv auf den Beschuldigten einwirken und ist daher vorzugswürdig. Mehr Anordnungen bedeuten eine unnötige Stigmatisierung des Beschuldigten und widersprechen damit einem der Ziele der Diversion.

Zudem käme es zu einer weiteren zeitlichen Verzögerung. Auch dem Grundsatz der Verfahrensbeschleunigung ist im Bagatellbereich Rechnung zu tragen. Das Verfahren muss so schlank gehalten und schnell durchgeführt werden, wie eben möglich, d. h. unter Beibehaltung größtmöglicher Effektivität. Das Einbeziehen eines Richters würde nur dazu führen, das Verfahren unnötig zu verlängern. Diese Problematik sahen auch die Staatsanwälte, von denen keiner den Einbezug des Richters für ein erzieherisches Gespräch befürwortete.[623] An der klaren Festlegung der Aufgaben des Richters im Diversionsverfahren sollte im Interesse der Verfahrensbeschleunigung und der Vermeidung von Stigmatisierung daher nicht gerüttelt werden.

Schließlich wäre noch denkbar, das erzieherische Gespräch auf den Staatsanwalt zu übertragen. Dafür würde unter anderem sprechen, dass dieser die Vernehmung gemäß § 163 a StPO durchsetzen könnte.[624] Die Folge wäre allerdings, dass sich das gesamte Verfahren zum Staatsanwalt verlagern würde. Es wäre wenig effektiv, wenn der Staatsanwalt den vernommenen Beschuldigten wieder zur Polizei schicken würde, damit diese sich Gedanken über eine geeignete erzieherische Maßnahme machen könnte. Die polizeiliche Arbeit wäre somit auf den Zugriff beschränkt. Damit würden allerdings genau die Vorteile verloren gehen, die man sich durch eine Kompetenzverlagerung auf die Polizei versprochen hat. Zum einen wäre die Staatsanwaltschaft nicht entlastet, sondern zusätzlich belastet. Zum anderen würde die Sachnähe des Polizeibeamten nicht genutzt. Darüber hinaus käme es auch zu Benachteiligungen auf

---

623 31 Prozent gaben an, dies würde zu einer unnötigen zeitlichen Verzögerung führen, der Rest war der Ansicht, der Richter werde schon über § 45 Abs. 3 JGG genügend in das Verfahren einbezogen.

624 Dies hält *Lehmann*, S. 133, für eine gute Lösung.

Seiten des Beschuldigten. Dieser müsste z. B. lange Anfahrtswege in Kauf nehmen, da die Staatsanwaltschaften seltener am Wohnsitz des Beschuldigten liegen.

Hinsichtlich des erzieherischen Gesprächs bleibt unter dem Gesichtspunkt der Effizienz daher festzuhalten, dass es ausreichen sollte, die polizeiliche Vernehmung erzieherisch auszugestalten. Dies genügt, um eine erzieherische Wirkung sicherzustellen und kann in allen Polizeistationen Schleswig-Holsteins gleichermaßen durchgeführt werden. Ein größerer Aufwand wird weder dem Bagatellcharakter der Taten, noch der Ausbildung der Polizei gerecht.

e)   Hilfsangebote

Da eine Reaktion den angerichteten Schaden niemals ungeschehen machen kann, kann sie bestenfalls nur wirksam vor weiteren Schäden in der Zukunft schützen. Wenn es den Beschuldigten jedoch an Perspektiven mangelt, brauchen sie zusätzliche Unterstützung, um Tritt zu fassen. Aus diesem Grund sehen die Richtlinien unter Gliederungspunkt 3.1.1 vor, dass Beschuldigte „in geeigneten Fällen auf Hilfsangebote staatlicher und sozialer Organisationen, insbesondere von Trägern der Jugendhilfe, hingewiesen werden" sollen.

Diversion soll vorwiegend in Fällen zum Einsatz kommen, in denen Ersttäter ein Bagatelldelikt verwirklicht haben. Deshalb dürften geeignete Fälle für Hilfsangebote selten vorkommen. Unter „geeigneten Fällen" sind Fälle zu verstehen, in denen sich erhebliche Probleme zeigen, seien es erzieherische Defizite, mangelnde Integrationsfähigkeit oder sogar erste Anzeichen von Verwahrlosung. Dann dürfte es notwendig sein, über die Diversionsmaßnahme hinaus weitere Weichen für die Zukunft zu stellen. In einem gewöhnlichen Diversionsfall ist dies allerdings überflüssig. Wie gezeigt, handelt es sich bei den Beschuldigten in der Regel um ganz normale Jugendliche, die noch zu Hause wohnen.[625] Ein Hilfeleistung durch die Eltern liegt daher nahe und ist auch wirkungsvoll.[626] Da stets das mildeste Mittel zur Anwendung kommen sollte und der Aufwand auch aus ökonomischer Sicht so gering wie möglich gehalten werden muss, ist mit den Hilfsangeboten behutsam umzugehen.[627] Angesichts kriminologischer Erkenntnisse darüber, dass solche Straftaten meistens entwicklungsbedingt sind und zunehmende Reife den Beschuldigten

---

625   Vgl. oben S. 137 ff.

626   *Karstedt-Henke* in DVJJ 2/1991, S. 113.

627   *Lehmann*, S. 26, der vor zu viel Erziehung warnt; ebenso *Trenczek* in DVJJ 1/1991, S. 8 und in DVJJ 1/1994, S. 34.

in der Regel allein auf den Pfad der Tugend zurückbringt, wird die Gefahr, dass man in einem gewöhnlichen Bagatellfall zu wenig unternimmt, häufig überschätzt.

Wenn man das Profil des Durchschnittsbeschuldigten betrachtet, kann es nicht verwundern, dass die Zahl der Hilfsangebote verschwindend gering ist. Tatsächlich fanden sich für ganz Schleswig-Holstein auf 1015 Erfassungsbögen für das erste Halbjahr 2000 lediglich zwei Fälle, in denen der Polizeibeamte vermerkte, einen Hinweis auf ein Hilfsangebot gemacht zu haben. Dies entspricht einer Quote von 0,2 Prozent. Bei der Auswertung der Akten waren solche Hinweise nicht ersichtlich. Im Wesentlichen hat dies vier Gründe: Zum einen gab es nur wenig Fälle, bei denen ohne weitere Hilfe ein „Abgleiten" des Beschuldigten zu befürchten war, zum anderen war in bedenklichen Fällen das Jugendamt schon eingeschaltet, oder der Jugendliche befand sich in einer speziellen Einrichtung, da die Erziehungsberechtigten mit ihm zu Hause nicht mehr zu Recht kamen. In vielen Fällen dürfte es darüber hinaus schwierig gewesen sein, eventuelle Defizite festzustellen, da ein Polizeibeamter, trotz des Auftrags vermehrt erzieherisch zu wirken, nur einen kleinen Ausschnitt aus dem Leben eines Beschuldigten mitbekommt. Schließlich ist zu vermuten, dass Hilfsangebote vielfach im Rahmen einer Vernehmung oder eines erzieherischen Gesprächs erwähnt wurden, ohne dass dies in irgendeiner Form in der Akte vermerkt wurde.

Ein Hinweis auf Hilfsangebote erfolgte daher aus guten Gründen nur sehr selten.

f)   Telefonat mit der Staatsanwaltschaft

Wenn ein erzieherisches Gespräch und die bereits genannten Reaktionen, die auf den Beschuldigten einwirken, nach Meinung des Polizeibeamten nicht ausreichen, soll er andere Maßnahmen anregen dürfen. Gemäß Gliederungspunkt 3.1.1.2 der Richtlinien ist in einem solchen Fall der Staatsanwalt einzuschalten. Da eigentlich allein dieser eine Anregungskompetenz hat, allerdings eine zeitnahe Reaktion wünschenswert ist, soll der Staatsanwalt telefonisch einen Vorschlag des Polizeibeamten unterbreitet bekommen.[628] Nach der eingeholten Zustimmung soll dann der Polizeibeamte selbst dem Beschuldigten die Maßnahme vorschlagen. Die Initiative für diese Maßnahme geht also von der Polizei aus. Bei der Frage an die Polizeibeamten, ob sich in der Zusammenarbeit mit der Staatsanwaltschaft etwas verändert habe, war das Telefonat nach Meinung der Befragten die beherrschende Änderung. Insgesamt 42 Pro-

---

628 So die Richtlinien unter Gliederungspunkt 3.1.1.2.

zent der Polizisten gaben an, die Zusammenarbeit mit der Staatsanwaltschaft habe sich geändert. Von diesem Personenkreis waren immerhin 85 Prozent der Ansicht, es gebe jetzt mehr Gespräche und einen besseren Kontakt zur Staatsanwaltschaft. Bei den Gesprächen handelte es sich im Wesentlichen um die geführten Telefonate.

Das Telefonat gestaltete sich meistens als kurzes Gespräch, bei dem der Sachverhalt im Vordergrund stand. Sofern es die Zeit zuließ oder die Polizeibeamten der Meinung war, dass dies entscheidungserheblich sein könnte, wurde auf die Persönlichkeit und das Umfeld des Beschuldigten näher eingegangen.

Schaubild 30: Länge der Telefonate zwischen Polizei und Staatsanwaltschaft aus Sicht der Polizei

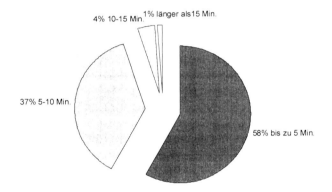

Das Schaubild 30 bezieht sich auf die Aussagen von Polizeibeamten. Bei den Staatsanwälten waren 78 Prozent der Meinung, das Telefonat dauere nur bis zu fünf Minuten. Interessant ist die Tatsache, dass Polizeibeamte, die häufiger mit Jugendsachen zu tun hatten, kürzere Telefonate führten als ihre Kollegen, die nur sporadisch damit umgingen. Dies spricht dafür, dass unerfahrene Polizeibeamte sich stärker absichern. Das könnte dazu führen, dass die Telefonate in Zukunft, wenn die Routine größer geworden ist, noch kürzer ausfallen. Dies kommt einem Ziel der Diversion, nämlich dem einer Verfahrensbeschleunigung[629], entgegen. Vom Zeit- und Arbeitsaufwand her betrachtet, ist ein Telefonat eine äußerst effektive Lösung, um den Austausch von Polizei und Staatsanwaltschaft zu gewährleisten. Das Verschicken der Akte oder das schriftliche Einholen einer Zustimmung würde mehrere Tage in Anspruch nehmen. Bei Nachfragen aufgrund irgendwelcher Unklarheiten wäre zudem ohnehin ein Telefonat notwendig.

Schaubild 31: Informationsaustausch über das persönliche Umfeld des Beschuldigten beim Gespräch zwischen Polizei und Staatsanwaltschaft (in Prozent)[630]

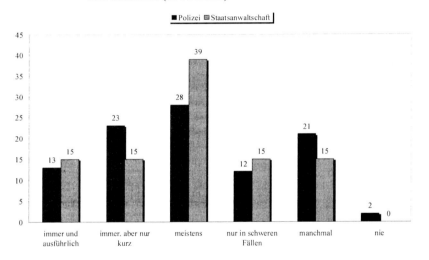

Schaubild 31 zeigt, dass sich die Gespräche sehr unterschiedlich gestalten. In der Regel ist es den Polizeibeamten möglich, etwas über das persönliche Umfeld des Beschuldigten zu sagen. Sie sehen aber davon ab, wenn sie es nicht für relevant halten. Ob viel oder wenig über das Umfeld gesprochen wird, hängt nicht davon ab, ob der Polizist Spezialist für Jugendsachen ist, sondern

---

629 *Schaffstein/Beulke*, S. 241; *Heinz/Storz*, S. 8; *Ostendorf* JGG, Grundlagen zu §§ 45 und 47 Rdnr. 4.

630 Bei der Befragung der Staatsanwaltschaft gab es zusätzlich zu den dargestellten Antwortmöglichkeiten auch noch die Antwort „selten". Diese Antwortmöglichkeit fiel bei den Polizeibeamten jedoch den Änderungen zum Opfer, die aufgrund der Gespräche im Innenministerium erfolgten. Die eine Stimme, die auf die Antwortmöglichkeit „selten" von einem Staatsanwalt vergeben wurde, ist der Übersicht halber im obigen Schaubild in die Rubrik „manchmal" hineingenommen worden.

allein davon, ob der Beschuldigte ein problematisches Umfeld hat. Die Beobachtungen von Polizei und Staatsanwaltschaft bezüglich der Gespräche sind in dem zu erwartenden Rahmen deckungsgleich.

Die Richtlinien sehen vor, dass der Polizeibeamte der Staatsanwaltschaft einen Vorschlag unterbreiten soll. Dies ist auch meistens der Fall. Für diese Handhabung spricht vor allem die Sachnähe des Polizeibeamten.[631]

Schaubild 32: Telefonischer Vorschlag des Polizeibeamten aus Sicht des Staatsanwalts

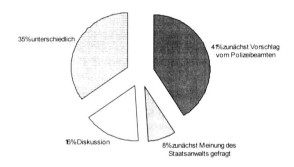

35% unterschiedlich

41% zunächst Vorschlag vom Polizeibeamten

16% Diskussion

8% zunächst Meinung des Staatsanwalts gefragt

Unter allen Möglichkeiten, aus denen der Polizeibeamte auswählen kann, um eine geeignete Maßnahme im Sinne des § 45 Abs. 2 JGG vorzuschlagen, wählt er in mehr als jedem zweiten Fall eine gemeinnützige Arbeitsleistung aus. Nach den Gründen gefragt, wurden eine Reihe von Motiven genannt: Unter anderem seien diese Arbeitsleistungen gut zu überwachen, sie hätten Tatbezug, mit ihnen ließe sich Faulheit bekämpfen, sie seien sinnvoll, würden nicht die Eltern belasten, andere würden abgeschreckt und die Jugendlichen lernten soziale Verantwortung zu übernehmen. Manchmal blieb den Polizeibeamten aus ihrer Sicht keine andere Möglichkeit, da Alternativen nicht erkannt wurden oder Staatsanwälte eine Arbeitsauflage wünschten. Es darf allerdings nicht dazu kommen, dass sich aus Bequemlichkeit oder Routine eine

---

631 *Ostendorf* „Wieviel Strafe braucht die Gesellschaft?", S. 103, wonach es wichtig ist, auf die Informationen des Polizeibeamten bei der Entscheidungsfindung zurückzugreifen.

Art Generalvorschlag herausbildet. Die Chance, individuell und damit möglichst wirkungsvoll auf den Beschuldigten zu reagieren, wäre ansonsten vertan.

Schaubild 33: Telefonisch vom Polizeibeamten vorgeschlagene Maßnahmen

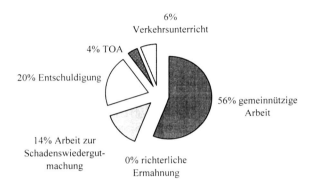

Meistens schließt sich der Staatsanwalt dem Vorschlag des Polizeibeamten an. Eine deutliche Mehrheit der Polizeibeamten gab an, dass sie niemals korrigiert würden.[632] Die Antwortmöglichkeiten „häufig" und „immer" spielten bei der Frage, ob eine Korrektur durch die Staatsanwaltschaft erfolge, praktisch keine Rolle. Die Staatsanwälte waren fast gänzlich der Auffassung, dass sie die Polizisten zumindest manchmal korrigierten. Einer der Staatsanwälte gab sogar „häufig" als Antwort an.

Falls Vorschläge der Polizisten verworfen wurden, lag es nicht unbedingt daran, dass der Staatsanwalt die vorgeschlagene Maßnahme für zu intensiv einstufte. Der Anlass für die Änderung konnte ebenso darin begründet sein, dass sich der Staatsanwalt für den konkreten Fall eine härtere Sanktion vorstellte. Dabei war es ohne Bedeutung, ob der Vorschlag von einem Polizisten unterbreitet wurde, der ausschließlich mit Jugendsachen befasst war. Allerdings haben die Spezialisten unter den Polizisten häufiger telefonischen Kontakt mit

---

632 56 % aller Polizisten gaben an, niemals korrigiert zu werden. 44 % waren der Meinung, manchmal korrigiert zu werden.

der Staatsanwaltschaft, was die Möglichkeiten erhöht, von einem Staatsanwalt korrigiert zu werden.

Schaubild 34: Gründe dafür, dass die Staatsanwaltschaft die Vorschläge der Polizeibeamten verwirft, aus Sicht der Polizei

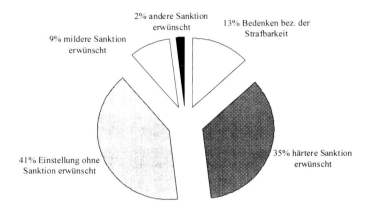

Während die klare Mehrheit der Staatsanwälte den Anruf für notwendig hielt, war die Meinung bei der Polizei geteilt. Eine Minderheit hielt den Anruf für entbehrlich oder zumindest in den meisten Fällen für entbehrlich.[633]

---

633 Derjenige, der selbst erklärte, häufig korrigiert zu werden, gab im Übrigen an, die Anrufe für notwendig zu halten. In diesem Fall wurden die Korrekturen vom Polizeibeamten selbst also nicht für überflüssig, sondern für notwendig gehalten.

Schaubild 35: Notwendigkeit des Anrufs aus der Sicht von Polizei und Staatsanwaltschaft (in Prozent)

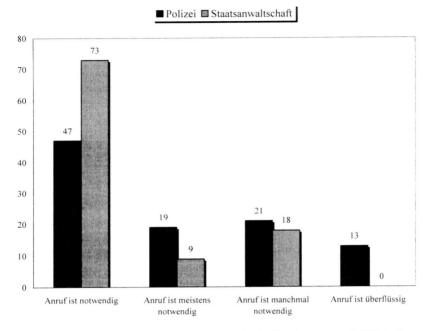

Den Inhalt des Telefonats hielten 85 Prozent der Polizeibeamten schriftlich fest. In der Regel wurde der Anruf bzw. die eingeholte Zustimmung auf dem Diversionserfassungsbogen vermerkt. Es fiel beim Studium der Aktenvermerke jedoch auf, dass in Einzelfällen zwar ein Anruf erfolgt war, aber dies nicht auf dem entsprechenden Diversionserfassungsbogen vermerkt war.[634]

Der Anruf ist für alle Fälle vorgesehen, in denen ein Einstellungsvorschlag nach § 45 Abs. 2 JGG erfolgen soll. Die Aktenanalyse ergab jedoch, dass in immerhin 11 Prozent dieser Fälle ein solcher Anruf unterblieb. Dies wurde, wie auch schon auf den Erfassungsbögen ersichtlich, in 2 Prozent der Fälle aufgrund einer Vereinbarung mit einem Staatsanwalt unterlassen, was eindeutig so nicht vorgesehen ist. Aber auch die anderen Fälle sind vor allem rechtsstaatlich bedenklich. Allerdings erfolgte auch in 24 Prozent aller Fälle, in denen ein Einstellungsvorschlag nach § 45 Abs. 1 JGG unterbreitet wurde, ein Anruf bei der

---

634 Der Diversionsbogen fand sich stets in der Akte, so dass dies leicht nachzuprüfen war.

Staatsanwaltschaft.[635] Bei Fällen, die sowohl nach § 45 Abs. 1 JGG als auch nach § 45 Abs. 2 JGG eingestellt werden könnten, ist dieses Verhalten der Polizeibeamten begrüßenswert. Der Zeitverlust ist aus Gründen der Rechtssicherheit hinzunehmen und beeinträchtigt die Effektivität des Verfahrens in keiner Weise. Wie gezeigt, korrigieren die Staatsanwälte die Vorschläge der Polizeibeamten hin und wieder. Es ist also durchaus denkbar, dass bei einigen dieser Anrufe der Polizeibeamte eine aufwändige Arbeitsmaßnahme für erforderlich gehalten hat und dann vom Staatsanwalt umgestimmt wurde. In diesen Fällen dürfte durch das Einsparen einer Maßnahme Zeit gewonnen worden sein.

Zusammenfassend lässt sich bezüglich der praktischen Umsetzung feststellen, dass das Telefongespräch unter dem Gesichtspunkt der Effektivität das richtige Instrument ist, um das Verfahren zu beschleunigen und zu vereinfachen. Es führte zu einer besseren Verständigung zwischen Polizei und Staatsanwaltschaft und ermöglichte beiden Parteien, bei Unklarheiten direkt nachzufragen. Auf der anderen Seite unterblieben in manchen Fällen die Telefonate und die polizeilichen Vorschläge waren in der Regel auf Arbeitseinsätze beschränkt. Diese beiden Umstände behindern einen reibungslosen und effektiven Ablauf des Diversionsverfahrens und müssen geändert werden. Zumindest müsste darauf bei künftigen Schulungen hingewiesen werden.

g)   Die Anregung gegenüber dem Beschuldigten

Wenn der Staatsanwalt seine Zustimmung erteilt hat, steht der Polizeibeamte vor der verantwortungsvollen Aufgabe, diesen Vorschlag gegenüber dem Beschuldigten anzuregen. Dabei muss er den Beschuldigten darüber aufklären, dass es ihm überlassen bleibt, freiwillig dieser Anregung zu folgen. Dass diese Obliegenheit dem Polizeibeamten und nicht dem Staatsanwalt zufällt, ist Teil des Konzepts und vereinfacht den Ablauf. Beim Polizeibeamten laufen die Fäden zusammen, er ist daher auch einziger Ansprechpartner der Beschuldigten. Das schafft Klarheit auf beiden Seiten und ist daher effizient.

Welchen Aufwand die Polizeibeamten im einzelnen betreiben, um den Beschuldigten ausreichend aufzuklären, ließ sich mit den Untersuchungsmitteln nicht ermitteln. Immerhin 7 Prozent der befragten Polizeibeamten gaben jedoch an, den Beschuldigten nicht über den Anregungscharakter der vorgeschlagenen Maßnahme zu informieren, damit dieser der Anregung Folge leiste. An dieser Stelle soll noch nicht auf die damit verbundene rechtsstaatliche

---

635 Lediglich 19 Prozent der Staatsanwälte lehnen es ab, dass auch bei Einstellungen gemäß der Vorschrift des § 45 Abs. 1 JGG angerufen werden sollte. Für einige der Staatsanwälte stellt ein Anruf bei § 45 Abs. 1 JGG scheinbar ein Ärgernis dar.

Problematik eingegangen werden. Aus Gründen der Effektivität ist es zumindest zweifelhaft, ob überhaupt so viele Arbeitsmaßnahmen angeregt werden sollten, wie es seit Einführung der neuen Richtlinien der Fall ist. Die Arbeitsauflage ist mit Abstand die Maßnahme, die von den Polizeibeamten am häufigsten angeregt wird. Immerhin 55 Prozent der Polizisten gaben an, diese Maßnahme in der Regel vorzuschlagen. Sie wurde laut Aktenanalyse im ersten Halbjahr 2000 in 86 Prozent aller Fälle des § 45 Abs. 2 JGG vorgeschlagen und hat durch die Richtlinien einen deutlichen Zuwachs erfahren.[636]

In vielen Fällen dürften allerdings überflüssige Anregungen erfolgt sein. Dies bestätigt die Befürchtungen, dass Polizeibeamte zu viel anregen, weil sich ihr Blick im Bereich der Diversion ausschließlich auf eindeutige Bagatelltaten fokussiert.[637] Die Arbeitsleistung sollte auch aus Gründen der Effektivität nur zu spezialpräventiven Zwecken angeregt werden.[638] Im optimalen Fall sollte sie daher möglichst in einem inneren Zusammenhang mit der Tat stehen. Bei Sachbeschädigungen wäre so ein Zusammenhang z. B. in Form einer Schadenswiedergutmachung denkbar. Dieser Zusammenhang dürfte bei den meisten Arbeitsanregungen jedoch fehlen.[639] Jede überflüssige Arbeitsauflage führt zu einem unnötigen Zeit- und Arbeitsaufwand. Zumal Arbeitsauflagen zu den aufwändigsten Maßnahmen gehören.[640] Zusätzlicher Aufwand kann jedoch nicht im Interesse einer ohnehin bis an die Grenzen belasteten Polizei sein.[641]

h)   Vermittlung und Überwachung von Arbeitsmaßnahmen

Der Polizeibeamte muss für die angeregte Ableistung einer Arbeitsmaßnahme eine Möglichkeit bereithalten und eine ausreichende Überwachung garantieren. Beides zu organisieren, erwies sich kurz nach Einführung der Richtlinien als problematisch. Immerhin gaben 15 Prozent der befragten Polizeibeamten an, dass die Suche nach geeigneten Arbeitsstellen anfangs mit Schwierigkeiten verbunden war. Auch die Versicherungsfrage und die Frage, wie viele Arbeitsstunden angeregt werden dürfen, beschäftigte viele Beamte. Mittlerweile haben so gut wie alle Polizeistationen eine Möglichkeit gefunden, den Beschuldigten

---

636 Dies bestätigt auch das Ergebnis der Erfassungsbogenauswertung. Genaueres zur Zunahme im Bereich dieser erzieherischen Maßnahme siehe unten S. 264 ff. mit Schaubild 64.

637 *Ostendorf* „Wieviel Strafe braucht die Gesellschaft?", S. 146 und in DVJJ 4/1999, S. 356.

638 *Hering/Sessar* „Praktizierte Diversion", S. 133; *Hübner/Kerner/Kunath/Planas*, S. 28.

639 *Hering/Sessar* „Praktizierte Diversion", S. 132.

640 *V. d. Woldenberg*, S. 99, wonach intervenierende Diversion aufwändiger ist als die Verhängung einer herkömmlichen Sanktion.

641 Zur Überbelastung vgl. *Kaiser* S. 56.

eine geeignete Arbeitsmöglichkeit anbieten zu können. Häufig wurden Bauhö-
fe, Friedhöfe und Pfarrhäuser gebeten, den Beschuldigten Arbeitsmaßnahmen
anzubieten. Die Versicherungsproblematik wurde mit dem Ergänzungserlass im
November 1998 geklärt. In diesem Erlass wurde auch die Maximalhöhe der
Arbeitsstunden auf acht Stunden festgelegt, so dass diesbezüglich keine Unsicherheit mehr bestand.

Die Überwachung erfolgte in der Regel entweder durch einen Rücklaufzettel,
den der Leiter der Arbeitsstelle unterschrieb oder der Polizeibeamte rief am
Arbeitsplatz an und erkundigte sich nach dem Ergebnis. Nur selten überprüfte
der Polizeibeamte die Arbeit selbst vor Ort. Teilweise wurde die Überwachung auch auf das Jugendamt oder die Jugendgerichtshilfe übertragen.[642] In
1 Prozent der Fälle erfolgte allerdings überhaupt keine Überprüfung. Trotz der
Delegation auf andere Institutionen und Personen gaben 68 Prozent der befragten Polizisten an, durch die Überwachung entstehe Mehrarbeit. Da aber
ein Drittel dies anders sieht, zeigt sich, dass es auch eine Frage der Organisation ist, ob Arbeit anfällt.

**Schaubild 36: Mehrarbeit für Polizeibeamte durch die Überwachung der
Maßnahmen**

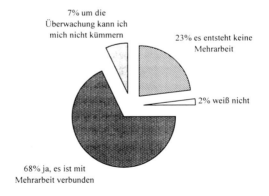

7% um die Überwachung kann ich mich nicht kümmern

23% es entsteht keine Mehrarbeit

2% weiß nicht

68% ja, es ist mit Mehrarbeit verbunden

---

642 Diese Institutionen wurden allerdings nur von jeweils 3 Prozent der Polizisten genannt.

Es ist allerdings auch denkbar, dass bereits das Telefonat zur Überwachung der Arbeitsmaßnahme als Mehrarbeit empfunden wurde und die hohe Prozentzahl sich damit erklärt.[643]

Dass die Überwachung, so wie sie gehandhabt wurde, nicht geändert werden sollte oder kann, zeigt der hohe Anteil von 71 Prozent von Beamten, die angaben, die Überwachung sei nicht auf andere übertragbar. Unter denjenigen, die als geeignete Delegaten empfohlen wurden, nahmen das Jugendamt mit 53 Prozent und der Streetworker mit 25 Prozent den deutlich größten Anteil ein. Es wurden also genau die Institutionen zur Überwachung vorgeschlagen, derer sich einige Polizeistationen bereits bedienen. Die Übertragung der Überwachung ist der beste Weg, das Arbeitsaufkommen zu begrenzen. Der Polizeibeamte kann eine persönliche Überwachung aus zeitlichen Gründen nicht leisten.

i) Einstellungsvorschlag

Den Abschluss der polizeilichen Arbeit innerhalb eines Diversionsverfahrens bildet der Einstellungsvorschlag. Darin soll der Polizeibeamte dem Staatsanwalt vorschlagen, ob nach § 45 Abs. 1 JGG oder § 45 Abs. 2 JGG verfahren werden sollte. Der Vorschlag entfällt gemäß Gliederungspunkt 3.1.2 der Richtlinien, wenn der Beschuldigte nicht erscheint oder von seinem Aussageverweigerungsrecht Gebrauch macht. Wenn „nur" ein erzieherisches Gespräch, eine sofortige Entschuldigung oder eine sofortige Schadensregulierung erfolgte, soll gemäß der Richtlinien ein Vorschlag nach § 45 Abs. 1 JGG unterbreitet werden. Hat eine weitere Maßnahme stattgefunden, die mit der Staatsanwaltschaft telefonisch abgesprochen sein sollte, ist gemäß Gliederungspunkt 3.1.1.2 nach erfolgreicher Durchführung der Maßnahme eine Verfahrenseinstellung nach § 45 Abs. 2 JGG vorzuschlagen. Damit gehen die Richtlinien über den Wortlaut des § 45 Abs. 2 JGG hinaus, der nicht den Abschluss einer Maßnahme voraussetzt, sondern bereits die Einleitung genügen lässt.[644] Dies ist nicht notwendig und führt zu zeitlichen Verzögerungen.

Der Polizeibeamte begründet in der Regel seinen Vorschlag. Bei einem Vorschlag, vorliegend gemäß § 45 Abs. 2 JGG zu verfahren, muss er zumindest auf die erfolgreiche Durchführung der Maßnahme hinweisen. Aber auch in den anderen Fällen fanden sich mehr oder minder ausführliche Begründungen für den Vorschlag des Polizeibeamten in den Akten. Fast immer wurde darauf hingewiesen, dass der Beschuldigte Ersttäter sei und sich einsichtig und reuig gezeigt habe. Dies entsprach quasi dem Mindestinhalt einer solchen Begrün-

---

643 Zumindest wurde dies auf einigen Interviewbögen handschriftlich vermerkt.

644 *Trenczek* in DVJJ 1/1991, S. 10.

dung. Bei einem erfolgten erzieherischen Gespräch wurde darauf abgestellt, dass dem Beschuldigten das Unrecht seiner Tat vor Augen geführt worden sei. Wenn Arbeitsleistungen abgeleistet worden waren, wurde erwähnt, dass diese zur Zufriedenheit ausgeführt wurden. Es gab allerdings auch sehr umfangreiche Vermerke, in denen die gesamte Situation des Jugendlichen und seines Umfelds angesprochen wurden.

Das nachfolgende Schaubild 37 zeigt, dass die Vorschläge für Verfahrenseinstellungen nach § 45 Abs. 1 JGG deutlich überwogen.

Schaubild 37: Einstellungsvorschläge der Polizei in Schleswig-Holstein 2000

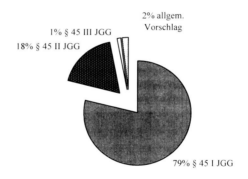

§ 45 Abs. 3 JGG, der eine Ermahnung durch den Jugendrichter vorsieht und in den Richtlinien die Polizei betreffend keine Erwähnung findet, wurde insgesamt dreimal vorgeschlagen.[645] Unter allgemeinen Vorschlägen im Sinne des Schaubilds 37 ist zu verstehen, dass der Polizeibeamte vorgeschlagen hat, das Verfahren gegen den Beschuldigten einzustellen, ohne eine bestimmte Einstellungsnorm zu nennen. Obwohl Vorschläge zur Einstellungsnorm juristisches Verständnis voraussetzten und erst mit der Einführung der Richtlinien den Polizeibeamten abverlangt wurden, gab es auch in den Akten aus dem ersten Halbjahr 1998 hin und wieder Vorschläge der Polizeibeamten, nach Abschluss der

---

645 Auf den Diversionserfassungsbögen findet sich allerdings die Möglichkeit, § 45 Abs. 3 JGG anzukreuzen.

Ermittlungen eine Einstellung nach § 45 Abs. 1 JGG oder § 45 Abs. 2 JGG vorzunehmen. In jeweils 4 Prozent der Fälle wurde eine Einstellung nach § 45 Abs. 1 JGG oder § 45 Abs. 2 JGG vorgeschlagen. 1 Prozent der Beamten sprachen sich für eine Einstellung nach § 153 StPO aus.

Wie Schaubild 38 dokumentiert, ergaben sich in den einzelnen Landgerichtsbezirken im ersten Halbjahr 2000 erhebliche Unterschiede bezüglich der Vorschläge.

Schaubild 38: Die Einstellungsvorschläge der Polizei in Prozent nach Landgerichtsbezirken unterteilt (in Prozent)

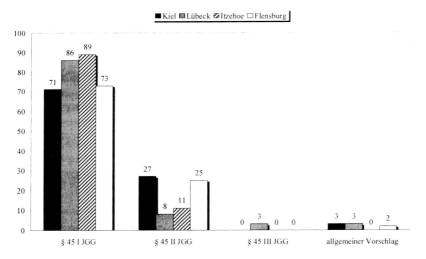

Auffällig ist, dass die Ergebnisse in Kiel und Flensburg sehr ähnlich ausfielen, obwohl sich diese Landgerichtsbezirke in ihrer Struktur deutlich voneinander unterscheiden. Die Vorschläge der Polizei wurden meistens von der Staatsanwaltschaft übernommen. In 30 Prozent der Fälle kam es jedoch zu einer Abänderung des Vorschlags. Bei den Abänderungen standen zwei Gründe besonders im Vordergrund: zum einen Änderungen von § 45 Abs. 1 JGG auf § 170 Abs. 2 StPO wegen fehlendem Strafantrags und zum anderen eine Verschärfung von § 45 Abs. 1 JGG auf § 45 Abs. 2 JGG ohne ersichtlichen Grund. Auf alle untersuchten Fälle bezogen, erfolgte eine Änderung wegen fehlendem Antrag in 6 Prozent und die Verschärfung auf § 45 Abs. 2 JGG in 8 Prozent aller Fälle.

Es lässt sich darüber streiten, ob ein solcher Vorschlag unbedingt notwendig ist. Der Staatsanwalt sollte stets den Fall nochmals prüfen. Daraus ließe sich schließen, dass ein solcher Vorschlag in der Regel überflüssig ist. Er gibt aber dem Polizeibeamten die Möglichkeit den gesamten Rahmen mitzugestalten und damit auch besser zu überblicken. Dies kann wiederum zu mehr Motivation führen. Aus der Sicht eines effektiven Verfahrens wäre ein solcher Vorschlag jedoch nicht notwendig. Allenfalls als Erinnerung an das geführte Telefonat erscheint er sinnvoll. Im Übrigen besitzt der Staatsanwalt genügend Fachkompetenz, um im Einzelfall die angebrachte Einstellungsnorm ohne fremde Hilfe zu wählen.

j) Austausch mit dem Jugendamt und der Jugendgerichtshilfe

Die Richtlinien sehen einen regelmäßigen Austausch von Polizei und Jugendamt vor. Gemäß Gliederungspunkt 3.1.3 der Richtlinien soll mindestens einmal im Monat ein Informationsaustausch stattfinden. Die notwendigen Benachrichtigungen des Jugendamtes bleiben dadurch unberührt, so dass der Kontakt deutlich intensiviert werden soll. Außerdem soll die Jugendgerichtshilfe bei Bedarf informiert werden.

In Bezug auf die Jugendgerichtshilfe werden diese Vorgaben in vollem Umfang erfüllt. Mehr als die Hälfte der befragten Polizisten setzten sich laut Befragung nur bei Bedarf mit der Jugendgerichtshilfe in Verbindung. Ein gutes Drittel der Polizeibeamten hatte bisher gänzlich auf die Jugendgerichtshilfe verzichtet und nur von wenigen Polizeibeamten wurde sie regelmäßig vor oder nach dem Abschluss des Verfahrens informiert.[646] Darüber hinaus soll sich die Polizei laut Richtlinien an die Jugendgerichtshilfe wenden, wenn ein Hilfsangebot nützlich erscheint. Nur auf den ersten Blick scheint eine Mithilfe der Jugendgerichtshilfe im Diversionsverfahren äußerst sinnvoll zu sein.[647] Wie bereits erwähnt, ist es jedoch aus guten Gründen lediglich bei zwei Hilfsangeboten im ersten Halbjahr 2000 geblieben.[648] Im Normalfall sind Hilfsangebote in Diversionsverfahren überflüssig.

Theoretisch wäre es denkbar, statt des Staatsanwalts die Jugendgerichtshilfe zu kontaktieren, wenn es um die Auswahl einer erzieherischen Maßnahme

---

646 55 Prozent der Beschuldigten wandte sich nur in besonderen Fällen an die JGH. Bei 34 Prozent war bisher kein Kontakt zustande gekommen. 2 Prozent informierte die JGH sofort und 9 Prozent nach dem Verfahren.

647 So aber *Brunner/Dölling* § 45 JGG Rdnr. 19 a, welche die Mithilfe der JGH bei ambulanten Maßnahmen als besonders wichtig ansehen.

648 Vgl. oben S. 192 f.

geht. Diese könnte bezüglich der geeigneten Maßnahme einen zumindest pädagogisch kompetenten Vorschlag unterbreiten. Die Jugendgerichtshilfe darf jedoch nicht selbstständig der Entscheidung der Staatsanwaltschaft vorgreifen. Dies ist im Hinblick auf die Unschuldsvermutung und die Gewaltenteilung aus rechtsstaatlicher Sicht abzulehnen.[649] Aber auch aus Gründen der Effektivität, insbesondere unter dem Gesichtspunkt der Verfahrensbeschleunigung, ist es nicht unbedingt von Vorteil, wenn noch mehr Institutionen in den Ablauf miteinbezogen werden. Der Staatsanwalt wäre durch das Einschalten der Jugendgerichtshilfe schließlich nicht ersetzt, sondern würde über den Fall nur später informiert werden. Trotz des Erziehungsgedankens sollte die Abwägung im Zweifel eher zugunsten eines juristisch denn eines pädagogisch einwandfreien Verfahrens vorgenommen werden.

Während bezüglich der Jugendgerichtshilfe die Richtlinien wie vorgesehen umgesetzt wurden, zeigte sich beim Austausch mit dem Jugendamt ein anderes Bild:

Schaubild 39: Austausch mit dem Jugendamt aus Sicht der Polizei

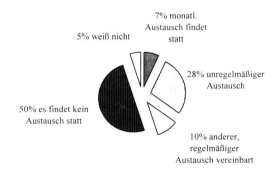

Der vorgeschlagene monatliche Austausch scheint von den Polizeibeamten als übertrieben angesehen zu werden. Bei gewöhnlichen Beschuldigten, die wie gezeigt, entwicklungsbedingt eine Bagatelltat begangen haben und bei denen

---

649 *Ostendorf* JGG § 45 Rdnr. 15.

es höchstwahrscheinlich noch zum „maturing-out"-Effekt kommt, ist eine Information des Jugendamts durch die Polizei überflüssig.[650] Das Jugendamt
wird nach Abschluss des Verfahrens ohnehin durch die Staatsanwaltschaft
benachrichtigt.[651] Ein solcher Passus befindet sich zumindest in der Regel auf
dem Formular zur Abschlussverfügung der Staatsanwaltschaft. Im Normalfall
muss dies ausreichen. Es ist der Gefahr entgegenzutreten, dass es zu einer
Vernetzung kommt, deren Aufwand durch die Taten nicht gerechtfertigt ist.[652]

Bei „schwierigen" Beschuldigten mit erheblichen Erziehungsdefiziten hat sich
die Polizei bereits vor Einführung der Richtlinien an das Jugendamt gewandt.
Im ersten Halbjahr 1998 wurde in 6 Prozent aller Fälle das Jugendamt bereits
während des Ermittlungsverfahrens durch die Polizei benachrichtigt. Zwei
Jahre später war dies lediglich in 2 Prozent der Fälle notwendig gewesen.[653]
Häufig ist in Problemfällen das Jugendamt bereits informiert.

Ein regelmäßiger Austausch mit dem Jugendamt ist grundsätzlich begrüßenswert. Das von den Richtlinien vorgeschlagene Zeitintervall ist jedoch zu kurz
bemessen. Effektiver wäre ein einmaliger Austausch pro Quartal und bei besonderem Anlass. Dies wäre ausreichend, um die Zusammenarbeit zu vertie-
fen und bestehende Berührungsängste zu überwinden.

Vereinzelt berichteten Polizeibeamte, dass sich das Jugendamt weigere, eine
vernünftige Zusammenarbeit aufzubauen. Im großen und ganzen sind die Polizeibeamten aber mit dem Status quo der Zusammenarbeit zufrieden oder
wollen die Zusammenarbeit ausbauen, wie folgendes Schaubild zeigt:

---

650 *Lehmann,* S. 26; *Trenczek* in DVJJ 1/1991, S. 8 und in DVJJ 1/1994, S. 34; *Hübner/*
   Kerner/Kunath/Planas in DVJJ 1/1997, S. 28.

651 Obwohl gemäß Nr. 32 MiStra eigentlich nur die Jugendgerichtshilfe eine obligatorische Nachricht erhält.

652 Zur Befürchtung hinsichtlich eines net-widening vgl. *v. d. Woldenberg,* S. 76.

653 Dies könnte neben der Zunahme des Anteils von Bagatelltaten ein weiteres Indiz dafür sein,
   dass Diversionsverfahren tendenziell nur noch auf einfache Fälle im eindeutigen Bagatellbereich reduziert werden.

Schaubild 40: Zusammenarbeit mit dem Jugendamt aus Sicht der Polizei (in absoluten Zahlen)[654]

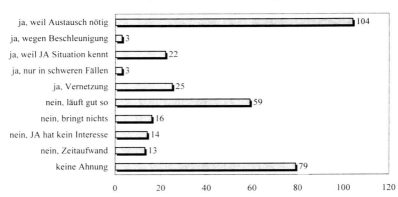

Intensivierung der Zusammenarbeit mit dem Jugendamt

Im Rahmen der aktuellen Richtlinien ist das Jugendamt zudem als Ansprechpartner für einen förmlichen Täter-Opfer-Ausgleich vorgesehen. Da von dieser Maßnahme grundsätzlich wenig Gebrauch gemacht worden ist, hielten sich auch die Kontakte zwischen Polizei und Jugendamt auf diesem Gebiet in engen Grenzen.

Damit hat sich der bereits vor Einführung der Richtlinien geltende Status quo bezüglich der Zusammenarbeit zwischen Polizei, Jugendamt und Jugendgerichtshilfe bewährt und sollte beibehalten werden.

k) Die Änderungen aus der Sicht des Polizeibeamten

Bei den meisten der befragten Polizeibeamten hat die Einführung der neuen Richtlinien wenig am tagtäglichen Arbeitsablauf geändert. 61 Prozent von ihnen gaben an, es habe sich nichts geändert. Dies kann daran liegen, dass wie vermutet, das erzieherische Gespräch im Wesentlichen in der Vernehmung aufgeht und erzieherische Aspekte bei der Vernehmung Jugendlicher bereits vor Einführung der Richtlinien zur Sprache kamen. Die Antworten auf die

---

654 Bei den befragten Jugendstaatsanwälten sind lediglich 18 Prozent der Meinung, dass der Informationsaustausch mit dem Jugendamt intensiviert werden sollte. Es herrscht die Meinung vor, dass der jetzige Austausch ausreicht.

Frage, was genau sich für die übrigen 39 Prozent der Befragten verändert hat, finden sich im folgenden Schaubild.

Schaubild 41: Veränderungen durch die Einführung der Richtlinien aus Sicht der Polizeibeamten (in absoluten Zahlen)[655]

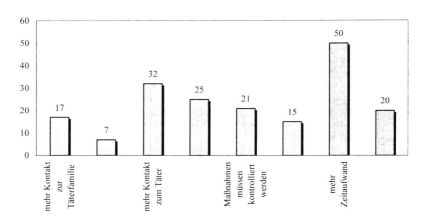

Die Polizisten waren bei der Beantwortung dieser Frage frei von vorgegebenen Antworten. Es wird deutlich, dass die Polizeibeamten ein gesteigertes Arbeitspensum mit den Richtlinien verbinden.[656] Angesichts der angesprochenen Änderungen, ist eine solche Beobachtung nicht verwunderlich. Intervenierende Diversion ist mitunter mit mehr Arbeit verbunden als ein formelles Verfahren und ein Großteil dieser Arbeit wird von der Polizei übernommen.[657] Die Polizeibeamten hatten bereits vor Einführung der neuen Richtlinien eine hohe Arbeitsbelastung.[658] Verständlicherweise hielt sich die Begeisterung über noch mehr Arbeit in Grenzen. Insgesamt zeigt sich, dass aus Sicht der Polizisten durch die Einführung der Richtlinien mehr Kontakte in verschiedene Richtungen entstanden. Dies galt sowohl hinsichtlich der Täter und deren Umfeld

---

655 Mehrfachnennungen waren möglich.

656 Dies ergibt sich aus den Antworten „mehr Zeitaufwand" und „Maßnahmen müssen kontrolliert werden".

657 *V. d. Woldenberg*, S. 99; *Hübner/Kerner/Kunath*/Palans in DVJJ 1/1997, S. 31.

658 Dies wurde gegenüber dem Verfasser in Gesprächen während einer Polizeischulung von vielen Beamten angesprochen. Vgl. zum gestiegenen Arbeitspensum bei der Polizei in den letzten Jahren u.a. *Kaiser*, S. 56.

als auch für die Zusammenarbeit mit Behörden wie Jugendamt und Staatsanwaltschaft. Trotz der Mehrarbeit, die von einigen Beamten festgestellt wurde, gibt es nur wenige, die die Einführung der Richtlinien als Nachteil empfanden, wie sich aus Schaubild 42 ergibt.

Schaubild 42: War die Einführung der Richtlinien aus Sicht der Polizeibeamten ein Fortschritt?

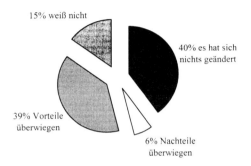

15% weiß nicht

40% es hat sich nichts geändert

39% Vorteile überwiegen

6% Nachteile überwiegen

Es ist allerdings auch zu erkennen, dass 40 Prozent weder Vor- noch Nachteile feststellen konnten, weil sich aus ihrer Sicht keine Änderungen ergaben. Unter denen, die angaben, dass die Einführung der Richtlinien für die tagtägliche Arbeit kein Fortschritt gewesen ist, waren rund 40 Prozent der Meinung, dass Arbeit auf die Polizei abgewälzt worden sei. Diese Sicht der Dinge wurde dem Verfasser gegenüber auch auf einer Schulung für Polizeibeamte geäußert. Manche Polizeibeamte sind der Ansicht, dass die Richtlinien die Justiz und vor allem die Staatsanwaltschaft einseitig entlasten sollen und dabei die Überlastung der Polizei nicht ausreichend berücksichtigen. Jeweils knapp 30 Prozent äußerten Bedenken wegen landesweit ungleicher Handhabung und zu wenig Akzeptanz, die den Diversionsprogrammen entgegengebracht werden. Die unterschiedliche Handhabung des Diversionsverfahrens ist also nicht nur bezüglich der Beschuldigten problematisch[659], sondern verunsichert auch die Polizeibeamten. Die Palette der Veränderungen, die von den Polizeibeamten

---

659 Vgl. dazu oben S. 62 ff. und unten S. 339 ff.

als positiv eingeschätzt wurden, war deutlich umfangreicher, wie in Schaubild 43 zu sehen ist.

Schaubild 43: Positive Veränderungen aufgrund der Einführung der
Richtlinien aus Sicht der Polizei (in absoluten Zahlen)

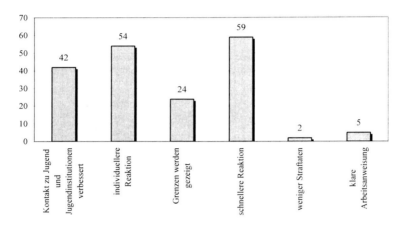

Als positiv wurde von den Polizeibeamten das geänderte Verhältnis zum Beschuldigten gesehen, auf den man mit Hilfe der neuen Möglichkeiten im Diversionsverfahren besser eingehen könne. Außerdem wurde von den Polizeibeamten die Verfahrensbeschleunigung besonders hervorgehoben. Dies ist auch eines der wesentlichen Ziele des Diversionsverfahrens.[660]

Es lassen sich also bezüglich der mit den Richtlinien eingeführten Veränderungen für die Polizeiarbeit vor allem zwei Dinge festhalten: Die Veränderungen sind nicht so groß wie vermutet und aus Gründen der Effektivität nicht alle erforderlich. Aber auch wenn insgesamt der Arbeitsaufwand bei den Polizeibeamten gestiegen ist, sind nur wenige Polizeibeamte der Meinung, dass die Einführung der Richtlinien von Nachteil gewesen ist.

---

660 *Schaffstein/Beulke*, S. 241; *Heinz/Storz*, S. 8.

2. Juristische und pädagogische Eignung der Polizeibeamten

Die Schleswig-Holsteinischen Richtlinien räumen dem Polizeibeamten zusätzliche Kompetenzen ein. Sie legen einen entscheidenden Teil der Diversionsentscheidung in dessen Hände. Wie gezeigt, haben nur wenige Polizisten eine wesentliche Veränderung in ihrer Arbeit erkennen können. Kompetenzgewinne müssen jedoch nicht unbedingt offensichtlich sein oder mit einem vollkommen geänderten Arbeitsablauf einhergehen. Die Kompetenzverlagerungen haben aber die Verantwortung des einzelnen Beamten wahrscheinlich deutlicher gesteigert als es den meisten von ihnen bewusst geworden ist. Es schließt sich daher notwendig die Frage an, ob der Polizeibeamte überhaupt geeignet ist, die ihm anvertrauten Aufgaben auszuführen. Andernfalls wäre eine effektive Umsetzung der Richtlinien nicht gewährleistet.

Zu der allgemeinen Problematik, dass die Anforderungen an den Polizeiberuf und die Ziele der Diversion gelegentlich konträr zueinander stehen, wurden bereits Ausführungen gemacht.[661] Der Polizist ist in erster Hinsicht Ermittler mit einem Interesse an einer Aufklärungsquote. Er ist in der Regel bis an seine Grenzen mit Arbeit ausgelastet und wird immer wieder mit frustrierenden Situationen konfrontiert. An dieser Stelle soll genauer auf die juristischen und pädagogischen Fähigkeiten des Polizeibeamten eingegangen werden.

Die Richtlinien verlangen vom Beamten ein zusätzliches Maß an Einfühlungsvermögen, pädagogischen Fähigkeiten und Rechtskenntnissen. Nicht umsonst wird unter Gliederungspunkt 3.1.5 der Richtlinien angemahnt, dass für die Bearbeitung besonders geschulte Polizeibeamte einzusetzen sind.

Juristisch ist der Polizeibeamte in mehrfacher Hinsicht gefordert. Der Einstellungsvorschlag, den der Polizeibeamte mit dem Übersenden der Akten dem Staatsanwalt unterbreiten soll, setzt ein juristisches Verständnis voraus. Die Abgrenzung zwischen den einzelnen Einstellungsnormen ist teilweise umstritten und erfordert im Grunde die Kompetenz eines Volljuristen. Der Polizeibeamte darf bei Verfahrenseinstellungen nach § 45 Abs. 1 JGG einige Maßnahmen, wie das erzieherische Gespräch, die sofortige Entschuldigung und die sofortige Schadensregulierung selbst durchführen oder anregen. Dazu muss er zum Zeitpunkt der Anregung einer dieser Maßnahmen irrtumsfrei einschätzen können, ob sich der Beschuldigte strafbar gemacht hat.[662] Zumindest muss er einen hohen Grad an Wahrscheinlichkeit für das Vorliegen einer Straftat er-

---

661 Vgl. oben S. 65 ff.

662 Eine Feststellung der Schuld ist den Strafverfolgungsbehörden grundsätzlich untersagt, BVerfGE 74, 358, 371.

mittelt haben.[663] Bei den Vorschlägen am Telefon, die dem Staatsanwalt bei Einstellungen nach § 45 Abs. 2 JGG unterbreitet werden sollen, sind juristische Kenntnisse von Nutzen. Um die richtige Maßnahme anzuregen, sollte auch das Gefüge der Sanktionierung im Jugendstrafrecht bekannt sein. Nur so kann ein Vorschlag unterbreitet werden, der sich in das gesamte System eingliedert. Es soll schließlich kein paralleles System von Reaktionen aufgebaut werden, dass mit dem herkömmlichen im Widerspruch steht.[664] Vielmehr soll die Palette der Reaktionsmöglichkeiten sozusagen nach „unten" erweitert werden.

Erfahrung allein reicht daher nicht aus. Eine juristische Vorbildung, und sei sie auch auf den Bereich des Jugendstrafrechts beschränkt, erscheint unverzichtbar. Die Staatsanwaltschaft hat zwar formal die Zügel in der Hand, aber sie ist bis zum Zeitpunkt der Aktenübermittlung mit dem Fall nicht vertraut. Daher kann auf den juristischen Sachverstand der Staatsanwaltschaft bei telefonischen Nachfragen durch die Polizeibeamten nur eingeschränkt zurückgegriffen werden. Bis zur Einsicht der Akte basieren die Kenntnisse des Staatsanwalts auf dem Vortrag des Polizeibeamten. Insofern sind diese an die juristischen Kenntnisse des Polizisten gekoppelt. Im Fall des § 45 Abs. 1 JGG ist die Staatsanwaltschaft bis zur Übergabe der Akte überhaupt nicht involviert. Trotzdem sind bereits vor ihrem Einbezug juristische Kenntnisse notwendig, um das Verfahren korrekt ablaufen zu lassen.

Angesichts dieser Überlegungen tragen die Richtlinien einen hohen Grad von Verantwortung. Sie interpretieren in erster Linie den § 45 JGG und sollen dem Polizeibeamten eine juristische Stütze an die Hand geben; einen Leitfaden, der Fehler minimieren soll. Zunächst jedoch zur Frage, ob der Polizeibeamte in der Lage ist, die Strafbarkeit eines Handelns richtig einzuschätzen.[665] Falls dies in den Untersuchungszeiträumen nicht der Fall gewesen wäre, hätte dies z. B. zum Übersehen von Verfahrenseinstellungen nach § 170 Abs. 2 StPO führen müssen. Betrachtet man den Wortlaut der Diversionsrichtlinien, so fällt auf, dass gleich zu Anfang auf die vorrangige Anwendung des § 170 Abs. 2 StPO hingewiesen wird. Der im gleichen Absatz platzierte Hinweis, dass erzieherische Ziele nicht zu einer Einschränkung der Unschuldsvermutung und von Verteidigungsrechten führen dürfen, zeigt, dass von den Ministerien die Gefahr gesehen wurde, dass unter Umständen durch Übereifer, im Glauben, erzieherisch einwirken zu müssen, § 170 Abs. 2 StPO unterlaufen werden

---

663 Eine Prognose bezüglich des möglichen Ausgangs des Verfahrens ist dem Polizeibeamten gestattet. Vgl. *v. d. Woldenberg*, S. 113.

664 Diese Gefahr sehen unter anderem *Hering/Sessar* „Praktizierte Diversion", S. 133.

665 Dies wird immer wieder bezweifelt. Vgl. z. B. *Ostendorf* in DVJJ 4/1999, S. 356.

könnte. Falls jedoch Fälle mangelnden Tatverdachts nicht sofort eingestellt werden, sondern darauf mit Diversion reagiert wird, kommt es zu einer rechtswidrigen Ausweitung staatlicher Kontrolle und die Vorteile einer informellen Reaktion würden sich ins Gegenteil verkehren. Aus der Sicht eines möglichst effektiven Verlaufs einer Diversionsmaßnahme wäre dies vor allem aus zwei Gründen zu beklagen: Zum einen würden Verfahren, die im Grunde sofort erledigt wären, sinnlos ausgeweitet, so dass Arbeitskraft unnötig gebunden wäre, zum anderen dürften solche Fälle keine Einsicht beim Beschuldigten hervorrufen und damit möglicherweise dessen Glauben in den Rechtsstaat erschüttern.

Bei der Analyse der Akten wurde dementsprechend der Frage nachgegangen, ob Fälle des § 170 Abs. 2 StPO übersehen wurden und fälschlicherweise nach § 45 Abs. 1 oder § 45 Abs. 2 JGG eingestellt wurden. Dabei fiel auf, dass dies in geringem Maß sowohl vor, wie auch nach der Einführung der Richtlinien der Fall gewesen war. Die Richtlinien haben also weder dazu geführt, dass die Verantwortlichen ihre Möglichkeiten ausnutzten, um Erziehung um jeden Preis durchzusetzen, noch dazu, dass der deutliche Hinweis auf die Subsidiarität eines Diversionsverfahrens gegenüber einer Einstellung nach § 170 Abs. 2 StPO Fehleinschätzungen verhindert hat. Net-widening war diesbezüglich also nicht zu beobachten.[666] Vor dem Hintergrund, dass immerhin 44 Prozent der befragten Polizisten der Meinung waren, die Strafen oder erzieherischen Maßnahmen seien im Bagatellbereich zu milde, ist dies eine beruhigende Erkenntnis. Dass den Polizeibeamten kaum juristische Fehler unterliefen, lag auch daran, dass die Fälle, mit denen sie im Diversionsverfahren konfrontiert wurden, in der Regel anspruchslos waren und die Beschuldigten durch zahlreiche Beweismittel überführt waren. Wenn beispielsweise ein Ladendetektiv einen Jugendlichen stellte und die Polizei benachrichtigte, der Dieb die Ware im Rucksack hatte und einräumte, gestohlen zu haben, so war, bei aller gebotener Vorsicht, der Fall relativ eindeutig. Es brauchte keinen ausgebildeten Volljuristen, um einen hinreichenden Tatverdacht für einen Ladendiebstahl anzunehmen.

Wenn es trotzdem zu einem juristischen Fehler kam, waren es jedoch nicht allein die Polizeibeamten, die einen Fall falsch einschätzten. Auch den Staatsanwälten unterliefen Fehler. Dies lässt sich vermutlich darauf zurückführen, dass bei Bagatellfällen hin und wieder nicht mit der erforderlichen Sorgfalt hingeschaut wurde. Eine Reihe von Fällen, die in den Akten zu finden waren, zeigten, dass sowohl Staatsanwälte als auch Polizeibeamte juristische Fehler

---

666 *Engel* DVJJ 3/98 S. 257; *Kaiser* allgemein zur Ausweitung, S. 57; *Kunz*, S. 73.

bei ihrer Arbeit machten. Von diesen Fehleinschätzungen werden im Folgenden einige vorgestellt.

Eine offensichtliche Fehlentscheidung aus dem ersten Halbjahr 2000 soll an dieser Stelle zur Einführung dienen: Zwei Freundinnen stahlen in einem Supermarkt geringwertige Sachen. In der Vernehmung bei der Polizei gaben die beiden Beschuldigten an, sie seien von einer Klassenkameradin angestiftet worden. Diese wurde ebenfalls zur Vernehmung geladen. Dort gab sie an, mit den Mädchen nicht gerade befreundet zu sein, aber eine Anstiftungshandlung sei frei erfunden worden. Die beiden Diebinnen wurden daraufhin erneut zur Vernehmung gebeten. Dort gaben sie glaubhaft an, die Anstiftung erfunden zu haben, weil sie gedacht hatten, eine geringere Strafe zu erhalten, wenn sie für jemand anderen klauten. Obwohl sich in diesem Fall die Straflosigkeit der „Anstifterin" eindeutig herausgestellt hatte und der Polizist laut eigenem Vermerk auch von einer Straflosigkeit ausging, schlug der Polizeibeamte vor, gegen die beiden Diebinnen nach § 45 Abs. 1 JGG zu verfahren und das Verfahren gegen die unschuldige Dritte nach § 153 StPO einzustellen. Die Staatsanwaltschaft korrigierte diese Fehleinschätzung keineswegs.

In einem weiteren Fall aus dem Vergleichszeitraum 2000 wurde zwar nicht § 170 Abs. 2 StPO übersehen, aber ein anderer Fehler gemacht, der unter Umständen Folgen für den Beschuldigten haben kann. In diesem Fall nahm ein Beschuldigter einem kleinen Jungen dessen Fahrrad weg, um darauf eine Runde um den Spielplatz zu fahren. Der zweite Beschuldigte übernahm das Fahrrad und fuhr ein Stück weiter. Der kleine Junge holte ihn ein und schubste ihn vom Fahrrad. Daraufhin schlug der zweite Beschuldigte den Jungen mit der Faust ins Gesicht. Das Verfahren wurde gegen beide Beschuldigte nach § 45 Abs. 1 JGG eingestellt, wobei bei beiden das Verfahren wegen unbefugten Gebrauchs eines Fahrzeugs und wegen Körperverletzung eingestellt wurde. Offensichtlich hatte der erste Beschuldigte mit einer Körperverletzung überhaupt nichts zu tun. Falls es irgendwann später tatsächlich zu einer Körperverletzung durch diesen Beschuldigten kommen sollte, kann die Eintragung im Erziehungsregister negativ zu Buche schlagen. Im Vergleich zum unbefugten Gebrauch eines Fahrzeugs, was in diesem Fall den Charakter eines Streichs hatte, fällt eine Körperverletzung deutlich stärker ins Gewicht.

Auch vor Einführung der Richtlinien kam es zu Fällen, bei denen eine Einstellung nach § 170 Abs. 2 StPO übersehen wurde. In einem Fall wurde beispielsweise eine klare Notwehrsituation verkannt. Die Beschuldigte schilderte glaubhaft und übereinstimmend mit Zeugen, dass sie an den Haaren gezogen wurde und sich nur mit einem Schlag gegen die Angreiferin wehren konnte, der dazu führte, dass ihre Gegnerin zu Boden fiel, sich aber nicht verletzte. Den Angriff hatte sie nach Aktenlage weder provoziert noch anders abwehren können. Trotzdem wurden Diversionsmaßnahmen seitens der Polizei vorgeschlagen und umgesetzt. Auch die Staatsanwaltschaft sah keine Notwendigkeit, nach § 170 Abs. 2 StPO zu verfahren.

In einem weiteren Fall aus dem ersten Halbjahr 1998 wurde ein heranwachsender Beschuldigter scheinbar beim „Schwarzfahren" im Bus erwischt. Er hatte keine Fahrkarte dabei, behauptete aber, eine Monatskarte zu besitzen. Ihm wurde erklärt, er könne die Fahrkarte nachreichen und hätte dann nichts zu befürchten. Trotzdem wurde dieser Fall sofort zur Anzeige gebracht. Der Beschuldigte reichte einen Tag später seine Monatskarte ein. Es war also bewiesen, dass er sich nicht wegen des Erschleichens von Leistungen strafbar gemacht hatte. Die Verkehrsgesellschaft erklärte ihm daher folgerichtig, dass die Sache nunmehr erledigt sei. Eine Woche später wurde er von der Polizei aufgefordert, sich schriftlich zum Vorfall zu äußern. Er erklärte lediglich, dass sich der Fall nunmehr erledigt habe, da er im Besitz einer Monatskarte gewesen sei. Die Polizei reichte die Akte bei der Staatsanwaltschaft ein, die dann eine Einstellung gemäß § 45 Abs. 1 JGG verfügte. Die Straftat wurde dem Beschuldigten also unterstellt. Seine Beschwerde verhallte ungehört.

In zwei weiteren Fällen wurde meiner Ansicht nach die mangelnde Reife der Jugendlichen übersehen.[667] Im einen Fall wurden zwei geistig behinderte vierzehnjährige Mädchen von einem Ladendetektiv gestellt. Beide wohnten aufgrund ihrer Behinderung in einem Heim. Sie sollten sich unter anderem auf Anregung der Polizei in einem Aufsatz zu ihrer Verfehlung äußern. Nicht zuletzt dieser Aufsatz, der Bestandteil der Akte war, zeigte deutlich, dass beide Beschuldigte überhaupt nicht verstanden, dass sie ein Unrecht begangen hatten. Eine Verfahrenseinstellung aufgrund mangelnder Verantwortlichkeit wäre meines Erachtens die einzig zulässige Verfahrensweise gewesen. Stattdessen wurde nach § 45 Abs. 1 JGG eingestellt.

In einem anderen Fall wurde ein ebenfalls vierzehnjähriger Junge ständig psychiatrisch betreut. Er konnte mit seinen Aggressionen nicht umgehen. In einem Freibad fiel er durch aggressives Verhalten gegenüber anderen Besuchern auf. Er schlug nach Personen, die ihm zu nahe kamen. Der Bademeister musste sich Beschimpfungen anhören. Dieser Junge wurde als jugendstrafrechtlich verantwortlich behandelt und das Verfahren nach § 45 Abs. 1 JGG eingestellt. In beiden Fällen wurde die mangelnde geistige Entwicklung sowohl von der Polizei als auch von Seiten der Staatsanwaltschaft ignoriert.[668]

---

667 In § 3 JGG wird ausdrücklich die geistige und sittliche Reife des Jugendlichen als Voraussetzung jeglicher strafrechtlicher Verantwortung normiert.

668 Bei mangelnder strafrechtlicher Verantwortlichkeit ist jedoch für Diversion kein Platz. Vgl. *Trenczek* in DVJJ 1/1991, 10.

Zum Teil sind es allerdings die Richtlinien selbst, die den Polizeibeamten bei juristischen Fragen im Stich lassen. Als Beispiel seien die unglücklichen Ausführungen in Bezug auf § 153 StPO angesprochen.[669] Das Verhältnis von § 153 StPO und § 45 Abs. 1 JGG ist aufgrund des Textes nicht eindeutig geklärt. Es ist für den Beamten unmöglich, einen sachgerechten Vorschlag zu unterbreiten oder die richtige Maßnahme zu wählen, wenn sich das Gefüge der Möglichkeiten nicht erschließt. § 153 StPO wird in den Richtlinien in einer Weise in den Hintergrund gedrängt, dass ein Polizeibeamter diese Möglichkeit unter Umständen gar nicht in Betracht ziehen dürfte. Dies wird zusätzlich dadurch unterstützt, dass in den Richtlinien die Voraussetzungen einer Entscheidung nach § 45 Abs. 1 JGG so gefasst sind, dass man sich einen Raum für eine andere Norm im Bagatellbereich kaum vorstellen kann. Auch Formulierungen wie etwa „bestreiten sie nicht ernstlich den Tatvorwurf" sind unbestimmt und verlangen nach einer Auslegung unter juristischen Gesichtspunkten.

Die Aktenanalyse machte deutlich, dass Fehlentscheidungen kein Privileg überforderter Polizeibeamter sind. Zudem waren solche fehlerhaften Einschätzungen sowohl vor als auch nach der Einführung der Richtlinien festzustellen. Fatal ist es allerdings, wenn sich Fehler des Polizisten beim Staatsanwalt fortsetzen. Denn dann werden Unschuldige mit einer Eintragung ins Erziehungsregister belastet. Angesichts der Tatsache, dass ausgeführte Maßnahmen nicht mehr zurückgenommen werden können[670], ist jedoch schon der Fehler des Polizeibeamten, der sich nicht in einer weiteren Fehlentscheidung fortsetzt, grundsätzlich unakzeptabel. Eine Ausweitung der Diversionsverfahren zu Lasten der Verfahrenseinstellungen nach § 170 Abs. 2 StPO, konnte allerdings nicht festgestellt werden.[671] Weder kam es zu vermehrten Fehlentscheidungen aufgrund mangelnder juristischer Kenntnisse auf Seiten der Polizei, noch wurde von einer Verfahrenseinstellung nach § 170 Abs. 2 StPO abgesehen, um den Beschuldigten zu erziehen.

Dass Fehler der Polizei von der Staatsanwaltschaft übersehen werden, geschieht jedoch selten. Diese Fehlerquote ist seit Einführung der Richtlinien nicht gestiegen. Die Vermutung, dass die Richtlinien eine solche Entwicklung fördern, kann nicht belegt werden.

Ein Blick auf die zahlreichen Änderungen, die von der Staatsanwaltschaft bezüglich der Einstellungsvorschläge im ersten Halbjahr 2000 gemacht wur-

---

669 Vgl. dazu ausführlich oben S. 81 ff.

670 Dieses Problem sieht auch *v. d. Woldenberg*, S. 141.

671 Damit geht diese Untersuchung mit zahlreichen anderen Untersuchungen konform. Vgl. unter anderem *Hering/Sessar* „Praktizierte Diversion", S. 131; *v. d. Woldenberg*, S. 78 f.

den, könnte die Vermutung nähren, dass Polizeibeamte häufiger fehlerhafte Vorschläge unterbreiten.

Schaubild 44: Änderungen der polizeilichen Vorschläge zur Einstellung durch die Staatsanwaltschaft (in absoluten Zahlen)

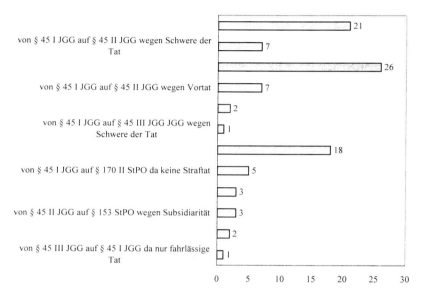

Die Gründe für die Änderungen sind vielschichtig. Insgesamt wurden immerhin in 30 Prozent der Fälle die Vorschläge der Polizei korrigiert. Es wäre jedoch verfehlt, die Tatsache, dass die Staatsanwaltschaft beinahe jeden dritten Fall anders beurteilte, mit mangelnder juristischer Kompetenz der Polizeibeamten gleichzusetzen. Darüber hinaus bedeuten die Änderungen nicht, dass die Beschuldigten seitens der Polizei eine Maßnahme erdulden mussten, die angeregt wurde, obwohl keine strafbare Handlung vorlag.

Bei dem einzigen Fall, in dem eine Korrektur von § 45 Abs. 3 JGG auf § 45 Abs. 1 JGG erfolgte, ging tatsächlich eine juristische Fehleinschätzung voraus. Der Polizeibeamte verkannte, dass ein Vorsatz in diesem Fall nicht nachzuweisen war. Eine Bestrafung wegen Fahrlässigkeit kam jedoch in Betracht. Allerdings war diese Einschätzung nicht von Nachteil für den Beschuldigten. Auch bei einer Verfahrenseinstellung nach § 45 Abs. 1 JGG wäre ein erzieherisches Gespräch geführt worden. Die richterliche Ermahnung, Weisung oder

Auflage nach § 45 Abs. 3 JGG war zum Zeitpunkt, als die Akte zur Staatsanwaltschaft weitergeleitet wurde, noch nicht erfolgt und fand später auch nicht statt. Insofern war lediglich der überzogene Vorschlag im Raum, was letztlich unschädlich gewesen war.

Bei der Heraufstufung des Vorschlags zu einer Anklage seitens der Staatsanwaltschaft, wie es zweimal der Fall gewesen war, konnte dem Beschuldigten durch den milderen Vorschlag der Polizei kein Nachteil erwachsen. Die Grenze zwischen Anklage und § 45 Abs. 2 JGG ist zudem recht schmal, wenn nicht fließend. Von einer Fehleinschätzung kann daher nicht unbedingt gesprochen werden. Es ist häufig eine Frage der persönlichen Anschauung, ob man sich für das eine oder das andere entscheidet. Jedenfalls waren die Vorschläge der Polizeibeamten in diesen Fällen unbedenklich.

Etwas anders sieht es bei den Fällen aus, in denen die Staatsanwaltschaft von § 45 Abs. 2 JGG auf § 153 StPO korrigierte. § 153 StPO sieht weder eine Eintragung ins Erziehungsregister, noch ein erzieherisches Gespräch oder gar eine weitergehende erzieherische Maßnahme vor.[672] In diesen drei Fällen hatte die Polizei bereits eine Maßnahme angeregt, obwohl die Staatsanwaltschaft später deren Notwendigkeit in Frage stellte. In zwei dieser Fälle ging es jedoch lediglich um eine Entschuldigung beim Opfer. Eine Maßnahme also, die vom Polizeibeamten vor Ort sogar ohne Rücksprache mit der Staatsanwaltschaft angeregt werden darf. Es bleibt daher lediglich ein problematischer Fall, in dem eine Arbeitsmaßnahme angeregt wurde. Allerdings muss in Betracht gezogen werden, dass die Staatsanwaltschaft selbst in allen drei Fällen telefonisch gefragt wurde, ob die jeweilige Maßnahme angeregt werden sollte. Sie hat insofern ihre eigenen Vorschläge nach genauerer Prüfung des Falls widerrufen.

Ebenso verhält es sich mit zwei Fällen, in denen der Einstellungsvorschlag von § 45 Abs. 2 JGG auf § 45 Abs. 1 JGG herunterkorrigiert wurde. Auch dort schätzten die Polizeibeamten den Fall als schwerwiegender ein. Aber auch in diesen Fällen wurde die Staatsanwaltschaft befragt und bejahte zunächst die Notwendigkeit der Arbeitseinsätze. Dass die Arbeitseinsätze im Endeffekt obsolet gewesen sind, wurde durch die Staatsanwaltschaft jedoch nicht explizit geäußert. Die Staatsanwälte sahen grundsätzlich die Verbindung zwischen Arbeitsmaßnahme und § 45 Abs. 2 JGG nicht so eng, dass zwingend nach § 45 Abs. 2 JGG eingestellt werden musste, wenn beispielsweise ein Schaden repariert wurde. Die Polizei hielt sich in dieser Frage enger an die Richtlinien, die in einem Fall von Schadenswiedergutmachung, der nicht vor

---

672 Obwohl der Weg über § 153 StPO nicht die Durchführung von Erziehungsmaßnahmen ausschließt und bei mangelnder Erfordernis einer Eintragung auch gewählt werden sollte.

Ort angeregt wird, eine Verfahrenseinstellung nach § 45 Abs. 2 JGG vorsehen.

Problematisch waren jene Fälle, in denen eine Korrektur auf § 170 Abs. 2 StPO erfolgte, weil keine Straftat vorlag. Zunächst ist jedoch auf der positiven Seite zumindest festzuhalten, dass kein Fall darunter war, in dem bereits eine Arbeitsmaßnahme erfolgte und dann eine mangelnde Strafbarkeit seitens der Staatsanwaltschaft festgestellt wurde. In vier dieser Fälle konnte eine Straftat nicht mit der notwendigen Sicherheit nachgewiesen werden. Eine Vernehmung erfolgte aber in jedem Fall und ist zur Ermittlung grundsätzlich auch in Fällen erforderlich, in denen sich die Unschuld der Person später herausstellt oder eine Tat nicht nachgewiesen werden kann. Da das erzieherische Gespräch meistens in die Vernehmung integriert ist, wird diese Maßnahme, welche die Richtlinien mit § 45 Abs. 1 JGG verknüpft, häufig bereits in diesem frühen Stadium durchgeführt. Das heißt nicht, dass dem Polizeibeamten nach erfolgtem erzieherischen Gespräch keine andere Wahl bliebe, als § 45 Abs. 1 JGG vorzuschlagen, selbst wenn er von der Unschuld des Beschuldigten ausginge. Ob ein hinreichender Tatverdacht besteht, ist jedoch in manchen Fällen schwierig einzuschätzen und kann selbst von zwei Staatsanwälten in ein und demselben Fall unterschiedlich gesehen werden. Dass Polizeibeamte deshalb Fehler machen oder zu einer anderen Einschätzung gelangen, ist daher verständlich. Wie bereits oben dargelegt, übersehen selbst Staatsanwälte hin und wieder die mangelnde Strafbarkeit eines Verhaltens. Glücklicherweise waren die Folgen für die Beschuldigten in diesen Fällen nicht schwerwiegend.

Ähnlich problematisch scheint auf den ersten Blick die relativ hohe Zahl von Fällen zu sein, bei denen kein Strafantrag vorlag und daher eine Einstellung nach § 170 Abs. 2 StPO vorzunehmen war, obwohl die Polizisten einen Vorschlag nach § 45 Abs. 1 JGG unterbreiteten. Dies ist jedoch weniger dramatisch, als es auf den ersten Blick aussieht. Bei fast allen dieser Fälle lag ursprünglich ein Strafantrag vor, so dass die Polizei korrekter Weise Ermittlungen durchführte und Maßnahmen wie eine Vernehmung, ein erzieherisches Gespräch oder eine sofortige Entschuldigung anregte. In den meisten dieser Fälle wurde der Strafantrag sehr spät wieder zurückgenommen. In der Regel lag die Rücknahme am Verhalten des Täters, der sich um einen Ausgleich, eine Entschuldigung und den Ersatz von Schäden bemühte. Zum Zeitpunkt der Rücknahme des Strafantrags hatte die Polizei allerdings bereits den Vorschlag unterbreitet. Lediglich in vier Fällen war der Strafantrag deutlich früher zurückgenommen worden, so dass die Beamten dies beim Übersenden der Akten berücksichtigen hätten müssen.

Bei den Heraufstufungen von § 45 Abs. 1 JGG auf § 45 Abs. 2 JGG oder § 45 Abs. 3 JGG sind die Polizisten sämtlich vorsichtiger herangegangen als die

Staatsanwälte. Insofern konnte sich diese Differenz in der Einschätzung nicht nachteilig auf die Beschuldigten auswirken. Mangelnde juristische Kompetenz konnte als Grund für diese Abweichungen nicht ausgemacht werden. Besonders auffällig ist die hohe Zahl an Änderungen von § 45 Abs. 1 JGG auf § 45 Abs. 2 JGG, für die in der Untersuchung kein triftiger Grund zu finden war. Auf alle Änderungen bezogen erfolgte immerhin jede vierte Änderung aufgrund dieser nicht nachvollziehbaren Heraufstufung. Die Staatsanwälte begründeten ihre Änderungen in der Regel nicht. Eine zusätzliche erzieherische Maßnahme wurde von ihnen nicht eingefordert. Ein Unterschied zu anderen Fällen, in denen keine Heraufstufung erfolgte, war nicht ersichtlich. Weder die Schwere der Tat, noch z. B. das Nachtatverhalten oder vorherige Auffälligkeit konnten als Grund für diese Praxis ausgemacht werden. Insofern erschien in diesen Fällen eher der polizeiliche Vorschlag als angebracht. In diesem Zusammenhang war besonders auffällig, dass alle diese Fälle, bis auf einen einzigen, auf den Landgerichtsbezirk Kiel zurückgingen. Die dortigen Staatsanwälte setzten sich diesbezüglich deutlich von ihren Kollegen ab.

Genau entgegengesetzt sieht dies hinsichtlich der Fälle aus, in denen die Staatsanwaltschaft den Vorschlag auf § 153 StPO abmilderte. Grundsätzlich sind die Beschuldigten durch die Eintragung im Erziehungsregister beschwert. Zwar ist es auch in diesen Fällen nicht zu einer Benachteiligung gekommen, da der Eintrag am Ende unterblieb. Allerdings sahen die Polizeibeamten eine Notwendigkeit für eine Eintragung und die Staatsanwälte nicht. Das Verhältnis der § 153 StPO und § 45 JGG zueinander ist jedoch höchst umstritten. Auch die Staatsanwälte sind untereinander unterschiedlicher Meinung, welcher Norm der Vorzug einzuräumen ist.[673] Insofern kann einem Polizeibeamten in diesem Zusammenhang keine mangelnde Kompetenz vorgeworfen werden.

Es lässt sich also festhalten, dass die Änderungen, welche die Staatsanwaltschaft vornimmt, keine Rückschlüsse auf eine unzureichende juristische Kompetenz der Polizeibeamten zulassen. Insbesondere ist auch nicht erkennbar, dass Polizeibeamte aufgrund einer weniger ausgeprägten juristischen Vorbildung eher strengere Maßstäbe ansetzten als Staatsanwälte.

Zu beachten ist allerdings, dass die Vorschläge häufig mit der Staatsanwaltschaft abgestimmt waren. In fast allen Fällen des § 45 Abs. 2 JGG und in einigen Fällen des § 45 Abs. 1 JGG hatten die Polizeibeamten vor ihrem Vorschlag bereits Rücksprache mit den Staatsanwälten gehalten. Fehlvorstellungen juristischer Art wurden daher häufig bereits am Telefon korrigiert und offenbarten sich erst gar nicht in den Einstellungsvorschlägen. Schaubild 34 verdeutlicht, dass es im Vorfeld durchaus Fälle gab, in denen der Staatsanwalt

---

673 Vgl. Schaubild 70 (unten S. 286).

Bedenken bezüglich der Strafbarkeit hatte. Es ist jedoch zu beachten, dass in 56 Prozent der Fälle die Polizeibeamten angaben, ihre Vorschläge würden niemals verworfen. Die Zahl der Fälle, in denen sich Bedenken gegen die Strafbarkeit ergaben, dürfte daher nicht so hoch sein, wie es das Schaubild suggeriert. Jeder einzelne Fall zeigt aber das Restrisiko an, welches diesem System zugrunde liegt. Das Risiko, dass Unschuldige zu Arbeitsmaßnahmen herangezogen werden, wird aber durch die Rücksprache mit dem Staatsanwalt deutlich verringert. Unabhängig von der noch zu problematisierenden Frage, ob eine polizeiliche Anregungskompetenz rechtsstaatlich vertretbar ist, lässt sich zumindest feststellen, dass die einem Volljuristen unterlegene juristische Vorbildung des Polizeibeamten nicht zu groben Benachteiligungen von Beschuldigten geführt hat.

Dieses positive Ergebnis wird dadurch bestätigt, dass sich die Mehrzahl der Polizeibeamten in Bezug auf die Richtlinien ausreichend informiert fühlt.[674] Das beinhaltet auch das Gefühl, der Aufgabe juristisch gewachsen zu sein. Ähnlich schätzen die Staatsanwälte die juristischen und pädagogischen Fähigkeiten der Polizisten ein.

---

674 Vgl. Schaubild 46 (S. 227), wonach knapp 70 Prozent der befragten Polizeibeamten angaben, sich ausreichend informiert bezüglich der Diversionsrichtlinien zu fühlen. Darüber hinaus gaben sogar weitere 13 Prozent an, sich uneingeschränkt informiert zu fühlen.

Schaubild 45: Werden die Polizeibeamten aus Sicht der Staatsanwälte den pädagogischen und juristischen Anforderungen der Richtlinien gerecht?

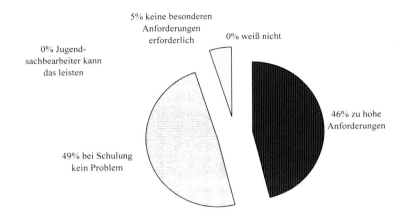

Keiner der Staatsanwälte war der Meinung, dass der Polizeibeamte mit den Anforderungen überfordert sein könnte. Es wird allerdings auch deutlich, dass eine entsprechende Schulung oder die Qualifikation „Jugendsachbearbeiter" als Voraussetzung für die Erfüllung der Anforderungen gesehen wird. Grundsätzlich dürfte der Polizeibeamte aber geeignet sein, die juristischen Herausforderungen der Richtlinien zu bewältigen.

Diese Werte beziehen sich auch auf die Einschätzung bezüglich einer pädagogischen Befähigung. Pädagogische Fähigkeiten werden beim Umgang mit jugendlichen Straftätern immer verlangt. Darüber hinaus ist vor allem das erzieherische Gespräch eine pädagogische Herausforderung. Ob die Polizisten dieser Herausforderung gewachsen waren oder in diesem Bereich versagt haben, ließ sich mittels der Aktenanalyse nicht ermitteln. Es lässt sich daher nur vermuten, dass Polizeibeamte aufgrund ihrer Ausbildung grundsätzlich nicht befähigt sind, ausführliche separate erzieherische Gespräche zu führen. Wie schon verschiedentlich angemahnt, sollten daher ein paar erzieherische Worte im Rahmen der Vernehmung einem gesonderten Gespräch vorgezogen werden. Unter diesen Voraussetzungen könnten die pädagogischen Fähigkeiten des Polizeibeamten ausreichen. Da die Richtlinien sich zur Umsetzung eines erzieherischen Gesprächs nicht konkret äußern, wäre es Aufgabe der Schulungen, den Sachbearbeitern Hilfestellung zu geben.

Ansonsten wäre bezüglich der Eignung des Polizeibeamten allenfalls noch etwas mehr Kreativität vom einzelnen Beamten einzufordern. Insbesondere im Bereich der erzieherischen Maßnahmen beschränken sich die Polizisten fast ausnahmslos auf die Anregung einer Arbeitsleistung. Ziel der Diversion ist allerdings eine möglichst flexible Reaktion auf eine Straftat.[675] Ebenso bedauerlich ist, dass in Fällen mit mehreren Beschuldigten die einzelnen Personen in der Regel gleich behandelt wurden. Egal, welcher soziale Hintergrund, egal, welcher Tatbeitrag oder welche Motivation, die Maßnahmen werden in der Regel nicht individuell abgestimmt. Dies ist allerdings weniger eine Frage der grundsätzlichen Eignung, sondern eher der Wunsch, dass Polizisten ihre Befähigung besser einbringen.

3. Schulung des Polizeibeamten

Unter Gliederungspunkt 3.1.5 der Richtlinien heißt es ausdrücklich: „Mit der Bearbeitung der vorgenannten Jugendsachen sind besonders geschulte Polizeibeamtinnen und Polizeibeamte (Jugendsachbearbeiterinnen/ Jugendsachbearbeiter) zu beauftragen." Auch wenn die durch die vorgenannten Änderungen gestiegenen Anforderungen im Bereich Pädagogik und Rechtswissenschaft geringer ausfallen als zu befürchten war und etwaige Fehleinschätzungen von Polizisten nur selten gravierende Folgen hatten, ist eine entsprechende Schulung unverzichtbar. Die Verantwortung des Polizeibeamten ist in einem Maß gestiegen, das nicht ignoriert werden kann. Die Befragung der Polizeibeamten hat zudem deutlich gemacht, wie viele Polizisten mit Diversion befasst sind und daher einer entsprechenden Schulung bedürfen. Die Arbeit mit jugendlichen Straftätern machte bei knapp einem Viertel der befragten Beamten mehr als 50 Prozent der Arbeit aus.

Es kommt allerdings darauf an, welchen Anspruch man an die Forderungen der Richtlinien knüpft. Das erzieherische Gespräch, als gesondertes Einzelgespräch in der Umgebung des Beschuldigten, würde besonders ausgebildete pädagogische Fähigkeiten voraussetzen. Diese Form der erzieherischen Einwirkung ist aus Gründen der Effektivität allerdings abzulehnen.[676] Eine erzieherisch ausgeprägte Vernehmung verlangt entsprechend weniger Kompetenz. Trotzdem muss auch bei dieser Handhabung eine Schulung vorausgehen, um den bestmöglichen Erfolg und eine einheitliche Praxis zu gewährleisten. Dies gilt auch vor dem Hintergrund, dass erzieherische Gespräche grundsätzlich zu jedem Diversionsverfahren gehören und dementsprechend häufig zur Anwen-

---

675 *Heinz/Storz*, S. 8.

676 Zur Begründung vgl. ausführlicher oben S. 46 ff.

dung kommen. Ausführlichen separaten Gesprächen sollte in Schulungen eine Absage erteilt werden. Außerdem kann auf dem Wege der Schulung dem Bestreben entgegengetreten werden, aus dem erzieherischen Gespräch eine sanktionsähnliche Verwarnung zu machen.

Juristisch verlangt die Einordnung der einzelnen Fälle zumindest ein gutes Basiswissen, auch wenn es der Polizeibeamte meistens mit erwiesenen, einfachen Taten zu tun hat, so dass eine Strafbarkeit selten fraglich erscheint.

Mittels der Aktenanalyse konnte wenig über die Schulung der Polizeibeamten im ersten Halbjahr 2000 in Erfahrung gebracht werden. In 52 Prozent aller Fälle war in den Akten diesbezüglich nichts Verwertbares zu finden. Bei 20 Prozent der Akten ließ ein ausführlicher Vermerk zumindest darauf schließen, dass der Polizist sich sehr viel Mühe mit der Erkundung der Persönlichkeit des Beschuldigten und dessen Umfeld gemacht hatte und die erzieherische Maßnahme mit Überlegung auswählte. In 31 Prozent der Fälle war darüber hinaus aus den Vermerken zu erkennen, dass der Polizist mit dem Beschuldigten das Diversionsverfahren besprochen hatte. Bei Heranwachsenden wurde dabei deutlich weniger Mühe aufgewandt – zumindest was die Vermerke angeht. 22 Prozent der männlichen und 17 Prozent der weiblichen Heranwachsenden wurden laut Akten das Diversionsverfahren ausführlich erläutert. In 3 Prozent aller Fälle wurde bereits aus den Akten deutlich, dass die Beamten mit dem Diversionsverfahren überfordert schienen oder vollkommen überzogene Maßstäbe anlegten, um den Beschuldigten zu maßregeln. Aufgrund der spärlichen Informationen in den Akten aus dem Vergleichszeitraum vor Einführung der Richtlinien konnten mit Hilfe der Aktenanalyse keine fundierten Erkenntnisse über Veränderungen in der Schulung der Polizisten festgestellt werden.[677]

In der Befragung gingen die Staatsanwälte davon aus, dass ein geschulter Jugendsachbearbeiter mit den Anforderungen der Richtlinien zurechtkommt (Schaubild 45). Bei einer entsprechenden Schulung dürften nach Ansicht der Staatsanwaltschaft also keine Probleme auftreten. Aber von einer solchen umfassenden Schulung, die sicherstellen könnte, dass die Beamten den Anforderungen gerecht werden, ist Schleswig-Holstein noch weit entfernt. Den Titel „Jugendsachbearbeiter" erhält man in Schleswig-Holstein nach einem mehrtägigen Lehrgang. Zwar lässt sich aus dem folgenden Schaubild ablesen, dass eine große Mehrzahl der Polizeibeamten sich zumindest im großen und ganzen bezüglich Diversion ausreichend informiert fühlt, bei Nachfragen in persönlichen Gesprächen zeigte sich jedoch, dass die Polizisten diese Zuversicht

---

677 In 90 Prozent aller Fälle aus dem Jahr 1998 konnten überhaupt keine Rückschlüsse auf die pädagogischen und oder juristischen Fähigkeiten der Polizeibeamten gezogen werden.

eher aus ihrer persönlichen Lebenserfahrung und weniger aus einer speziellen Schulung schöpften.

Schaubild 46: Fühlen sich Polizeibeamte bezüglich des Diversionsverfahrens ausreichend informiert?

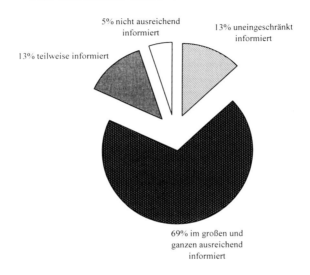

5% nicht ausreichend informiert

13% uneingeschränkt informiert

13% teilweise informiert

69% im großen und ganzen ausreichend informiert

Von denjenigen, die angaben, nicht ausreichend informiert zu sein, gaben 87 Prozent an, dies liege an der mangelnden Fortbildung. Dass bezüglich des erzieherischen Gesprächs bei den Sachbearbeitern ein großer Mangel an Information besteht, zeigt sich daran, dass von 300 Polizeibeamten, die sich zu dieser Problematik äußerten, nur 17 für solche Gespräche speziell geschult worden waren. Es verwundert daher nicht, dass sich 74 Prozent aller befragten Polizeibeamten für mehr Schulungen aussprachen.

Der Verfasser hatte selbst die Gelegenheit einer solchen Schulung beizuwohnen. Sie fand Anfang des Jahres 2002 in der Landespolizeischule nahe Bad Malente in Schleswig-Holstein statt. Es handelte sich um einen zweitägigen Lehrgang für Jugendsachbearbeiter, in dessen Rahmen dem Thema Diversion am zweiten Tag mehrere Stunden Aufmerksamkeit zukam. Die Gruppe von Teilnehmern, die den Ausführungen der Redner folgten, bestand aus 20 Personen. Davon waren drei Teilnehmer Kriminalbeamte und der Rest der Schutzpolizei zuzuordnen. Den Ausführungen zur Diversion waren im Wesentlichen zutreffend, wenn auch das Diversionsverfahren stets mit der Einstellung nach § 45

JGG gekoppelt wurde und Verfahrenseinstellungen nach § 153 StPO nicht angesprochen wurden. Darin zeigt sich erneut die eindeutige Ausrichtung der Richtlinien in Richtung des § 45 JGG – wobei die Schulung nicht der Diversion, sondern der Interpretation des Themas durch die Richtlinien galt. Die Polizeibeamten werden diesbezüglich etwas einseitig geschult. Darüber hinaus wurde die rechtsstaatliche Problematik ausgeklammert. Wie wichtig z. B. eine umfassende Aufklärung des Beschuldigten darüber ist, dass er sich einer Anregung und keiner Anordnung gegenübersieht, wurde nicht angesprochen.[678] Die Teilnehmer gehörten verschiedenen Altersgruppen an, waren allerdings in der Mehrzahl deutlich unter 35 Jahre alt. Bezüglich des Diversionsverfahrens war eine erheblich unterschiedliche Vorbildung festzustellen. Manche der Teilnehmer besuchten bereits die zweite Fortbildung zu diesem Thema. Einige der Beamten hatten nur wenig Berührung mit Diversion. Ein Polizeibeamter der Wasserschutzpolizei war zwar interessiert, auf Nachfrage erklärte er jedoch, in seinem Bereich mit Diversion so gut wie nie etwas zu tun zu haben. Daran zeigte sich bereits ein von den Teilnehmern vorgebrachtes Problem solcher Schulungen. Auf 120 Bewerbungen für entsprechende Schulungen werden lediglich 20 Plätze à zwei Schulungen im Jahr vergeben. Es ist allerdings nicht allein dieses Missverhältnis, was einer umfassenden Schulung im Weg steht. Ist die begrenzte Anzahl an Plätzen vielleicht noch mit dem geringen finanziellen Spielraum zu erklären, dürfte die unstrukturierte Auswahl der Teilnehmer ein reines Ärgernis darstellen. Einige Teilnehmer besuchten die Fortbildung wie gesagt schon zum wiederholten Mal. Zudem waren Polizeibeamte aus sachfremden Gebieten anwesend. Einige Teilnehmer wiesen darauf hin, dass einzelne Polizeistationen komplett geschult worden seien, während von anderen Stationen nicht ein einziger Beamter eine Schulung genossen hätte. In solchen Polizeistationen kann also intern niemand gefragt werden, wenn Unklarheiten ausgeräumt werden müssen. Auch die Auswahl innerhalb der Stationen und Reviere wurde nicht in jedem Fall danach getroffen, welcher der Beamten die meisten Jugendstrafsachen bearbeitet.

Bei allen Teilnehmern war ein starkes Interesse am Thema und eine hohe Motivation zu spüren. Allerdings beschwerten sich viele darüber, dass ihr Tatendrang häufig ausgebremst würde. Finanzierungsprobleme und schwierige Vorgesetzte schienen die Hauptsorgen zu sein. Häufig sei man zudem auf „learning by doing" angewiesen. Vorschläge würden spätestens auf der Ministeriumsebene gekippt. Es zeigte sich also eine sehr motivierte Basis, die allerdings bisweilen frustriert schien. Für vermehrte Schulungen waren alle Anwesenden. Geradezu begeistert wurde daher die damals noch in der Umsetzung

---

678 Zur rechtsstaatlichen Problematik vgl. unten S. 299 ff.

befindliche Idee aufgenommen, die Jugendsachbearbeiter mittels Interviewbögen zu befragen.

Angesichts der gewonnenen Erkenntnisse verwundert es nicht, dass von den
Befragten, die der Meinung waren, dass man bei einer Schulung etwas verbessern könnte, die meisten angaben, es müssten erst einmal genügend Angebote
geschaffen werden.[679] Zudem wurde vorgeschlagen, mehr Nachschulungen
durchzuführen und dass nach den Schulungen mehr Gelegenheit zum Austausch zwischen den Teilnehmern bestehen solle. Der Schwerpunkt der Schulungen solle mehr auf das erzieherische Gespräch gelegt werden und mehr
Praxisrelevanz müsse vermittelt werden. Die Mehrzahl der Beamten sprachen
sich für einen zweijährigen Turnus für solche Schulungen aus.

Schaubild 47: Gewünschter Schulungsturnus

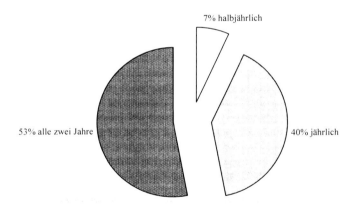

Einige Polizeibeamte wünschten sich zudem gemeinsame Fortbildungsmaßnahmen mit den Staatsanwälten.[680]

Auch unter der Prämisse, dass für ein erzieherisches Gespräch während einer
Vernehmung die pädagogischen Fähigkeiten nicht besonders hoch ausfallen

---

679 Von denen, die sich zu Veränderungen im Schulungsbereich äußerten, gaben 78 Prozent an, es
müssten mehr Schulungen erfolgen. 60 Prozent dieser Beamten waren allerdings der Meinung,
dass man nichts verbessern könne. Allerdings antworteten auf diese Frage nur 45 Polizeibeamte, da die meisten keine Erfahrung mit Schulungen hatten und sich deswegen nicht äußern
wollten.

680 Insgesamt äußerten fünf der Befragten diesen Wunsch, was rund 1,7 Prozent entspricht.

müssen, ist die angebotene Schulung etwas dürftig[681] und erreicht zu wenig
Sachbearbeiter. Es bleibt daher festzuhalten, dass Polizeibeamte in Schleswig-
Holstein nicht ausreichend geschult werden, um den Richtlinien und ihren Anforderungen gerecht werden zu können. Davon, dass nur gut geschulte Sachbearbeiter mit Diversion betraut sind, kann nicht die Rede sein. Insbesondere
das Problem, was die Verteilung der Schulungsplätze angeht, dürfte leicht zu
beheben sein. Ohne entsprechende Schulung kann Diversion in der gewünschten Form nicht angeboten werden.[682] Gerade gegenüber jungen Beschuldigten
hat der Polizeibeamte eine große Verantwortung. Es ist daher bedauernswert,
dass dieser Bereich in der polizeilichen Ausbildung ein Schattendasein fris-
tet.[683]

4. *Akzeptanz der Diversion*

Für eine effektive Umsetzung der Richtlinien ist Akzeptanz gegenüber dem
Diversionsverfahrens sowohl auf der Ebene der Beteiligten erforderlich, als
auch von Seiten des Umfelds und der Vorgesetzten.

a)   Akzeptanz beim Sachbearbeiter

Die Richtlinien wenden sich in erster Linie an die Sachbearbeiter der Polizei
und sollen ihnen die Arbeit erleichtern sowie die gewünschte Form der Umsetzung des Diversionsverfahrens gewährleisten. Wie sich bereits auf der
Schulung nahe Bad Malente gezeigt hat, sind die meisten Sachbearbeiter
hochmotiviert und von den positiven Wirkungen des Diversionsverfahrens
überzeugt. Die hohe Rücklaufquote der polizeilichen Interviewbögen von fast
70 Prozent machte die Akzeptanz ebenfalls deutlich. Die meisten Bögen waren sehr gewissenhaft ausgefüllt worden. Diese positive Grundhaltung lässt
sich auch aus der in Schaubild 41 abgebildeten Einstellung der Beamten gegenüber möglichen Veränderungen durch die Richtlinien herauslesen. Nur
wenige Polizeibeamte sahen in der Einführung einen Nachteil. Diese äußerten
jedoch nichts Negatives über die Diversion an sich, sondern beschwerten sich
allein über Umsetzungsmodalitäten. In Gesprächen wurde von Seiten einzelner Polizisten erwähnt, dass Diversion ein Weg von gar keiner hin zu wenig-

---

681 Weniger hinsichtlich der Inhalte, sondern vor allem bezogen auf den Umfang. Aber wie bereits
     Engel in DVJJ 3/1998, S. 258 ausführte, ersetzt eine Schulung keine Ausbildung.

682 Schon vor mehr als zehn Jahren wurde von *Wieben* in DVJJ 1-2/1992, S. 65 darauf hingewie-
     sen, dass die Polizei auf ihre erzieherische Rolle nur unzureichend vorbereitet wird. Daran hat
     sich nicht viel geändert.

683 *Hübner/Kerner/Kunath/Planas* in DVJJ 1/1997, S. 27.

stens etwas Reaktion sei. Dies dürfte zumindest die 45 Prozent der befragten Polizeibeamten ansprechen, die im Bagatellbereich die Strafen als zu gering ansehen. Diese Einstellung widerspricht jedoch dem Grundgedanken der Diversion. Sie pervertiert ihn im Grunde. Diversion soll zu einem möglichst schonendem Umgang mit den Beschuldigten führen. Von diesem Ergebnis abgesehen, unterstützen Polizeibeamte den Diversionsansatz im Sinne der Zurücknahme von formeller Strafe.[684] Aus den gewonnenen Ergebnissen zeigt sich, dass Polizeibeamte die gewonnene Verantwortung positiv nutzen wollen und der Meinung sind, jugendlichen Straftätern mit den erweiterten Möglichkeiten besser helfen zu können. So waren die drei am häufigsten genannten Veränderungen, die sich nach Meinung der Polizisten aufgrund der Richtlinien ergeben haben sollen, der verbesserte Kontakt zu den Jugendlichen, die individuellere und die schnellere Reaktion. Dies sind alles begrüßenswerte Diversionsziele. Das erzieherische Gespräch, als wesentliche Neuerung innerhalb der Richtlinien, wurde von 90 Prozent der Polizisten als sinnvoll erachtet.

Die zusätzlichen Gestaltungsmöglichkeiten und die dadurch gewonnenen Freiheiten und Kompetenzen werden von den Sachbearbeitern begrüßt und steigern die Akzeptanz. Auch der verstärkte Kontakt zur Staatsanwaltschaft wurde als positiv eingeschätzt und dürfte der Motivation zuträglich sein. Die positive Haltung gegenüber der Diversion wurde besonders dadurch deutlich, dass die Mehrzahl der Beamten Diversion begrüßte, obwohl sie mit mehr Arbeit verbunden ist.[685] Dies liegt auch zum Teil daran, dass viele der Schwierigkeiten, die Polizisten zunächst mit der Umsetzung der Diversion hatten, mittlerweile aufgrund ergänzender Erlasse ad acta gelegt wurden. Es zeigte sich zudem, dass die Polizisten, die fast ausschließlich mit Jugendsachen zu tun hatten, am deutlichsten der Meinung waren, dass die Richtlinien einen Fortschritt für ihre Arbeit gebracht hätte.

Die Befragung der Polizeibeamten war von vielen positiven Reaktionen begleitet. So bekam der Verfasser unter anderem einen mehrseitigen Brief, indem ein Beamter seine eigene Sicht zum Thema Diversion darlegte und seine Hoffnung zum Ausdruck brachte, dass durch diese Untersuchung die Akzeptanz weiter gesteigert werden könnte.

---

684 Trotz allem dürfte der Anstieg der Arbeitsleistungen zeigen, dass Polizisten grundsätzlich auf mehr Erziehung setzen.

685 86 Prozent aller Polizisten gaben an, Diversion habe zu Mehrarbeit geführt. Darunter waren immerhin 33 Prozent der Auffassung, es sei deutlich mehr zu tun als vor Einführung der Richtlinien.

b)   Akzeptanz beim Umfeld[686]

Wie bereits angedeutet, wurde häufiger beklagt, dass einzelne Beamte durch ihre Vorgesetzten zurückgehalten würden. Zudem wurden Befürchtungen laut, gute Ansätze im Diversionsverfahren würden von „oben" abgeblockt. Diese Äußerungen ließen befürchten, dass die Befragten ihren Vorgesetzten kein besonders gutes Zeugnis in Bezug auf deren Einstellung zur Diversion ausstellen würden. Diese Befürchtungen bestätigten sich allerdings nicht. Auf einer Skala von 1 (= sehr interessiert), bis 6 (= überhaupt nicht interessiert) benoteten die Polizeibeamten ihre Vorgesetzten im Schnitt mit 2,13. Dies stellt ein überaus positives Ergebnis dar. Nur vier Mal wurde die Note 5 verteilt und zwei Mal die Note 6, was jeweils lediglich 1 Prozent an der Gesamtzahl der befragten Beamten ausmacht. Dies darf natürlich nicht darüber hinwegtäuschen, dass für die besagten sechs Beamten der Arbeitsalltag mit viel Frustration verbunden sein dürfte.[687]

In Bezug auf das Interesse der Kollegen ergab sich ein etwas anderes Bild. Dort wurde ein Durchschnittswert von 2,92 ermittelt. Während 31 Prozent der Befragten angaben, dass ihr Vorgesetzter maximales Interesse zeige, war dies bezüglich der Kollegen lediglich ein Anteil von 8 Prozent. Allerdings dürfte für den mit Diversion befassten Sachbearbeiter die Einstellung des Vorgesetzten wichtiger sein. Von seinen Kollegen ist er bei der Ausführung der Arbeit nicht in dem Maße abhängig.

II.   Einfluss auf die Staatsanwaltschaft

Auch die Staatsanwaltschaft wird in den Richtlinien angesprochen. Allerdings beschränken sich die Ausführungen auf die erzieherische Ausprägung der Einstellungsnachricht und darauf, dass es der Staatsanwaltschaft überlassen bleibt, nach eigenem Ermessen eine von ihr für angebracht erachtete Form der Verfahrenseinstellung zu wählen oder gar Anklage zu erheben.

---

686 Als „Umfeld" soll in diesem Zusammenhang der Vorgesetzte und andere Kollegen des Sachbearbeiters gelten.

687 Die Frage, ob die Beamten eine Einschätzung über ihre Kollegen und ihren Vorgesetzten abgeben dürfen, war Gegenstand zahlreicher Diskussionen im Innenministerium. Schließlich wurde eine Skala von 1 bis 6 gewählt, um auszuschließen, dass vorgegebene Antworten das Ergebnis in irgendeine Richtung verfälschen können.

1. Veränderung im Verfahrensablauf

Im Folgenden wird vornehmlich auf das Telefonat mit der Polizei und die Einstellungsnachricht eingegangen.

a) Telefonat mit der Polizei

Die Staatsanwaltschaft ist bisweilen schon vor dem Erhalt der Akten in das Diversionsverfahren eingebunden. Im Rahmen von Telefongesprächen sollen Staatsanwälte aufgrund der Schilderung des Polizeibeamten vorgeschlagene Maßnahmen „genehmigen". Diese Veränderung dürfte den Verfahrensablauf für den Staatsanwalt am nachhaltigsten beeinflusst haben. Bei der Frage, was sich durch die Richtlinien verändert habe, wurde das Telefongespräch mit Abstand am häufigsten genannt. Die Länge und der Inhalt der Telefonate sind bereits ausführlich erörtert worden, auch, dass Staatsanwälte die Anrufe für notwendig halten.[688] Nach Meinung der Staatsanwälte ist das Telefonat sogar im Durchschnitt noch kürzer, als dies von den Polizeibeamten angegeben wurde. Insgesamt gaben 78 Prozent der befragten Staatsanwälte an, das Telefongespräch dauere nicht länger als fünf Minuten. Genauso wie die Polizeibeamten schlagen die Staatsanwälte vor allem gemeinnützige Arbeit vor. Allerdings ist zu beachten, dass die Vorschläge in der Regel zunächst vom Polizeibeamten unterbreitet wurden (Schaubild 32).

---

688 Siehe oben S. 193 ff.

**Schaubild 48: Angeregte Maßnahmen aus der Sicht der Staatsanwalt-
schaft**

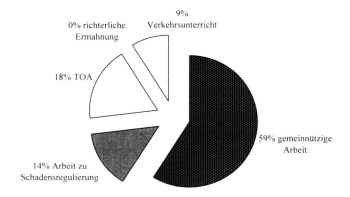

Bei den angeregten Maßnahmen ergeben sich keine signifikanten Unterschiede zur Polizei. Die richterliche Ermahnung spielte innerhalb der Maßnahmen
keine Rolle. Es wurden ausschließlich Maßnahmen aufgestellt, bei denen die
Polizei im Endeffekt die Überwachung übernimmt. Während die Mehrheit der
Polizeibeamten angab, niemals am Telefon korrigiert zu werden, waren sich
alle Staatsanwälte darüber einig, zumindest gelegentlich den Vorschlag des
Polizeibeamten abzuändern.

Die Polizeibeamten riefen auch in Fällen an, die schließlich nach § 45 Abs. 1
JGG eingestellt wurden. Gespräche mit Jugendstaatsanwälten zeigten, dass
diese daher relativ häufig angerufen wurden. Dass Polizeibeamte bei eigener
Unsicherheit anriefen, ist lobenswert. Für diese Unsicherheit zeigten einige
Staatsanwälte jedoch wenig Verständnis. Ihnen zufolge sollte weniger angerufen werden. Es fand sich allerdings eine deutliche Mehrheit unter den Staatsanwälten, die der Meinung war, dass zumindest im Einzelfall auch bei Fällen,
die auf eine Verfahrenseinstellung nach § 45 Abs. 1 JGG hinauslaufen, angerufen werden sollte.[689] Ebenso gab ein Drittel der Staatsanwälte an, dass überhaupt mehr angerufen werden sollte.

---

689 28 Prozent der Staatsanwälte waren der Meinung, es sollte bei § 45 Abs. 1 JGG immer angerufen werden, 53 Prozent waren der Auffassung, es sollte manchmal angerufen werden und 19
Prozent meinten, es sollte bei § 45 Abs. 1 JGG niemals angerufen werden.

Schaubild 49: Häufigkeit der Telefonate aus Sicht der Staatsanwälte

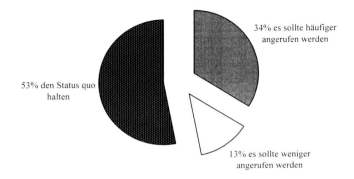

34% es sollte häufiger
angerufen werden

53% den Status quo
halten

13% es sollte weniger
angerufen werden

Es lässt sich festhalten, dass die Staatsanwälte in der Tendenz eher für eine Ausweitung der Anrufe sind, also eine verstärkte Kontrolle der Polizei und mehr Einflussnahme befürworten. Grundsätzlich sind sie aber mit dem Modus zufrieden. Dies zeigt sich unter anderem daran, dass die Mehrzahl den Status quo für gut befand.

Das Telefonat ist der effektivste Weg, um schnellen Kontakt herzustellen. Vor allem die Möglichkeit, sofort Nachfragen stellen zu können, stellt einen großen Vorteil gegenüber dem Schriftwechsel dar.[690] Die Staatsanwälte müssen diese Telefonate allerdings als Möglichkeit begreifen, die Polizei zu kontrollieren. Die Vorschläge der Polizisten sollen auf diese Weise durch einen Volljuristen überprüft werden. Dementsprechend müssen sich Staatsanwälte die nötige Zeit nehmen und gegebenenfalls Nachfragen stellen. Falls der Anruf als unnötig und lästig empfunden wird, wäre dieser Kontrollmechanismus ausgehebelt. Die Anrufe sollten jedenfalls nicht kürzer ausfallen, als sie ohnehin schon sind. Ansonsten wäre eine Kontrolle in keiner Weise mehr gewährleistet. Wie häufig tatsächlich bereits am Telefon korrigierend eingegriffen wurde, ließ sich nicht ermitteln. Die Aussagen von Polizei und Staatsanwaltschaft divergieren in diesem Punkt. In der Akte wurde nicht vermerkt, wenn ein Polizist aufgrund des Telefonats von seinem ursprünglichen Vorschlag abweichen musste. Den endgültigen Einstellungsvorschlag im schriftlichen Einstellungsvermerk korrigierten die Staatsanwälte immerhin in 30 Prozent aller Fälle, wobei in manchem Fall die Korrektur bereits am Telefon hätte er-

---

690 Darin zeigt sich auch ein Vorteil gegenüber elektronischer Post.

folgen müssen. Tendenziell dürfte aber die Kontrolle per Telefon nicht nur theoretisch ausreichen, sondern auch in der Praxis funktionieren.

Darüber hinaus ist es sinnvoll, wenn sich mehrere Personen über eine möglichst individuelle Reaktion Gedanken machen. Das Einschalten noch weiterer Beteiligter würde allerdings zu einer Verzögerung des Verfahrens führen. Der Status quo ist daher beizubehalten. Lieber sollte der Staatsanwalt einen Anruf zu viel erhalten als einen zu wenig.

Fraglos würde das Verfahren durch eine staatsanwaltliche Generalvollmacht, mit der dem Polizeibeamten erlaubt würde, in der Regel allein die Entscheidung zu treffen, noch stärker beschleunigt werden. Sinn des Telefonats ist jedoch nicht allein die Beschleunigung des Verfahrens, sondern vor allem eine möglichst effektive und einfach gestaltete Überwachung der Polizei sicherzustellen. Würde das Telefonat gestrichen, würde dieses Ziel aufgegeben werden. Angesichts der Kompetenzverlagerungen in Richtung der Polizei ist deren Kontrolle unabdingbar.[691] Das Telefonat gewährleistet eine gerade noch ausreichendes Maß an Überwachung. Angesichts der eingriffsintensiven Anregungen, welche die Richtlinien vorsehen, wäre es aus rechtsstaatlicher Sicht zu spät, wenn der Staatsanwalt erst nach Abschluss der Maßnahmen davon Kenntnis erhalten würde. Aufgrund der Effizienz ist am Telefonat, vorbehaltlich etwaiger rechtsstaatlicher Bedenken, in dieser Form festzuhalten.

b)   Einstellungsnachricht

Wird ein Verfahren komplett eingestellt, ist der Beschuldigte darüber zu benachrichtigen.[692] Der Inhalt der Einstellungsnachricht soll, so sehen es die Richtlinien unter Gliederungspunkt 3.2.1 vor, erzieherisch ausgeprägt sein. Wünschenswert wäre aus erzieherischer Sicht natürlich eine einzelfallbezogene Benachrichtigung, die sich mit der Persönlichkeit und dem Umfeld des Beschuldigten sowie den ergriffenen Diversionsmaßnahmen auseinandersetzt. Bei der Befragung gab jedoch keiner der Staatsanwälte an, er schreibe immer einzelfallbezogene Einstellungsnachrichten.

---

691 *Hübner/Kerner/Kunath/Planas* in DVJJ 1/1997, S. 27.

692 Vgl. den Gesetzestext von § 170 Abs. 2 StPO.

Schaubild 50: Erzieherische Ausprägung der Einstellungsnachricht aus Sicht der Staatsanwaltschaft

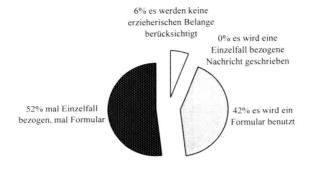

6% es werden keine erzieherischen Belange berücksichtigt

0% es wird eine Einzelfall bezogene Nachricht geschrieben

52% mal Einzelfall bezogen, mal Formular

42% es wird ein Formular benutzt

Die mangelnde Individualität der Einstellungsnachrichten, hat sich auch bei der Aktenuntersuchung gezeigt. Die ermittelten Werte verdeutlichen allerdings, dass die Selbsteinschätzung der Staatsanwälte von der Realität in den untersuchten Akten deutlich abwich. Im Untersuchungszeitraum im ersten Halbjahr 2000 waren in 95 Prozent aller Fälle Standardformulare verwandt worden. Im Vergleichszeitraum lag die Quote der individuellen Einstellungsnachrichten sogar bei lediglich 2 Prozent. Es ist daher fraglich, ob die Forderung der Richtlinien, die Einstellungsnachricht möglichst erzieherisch auszuprägen, erfüllt wird.

Spätestens in der Einstellungsnachricht muss der Beschuldigte darauf hingewiesen werden, dass eine Eintragung ins Erziehungsregister erfolgt. Dies verlangt das rechtsstaatliche Fairnessgebot. In den Vordrucken der Staatsanwaltschaften ist ein solcher Hinweis enthalten, so dass diesbezüglich eine Aufklärung gewährleistet ist. Da der Beschuldigte sich gegen die Eintragung nicht wehren kann, weil gegen Verfahrenseinstellungen keine Rechtsmittel statthaft sind, ist dieser Hinweis jedoch relativ nutzlos. Bei manchen Einstellungsnachrichten passte der vorgefertigte Text auch nur bedingt zur Tat und berücksichtigte zudem die Bemühungen um Schadenswiedergutmachung überhaupt nicht. Trotzdem dürfte dies einem jugendlichen Ersttäter selten auffallen. Er dürfte in der Regel nur feststellen, dass sich das von der Polizei gemachte Angebot bewahrheitet hat: Auf Zustimmung zum Diversionsverfahren folgt eine Verfahrenseinstellung und die Sache ist damit abgeschlossen.

Die eigentliche erzieherische Wirkung ist vom Verfahren ausgegangen. Wenn es Mängel im Verfahren gab, können diese durch eine erzieherische Ausprägung der Einstellungsnachricht nicht mehr ausgeglichen werden. Auf der anderen Seite kann auch ein unpersönlich gehaltenes Formular ein ansonsten gut durchgeführtes Diversionsverfahren nicht negativ beeinflussen. Die Einstellungsnachricht dürfte daher geringen Einfluss auf den Beschuldigten und sein künftiges Verhalten nehmen. Es kann davon ausgegangen werden, dass durch ein Diversionsverfahren unter Mitwirkung der Polizei die Einstellungsnachricht an Bedeutung für das gesamte Verfahren verloren hat. Wenn früher die Akte gleich von der Polizei nach der Vernehmung der Staatsanwaltschaft übermittelt wurde, dann spielte sich das Verfahren von nun an, auch für den Beschuldigten, auf der staatsanwaltlichen Ebene ab. Umso mehr wartete er auf den Abschluss des Verfahrens durch die Staatsanwaltschaft. Im aktuellen Diversionsverfahren steht das Angebot des Polizeibeamten im Raum, nach Abschluss der angeregten Maßnahme oder dem erzieherischen Gespräch eine Verfahrenseinstellung gegenüber dem Staatsanwalt vorzuschlagen. Dabei dürfte der Polizist dem Jugendlichen versichern, dass die Staatsanwaltschaft in der Regel dem Vorschlag folgt. Der Jugendliche müsste daher verstärkt das Gefühl haben, dass mit dem Abschluss auf der polizeilichen Ebene das Verfahren so gut wie eingestellt ist und er relativ sicher sein kann, dass die gewünschte Folge eintritt. Die Einstellungsnachricht bildet deshalb eher einen rein formalen Abschluss. Davon abgesehen sollte die Erziehung im Diversionsverfahren nicht übertrieben werden, da die Mehrzahl der Beschuldigten keine erzieherischen Defizite aufweist.[693] Das Formular reicht daher vollkommen aus, um den Anforderungen der Richtlinien gerecht zu werden.

Aus arbeitsökonomischer Sicht ist ein Formular begrüßenswert, da es Zeit einspart. Die Staatsanwälte machen sich die Praxis daher zu Recht einfach.[694]

c)   Delegation von Aufgaben

Eine weitere Veränderung, die sich für die staatsanwaltliche Praxis ergeben hat, ist die Verlagerung von Maßnahmen nach § 45 Abs. 2 JGG aus dem Überwachungsbereich der Staatsanwaltschaft in denjenigen der Polizei. Zwar ist der Staatsanwalt in den Prozess der Auswahl der geeigneten Maßnahme einbezogen, da er eine Zustimmung zur Anregung solcher Maßnahmen geben muss, die Abwicklung und Überwachung unterfällt nunmehr aber der polizeilichen Organisation. Während beispielsweise ein Täter-Opfer-Ausgleich im

---

693 *Lehmann*, S. 26; *Trenczek* in DVJJ 1/1991, S. 8 und in DVJJ 1/1994, S. 34.

694 Anders sieht dies *Weyel* in DVJJ 3/1998, S. 207, welcher der Meinung ist, diese Handhabung sei zu „lapidar“.

ersten Halbjahr 1998 noch von der Staatsanwaltschaft organisiert wurde, übernahm das im Jahr 2000 die Polizei. Dies muss zwangsläufig zu einer Entlastung der Staatsanwaltschaft führen. Angesichts der geringen Zahl der Fälle, in denen ein förmlicher Täter-Opfer-Ausgleich zur Anwendung kam, dürfte dies jedoch zu keiner nennenswerten Zeitersparnis geführt haben. Da mit der Verlagerung auf die Polizei die Anzahl der Maßnahmen deutlich zugenommen hat, war der Arbeitsaufwand, den nun die Polizei zu bewältigen hat, nicht mit einem Wegfall von Arbeit auf Seiten der Staatsanwaltschaft verbunden. Durch die umgestaltete Aufgabenverteilung hat die Staatsanwaltschaft also nur geringfügig profitiert, während das gesamte Verfahren letztlich aufwändiger wurde.

d)   Veränderungen bei der Verfahrenseinstellung

Die Polizeibeamten schlagen zwar in der Regel eine Verfahrenseinstellung nach § 45 Abs. 1 JGG vor, die Staatsanwaltschaft ist an diesen Vorschlag jedoch nicht gebunden. Die Richtlinien stellen klar, dass es der Staatsanwaltschaft unbenommen bleibt, vom Vorschlag des Polizeibeamten abzuweichen und sich auch in Fällen für eine Verfahrenseinstellung nach § 45 Abs. 1 JGG oder § 45 Abs. 2 JGG zu entscheiden, in denen ein richtlinienkonformes Diversionsverfahren nicht durchgeführt worden ist. Häufig wird der Vorschlag des Polizeibeamten jedoch übernommen, wie Zahlen der tatsächlichen Verfahrenseinstellungen in den untersuchten Halbjahren zeigen.

Die Polizeibeamten schlugen im ersten Halbjahr 2000 in 79 Prozent der Fälle eine Einstellung nach § 45 Abs. 1 JGG vor. Für eine Verfahrenseinstellung gemäß § 45 Abs. 2 JGG entschieden sich 18 Prozent.[695] Bei der Auswertung der Erfassungsbögen lag das Verhältnis 80,6 Prozent für § 45 Abs. 1 JGG zu 17,9 Prozent für § 45 Abs. 2 JGG.[696] Die Zahlen zu den endgültigen Verfahrenseinstellungen, die von den Staatsanwälten vorgenommen wurden, zeigten ein etwas anderes Bild, wobei die Dominanz des § 45 Abs. 1 JGG ungebrochen blieb.

---

695 Vgl. Schaubild 37 oben S. 204.

696 Auf § 45 Abs. 3 entfielen 1,5 Prozent.

Schaubild 51: Tatsächliche Einstellungen und Anklagen im ersten Halbjahr 2000

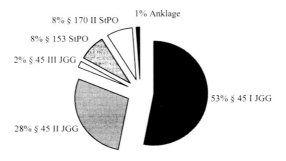

Es zeigten sich sowohl Abweichungen in Richtung einer eingriffsintensiveren Einstellungsnorm in Form des § 45 Abs. 2 JGG als auch Veränderungen zu Gunsten der weniger einschneidenden Norm des § 153 StPO. Vorschläge der Polizeibeamten für eine Verfahrenseinstellung nach § 153 StPO konnten in dieser Untersuchung allerdings nicht ermittelt werden. Die Diversionserfassungsbögen sehen einen solchen Vorschlag nicht vor. Es lässt sich erkennen, dass die Staatsanwälte die Fälle ähnlich beurteilen wie die Polizeibeamten, aber bei einer Vielzahl von Fällen zu einem anderen Ergebnis kommen. Dass die Korrekturen in der Regel erfolgen, um überzogene Vorschläge der Polizisten zurückzunehmen, ist nicht der Fall. Bei den Änderungen ist weder eine eindeutige Tendenz hinsichtlich einer Verschärfung noch einer Entschärfung festzustellen.[697]

Für die Vergleichsfälle aus dem ersten Halbjahr 1998 ergab sich das in Schaubild 52 abgebildete Ergebnis:

---

697 Vgl. oben S. 213 ff.

Schaubild 52: Tatsächliche Einstellungen und Anklagen im ersten Halbjahr 1998

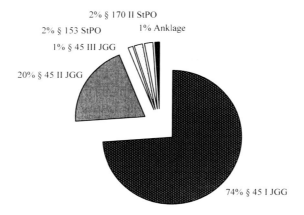

Der Anteil von § 45 Abs. 1 JGG an allen Verfahrenseinstellungen war in diesem Zeitraum deutlich größer. Die zwei Jahre später zu erkennende Einbuße von über 20 Prozent im Bereich des § 45 Abs. 1 JGG ging vor allem auf den Zuwachs im Bereich des § 45 Abs. 2 JGG zurück. Es wäre allerdings verfehlt, daraus eine Verschärfung aufgrund der Richtlinien herauszulesen.[698] Auch die Verfahrenseinstellungen nach § 153 StPO und § 170 Abs. 2 StPO haben im Vergleichszeitraum deutlich an Gewicht gewonnen.

Interessant sind die unterschiedlichen Ergebnisse bezüglich der einzelnen Landgerichtsbezirke im ersten Halbjahr 2000.

---

698 Wie gezeigt lag diese Veränderung vor allem an den Staatsanwälten (oben S. 213 ff.).

**Schaubild 53: Tatsächliche Einstellungen in den einzelnen Landgerichts-
bezirken im ersten Halbjahr 2000 (in Prozent)**

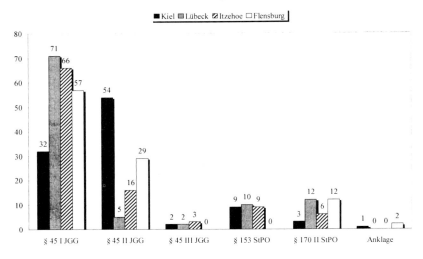

Besonders die großen Unterschiede zwischen Kiel und Lübeck fallen ins Auge. In Kiel wurden Verfahren sogar häufiger nach § 45 Abs. 2 JGG eingestellt
als nach § 45 Abs. 1 JGG. Außerdem sind Parallelen zu den polizeilichen
Vorschlägen ersichtlich. In Kiel und Flensburg wurde auch von den Polizeibeamten am häufigsten § 45 Abs. 2 JGG vorgeschlagen (Schaubild 38). Dies
ist ein Indiz dafür, dass der Vorschlag eine gewisse Bindungswirkung entfaltet. Allerdings waren die Unterschiede zwischen den Landgerichtsbezirken bei
den Vorschlägen der Polizei deutlich weniger gravierend. Die Staatsanwaltschaft in Kiel hat die polizeilichen Vorschläge aus nicht nachvollziehbaren
Gründen häufig zum Nachteil der Beschuldigten abgeändert. Da die Staatsanwaltschaft selbst keine Maßnahmen mehr anregt, mussten die Beschuldigten
keine zusätzlichen „Opfer" bringen. Doch sind sie bei Folgeverfahren gegenüber anderen Beschuldigten in den übrigen Landgerichtsbezirken benachteiligt.

2. Schulung der Staatsanwälte

Da sich für die Staatsanwälte nicht so viel geändert hat wie für Polizeibeamte, ist eine spezielle Schulung für Diversionsverfahren nicht im gleichen Maße erforderlich. Zudem haben sich für die Staatsanwälte keine Veränderungen ergeben, die ihrem bisherigen Arbeitsfeld fremd sind. Von ihnen werden keine zusätzlichen pädagogischen und juristischen Fähigkeiten verlangt. Allerdings übernimmt der Staatsanwalt nun Verantwortung für Maßnahmen, denen er lediglich am Telefon zustimmt. Diese geänderte Arbeitsweise verlangt stärkere Aufmerksamkeit. Der Staatsanwalt muss unter Umständen mit weniger Informationen einen Fall beurteilen und darf sich nicht damit begnügen, nur die polizeilichen Vorschläge zu bestätigen. Ob diese Veränderungen eine Schulung notwendig machen, ist fraglich. Aber zumindest zu Anfang der Tätigkeit im Dezernat für Jugendsachen sollte der Staatsanwalt umfangreich über das Diversionsverfahren informiert werden. Das bloße Abheften von Informationspapier dürfte nicht ausreichen, um der Verantwortung gerecht zu werden.[699]

Über die Hälfte der Staatsanwälte erklärten in ihren Fragebögen, sie seien durch eine Rundverfügung der Behördenleitung informiert worden. 28 Prozent gaben an, ihre Informationen über die Richtlinien entstammten der eigenen Kenntnis. Unter den übrigen Gründen dominierte die Information durch Kollegen. Bei der Frage, ob mehr Schulungen durchgeführt werden sollten, zeigte sich verständlicher Weise ein anderes Bild als bei den Polizeibeamten. Insgesamt 53 Prozent der Staatsanwälte sahen dafür keine Notwendigkeit. Dieses Antwortverhalten kann natürlich auch damit zusammenhängen, dass zusätzliche Schulungen mit zusätzlichem Aufwand verbunden sind und daher eher ungewünscht sind. Es spricht jedoch einiges dafür, dass Staatsanwälte der Meinung sind, über das nötige Wissen zu verfügen. Mangelnde Grundkenntnisse wurden seitens der Staatsanwaltschaft lediglich den Polizeibeamten vorgeworfen. 79 Prozent der Staatsanwälte fühlten sich ausreichend informiert. Bevor über Schulungen der Staatsanwälte nachgedacht wird, sollten daher die Schulungsmöglichkeiten der Polizei verbessert werden.

3. Akzeptanz der Diversion

Auf Seiten der befragten Staatsanwälte fand sich niemand, der in den Richtlinien zum Diversionsverfahren keinen Fortschritt sah.

---

699 Vgl. *Ostendorf/KrimZ*, S. 133, wonach die Spezialkenntnisse, die § 37 JGG von den Jugendstaatsanwälten einfordert, häufig nicht vorhanden sind.

Schaubild 54: Ergab sich aus Sicht der Staatsanwälte ein Fortschritt aus der Einführung der Richtlinien?

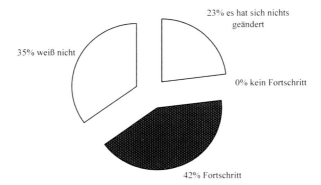

23% es hat sich nichts geändert

35% weiß nicht

0% kein Fortschritt

42% Fortschritt

Sofern Angaben zu Fortschritten gemacht wurden, sahen die Staatsanwälte diese vor allem in der schnelleren Reaktion gegenüber dem Beschuldigten.[700]

In einzelnen Gesprächen mit Jugendstaatsanwälten wurde der Eindruck, dass Staatsanwälte Diversion befürworten, noch verstärkt. Auch im Einführungslehrgang bei der Staatsanwaltschaft für Rechtsreferendare wurde das Thema Diversion kurz angesprochen und als sinnvolle Alternative zum formellen Strafprozess dargestellt. Die Staatsanwälte halten die Sanktionen im Bagatellbereich im weitaus größeren Maße für ausreichend als die Polizeibeamten. Von den befragten Staatsanwälten gaben 88 Prozent an, die Strafen im Bagatellbereich seien ausreichend. Das zeigt eine Grundzufriedenheit mit dem Status quo, die von der Polizei nicht erreicht wird. Diese Zufriedenheit lässt sich auch dem folgenden Schaubild entnehmen:

---

700 Dies war auch bei den Polizeibeamten die häufigste Antwort, vgl. Schaubild 43 (oben S. 212).

Schaubild 55: Sollte Diversion aus Sicht der Staatsanwälte gefördert werden?

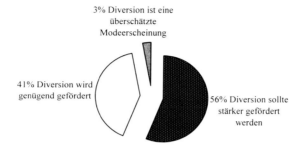

3% Diversion ist eine
überschätzte
Modeerscheinung

41% Diversion wird
genügend gefördert

56% Diversion sollte
stärker gefördert
werden

Die Aussage der Staatsanwälte, Diversion werde genügend gefördert, ist nicht unbedingt negativ zu verstehen. Darin kann sich auch eine Zufriedenheit mit dem Status quo widerspiegeln. Lediglich ein Staatsanwalt hält Diversion für eine überschätzte Modeerscheinung. Die jahrelange Erfahrung mit Diversion scheint überzeugende Wirkung entfaltet zu haben. Im Gegensatz zu den Polizisten nannten die Staatsanwälte keinerlei Anlaufschwierigkeiten, die ihre eigene Arbeit betroffen hätten. Nur 12 Prozent gaben überhaupt an, es habe Schwierigkeiten gegeben und diese lagen den Staatsanwälten zufolge sämtlich an der mangelnden Kompetenz der Polizei.

Auch die Staatsanwälte wurden befragt, wie ihrer Meinung nach ihr Vorgesetzter zum Thema Diversion steht.[701]

---

701 Die Abweichung zur Befragung der Polizeibeamten, die eine Skala von 1 bis 6 als Bewertungsgrundlage hatte, ergibt sich aus den Änderungen der Antwortmöglichkeit beim Polizeifragebogen. Die Änderungen waren notwendig, da das Innenministerium eine Bewertung des Vorgesetzten bei der polizeilichen Befragung als problematisch angesehen hatte. Die Generalstaatsanwaltschaft, welcher der staatsanwaltliche Fragebogen vorgelegt wurde, hatte hingegen keinerlei Bedenken gegen diese Fragestellung.

**Schaubild 56: Wie steht der Vorgesetzte dem Thema Diversion gegen-
über?**

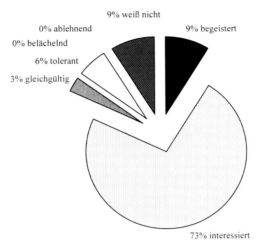

9% weiß nicht

0% ablehnend

0% belächelnd

6% tolerant

3% gleichgültig

9% begeistert

73% interessiert

Das Ergebnis entspricht im Wesentlichen dem der Befragung der Polizeibeamten. In beiden Befragungen wurde den Vorgesetzten eine positive Einstellung bescheinigt. Es lässt sich nicht erkennen, dass Diversion bei der Staatsanwaltschaft in irgendeiner Form behindert würde. Diversion wird von der
Staatsanwaltschaft nicht nur akzeptiert, sondern als positiv und unterstützens-
wert angesehen.

III. Zusammenarbeit von Staatsanwaltschaft und Polizei

Die Richtlinien verlagern Kompetenzen von der Staatsanwaltschaft in Richtung Polizei. Die Staatsanwaltschaft soll allerdings immer noch die nötige
Kontrolle ausüben und Herrin des Vorverfahrens bleiben. Dies kann nur durch
eine verstärkte Zusammenarbeit und Kontrollmechanismen gewährleistet
werden.

Eine engere Zusammenarbeit ist dementsprechend von den Richtlinien vorgesehen. Vor allem das Telefonat, das bei einer sich andeutenden Verfahrenseinstellung nach § 45 Abs. 2 JGG geführt werden soll, führt zu einem engeren
Kontakt zwischen dem Jugendsachbearbeiter bei der Polizei und seinem Pendant bei der Staatsanwaltschaft. Da nach dem ergänzenden Erlass zu den
Richtlinien das Gespräch nicht mit einem Bereitschaftsstaatsanwalt geführt

werden soll, muss sich der Polizeibeamte bemühen, mit dem zuständigen Staatsanwalt aus dem Jugenddezernat zu sprechen. Die verbesserte Erreichbarkeit des Jugendstaatsanwalts und der Wunsch nach einem festen Ansprechpartner gehört zu den meist genannten Verbesserungsvorschlägen, die Polizeibeamte bezüglich der Zusammenarbeit mit der Staatsanwaltschaft nannten.

Schaubild 57: Verbesserungsvorschläge der Polizeibeamten bezüglich der Zusammenarbeit Polizei/Staatsanwaltschaft (in Prozent)[702]

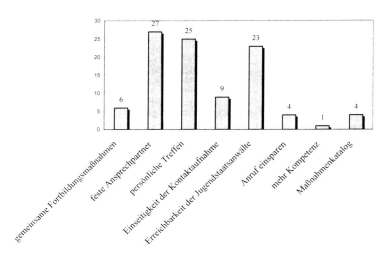

Das Ergebnis lässt darauf schließen, dass Polizeibeamte häufig mehrere Versuche unternehmen müssen, um ihren Ansprechpartner zu erreichen und dass dies die Arbeit aufhält oder den einzelnen Beamten stört. Deswegen wurde bei den Antworten „fester Ansprechpartner erwünscht" auch einige Male vorgeschlagen, einen zentralen Ansprechpartner in der Staatsanwaltschaft einzusetzen.[703] Dies hätte aus Gründen der Effektivität den Vorteil, dass Probleme mit der Erreichbarkeit entfielen. In Berlin wurde dies in der Form umgesetzt, dass ein Abteilungsleiter und sein Stellvertreter für alle Anfragen zuständig sind. Trotzdem ist dieser Vorschlag aus bereits genannten Gründen wenig sinn-

---

702 Von den befragten Polizeibeamten hatten insgesamt 22 Prozent Verbesserungsvorschläge gemacht. Keine Verbesserung der Zusammenarbeit konnten sich 51 Prozent vorstellen und 27 Prozent beantworteten die Frage mit „weiß nicht".

703 Dies wurde von den Polizisten handschriftlich am Rand der Fragebögen vermerkt.

voll.[704] Nur wenn derjenige, der angerufen wird und derjenige, der später den Fall bearbeitet, identisch sind, unterliegt die Arbeit der Polizei einer ausreichenden Kontrolle. Wenn man den Polizeibeamten schon umfangreiche Kompetenzen zuweist, muss zumindest eine möglichst effektive Überwachung gewährleistet sein. Die schlechte Erreichbarkeit des einzelnen Jugendstaatsanwalts ist daher hinzunehmen.

Viele Polizeibeamten befürworteten auch ein persönliches Treffen mit ihrem Ansprechpartner. Dies ergab sich nicht nur daraus, dass dies bei einem Viertel der Verbesserungsvorschläge geäußert wurde, sondern auch aus Antworten, die an anderer Stelle der Fragebögen gegeben wurden.[705] Damit waren allerdings nicht Treffen anstelle von Telefonanrufen gemeint, um den einzelnen Fall zu beraten, sondern ein persönliches Treffen, um sich besser kennen zulernen. Vorgeschlagen wurden z. B. Treffen in ein- oder halbjährigem Abstand abzuhalten, um über die Probleme und Fortschritte der Zusammenarbeit zu sprechen. In meinen Augen ist dies ein guter Gedanke, der für die Zusammenarbeit nur förderlich sein kann und eventuelle Berührungsängste abzubauen hilft. Aus der Sicht einer effektiven Zusammenarbeit sollte über diesen Vorschlag nachgedacht werden. Der Turnus sollte allerdings nicht zu kurz gewählt werden, damit die Treffen sich auch inhaltlich lohnen.

Einen engeren Kontakt würden auch gemeinsame Fortbildungsmaßnahmen fördern, die von einigen Polizeibeamten vorgeschlagen wurden. Zu beachten ist allerdings, dass die Anforderungen im Diversionsverfahren an die Beteiligten und die Veränderungen, die sich aus den Richtlinien ergeben haben, sehr unterschiedlich sind. Außerdem steigen der Polizist und der Staatsanwalt bezüglich juristischer Fragen mit vollkommen unterschiedlichem Hintergrundwissen ein. Um einen Überblick und ein Gefühl für den gesamten Ablauf zu bekommen, ist eine gemeinsame Fortbildung für einzelne Aspekte des Diversionsverfahrens möglicherweise sinnvoll. Die Umsetzung anderer Verbesserungsvorschläge ist aber dringlicher und von größerem praktischen Nutzen.

Vereinzelt bemängelten die Polizeibeamten die einseitige Kontaktaufnahme. Die Initiative ginge immer von ihnen aus, die Staatsanwaltschaft käme ihnen zu wenig entgegen. Die Richtlinien sehen allerdings zumindest bezüglich des Telefonats die Initiative auf Seiten der Polizei. Zudem bekommen naturgemäß die Polizeibeamten den Fall zuerst zu Gesicht. Die Initiative muss daher zwangsläufig von ihnen gestartet werden. Hinter diesem Wunsch verbirgt sich möglicherweise auch das ungute Gefühl, immer erst andere Personen fragen

---

704 Vgl. oben S. 92.

705 Dies wurde z. B. auch bei Frage 27 – „Hat sich die Zusammenarbeit mit der Staatsanwaltschaft durch die Einführung der Richtlinien verändert?" – geäußert.

zu müssen, bevor man selbst eine Entscheidung treffen darf. Dies mag mit dem Empfinden einhergehen, von Staatsanwälten grundsätzlich als Hilfsbeamter angesehen zu werden, der nicht über die gleiche Qualifikation verfügt. Da einzelne Polizeibeamte auch angaben, die Arbeit würde von der Staatsanwaltschaft auf die Polizei abgewälzt, ist es verständlich, dass es bei diesen Beamten keine Begeisterung auslöst, wegen „fremder" Arbeit auch noch anrufen zu müssen. In diese Richtung dürften auch die Vorschläge gehen, den Anruf zukünftig einzusparen oder die Kompetenzen für Polizeibeamte auszuweiten. Zwar könnte dadurch noch mehr Zeit eingespart werden, diese Veränderungen sind aber aus rechtsstaatlichen Gründen abzulehnen.[706]

Ein Maßnahmenkatalog würde in eine ähnliche Richtung tendieren: weniger Kontrolle und schnellere Abwicklung. Die Polizeibeamten gaben bei der Frage nach Anfangsschwierigkeiten an, beispielsweise kein Gefühl für die Bemessung der Arbeitsstunden zu haben. Dies wurde mit den ergänzenden Regelungen zu den Richtlinien etwas entschärft, indem als Obergrenze sechs bis acht Stunden festgelegt wurde. Trotzdem ist es immer noch schwierig, in diesem Spektrum das richtige Maß zu finden. Ein Maßnahmenkatalog, in dem beispielhaft Maßnahmen für bestimmte Fallkonstellationen aufgeführt sind, vereinfacht die Wahl etwas. Dies kann jedoch kein Gespräch mit einem Staatsanwalt ersetzten. Ein Maßnahmenkatalog führt zudem dazu, unterschiedliche Fälle über einen Kamm zu scheren oder regt dazu an, einen Fall unbedingt einer Maßnahmen zuordnen zu müssen. Eine effektive Maßnahme muss auf den Einzelfall zugeschnitten sein und darf nicht aus einem Maßnahmenkatalog entnommen werden, nur weil bei einem Delikt dieser Art eine Maßnahme in der Regel Erfolg verspricht. Wenn unter Effektivität nicht nur Zeitersparnis zu verstehen ist, sondern auch wirksame Spezialprävention, kann ein Maßnahmenkatalog nicht befürwortet werden. Allenfalls als Hilfe für den telefonischen Vorschlag wäre so etwas unter der Prämisse überlegenswert, dass sich Polizei und Staatsanwaltschaft im Gespräch von diesem Katalog lösen können. Kompetenz gewinnt der Polizeibeamte aber eher, wenn er sich ohne Katalog dem einzelnen Fall widmet und sich Gedanken zur Maßnahme macht. Darüber hinaus beantwortet der Maßnahmenkatalog nicht die schwierige Frage, ob im Einzelfall überhaupt eine Arbeitsstunde notwendig ist. Insofern wäre auch mit einem Katalog nicht viel Zeit gewonnen, da diese Frage in jedem Fall zu klären ist.

---

706 Vgl. unten S. 299 ff.

Die Staatsanwälte selbst machten ebenfalls Verbesserungsvorschläge:

Schaubild 58: Verbesserungsvorschläge der Staatsanwälte bezüglich der Zusammenarbeit Polizei/ Staatsanwaltschaft (in Prozent)

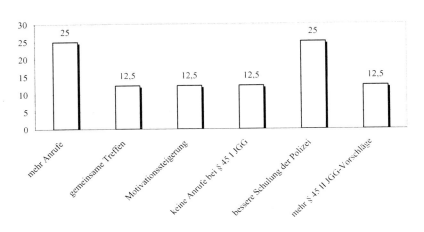

33 Prozent der Staatsanwälte sahen einen Verbesserungsbedarf. Allerdings äußerten sich nur 80 Prozent davon in der oben dargestellten Art und Weise. Der Rest machte keine konkreten Vorschläge. Aufgrund der geringen Datenmenge sind die Ergebnisse mit Vorsicht zu behandeln. Es zeigt sich wie schon bei der Frage nach der Häufigkeit der Anrufe, dass die Staatsanwälte bezüglich der Telefonate kontroverse Meinungen vertreten. Einige fühlten sich dadurch offenbar gestört, andere bemängelten, dass viel zu selten angerufen werde. Interessant ist die Tatsache, dass auch von Seiten der Staatsanwälte ein persönliches Treffen angeregt wurde. Wenn beide Seiten dies befürworten, sollte es auch einen unbürokratischen Weg geben, diese Vorschläge in die Tat umzusetzen.

Dass Polizeibeamte in der Tat besser geschult werden müssen, wie es einige Staatsanwälte ansprechen, wurde bereits geschildert.[707] Die Aussage der Staatsanwälte macht diese Misere jedoch umso deutlicher. Dass aber Staatsanwälte den Polizeibeamten grundsätzlich die notwendige Kompetenz zusprechen, zeigt, dass keiner der Staatsanwälte die Meinung vertritt, die Richtlinien könnten den Polizisten überfordern.

---

707 Siehe dazu oben S. 225 ff.

Insgesamt sehen beide Seiten die Zusammenarbeit jedoch als unproblematisch und zufriedenstellend an. Dies zeigt sich schon daran, dass 47 Prozent der Staatsanwälte und sogar 51 Prozent der Polizeibeamten der Meinung waren, dass die Zusammenarbeit nicht verbesserungsfähig sei. Dies sind keine Bekundungen der Meinung, es könnte sowieso nichts geändert werden. Vielmehr wurde in sehr vielen Fragebögen diese Frage betreffend am Rand des Blattes vermerkt, dass die Zusammenarbeit hervorragend sei. Dies wird noch deutlicher, wenn man sich die Ergebnisse der Frage: „Hat sich die Zusammenarbeit mit der Staatsanwaltschaft bzw. Polizei durch die Einführung der Richtlinien verändert?" anschaut. Zwar gab in beiden Gruppen die Mehrheit an, die Zusammenarbeit habe sich nicht oder kaum verändert[708], diejenigen jedoch, die sich zu den Änderungen äußerten, waren fast sämtlich der Meinung, es habe sich eine positive Veränderung ergeben.

Schaubild 59: Veränderungen in der Zusammenarbeit zwischen Polizei und Staatsanwaltschaft (in Prozent)

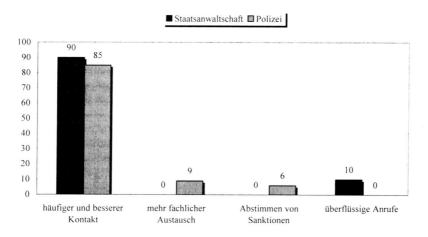

Der engere Kontakt zwischen Polizei und Staatsanwaltschaft wurde fast durchweg als Fortschritt angesehen. Die Richtlinien dürften, auch wenn dies

---

708 Bei den Polizeibeamten gaben 24 Prozent an, die Arbeit habe sich nicht verändert und 34 Prozent, die Arbeit habe sich kaum verändert. Bei den Staatsanwälten waren 16 Prozent der Meinung, es habe keine Veränderung gegeben und für 52 Prozent hat sich kaum etwas verändert.

nicht das vorrangige Ziel gewesen ist, zu einem besseren Verhältnis von Polizei und Staatsanwaltschaft geführt haben.

B. Umsetzung der Ziele der Richtlinien

Ob eine Maßnahme effektiv ist, lässt sich unter anderem daran ablesen, ob die mit ihr angestrebten Ziele erreicht werden. Die Richtlinien verfolgen eine Reihe von Intentionen, die unterschiedliche Gewichtungen haben und mit unterschiedlichem Erfolg umgesetzt wurden. In der Folge werden einige der wichtigsten Ziele betrachtet.

I. Wirksame Bekämpfung von Bagatellkriminalität

Diversion soll vor allem im Bereich von Bagatellkriminalität zum Einsatz kommen. Dahinter steht nicht nur die Überlegung, die Arbeit in diesem Bereich ökonomischer zu gestalten, sondern auch der Wunsch, diese Form der Kriminalität so wirksam wie möglich zu bekämpfen.

1. Individuelle Reaktion

Im Allgemeinen Strafrecht werden mit Sanktionen general- und spezialpräventive Zwecke verfolgt. Im Jugendstrafrecht soll grundsätzlich nur Spezialprävention zur Anwendung kommen.[709] Dies gilt auch für die Diversionsmaßnahmen.[710] Die spezialpräventive Wirkung ist umso größer, je individueller die Reaktion ausfällt. Das Diversionsverfahren bietet vergleichsweise viele Möglichkeiten individuell auf eine Straftat und den Täter zu reagieren. Die einzelnen Reaktionsmöglichkeiten sind zum Teil schon vorgestellt worden, auf andere soll an späterer Stelle noch ausführlicher eingegangen werden.[711] Den geringst möglichen Eingriff in Persönlichkeit und Umfeld des Beschuldigten gewährleistet die Null-Reaktion, also lediglich die mündliche oder schriftliche Vernehmung des Beschuldigten, ohne weitere Maßnahmen vorzunehmen. Eine Stufe intensiver ist das erzieherische Gespräch. Ebenfalls für eindeutige Bagatelltaten gedacht ist die Anregung zur sofortigen Entschuldigung vor Ort und zur sofortigen Schadenswiedergutmachung. Ein formloser Täter-Opfer-Ausgleich steht grundsätzlich bereits unter dem Vorbehalt, von der Staatsanwaltschaft genehmigt zu werden. In diesen Bereich gehören auch

---

709 *Heinz/Storz*, S. 62.

710 *Hübner/Kerner/Kunath/Planas* in DVJJ 1/1997, S. 28.

711 Siehe unten S. 262 ff.

die Zahlung eines Geldbetrags, die gemeinnützige Arbeit, die Arbeit zur Schadensregulierung, der förmliche Täter-Opfer-Ausgleich und der Verkehrsunterricht. Auch die in § 45 Abs. 3 JGG genannten Reaktionen wie etwa die Ermahnung durch den Jugendrichter kommen in Betracht. Schließlich gibt es für den Polizisten auch die Möglichkeit, bei Bedarf Hilfsangebote zu unterbreiten. Diese dürften allerdings nur in Fällen sinnvoll sein, in denen sich z. B. offensichtliche Erziehungsdefizite zeigen.

Dem Polizeibeamten stehen daher eine Fülle von Möglichkeiten offen, um auf den Einzelfall möglichst individuell zu reagieren. Dabei kann er die nichtstaatlichen Reaktionen, wie z. B. die Reaktionen der Eltern, berücksichtigen.[712] Die Maßnahmen lassen sich zudem untereinander kombinieren. Theoretisch müsste sich für jeden Bagatellfall ein passendes Paket schnüren lassen, das aus spezialpräventiver Sicht optimal auf den Beschuldigten zugeschnitten ist. Flexibler und damit effektiver kann eine Reaktionsmöglichkeit kaum ausfallen.

2. *Erfolge in der Kriminalitätsbekämpfung*

Um einen Erfolg in der Bekämpfung von Kriminalität mit Hilfe der Richtlinien nachweisen zu können, müssten die Rückfallquoten vor und nach der Einführung der Richtlinien verglichen werden. Eine solche Untersuchung für die Fälle aus dem Jahr 2000 wäre zum Zeitpunkt der Aktenauswertung möglicherweise noch verfrüht gewesen, da langfristige Entwicklungen noch nicht absehbar gewesen wären. So bleiben für diese Arbeit zum einen nur berechtigte Hoffnungen, dass eine möglichst individuelle Reaktion die beste Vorsorge vor weiteren Straftaten bietet und zum anderen ein Blick auf Aussagen einzelner Polizisten zu dieser Frage.

Einige Polizeibeamte wiesen in Gesprächen darauf hin, dass die „neue" Diversion wirksamer sei. Die Beschuldigten würden ihren Ansprechpartner bei der Polizei kennen. Zumindest in kleineren Ortschaften könne der Polizist aufgrund seiner Kenntnisse über den Beschuldigten und sein Umfeld mit den gewonnenen Kompetenzen einen nachhaltigen Eindruck hinterlassen. Die Polizeibeamten betonten häufig, dass dies auch für die Jugendlichen von Vorteil sei, weil sie das Ausmaß, den Verlauf und das Ergebnis eines Diversionsverfahrens besser überblicken könnten, wenn die Polizei für fast alles zuständig sei. Einige Polizeibeamte berichteten auch über einen Rückgang von Straftaten in ihrem Bezirk. Nach deren Aussage soll eine generalpräventive Wirkung von der praktischen Umsetzung der Richtlinien ausgehen, da sich unter

---

712 *Eisenberg* JGG, § 45 Rdnr. 19; *Brunner/Dölling*, § 45 JGG Rdnr. 18.

den Jugendlichen herumspricht, dass sich der Polizeibeamte vor Ort stärker mit Kleinstkriminalität auseinandersetzt.[713] Es ist denkbar, dass die Nähe des Polizisten zum Fall in kleineren Ortschaften einzelnen Tätern auch peinlich ist. Während zuvor die zumeist weit entfernte Staatsanwaltschaft für den größten Teil des Verfahrens zuständig war, ist es nun der unter Umständen persönlich bekannte Polizeibeamte aus dem eigenen Wohnort.

Aus diesen wenigen Aussagen lassen sich keine Schlüsse ziehen, die man als wissenschaftliche Erkenntnisse deklarieren könnte. Es ist aber zumindest gut vorstellbar, dass die Beobachtungen der Polizeibeamten mit einer erfolgreichen Bekämpfung der Bagatellkriminalität einhergehen. Die Beschuldigten haben vor den Polizisten in den meisten Fällen Respekt. Dies ergibt sich sowohl aus den Reaktionen der Beschuldigten, die in den Akten geschildert wurden, als auch aus der hohen Anzahl der Polizeibeamten, die angaben, die Beschuldigten seien vom ersten Zugriff und der Vernehmung sehr beeindruckt (Schaubild 22). Wenn der Kontakt zwischen Polizei und Beschuldigten intensiviert wird, wie es aufgrund der Richtlinien der Fall ist, könnte die von einigen Polizisten beschriebene Wirkung tatsächlich eintreten. Darüber hinaus ist schon in anderen Untersuchungen festgestellt worden, dass formelle Reaktionen gegenüber der Diversion sowohl spezialpräventiv als auch generalpräventiv nicht überlegen sind.[714] Formelle Verfahren können die Spontanremission[715], die bei Jugendlichen zu beobachten ist, in einigen Fällen sogar negativ beeinflussen.

Die Beobachtung, dass es sich auszahlt, dem Bagatellbereich Aufmerksamkeit zu schenken, darf aber nicht dazu führen, die Zügel im Diversionsverfahren anzuziehen. Diversion sollte zudem nur bei Kleinstkriminalität bis hin zu mittelschwerer Kriminalität zur Anwendung kommen. Das Diversionsverfahren ist darauf ausgelegt, Bagatelltaten schnell und effektiv abzuarbeiten. Hinter dem Konzept steckt der Gedanke, dass kriminelles Verhalten im Grunde bei fast allen Jugendlichen vorkommt und sich mit zunehmender Reife dieses Problem in der Regel selbst erledigt.[716] Ein Konzept, das diese Entwicklung berücksichtigt, kann nicht gleichermaßen für die Bekämpfung von schwerer

---

713 Bei der Frage nach Fortschritten aufgrund des Diversionsverfahrens gaben vier Polizeibeamte an, es gebe weniger Straftaten.

714 *Kuhlen*, S. 5; *Lehmann*, S. 113; *v. d. Woldenberg*, S. 67.

715 *Sessar*, S. 75. Spontanremission ist an den medizinischen Begriff der Selbstheilung angelehnt und beschreibt den bei Jugendlichen häufig festzustellenden plötzlichen Abbruch ihres kriminellen Verhaltens. Laut *Hübner/Kerner/Kunath/Planas* in DVJJ 1/1997, S. 27, geht von formellen Verfahren wahrscheinlich eine Stigmatisierung aus.

716 Vgl. unter anderem auch *Hering/Sessar* „Praktizierte Diversion", S. 28; *Sessar*, S. 69; *Hübner/Kerner/Kunath/Planas* in DVJJ 1/1997, S. 26, 27.

Kriminalität geeignet sein. Die Gründe für das Begehen eines vorsätzlichen Raubes mit Körperverletzung sind andere als die, die zum Begehen eines simplen Ladendiebstahls animieren. Dementsprechend kann Diversionspolitik bei Taten außerhalb des vom Gesetzgeber und den Richtlinien gezogenen Rahmens nur eingeschränkten oder gar keinen Erfolg versprechen. Aber bereits im Bereich der mittleren Kriminalität ist jeder Fall genau zu prüfen, ob er für ein Diversionsverfahren geeignet ist. Eine Ausdehnung von Diversionsprogrammen über diese Grenze hinaus ist daher grundsätzlich abzulehnen.

Es wäre bequem, möglichst viele Taten auf dem Wege der Diversion zu erledigen. Darin besteht angesichts der Überbelastung von Staatsanwaltschaft und Polizei auch ein gewisser Anreiz.[717] Doch der Einsatz von Diversionsmaßnahmen im Bereich schwerer Kriminalität ist für niemanden von nennenswertem Vorteil.[718] Die Opfer fühlen sich übergangen, die Täter begreifen nicht den Ernst ihrer Lage. Die Strafverfolgungsbehörden verlieren im Endeffekt an Ansehen bei den Opfern und müssen sich mit Wiederholungstaten auseinandersetzen, weil den Tätern die Grenzen nicht aufgezeigt wurden.

Davon abgesehen kann je nach Fallkonstellation auch die Anregung einer erzieherischen Maßnahme bei Taten sinnvoll erscheinen, die *grundsätzlich* für Diversionsverfahren nicht geeignet sind. Dies bestätigten auch die Jugendstaatsanwälte in ihren Antworten bezüglich der Ausweitung von Diversion.

---

717 Der Aufwand eines Diversionsverfahrens ist allerdings nicht zu unterschätzen und unter Umständen sogar aufwändiger als ein formelles Verfahren. Vgl. *v. d. Woldenberg*, S. 99; *Hübner/Kerner/Kunath/Planas* in DVJJ 1/1997, S. 31.

718 Anders sieht dies unter anderem *Trenczek* in DVJJ 1/1991, der die „in der Praxis häufig vorgenommene Ausgrenzung von Verbrechenstatbeständen aus dem Diversionsverfahren" für „bedauerlich" hält.

Schaubild 60: Sollte Diversion aus Sicht der Staatsanwälte auch bei schwereren Delikten zum Einsatz kommen?

■ nein, so wie bisher
□ ja, im Einzelfall
▨ ja, deutliche Ausweitung erforderlich

□ nein, es werden bereits zu schwere Delikte mit einbezogen
■ weiß nicht

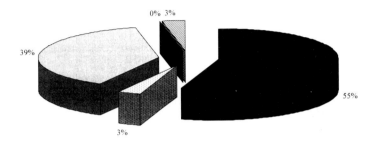

0% 3%

39%

55%

3%

Im Grunde soll nach Ansicht der Jugendstaatsanwälte die gängige Praxis beibehalten werden, wobei in einzelnen Fällen auch mal Diversion bei etwas schwereren Delikten zur Anwendung kommen sollte. Den Staatsanwälten steht es laut den Richtlinien sowieso ausdrücklich frei, Fälle in die Diversion hineinzunehmen, die im Katalog der Richtlinien keine Erwähnung finden. An der Praxis und den Richtlinien muss sich daher diesbezüglich nichts ändern.

Diversion bietet also die Möglichkeit, Kriminalität wirksam zu bekämpfen, wenn die dafür vorgesehenen Grenzen eingehalten werden.

II. Beschleunigung des Verfahrens

Die Richtlinien sollen zu einer Verfahrensbeschleunigung führen. Die Reaktionen sollen den Taten der Beschuldigten möglichst unmittelbar folgen. Dies ist auch eines der wesentlichen Ziele der Diversion.[719]

Ein Blick auf die ähnlich strukturierten Richtlinien in Berlin lässt Zweifel aufkommen, ob dies gelingen kann. Von einem dortigen Jugendrichter wird berichtet, nach Aussagen der von ihm befragten Polizeibeamten könne man von einem großen Erfolg sprechen, wenn der Delinquent zwei Monate nach der

---

719 *Schaffstein/Beulke*, S. 241; *Heinz/Storz*, S. 8; *v. d. Woldenberg*, S. 26 f.

Tat zum Diversionsmittler geschickt werde.[720] Damit ist das Verfahren jedoch noch nicht abgeschlossen. Bis zur Einstellungsnachricht vergehen erfahrungsgemäß weitere Monate.

Die Richtlinien in Schleswig-Holstein weisen unter Gliederungspunkt 3.1.1.2 ausdrücklich darauf hin, dass es erzieherische Aspekte erfordern, die Maßnahme so zeitnah wie möglich auf die Tat folgen zu lassen. Ansonsten besteht die Gefahr, dass jugendliche Straftäter die Strafe zumindest emotional nicht mehr mit der Straftat in Verbindung bringen. Es wurde schon an einigen Stellen in dieser Arbeit angesprochen, dass beim Beschuldigten ein Verdrängungsmechanismus im Sinne eines Neutralisierungsprozesses einsetzt.[721] Dieser Selbstschutz hilft dem Beschuldigten die Selbstachtung zu behalten, indem er die eigene Schuld bagatellisiert und auf andere projiziert.[722] Die Reaktionen sollten diesem Prozess zuvor kommen, um an die Einsicht des Beschuldigten appellieren zu können. Zudem ändert sich die Persönlichkeit eines Jugendlichen besonders rasch.[723] Bei einer längeren Verfahrensdauer richtet sich die Reaktion möglicherweise an eine Persönlichkeit, die mit derjenigen, die die Tat begangen hat, nicht mehr identisch ist. Auch dies gilt es mittels Verfahrensbeschleunigung zu verhindern.

Auf der anderen Seite beeindrucken bereits die Entdeckung und die daran anknüpfenden unmittelbaren Folgen den Jugendlichen am nachhaltigsten. Dies bestätigten auch die Polizeibeamten, die mehrheitlich angaben, dass Jugendliche durch die Entdeckung der Tat und die Vernehmung beeindruckt werden (Schaubild 22). Daraus könnte die Schlussfolgerung gezogen werden, dass die strafrechtliche Reaktion möglichst in diese frühe Phase des Verfahrens eingebunden werden sollte, um überhaupt Wirkung entfalten zu können. Man könnte allerdings auch den Standpunkt vertreten, dass die Entdeckung und ihre Folgen zunächst spezialpräventiv genügend Wirkung zeigen und die formale Strafe auch noch später erfolgen kann, da diese sowieso eher generalpräventiv wirkt.[724] Wenn das Verfahren, wie in den Richtlinien vorgesehen, eine erzieherische Wirkung entfalten soll, so ist eine möglichst schnelle Reaktion je-

---

720 *Herringer* DVJJ 2/99 S. 148, wobei diese Befragung aufgrund mangelnden Umfangs nicht als repräsentativ gelten kann.

721 *Hering/Sessar* „Praktizierte Diversion", S. 99; *v. d. Woldenberg*, S. 97.

722 *Hering/Sessar* „Praktizierte Diversion", ebd.

723 *Hering/Sessar* „Praktizierte Diversion", S. 100; *Weyel* in DVJJ 3/1998, S. 207.

724 Eine generalpräventive Wirkung widerspricht jedoch nicht nur dem Zweck des Jugendstrafrechts, sondern dürfte sich aufgrund des Ausschlusses der Öffentlichkeit bei Jugendstrafsachen kaum einstellen.

doch unumgänglich. Für wie wichtig die Polizisten die Verfahrensbeschleunigung halten, zeigt folgendes Schaubild:

Schaubild 61: Bedeutung einer zeitnahen Reaktion auf eine Straftat aus Sicht der Polizei

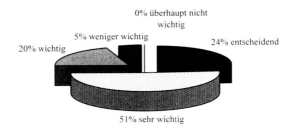

Lediglich 5 Prozent der Polizisten maßen dem Zeitfaktor keine Bedeutung zu. Der Rest erkannte die Wichtigkeit dieses Diversionsziels. Bei der Frage nach einem möglichen Fortschritt, der von den Richtlinien ausgegangen sei, hoben Polizei und Staatsanwaltschaft die Beschleunigung des Verfahrens hervor.

Um eine Beschleunigung zu gewährleisten sehen die Richtlinien vor, dass der Polizeibeamte den Staatsanwalt telefonisch über den Fall informiert. Außerdem dürfen diese beiden Behörden dem Beschuldigten gegenüber Maßnahmen vorschlagen und überwachen, ohne einen Richter bemühen zu müssen. Zweifellos ist diese Vorgehensweise geeignet, ein Verfahren zu beschleunigen. Ob das Ziel erreicht wurde, kann nur ein Vergleich zwischen der Dauer des Verfahrens vor und nach der Einführung der Richtlinien offenbaren. Dementsprechend wurde der zwischen der Entdeckung der Tat und dem Erstellen der Einstellungsnachricht ermittelte Zeitraum aus den beiden ersten Halbjahren der Jahre 1998 und 2000 gegenübergestellt.

Schaubild 62: Dauer der Verfahren von der Entdeckung der Tat bis zur Einstellungsnachricht

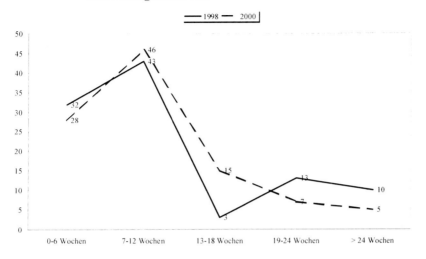

Auf den ersten Blick scheint sich nicht viel verändert zu haben. Prozentual wurden im ersten Halbjahr 1998 sogar mehr Verfahren innerhalb von sechs Wochen abgeschlossen. Es zeigt sich jedoch, dass die Anzahl der Verfahren, die länger als 18 Wochen in Anspruch nahmen, im Jahr 2000 deutlich geringer war. Im ersten Halbjahr 1998 wurden insgesamt 23 Prozent der Verfahren erst nach der 18. Woche abgeschlossen. Im Vergleichszeitraum 2000 waren dies lediglich 12 Prozent. Vor Einführung der Richtlinien lebten also wesentlich mehr Jugendliche über einen langen Zeitraum mit der Ungewissheit hinsichtlich des Ausgangs des Verfahrens. Dahingehend haben die Richtlinien Abhilfe geschaffen. Dies wird auch bei einem Blick auf die Durchschnittszahlen deutlich. Im Untersuchungszeitraum des Jahres 1998 dauerte ein Verfahren durchschnittlich 13,3 Wochen, im Vergleichszeitraum 2000 waren es 11,2 Wochen. Die relativ hohen Durchschnittswerte erklären sich daraus, dass bei den „Nachzüglern" mit mehr als 24 Verfahrenswochen ein einzelner Fall den Durchschnitt deutlich anheben kann. Gerade die Zahl dieser Nachzügler, die durch die Verfahrensdauer besonders belastet werden, hat sich aufgrund der Richtlinien halbiert. Bei § 45 Abs. 1 JGG konnten die neuen Richtlinien für die Zeit zwischen Entdeckung und Einstellungsnachricht keinen Gewinn gegenüber dem Zeitraum vor der Einführung verzeichnen. Im Gegenteil: Das Verfahren ist etwas länger geworden, da die Akten nicht gleich weitergegeben wurden, sondern vereinzelt erzieherische Gespräche zu gesonderten Terminen gehalten wurden. Allerdings verging selbst in solchen Fällen nicht so viel Zeit wie beim aufwändigeren Verfahren in Berlin. Falls gesonderte Gesprächstermine aus Gründen der Effektivität grundsätzlich entfallen, dürfte noch weitere Verfahrenszeit eingespart werden.

Ein echter Zeitgewinn kann allerdings nur auf der Ebene der Verfahrenseinstellungen nach § 45 Abs. 2 JGG erzielt werden. Und dies waren meistens genau die Fälle, die im ersten Halbjahr 1998 die lange Verfahrensdauer verursacht haben. Gründe für die Verfahrensdauer waren nämlich unter anderem die aufwändige Suche nach geeigneten Arbeitsplätzen und Schwierigkeiten mit dem Täter-Opfer-Ausgleich. Diese Fälle wurden im Jahr 2000 deutlich schneller abgewickelt. Zum einen wurde vermehrt auf informelle Entschuldigungen gesetzt und zum anderen hatten die Beamten die Voraussetzungen geschaffen, damit Arbeitseinsätze schnell abgeleistet werden können. So hat sich die Verfahrensdauer gesenkt, obwohl vermehrt Verfahren nach § 45 Abs. 2 JGG eingestellt wurden. Die Verfahrensdauer bei männlichen Beschuldigten lag im Übrigen etwas derjenigen bei weiblichen. Das folgende Schaubild zeigt die durchschnittliche Verfahrensdauer in den einzelnen Landgerichtsbezirken in den Vergleichszeiträumen:

Schaubild 63: Durchschnittliche Verfahrensdauer in den einzelnen Landgerichtsbezirken in Wochen

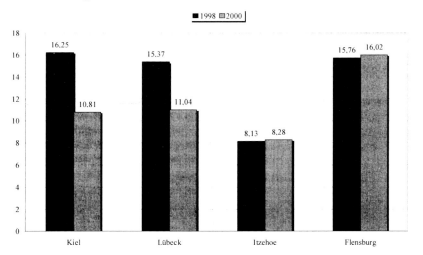

Deutlich erkennbar sank die Verfahrensdauer vor allem in den beiden bevölkerungsreichsten Landgerichtsbezirken Kiel und Lübeck. In den beiden anderen Bezirken hat sie sogar leicht zugelegt. Itzehoe war in beiden Halbjahren mit Abstand am schnellsten bei der Durchführung der Diversionsverfahren. Der hohe Durchschnittswert für den Landgerichtsbezirk Flensburg im Jahr 2000 hat seinen Grund in einem einzigen Fall mit insgesamt sieben Beschuldigten, der erst exakt nach einem Jahr eingestellt wurde.[725] Sieht man von der ungewöhnlichen Konstellation in Flensburg ab, haben die Richtlinien auch zu einer Angleichung der Verfahrensdauer zwischen den einzelnen Landgerichtsbezirken und damit einer stärkeren Gleichbehandlung der Beschuldigten geführt. Somit dürften die Richtlinien in diesem Bereich die Erwartungen erfüllen, die an sie gestellt wurden. Dieses Ergebnis ist angesichts des gestiegenen Aufwands nicht selbstverständlich.

Eine so erfreuliche Entwicklung darf allerdings nicht dadurch gefährdet werden, dass der einzelne Sachbearbeiter mit noch mehr Aufgaben überlastet wird. Am Telefonat zwischen Polizei und Staatsanwaltschaft sollte festgehalten werden. Außerdem sollten separate Gespräche mit den Beschuldigten auch aus Gründen der Verfahrensbeschleunigung unterbleiben. Ebenso ist eine umfassende Persönlichkeitserforschung nicht erforderlich und zugunsten einer Verfahrensbeschleunigung auf offensichtliche Problemfälle zu beschränken.[726] Auf förmliche Täter-Opfer-Ausgleiche sollte bis auf wenige Ausnahmefälle verzichtet werden.[727] Formlose Entschuldigungen sind in den meisten Fällen ausreichend und weniger aufwändig. Der Verfahrensbeschleunigung kann allerdings nicht die Fallaufklärung geopfert werden. Es wäre zudem spezialpräventiv wenig hilfreich, wenn die Beschuldigten in Vernehmungen unter Druck gesetzt würden, um ein schnelles Geständnis zu erlangen.[728] Beschleunigung ist daher nicht um jeden Preis zu fördern. Insbesondere darf die Beschleunigung nicht dazu führen, dass nur noch unproblematische Fälle aus dem Bereich der Kleinstkriminalität dem Diversionsverfahren zugeführt werden. Letzteres stünde im Widerspruch zu den Richtlinien und deren Intention.

---

725 Dieser Ausreißer hatte aufgrund der vergleichsweise wenigen Beschuldigten in Flensburg eine deutliche Auswirkung auf den Durchschnittswert.

726 *Lehmann*, S. 129.

727 Ein förmlicher Täter-Opfer-Ausgleich ist für die meisten Bagatellfälle aufgrund des großen Aufwandes übertrieben. So auch *Bannenberg* in DVJJ 4/2000, S. 156. Bei Fällen der Körperverletzung im Bereich der mittleren Kriminalität hat der TOA jedoch seine Berechtigung.

728 *Lehmann*, S. 201.

III. Förderung des Erziehungsgedankens

1. Erzieherische Maßnahmen

Durch die Richtlinien soll dem Erziehungsgedanken des Jugendgerichtsgesetzes besser entsprochen und dieser gefördert werden. Der Jugendliche soll keinen Schaden durch das förmliche Verfahren nehmen. Ganz ohne staatliche Reaktion kommt jedoch auch ein Diversionsverfahren selten aus.

Der Erziehungsgedanke ist demgemäß allgegenwärtig in den Richtlinien. Bereits in der allgemeinen Einleitung der Richtlinien wird hervorgehoben, dass es Aufgabe der Verfahrensbeteiligten ist, pädagogisch sinnvoll zu reagieren und dass der vorliegende Erlass den Erziehungsgedanken fördern soll. Es wird aber bereits unter Gliederungspunkt 2.1 der Richtlinien gewarnt, dass erzieherische Ziele nicht zu einer Einschränkung der Unschuldsvermutung und der Verteidigungsmöglichkeiten des Beschuldigten führen dürfen. Im Folgenden werden die möglichen staatlichen Reaktionen unter dem Gesichtspunkt der Effektivität dargestellt. Mit diesen Reaktionen soll erzieherisch auf den Beschuldigten eingewirkt werden.

a) Die Null-Reaktion

Im Bereich eindeutiger Bagatellen ist eine Null-Reaktion denkbar. Damit ist gemeint, dass keine erzieherische Maßnahme durch die Strafverfolgungsbehörden erfolgt. Von Seiten der Behörden kommt es trotzdem zu einer Reaktion. Der erste Zugriff und die Vernehmung hinterlassen auch ihren Eindruck beim Beschuldigten.[729] Jedoch sind dies Bestandteile jedes Ermittlungsverfahrens und nicht allein der Diversion. Von einer radikalen Non-Intervention kann deswegen allerdings nicht gesprochen werden.[730]

Eine Null-Reaktion ist beispielsweise dann sinnvoll, wenn der Täter durch die Entdeckung der Tat und die Folgen, die nicht auf polizeilicher Ebene eintreten, bereits so beeindruckt ist, dass jede weitere Maßnahme überflüssig erscheint. In den Diversionsrichtlinien ist dieser Fall (erstaunlicherweise) überhaupt nicht vorgesehen. Es heißt unter Gliederungspunkt 3.1.1, dass der Polizeibeamte anlässlich der Vernehmung ein erzieherisches Gespräch zu führen habe. Vom Wortlaut her müsste daher in jedem Fall zumindest ein erzieherisches Gespräch geführt werden. In einzelnen Fällen verzichtet die Polizei jedoch darauf, obwohl es in den Richtlinien so vorgesehen ist. Als Beispiel sei-

---

729 *Eisenberg* JGG, § 45 Rdnr. 18; *Karstedt-Henke* in DVJJ 2/1991, S. 110.

730 Das Legalitätsprinzip bleibt gewahrt, was bei einer radikalen Non-Intervention nicht der Fall wäre. Vgl. *Lehmann*, S. 19.

en hier Fälle des „Schwarzfahrens" von Heranwachsenden genannt, bei denen lediglich eine schriftliche Vernehmung erfolgte. In solchen Fällen kann also von einer Null-Reaktion gesprochen werden. Die Polizei geht in diesen Fällen zu Recht davon aus, dass sich ein erzieherisches Gespräch erübrigt. Sowohl die Auswertung der Diversionserfassungsbögen als auch die Auswertung der Akten aus dem ersten Halbjahr 2000 ergaben, dass 13 Prozent aller Diversionsfälle, die im Endeffekt nach § 45 Abs. 1 JGG eingestellt wurden, ohne eine zusätzliche erzieherische Maßnahme auskamen. Dies entspricht 10 Prozent aller Diversionsverfahren.

Aber auch die begleitenden Reaktionen durch Dritte oder die Erziehungsberechtigten können im Einzelfall einen Verzicht auf weitere staatliche Reaktionen begründen. Die erzieherische Wirkung, die sich ohne förmliches Diversionsverfahren einstellt, wird in der Regel unterschätzt und die Wirkung der Justizsysteme im gleichen Maße überschätzt.[731] Es gab eine Vielzahl von Fällen in der Untersuchung, in denen weitere erzieherische Maßnahmen obsolet gewesen wären. Darauf muss im Diversionsverfahren stärker Rücksicht genommen werden.[732] Auch in den Richtlinien sollte darauf hingewiesen werden, dass sich in einzelnen Fällen weitere Maßnahmen erübrigen können. Schließlich ist aus Gründen der Subsidiarität stets das mildeste aller zur Verfügung stehenden gleichwirksamen Mittel zu wählen. Zudem schont es Ressourcen, wenn geeignete Fälle ohne Aufwand eingestellt werden. Bei Mehrfachtätern darf eine Null-Reaktion jedoch nicht zur Anwendung kommen.[733]

b) Das erzieherische Gespräch

Zum erzieherischen Gespräch ist aus der Sicht der Effektivität bereits umfassend Stellung genommen worden.[734] Im Ergebnis sollten die Polizeibeamten sich auf eine erzieherische Vernehmung beschränken. Damit sind sie pädagogisch nicht überfordert und sparen Zeit und Arbeit ein.

---

731 Zur Überschätzung von Justizsystemen vgl. *Karstedt-Henke* in DVJJ 2/1991, S. 112.

732 *Lehmann*, S. 174.

733 Vgl. *Ostendorf* in DVJJ 3-4/1994, S. 232, wonach wiederholte folgenlose Einstellungen keine Probleme lösen.

734 Vgl. oben S. 177 ff..

c)   Die formlose Entschuldigung

Auch die formlose Entschuldigung wurde in dieser Arbeit eingehend abgehandelt.[735] Der Vorteil dieser Reaktion ist der geringe Aufwand, der mit ihr verbunden ist. Aus pädagogischer Sicht ist sie ebenfalls sinnvoll. Dass die formlose Entschuldigung häufig angeregt wird, kann daher nicht verwundern. In vielen Fällen liegt sie bereits vor der ersten Vernehmung vor, da der sich Beschuldigte von sich aus beim Opfer entschuldigt hat.

d)   Die sofortige Schadensregulierung[736]

Auch diese Maßnahme kann vor Ort angeregt werden. Der Polizist sollte sich aber auf die Anregung einer kleinen Geste zu Gunsten des Opfers beschränken.

e)   Die gemeinnützige Arbeitsleistung

Im ersten Halbjahr 2000 nahm die gemeinnützige Arbeitsleistung innerhalb der Diversionsmaßnahmen nach § 45 Abs. 2 JGG die beherrschende Stellung ein.[737] Zwar konnte bei der Aktenauswertung nicht zwischen gemeinnütziger Arbeit und Schadensregulierung getrennt werden, da der Übergang meistens fließend ist. Aus den Akten wurde allerdings deutlich, dass in der großen Mehrzahl der Fälle mit der Arbeit keine Schadenswiedergutmachung bezweckt war.

---

735 Dazu oben S. 172 ff.

736 Vgl. ebd.

737 Siehe *Ostendorf*/KrimZ, S. 135 ff., der in einer ersten Bewertung dieser Ergebnisse von einer deutlichen, repressiven Verschärfung spricht.

Schaubild 64: Diversionsmaßnahmen, die bei einer Einstellung nach § 45 Abs. 2 JGG zum Einsatz kamen (in absoluten Zahlen)[738]

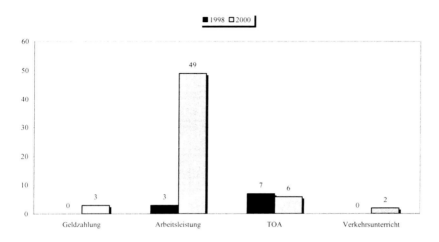

Schaubild 64 zeigt deutlich eine der gravierendsten Änderungen, die sich seit der Einführung der Richtlinien ergeben hat. Die polizeilichen Anregungen von Arbeitsleistungen, mit dem Ziel, einen Vorschlag nach § 45 Abs. 2 JGG zu unterbreiten, haben deutlich zugenommen.[739] Im ersten Halbjahr 1998 wurden die Arbeitsleistungen von den Staatsanwälten initiiert. Im Jahr 2000 waren die Polizeibeamten dafür zuständig. Ein so deutlicher Anstieg lässt sich nur mit den aktuellen Richtlinien und den darin bestimmten Kompetenzverlagerungen plausibel erklären, zumal die Deliktsschwere nicht zugenommen hat.[740] Es zeigt sich deutlich, dass die Richtlinien die Arbeitsmaßnahme als Voraussetzung einer Einstellung nach § 45 Abs. 2 JGG so sehr in den Vordergrund rücken, dass viele Polizeibeamte das Anregen einer Arbeitsmaßnahme fast schon automatisch in Erwägung ziehen. Andererseits scheinen Polizeibeamte die Möglichkeit zu begrüßen, eine Arbeitsmaßnahme anregen zu können.

---

738 Zu beachten ist, dass aus dem ersten Halbjahr 1998 nur halb so viele Akten ausgewertet wurden, wie aus dem ersten Halbjahr 2000. Um die Zahlen zu vergleichen müssen die im Schaubild abgebildeten Zahlen aus dem Jahr 1998 also verdoppelt werden.

739 Es werden im Übrigen sowohl absolut, wie auch relativ deutlich mehr männliche Beschuldigte zu Arbeitsleistungen herangezogen.

740 Vgl. Schaubild 19 (S. 150).

Mehr Erziehung dürfte von vielen Polizisten als erforderlich angesehen werden und eine Arbeitsmaßnahme soll diese Vorstellung verwirklichen. Nicht ohne Grund waren 44 Prozent der befragten Polizisten der Auffassung, im Bagatellbereich würde eher zu milde reagiert. Die Staatsanwälte unterstützen den Trend, indem sie die Vorschläge am Telefon nicht beanstanden.

Vor Einführung der geltenden Richtlinien wurden die Fälle gleich nach der Vernehmung der Staatsanwaltschaft vorgelegt. Die Staatsanwälte stellten das Verfahren in der Regel ohne weitere Maßnahmen ein. In etwas gewichtigeren Fällen nach § 45 Abs. 2 JGG, ansonsten nach § 45 Abs. 1 JGG. Bei Verfahrenseinstellungen nach § 45 Abs. 2 JGG wurde also nicht in jedem Fall zusätzlich eine erzieherische Maßnahme angeregt. Dies hat sich sichtbar gewandelt. Eine Verfahrenseinstellung nach § 45 Abs. 2 JGG ohne erzieherische Maßnahme wird von den Polizisten grundsätzlich nicht vorgeschlagen.

Die Polizeibeamten haben nach wie vor Schwierigkeiten, die Anzahl der Arbeitsstunden zu bemessen.[741] Dies ist eine Aufgabe, die der eines Strafrichters ähnelt. Ein Richter ist allerdings dafür ausgebildet. Zu bestimmen, ob für einen Diebstahl einer CD eine oder fünf Stunden Arbeit angemessen sind, ist ohne Hintergrundwissen über Sinn und Zweck von Strafen unmöglich. Die Erläuterungen der Richtlinien haben als Höchstzahl sechs bis acht Stunden angegeben. Damit ist zumindest gewährleistet, dass die Höhe der Stunden in einem Rahmen bleibt, der nicht die Anzahl von Stunden übersteigt, die ein Richter in der Regel als Strafe verhängt.[742] In der Schwere lässt sich die Arbeitsleistung als Sanktion zwischen Bewährungsstrafe und Freiheitsstrafe einordnen.[743] Dies macht die Verantwortung deutlich, mit welcher der Polizeibeamte konfrontiert wird.

Die vermehrte Anregung von Arbeitsmaßnahmen war auch mit organisatorischen Schwierigkeiten verbunden. Die Polizeibeamten gaben an, dass es zumindest kurz nach Einführung der neuen Richtlinien ein Problem darstellte, geeignete Arbeitsplätze zu finden. Zudem war nach Aussage der Polizisten die Überwachung der Arbeitsausführung mit einem gewissen Aufwand verbunden.[744] Nach einigen Anfangsschwierigkeiten hat sich nunmehr Routine eingestellt und der Arbeitsaufwand hält sich in Grenzen.

---

741 Dies wurde dem Verfasser gegenüber von einigen Polizeibeamten geäußert.

742 Eine Begrenzung für die Anzahl der Stunden als Sanktion gibt es in Deutschland nicht. In Frankreich sind z. B. 120 Stunden als Höchstgrenze festgesetzt worden, in Österreich sind es 60 Stunden. Der 64. Deutsche Juristentag in Berlin 2002 hat sich für eine Höchstgrenze von 120 Stunden ausgesprochen.

743 So zumindest *Schneider, U.* in Monatsschrift für Kriminologie 2001, S. 275.

744 Vgl. Schaubild 36 (oben S. 202).

Die Beamten regen die Arbeitsleistungen nicht nur deshalb an, weil sie die Richtlinien als Vorschrift begreifen, der sie Folge leisten müssen. Die Polizisten selbst sehen in der Diversion und auch in der gemeinnützigen Arbeitsleistung eine erstrebenswerte Alternative zum Verlauf des formellen Verfahrens bei jugendlichen Beschuldigten. Diese Alternative lohnt nach Meinung der Beamten auch etwas Mehrarbeit.

Als Gründe dafür, Arbeitsleistungen vorzuschlagen, wurde seitens der Polizeibeamten häufig der Nutzen der Arbeit für den Jugendlichen herausgestellt. So hieß es beispielsweise, dass der Arbeitseinsatz dem Beschuldigten helfe, sich mit der Tat auseinanderzusetzen. Es mag sein, dass der Beschuldigte während des Arbeitseinsatzes nochmals über seine Verfehlung nachdenkt. Die Frage ist allerdings, führt dies auch zu einem Umdenken bei ihm oder wäre der Beschuldigte ohne Arbeitseinsatz stärker gefährdet, rückfällig zu werden. Dies kann durch diese Untersuchung nicht abschließend beantwortet werden, da die Evaluation der Legalbewährung nicht Gegenstand dieser Arbeit ist. Die bereits angesprochene Untersuchung eines Jugendstaatsanwalts bezüglich einer intervenierenden Diversion lässt eine positivere Sozialprognose nach einer Maßnahme zumindest vermuten.[745] Andere Untersuchungen, die Diversion eine positive Legalbewährung bescheinigen, sind jedoch auch bei Modellen ohne erzieherische Maßnahmen zu diesem Ergebnis gekommen.[746]

Ähnlich ambivalent verhält es sich mit dem Argument der Polizeibeamten, der Erziehungsgedanke werde durch Arbeitsmaßnahmen gestärkt. Im Grunde ist dies ein lobenswerter Ansatz, solange das Argument nicht floskelhaft und inflationär gebraucht wird. Der Jugendliche soll soziale Verantwortung lernen und durch Eigenleistung das Gefühl bekommen, selbst etwas schaffen zu können. Dies kann aber nur in Fällen für sinnvoll erachtet werden, in denen es sich aufdrängt, dass der Jugendliche fremder Hilfe bedarf, weil er sonst in eine schwierige soziale Lage gerät. Dann muss ihm eine Perspektive für seine weitere Zukunft gegeben werden. Abgesehen davon, dass dieser hilfsbedürftige Typus unter den Beschuldigten eher selten anzutreffen war, dürften in solchen Fällen auch die Hilfsangebote eine gute Wahl sein. Es ließe sich allerdings auch argumentieren, dass Hilfsangebote eine freiwillige Leistung erfordern, nämlich den Kontakt mit den Organisationen zu suchen. Eine Arbeitsleistung würde eher befolgt. Diese Sicht der Dinge übersieht allerdings, dass auch die Arbeitsleistung von Arbeitsstunden nur freiwillig erfolgen darf. Auch das Bemühen ein Hilfsangebot wahrzunehmen, was über das bloße Informieren

---

745 Vgl. *Matheis*. Allerdings wird diese Untersuchung als nicht repräsentativ kritisiert.

746 Nach *Keudel*, S. 165 zeigt gerade die Evaluation des Jugendstaatsanwalts Matheis, dass bei Bagatelltaten mit nonintervenierender Diversion reagiert werden sollte.

über ein solches Angebot hinausgeht, kann als Voraussetzung für eine Diversionsentscheidung angeregt werden. Trotzdem werden Hilfsangebote so gut wie niemals angesprochen.[747] Dies könnte daran liegen, dass die Beschuldigten solche Hilfe nur sehr selten benötigen.[748] Dann ist es allerdings auch nicht erforderlich, den Beschuldigten mit einer Arbeitsleistung auf einen neuen Kurs zu bringen.

Auf der anderen Seite betonen manche Polizeibeamte auch den Strafcharakter einer solchen Maßnahme. Argumente in dieser Richtung lauten z. B., man wolle Faulheit bekämpfen, eine Arbeit in der Öffentlichkeit wäre den Beschuldigten peinlich oder andere würden durch solche Strafen abgeschreckt. Grundsätzlich lässt es sich nicht leugnen, dass Arbeitsleistungen immer auch einen strafenden Charakter haben. Dies ist auch unabhängig davon zu sehen, ob ein Polizeibeamter oder Staatsanwalt eine Maßnahme anregt. Wenn der Beschuldigte dies als eine freiwillig anerkannte Buße betrachtet, bleibt es trotzdem eine persönliche Strafe. Insofern kann es nicht verwundern, dass der strafende Charakter als Begründung herangezogen wird.

Den Polizeibeamten muss jedoch trotz allem klar sein, dass sie nicht befugt sind, den Beschuldigten zu sanktionieren. Es darf nicht dazu kommen, dass mit den Arbeitsleistungen bewusst stigmatisiert wird. Gerade das Argument, Arbeit in der Öffentlichkeit wäre für die Beschuldigten peinlich, zeigt, dass Arbeitsleistungen auch angeregt werden, weil einzelne Polizeibeamte sich von der Stigmatisierung einen positiven Effekt versprechen. Mehr Stigmatisierung und Diversion passen jedoch nicht zusammen. Es ist Aufgabe der Diversion und damit der Richtlinien, ein Mindestmaß an Stigmatisierung bei den Beschuldigten zu erreichen.[749] Um eine Stigmatisierung zu vermeiden, genügt es nicht, herkömmliche Sanktionen gegen Diversionsmaßnahmen auszutauschen. Auch die Diversionsmaßnahmen selbst müssen möglichst wenig stigmatisierend wirken.[750] Arbeitsleistungen, die für Beschuldigte peinlich sind, bezwecken das Gegenteil. Gerade auf dem Land in kleineren Ortschaften ist der stigmatisierende Effekt einer öffentlichen Arbeitsleistung kaum zu verhindern. Die Notwendigkeit einer Arbeitsleistung muss daher genau geprüft werden. In Großstädten dürfte zumindest die Stigmatisierung geringer ausfallen.[751]

---

747 Vgl. S. 192.

748 *Lehmann*, S. 26; *Trenczek* in DVJJ 1/1991, S. 8; *Hübner/Kerner/Kunath/Planas* in DVJJ 1/1997, S. 28.

749 *Heinz/Storz*, S. 8; *Lehmann*, S. 71.

750 *V. d. Woldenberg*, S. 75.

751 *Weßlau*, S. 285, die sich zu der gemeinnützigen Arbeit im Erwachsenenstrafrecht äußert. Bei Jugendlichen dürften die von ihr genannten Folgen kaum weniger schlimm sein.

Die Problematik, dass Freizeit, die durch solche Arbeitsleistungen einge-schränkt wird, ungleichmäßig verteilt ist, spielt bei jugendlichen Beschuldig-ten eine geringere Rolle als bei erwachsenen Beschuldigten.[752] Zum einen ist die Höchstgrenze so gewählt, dass die Freizeiteinbuße nicht allzu groß aus-fällt, zum anderen haben jüngere Beschuldigte in der Regel mehr Freizeit und sind in der Zeiteinteilung flexibler als Erwachsene.

Bereits an dieser Stelle soll kurz darauf hingewiesen werden, dass die ge-meinnützige Arbeit als Anregung grundsätzlich nicht gegen das Zwangsar-beitsverbot verstößt. Gemäß Art. 12 Abs. 2 GG ist Zwangsarbeit in der Bun-desrepublik Deutschland verboten. Dieses Verbot, dass aus den schlechten Erfahrungen mit dem Nationalsozialismus erwachsen ist, betrifft jedoch nicht die angeregte gemeinnützige Arbeit im Rahmen des Diversionsverfahrens. Das Bundesverfassungsgericht hat entschieden, dass die Arbeitsleistung als Weisung im JGG verfassungskonform ist.[753] Im Gegensatz zum allgemeinen Strafrecht steht im Jugendstrafrecht der Erziehungsgedanke im Vordergrund. Die Anregung ist dem Wohl des Jugendlichen oder Heranwachsenden zu die-nen bestimmt. Die Durchführung im Rahmen der Diversion bedarf zudem der Zustimmung des Beschuldigten. Aus diesen Gründen stellt sich in diesem Zu-sammenhang die Problematik der Zwangsarbeit nicht.

Angesichts der deutlichen Zunahme von Anregungen zu Arbeitsleistungen kommen allerdings Bedenken auf, ob deutlich mehr erzieherische Maßnah-men notwendig sind. In dem Anstieg von gemeinnützigen Arbeitsleistungen zeigt sich möglicherweise am deutlichsten, dass die Gefahr einer Übersankti-onierung besteht, weil Polizisten Anregungskompetenzen nur im Bagatellbe-reich ausüben.[754] Wie gezeigt, sind die Argumente der Polizisten, die für die Notwendigkeit von Arbeitsmaßnahmen angeführt werden, nicht besonders überzeugend. Es besteht zudem die Gefahr, dass die vermehrten Arbeitsein-sätze das Verfahren unnötig aufblähen. Angesichts des Aufwands, der mit die-sen Maßnahmen verbunden ist, sollte sparsamerer davon Gebrauch gemacht werden. Es ist nicht nachweisbar, dass mehr Strafe zu einer besseren Legal-bewährung führt. Im Gegenteil widerlegt gerade Diversion diese These. Auf eine generalpräventive Wirkung darf bei Jugendlichen sowieso nicht abge-stellt werden.[755] Gemeinnützige Arbeitsleistungen sollten daher auf Fälle be-schränkt bleiben, in denen sich bei den Beschuldigten tatsächliche Defizite

---

752 Zu der Problematik der ungleich verteilten Freizeit vgl. *Weßlau*, S. 284 f.

753 BVerfGE 74 102 ff.; vgl. dazu auch *Weßlau*, S. 285.

754 *Ostendorf* „Wieviel Strafe braucht die Gesellschaft?", S. 146 und in DVJJ 4/1999, S. 356.

755 *Heinz/Storz*, S. 62; *Hübner/Kerner/Kunath/Planas* in DVJJ 1/1997, S. 28.

zeigen oder bei denen es vertretbar erscheint, auf diese Weise eine Anklage zu umgehen.[756]

Zusammenfassend ist unter dem Gesichtspunkt der Effektivität also festzuhalten, dass mehr Arbeitsmaßnahmen als notwendig angeregt wurden. Im Zweifel wurde offensichtlich für und nicht gegen eine Maßnahme entschieden. Dies hatte daher mehr Stigmatisierung zur Folge und führte auch zu etwas längeren Verfahren, was nur durch Zeitverkürzungen in anderen Bereichen wieder ausgeglichen werden konnte. Zwar dürften nur wenige Beschuldigte wirklich erwähnenswerte Nachteile aufgrund einer überflüssig angeregten Maßnahme erlitten haben, effektiver wäre jedoch der etwas sparsamere Umgang mit dieser erzieherischen Maßnahme gewesen.

f) Geldzahlung

Wenig kreativ und ebenso wenig beeindruckend ist die Anregung einer Geldzahlung. Bei vielen Jugendlichen dürften die Erziehungsberechtigten dafür aufkommen. Eine Eigenleistung wird folglich nicht erbracht. Allenfalls um einen angerichteten Schaden wieder auszugleichen, kann es sinnvoll sein, eine Geldleistung einzufordern. Angesichts der vielfältigen Möglichkeiten des Diversionsverfahrens stehen zu Recht andere Reaktionen im Vordergrund.

Wenn Geldzahlungen angeregt werden, sollte der Beschuldigte in jedem Fall über ein eigenes Einkommen verfügen. So wurden die drei Geldzahlungen, die in den Akten vorzufinden waren, folgerichtig gegenüber einem 17-jährigen Auszubildenden und zwei Heranwachsenden angeregt.

g) Schadensregulierung

Im Gegensatz zur sofortigen Schadensregulierung handelt es sich bei dieser Leistung um eine Maßnahme, die nach Rücksprache mit der Staatsanwaltschaft vom Polizeibeamten angeregt wird. Es geht dabei im Wesentlichen ebenfalls um Arbeitsleistungen, die allerdings nicht der Allgemeinheit, sondern vorwiegend dem Opfer zugute kommt. Im Gegensatz zur gemeinnützigen Arbeitsleistung ist bei der Schadensregulierung stets ein direkter Fallbezug gegeben. Wie bereits erwähnt, wurde bei der Auswertung der Akten keine Unterscheidung zwischen der gemeinnützigen Arbeit und der Schadensregulierung getroffen. Die Abgrenzung ist teilweise unmöglich. Das Regulieren eines Schadens an öffentlichem Eigentum fällt beispielsweise in beide Kategorien. Der starke Zuwachs an Arbeitsleistungen, wie er in Schaubild 56 zu erkennen

---

756 *Hering/Sessar* „Praktizierte Diversion", S. 133.

ist, ist daher nicht allein auf die Zunahme im Bereich der gemeinnützigen Arbeitsleistung zurückzuführen, sondern basiert auch auf dem Anstieg der Schadensregulierung. Selbstverständlich hat auch diese Maßnahme wie alle Diversionsmaßnahmen einen gewissen strafenden Charakter. Anders als bei der gemeinnützigen Arbeitsleistung ist der Grund für diese Arbeit für den Beschuldigten leichter nachzuvollziehen. Während die gemeinnützige Arbeit abstrakt im Raum steht und sich zu Recht ein Problem bei der Bemessung der Höhe stellt, ist die Zeitbemessung bei der Schadensregulierung denkbar einfach. Wenn der Schaden reguliert ist, ist die Arbeit getan. Trotz allem sollte auch die Höchstgrenze aus der Ergänzung zu den Richtlinien im Auge behalten werden.

Im Grunde beschränkten sich die Anregungen zur Schadensregulierung auf Fälle der Sachbeschädigung. Häufigster Anlass war das Entfernen illegaler Graffiti. Dies hatte den Vorteil, dass die Jugendlichen sich ein wenig in die Position der Eigentümer hineinversetzten und die Schwierigkeiten bei der Beseitigung der Farbe selbst zu spüren bekamen.[757]

In der Regel führte eine Schadensregulierung durch den Beschuldigten dazu, dass der ursprüngliche Zustand schneller wieder hergestellt wurde und die Kosten im Rahmen blieben. Solche Anregungen treffen zudem weniger die Geldbörse der Eltern, sondern die Freizeit der Beschuldigten. Eine Schadensregulierung ist daher in meinen Augen sinnvoll und Wert, unterstützt zu werden. Wenn schon Arbeitsmaßnahmen vorgeschlagen werden, dann sollten sie im Wesentlichen auf die Fälle beschränkt bleiben, in denen es möglich ist, durch Arbeit angerichteten Schaden wieder gut zu machen. Die Praxis kümmert sich jedoch selten darum, ob zwischen der Arbeit und der Tat ein innerer Zusammenhang besteht.[758]

h)   Der Täter-Opfer-Ausgleich

Erfahrungen mit dem Täter-Opfer-Ausgleich, kurz TOA, gehen auf Modellversuche in den 80er Jahren zurück. Vorbilder waren Projekte aus dem Ausland.[759] Die guten Erfahrungen, die mit Modellprojekten in Deutschland gemacht wurden, führten dazu, dass der TOA mit dem Ersten Gesetz zur Änderung des Jugendgerichtsgesetzes fest in das Jugendstrafrecht integriert wurde. Der TOA ist als Erziehungsmaßregel in § 10 Abs. 1 S. 3 Nr. 7 JGG und in

---

757 So zumindest die Beobachtungen von *Patra/Schmitt* in DVJJ 2/2001, S. 171, die Säuberungsaktionen Jugendlicher begleiteten.

758 *Hering/Sessar* „Praktizierte Diversion", S. 132.

759 Z. B. aus den USA und Österreich. Vgl. *Böttcher/Weber* in NStZ 1990, S. 564.

§ 45 Abs. 2 Satz 2 JGG explizit genannt. Anfang der 90er Jahre galt er als „hoffnungsvollste Alternative zum übelzufügenden Reaktionskatalog des Strafrechts".[760] Ziel des TOA ist es, für das Opfer einen Ausgleich für materiellen und immateriellen Schaden zu erreichen und beim Beschuldigten einen Lernprozess in Gang zu bringen.[761] Mit Hilfe eines Vermittlers soll eine von allen Beteiligten akzeptierte Regelung gefunden werden, die geeignet ist, Konflikte zwischen den Parteien zu beseitigen oder zu entschärfen.[762] Der TOA soll beiden Seiten ermöglichen, mit den Folgen der Tat zurecht zu kommen, da Opfer und Täter sich in die Lage des jeweilig anderen versetzten und dadurch Beweggründe und Ängste besser verstehen können.

Nachbefragungen bei Teilnehmern erfolgreicher Ausgleiche ergaben positive bis sehr positive Einschätzungen seitens der Opfer.[763] Bei Jugendlichen ist die Bereitschaft an einem Ausgleich mitzuwirken auf der Seite der Opfer etwas geringer als bei Erwachsenen.[764] Auf Täterseite nimmt der Wille zum Ausgleich jedoch mit steigendem Alter ab.[765] Dies zeigt, dass jugendliche Beschuldigte offen sind, Ratschläge und Anregungen anzunehmen. Nach erfolgreichen Modellversuchen ist die Ausgleichsquote im Alltag auf 56 bis 58 Prozent gesunken.[766] Dies könnte daran liegen, dass die Modellprojekte, die mit Begleitstudien beobachtet wurden, überdurchschnittlich gut ausgestattet waren.[767] Trotz allem ist der TOA ein Erfolgsmodell. Auf die Legalbewährung scheint er sich ebenfalls günstig auszuwirken.[768] Allerdings scheint dies vor allem für Erwachsene zu gelten.[769]

Der TOA ist die einzige Maßnahme, die nach der Einführung der Richtlinien seltener zur Anwendung kam. Während er 1998 noch in 4 Prozent aller Diver-

---

760 So jedenfalls *Trenczek* S. 130; vgl. auch *Brunner/Dölling* § 45 JGG Rdnr. 19; den anfänglich überragenden Erfolg des TOA skizziert auch *Kury* in Monatsschrift für Kriminologie 1995, S. 84 mit weiteren Nachweisen.

761 *Böttcher/Weber* in NStZ 1990, S. 565; *Keudel* , S. 18.

762 Siehe *Keudel*, S. 18; *Trenczek* S. 130, 131.

763 *Eisenberg* JGG § 45 Rdnr. 20 c; *Schreckling*, S. 97, 98.

764 *Bannenberg* in DVJJ 4/2000, S. 156.

765 *Bannenberg* in DVJJ 4/2000, S. 156.

766 *Schreckling*, S. 99; *Bannenberg* in DVJJ 4/2000, S. 157 kommt zu deutlich höheren Ausgleichsquoten von über 70 Prozent.

767 *Schreckling*, ebd.

768 Vgl. die Ausführungen von *Dölling/Hartmann/Traulsen* in Monatsschrift für Kriminologie 2002, S. 192.

769 Siehe *Keudel*, S. 218, wonach die Rückfallquote bei Erwachsenen bei 9 Prozent, bei Heranwachsenden bei 27 Prozent und bei Jugendlichen bei 42 Prozent lag.

sionsverfahren angeregt wurde, war dies im ersten Halbjahr 2000 nur noch in 2 Prozent der Verfahren der Fall.[770] Auf die Verfahrenseinstellungen nach § 45 Abs. 2 JGG bezogen heißt das, dass der Anteil von knapp 22 Prozent auf 11 Prozent zurückging. Dies erscheint auf den ersten Blick bedauerlich, da der Täter-Opfer-Ausgleich allgemein als sinnvolle und wirkungsvolle Reaktion angesehen wird.

Der Rückgang dieser Reaktionsmöglichkeit geht einher mit einem Anstieg der formlosen Entschuldigung.[771] Diese Form der Entschuldigung ist für Diversionsverfahren im Bereich der Kleinstkriminalität besser geeignet. Sie ist unbürokratisch und kann schneller arrangiert werden. Wenn ein solcher Versuch fehlschlägt, kann immer noch ein TOA zum Einsatz kommen. Es darf nicht verkannt werden, dass es sich beim TOA um eine eingriffsintensive Maßnahme handelt.[772] Deswegen erscheint es vielleicht sogar fraglich, ob er bei Bagatelltaten überhaupt Anwendung finden sollte.[773] Der Beschuldigte soll durch ein solch aufwändiges Verfahren schließlich nicht unnötig belastet werden.[774] In den meisten Fällen in denen sich ein Ausgleich anbot, kannten sich Täter und Opfer bereits vor der Tat. Im Bagatellbereich sind die durch die Tat aufgebauten Hemmschwellen in der Regel noch nicht so hoch, dass sie nur mit professioneller Hilfe überwunden werden können. Da Diversion aber auch bei mittlerer Kriminalität zur Anwendung kommen soll, hat der Täter-Opfer-Ausgleich einen festen Platz in der Palette der Reaktionsmöglichkeiten im Rahmen der Verfahrenseinstellung nach § 45 Abs. 2 JGG.

Falls allerdings die Hemmschwelle auf beiden Seiten bereits so hoch ist, dass sie mit einer einfachen Entschuldigung nicht mehr überwunden werden kann, gibt es auf Seiten des Opfers häufig auch Vorbehalte gegenüber einem förmlichen TOA.[775] Dem Opfer ist der eigene Nutzen einer solchen Maßnahme schwer begreiflich zu machen.[776] Auch dies ist mitunter ein Grund dafür, dass

---

770 Bei der Auswertung der Diversionserfassungsbögen waren es 2,2 Prozent.

771 Vgl. Schaubild 23 (oben S. 174).

772 Wie aufwändig ein TOA ist, zeigt sich z. B. sehr deutlich in der Übersicht bei *Beisel* in DVJJ 2/1996, S. 184, 185, in der die einzelnen Schritte eines solchen Verfahrens dargestellt sind.

773 Aus Gründen der Verhältnismäßigkeit lehnt z.B. *Trenczek* auf S. 131 den TOA bei Bagatelltaten ab. Nach *Keudel*, S. 26, soll der TOA „gerade keine Anwendung im Bagatellbereich finden".

774 *Schwenkel-Omar*, S. 268; *Bannenberg* in DVJJ 4/2000, S. 156.

775 Dies wurde zumindest von einigen Polizeibeamten als Grund dafür genannt, dass ein TOA so selten zur Anwendung kommt.

776 Personen, die bereits ein solches Angebot abgelehnt hatten, erklärten mir gegenüber, sie würden es ablehnen, jemanden, der sie geschlagen habe, auch noch zu therapieren.

kein Ausgleich zu Stande kommt. In einem Fall aus den Akten kam es bei-spielsweise zu keiner Einigung, weil das Opfer nach einem Fausthieb bei ei-nem Basketballspiel mehrere hundert DM Schmerzensgeld von dem Beschul-digten, einem wenig vermögenden Heimkind, forderte.[777] Durch solche Forde-rungen bringt sich so manches Opfer selbst um die positiven Erlebnisse derje-nigen, die sich auf einen solchen Ausgleich einlassen. Grundsätzlich scheint die Bereitschaft größer zu sein, einen TOA zu akzeptieren, je weniger das Op-fer das Gefühl hat, der Vermittler stünde auf Seiten des Täters.[778]

Auf die Frage, ob ein TOA vorgeschlagen werde, gaben Staatsanwälte und Polizeibeamte ähnliche Antworten:

---

777 Laut *Bannenberg* in DVJJ 4/2000, S. 156, sind jugendliche Opfer stärker an einer finanziellen Wiedergutmachung interessiert als Erwachsene, denen es vorwiegend um eine „friedensstif-tende Lösung" geht.

778 *Eisenberg* JGG § 45 Rdnr. 20 c.

**...e für einen Täter-Opfer-Ausgleich bei Polizei
...tsanwaltschaft (in Prozent)**

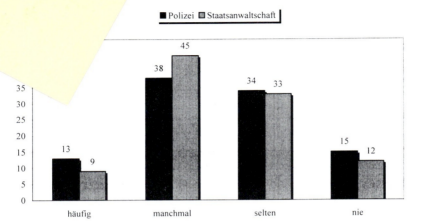

In diesen Antworten zeigt sich, dass beide Behörden dem TOA grundsätzlich positiv gegenüberstehen und ihn bei den Reaktionsmöglichkeiten berücksichtigen. Auf Ablehnung auf Seiten der Strafverfolgungsbehörden kann der Rückgang dieser Reaktionsmöglichkeit also nicht zurückgeführt werden. Da im Vergleichszeitraum 1. Halbjahr 2000 der Fokus jedoch noch stärker auf den absoluten Bagatelltaten lag, ist der Rückgang des TOAs unter anderem auch darin begründet. Im absoluten Bagatellbereich ist die formlose Entschuldigung ausreichend und zudem leichter umzusetzen.

i)   Verkehrserziehung

Die Verkehrserziehung eignet sich ausnahmslos für Fälle, in denen eine Verfehlung aus dem Bereich des Straßenverkehrs vorgelegen hat. Von den befragten Beamten gaben 6 Prozent an, Verkehrserziehung gelegentlich vorzuschlagen. Im ersten Halbjahr 2000 lag die Quote innerhalb aller Maßnahmen bei 1 Prozent. Die Erfassungsbogenauswertung ergab dagegen einen Anteil von 3,3 Prozent.

An oberster Stelle der Taten, bei den eine Verkehrserziehung angeregt wurde, stand aufgrund seiner Häufigkeit das Fahren ohne Fahrerlaubnis gemäß § 21 StVG. In der Regel waren in diesen Fällen Jugendliche mit einem modifizierten Mofa unterwegs. Etwas seltener waren die Fälle, in denen ein Verstoß gegen das Pflichtversicherungsgesetz vorlag. Sowohl bei einem Verstoß gegen

§ 21 StVG als auch bei Verstößen gegen das Pflichtversicherungsgesetz bot sich eine Verkehrserziehung an. Häufig machten sich die Jugendlichen nicht klar, dass ein frisiertes Mofa auch für sie selbst eine Gefahr darstellt. Dieses Bewusstsein kann durch eine Stunde Verkehrserziehung gefördert werden.

Es ist grundsätzlich Spielraum vorhanden, diese Maßnahme noch häufiger einzusetzen. Rechnet man die Quoten des Fahrens ohne Führerschein und der Verstöße gegen das Pflichtversicherungsgesetz aus dem Untersuchungszeitraum 2000 zusammen, so ergibt sich ein Anteil an allen Straftaten von insgesamt 13 Prozent. Zieht man insbesondere im Falle der Verstöße gegen das Pflichtversicherungsgesetz ein paar eindeutige Bagatellfälle ab, blieb immer noch eine große Anzahl von Fällen übrig, in denen eine Verkehrserziehung sinnvoll erscheint. Jedenfalls wäre eine solche Maßnahme in diesen Fällen angebrachter als eine gemeinnützige Arbeitsleistung. Aus Gründen der Subsidiarität sollte jedoch auch die Verkehrserziehung nicht pauschal angewandt werden, sondern auf notwendige Fälle beschränkt bleiben.

2.   Einbezug der Erziehungsberechtigten

Die Diversionsrichtlinien nehmen Bezug auf den im Jugendstrafrecht herrschenden Erziehungsgedanken. Für die Erziehung eines Kindes oder eines Jugendlichen sind in erster Linie die jeweiligen Erziehungsberechtigten zuständig. Diversionsmaßnahmen berühren dieses Erziehungsrecht, das meistens von den Eltern ausgeübt wird, ein. Wenn die Erziehungsberechtigten mit einer angeregten erzieherischen Maßnahme jedoch nicht einverstanden sind, sie dies möglicherweise auch noch gegenüber dem Beschuldigten deutlich machen, kann ein Diversionsverfahren nur sehr schwer zum notwendigen Erfolg führen.[779] Deshalb ist es wichtig, dass auch die Erziehungsberechtigten über das Verfahren genau informiert werden und von der Richtigkeit der Vorgehensweise überzeugt sind. Bei einem Diversionsverfahren ist daher zu berücksichtigen, welchen Einfluss die Erziehungsberechtigten auf die Beschuldigten nehmen können und mit welchen eigenen Maßnahmen sie reagieren.[780] Aus § 67 JGG lässt sich ableiten, dass den Erziehungsberechtigten in einem Diversionsverfahren umfassende Rechte zustehen, die nicht übergangen werden dürfen.[781]

---

779 Vgl. *v. Friedrichs*, S. 75, welche eine Diversionsmaßnahme gegen den Willen der Eltern als „Kunstfehler" bezeichnet.

780 *Eisenberg* JGG, § 45 Rdnr. 19; *Brunner/Dölling* § 45 JGG Rdnr. 18; *Lehmann*, S. 174.

781 Darauf weist unter anderem *Lehmann*, S. 176 hin.

Die Autorität der Eltern schwindet in dem Maße, in dem das Kind älter wird. Die Zahl der Einflussfaktoren wächst rasant. Hier ist zunächst die sogenannte „peer-group" zu nennen. Das ist die Gruppe von Personen, mit denen sich das Kind umgibt, Freunde und Schulkameraden. Aber auch die Medien nehmen mit ihren Botschaften vermehrt an der Erziehung der Kinder teil. Die Eltern können zwar meistens nur hoffen, dass sie ihrem Kind die notwendigen Moralvorstellungen und ethischen Werte vermittelt haben. Ganz ohne Einfluss auf ihre Kinder sind sie dennoch auch in deren Teenagerzeit nicht. Der Einfluss ist jedoch sehr unterschiedlich ausgeprägt. Insbesondere bei Aussiedlern finden sich häufig noch sehr starke Familienbande, die in dem Ausmaß nur bei wenigen in Deutschland geborenen Beschuldigten beobachtet werden können.[782] Die Tatsache, dass die Mehrzahl der Beschuldigten noch zu Hause wohnte, das geringe Durchschnittsalter und auch die übrigen Erkenntnisse bezüglich der Person und des Umfelds der Beschuldigten dokumentieren die bedeutende Rolle der Erziehungsberechtigten. Häufig wurde von den Beschuldigten in ihrer Vernehmung der gute Kontakt zu ihren Eltern ausdrücklich herausgestellt. Auch ein Blick ins Dunkelfeld macht deutlich, welche bestimmende Rolle die Eltern beim Einwirken auf Jugendliche haben. Ein gutes Viertel aller Straftaten bleibt vollkommen unentdeckt. Ein Drittel des verbleibenden Rests wird nur unter Freunden des Beschuldigten bekannt. Ein weiteres gutes Drittel wird von Eltern und anderen Autoritätspersonen wie etwa Lehrern registriert. Betrachtet man allein die Taten, die Autoritätspersonen bekannt werden, so gelangen zwei Drittel dieser Taten den Eltern zur Kenntnis, 20 Prozent den Lehrern und lediglich 13,4 Prozent der Polizei.[783] Es ist daher nicht verwunderlich, dass die Eltern maßgeblichen Einfluss auf die Legalbewährung der Beschuldigten haben.[784] Dies wird jedoch immer wieder unterschätzt. Nur in seltenen Fällen, z. B. bei manchen Jugendlichen in jugendbetreuenden Einrichtungen, haben sich die Beschuldigten mit ihren Eltern dermaßen überworfen, dass die Eltern gar keinen Einfluss mehr nehmen können.

In Diversionsverfahren werden Eltern meistens nur darüber informiert, dass ein Verfahren gegenüber ihrem Kind eingeleitet worden ist. Die Polizei bezieht die Erziehungsberechtigten eher passiv ein, anstatt mit ihnen zusammenzuarbeiten. In vielen Fällen bringt die Polizei den Beschuldigten nach Hause. Dabei wird allerdings in der Regel den Erziehungsberechtigten nur Auskunft

---

782 Den Schluss auf eine engere Verbundenheit der Familie bei Aussiedlern ließen die Äußerungen der Beschuldigten zu, die teilweise umfangreiche Ausführungen zur Familiensituation machten.

783 Vgl. zu diesen Zahlen *Karstedt-Henke* in DVJJ 2/1991, S. 109.

784 *Karstedt-Henke* in DVJJ 2/1991, S. 113.

über die Tat gegeben. Vom Diversionsverfahren wird nicht gesprochen. Später, wenn es zur Vernehmung kommt, werden die Eltern um ihr Einverständnis gebeten, eine Vernehmung durchzuführen. In den Formularen, die den Eltern übersandt werden, wird darauf hingewiesen, dass ihr Erscheinen nicht erforderlich ist. An eine Vernehmung schließt sich häufig ein erzieherisches Gespräch an. Darüber wird in den Formularen jedoch nicht informiert. Erzieherische Maßnahmen werden also ohne Wissen der Eltern durchgeführt.

Es ist jedoch zu beobachten, dass seit Einführung der aktuellen Richtlinien die Eltern häufiger bei den Vernehmungsterminen anwesend sind. Zumindest ging dies aus den Akten hervor, wie es Schaubild 66 veranschaulicht:

Schaubild 66: Anwesenheit von Erziehungsberechtigten bei Vernehmung und erzieherischem Gespräch (in Prozent)

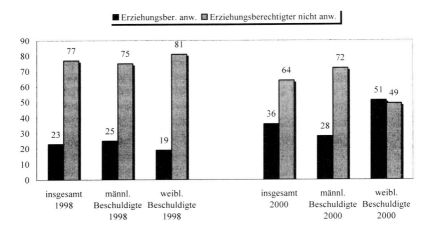

Deutlich wird vor allem, dass im ersten Halbjahr 2000 bei den weiblichen Beschuldigten in der Mehrzahl der Fälle ein Erziehungsberechtigter beim erzieherischen Gespräch anwesend war. Dies ist im Hinblick auf das Gelingen eines Diversionsverfahrens eine ausnahmslos begrüßenswerte Entwicklung. Nur auf diese Weise können sich die Erziehungsberechtigten ein eigenes Bild machen. Ansonsten würden sie bezüglich des Geschehens bei der Polizei nur einen bereits durch den Beschuldigten gefilterten Bericht erhalten. Auf der anderen Seite kann die Anwesenheit von nahen Angehörigen auch das Geständnis des Beschuldigten erschweren.[785] Falls sich dieses Problem abzeichnet, ist es jedoch das kleinere Übel, den Erziehungsberechtigten zu bitten, kurz draußen Platz zu nehmen, als ihn vollkommen von allen Gesprächen auszuschließen. Bei der Frage zum Einbezug der Erziehungsberechtigten äußerten die Polizeibeamten häufig, dass dies von Fall zu Fall unterschiedlich sei und teilweise auch von den Erziehungsberechtigten abhänge:

Schaubild 67: Einbezug der Erziehungsberechtigten durch die Polizei

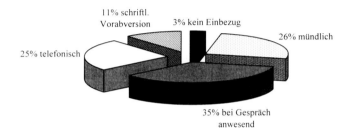

Die Eltern müssen selbst entscheiden, ob sie beispielsweise ihre Kinder zu einem erzieherischen Gespräch begleiten. Trotzdem muss der Polizeibeamte sich bemühen, diese Entscheidung zu beeinflussen. Er darf nicht aufgrund von Antipathie gegenüber den Erziehungsberechtigten oder deren Umfeld darauf verzichten. Häufig ist es gerade bei den Beschuldigten, bei denen sich der Kontakt zu den Eltern schwierig gestaltet, besonders wichtig, die Erziehungsberechtigten anzusprechen, damit sich etwas im Umfeld des Beschuldigten ändert. Wie Schaubild 68 verdeutlicht, hält nur eine kleine Minderheit der befragten Polizeibeamte den Einbezug von Erziehungsberechtigten für weniger sinnvoll oder sogar überflüssig.

---

785 *Lehmann*, S. 200.

Schaubild 68: Bewertung des Einbezugs von Erziehungsberechtigten durch die Polizei

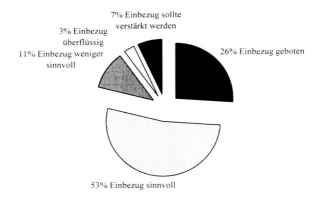

53% Einbezug sinnvoll

Diejenigen Polizeibeamten, die angaben, ein Einbezug für weniger oder über-haupt nicht sinnvoll zu halten, vermerkten gelegentlich am Rand des Fragebo-gens, dass die Erziehungsberechtigten selbst das eigentliche Problem darstel-len würden oder kontraproduktiven Einfluss nähmen. Negativen Einfluss kann der Polizeibeamte aber nur durch Gespräche mit den Erziehungsberechtigten unterbinden. Er muss sie vom Diversionsverfahren überzeugen.

Soll ein Diversionsverfahren mit einer Maßnahme verknüpft werden, so wer-den die Erziehungsberechtigten dazu befragt. Laut Richtlinien sollen die Maßnahmen mit den Erziehungsberechtigten besprochen werden, wobei klar gestellt werden soll, dass es sich nur um Anregungen, nicht um Anordnungen handelt.[786] Wenn Erziehungsberechtigte nicht zum Gespräch oder zur Ver-nehmung erscheinen, ist es schwierig vorstellbar, dass das Diversionsverfah-ren den Eltern ausreichend näher gebracht werden kann. Der Hinweis auf die Freiwilligkeit eines Arbeitseinsatzes dürfte im persönlichen Gespräch, das auch Nachfragen erlaubt, besser vermittelt werden können. Freiwilligkeit be-deutet, das Angebot auch ablehnen zu dürfen. Der Jugendliche sollte die Mög-lichkeit bekommen, dieses Angebot mit seinen Eltern besprechen zu können. Es darf nicht dazu kommen, dass sich Eltern aufgrund mangelnder Informati-on das Erziehungsrecht einfach aus der Hand nehmen lassen und denken, die

---

786 Vgl. Gliederungspunkt 3.1.1.2 der Richtlinien.

Polizei wird es schon richten. Nicht ein Nebenher von unabhängiger und un-
koordinierter Einflussnahme auf den Beschuldigten ist der richtige Weg, sondern abgestimmte Reaktionen, die die Einflussmöglichkeiten der Eltern voll
ausschöpfen – auch wenn dies im Einzelfall mit Schwierigkeiten verbunden
ist.

Um die Reaktionen abzustimmen, muss sich der Polizeibeamte über die
„Sanktionen" der Erziehungsberechtigten informieren. Strafen von Eltern
können im Einzelfall sogar als ausreichende Sozialkontrolle angesehen werden, so dass Arbeitsleistungen oder andere erzieherische Maßnahmen nicht
angeregt zu werden brauchen. In vielen Familien werden die Beschuldigten
dafür bestraft, dass sie das Gesetz übertreten haben. Die Palette reicht von
Hausarrest über Fernsehverbot bis hin zum Ausfall von Geburtstagen oder
dem Streichen von Taschengeld. In manchen Fällen werden auch intensive
Gespräche geführt (Schaubild 21). Nicht jeder Beschuldigte berichtete in der
Vernehmung oder dem erzieherischen Gespräch von den strafenden Maßnahmen der Eltern. Die Anzahl der Fälle, in denen eine Sanktion bereits zu Hause
erfolgte, ist mutmaßlich weitaus höher, als es ermittelt werden konnte. In der
Regel dürfte zumindest ein Gespräch mit den Eltern stattgefunden haben. Solche Gespräche sind in ihrer Wirkung nicht zu unterschätzen. Vor allem bei
weiblichen Beschuldigten wurde aus den Vermerken der Polizeibeamten gelegentlich klar, dass die Beschuldigten eine große Scham gegenüber ihren Eltern empfanden und die Enttäuschung, die sie ihren Eltern bereitet hatten, An-
sporn für die Beschuldigten war, in Zukunft straffrei zu leben. Ein ernsthaftes
Gespräch zwischen Eltern und Kindern muss daher nicht nur begrüßt werden,
sondern als erzieherische Maßnahme respektiert werden.

Leider kam es in Einzelfällen auch zu körperlichen Züchtigungen. So verwei-
gerte beispielsweise ein Vater die Zustimmung zu einem erzieherischen Gespräch mit der Begründung, dass er „seinen Sohn bereits so verdroschen habe,
dass weitere Straftaten nicht mehr zu befürchten seien". Maßnahmen durch
die Polizei seien daher überflüssig.

Strafen für Jugendliche, die diese bereits zu Hause erhalten, müssen Berücksichtigung finden.[787] Zum einen bleibt so das Erziehungsrecht der Eltern gewahrt, zum anderen zeigen wohl dosierte Sanktionen im Elternhaus, dass die
Sozialkontrolle funktioniert. In vielen Fällen sind Jugendliche schon allein
durch den Zugriff so beeindruckt, dass eine zusätzliche elterliche Reaktion
vollkommen ausreichen dürfte, um spezialpräventiv zu wirken. Um diese Reaktionen jedoch zu kennen und berücksichtigen zu können, bedarf es des ausführlichen Gesprächs zwischen Sachbearbeiter und Erziehungsberechtigten.

---

787 *Lehmann*, S. 174; *Streng*, S. 93.

Die Jugendstaatsanwälte sind mehrheitlich der Auffassung, dass der Status quo beibehalten werden sollte. Nach deren Meinung werden die Erziehungsberechtigten ausreichend informiert, behindern allerdings gelegentlich das Verfahren. Um den Einbezug der Erziehungsberechtigten sollen sich die Polizeibeamten kümmern.

Schaubild 69: Einbezug von Erziehungsberechtigten aus Sicht der Staatsanwälte

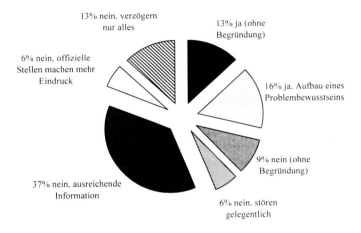

13% nein, verzögern nur alles

13% ja (ohne Begründung)

6% nein, offizielle Stellen machen mehr Eindruck

16% ja, Aufbau eines Problembewusstseins

9% nein (ohne Begründung)

37% nein, ausreichende Information

6% nein, stören gelegentlich

Zusammenfassend lässt sich sagen, dass auf diesem Gebiet bislang brachliegendes Potential genutzt werden sollte. In manchem Fall kann von aufwändigen Maßnahmen abgesehen werden, da die erzieherische Wirkung bereits sichergestellt wurde. Dies spart Zeit, ohne den gewünschten Erfolg zu gefährden. Bezüglich der Beschuldigten sind die Eltern in der Regel Experten. In anderen Zusammenhängen käme man überhaupt nicht auf die Idee, einen leicht erreichbaren Experten nicht miteinzubeziehen.

3. Erzieherische Ausprägung der Einstellungsnachricht

Die erzieherische Ausprägung der Einstellungsnachricht[788] wird zwar in den Richtlinien gefordert, in der Realität aber nur bedingt umgesetzt. Der Staatsanwalt begnügt sich meistens mit dem Ausfüllen eines Formulars, dass mehr oder weniger erzieherisch ausgeprägt ist. Diese Form der Benachrichtigung ist jedoch ausreichend, da die wesentlichen erzieherischen Eindrücke bereits im vorhergehenden Verfahren erzielt werden und durch die Einstellungsnachricht kaum oder gar nicht mehr beeinflusst werden können.

4. Fazit bezüglich der Förderung des Erziehungsgedankens

Die Diversionsrichtlinien fördern den Erziehungsgedanken. Nicht nur in den Richtlinien selbst wird vermehrt von mehr Erziehung gesprochen, sondern auch in der Praxis zeigt sich eine stärkere Fokussierung auf dieses Ziel. Auf der einen Seite gibt es noch Nachholbedarf z. B. beim Einbezug der Erziehungsberechtigten, auf der anderen Seite ist allerdings auch zu beachten, dass mehr Erziehung auch mehr Einmischung bedeutet. Einer zusätzlichen Stigmatisierung muss jedoch entgegengetreten werden. Die inflationäre Entwicklung bezüglich der Anregungen von gemeinnützigen Arbeitsleistungen ist daher bedenklich.

IV. Weniger Stigmatisierung

Weniger Stigmatisierung ist eines der Hauptanliegen der Diversion.[789] Dementsprechend muss sich auch die Qualität einer Diversionsrichtlinie an den Erfolgen auf diesem Gebiet messen lassen. Der Jugendliche soll durch eine möglichst schonende, informelle Reaktion in seinem weiteren sozialen Werdegang nicht negativ beeinflusst werden.[790] Zudem soll seine Zukunft nicht durch Stigmata unnötig beeinträchtigt werden. Unter der Prämisse, dass Bagatellstraftaten entwicklungsbedingt und jugendtypisch sind, soll der Beschuldigte nicht darunter leiden, dass er bei einer Straftat ertappt wurde, während die große Mehrzahl seiner Altersgenossen unbehelligt geblieben ist.[791]

---

788 Ausführlich zum Inhalt der Einstellungsnachricht oben S. 236 ff.

789 *Heinz/Storz*, S. 8.

790 *Lehmann*, S. 71.

791 Bei bagatellhaften Delikten, wie Ladendiebstahl oder „Schwarzfahren" wird der Anteil polizeilich aufgefallener Delikte auf unter ein Prozent geschätzt. Vgl. *Schmidt/Lay/Ihle/Esser* in Monatsschrift für Kriminologie 2001, S. 26.

1. *Verhältnis § 153 StPO/§ 45 Abs. 1 JGG*

Auf die Schwierigkeit, § 45 Abs. 1 JGG und § 153 StPO voneinander abzugrenzen, wurde bereits verschiedentlich hingewiesen.[792] Eine Subsidiarität gegenüber der jeweilig anderen Norm lässt sich für jede der beiden Vorschriften mit guten Argumenten begründen. Allerdings spricht das Erfordernis, dass bei § 45 JGG eine Eintragung ins Erziehungsregister erfolgen muss, für eine Subsidiarität dieser Norm gegenüber dem eingriffsschwächeren § 153 StPO. Die Eintragung ist ein Stigma, mit dem der Beschuldigte belastet wird. Diese Mehrbelastung ist allerdings in der Regel ohne Bedeutung. Die Einsicht ins Erziehungsregister ist in § 61 BZRG abschließend geregelt. Danach haben nur die Staatsanwaltschaft, Gerichte und, in bestimmten Fällen, das Jugendamt Einsicht in dieses Register. Im weiteren Leben sind daher in der Regel keine oder wenig Nachteile zu befürchten. Außerdem ist zu beachten, dass auch eine Einstellung nach § 153 StPO nicht dazu führt, dass keinerlei Aufzeichnungen vorgenommen werden. Der MESTA-Liste der Staatsanwaltschaft werden jegliche Verfahrenseinstellungen zugeführt. Selbst Einstellungen wegen § 170 Abs. 2 StPO werden auf diese Weise erfasst. Einen absoluten Schutz im Hinblick darauf, dass sein bisheriges Verhalten bei weiteren Taten nicht berücksichtigt wird, weil darüber keinerlei Erkenntnisse der Behörden vorliegen, genießt auch derjenige nicht, der in den „Genuss" einer Verfahrenseinstellung nach § 153 StPO kommt.

So selten eine Benachteiligung aus einer solchen Eintragung droht, auszuschließen ist sie nicht. Über die Tragweite einer Eintragung werden sich nur wenige Beschuldigte Gedanken machen. Lediglich in einem Fall aus der Aktenauswertung des ersten Halbjahrs 2000 beschwerte sich der Vater eines Beschuldigten darüber, dass sein Sohn eine Eintragung im Erziehungsregister erhalten sollte. Dies war das einzige Mal in den 480 untersuchten Fällen, dass ein Beschuldigter oder ein Erziehungsberechtigter einen solchen Eintrag beanstandete. Die Beschwerde erfolgte aus dem Grund, dass der Beschuldigte Polizeibeamter werden wollte und der Vater befürchtete, dass seinem Sohn aufgrund dieses Eintrags bei gleich guter Qualifikation mit anderen Anwärtern ein Nachteil entstehen könnte. Die Staatsanwaltschaft antwortete daraufhin, dass gegen eine Einstellung kein Rechtsbehelf statthaft sei. Dem Vater sei aber darin Recht zu geben, dass in diesem Fall eine Eintragung nicht unbedingt erforderlich gewesen wäre, da auch eine Einstellung nach § 153 StPO in Frage gekommen wäre. Dieses Beispiel verdeutlicht, dass die Auswahl der Norm willkürlich erfolgte. Problematischer wäre es allerdings gewesen, wenn ein Fall des § 170 Abs. 2 StPO übersehen worden wäre. Da gegen eine Verfah-

---

792 Siehe oben S. 61 f. und 84 f.

renseinstellung kein Rechtsmittel statthaft ist, wäre der Beschuldigte dann zu Unrecht im Erziehungsregister eingetragen worden.

Auch aus einem weiteren Grund ist das „Übersehen" des § 153 StPO bisweilen von Nachteil für den Beschuldigten. Grundsätzlich sollte im Jugendstrafrecht bei erstmaliger Auffälligkeit stets mit der Reaktion begonnen werden, die den geringst möglichen Eingriff darstellt. Bei weiteren Straftaten sollte dann stufenweise jeweils die nächst intensivere Reaktion gewählt werden, sofern nicht bereits weitergehende Reaktionen erforderlich sind. Dieser Gedanke ist unter anderem aus § 5 JGG abzuleiten. Aber auch innerhalb des § 45 JGG findet sich dieser Grundsatz in Form des konsequenten Aufbaus von der eingriffsschwächsten zur eingriffsstärksten Alternative.[793] Wenn bereits in manchen Fällen § 153 StPO ohne sachlichen Grund übersprungen wird, könnte es zur Benachteiligung einzelner Beschuldigter in einem weiteren Verfahren kommen, weil bei ihnen bereits von Anfang an eine eingriffsintensivere Norm gewählt wurde.

Es wurde bereits im Zusammenhang mit dem Vergleich der älteren mit den aktuellen Richtlinien ausführlich darauf eingegangen, dass die Richtlinien zwar § 153 StPO als Einstellungsmöglichkeit anerkennen, der Vorrang dieser Verfahrenseinstellung aber nur scheinbar gewahrt ist.[794] Vielmehr wird der § 45 Abs. 1 JGG zum Grundfall erklärt, von dem bei Ermangelung eines Eintragungserfordernisses abgewichen werden kann.

Dass der Anwendungsbereich für § 153 StPO durch die Richtlinien deutlich eingeschränkt wird, lässt sich auch aus den in Bezug auf § 45 Abs. 1 JGG genannten Einstellungsvoraussetzungen herauslesen. Dort heißt es, § 45 Abs. 1 JGG komme bei Ersttätern zur Anwendung, bei denen ein jugendtypisches Verhalten zu beobachten sei und deren Verhalten sich durch geringen Schuldgehalt und geringe Auswirkungen auszeichne. Wenn allerdings bereits bei diesen eindeutigen Bagatellfällen eine Eintragung ins Erziehungsregister für erforderlich gehalten wird, was eine Verfahrenseinstellung nach § 45 JGG impliziert, sind Fälle von geringerem Schuldgehalt und damit ein Anwendungsbereich für § 153 StPO kaum vorstellbar. Auf Nachfrage erläuterte ein Lübecker Staatsanwalt, vor Ort hätte man eine Regelung, nach der bei Diebstählen eine Grenze von 10 € gezogen werde. Bei Diebstählen mit höheren Schäden komme § 45 Abs. 1 JGG zur Anwendung, darunter § 153 StPO. Dies führt jedoch zu einer Beschränkung des Anwendungsbereichs, der Jugendli-

---

793 *Hering/Sessar* „Praktizierte Diversion", S. 26.

794 Siehe dazu oben S. 84 f.

che gegenüber Erwachsenen benachteiligt.[795] Wie das folgende Schaubild verdeutlicht, sind die Staatsanwälte selbst uneins darüber, ob ein Anwendungsvorrang für eine der beiden Normen besteht. Für keine Interpretation ist eine eindeutige Mehrheit zu erkennen.

Schaubild 70: Verhältnis von § 153 StPO und § 45 JGG aus Sicht der Staatsanwälte

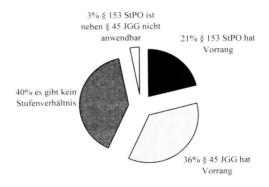

3% § 153 StPO ist neben § 45 JGG nicht anwendbar

21% § 153 StPO hat Vorrang

40% es gibt kein Stufenverhältnis

36% § 45 JGG hat Vorrang

Einem Polizeibeamten mag dieser auf den ersten Blick akademisch anmutende Streit vollkommen fremd sein. Angesichts der Tatsache, dass er jedoch eine Einstellungsnorm vorschlagen soll, müsste er auf diesem Gebiet geschult werden. Die Richtlinien allein sind zwar in Bezug auf den Vorrang einer der beiden Normen unklar formuliert, grundsätzlich stellen sie aber auf die Anwendung des § 45 JGG ab. Unter der Überschrift „Verfahren und Verfahrensbeteiligte" wird dem Beamten ein erzieherisches Gespräch, eine sofortige Entschuldigung oder Schadenswiedergutmachung nur im Zusammenhang mit § 45 Abs. 1 JGG als geeignete Maßnahmen vorgestellt. Da § 45 Abs. 1 JGG und § 153 StPO absolut inhaltsgleich sind, verwundert es, dass solche Maßnahmen im Rahmen von § 153 StPO nicht zur Anwendung kommen sollen. Die Staatsanwaltschaft entscheidet in Einzelfällen trotz Vorliegen solcher Maßnahmen auf eine Verfahrenseinstellung nach § 153 StPO. Dies beweist, dass zwischen einer solchen Maßnahme und der Einstellungsnorm kein zwingender Zusammenhang besteht. Ein solcher wird allerdings durch die Diversionsrichtlinien nahegelegt und von den Polizeibeamten angenommen.

---

795 Und diese ist gemäß Art. 3 Abs. 1 GG ohne sachlichen Grund verfassungswidrig. Vgl. *Lehmann*, S. 149.

Die Richtlinien setzen den Subsidiaritätsgrundsatz nicht konsequent genug um und gewähren daher einer Form der Verfahrenseinstellung den Vorrang, die zu einer größeren Stigmatisierung führt. Dies kann in Einzelfällen zu ungerechtfertigten Benachteiligungen führen. Der Polizeibeamte muss sich darüber klar sein, dass er zunächst § 153 StPO in Betracht ziehen sollte, wenn er einen Bagatellfall vorfindet. Aber auch der Beschuldigte sollte frühzeitig über das Eintragungserfordernis des § 45 JGG aufgeklärt werden. Nur so kann er unter Berücksichtigung aller Konsequenzen eine Entscheidung darüber fällen, ob er einem Diversionsverfahren zustimmt. Weniger Eintragungen ins Erziehungsregister sind angesichts der von der Staatsanwaltschaft geführten MESTA-Liste nur ein geringer Verlust, insbesondere unter dem Gesichtspunkt, dass im Normalfall weitere Delikte durch den Reifeprozess des Beschuldigten immer unwahrscheinlicher werden.

2. Geringst möglicher Eingriff

Der Diversionsgedanke, wissenschaftliche Erkenntnisse und der Verhältnismäßigkeitsgrundsatz gebieten es, bei Bagatelltaten die geringst mögliche Reaktion auf eine Straftat zu wählen.[796] Der geringst mögliche Eingriff überhaupt wäre, sofern eine Straftat einwandfrei nachgewiesen ist, eine Einstellung nach § 153 StPO in Verbindung mit einer Null-Reaktion. Die Regelung in den Vorgängerrichtlinien unterstützte dieses Ziel konsequent. Die Akten wurden nach der Vernehmung zur Staatsanwaltschaft gesandt. Eine weitere erzieherische Maßnahme erfolgte in der Regel nicht. Auch Verfahrenseinstellungen gemäß § 45 Abs. 2 JGG waren meistens nicht mit einer Maßnahme verbunden.

Allerdings ist nur die geringst mögliche Maßnahme unter den gleich wirksamen zu wählen. Fest steht, dass es Fälle gibt, in denen jede staatliche Reaktion überflüssig ist, um den Zielen des Jugendstrafrechts gerecht zu werden. Auf der anderen Seite des Spektrums innerhalb des Diversionsverfahrens stehen wiederum Fälle, in denen allein eine erzieherische Maßnahme im Sinne der Diversionsrichtlinien einen Erfolg sicherstellen und damit einen Verzicht auf eine Anklage rechtfertigen kann. Wann zu welcher Variante gegriffen werden sollte, ist im Einzelfall schwierig abzuwägen und verlangt juristische und im Einzelfall auch pädagogische Vorbildung. Wer sich dabei nur auf die Richtlinien verlässt, folgt einer Interpretation, die der eingriffsschwächsten Alternative nach § 153 StPO wenig Anwendungsmöglichkeiten zugesteht. Dagegen wird § 45 JGG mitsamt den teilweise sehr eingriffsintensiven erzieherischen

---

796 *Heinz/Storz*, S. 8; *v. d. Woldenberg*, S. 25.

Maßnahmen nach § 45 Abs. 2 JGG im Text der Richtlinien ausführlich dargestellt. Wie gezeigt, werden vor allem Arbeitsmaßnahmen vermehrt angeregt.[797] Gleichzeitig sind jedoch weniger Fälle von mittlerer Kriminalität Gegenstand der Verfahren gewesen.[798] Dies spricht dafür, dass die Richtlinien
dem Subsidiaritätsgedanken entgegenwirken. Mehr erzieherische Maßnahmen
sind zudem gleichbedeutend mit einem arbeits- und zeitintensiveren Verfahren.

Erzieherische Maßnahmen, die nicht erforderlich sind, benachteiligen den Beschuldigten unnötig. Dies kann zu negativen Folgen für das gesamte Verfahren führen. Eine informelle Erledigung darf negative Folgen jedoch nicht fördern oder gar alleiniger Grund für eine negative Weiterentwicklung des Beschuldigten sein.[799] Die Richtlinien müssen daher bei allen Maßnahmen das
Gebot der Subsidiarität beachten.

Die Prioritätensetzung innerhalb der Richtlinien könnte zu einem Verstoß gegen das Gebot der Subsidiarität führen. § 45 JGG wird in den Richtlinien so
sehr in den Vordergrund gestellt, dass seine Subsidiarität in den Hintergrund
gedrängt werden könnte. Auf der anderen Seite scheint es übertrieben, auf die
Subsidiarität einer Norm in jedem Halbsatz hinzuweisen. Einem verantwortungsvollen Anwender sollte der Vorrang des § 170 Abs. 2 StPO bekannt und
auch in den Richtlinien klar genug herausgestellt sein. Es bleibt allerdings die
Frage, ob man vom verantwortungsvollen Anwender ausgehen darf oder den
entgegengesetzten Fall absichern muss. Die informelle Erledigung wird durch
die Richtlinien vorangetrieben und damit wächst auch die Gefahr, zugunsten
der Erziehung die Subsidiarität zu „übersehen".[800] Die Befürchtung, dass es
aufgrund der aktuellen Richtlinien zu vermehrten Verfahren gegen Unschuldige kommen könnte, hat sich andererseits nicht bestätigt.[801]

Anders sieht dies bezüglich § 153 StPO aus. Dieser wird von § 45 JGG ver-
drängt. Die Folge war, dass sich, nach Einschätzung des Verfassers, bei 45
Prozent aller Fälle, die im Jahr 2000 nach § 45 JGG eingestellt wurden, eher
§ 153 StPO angeboten hätte. Da der Passus über das Verhältnis von § 45 JGG
und § 153 StPO in den vorangegangenen Richtlinien identisch lautete, verwundert es nicht, dass diese Quote zuvor nicht niedriger lag. Diesbezüglich
wurden Jugendliche und Heranwachsende gegenüber erwachsenen Straftätern

---

797 Vgl. Schaubild 64 (S. 265).

798 Vgl. Schaubild 19 (S. 150).

799 *Lehmann*, S. 71.

800 *Lehmann*, S. 147; *v. d. Woldenberg*, S. 76.

801 Vgl. oben S. 213 ff.

benachteiligt. Da die wirksamste informelle Reaktion die Stigmatisierung so gering wie möglich hält, unterstützen die Richtlinien in dieser Frage einen weniger effektiven Weg.

In Gesprächen mit Polizeibeamten zeigte sich, dass manchen Beamten nicht bewusst war, in welchem Umfang auch Reaktionen fernab der staatlichen Einflussnahme auf viele Beschuldigte einwirken. Trotzdem gaben viele Polizisten bei der Befragung an, dass sie den ersten Zugriff und die Vernehmung für die Beschuldigten für überwiegend „sehr beeindruckend" halten. In Gesprächen schien jedoch das Gefühl vorzuherrschen, dass man in Verbindung mit § 153 StPO nicht genügend erzieherisch tätig werden kann. Die Voraussetzungen der beiden Einstellungsnormen sind jedoch identisch. Der Weg über § 153 StPO ist nicht verbaut, wenn man den Beschuldigten am Tatort zu einer Entschuldigung auffordert. Dies gilt auch für ein erzieherisches Gespräch. Allerdings lässt sich die immer beliebter werdende Anregung einer Arbeitsleistung nicht mit § 153 StPO kombinieren. Bei nur sehr wenigen Verfahrenseinstellungen nach § 45 Abs. 1 JGG kommt es zu überhaupt keiner erzieherischen Maßnahme.[802] Bei manchen Beamten scheint erzieherisches Handeln und § 45 Abs. 1 JGG so fest miteinander verknüpft zu sein, dass § 153 StPO nicht ausreichend in Erwägung gezogen wird. Diese Haltung wurde auf der vom Verfasser besuchten Schulung unterstützt. Eine Null-Reaktion, die auf die Wirkung von erstem Zugriff, Vernehmung und Maßnahmen der Erziehungsberechtigten setzt, ist scheinbar unpopulär.

Im Bereich der Entschuldigung hat sich durch die Richtlinien eine Verlagerung vom Täter-Opfer-Ausgleich zur weniger stigmatisierenden formlosen Entschuldigung ergeben.[803] Solange dies allein damit zu begründen ist, dass sich Fälle für einen Täter-Opfer-Ausgleich nicht anboten, ist dies uneingeschränkt zu begrüßen, wie alle Entwicklungen, die zu einer Beschleunigung des Verfahrens beitragen. Eine kürzere Verfahrenszeit wirkt sich weniger belastend aus. Insgesamt zeigt sich allerdings eine Tendenz zu etwas mehr Stigmatisierung aufgrund der Richtlinien. Vor allem die gemeinnützige Arbeitsleistung wird entgegen jeglicher Subsidiarität sehr häufig angeregt, als ob es darum ginge, dem Beschuldigten „einen Denkzettel zu verpassen".[804] Da in-

---

802 Im ersten Halbjahr 2000 waren es 13 Prozent.

803 Vgl. Schaubild 23 (oben S. 174).

804 *Hering/Sessar* „Praktizierte Diversion", S. 133 sprechen in solchen Fällen von „Etikettenschwindel".

tervenierende Diversion zeitaufwändig ist, sollte von ihr auch aus Gründen der Wirtschaftlichkeit sparsam Gebrauch gemacht werden.[805]

3. Vernetzung

Unter Vernetzung ist in diesem Zusammenhang die enge Zusammenarbeit von Polizei, Staatsanwaltschaft, Schule, Jugendamt, Jugendgerichtshilfe und vergleichbaren Organisationen, die sich mit Jugendlichen beschäftigen, zu verstehen. Eine Zusammenarbeit soll vor allem den Austausch von Informationen sichern.

Die Vernetzung von Informationen kann ebenfalls zu mehr Stigmatisierung der Beschuldigten führen und steht daher im Widerspruch zum Diversionsgedanken. Dies wird unter dem Stichwort „net-widening" von vielen Kritikern einer solchen Vernetzung eingewandt.[806] Auf der anderen Seite kann das Abstimmen und Austauschen von Informationen auch zu einer schnelleren und individuelleren Reaktion führen. Zumindest diese beiden Gesichtspunkte sprechen für einen Ausbau einer Vernetzung. Effektiv ist eine Vernetzung allerdings nur, wenn sich Aufwand und Nutzen in einem vernünftigen Verhältnis gegenüberstehen. Dabei ist sich immer vor Augen zu führen, dass man im Bereich der Diversion im Wesentlichen auf Bagatelldelikte reagiert. So sinnvoll ein möglichst enges Netz bei der Bekämpfung von Intensivtätern, schwerer Kriminalität oder organisiertem Verbrechen ist, so bedächtig ist eine solche Vernetzung im Rahmen der Diversion anzugehen.

Unter der Prämisse, dass ein Diversionsverfahren auf den durchschnittlichen Beschuldigten genügend Wirkung entfaltet und nur ein verschwindend geringer Teil der gestellten Personen zu den Intensivtätern gehört, ist eine Vernetzung in der weit überwiegenden Anzahl der Fälle ein übertriebener Aufwand. Die Untersuchung bestätigte, dass die Beschuldigten nur in äußerst wenigen Fällen Gefahr liefen, in ein kriminelles Milieu abzurutschen. Es ist daher unnötig, bei einem Diversionsfall sofort dem Jugendamt oder der Schule die gewonnenen Erkenntnisse zu übermitteln. Dies wäre ein Arbeitsaufwand, der nur Zeit kosten, aber keinen Nutzen bringen würde. Es genügt vollkommen, wenn bei Anzeichen von sozialen Problemen oder dem Beginn einer kriminellen Karriere ein Austausch stattfindet. In den untersuchten Fällen war das Jugendamt in allen Problemfällen schon involviert. Meistens lebten die gefährdeten Beschuldigten bereits in einem Heim.

---

805 Dafür, dass intervenierende Diversion arbeits- und zeitaufwändig ist, vgl. *v. d. Woldenberg*, S. 99; *Hübner/Kerner/Kunath/Planas* in DVJJ 1/1997, S. 31.

806 Vgl. zum unter anderem *Hering/Sessar* „Praktizierte Diversion", S. 131; *v. d. Woldenberg*, S. 76.

Die Frage ist zudem, wie Schule oder Jugendamt reagieren sollen, wenn sie entsprechende Daten übermittelt bekommen. Wenn es sich beispielsweise um einen gewöhnlichen Ladendiebstahl einer 16-jährigen Beschuldigten handelt, die sich ansonsten unauffällig verhält, sind weitere Maßnahmen möglicherweise sogar schädlich für die Entwicklung der Beschuldigten. Das Jugendamt könnte sich mit den Eltern in Verbindung setzen. Diese sind über das Fehlverhalten ihres Kindes aber schon durch die Polizei informiert. In der Regel kann eine intakte Familie dieses „Problem" allein lösen. Die Polizei hat die Möglichkeit, die Eltern auf Hilfsangebote hinzuweisen, so dass sie selbst Rat einholen können, falls sie Hilfe benötigen. Größere Erziehungsdefizite müssten für einen entsprechend ausgebildeten Polizeibeamten erkennbar sein. In solchen Fällen kann die Polizei im Einzelfall immer noch das Jugendamt informieren, falls es nicht ohnehin schon eingeschaltet ist. Im genannten Beispielsfall wäre das automatische Einschalten des Jugendamts eine zusätzliche Einmischung in die Erziehung der Eltern und könnte eher Verunsicherung schaffen als beseitigen.

Falls nun im Beispielsfall die Schule informiert würde, fragt es sich, welche sinnvolle Reaktion seitens der Schule erfolgen könnte. Ein Schulverweis wäre als härtestes Mittel von vornherein auszuschließen. Ein Gespräch in der Klasse käme einer Denunziation gleich. Das zurückhaltende Mädchen könnte psychische Schäden davontragen, die sich unter anderem auf ihre Schulleistungen auswirken könnten. Ein Gespräch mit dem Rektor kann ebenfalls die Aufmerksamkeit von Klassenkameraden erregen. Zudem stellt sich die Frage, mit welchem Recht sich ein Schuldirektor ein solches Gespräch herausnehmen darf. Lediglich bei Vergehen auf dem Schulgelände wäre diese Maßnahme sinnvoll und zu legitimieren. In solchen Fällen bräuchte es jedoch keine Vernetzung, da die Schule in der Regel informiert ist und selbst mit der Polizei in Kontakt steht. Es bliebe die Möglichkeit, die Beschuldigte durch die Lehrer unter besondere Beobachtung zu stellen. Dies wäre allerdings überflüssig, wenn ein Diversionsverfahren bei der Beschuldigten bereits Wirkung hinterlassen hat. Im durchschnittlichen Diversionsverfahren ist eine Vernetzung mit der Schule also sinnlos und gefährdet allenfalls den gewünschten Erfolg. In den übrigen Fällen kommt eine Verständigung bereits zustande, so dass eine stärkere Vernetzung im Bagatellbereich nicht von Nöten ist. Dies soll nicht heißen, dass die Zusammenarbeit auch auf anderen Gebieten, z. B. im Bereich der Prävention, zurückzufahren ist oder nicht aufgebaut werden sollte. Eine Vernetzung, die jeden Einzelfall erfasst, ist jedoch in diesen Fällen der Bagatellkriminalität nicht angebracht.

Das eben beschriebene Szenario einer vollständigen Vernetzung von Schulen und Jugendämtern mit der Polizei, ist in den Richtlinien nicht vorgesehen. Lediglich der Erfahrungsaustausch mit dem Jugendamt, der über die bestehenden Vorschriften hinaus einmal monatlich stattfinden soll, tendiert in diese Richtung. In der Praxis findet bei Bedarf jedoch ein vollkommen ausreichender Austausch statt.[807] Über die Regelung in den Richtlinien hinaus bestehen zahlreiche andere Programme und Projekte, in denen eine engere Zusammenarbeit von Polizei und Jugendamt oder Jugendgerichtshilfe vorgesehen ist. So beispielsweise der Kooperationsvertrag zwischen Polizei, Staatsanwaltschaft und dem Amt für soziale Dienste in Kiel. Im Bereich der Prävention wird versucht, Kräfte zu bündeln und auch die Schulen mit einzubeziehen. Diversion soll jedoch erst dann zum Tragen kommen, wenn bereits eine Straftat vorgekommen ist. Sie ist also kein Präventionsprogramm und vermag nicht die genannten Modelle zu ersetzen. Sie sollte auch nur bedingt als Ergänzung im Bereich der Spezialprävention angesehen werden. Im Gegensatz zu allgemeinen Präventionsprogrammen, richten sich Maßnahmen im Diversionsverfahren an eine einzelne Personen. Diversion und Präventionsprogramme in Zusammenarbeit mit dem Jugendamt oder Schulen laufen also getrennt voneinander.

Lediglich die Zusammenarbeit zwischen Polizei und Staatsanwaltschaft hat sich aufgrund der Richtlinien tatsächlich intensiviert. Dieser Prozess hat sich vor allem durch den vermehrten telefonischen Kontakt ergeben. Er wird von beiden Seiten in der Regel als positiv angesehen. Diese Form der Vernetzung dient aber vor allem der Beschleunigung des Verfahrens und kommt dem Beschuldigten zu Gute. Eine Gefahr für eine größere Stigmatisierung ist dadurch nicht gegeben.

Wünschenswert wäre darüber hinaus eine engere Zusammenarbeit mit den Erziehungsberechtigten der Beschuldigten.[808] Diese Form der Vernetzung ist ausbaufähig und zu fördern. Ansonsten ist ein Einbeziehen weiterer Personen oder Institutionen abzulehnen.[809] Dies verlängert nur die Verfahrensdauer, was bei Diversionsverfahren aus ökonomischer Sicht zu vermeiden ist.

V. Ökonomischeres Arbeiten

Neben den Vorteilen, die Diversion im Bereich der Kriminalitätsbekämpfung im Bagatellbereich aufbieten kann, sind auch Einsparung von Zeit, Arbeitsaufwand und Geld wünschenswerte Aspekte, die durch die Einführung der Richtlinien erreicht werden sollen.

---

807 Vgl. oben S. 206 ff.

808 Vgl. im Einzelnen oben S. 276 ff.

809 So z. B. keine Pädagogen oder Richter für erzieherische Gespräche.

1. Einsparung von Finanzmitteln

Jede Veränderung in der Kriminalitätsbekämpfung ist in der angespannten Haushaltslage, in der sich auch Schleswig-Holstein befindet, ein Frage des Geldes. Aus diesem Grund stellt sich auch bei der Umsetzung der Diversionsrichtlinien die Frage, ob sie zu Einsparungen in finanzieller Hinsicht führt oder ob sich zumindest eine etwaige finanzielle Mehrbelastung im Rahmen hält. Eine Berechnung der Kosten, die durch die Einführung der Richtlinien entstanden oder eingespart worden waren, war im Rahmen der Untersuchung unmöglich. Zu viele Faktoren spielen in dieser Frage eine Rolle. Für eine fiskalische Überprüfung waren zudem die Untersuchungsmittel dieser Evaluation nicht ausgelegt. Allerdings dürfte eine Einsparung von Kosten aufgrund der Richtlinien auf den ersten Blick nicht erkennbar sein. Dass Maßnahmen im Rahmen des § 45 Abs. 2 JGG nun auf der Ebene der Polizei geregelt werden, hat lediglich zu einer Verlagerung, nicht aber zu einer Kostenersparnis geführt. Es ist sogar ein deutlicher Anstieg an erzieherischen Maßnahmen, insbesondere Arbeitsmaßnahmen erkennbar.[810] Zudem hat sich eine Verlängerung der Verfahrensdauer im Bereich des § 45 Abs. 1 JGG gezeigt, da in Einzelfällen das erzieherische Gespräch einen Mehraufwand begründet. Dadurch werden im Zweifel zunächst keine Kosten eingespart sondern produziert.

Diversion selbst spart Kosten dadurch ein, dass ein formeller Prozess verhindert wird. Der damit eingesparte Arbeitsaufwand, inklusive dem Umstand, dass die Verfahrensebene vor Gericht vollkommen entfällt, ist eine Kostenersparnis. Diversion wurde allerdings nicht erst mit den aktuellen Richtlinien eingeführt, so dass die neuen Richtlinien diesen Spareffekt nicht für sich in Anspruch nehmen können. Auf der anderen Seite hat sich die Gefahr einer Verfahrensverzögerung durch Fehleinschätzungen im Bereich des § 170 Abs. 2 StPO nicht bestätigt. Die Zahl, in denen Fälle des § 170 Abs. 2 StPO übersehen wurden, ist aufgrund der veränderten Praxis nicht angestiegen. Zusätzliche Kosten sind in diesem Bereich also nicht entstanden.

Durch Diversion soll auch die Legalbewährung verbessert werden. Dies würde Kosten für Folgeverfahren einsparen. Da sich Diversionsverfahren möglichst individuell an den Beschuldigten wenden, könnten solche Erfolge tatsächlich eingetreten sein. Eine Rückfalluntersuchung war jedoch nicht Gegenstand dieser Arbeit, so dass nur aufgrund anderer Untersuchungen angenommen werden kann, dass eine effektive Diversion zu einer geringeren Rückfallquote führt.[811] Wenn dies so ist, ergeben sich unter dem Gesichtspunkt, dass in vielen Fällen weitere Verfahren gegen ein und dieselbe Person

---

810 Vgl. Schaubild 64 (S. 265).

811 Vgl. dazu oben S. 53 ff.

vermieden werden, Erfolge auch auf finanzieller Ebene. Da die Diversions-richtlinien im großen und ganzen zu einer effizienteren Umsetzung der Diver-sion geführt haben, ist es zumindest wahrscheinlich, dass sich der gewünschte positive Effekt eingestellt hat. Einsparungen sind also nicht unbedingt sofort messbar, können jedoch realistischer Weise für die Zukunft angenommen werden. Allerdings sollten die Arbeitsmaßnahmen auch aus Kostengründen auf die unbedingt notwendigen Fälle reduziert werden.

Mit einem Blick auf die Anforderungen, die an die Polizeibeamten gestellt werden, ist von einem erhöhten Schulungsbedarf auszugehen. Mehr Schulun-gen bedeuten jedoch auch mehr Kosten. Es ist fraglich, ob diese Kosten durch weniger Verfahren ausgeglichen werden können. Jedes eingesparte Verfahren ist allerdings unter anderen Gesichtspunkten ein solcher Gewinn, dass man nicht unbedingt den finanziellen Aufwand als Gradmesser wählen sollte. Dar-über hinaus sind geschulte Polizisten ebenfalls als Gewinn anzusehen.

Die Richtlinien dürften aus fiskalischer Sicht kaum messbare Einsparungen oder Mehrkosten verursacht haben. Damit sind keine Finanzmittel für andere Aufgaben frei geworden.[812] Eventuelle Mehrkosten dürften sich aber im Rah-men halten und können nicht dafür ins Feld geführt werden, die Richtlinien rückgängig zu machen.

2. *Entlastung von Polizei und Staatsanwaltschaft*

Finanzielle Vorteile sind durch die Einführung der Richtlinien also nicht zu er-warten. Aber auch Arbeitseinsparungen können, auf das gesamte Verfahren gerechnet, kaum ausgemacht werden. Ursprünglich war es allerdings Ziel der Diversionsbefürworter, die Justiz aufgrund weniger Verurteilungen deutlich zu entlasten.[813] In den USA war die Überlastung des Justizapparates ausschlagge-bend für den Siegeszug der Diversion.[814] Aber auch in Deutschland fiel der ver-stärkte Einsatz informeller Maßnahmen zu Beginn der 70er-Jahre mit einer ho-hen Arbeitsbelastung der Strafverfolgungsbehörden zusammen.[815] Dies ver-stärkte zumindest die Toleranz gegenüber neuen Erledigungsstrategien.[816]

---

812 *Lehmann*, S. 15 will z. B. eventuell gewonnene Gelder für den verstärkten Kampf gegen Schwerkriminalität einsetzen.

813 *Kaiser*, S. 56; *Heinz* in DVJJ 1/1999, S. 11.

814 Vgl. oben S. 38 ff.

815 *V. d. Woldenberg*, S. 97.

816 *V. d. Woldenberg*, ebd.

Grundsätzlich ist ein Diversionsverfahren, bei dem es zur Anregung umfangreicher erzieherischer Maßnahmen kommt, nur unwesentlich weniger aufwändig als ein formelles Verfahren.[817] Das Neue an der aktuellen Diversion ist die Verlagerung von Kompetenzen auf die Polizei. Dadurch wird allerdings keine Arbeit eingespart, sondern nur verschoben. Für die Staatsanwaltschaft dürften sich aufgrund dieser Verlagerung tatsächlich Arbeitseinsparungen ergeben. Die erzieherischen Maßnahmen des § 45 Abs. 2 JGG, deren Anregung und Überwachung nun Aufgabe der Polizei ist, mussten früher von Staatsanwälten organisiert und beobachtet werden. Allerdings waren solche Maßnahmen eher selten, so dass sich die Einsparung an Arbeit in Grenzen hält. Dagegen dürfte das Telefonat mit dem Polizeibeamten einen gewissen zusätzlichen Aufwand darstellen. Ein solcher ist bezüglich der Einstellungsnachricht nicht zu erwarten. Da die Einstellungsnachricht fast ausschließlich mittels Vordruck erstellt wird, braucht sich der Staatsanwalt keine besondere Mühe bei der erzieherischen Ausprägung geben. Bei den befragten Staatsanwälten gaben jedoch immerhin 38 Prozent an, die Richtlinien würden zu einer Mehrarbeit führen. Von diesen Staatsanwälten waren 9 Prozent der Meinung, es gebe sogar deutlich mehr zu tun.

Die Polizei ist aufgrund der Richtlinien mit Mehrarbeit belastet. Dies wurde von 86 Prozent der Polizeibeamten in der Befragung bestätigt. 33 Prozent der Beamten gaben an, dass es deutlich mehr Arbeit gebe als vor Einführung der Richtlinien. Es verwundert nicht, dass die Polizisten sich deutlich stärker mit zusätzlicher Arbeit konfrontiert sehen als die Staatsanwälte. Schließlich wenden sich die Richtlinien und die darin enthaltenen Änderungen vorwiegend an die Polizeibeamten. Auch bezüglich der Frage, was sich durch die Richtlinien verändert habe, war mit deutlichem Vorsprung die am meisten genannte Antwort, dass die Arbeit zeitaufwändiger geworden sei. Dies heißt nichts anderes, als dass mehr Arbeit angefallen ist.

Das erzieherische Gespräch nimmt relativ wenig zusätzliche Zeit ein, es sei denn, es wird ein separates Gespräch vereinbart. Dies sollte allerdings vermieden werden.[818] Die Anregungen vor Ort ergeben sich aus dem normalen Kontakt mit dem Beschuldigten und sind mit keinem zusätzlichen Aufwand verbunden. Die Erziehungsmaßnahmen, die nach Rücksprache mit dem Staatsanwalt angeregt werden sollen, erfordern allerdings die Suche nach geeigneten Arbeitsstellen und eine Überwachung. Dies war kurz nach Einführung der Richtlinien problematisch. Mittlerweile haben fast alle Polizeibeamten eine zeitsparende Lösung gefunden. Eine Überwachung lässt sich ohne

---

817 *V. d. Woldenberg*, S. 99; *Hübner/Kerner/Kunath/Planas* in DVJJ 1/1997, S. 31.

818 Zur Begründung vgl. oben S. 177 ff.

großen Aufwand z. B. über einen Rücklaufzettel organisieren. Trotzdem führte der enorme Anstieg der Arbeitsanregungen zu einem erheblichen Mehraufwand.

Vor Anregung einer Maßnahme muss eine Zustimmung bei der Staatsanwaltschaft eingeholt werden. Das Einholen der Zustimmung per Telefon ist durch
die Richtlinien zwar möglichst unbürokratisch und einfach geregelt, es stellt
aber einen zusätzlichen Arbeitsschritt dar, weil zuvor eine solche Absprache
nicht von Nöten war. Häufiger kommt es zudem vor, dass der Polizist den zuständigen Staatsanwalt nicht gleich erreicht und dadurch zusätzliche Zeit verliert.[819] Vor Übersendung der Akten muss der Polizist einen ausführlichen
Vermerk darüber schreiben, wie er seinen Einstellungsvorschlag begründet.
Die Zusammenarbeit mit dem Jugendamt wurde hingegen in der Praxis bereits
auf ein gesundes Maß zurückgefahren, so dass sich eine diesbezügliche Mehrarbeit in Grenzen hält.[820]

Die Schulungen sind ebenfalls mit einem zusätzlichen Zeitaufwand verbunden. Eine gute Schulung sollte allerdings zu einer kompetenteren Umsetzung
des Diversionsverfahrens führen. Insofern lohnt sich dieser zusätzliche Aufwand bereits mittelfristig und entlastet im Endeffekt den Sacharbeiter. Insgesamt bietet die praktische Umsetzung der aktuellen Richtlinien nur wenig un-
genutzten Spielraum, um das Verfahren weiter zu straffen und um Arbeit einzusparen. Separate erzieherische Gespräche sollten vollkommen eingestellt
werden. Zudem könnte die eine oder andere Arbeitsmaßnahme eingespart
werden. Schließlich ist in vielen Fällen eine Einstellung nach § 153 StPO ü-
berlegenswert, wodurch ein aufwändigeres Verfahren eingespart werden
könnte. Von weiteren Einsparungen wie dem Verzicht auf das Telefonat, sollte vor allem aus rechtsstaatlichen Gründen abgesehen werden.

C. Fazit zur Effektivität der Richtlinien

Insgesamt lässt sich festhalten, dass sich durch die Richtlinien weit weniger
geändert hat als zu erwarten war. Bezüglich der Effektivität zeigt sich insgesamt ein positives Bild. Einige Verbesserungsmöglichkeiten drängen sich jedoch auf.

Besonders positiv ist zu werten, dass das Verfahren beschleunigt wurde. Eine
schnellere Reaktion ist besonders zur Einwirkung auf junge Menschen von

---

819 Es bleibt trotz allem unerlässlich, an der Regelung festzuhalten, den zuständigen Staatsanwalt
    als Ansprechpartner anzurufen.

820 Näheres oben S. 206 ff.

großem Vorteil, da sich deren Persönlichkeit und Umfeld rasch ändern. Das Telefonat zwischen Polizei und Staatsanwaltschaft hat sich als unbürokratischer und schneller Weg zu einer noch als effektiv zu bezeichnenden Überwachung etabliert. An dieser Handhabung sollte schon deshalb festgehalten werden, weil sich der Kontakt zwischen den beiden Behörden dadurch deutlich verbessert hat. Dabei ist aus Gründen der Kontrolle weiterhin der zuständige Staatsanwalt anzurufen, der die Akte im weiteren Verfahren noch vorgelegt bekommt.

Bezüglich des erzieherischen Gesprächs bleibt zu sagen, dass im Sinne der Richtlinien nicht separat geführt werden sollte. Am effektivsten ist eine erzieherisch geprägte Vernehmung. Sie ist mit wenig Aufwand und geringer Stigmatisierung für den Beschuldigten verbunden. Zudem würde auch der Polizist pädagogisch nicht überfordert. Der Polizeibeamte sollte auch weiterhin für diese Gespräche zuständig sein. Er ist in den Augen der Beschuldigten eine Respektsperson und die Beteiligung weiterer Personen würde nur zu unnötigen Zeitverzögerungen führen.

Positiv ist zu bewerten, dass es nur zu sehr wenigen Hilfsangeboten gekommen ist. Die Beschuldigten sind in der Regel nicht hilfsbedürftig. Aus diesem Grund ist der in den Richtlinien vorgesehene monatliche Austausch mit dem Jugendamt zu Recht auf das notwendige Maß zurückgeführt worden. Die jetzige Handhabung ist praxisnäher.

Die Akzeptanz gegenüber Diversion in der von den Richtlinien vorgesehenen Form ist erfreulich hoch. Dadurch sind auch die Polizeibeamten trotz erhöhtem Arbeitspensum mit viel Einsatz bei der Arbeit. Auch die Staatsanwälte schätzen den Status quo. Dass die Einstellungsnachricht per Formular ergeht, ist unter dem Gesichtspunkt der Effektivität begrüßenswert.

Auf der anderen Seite besteht vor allem bezüglich der Schulung der Polizeibeamten ein Nachholbedarf. Es sollten mehr Schulungen angeboten werden, um dem Anspruch der Richtlinien gerecht zu werden. Auch inhaltlich ließe sich bei den Schulungen an einigen Details feilen. So sollte auf den vermehrten Einsatz von § 153 StPO hingewiesen werden. § 45 Abs. 2 JGG hingegen wird zu häufig vorgeschlagen. Die Zahl der Arbeitsleistungen ist deutlich angestiegen, ohne dass sich daraus Vorteile ergeben würden. Von den Polizeibeamten ist diesbezüglich mehr Flexibilität zu verlangen. Die Palette der erzieherischen Maßnahmen könnte effektiver genutzt werden. Arbeitsleistungen sollten z. B. vermehrt, vielleicht sogar ausschließlich, zur Schadenswiedergutmachung angeregt werden. Eine Verbindung zwischen Tat und erzieherischer Maßnahme sollte hergestellt werden.

Schließlich wäre der stärkere Einbezug der Erziehungsberechtigten wünschenswert. Die Kompetenz der Eltern wird unterschätzt. Zudem müssen die Maßnahmen aus dem Elternhaus stärker berücksichtigt werden. Dies könnte in manchem Fall ein aufwändiges Diversionsverfahren verhindern.

Siebtes Kapitel

Rechtsstaatliche Bedenken gegen die Richtlinien und ihre praktische Umsetzung

Die Diversionsrichtlinien in Schleswig-Holstein sind bereits seit ihrer Einführung den Vorwürfen ausgesetzt, eine rechtsstaatswidrige Diversionspraxis zu unterstützen.[821] Trotzdem fehlte es bislang an einer umfassenden empirischen Untersuchung, die diese Kritik widerlegen oder bestätigen könnte.

Mit den Vorwürfen rückt auch das Schlagwort „Polizeidiversion" ins Blickfeld. Zu den Gefahren und Risiken, die mit einer Polizeidiversion einhergehen sollen, ist bereits ausführlich Stellung genommen worden.[822] Nun gilt es zu überprüfen, ob die Schleswig-Holsteinischen Richtlinien dieser Form der Diversion Vorschub leisten und ob sich daraus Verstöße gegen Verfassungsprinzipien ableiten.

A. Kompetenzgewinn und Rechtsstaatlichkeit

Alle Gefahren, die von einer Polizeidiversion ausgehen sollen, gründen auf einen Kompetenzgewinn der Polizei und den damit verbundenen Folgen. Die Befürchtungen reichen so weit, dass vom Inquisitionsprozess gesprochen wird.[823] So soll die Polizei aufgrund ihrer Kompetenzgewinne Ankläger und Richter in einer Person sein. Dies mag befremden, da grundsätzlich die Staatsanwaltschaft als Herrin des Vorverfahrens gilt. Es steht jedoch zu befürchten, dass diese ihre Funktion als Überwacherin nur unzureichend wahrnehmen kann, so dass schließlich der Polizist das Diversionsverfahren von Anfang bis Ende bestimmt.

---

821 Dieser Vorwurf hält sich bereits seit dem Erlass zur Diversion aus dem Jahr 1984. Vgl. *v. d. Woldenberg*, S. 49.

822 Vgl. oben S. 65 ff.

823 *Ostendorf* JGG, § 45 Rdnr. 16; *Schaffstein/Beulke*, S. 249.

I. Kompetenzgewinn der Polizeibeamten

Aus § 45 JGG lassen sich unmittelbar keine Kompetenzen für die Polizei ent-nehmen.[824] Stärkeren Einfluss auf die Verfahrenseinstellungen im Diversions-verfahren haben die Polizeibeamten daher allein aufgrund entsprechender Kompetenzzuweisungen in den Diversionsrichtlinien erhalten. Damit stellt sich die Frage, ob diese Kompetenzgewinne noch von § 45 JGG gedeckt sind. Die Richtlinien zur Förderung der Diversion bei jugendlichen und heranwach-senden Beschuldigten in Schleswig-Holstein sollen unter anderem den § 45 JGG näher präzisieren und den Anwendern und damit im Wesentlichen den Polizeibeamten eine Anleitung zur Diversion an die Hand geben. § 45 JGG wird also durch die Richtlinien interpretiert.[825] Um zu zeigen, inwiefern diese Interpretation den Rahmen des § 45 JGG verlässt oder die praktische Umset-zung zu rechtsstaatlich bedenklichen Ergebnissen führen kann, sollen zu-nächst die Kompetenzgewinne der Polizei im einzelnen vorgestellt werden. Ob diese Kompetenzverlagerungen zu einer rechtsstaatswidrigen Praxis füh-ren, soll daran anschließend verdeutlicht werden.

Unter Gliederungspunkt 3.1.1 der Richtlinien wird dem Polizeibeamten zuge-standen, mit dem geständigen oder nicht ernstlich bestreitenden Beschuldigten ein erzieherisches Gespräch führen zu dürfen. Dies ist eine Neuerung, die durch die Richtlinien 1998 eingeführt wurde. Die Polizeibeamten haben aus-drücklich die Kompetenz zugewiesen bekommen, diese erzieherische Maß-nahmen eigenverantwortlich durchzuführen. Da dieses Gespräch unter ande-rem der Normverdeutlichung dienen soll, hat es fraglos auch ermahnenden Charakter. Die Kompetenz geht deutlich über die bloße Sachverhaltsermitt-lung mittels Vernehmung hinaus.

Eine weitere Neuerung ist die Überlegung, dass Polizeibeamte an Ort und Stelle eine Wiedergutmachung oder eine Entschuldigung anregen sollen. Ob dies überhaupt ein zusätzlicher Kompetenzgewinn ist, erscheint fraglich. Le-bensnah dürfte es sein, dass Entschuldigungen seit jeher sofort angeregt wur-den. Allerdings ist dies nun in den Richtlinien explizit aufgeführt. Insofern dürfte nur eine Anpassung an eine gängige und sinnvolle Praxis erfolgt sein. Gleichwohl ist dies ein kleiner Kompetenzgewinn, da sich Polizisten bei frü-heren Einsätzen auf diese Möglichkeit nicht ausdrücklich berufen konnten. Erst die Richtlinien haben diese Praxis rechtlich abgesichert. Der Beschuldigte dürfte eine solche Aufforderung an Ort und Stelle, sofern es sich im Umfang eher auf eine Geste beschränkt, weniger als Eingriff verstehen, sondern als ein

---

824 Vgl. zur Begründung ausführlich oben S. 67 ff.

825 *Ostendorf* in DVJJ 2/1994, S. 191, der die Gesetzesinterpretation durch die Richtlinien im Wettstreit mit Gesetzesauslegungen in Wissenschaft und Praxis sieht.

gewisses Maß an Selbstverständlichkeit akzeptieren. Eine umfangreiche Arbeitsleistung geht allerdings über eine Geste hinaus und ist mit diesem Passus weder gemeint noch vereinbar. Eine Kompetenz, eigenmächtig solche Maßnahmen anzuregen, kann und darf daraus nicht entnommen werden. Die Aufforderung zur einfachen Entschuldigung oder Schadensregulierung z. B. in der Form der Herausgabe des weggenommenen Gegenstandes ist daher nicht als bedeutender Kompetenzgewinn für die Polizei zu verstehen.

Nach telefonischer Rücksprache mit dem Staatsanwalt soll der Polizeibeamte dem Jugendlichen gegenüber zur Anregung von erzieherischen Maßnahmen befugt sein. Dies ist eine eindeutige Kompetenzverlagerung auf den Polizeibeamten, da die Anregungskompetenz bisher allenfalls dem Staatsanwalt zugebilligt wurde. Der Anruf führt auch nicht dazu, dass der Polizeibeamte quasi in Vertretung des Staatsanwalts dessen Vorschlag unterbreitet. Die Anregung basiert auf einem vom Polizeibeamten dem Staatsanwalt gemachten Vorschlag und ist in der Regel auch nach Rücksprache sein eigener Vorschlag geblieben. Insofern ist dies ein wesentlicher Kompetenzgewinn.

Möglicherweise gewinnt der Polizeibeamte aufgrund der in den Richtlinien vorgesehenen Handhabung über den ausdrücklichen Inhalt der Richtlinien hinaus eine Vorprüfkompetenz.[826] Aufgrund seiner Nähe zum Fall ist er selbst derjenige, der seine Sicht der Dinge dem Staatsanwalt übermittelt.[827] Es hängt von ihm ab, was er für den Fall als bedeutend oder überflüssig ansieht. Unabhängig davon, ob diese Kompetenz tatsächlich besteht, wäre sie äußerst bedeutend, da sie dazu führt, dass der Polizeibeamte das Verfahren und seinen Ausgang willkürlich beeinflussen kann.

Dass der Beamte die Maßnahme überwacht und den Vollzug feststellt, ist weniger ein zusätzlicher Kompetenzgewinn, sondern Folge der gewonnenen Anregungskompetenz.

Schließlich soll der Beamte einen Vorschlag unterbreiten, nach welcher Norm das Verfahren eingestellt werden sollte. Man kann dies als Teil einer Vorprüfkompetenz verstehen oder als einen eigenen Kompetenzgewinn dahingehend, selbst juristische Vorschläge unterbreiten zu dürfen und damit an Einfluss auf die Verfahrenseinstellung gewonnen zu haben.

Alle Kompetenzgewinne gehen auf zwei Grundgedanken zurück, die beide auch in den Richtlinien formuliert werden. Zum einen geht es um die Sachnähe des Polizisten, zum zweiten um die Beschleunigung des Verfahrens. In der

---

826 Zur Vorprüfkompetenz ausführlich unten S. 328 ff.

827 *Heinz* in DVJJ 2/1999, S. 141, der darin eine faktische Vorprüfkompetenz sieht.

allgemeinen Einleitung heißt es, dass „der Polizei aufgrund der örtlichen und persönlichen Nähe zum Beschuldigten eine besondere Bedeutung zukomme". Damit dürfte auch angesprochen sein, dass der Polizei naturgemäß eine gewisse Kompetenz aufgrund ihrer Sachnähe zusteht. Diese Kompetenz darf nicht verloren gehen und deren positiven Momente müssen geschützt und verstärkt werden. Darin dürften sich auch alle Kritiker der Polizeidiversion einig sein. Die Richtlinien ziehen daraus ihre Schlüsse und weisen daher der Polizei mehr Kompetenzen zu. Die Anregungskompetenz erwächst wiederum dem Gedanken, das Verfahren möglichst beschleunigen zu müssen. Diesem Gedanken liegt wiederum in letzter Konsequenz der Erziehungsgedanke des Jugendgerichtsgesetzes zugrunde.

II.　Das erzieherische Gespräch

Das erzieherische Gespräch unterscheidet sich vor allem in zweierlei Hinsicht von allen anderen Maßnahmen im Diversionsverfahren. Zum einen führt der Polizeibeamte diese Maßnahme selbst durch, während er alle anderen Maßnahmen nur anregt. Er geht also in dieser Beziehung einen Schritt weiter als bei den übrigen Maßnahmen. Zum anderen nimmt der Polizeibeamte auf den Beschuldigten Einfluss, ohne Rücksprache mit der Staatsanwaltschaft zu halten. Es ist also eine der wenigen erzieherischen Maßnahmen, die er vollkommen selbstständig durchführt.[828] Zudem wird ein erzieherisches Gespräch in fast jedem Diversionsverfahren geführt, weswegen sich etwaige Verstöße gegen Rechtsstaatsprinzipien auf fast alle Verfahren auswirken würden. Das erzieherische Gespräch nimmt daher eine bedeutende Rolle im Diversionsverfahren ein und ist dementsprechend zahlreichen Bedenken ausgesetzt.

1.　*Vernehmung oder Sanktion*

Aufgrund der unterschiedlichen praktischen Umsetzung ist die Natur des erzieherischen Gesprächs nicht leicht zu bestimmen. Von dieser Einordnung hängen jedoch viele Folgefragen bezüglich etwaiger rechtsstaatlicher Bedenken ab. Wie bereits unter dem Gesichtspunkt der Effektivität dargestellt, haben Polizeibeamte in der Regel bereits vor Einführung der Richtlinien erzieherische Aspekte in die Vernehmung einfließen lassen.[829] Dem Beschuldigten wurde also schon vor dem Jahr 1998 das Unrecht der Tat vorgehalten und eine Verhaltensänderung für die Zukunft angeraten. Die aktuellen Richtlinien se-

---

828 Dies ist sonst nur bei Anregungen vor Ort der Fall.

829 Vgl. hierzu und zum Folgenden oben S. 177 ff.

hen ausdrücklich ein erzieherisches Gespräch im Rahmen der Vernehmung vor. Die Praxis zeigt, dass es grundsätzlich zwei Varianten gibt, die sich aus dieser Vorschrift entwickelt haben: zum einen eine etwas stärker erzieherisch ausgeprägte Vernehmung oder ein kurzes erzieherisches Gespräch ohne Zwischenschritt zur zuvor durchgeführten Vernehmung und zum anderen das gesonderte Gespräch mit dem Beschuldigten. Dabei ist die ausgedehnte Vernehmung die weitaus häufigere Variante. Viele Polizeibeamte gaben an, dass sie im Grunde nichts anderes als zuvor machen.

Ein gesondertes Gespräch, vielleicht sogar zu einem anderen Termin, widerspricht im Grunde dem Wortlaut der Richtlinien. Im *Rahmen* der Vernehmung, wie es in den Richtlinien heißt, bedeutet eben nicht zu einem *anderen* Zeitpunkt. Wie gezeigt, ist bereits aus Gründen der Effektivität der erzieherisch ausgeprägten Vernehmung der Vorzug zu geben. Das gesonderte Gespräch rückt zudem in die Nähe einer Sanktion aus dem Jugendgerichtsgesetz. In § 45 Abs. 3 JGG wird dem Staatsanwalt zugestanden, eine Ermahnung beim Richter anzuregen. Die Ermahnung steht also als Sanktion dem Richter zu. In § 14 JGG ist der Inhalt einer Verwarnung als Zuchtmittel näher beschrieben. Danach soll dem Jugendlichen das Unrecht seiner Tat eindringlich vorgehalten werden. Dieses Zuchtmittel ist gemäß § 5 Abs. 2 JGG in Verbindung mit § 13 JGG anzuwenden, wenn eine Erziehungsmaßregel nicht mehr ausreicht, eine Jugendstrafe aber noch nicht angebracht erscheint. Es ist also eine ernst zu nehmende Sanktion. In den Diversionsrichtlinien ist bestimmt, dass das erzieherische Gespräch unter anderem der Normverdeutlichung dienen soll. Ursprünglich sollte auch das erzieherische Gespräch in den Richtlinien „normverdeutlichendes Gespräch" heißen.[830] Die Ähnlichkeit mit der Sanktion aus dem Jugendgerichtsgesetz führte möglicherweise dazu, den etwas abgeschwächten Begriff des „erzieherischen Gesprächs" zu wählen. Auf der anderen Seite musste der Fragebogen für Polizeibeamte auf Wunsch des Innenministeriums dahingehend geändert werden, dass die Worte „erzieherisches Gespräch" in den Fragen jeweils in „normverdeutlichendes Gespräch" umgewandelt werden sollten.[831] Als Begründung hieß es, Polizeibeamte seien schließlich keine Erzieher. Dies alles verdeutlicht, wie nah das erzieherische Gespräch an eine Sanktion angelehnt ist. Falls das erzieherische Gespräch in der Form des gesonderten Gesprächs erfolgt, liegt der Unterschied zur Verwarnung lediglich darin, dass nicht die Judikative, sondern die Exekutive das Gespräch führt. Das erzieherische Gespräch ist also Teil der Vernehmung

---

830 Dies wurde von einem mit den Entwürfen für die Richtlinien vertrauten Staatsanwalt berichtet.

831 Dies war eines der Ergebnisse einiger Gespräche im Innenministerium, bei dem der Fragebogen für Polizeibeamte diskutiert wurde.

oder Sanktion, je nachdem, welche Form der praktischen Umsetzung gewählt wird.

Auf der anderen Seite sind auch Arbeitsauflagen eindeutig Sanktionen und kommen trotzdem im Diversionsverfahren zur Anwendung. Der Unterschied zum gesonderten erzieherischen Gespräch ist jedoch, dass das Gespräch einfach vollzogen wird und Arbeitsleistungen aufgrund ihres Sanktionscharakters nur angeregt werden. Dementsprechend könnte auch das Führen eines separaten erzieherischen Gesprächs nicht als Sanktionierung angesehen werden, wenn es angeregt würde und Beschuldigte es freiwillig annähmen.[832]

Es ist jedoch nicht zu erkennen, dass die Gespräche angeregt werden. Auf die Freiwilligkeit dürfte von Seiten der Polizei mit hoher Wahrscheinlichkeit nicht in jedem Fall ausdrücklich hingewiesen werden. Allerdings gaben immerhin 31 Prozent der Polizisten an, die Beschuldigten würden erzieherische Gespräche manchmal ablehnen. Das würde dafür sprechen, dass die Beschuldigten gefragt werden, ob sie ein Gespräch wünschen. Die Einwilligung zur Vernehmung reicht als Zustimmung zu einem gesonderten erzieherischen Gespräch nicht aus. Selbst wenn das Gespräch direkt im Anschluss an eine Vernehmung oder davor geführt werden soll, muss dem Jugendlichen und seinen Erziehungsberechtigten verdeutlicht werden, dass es sich jetzt nicht mehr oder noch nicht um eine Vernehmung handelt. Der Übergang in ein ausschließlich erzieherisches Gespräch, ohne dass dies dem Beschuldigten klar gemacht wird, ist nicht akzeptabel. Um der Gefahr eines Verstoßes gegen die Gewaltenteilung vorzubeugen, sollten allenfalls innerhalb der Vernehmung verstärkt erzieherische Aspekte zur Sprache kommen, das Diversionsverfahren erläutert und auf ein separates erzieherisches Gespräch verzichtet werden. Damit wird im Grunde eine seit langer Zeit gängige Praxis weitergeführt. Wenn der Polizeibeamte den Beschuldigten fragen würde, ob er erzieherische Anmerkungen machen dürfe, würde das befremdlich wirken. Während einer Vernehmung ist dem Polizeibeamten zuzugestehen, auch erzieherisch auf den Jugendlichen einzugehen. Als Teil einer „erweiterten Vernehmung" ist das erzieherische Gespräch nicht als förmliche Sanktion zu werten, selbst wenn jeder Maßnahme bis zu einem gewissen Grad auch ein Sanktionscharakter innewohnt.

Dies leitet über zur Frage, ob die Richtlinien Verstöße gegen rechtsstaatliche Prinzipien fördern. Es besteht die Gefahr der Überwindung der in Art 20 Abs. 2 GG garantierten Gewaltenteilung, wenn separate Gespräche geführt wer-

---

[832] Auf die Problematik, inwieweit eine Anregung zu einer Maßnahme einer Sanktion gleicht, soll an späterer Stelle eingegangen werden, da erzieherische Gespräche nach den Richtlinien nicht angeregt, sondern vollzogen werden sollen. Vgl. zur Problematik einer Anregung auch oben S. 67 ff.

den.[833] Eine solche Maßnahme steht de lege lata allein dem Richter als Inhaber der Sanktionsgewalt und den Eltern im Rahmen ihres Erziehungsrechts zu. Sie kann nicht von der Polizei als Exekutivbehörde vorgenommen werden. Die Richtlinien bleiben in dieser wichtigen Frage, wo die Gewalt der Polizei endet und wo das Sanktionsmonopol der Judikative beginnt, jedoch zu vage. Der Gefahr der Durchbrechung des Gewaltenteilungsprinzips ist daher Tür und Tor geöffnet. Es ist die jahrelange Praxis, dass Polizeibeamte grundsätzlich erzieherisch auf die Jugendlichen einwirken, die verhindert, dass Polizeibeamte die theoretisch in den Richtlinien liegende Kompetenz zur Sanktionierung nicht allzu sehr ausnutzen, sondern ihre Vernehmung in der Regel weitestgehend wie vor Einführung der Richtlinien durchführten. Darauf kann in Zukunft jedoch nicht vertraut werden. Die Richtlinien sollten ausdrücklich darauf hinweisen, dass gesonderte Gespräche aufgrund ihres Sanktionscharakters zu unterbleiben haben.[834]

Gesonderte Gespräche von anderen Personen wahrnehmen zu lassen, wäre weder sinnvoll noch rechtsstaatlich bedenkenlos. Es wurde bereits darauf eingegangen, dass das Heranziehen eines Pädagogen nicht erforderlich ist.[835] Gegen die bereits in Berlin eingeführte Praxis sprechen nicht nur die genannten Nachteile bezüglich der Effektivität, sondern auch rechtsstaatliche Bedenken. Die Grenze zur Sanktion ist bei einem eigenständigen Gespräch, bei welchem dem Jugendlichen auch sein Fehlverhalten vor Augen geführt werden soll, bereits überschritten. Ein Sozialpädagoge ist zwar pädagogisch geschult, ihm fehlt jedoch die Legitimation für eine solche Maßnahme. Diese kann auch nicht durch eine Verwaltungsvorschrift übertragen werden, die mit der Gewaltenteilung nicht in Einklang zu bringen ist. Allein bei einer umfangreichen Aufklärung darüber, dass solche Gespräche lediglich auf freiwilliger Basis erfolgen können, wäre eine solche Handhabung denkbar. Da in der Praxis kein Bedarf besteht, sollten Anstrengungen in diese Richtung unterbleiben. Die Rechte des Beschuldigten sollten nicht unnötig aufs Spiel gesetzt werden.

Beim Richter würde dessen Sanktionsgewalt ein separates Gespräch rechtfertigen. Er ist Inhaber der Judikative und daher zur Bestrafung befugt. Dies gilt in der Regel jedoch nur für Fälle, in denen die Schuld des Täters feststeht. Auf der anderen Seite sieht § 45 Abs. 3 JGG eine Reihe von Weisungen und Zuchtmitteln vor, die der Staatsanwalt gegenüber dem Richter anregen darf und dieser dann gegenüber dem Beschuldigten anordnet. Im Grunde sanktio-

---

833 *Ostendorf* „Wieviel Strafe braucht die Gesellschaft?", S. 146; *Engel* DVJJ 3/98, S. 257.

834 *Meier* in Meier/Rössner/Schöch, S. 150 ist dagegen der Ansicht, dass Polizisten normverdeutlichende Gespräche führen dürfen.

835 Siehe oben S. 188 ff.

niert der Richter also im Rahmen des Diversionsverfahrens bereits. Unter den in § 45 Abs. 3 JGG genannten möglichen Maßnahmen ist auch die Ermahnung zu finden, welche sehr stark an die Verwarnung als Zuchtmittel nach § 13 Abs. 2 Nr. 1 JGG erinnert. Im Diversionsverfahren gibt es also bereits die Möglichkeit, den Jugendrichter eine Ermahnung aussprechen zu lassen. Allerdings wäre dies erst bei einem geständigen Täter möglich, für den eine Verfahrenseinstellung nach § 45 Abs. 1 oder Abs. 2 JGG nicht mehr in Frage kommt. Um auch in einfachen Bagatellfällen den Richter zum Einsatz kommen zu lassen, müssten dessen Möglichkeiten erweitert werden. Aus Gründen der Subsidiarität, welche im Jugendstrafrecht den Verhältnismäßigkeitsgrundsatz stützt[836], ist das Vorziehen einer richterlichen Ermahnung für eindeutige Bagatellfälle jedoch abzulehnen.[837]

Bei einer Verlagerung des separaten erzieherischen Gesprächs auf den Staatsanwalt würde sich aus rechtsstaatlicher Sicht genau dasselbe Problem stellen wie bei der Polizei. Auch der Staatsanwalt darf als Organ der Exekutive nicht sanktionieren und somit grundsätzlich keine separaten erzieherischen Gespräche führen. Da diese Idee darüber hinaus praktische Nachteile birgt, ist davon Abstand zu nehmen.[838]

2. Erzieherisches Gespräch und Unschuldsvermutung

Aus Art. 6 Abs. 2 MRK wird der Grundsatz „in dubio pro reo" abgeleitet. Dieser besagt, dass eine Unschuldsvermutung für den Beschuldigten so lange eingreift, bis er rechtskräftig verurteilt ist. Die Unschuldsvermutung ist eine Ausprägung des Rechtsstaatsprinzips und hat daher Verfassungsrang.[839] Eine Verurteilung erfolgt durch den Richter als Inhaber der Judikative. Er allein kann also feststellen, ob ein Beschuldigter schuldig ist oder nicht. Eine Bestrafung kann erst erfolgen, wenn eine Schuld festgestellt wurde. So lange der Polizeibeamte gegen einen Beschuldigten ermittelt, streitet für diesen noch die Unschuldsvermutung. Insofern ist es problematisch, wenn der Beschuldigte unschuldig sein sollte und trotzdem Maßnahmen ihm gegenüber angeregt werden. Aber nicht nur die Anregung einer Maßnahme selbst, sondern bereits das erzieherische Gespräch könnte gegen die Unschuldsvermutung verstoßen. Zumindest ein gesondertes erzieherisches Gespräch kommt einer Sanktion

---

836 So. *v. d. Woldenberg*, S. 25.

837 Vgl. dazu oben S. 190 f.

838 Zu den Nachteilen auf der Seite der Effektivität vgl. die Ausführungen ebd.

839 Vgl. BVerfGE 19, 342, 347.

sehr nahe. Es stellt sich daher zunächst die Frage, inwieweit zu befürchten ist, dass Unschuldige mit einer solchen Maßnahme konfrontiert werden.

Wie bereits gezeigt, ist die Wahrscheinlichkeit, dass § 170 Abs. 2 StPO übersehen wird, nicht signifikant angestiegen.[840] Dies liegt vor allem daran, dass der durchschnittliche Bagatellfall juristisch einfach gelagert ist. Es erfordert also nicht die Ausbildung eines Volljuristen, um im Regelfall ein juristisch einwandfreies „Urteil" zu fällen. Den Tatnachweis zu führen, stellte die Polizeibeamten meistens ebenfalls nicht vor große Schwierigkeiten. Fast immer waren es mehrere Beweismittel, die das Vorliegen einer Straftat nahelegten, wie das folgende Schaubild belegt:

Schaubild 71: Beweismittel im ersten Halbjahr 2000 (in Prozent)

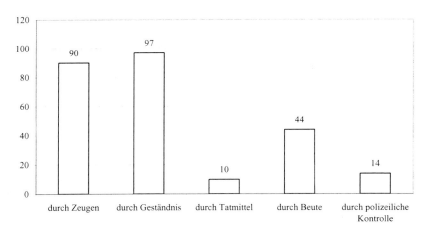

In fast allen Fällen waren Zeugen vor Ort und noch häufiger zeigte sich der Beschuldigte geständig. Die Zeugen waren in der Regel glaubwürdig. Bei Ladendiebstählen waren fast ausnahmslos auch Ladendetektive Zeugen des Diebstahls geworden. Zwar war das Vorgehen der Detektive mitunter diskussionswürdig[841], die geschilderten Beobachtungen waren jedoch glaubhaft und wurden zudem in beinahe allen Fällen durch die Geständnisse der Beschuldigten gestützt. Es war in den untersuchten Fällen nicht zu beobachten, dass die Fangprämie dazu führte, dass Ladendetektive übereilte Verdächtigungen äu-

---

840 *V. d. Woldenberg*, S. 78 f.

841 Vgl. die Erläuterungen oben S. 165 f.

ßerten.[842] Die teils raue Behandlung der Beschuldigten stand der Glaubhaftigkeit der Beobachtungen nicht entgegen. Falls sich die Beschuldigten beschwerten, betraf dies fast ausschließlich die Art und Weise der Behandlung und nicht, dass ihnen Straftaten unterstellt wurden.

Bei anderen Delikten, wie etwa bei Verkehrsdelikten, kamen häufig Polizeibeamte als Zeugen in Betracht. Aber auch bei Sachbeschädigungen durch Sprayer war die Polizei mitunter vor Ort und ertappte die Beschuldigten auf frischer Tat. In keinem einzigen Fall fanden sich Hinweise darauf, dass Polizeibeamte einem Unschuldigen eine Straftat unterstellten, um beispielsweise das Interesse an der Aufklärungsquote zu befriedigen. Bei Beleidigungen und Körperverletzungen waren schließlich die Opfer die wichtigsten Zeugen. Aussagen von jugendlichen Opfern ist grundsätzlich mit Vorsicht zu begegnen. Da sich Opfer und Täter meistens kennen, muss beispielsweise bei entsprechenden Anhaltspunkten auch die Möglichkeit eines Racheakts in Betracht gezogen werden. Die Aussagen wurden aber fast immer durch andere Indizien gestützt. Häufig waren es mehrere Zeugen, die Beobachtungen gemacht hatten. Zu bemängeln war im Einzelfall höchstens, dass die Opfer eigens Vorverhalten wegließen oder beschönigten. Etwaiges Fehlverhalten der Opfer wurde aber in der Regel von den Beschuldigten durch deren Geständnisse in das Verfahren eingeführt. Dies wurde von den Polizisten entsprechend berücksichtigt. Lediglich in einem Fall schilderte ein Beschuldigter eine Situation, in der ihn das Opferverhalten zu einer Notwehrhandlung berechtigt hätte. In allen übrigen Fällen hatten zwar mitunter die Opfer durch ihr Verhalten die Reaktion des Beschuldigten beeinflusst oder provoziert, aber keinen Rechtfertigungsgrund geschaffen. Insgesamt bleibt also festzuhalten, dass die Zeugen glaubwürdig und deren Aussagen glaubhaft waren. Die Polizeibeamten konnten sich auf diese Beweismittel verlassen.

Das erzieherische Gespräch soll nur bei Beschuldigten durchgeführt werden, die geständig sind oder den Tatvorwurf „nicht ernstlich bestreiten". Dies soll zusätzlich Sicherheit dafür gewähren, dass kein Unschuldiger dieser Maßnahme ausgesetzt wird. Zudem erscheint ein solches Gespräch auch aus pädagogischen Gründen wenig sinnvoll, wenn der Beschuldigte die Strafbarkeit seines Tuns nicht erkennt oder leugnet. In 97 Prozent aller Fälle des ersten Halbjahres 2000 kam es zu einem Geständnis der Beschuldigten.[843] Die hohe

---

842 Allerdings hatte ich nicht die Fälle zu begutachten, in denen wegen mangelnden Tatverdachts eingestellt wurde. Die getroffene Auswahl setzte voraus, dass Ladendetektiv, Polizei und Staatsanwalt gleichermaßen von einer Straftat ausgingen. Dementsprechend musste die Fehlerquote der Ladendetektive gegen Null tendieren.

843 Dieser Wert ist sehr hoch und übertrifft andere Untersuchungen, in denen 82 Prozent geständige Täter bzw. 5 Prozent nicht geständige und 20 Prozent Teil-Geständige ermittelt wurden. Zu diesen Untersuchungen von Hauser und Momberg siehe *Eisenberg* JGG § 45 Rdnr. 24 a.

Quote der Geständnisse bei den Beschuldigten spricht zunächst dafür, dass die Gefahr gebannt sein könnte, gegenüber Unschuldigen tätig zu werden. Sowohl die Freiwilligkeit als auch die Richtigkeit solcher Geständnisse werden jedoch angezweifelt.[844] Die Geständnisfreudigkeit Jugendlicher[845] und die Drucksituation während einer polizeilichen Vernehmung sollen zu falschen Geständnissen führen.[846] Ein Geständnis darf nicht erzwungen werden. Jeglicher Zwang ist zudem überflüssig, da Diversionsverfahren auch ohne ein Geständnis eingeleitet werden können. Einzig eine Zustimmung zum Diversionsverfahren ist erforderlich. Wäre ein Geständnis Einstellungsvoraussetzung, so wäre die Unschuldsvermutung noch stärker gefährdet.[847] Um dem Beschleunigungsgebot nachzukommen, könnte es vermehrt zu Suggestivfragen kommen und damit zu zweifelhaften Geständnissen.[848] Zudem sind die zivilrechtlichen Folgen für den Täter zu beachten, wenn man den Beschuldigten unter Umständen zu einem präjudizierenden falschen Geständnis verleitet.[849] Es ist überdies nicht auszuschließen, dass Jugendliche mit Blick auf die Vorteile einer Diversionsentscheidung, nämlich z. B. keine Anklageerhebung, eher ein falsches Geständnis ablegen, als eine unbequeme Wahrheit aufrecht zu erhalten. Schließlich ist der unbestimmte Rechtsbegriff „nicht ernstlich bestreiten" unglücklich gewählt. Er hat keinerlei Konturen. Dies könnte den Polizeibeamten verunsichern und ihn dazu verleiten, ein Geständnis einzufordern, da er sich auf die schwammige Voraussetzung des unbestimmten Rechtsbegriffs nicht einlassen möchte. Das Jugendgerichtsgesetz ist hingegen offener gefasst. Es verlangt keinen möglichst geständigen Täter, sondern stellt allein in § 45 Abs. 3 JGG Anforderungen an die Geständnisbereitschaft des Beschuldigten.

Die Untersuchungsmittel waren nicht geeignet, falsche Geständnisse aufzuspüren. Trotzdem ließen sich diesbezüglich einige Feststellungen treffen. Positive Hinweise darauf, dass die Polizeibeamten die Jugendlichen unter Druck setzen, gab es nicht. Es gab aber Indizien dafür, dass die Geständnisse zumindest in einer überragend hohen Anzahl glaubhaft waren. Zunächst sprach die Einschätzung der Polizeibeamten für die Glaubhaftigkeit. Diese gaben ihre Einschätzung im Abschlussvermerk wieder. Polizeibeamte haben in der Regel aufgrund jahrelanger Praxis ein Gespür dafür, ob die vernommene Person lügt

---

844 Siehe oben S. 67 ff.

845 *Eisenberg* S. 282; *Eisenberg* JGG, § 45 Rdnr. 24; *Ostendorf* JGG, § 45 Rdnr. 14; *v. d. Woldenberg*, S. 119.

846 *Lehmann*, S. 202.

847 *Lehmann*, S 33.

848 *Lehmann*, S. 201.

849 *Lehmann*, S. 206.

oder die Wahrheit sagt. Es handelt sich bei der Beurteilung durch den Polizisten um eine professionelle Einschätzung, die nicht einfach mit dem Argument
vom Tisch gefegt werden kann, Polizeibeamte hätten ein großes Interesse an
einem Geständnis. Die Wahrscheinlichkeit, dass es sich um glaubhafte Geständnisse handelte, wurde zusätzlich dadurch erhöht, dass aus den Vernehmungsprotokollen häufig hervorging, dass der Beschuldigte Täterwissen
preisgab. Dieses konnte ihm nicht in den Mund gelegt werden. Der Polizist
konnte z. B. nicht wissen, woher die Farbe stammte, mit der ein Vorgarten
einer Kirche überschüttet worden war oder dass sich ein bis dahin unbekann-
ter Mittäter bei einer Sachbeschädigung an der Hand verletzte. In fast allen
Fällen gab es zudem Zeugen, deren Aussagen die Geständnisse bestätigten.
Wie sich auch aus Schaubild 11 ergibt, gestanden die meisten Beschuldigten
sofort. Beispielsweise wurden Diebstähle bereits vor dem Ladendetektiv eingeräumt. Zu diesem Zeitpunkt herrschte aber noch kein polizeilicher Vernehmungsdruck. Ein Diversionsverfahren wurde noch nicht angeboten. Die Entscheidung für ein formelles oder informelles Verfahren hatte demnach keinen
Einfluss auf das Geständnis.

Es gibt also eine Reihe von Gründen, die dafür sprechen, dass die Polizeibeamten ein glaubhaftes Geständnis vorfanden. Trotz allem ersetzt ein Geständnis nicht den Tatnachweis.[850] Der Polizeibeamte stützte sich allerdings so gut
wie niemals allein auf ein Geständnis. Die Geständnisbereitschaft Jugendlicher dürfte daher nicht zu vermehrten Verfahren gegen unschuldige, aber
geständige Personen geführt haben. Die Praxis bietet diesbezüglich keinen
Anlass zu übertriebener Sorge. Das soll nicht heißen, dass die Polizei sich auf
diesem Ergebnis ausruhen kann. Es ist auch weiterhin erforderlich, jedes Geständnis streng auf dessen Glaubhaftigkeit hin zu prüfen.

Als weiteres Beweismittel kam in manchen Fällen das Tatmittel selbst in Betracht. Dies war z. B. dann der Fall, wenn ein frisiertes Mofa angehalten wurde. Ebenso wurden bei einem Zugriff am Tatort bei Sachbeschädigungen
durch Grafitti die Farbdosen oder Vorlagen für die Grafitti sichergestellt.

Bei Diebstählen hatten die Beschuldigten in der Regel die Beute noch bei
sich. Selten wurde behauptet, man könne sich nicht erklären, wie die Sachen
in den Rucksack gekommen seien. Diese unglaubhaften Äußerungen wurden
aber meistens schnell wieder verworfen, wenn der Ladendetektiv seine Beobachtungen schilderte. Die meisten Beschuldigten erkannten den Beweiswert,
wenn Ware mit Preisauszeichnung in einem verschlossenen Rucksack gefunden wurde oder unter dem Pullover ein etikettiertes T-Shirt zum Vorschein
kam. Interessanterweise waren es häufig ausgerechnet Gymnasiasten, die

---

850 *Eisenberg* JGG, § 45 Rdnr. 24.

meinten, eine unglaubhafte Geschichte könne sie vor einem Verfahren schützen.

Schließlich sind noch die Beweismittel zu nennen, die in Schaubild 71 unter der Überschrift „polizeiliche Kontrollen" zusammengefasst wurden. Darunter fielen z. B. Atem-Alkoholtests oder Geschwindigkeitsmessungen bei manipulierten Mofas.

Ein Verstoß gegen die Unschuldsvermutung ist also nicht in der Form zu befürchten, dass regelmäßig unschuldigen Beschuldigten gegenüber ein erzieherisches Gespräch zur Anwendung kommt. Die aktuellen Richtlinien haben nicht dazu geführt, dass es nun vermehrt in zweifelhaften Fällen zu Diversionsverfahren kommt. Meistens lagen zahlreiche überzeugende Beweise vor, die dazu berechtigten, von der Täterschaft des Beschuldigten auszugehen.

Die Unschuldsvermutung streitet allerdings bis zum Zeitpunkt der Verurteilung für den Beschuldigten, unabhängig von der Beweislage. Selbst wenn also nach menschlichem Ermessen keinerlei Zweifel an einer Täterschaft bestehen, gilt der Grundsatz „in dubio pro reo". Die Zweifel an der Unschuld der Beschuldigten können formal nur von einem Richter beseitigt werden. Grundsätzlich würde daher jede Maßnahme, die vor einer Verurteilung gegenüber einem mutmaßlichen Täter vorgenommen wird, gegen die Unschuldsvermutung verstoßen. Insbesondere eine Sanktion wäre vor Rechtskraft eines Urteils rechtswidrig. Den Strafverfolgungsbehörden ist es untersagt, Schuld auszusprechen und Strafe zuzumessen.[851] Dies gilt auch für separate erzieherische oder normverdeutlichende Gespräche. Die Richtlinien verlangen vom Polizeibeamten allerdings auch nicht, dass er die Schuld eines Beschuldigten festzustellen hat. Der feine aber wichtige Unterschied zwischen Schuld und Schuldprognose wird in den Richtlinien jedoch nicht besonders deutlich herausgestellt. In den Richtlinien wird von „Taten mit geringem Schuldgehalt" gesprochen. Die Formulierung ist also abstrakter gewählt. Nicht die Schuld des Täters, sondern *Taten*, bei denen typischerweise von einer geringen Schuld ausgegangen werden kann, stehen im Vordergrund. Die Schuld des Täters wird also nicht als Voraussetzung genannt, da sie nicht von einem Polizeibeamten festgestellt werden darf. Auch die Formulierung, dass der „Schuldnachweis auf andere Weise geführt werden" könne, unterstellt nicht, dass der Polizeibeamte diesen Schuldnachweis führen kann. Diesbezüglich wird daher nichts vom Polizisten verlangt, was ihm nicht zusteht. Andererseits gehen die Richtlinien davon aus, dass es dem Polizisten zusteht, aufgrund einer bloßen Schuldprognose eine erzieherische Maßnahme in Form des erzieherischen Gesprächs gegenüber dem Beschuldigten zu vollziehen.

---

851 Vgl. BVerfGE 74, 358, 371.

Das separate erzieherische Gespräch verstößt, wenn es einfach vollzogen wird, aus den genannten Gründen gegen die Unschuldsvermutung. Anders könnte sich dies jedoch bei der erzieherisch ausgeprägten Vernehmung darstellen.

Eine Vernehmung allein verstößt nicht gegen die Unschuldsvermutung. Sie soll dazu dienen, dass die Unschuld oder Schuld des Beschuldigten zu einem späteren Zeitpunkt festgestellt werden kann und der Beschuldigte über das eingeleitete Verfahren informiert wird.[852] Eine erzieherisch geprägte Vernehmung ginge allerdings über dieses Ziel hinaus. Sie ist jedoch nicht nur sinnvoll, sondern auch rechtsstaatlich tolerabel. Die Unschuldsvermutung reicht nicht so weit, dass dem Beschuldigten gegenüber jegliche Maßnahmen unterbleiben müssen. Die Vernehmung selbst greift bereits umfangreich in die Rechte des Beschuldigten ein. Unter den Voraussetzungen des § 163 a Abs. 3 StPO ist der Beschuldigte sogar verpflichtet, zur Vernehmung zu erscheinen. Zwar müssen die Grenzen des § 136 a StPO eingehalten werden, aber trotz allem kann eine Vernehmung sehr „unangenehm" verlaufen, ohne dass der Beschuldigte sich dagegen wehren kann. Kommt es zur Einstellung des Verfahrens, wird gegenüber dem Beschuldigten eine verbindliche Maßnahme getroffen, obwohl dessen Schuld nicht festgestellt worden ist. Zu diesem Zeitpunkt wird zulässiger Weise eine Schuldprognose als ausreichend angesehen.[853] Gegen eine Verfahrenseinstellung stehen dem Beschuldigten keinerlei Rechtsmittel zu. Der Beschuldigte muss also Eingriffe in seine Rechte während eines strafrechtlichen Verfahrens hinnehmen. Die Vernehmung insgesamt beeinträchtigt den Beschuldigten mehr als erzieherische Worte während der Vernehmung. Diese Handhabung stellt ein vergleichbar mildes Mittel dar, mit dem auf den Beschuldigten eingewirkt wird. Um der Unschuldsvermutung gerecht zu werden, sollte der Polizeibeamte im erzieherischen Teil seiner Vernehmung auf vergleichbare Fälle eingehen. Ohne den konkreten Fallbezug kommt es nicht zur Schuldunterstellung durch den Polizisten.

Nur auf den ersten Blick scheinen die Einflussmöglichkeiten ohne konkreten Fallbezug zu schwinden. Es verlangt jedoch lediglich etwas Fingerspitzengefühl, den Beschuldigten auch mit einer abstrakteren Herangehensweise zu beeindrucken. Eine erzieherisch ausgeprägte Vernehmung ist daher rechtsstaatlich nicht zu beanstanden, wenn die Vernehmung dabei eindeutig im Vordergrund steht und weitestgehend abstrakt auf die Verfehlung des Beschuldigten eingegangen wird. Der Beschuldigte wird trotzdem in der Lage sein, Lehren aus dieser Vernehmung zu ziehen. Es besteht, wie gezeigt, an seiner Täterei-

---

852 *Meyer-Goßner*, § 163 a, Rdnr. 1.

853 *V. d. Woldenberg*, S. 113.

genschaft im Übrigen so gut wie nie ein Zweifel, so dass eine spezialpräventive Folge wünschenswert ist.

Etwas ganz anderes ist es, wenn erzieherische Gespräche mit Kindern geführt werden, wie in insgesamt drei Fällen im ersten Halbjahr 2000. Diese rechtsstaatswidrige Behandlung widerfuhr einem 13-jährigen Mädchen und einem Jungen gleichen Alters sowie in einem Fall einem 12-jährigen Mädchen. In allen Fällen waren die Beschuldigten mit einer Gruppe älterer Jugendlicher unterwegs. Allesamt wurden sie zu einem erzieherischen Gespräch geladen. Erst die Staatsanwaltschaft korrigierte diesen Fehler. Die Polizeibeamten hatten es wohl für eine formale Ungleichbehandlung gehalten, bei einem 14-Jährigen ein erzieherisches Gespräch zu führen und dies bei seinem noch nicht strafmündigen Freund zu unterlassen. Kinder sind jedoch bis zur Vollendung des 14. Lebensjahres gemäß § 19 StGB schuldunfähig. Auch wenn es nicht zu einer Verurteilung gekommen ist, hätte das Verfahren überhaupt nicht eingeleitet werden dürfen. Insofern liegt in allen drei Fällen ein klarer Verstoß gegen die Unschuldsvermutung vor.

Ebenso liegt der Fall in den bereits angesprochenen Fällen, in denen bei insgesamt drei Beschuldigten ein Diversionsverfahren durchgeführt wurde, obwohl die notwendige geistige Reife nicht vorlag, die gemäß § 3 JGG Voraussetzung für eine strafrechtliche Verantwortlichkeit ist.[854]

In diesen sechs Fällen sind allerdings nicht die aktuellen Richtlinien für die rechtsstaatswidrige Behandlung verantwortlich. Vielmehr sind diese Versäumnisse auf ein persönliches Versagen der jeweiligen Sachbearbeiter zurückzuführen.

Es bleibt festzuhalten, dass das erzieherische Gespräch dann mit der Unschuldsvermutung vereinbar ist, wenn es sich auf eine erzieherische Vernehmung beschränkt, die Vernehmung den weit überwiegenden Teil des Gesprächs ausmacht und der Fallbezug möglichst abstrakt gehalten wird. Da das Gespräch auf diese Weise immer noch genau die Wirkung erzielen kann, die von ihm ausgehen sollte, ist die Praxis aufgerufen diesen Weg einzuschlagen, um Effizienz und Rechtsstaatlichkeit miteinander zu verbinden.

3. Notwendige Änderungen im Rahmen des erzieherischen Gesprächs

Das erzieherische Gespräch ist je nach Ausgestaltung in der Praxis rechtswidrig. Es stellt zumindest dann eine Sanktion dar, wenn es separat stattfindet – entweder in einem gesonderten Termin oder ausführlich vor oder im Anschluss

---

854 Ausführlicheres oben S. 213 ff.

an eine Vernehmung. In beiden Fällen würde sowohl gegen die Unschuldsvermutung als auch gegen die Gewaltenteilung verstoßen. Um im „Rahmen einer Vernehmung" auf den Beschuldigten einzugehen, wie dies von den Richtlinien vorgesehen ist, kann aus rechtsstaatlicher Sicht allenfalls eine erzieherisch ausgeprägte Vernehmung toleriert werden. Dann müsste allerdings die Vernehmung deutlich im Vordergrund stehen und sich der erzieherische Teil der Vernehmung vom konkreten Fall weitestgehend lösen.

Insoweit sind die Richtlinien viel zu unbestimmt und verkennen die rechtsstaatliche Problematik. Die Richtlinien geben nicht konkret vor, wie der Polizeibeamte das erzieherische Gespräch umsetzen soll. Ohne eine genaue Anleitung dürften die meisten erzieherischen Gespräche daher rechtsstaatswidrig verlaufen. Dies kann nicht mit dem Argument übertüncht werden, dass der ungerechtfertigte Eingriff in die Rechte des Beschuldigten relativ gering ausfällt. Wenn eine Maßnahme rechtswidrig ist, darf sie nicht zur Anwendung kommen. Die aktuelle Praxis abzuändern, fällt aber angesichts der wenigen Änderungen, die vorzunehmen sind, nicht schwer. Darüber hinaus sollte die erzieherisch ausgeprägte Vernehmung keinen Polizeibeamten überfordern und gleichzeitig mit einem minimalen Aufwand verbunden sein.

Die rechtsstaatliche Problematik muss in den Richtlinien berücksichtigt werden. Den Polizisten ist der Ablauf eines erzieherischen Gesprächs genau vorzugeben. Darüber hinaus ist es Aufgabe der Schulungen, den Polizeibeamten für dieses Problem zu sensibilisieren und für eine rechtsstaatlich einwandfreie Lösung zu motivieren. Separaten Gesprächen ist in den Schulungen eine klare Absage zu erteilen.

III. Die Anregungskompetenz

Laut Richtlinien sollen erzieherische Maßnahmen von Polizeibeamten gegenüber Beschuldigten angeregt werden. Nach Rücksprache mit der Staatsanwaltschaft liegt die Anregungskompetenz beim Polizisten. Dies soll entsprechend der Richtlinien zu einer Beschleunigung des Verfahrens führen. Die Anregungskompetenz des Polizeibeamten ist aus rechtsstaatlicher Sicht nur bedingt diskutabel. Die Anregung von Entschuldigungen und Schadenswiedergutmachungen vor Ort sind jedoch unproblematisch, wenn lediglich kleine, selbstverständliche Gesten vorgeschlagen werden. Es ist aber dennoch sinnvoll, die gesamte diesbezügliche Passage aus den Richtlinien zu streichen. Dadurch wäre die Gefahr gebannt, dass sich Polizeibeamte dazu aufgefordert fühlen, ohne Rücksprache etwas mehr als kleine Gesten anzuregen. Es ist davon auszugehen, dass es auch ohne den Passus in den Richtlinien weiterhin zu sinnvollen Anregungen vor Ort käme. Im Folgenden soll lediglich auf die Anre-

gung von erzieherischen Maßnahmen im Sinne des § 45 Abs. 2 JGG eingegangen werden. Aus rechtsstaatlicher Sicht ist allein diese Praxis problematisch.

1. Verstoß gegen die Gewaltenteilung aufgrund der Anregungs-kompetenz

Eine Anregungskompetenz ist streng von einer Sanktionskompetenz zu unterscheiden. Letztere erlaubt die Anordnung von Maßnahmen, die der Beschuldigte zu befolgen hat, während eine Anregung vom Beschuldigten auch abgelehnt werden kann.

Eine Sanktionskompetenz kann allein dem Richter zugestanden werden. Wie
bereits ausgeführt, kann einem Staatsanwalt allerdings aufgrund seiner umfassenden juristischen Ausbildung und zur Vermeidung eingriffsintensiverer
Verfahrenseinstellungen nach § 45 Abs. 3 JGG eine Anregungskompetenz
zugebilligt werden.[855] Dies bedeutet aber nicht, dass dies auch für den Polizeibeamten gilt. Die Hauptargumente, die für eine Anregungskompetenz des
Staatsanwalts sprechen, können nicht auf den Polizisten übertragen werden.
Weder hat er eine vergleichbare juristische Ausbildung, noch käme es zwingend zu eingriffsintensiveren Verfahrenseinstellungen nach § 45 Abs. 3 JGG,
wenn die Anregungskompetenz beim Staatsanwalt verbliebe. Die Verfahrenseinstellungen werden vom Staatsanwalt vorgenommen. Dies war schon vor
Einführung der aktuellen Richtlinien so und wurde auch durch deren Einführung nicht in Frage gestellt. Das Verhältnis der Verfahrenseinstellungen würde sich daher nicht in Richtung des § 45 Abs. 3 JGG verschieben, wenn man
die Anregungskompetenz beim Staatsanwalt belassen würde.

Die Richtlinien gehen jedoch davon aus, dass nicht nur der Staatsanwalt befugt ist, dem Beschuldigten Maßnahmen vorzuschlagen, sondern dass dies
auch Polizisten zusteht.[856] Es ist unter Gliederungspunkt 3.1.1.2 der Richtlinien eindeutig formuliert, dass von der Regel, eine Anregungskompetenz ste-
he dem Staatsanwalt zu, abgewichen werden muss. Dies würden erzieherische
Aspekte, unter anderem die Beschleunigung des Verfahrens, erfordern. Daher
solle der Polizeibeamte dem Staatsanwalt einen telefonischen Vorschlag unterbreiten und nach dessen Zustimmung gegenüber dem Beschuldigten und
dessen Erziehungsberechtigten Maßnahmen anregen. Es geht also nicht dar-

---

855 Zur Problematik der Anregungskompetenz und den dazu vertretenen Meinungen vgl. oben
S. 67 ff.

856 Gleicher Meinung ist unter anderem auch *Wieben*, S. 65.

um, eine Anregung des Staatsanwalts weiterzugeben, sondern eine abgesegnete eigene Anregung zu unterbreiten.

Indirekte Unterstützung erfährt diese Handhabung zusätzlich und vermutlich ungewollt von anderen Seiten. Beispielsweise muss sich, nach einem Beschluss der Justizministerkonferenz aus dem Jahr 1999, der Polizeibeamte mit der Staatsanwaltschaft verständigen, sobald durch sein Verhalten eine Diversionsentscheidung präjudiziert wird.[857] Auf den ersten Blick scheint dies zur Kontrolle gegenüber dem Polizeibeamten aufzurufen. Es besteht jedoch ein Unterschied, ob man sich mit jemandem verständigt oder jemanden verständigt. Beides, sowohl das „jemanden verständigen", wie auch das „sich mit jemanden verständigen" ist im Grunde genommen ein Zubilligen einer Anregungskompetenz. Wenn die Polizei den Staatsanwalt bloß verständigte, hätte sie bereits eine unabhängige Anregungskompetenz. Sie könnte selbst entscheiden, welche Maßnahme sie vorschlägt, und würde die Staatsanwaltschaft lediglich informieren. Wenn sie sich mit dem Staatsanwalt auf gleichem Niveau im Sinne des Austauschs von Argumenten verständigte, würde man ihr die gleiche Kompetenz einräumen, über den Fall zu entscheiden. Dieses Beispiel steht stellvertretend dafür, dass offensichtlich dem Polizeibeamten zunehmend mehr Gestaltungs- und Entscheidungsmöglichkeiten eingeräumt werden sollen. Die vermehrte Einflussnahme von Polizisten wird allgemein akzeptiert. Der Gesetzgeber lässt bezüglich der Anregungskompetenz zu Recht Vorsicht walten. Die Gefahr, dass eine Anregung je nach Gestaltung wie eine Sanktion wirkt, lässt sich nicht leugnen. Insofern gilt das gleiche wie bei einer staatsanwaltlichen Anregungskompetenz.

Wie bereits im letzten Kapitel angesprochen, ist die Praxis, dass der Polizist seinen Vorschlag dem Staatsanwalt telefonisch unterbreitet, aus Gründen der Sachnähe des Polizeibeamten und der Verfahrensbeschleunigung von Vorteil.[858] Die Ziele der Richtlinie werden also auf diese Weise gefördert.[859] Diese Vorteile könnten jedoch ebenso ohne Verlagerung der Anregungskompetenz erreicht werden oder erhalten bleiben – auch wenn die Richtlinien etwas anderes suggerieren. Die Sachnähe bliebe erhalten, wenn man dem Polizeibeamten den ersten Vorschlag zubilligen würde, die Entscheidung aber allein vom Staatsanwalt treffen ließe. Es wäre daher für die Praxis mit wenig Veränderung verbunden, wenn man die Anregungskompetenz beim Staatsanwalt als dem juristisch Kompetenteren beließe. Der Polizist würde aufgrund der Sach-

---

857 Justizministerkonferenz 7.-9. 6. 1999 in Baden-Baden, vgl. *Ostendorf* JGG § 45 Rdnr. 16.

858 Vgl. zur Verfahrensbeschleunigung oben S. 256 ff.

859 *Hübner/Kerner/Kunath/Planas* in DVJJ 1/1997, S. 27 sprechen aufgrund der Vorteile der Kompetenzverlagerungen von einer „geübten und bewährten Praxis".

nähe seine Idee einbringen und gegenüber dem Beschuldigten deutlich machen, dass der *Staatsanwalt* ihm einen Vorschlag unterbreite. Auf diese Weise wäre die Kompetenz nicht unnötig verlagert und dem Vorteil der Sachnähe des Polizisten Rechnung getragen. Diese Änderung wäre zudem leicht umzusetzen. Die eingeübte Praxis könnte im Wesentlichen erhalten bleiben. Dies betrifft auch die Kommunikation am Telefon. Unter den genannten Voraussetzungen könnte das telefonische Gespräch beibehalten und die Kompetenz wieder zurück zur Staatsanwaltschaft verlagert werden. Da sich der Polizeibeamte laut Ergänzungserlass nicht an den Bereitschaftsstaatsanwalt wenden soll, ist auch sichergestellt, dass auf Seiten der Staatsanwaltschaft selbst aufgrund einer bloßen Schilderung am Telefon ein kompetenter Vorschlag unterbreitet werden kann. Dies verlangt vom Staatsanwalt allerdings, dass er sich alles schildern lässt, was für eine Beurteilung relevant werden könnte. Er sollte daher auch von Nachfragen Gebrauch machen. Zwar kann ein Telefonat, welches im Grunde dem Staatsanwalt die Akteneinsicht verbaut, dazu führen, dass der Fall nur oberflächlich behandelt wird. Aufgrund der in der Regel einfachen Sachverhalte kann sich der Staatsanwalt aber auch durch ein Telefonat ein ausreichendes Bild machen, um eine sachgerechte Entscheidung zu treffen.[860] Im Zweifel sollte er sich die Akte vorlegen lassen und ansonsten grundsätzlich nur in seltenen, eindeutigen Fällen eingriffsintensive Vorschläge unterbreiten. Dabei ist zu beachten, dass der Vorschlag einer Arbeitsmaßnahme zu den eingriffsintensivsten Anregungen gehört. Der Aufwand sollte andererseits nicht übertrieben werden. Der Balanceakt zwischen ökonomisch sinnvollem Aufwand und ausführlicher Nachforschung muss im Bagatellbereich stärker in Richtung der Ökonomie pendeln als in anderen Bereichen. Um die Funktionsfähigkeit der Strafrechtspflege zu gewährleisten, muss der Aufwand bei einfach gelagerten Fällen so gering wie möglich gehalten werden. Insofern ist am Telefonanruf auch mit Blick auf die Rechtsstaatlichkeit festzuhalten.

Gegenüber dem Beschuldigten dürfte es keinen wesentlichen Unterschied machen, ob der Polizeibeamte die Anregung selbst vornimmt oder die Anregung des Staatsanwalts überbringt. Auf der einen Seite stellt dies zwar eine gegenüber dem Beschuldigten erkennbare Kompetenzeinbuße des Polizisten dar. Andererseits dürfte es niemanden befremden, dass der Polizist durch den Staatsanwalt angewiesen wird. In den Augen des Beschuldigten dürfte die Autorität des Polizeibeamten nicht angetastet werden. Es dürfte bei dieser Handhabung nicht zu einer Störung des Vertrauensverhältnisses zwischen Polizist und Beschuldigtem kommen. Zwar vermittelt im von den Richtlinien vorgesehenen Szenario der Polizist stärker den Eindruck, die Verfahrenseinstellung

---

860 Die Entscheidung des Staatsanwalts ist daher nicht „nur ein formaler Akt ohne Sachprüfung", wie von *v. d. Woldenberg*, S. 140 unterstellt.

hänge maßgeblich von ihm ab, der Eindruck, der Staatsanwalt habe die Entscheidungsgewalt, ist jedoch nicht nur richtiger, sondern kann sogar das Verhältnis des Beschuldigten zum Polizisten verbessern. Der Beschuldigte sieht im Polizisten weniger den Richter, als den Interessenvertreter, der sich nach Umsetzung der Maßnahme beim Staatsanwalt für ihn einsetzt. Zudem ist ein Vorschlag durch den Staatsanwalt nicht weniger beeindruckend für den Beschuldigten. Die Gefahr, dass der Beschuldigte den Vorschlag deswegen weniger ernst nimmt, besteht nicht. Es könnte sogar das Gegenteil der Fall sein.

Die Anregungskompetenz wurde daher ohne Not auf die Polizei übertragen. Angesichts der Tatsache, dass bereits die Verlagerung der Anregungskompetenz auf die Staatsanwaltschaft Bedenken ausgesetzt ist, sollte die Kompetenzverlagerung auf Polizeibeamte nochmals überdacht werden. Es gibt weder aus rechtsstaatlicher Sicht, noch aus verfahrensökonomischer Sicht einen Grund, dies beizubehalten. Es mag wie eine Formalie aussehen, wenn dem Polizeibeamten zwar ein Vorschlagsrecht gegenüber dem Staatsanwalt zugebilligt wird, er aber gegenüber dem Beschuldigten klar machen muss, dass er eine Anregung der Staatsanwaltschaft weitergibt. Dass dies leicht zu bewerkstelligen ist, sollte aber nicht die Wichtigkeit dieser Änderung übertünchen. Etwas mehr Kontrolle, weniger juristische Entscheidungsgewalt in den Händen der Polizei und der Erhalt der Vorteile, wie Sachnähe der Polizei und Beschleunigung des Verfahrens, sind gute Gründe, die Richtlinien dahingehend zu ändern. Eine Anregungskompetenz sollte dem Staatsanwalt vorbehalten bleiben.

Beim Polizeibeamten verbliebe dennoch die verantwortungsvolle Aufgabe, den Beschuldigten über seine Rechte aufzuklären. Die Wichtigkeit dieser Aufgabe, die den Unterschied zwischen Anregung und Sanktion ausmacht, muss dem Polizeibeamten bewusst sein. Die Bedeutung und die Kenntnisse müssen in speziellen Schulungen vermittelt werden. Bei der vom Verfasser besuchten Schulung wurde dieser Aspekt vernachlässigt. Es wurde von der Rechtsstaatlichkeit der Praxis ausgegangen. Dass die Rechtsstaatlichkeit nur unter bestimmten, engen Voraussetzungen gewahrt ist, wurde nicht thematisiert. Solange eine entsprechende Schulung nicht gewährleistet ist, wäre es aus rechtsstaatlicher Sicht im Grunde das Beste, die Anregungen erzieherischer Maßnahmen ganz zu unterlassen.

Aber auch mit einer entsprechenden Schulung wären nicht alle rechtsstaatlichen Bedenken ausgeräumt. Das Angebot einer Verfahrenseinstellung erscheint verlockend. Ein Verteidiger, der dem Jugendlichen seine umfassenden Rechte aufzeigt oder ihm zumindest die Alternativen und Folgen einer Diversionsentscheidung inklusive Eintrag ins Erziehungsregister vor Augen führt, ist meistens nicht vorhanden.[861] Der Beschuldigte ist darauf angewiesen, dass er umfassend von Seiten der Polizei aufgeklärt wird. Eine Anregungskompetenz und selbst die Vermittlung eines staatsanwaltlichen Vorschlags bürdet daher auch dem Anregenden oder Überbringer eine enorme Verantwortung auf. Die Nachteile einer mangelhaften Aufklärung trägt allerdings allein der Beschuldigte.

Setzt man eine umfassende Aufklärung voraus, so stellt sich die Frage, ob nicht trotzdem an der Freiwilligkeit der Entscheidung gezweifelt werden kann, da dem Beschuldigten mit dem Diversionsangebot ein attraktive Alternative zum formellen Verfahren vorgeschlagen wird. Zudem ließe sich überlegen, ob die Androhung, andernfalls würde der Fall sofort zur Staatsanwaltschaft weitergegeben und dann ende das Verfahren unter Umständen vor Gericht, den Beschuldigten in unzulässiger Weise zum Einverständnis nötigt. Beides muss im Ergebnis verneint werden. Zwar schwankt der Jugendliche nicht zwischen mehreren gleich reizvollen Möglichkeiten. Die Attraktivität eines Angebots beeinträchtigt jedoch nicht auf rechtsstaatswidrige Art und Weise die Freiwilligkeit einer Entscheidung.[862] Grundsätzlich ist die Entscheidungsmöglichkeit des Beschuldigten im Diversionsverfahren eingeschränkt. Nötigen im Sinne des § 240 Abs. 1 StGB kann als Einschränkung der Entscheidungsfreiheit gegen den Willen des Opfers begriffen werden.[863] Dass sich dem Beschuldigten nur eine begrenzte Auswahlmöglichkeit bietet, ist jedoch nicht den Strafverfolgungsbehörden anzulasten. Der Beschuldigte hat sich selbst in diese Lage gebracht. Der Polizeibeamte kann ihm nur die Möglichkeiten anbieten, die vorhanden sind. Falls Diversion aus guten Gründen attraktiv erscheint und der Beschuldigte sich daher in der Regel dafür entscheidet, so bleibt es dennoch eine freiwillige Entscheidung.[864] Von einer aufgezwungenen Entscheidung im Sinne einer Nötigung kann nicht gesprochen werden.

Eine freie Entscheidung setzt allerdings eine umfassende Aufklärung voraus, die aufgrund des in der Regel fehlenden Rechtsbeistands besonders verantwortungsvoll vorgenommen werden muss. Unter diesem Gesichtspunkt müsste der Polizeibeamte im Grunde auch darauf hinweisen, dass bei einem Bagatelldelikt auch ohne Durchführung eines Diversionsverfahrens eine Verfah-

---

861 Für Verteidiger ist diese Materie in der Regel zu unattraktiv. Vgl. *Semrau/Kubnik/Walter* in DVJJ 2/1995, S. 217 f.

862 Anderer Ansicht sind unter anderem *Hering/Sessar* „Praktizierte Diversion", S. 40; Nach *Trenczek* in DVJJ 1/1991, S. 8-12, kann zumindest von offensichtlicher Freiwilligkeit nicht mehr gesprochen werden.

863 *Tröndle/Fischer* § 240 Rdnr. 4. Bei einer Nötigung durch einen Polizeibeamten wäre ein besonders schwerer Fall im Sinne des § 240 Abs. 4 Nr. 3 StGB erfüllt.

864 Anders *v. d. Woldenberg*, S. 141 und S. 152.

renseinstellung zumindest nicht unwahrscheinlich ist. Insofern würde die Behauptung eines Vernehmungsbeamten, ohne Zustimmung zum Diversionsverfahren käme es zu einer Anklage, eine unzulässige Beeinflussung darstellen. Korrekt wäre der Hinweis, dass bei einem Weiterreichen der Akte von einer Verfahrenseinstellung bis hin zur Anklage alle Varianten denkbar sind, der Beschuldigte mit einer Entscheidung für ein Diversionsverfahren die Wahrscheinlichkeit für eine Verfahrenseinstellung aber auf nahezu 100 Prozent erhöht. Eine unzulässige Einschränkung der Entscheidungsmöglichkeit liegt in dem Hinweis auf die mögliche Anklage hingegen nicht. Die Möglichkeit, ein formelles Verfahren weitestgehend ausschließen zu können, erweitert den Horizont des Beschuldigten. Der Jugendliche kann sich auch dagegen entscheiden. Zudem ist eine Anklage auch bei einem Vergehen zulässig. Der Polizeibeamte „droht" daher mit einer rechtmäßigen Konsequenz. Da die Erklärung des Polizeibeamten der Wahrheit entspricht und nicht inadäquat erscheint, ist sie insbesondere nicht verwerflich im Sinne einer Nötigung gemäß § 240 Abs. 2 StGB.[865]

Bei einer umfassenden Aufklärung des Beschuldigten, ist die Entscheidungsfreiheit daher nicht unzulässig eingeschränkt. Dem Beschuldigte sind dann alle Alternativen und Konsequenzen offenbart und er kann daraus auswählen. Das Aufklärungserfordernis hängt jedoch vom Willen und von der Kompetenz des Aufklärenden ab. Um die Gefahr einer Durchbrechung der Gewaltenteilung zu vermeiden, muss sowohl der Wille des Polizeibeamten zur absoluten Aufklärung sichergestellt sein als auch seine juristische Kompetenz gestärkt werden. Angesichts der unzulänglichen Schulung ist daher Vorsicht geboten. Zumindest theoretisch kann jedoch verhindert werden, dass aus einer Anregungskompetenz eine Sanktionskompetenz erwächst. Eine perfekte Aufklärung durch den Polizeibeamten dürfte aus heutiger Sicht jedoch utopisch sein. Sie ist allerdings auch jenseits dessen, was verlangt werden kann und sollte. Entscheidend muss sein, dass dem Beschuldigten klar wird, dass er eine Anregung nicht befolgen muss und welche Konsequenzen ihn objektiv erwarten, wenn er sich für oder gegen ein Diversionsverfahren entscheidet.

Unabhängig davon, dass eine Anregungskompetenz grundsätzlich bei der Staatsanwaltschaft verbleiben sollte, musste sich die Untersuchung mit der Praxis auseinandersetzten, dass Polizeibeamte die Maßnahmen anregen. Aus den Akten ging erwartungsgemäß wenig über die Aufklärung des Beschuldigten hervor, da diese nicht aktenkundig gemacht wurde. Es fand sich allerdings häufiger der Hinweis, dass dem Beschuldigten das Diversionsverfahren erläutert wurde. Immerhin war dies in 31 Prozent aller Fälle in den Akten ver-

---

865 Vgl. weitere Beispiele bei *Tröndle/Fischer* § 240 Rdnr. 50; *Eser* in Schönke/Schröder § 240 Rdnr. 20 ff.

merkt. Wie eine solche Erläuterung vorgenommen wurde, ließ sich allerdings nicht nachvollziehen.

Deswegen war die Untersuchung diesbezüglich auf die Aussagen der Polizeibeamten in den Interviewbögen angewiesen. Die Frage, inwiefern der Beschuldigte darüber aufgeklärt wird, dass er die Anregung nur freiwillig zu befolgen habe, ist heikel. Zum einen war dies aus der Sicht des Innenministeriums eine umstrittene Frage, da zumindest die Antwort, man kläre den Beschuldigten bewusst nicht auf, damit er die Anregung befolge, einen klaren Verstoß gegen die Richtlinien und offensichtlich eine rechtswidrige Praxis beschreibt. Zum anderen war zu befürchten, dass die interviewten Polizeibeamten bei dieser Frage das Gefühl bekommen könnten, ihnen würde rechtsstaatswidriges Tun unterstellt. Die Anonymität der Befragung sicherte zumindest, dass die Interviewten keine Scheu zu haben brauchten, ehrlich zu antworten. Trotzdem dürfte es auch unter diesen Umständen nicht leicht gefallen sein, einen Verstoß in dem Bewusstsein einzugestehen, möglicherweise dem Ansehen der Polizei zu schaden. Das Ergebnis der Befragung ist daher mit Vorsicht zu bewerten. Aber gegen die Annahme, die Zahl der Polizeibeamten, die den Beschuldigten nicht aufklären, liege weit höher, lässt sich anführen, dass die Polizeibeamten auch bei anderen unbequemen Fragen den Eindruck vermittelten, ehrlich und wahrheitsgemäß zu antworten. So war beispielsweise die Frage bezüglich der persönlichen Einstellung des Vorgesetzten nicht weniger unangenehm. Auch die Tatsache, dass einige zugaben, den Beschuldigten nicht aufzuklären, lässt darauf schließen, dass die Bögen ehrlich ausgefüllt wurden und die Ergebnisse im großen und ganzen die Realität widerspiegeln.

Schaubild 72 liegt die folgende Frage zugrunde: „Wie machen Sie dem Jugendlichen und/oder dem Erziehungsberechtigten klar, dass es sich bei der Maßnahme nur um einen Vorschlag handelt, den er freiwillig befolgen kann?"

**Schaubild 72: Weisen Polizeibeamte den Beschuldigten darauf hin, dass
er die Anregung nur freiwillig befolgen muss?
(aus Sicht der Polizei)**

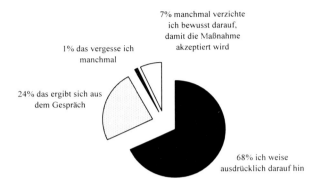

7% manchmal verzichte
ich bewusst darauf,
damit die Maßnahme
akzeptiert wird

1% das vergesse ich
manchmal

24% das ergibt sich aus
dem Gespräch

68% ich weise
ausdrücklich darauf hin

Es ist sofort zu erkennen, dass sich die große Mehrzahl der Befragten an die
Richtlinien hält. Auf den ersten Blick erscheint die Zahl der Polizeibeamten,
die auf den Hinweis absichtlich verzichten, relativ unbedeutend. Aber die
Schwere dieses Verstoßes gegen die Richtlinien lassen im Grunde jeden einzelnen Fall dramatisch wirken. Der Beamte, der sich darauf einlässt, stellt sich
über das Recht. Er regt nicht mehr an, er sanktioniert. Er geht im Grunde noch
einen Schritt weiter: Während der Richter seine legitimierte Sanktionskompetenz unter Wahrung der Rechte des Beschuldigten ausübt, lässt der Polizeibeamte den Beschuldigten im Dunkeln stehen. Er verschweigt ihm seine Möglichkeiten und untergräbt daher dessen Rechtsschutz, wodurch auch die Unschuldsvermutung angetastet wird. Zusammen mit der angemaßten Sanktionskompetenz sind dies zwei eklatante Verstöße gegen Prinzipien des Rechts-
staats.

Diesem Missbrauch könnte auf die genannten zwei Arten begegnet werden.
Zum einen könnte die Schulung der Polizeibeamten verbessert werden, damit
die Aufklärung des Beschuldigten entsprechend vorgenommen wird. Es kann
in einer Schulung für Diversionsverfahren nicht häufig genug angesprochen
werden, dass man sich auf einem schmalen Grat bewegt, der dazu einlädt, gegen Verfassungsprinzipien zu verstoßen. Zum anderen wäre die Rückverlagerung der Anregungskompetenz auf die Staatsanwälte geeignet, solchem Treiben vorzubeugen. Wenn der Polizeibeamte den Auftrag erhält, die Anregung
des Staatsanwalts zu unterbreiten und seine Hinweispflicht vom Staatsanwalt

betont wird, dürften Polizeibeamte kaum dazu neigen, diese Anordnung zu missachten. Trotz allem muss auch unter diesen Voraussetzungen auf die Aufklärung des Beschuldigten geachtet werden. Es muss bei Anregungen gegenüber Beschuldigten herausgestellt werden, dass ein Vorschlag unterbreitet wird.

Besonders bedenklich erscheint es darüber hinaus, wenn von Seiten der Polizei vereinzelt der Vorschlag gemacht wird, den Anruf bei der Staatsanwaltschaft abzuschaffen oder ihn auf schwierige Fälle zu beschränken. Dieser Wunsch wurde bereits im Erfahrungsbericht des Generalstaatsanwalts angesprochen.[866] Auch bei der Befragung der Polizeibeamten mittels der Interviewbögen wurde dies vorgeschlagen. Immerhin 13 Prozent der befragten Polizisten hielten den Anruf für unnötig. Zudem gaben 4 Prozent der Polizeibeamten an, eine Verbesserung in der Zusammenarbeit mit der Staatsanwaltschaft ließe sich durch die Abschaffung des Telefonats erreichen.

Es verwundert, dass Polizeibeamte die Abschaffung des Telefonats vorschlagen. Schließlich ist es dieses Telefonat, das nach Meinung von knapp der Hälfte aller befragten Polizisten dazu geführt hat, dass der Kontakt zur Staatsanwaltschaft besser geworden ist.[867] Zudem wird dem Polizeibeamten dadurch Verantwortung abgenommen und die ein oder andere juristische Frage kann bequem geklärt werden. Nicht nur aus diesen Gründen, sondern weil es einen Kontrollverlust bedeuten würde, muss am Telefongespräch festgehalten werden. Die Abschaffung des Telefonats würde die Anregungskompetenz endgültig auf die Polizei verlagern. Von den befragten Staatsanwälten sah bezeichnender Weise niemand das Telefonat als überflüssig an. Zwar wurde vereinzelt betont, die Polizeibeamten riefen überflüssiger Weise auch in Fällen des § 45 Abs. 1 JGG an, die Notwendigkeit der Anrufe in Fällen des § 45 Abs. 2 JGG wurde aber nicht in Frage gestellt.

Diese Erkenntnisse aus den Interviews widersprechen jedoch den Aktenauswertungen. Dort wurde deutlich, dass es zwischen zumindest einem Staatsanwalt und einigen Polizeistationen eine Absprache gegeben hat, aufgrund derer die Polizei wegen einer vom Staatsanwalt erteilten Generalvollmacht selbstständig Maßnahmen anregte. Dies widerspricht nicht nur den Richtlinien, sondern führt dazu, dass Polizeibeamte Kompetenzen erhalten, die ihnen nicht zugestanden werden sollten. Es fehlte damit auch bei Fällen, die nicht mehr dem eindeutigen Bagatellbereich zugeordnet werden können, an einer ausrei-

---

866 Vgl. oben S. 94 ff.

867 Vgl. oben S. 193 ff.

chenden Kontrolle durch die Justiz.[868] Im Zusammenhang mit dieser Generalvollmacht wurden vereinzelt Arbeitsmaßnahmen gegenüber Beschuldigten angeregt, ohne dass der Staatsanwalt über den Einzelfall vorab informiert wurde.

Der Aufwand eines Telefonats ist wie gezeigt nicht überzubewerten. Die Polizei nimmt der Staatsanwaltschaft im Bereich der Diversion genügend Arbeit ab, so dass sich der Staatsanwalt zumindest nicht aus Gründen der Bequemlichkeit dazu hinreißen lassen sollte, auf das Telefongespräch zu verzichten. Auch dann nicht, wenn die Generalvollmacht von Seiten der Polizeibeamten gefordert werden sollte. Der Schutz des Beschuldigten vor einer Fehlentscheidung ist in diesem Fall höher einzuschätzen als das Interesse des Staatsanwalts möglichst ungestört zu arbeiten. Allerdings sollte nicht der Staatsanwalt die mangelnde Schulung des Polizeibeamten ausgleichen müssen. Die desolate Schulungssituation bezüglich des Diversionsverfahrens darf nicht auf dem Rücken der Staatsanwälte ausgetragen werden.

Abzulehnen ist die Verlagerung der Anregungskompetenz auf noch weniger qualifizierte Personen. Angesichts der Überbelastung der Polizei und der scheinbar nicht mehr Herr zu werdenden Kriminalität, ist immer wieder der Ruf nach „Hilfspolizisten" zu hören. In Kiel wurde eine solche Unterstützung der Polizei wiederholt gefordert. Zunächst stieß der Vorschlag, Sozialhilfeempfänger für eine solche Aufgabe einzusetzen, bei der Polizei auf Skepsis. Die angespannte Haushaltslage und die zunehmende Arbeitsbelastung hat aber auch auf dieser Seite den Widerstand schmelzen lassen. Im Dezember 2002 wurde diese Überlegung schließlich vom neuen Ordnungsdezernenten Albig auf die Tagesordnung gesetzt.[869] Im Kieler Stadtteil Gaarden sind seit April 2003 zwei Sozialhilfeempfänger eingesetzt, die das 4. Polizeirevier dadurch unterstützen sollen, dass sie die Umgebung beobachten, Verdächtiges melden und von ihrem Jedermannsfestnahmerecht Gebrauch machen. Zuvor erhielten sie bei der Kieler Wach- und Schließgesellschaft eine sogenannte Basisausbildung.

Angesichts der Tatsache, dass Diversionsverfahren sich im Wesentlichen mit Bagatellstraftaten auseinandersetzen, liegt die Idee nicht fern, diese Fälle in die Hände dieser „Hilfspolizisten" zu geben. Davor ist allerdings zu warnen. Nachdem bereits die Verlagerung der Anregungskompetenz auf einen gut ausgebildeten Polizeibeamten rechtsstaatlich problematisch ist und beim Staatsanwalt verbleiben sollte, ist eine Verlagerung auf unausgebildete Sozi-

---

868 Deshalb nicht mehr eindeutiger Bagatellbereich, da unterhalb des § 45 Abs. 2 JGG noch Verfahrenseinstellungen nach § 45 Abs. 1 JGG oder § 153 StPO angesiedelt sind.

869 Vgl. Artikel in den Kieler Nachrichten „Sheriffs auf Streife in Gaarden?" vom 21.12.2002.

alhilfeempfänger untragbar. Bei den Polizeibeamten ist bereits ein Defizit bezüglich der Schulung erkennbar. Eine Schulung zum Thema Diversion ist bei den „Hilfspolizisten" überhaupt nicht vorhanden. Zwar sehen die Richtlinien aus guten Gründen eine solche Verlagerung nicht vor, aber die Einrichtung einer Hilfspolizei in dieser Form war vor Jahren ebenfalls schwer vorstellbar. Es sei an dieser Stelle daher nur ausdrücklich davor gewarnt, die Anregungskompetenz noch weiter von der Justiz zu entfernen.

Allenfalls bei der Überwachung von Arbeitsmaßnahmen ist der Einsatz dieser „Hilfspolizei" vorstellbar. Es dürfte allerdings genügen, wenn die Polizeibeamten, die diese Maßnahmen anregen, Rücksprache mit der Arbeitsstelle halten. Zeit würde durch die Überwachung durch die Hilfspolizisten nicht gespart, da sich der Polizist, der den Fall bearbeitet, ohnehin über das Ergebnis der Maßnahme informieren muss.

Statt Kompetenzen auf die Polizei zu verlagern, wäre es theoretisch denkbar, jemanden mit entsprechenden Kompetenzen von vornherein im Polizeirevier einzusetzen. Ein Staatsanwalt direkt vor Ort könnte sich der Fälle annehmen und Anregungen aussprechen. Die Polizei hätte sofort einen Ansprechpartner. Das Telefonieren könnte eingespart werden und somit den Staatsanwälten und Polizeibeamten Zeit eingespart werden. Mögliche Vorbehalte oder Ängste, die den einen oder anderen Polizeibeamten davor zurückschrecken lassen, wegen scheinbar einfacher Fragen den Staatsanwalt zu konsultieren, würden auf diese Weise abgebaut werden.

Ein ähnlicher Weg wurde in einem Modellprojekt in Stuttgart-Bad Cannstatt in der Praxis erprobt. Im „Haus des Jugendrechts" arbeiteten erstmals in Deutschland Beamte der Staatsanwaltschaft, der Polizei und Mitarbeiter der Jugendgerichtshilfe „unter einem Dach" zusammen.[870] Nach umfangreicher Planung wurde das eigentliche Projekt im Mai 1999 begonnen und lief bis zum 31. Dezember 2002. Die Mitarbeiter an diesem Projekt waren über die behördenübergreifende Zusammenarbeit insgesamt zufrieden.[871] Sie gingen zudem davon aus, dass sich die Bekämpfung der Jugendkriminalität auf lange Sicht optimieren lasse.[872] Herausgestellt wurde unter anderem auch die Beschleunigung des Verfahrens. Bis zur Entscheidung durch den Staatsanwalt vergingen im Schnitt lediglich 51,6 Tage.[873] Die Geeignetheit dieses Projekts für einen flächendeckenden Einsatz in Schleswig-Holstein ist jedoch fraglich.

---

870 Zur Entstehung des Projekts ausführlich *Feuerhelm/Kügler*, S. 5 ff.; einen kurzen Überblick bietet *Dorfner*, S.147 ff.

871 *Feuerhelm/Kügler*, S. 48 f., 55.

872 *Feuerhelm/Kügler*, S. 56 f.

873 *Dorfner*, S.150.

Viele der entscheidenden Probleme, die sich im Zusammenhang mit den Diversionsrichtlinien ergeben, wären mit einer Integration eines Staatsanwalts in einzelnen Polizeirevieren nicht gelöst. Es entstünde außerdem ein zusätzlicher Kostenaufwand, der besser in Schulungen für Jugendsachbearbeiter gesteckt werden sollte. Der im „Haus des Jugendrechts" praktizierte Ansatz beinhaltet zudem eine Zusammenarbeit mit der Jugendgerichtshilfe, die in diesem Umfang bei den meisten Diversionsfällen nicht notwendig ist. Schließlich kommt eine solche Änderung nur für größere Polizeireviere in Frage. In kleinen Polizeistationen dürfte diese Idee nicht umzusetzen sein. Es müsste also in diesen Fällen auch weiterhin das Telefon bemüht werden. Dann könnte allerdings auch gleich der Staatsanwalt bei der zuständigen Staatsanwaltschaft angerufen werden. Es käme daher zu unterschiedlichen Vorgehensweisen, die parallel nebeneinander praktiziert und einer Gleichbehandlung der Beschuldigten zuwider laufen würden. Gegen eine Beibehaltung des Diversionsverfahrens in der jetzigen Form spricht auch nicht die schnelle Abwicklung der Verfahren im „Haus des Jugendrechts". Die Verfahren nehmen in Schleswig-Holstein nicht wesentlich mehr Zeit in Anspruch. Der Wert von 11,2 Wochen, der sich für den Zeitraum zwischen Entdeckung der Tat und Einstellungsnachricht durch den Staatsanwalt ergab, ist insofern zu relativieren, als die meisten Verfahren deutlich schneller bearbeitet wurden und sich der Durchschnittswert durch einige wenige äußerst langwierige Verfahren erhöht hat.[874]

Auch die befragten Jugendstaatsanwälte standen dem Gedanken, einen Staatsanwalt in ein Polizeirevier zu versetzen, vornehmlich skeptisch bis ablehnend gegenüber:

---

874 Allerdings wurden im „Haus des Jugendrechts" nicht nur Diversionsfälle bearbeitet.

Schaubild 73: Sollen aus Sicht der Staatsanwälte Volljuristen auf Polizeirevieren eingesetzt werden?

2% Anruf genügt

2% Polizeibeamte sind gut genug ausgebildet

19% bedenklich, da Trennung von StA/Polizei aufgehoben

51% unnötig

14% unbezahlbar

5% unpraktikabel

2% das wäre von Vorteil

5% weiß nicht

Da entscheidende Vorteile für das Diversionsverfahren darin nicht zu erkennen sind, sollte von dieser Idee Abstand genommen werden. Die Zusammenarbeit zwischen Polizei und Staatsanwaltschaft gehört zu den Bereichen innerhalb der Richtlinien, die gut funktionieren. Die Rückverlagerung der Anregungskompetenz auf den Staatsanwalt sollte allerdings vollzogen werden.

2.   Die Unschuldsvermutung

Die Anregungskompetenz des Polizeibeamten, aber auch die des Staatsanwaltes kann unter Umständen gegen die Unschuldsvermutung verstoßen. Ein Verstoß wäre beispielsweise dann gegeben, wenn Maßnahmen gegenüber einem Unschuldigen angeregt werden und dieser sich der Drucksituation nicht entziehen kann. Es wurde bereits im Zusammenhang mit dem erzieherischen Gespräch darauf hingewiesen, dass eine vermehrte Verfolgung Unschuldiger nicht erkennbar ist.[875] Daraus muss auch geschlossen werden, dass durch die Anregung nicht mehr Unschuldige betroffen sind, als dies ohne das von den Richtlinien vorgesehene Verfahren der Fall wäre.

Da die Unschuldsvermutung bis zur Verurteilung für den Beschuldigten streitet, ist auch zu verhindern, dass der Beschuldigte unzulässig sanktioniert wird.

---

875 Siehe oben S. 213 ff.

Dies ist, wie gezeigt, von einer umfassenden Aufklärung abhängig. Die Rückverlagerung der Anregungskompetenz auf den Staatsanwalt scheint den
Schutz des Beschuldigten am besten sicherzustellen, sofern auch die polizeiliche Schulung verbessert und vermehrt angeboten wird. Solange dies nicht der
Fall ist, sind Verstöße gegen die Unschuldsvermutung zu befürchten.

IV. Die Vorprüfkompetenz

Während das erzieherische Gespräch und die Anregungskompetenz ausdrücklich in den Richtlinien angesprochen werden, ist bezüglich einer Vorprüfkompetenz der Polizeibeamten nichts erwähnt. Es handelt sich bei der
Vorprüfkompetenz um eine Begleiterscheinung, die sich als Folge der übrigen
Kompetenzgewinne einstellt.

1. Vorhandensein einer Vorprüfkompetenz der Polizei

Unter einer Vorprüfkompetenz ist im Zusammenhang mit den Diversionsrichtlinien zu verstehen, dass es Polizeibeamten zusteht, die rechtliche Relevanz eines Falles zunächst selbst zu überprüfen und ihre persönlichen Eindrücke an die
Staatsanwaltschaft weiterzugeben. Während grundsätzlich der Staatsanwalt
Rechtsfragen prüfen sollte, unterzieht der Polizeibeamte den Fall zunächst einer
eigenen Prüfung und gibt nur das weiter, was er für rechtlich relevant hält.

Dieser Kompetenzgewinn ist jedoch nicht allein auf die Diversionsrichtlinien
zurückzuführen. In den Richtlinien findet sich kein Hinweis auf eine solche
Kompetenz. Sie ist eine logische Folge der Sachnähe der Polizei und somit
nicht spezifisch für das Diversionsverfahren. Bei fast jeder Straftat ist der Polizist über den Sachverhalt früher informiert als der Staatsanwalt oder gar der
Richter. Der Polizeibeamte sucht als einziger dieser drei den Tatort auf. Er
redet vor Ort mit den Opfern, Zeugen und Erziehungsberechtigten der Beschuldigten. Er kennt auch das soziale Umfeld des Beschuldigten in der Regel
besser als der Staatsanwalt. Aus dieser Fülle von Informationen schöpft der
Polizeibeamte, wenn er an die Bearbeitung eines Bagatellfalls geht. Dieser
Wissensvorsprung verleiht dem Polizeibeamten bezüglich des Sachverhalts
eine vom Staatsanwalt nicht zu erreichende Kompetenz. Darin liegt jedoch
noch keine Vorprüfkompetenz, sondern lediglich ein größeres Wissen über
den tatsächlichen Verlauf der Tat und das Umfeld des Beschuldigten aufgrund
der Sachnähe. Im jeweiligen Fall hat eine solche Kompetenz auch der Täter
inne. Er dürfte am besten über seine eigene Situation und die Tat Bescheid
wissen.

Bevor es überhaupt zu Ermittlungen kommt, führt diese Sachnähe aber bereits zu einer Vorprüfkompetenz des Polizeibeamten. Zwar gilt in Deutschland das Legalitätsprinzip und damit der Verfolgungszwang, aber dieser steht unter dem Vorbehalt, dass ein Verhalten überhaupt als strafwürdig angesehen wird.[876] Dies hängt in erster Linie von der Einschätzung des Polizeibeamten ab. Wenn er kein strafwürdiges Verhalten erkennt oder aus anderen Gründen von der Verfolgung absieht, nutzt er seine Vorprüfkompetenz, mag es im Einzelfall auch unbewusst geschehen. Bei einem bewussten Nichteinschreiten verstößt die Ausnutzung der Kompetenz in rechtswidriger Weise gegen das Legalitätsprinzip.[877] Gerade im Bereich der Bagatellkriminalität bewegen sich die Beschuldigten gelegentlich am Rande des strafbaren Verhaltens. Je nachdem, wie der Beamte die Lage einschätzt, kann dies zum einen oder anderen Diversionsverfahren mehr oder weniger führen. Da die Möglichkeit der Überprüfung in diesen Fällen dem Staatsanwalt aus tatsächlichen Gründen entzogen ist, muss von einer Vorprüfkompetenz der Polizei gesprochen werden.

Wenn der Polizeibeamte zu der Erkenntnis gekommen ist, dass ein Verhalten strafwürdig ist, kommt unter den bekannten Voraussetzungen ein Diversionsverfahren in Betracht. Im Falle des § 45 Abs. 1 JGG entscheidet die Polizei selbstständig, ob ein erzieherisches Gespräch notwendig ist oder ob z. B. vor Ort eine Entschuldigung erfolgen soll. Insofern unterzieht sie den Sachverhalt einer juristischen Prüfung und entscheidet über die notwendigen Maßnahmen.[878] Auch in diesem Bereich hat die Staatsanwaltschaft keine Einsicht und die Kompetenz liegt allein bei der Polizei. Zwar bekommt die Staatsanwaltschaft später, nach Abschluss der polizeilichen Arbeit, die Akten, dann hat die Polizei aber bereits ihre Kompetenz walten lassen.

Im Bereich des § 45 Abs. 2 JGG soll der Polizist den Staatsanwalt möglichst telefonisch informieren. Damit ist es dem Staatsanwalt grundsätzlich möglich, den Fall juristisch zu überprüfen. Dies ist aber nur scheinbar eine umfassende Überprüfungsmöglichkeit. Der Staatsanwalt ist von dem abhängig, was ihm der Polizeibeamte schildert.[879] Der Sachverhalt wird also durch den Polizeibeamten gefiltert.[880] Der Polizist legt daher im Grunde selbst fest, was in diesem

---

876 In anderen Ländern, beispielsweise den USA, wo es keinen Anklagezwang gibt, hat es eine solche „diversion to nothing" schon immer auch in Fällen gegeben, in denen die Polizei von einem strafbaren Verhalten ausgeht.

877 Dies wird von *v. d. Woldenberg*, S. 49 als „Form einer illegalen Polizeidiversion" gesehen.

878 *Schröer* in DVJJ 4/1991, S. 314 spricht im Zusammenhang mit der Entscheidung, ob und wie ein Diversionsverfahren eingeleitet wird von einem „urteilenden Vorvergleich".

879 Dies kritisiert unter anderem *Heinz* in DVJJ 2/1999, S. 141.

880 *V. d. Woldenberg*, S. 140 geht daher davon aus, dass eine Sachprüfung nicht stattfindet.

Fall juristisch relevant werden soll. Dies kann nur durch Nachfragen des Staatsanwalts ausgeglichen werden. Dafür muss allerdings wiederum der Polizeibeamte einen Anlass geben. Um den Fall anders wiederzugeben, als es der Wirklichkeit entspricht, muss der Polizeibeamte den Fall nicht mutwillig unvollständig oder einseitig schildern. Es liegt in der Natur einer Berichterstattung, dass sie nur einen Ausschnitt der Wirklichkeit reflektiert und dass dieser Ausschnitt durch den Berichterstatter subjektiv wiedergegeben wird.

Nur wenn es zu Unstimmigkeiten kommt, lässt sich der Staatsanwalt die Akte vorlegen. Aber selbst dann ist er genau genommen der Vorprüfkompetenz des Polizisten bis zu einem gewissen Grad unterworfen. In der Akte befindet sich in der Regel die Vernehmung des Beschuldigten und häufig ein Vermerk. Im Vermerk ist die Einschätzung des Polizisten niedergelegt. Darin finden sich gelegentlich Angaben über das Umfeld des Beschuldigten. Dies hängt von der Wahrnehmung des Polizisten ab. Auch die Beobachtungen darüber, ob sich der Beschuldigte reuig gezeigt hat, spiegeln den Eindruck des Vernehmungsbeamten wider. Die Vernehmung selbst gibt zwar das objektiv Gesagte wieder, dies hängt aber auch von den Fragen des Polizisten ab und unterliegt damit ebenfalls einem Vorbehalt.

Dies alles zeigt, dass der Polizeibeamte eine Vorprüfkompetenz innehat.[881] Die Richtlinien verstärken dies insofern, als der Polizist bereits auf Grundlage seiner eigenen juristischen Prüfung bestimmte Dinge unternehmen kann. Auch der Anruf in den Fällen des § 45 Abs. 2 JGG verlagert mehr von dieser Kompetenz in Richtung der Polizei. Zwar ließe sich eine Vorprüfkompetenz in keinem Fall vermeiden, sie wird aber durch die Richtlinien unabhängig von Wertungsfragen zusätzlich gestärkt.

2. Ausnutzen der Vorprüfkompetenz

Kompetenzen bergen immer die Gefahr des Missbrauchs. Da die Richtlinien die Vorprüfkompetenz des Polizeibeamten stärken, fragt sich, ob die Gefahr besteht, dass Polizisten die Vorprüfkompetenz zum Nachteil der Beschuldigten ausnutzen.

Anzuknüpfen ist vor allem an den Regelungen innerhalb der Richtlinien, die dem Polizeibeamten zusätzliche Kompetenzen gewähren. So darf der Polizist bei Fällen des § 45 Abs. 1 JGG selbst einschätzen, ob eine Maßnahme, wie etwa das erzieherische Gespräch, notwendig ist. Dieser Bereich ist dem Staatsanwalt vollkommen entzogen. Der Polizeibeamte ist allerdings in seinen Mög-

---

881 So auch *Heinz* in DVJJ 271999, S. 141.

lichkeiten eingeschränkt. Er kann nur aus der engen Palette schöpfen, die die Richtlinien vorsehen.

Es ist die Frage, wie sich die fraglos vorhandene Vorprüfkompetenz in diesem Bereich überhaupt ausnutzen ließe. Diesbezüglich sind mehrere Möglichkeiten vorstellbar. Ob Polizisten ihre Position ausnutzen, um die Beschuldigten bei der Vernehmung unter Druck zu setzen, konnte nicht beobachtet werden.[882] Allerdings waren die Untersuchungsmittel nur bedingt dafür geeignet, eine Antwort auf diese Frage zu finden. Zu anderen Manipulationsmöglichkeiten konnten mehr Erkenntnisse gewonnen werden. Die Polizeibeamten könnten beispielsweise Fälle des § 153 StPO in den Bereich des § 45 Abs. 1 JGG verlagern, weil es ihnen in diesem Bereich möglich ist, Maßnahmen durchzuführen. Ein Indiz für eine solche Entwicklung läge z. B. vor, wenn die Untersuchung zu dem Ergebnis gekommen wäre, dass sich die Deliktsstruktur und die Schwere der Delikte zwischen den mittels Aktenanalyse untersuchten Zeiträumen verändert hat. Wäre dies der Fall, so hätten Polizeibeamte im ersten Halbjahr 2000 vermehrt Fälle von geringerer strafrechtlicher Relevanz für § 45 Abs. 1 JGG vorschlagen müssen als im Vergleichszeitraum aus 1998. Falls allerdings auch bei schwereren Fällen vermehrt eine Verfahrensweise nach § 45 Abs. 1 JGG vorgeschlagen worden wäre, könnte dies dafür sprechen, dass die Polizei sich auch Fällen nach § 45 Abs. 2 JGG in vollem Umfang annimmt, um mehr Einflussmöglichkeiten zu haben.

Weder das eine noch das andere war zu beobachten. Während im ersten Halbjahr 1998 das Verhältnis von Bagatelldelikten zu „schweren" Delikten bei 89 Prozent zu 11 Prozent lag, betrugen die Quoten im ersten Halbjahr 2000 92 Prozent und 8 Prozent. Die Unterschiede sind wenig bedeutsam. Angesichts dieser geringen Schwankung kann nicht von einer entscheidenden Veränderung gesprochen werden. Die Polizeibeamten haben also weder deutlich vermehrt leichte Fälle in das Diversionsverfahren übernommen, noch wurden mehr schwerere Delikte einbezogen. Es war auch nicht zu beobachten, dass es bei Delikten, bei denen 1998 noch nach § 45 Abs. 2 JGG verfahren worden war, im Jahr 2000 vermehrt § 45 Abs. 1 JGG vorgeschlagen wurde oder umgekehrt. Zwar stieg die Quote der Verfahrenseinstellungen nach § 45 Abs. 2 JGG im Vergleichszeitraum an, dies lag aber nicht daran, dass Polizisten dies vermehrt vorgeschlagen hatten, sondern dass die Staatsanwälte, oftmals ohne ersichtlichen Grund, von den Vorschlägen der Polizeibeamten abwichen.[883]

Eine andere Möglichkeit, die Vorprüfkompetenz im Bereich des § 45 Abs. 1 JGG auszunutzen, könnte darin liegen, überzogene erzieherische Maßnahmen

---

882 Dies befürchtet unter anderem *Schröer* in DVJJ 4/1991, S. 314.

883 Vgl. oben S. 213 ff.

anzuregen oder durchzuführen. Dem Polizisten stehen laut Richtlinien im Rahmen des § 45 Abs. 1 JGG vor allem drei Maßnahmen zur Verfügung. Zunächst wäre das erzieherische Gespräch zu nennen. Diese Maßnahme darf der Polizist laut Richtlinie eigenständig durchführen. Die Praxis zeigt jedoch, dass von einem separaten Gespräch so gut wie kein Gebrauch gemacht wurde. Im Wesentlichen beschränkte sich das erzieherische Gespräch darauf, während der Vernehmung auf die Folgen der Tat für Opfer und Täter ermahnend hinzuweisen. Es wird nicht ersichtlich, dass die einzelnen Vernehmungsbeamten den Bogen dabei deutlich überspannten. Zumindest wurde der in den Richtlinien angesprochene Rahmen gewahrt. Die gewonnene Kompetenz hat im Grunde nichts oder nicht viel geändert. Polizeibeamte dürften wenig Interesse daran haben, durch intensive erzieherische Gespräche das Verfahren unnötig zu verlängern. Hinweise darauf, dass sie das erzieherische Gespräch ausnutzen, um den Beschuldigten zu sanktionieren, waren nicht zu erkennen. Doch allein die Tatsache, dass der Ablauf eines erzieherischen Gesprächs in den Richtlinien nicht genau beschrieben wird und die rechtsstaatliche Problematik weitestgehend ausgeblendet bleibt, birgt die Gefahr, dass Beschuldigte sanktioniert werden. Deshalb sollten die Kompetenzen des Polizisten für diesen Bereich deutlicher umrissen werden.[884]

Ähnliches gilt auch bei Anregungen vor Ort bezüglich einer Entschuldigung oder der sofortigen Schadenswiedergutmachung. Aus den Akten ergab sich kein Fall, bei dem Indizien dafür vorlagen, dass der Polizeibeamte seine Kompetenz ausgenutzt habe. Es ist allerdings auch zu berücksichtigen, dass man bei der Untersuchung selbst der Vorprüfkompetenz der Polizei ausgesetzt ist und nur das zu lesen bekommt, was der Beamte in die Akte aufgenommen hat.

Schließlich bestünde die Möglichkeit, dass Polizisten im Bereich des § 45 Abs. 1 JGG Maßnahmen durchführen oder anregen, die überhaupt nicht vorgesehen sind. Dies dürfte aber in der Regel kaum aktenkundig gemacht werden. Es wäre aber grundsätzlich denkbar, dass der einzelne Beamte, wegen seiner Sachnähe, im Bemühen um erzieherische Wirkung über das Ziel hinaus schießt. Zumindest ist dies in den Fällen geschehen, in denen die Beamten eigenständig aufgrund einer Generalvollmacht Arbeitseinsätze anregten. Das zeigt, dass sich die Polizei die Anregung eingriffsintensiver Maßnahmen dank der Sachnähe zumindest zutraut, wenn nicht sogar dazu berufen fühlt, eigenmächtig über den Wortlaut der Richtlinien hinaus tätig zu werden. Jedoch ist in diesen Fällen nicht allein die Polizei zu kritisieren. Die Unterstützung der

---

884 Auch *Hübner/Kerner/Kunath/Planas* in DVJJ 1/1997, S. 27 fordern „entsprechende Vorkehrungen, damit der Polizeibeamte nicht über das Ziel hinausschießt".

Staatsanwaltschaft hat diese Kompetenzüberschreitungen begünstigt. Die Vorprüfkompetenz ist umso bedenklicher, je weniger die Staatsanwaltschaft von ihrer Kontrollmöglichkeit und -pflicht Gebrauch macht.

Im Bereich der Verfahrenseinstellungen nach § 45 Abs. 2 JGG soll die Polizei, auch wegen der besseren Sachverhaltskenntnis, zuerst dem Staatsanwalt einen Vorschlag unterbreiten. Auch dieser Vorschlag unterliegt der Vorprüfkompetenz der Polizei. Untersuchungen zeigen, dass Polizeibeamte versuchen, den Sachverhalt so zu schildern, dass es möglichst zu einer einvernehmlichen Entscheidung kommt.[885] Laut einer Untersuchung wird im Regelfall ein Verfahrensvorschlag eingereicht, dem der Staatsanwalt weder widersprechen kann – aufgrund der Sachverhaltsnähe des Beamten – noch widersprechen soll – wegen der gewollten Verfahrensbeschleunigung.[886] Es ist nachvollziehbar, dass derjenige, der einen Vorschlag einbringt, diesen so unterbreitet, dass kein Widerspruch zu erwarten ist. Dies kann dazu führen, dass unbequeme Details weggelassen werden.

Es liegt nahe, dass das Vorhandensein der Vorprüfkompetenz auch dazu führt, unbewusst Sachverhaltsmomente wegzulassen, weil man sie nicht für relevant hält, obwohl diese wichtig wären. Es besteht ein juristisches Gefälle zwischen dem Polizeibeamten und dem Staatsanwalt. Während der Polizist über die größere Sachnähe verfügt, verfügt der Staatsanwalt über das Mehr an juristischem Wissen, was zur strafrechtlichen Einordnung des Falles wichtig ist. Da sich die Fälle aber in der Regel einfach gestalten, ist dies nur bei wenigen Einzelfällen problematisch. Zu vernachlässigen ist dies gleichwohl nicht. Es ist aber auch Aufgabe des Staatsanwalts am Telefon durch Nachfragen solche Lücken aufzuspüren. Angesichts der kurzen Zeit, die ein solches Telefonat in Anspruch nimmt (Schaubild 30), dürften sich die Nachfragen der Staatsanwälte in Grenzen halten. Auch bezüglich Fragen des persönlichen Umfelds, die bei der Auswahl einer wirkungsvollen erzieherischen Maßnahme von Bedeutung sind, gaben sowohl Polizisten als auch Staatsanwälte mehrheitlich an, nicht jedes Mal über diesen Bereich zu sprechen (Schaubild 31). Allerdings sollte die Persönlichkeitserforschung bei Bagatelltaten nicht zu viel Raum einnehmen.[887] Die Beschleunigung des Verfahrens ist wichtiger, zumal nur die wenigsten Beschuldigten ein auffälliges Umfeld haben. Außerdem sollte auch bei einem schwierigen Umfeld zumindest gegenüber Ersttätern ein Diversionsverfahren zur Anwendung kommen.

---

885 *Heinz* DVJJ 2/99 S. 137.

886 Vgl. *Heinz*, ebd.

887 *Lehmann*, S. 129; *Hübner/Kerner/Kunath/Planas* in DVJJ 1/1997, S. 31.

Insgesamt 56 Prozent der Polizeibeamten gaben an, dass sie niemals am Telefon korrigiert würden. Von den Staatsanwälten gaben alle bis auf einen an, manchmal Korrekturen vorzunehmen. Die polizeilichen Vorschläge werden also in der Regel umgesetzt, was diejenigen bestätigen dürfte, die befürchten, dass die Staatsanwälte ihre Herrschaft im Vorverfahren aufgrund der Vorprüfkompetenz der Polizisten eingebüßt haben. Während ein negativer Einfluss polizeilicher Vorprüfkompetenz auf den Beschuldigten im Bereich des § 45 Abs. 1 JGG nicht nachvollziehbar ist, wenn überhaupt aber gering ausfallen dürfte, lässt sich bei den Verfahrenseinstellungen nach § 45 Abs. 2 JGG deutlich erkennen, dass die Arbeitsmaßnahmen zugenommen haben (Schaubild 64). Diese Entwicklung ist auf die vermehrten Vorschläge der Polizeibeamten zurückzuführen. Die Staatsanwälte nahmen die Vorschläge jedoch nur in den wenigsten Fällen zurück, obwohl Arbeitsmaßnahmen deutlich zu häufig angeregt wurden. Der Einfluss der Polizei führte in diesem Bereich also zu einer Verschärfung des Verfahrens gegenüber dem Beschuldigten.

Die Staatsanwälte wurden gefragt, ob sie eine Vorprüfkompetenz des Polizeibeamten als problematisch ansehen. Folgendes Schaubild fasst das Ergebnis grafisch zusammen:

Schaubild 74: Die Vorprüfkompetenz des Polizeibeamten aus Sicht des Staatsanwalts

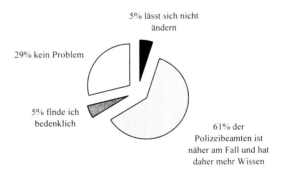

Die große Mehrheit der Staatsanwälte hält die Vorprüfkompetenz des Polizeibeamten für unproblematisch oder sieht darin sogar einen Vorteil. Nur wenige
erkennen darin ein problematisches Moment. Als Begründung dafür, dass darin ein Problem zu sehen sei, wurde angegeben, dass Polizisten über kein abge-
schlossenes Jurastudium verfügten. Es wurde also die mangelnde juristische
Kompetenz angemahnt.

Das Vorhandensein einer Vorprüfkompetenz wird von den Staatsanwälten
nicht in Frage gestellt und von der Mehrzahl nicht beanstandet. Die Staatsanwälte sollten aber aufgrund der Erkenntnis, in einem gewissen Abhängigkeits-
verhältnis zu stehen, ihre Verantwortung ernst nehmen und der Polizei nicht
das gesamte Verfahren überlassen, ohne sich einzumischen. Die wenigen Einflussmöglichkeiten müssen konsequent genutzt werden. Eine Notwendigkeit
für eine verantwortungsvolle Überwachung ergibt sich vor allem unter den
Gesichtspunkten, dass die Polizeibeamten keinen Sanktionenvergleich haben
und juristisch nicht vergleichbar ausgebildet sind.[888] Weniger Anrufe, wie von
einigen Staatsanwälten gefordert, sind diesbezüglich das falsche Signal. Mehr
Nachfragen beim Telefonat wären wünschenswerter. Die Staatsanwälte müssen sich ihrer Verantwortung deutlicher bewusst werden. Falls der Ablauf eines erzieherischen Gesprächs konkretisiert und die Notwendigkeit einer Arbeitsauflage konsequenter überprüft würde, sollte an der Praxis aber auch vor
dem Hintergrund einer Vorprüfkompetenz festgehalten werden.

V.   Kompetenzgewinn = härteres Durchgreifen

Einige Gründe sprechen dafür, dass durch den Kompetenzgewinn der Polizei
im Bereich der Diversion eine „härtere Gangart" eingeführt worden sein könnte. Vor allem die vermehrte Anregung von eingriffsintensiven Erziehungsmaßnahmen spricht für eine Verschärfung des Diversionsverfahrens. Die Untersuchung zeigt in dieser Frage ein differenziertes Bild, das sowohl Befürwor-
tern wie auch Gegnern Argumente liefert.

Der Blick auf die Antworten zu der Frage, ob die Strafen im Bagatellbereich
angemessen sind, zeigt, dass Polizeibeamte tendenziell eher eine Verschärfung der Sanktionen wünschen als beispielsweise Staatsanwälte. Während
immerhin 88 Prozent der Staatsanwälte angaben, dass die Strafen angemessen
seien, gaben lediglich 55 Prozent der Polizeibeamten diese Antwort. 44 Prozent waren der Ansicht, die Strafen seien zu milde.[889] Wenn Polizeibeamte
selbst sanktionieren dürften, würden die Strafen also vermutlich härter ausfal-

---

888 An diesen Umstand erinnert *Ostendorf* in DVJJ 4/1999, S. 356.

889 Das noch fehlende Prozent war der Meinung, die Sanktionen seien zu hart.

len. Dies muss sich jedoch nicht zwangsweise auf das Diversionsverfahren auswirken. Der Polizeibeamte soll nicht sanktionieren, sondern lediglich Vorschläge unterbreiten. Bei eingriffsintensiveren Maßnahmen soll er Rücksprache mit der Staatsanwaltschaft halten. Insofern wird die Vorstellung des Polizisten nicht direkt umgesetzt. Im Übrigen ist auch zu beachten, dass zwischen der allgemeinen Meinung über das Sanktionierungsverhalten anderer und der eigenen Handlung in einem konkreten Einzelfall ein Unterschied zu machen ist. Falls sich der Polizeibeamte in der Position des Richters wiederfinden würde, mitsamt der Verantwortung, den zu treffenden Abwägungen und den zwingend einzuhaltenden Normen, würde er daher vielleicht anders entscheiden, als wenn er im Publikum säße.

Aus Gesprächen mit Privatpersonen und bei Betrachtung der Presse und anderer Medien bekommt der Beobachter das Gefühl, die Position vieler Polizisten bezüglich der zu milden Bestrafungen bei Bagatelltaten sei allgemeine Meinung in der Bevölkerung. Es hat daher nicht allein etwas mit der Arbeit und den damit verbundenen Problemen der Polizeibeamten, wie etwa Frustration und Überbelastung zu tun, wenn von deren Seite ein härteres Durchgreifen gefordert wird. Die Staatsanwälte, mit ihrem „weicheren" Kurs, weichen scheinbar eher von der Norm ab. Dies dürfte jedoch an der umfangreicheren juristischen Ausbildung liegen. Eine solche sollte dazu führen, Straftaten und Strafen differenzierter zu betrachten und auch Folgen und Risiken von Entscheidungen mit in die Abwägung einzubeziehen. Genau dies ist jedoch erforderlich. Im Endergebnis ist die Antwort der Polizeibeamten nachvollziehbar und vielleicht insofern bedauerlich, als dass sie die Übersicht des Juristen vermissen lässt. Sie muss jedoch nicht unbedingt eine Auswirkung auf das Diversionsverfahren haben.

Ein Vergleich der Einstellungszahlen aus den Untersuchungszeiträumen könnte ebenfalls Rückschlüsse darüber zulassen, ob der Kompetenzgewinn der Polizeibeamten zu härteren Reaktionen führte:

Schaubild 75: Vergleich von Vorschlägen und tatsächlichen Einstellungen im Bereich von § 45 Abs. 1 JGG und § 45 Abs. 2 JGG (in Prozent)

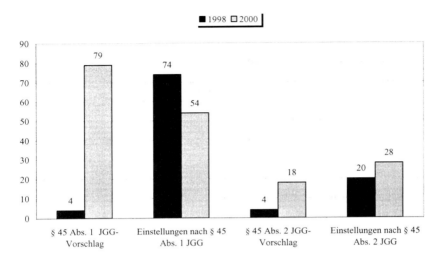

Vergleicht man die tatsächlichen Verfahrenseinstellungen miteinander, so ist ein Zuwachs an Einstellungen nach § 45 Abs. 2 JGG und eine Abnahme an Einstellungen nach § 45 Abs. 1 JGG zu verzeichnen. Da § 45 Abs. 2 JGG erst zur Anwendung kommen soll, wenn eine Einstellung nach § 45 Abs. 1 JGG nicht mehr in Frage kommt, ist also eine Verschärfung nach Einführung der Richtlinien festzustellen. Dies hat jedoch nichts mit den Einstellungsvorschlägen der Polizei zu tun und lässt sich damit auch nicht als Beleg für eine „härtere Gangart" heranziehen, die auf polizeilichen Kompetenzgewinnen gründet. Vergleicht man die Vorschläge, die Polizeibeamte im Jahr 2000 gemacht haben, so stellt man fest, dass diese ungefähr der Quote entsprechen, die 1998 das Verhältnis von § 45 Abs. 1 JGG und § 45 Abs. 2 JGG prägte. Die Polizeibeamten hätten selbst sogar etwas milder agiert, als es im ersten Halbjahr 1998 bei den Verfahrenseinstellungen, hinter denen sich die Einschätzung der Staatsanwälte verbirgt, der Fall war. Die Verschärfung ist daher eher den Staatsanwälten zuzurechnen. Wie sich zeigte, war die Verschärfung in Form der Abänderung von polizeilichen Vorschlägen nicht unbedingt nachvollziehbar.[890]

---

890 Vgl. oben S. 213 ff.

Eine deutliche Verschärfung ist jedoch auch auf einer anderen Ebene zu beobachten. Im Vorfeld der Verfahrenseinstellungen nach § 45 Abs. 2 JGG wird seit Einführung der Richtlinien in der Regel eine Arbeitsleistung erbracht oder es kommt eine andere erzieherische Maßnahme zum Einsatz (Schaubild 25). Dies lässt sich kaum anders begründen, als dass die Polizeibeamten ihre gewonnenen Kompetenzen im Bereich des § 45 Abs. 2 JGG rege genutzt haben. Dafür ist aber nicht allein die Kompetenzverlagerung verantwortlich. Auch die Formulierung in den Richtlinien ist dafür ausschlaggebend. In den Richtlinien ist die Abfolge klar umrissen. In einfachsten Fällen soll § 45 Abs. 1 JGG zur Anwendung kommen. Falls die damit mögliche Einflussnahme nicht ausreicht, müssen zusätzliche erzieherische Maßnahmen erwogen werden. In den Richtlinien ist die gemeinnützige Arbeit gleich als erste der möglichen Maßnahmen aufgeführt, gefolgt von der Arbeit zur Schadenswiedergutmachung. Damit wird die Arbeitsmaßnahme als erzieherische Maßnahme in den Vordergrund gerückt. Den Polizeibeamten mag die Anregung im Einzelfall als die notwendige Rechtsfolge erscheinen, die in den Fällen zum Einsatz kommen muss, in denen ein erzieherisches Gespräch nicht mehr ausreicht. Staatsanwälte stellen häufig nach § 45 Abs. 2 JGG ein, ohne dass eine erzieherische Maßnahme zu erkennen ist. Es sei denn, man versteht bereits die Vernehmung mit erzieherischem Gespräch als solche. Auf der anderen Seite verknüpft der Gesetzeswortlaut des § 45 Abs. 2 JGG die Verfahrenseinstellung mit einer erzieherische Maßnahme. Die Praxis der Polizei, bei § 45 Abs. 2 JGG konsequent eine erzieherische Maßnahme anzuregen, deckt sich daher mit dem Inhalt des § 45 Abs. 2 JGG.

Die Richtlinien haben zwar nicht zu mehr Verfahrenseinstellungen nach § 45 Abs. 2 JGG, aber zu mehr erzieherischen Maßnahmen geführt. Die Polizisten sehen in der Arbeitsmaßnahme eine angemessene Reaktion, die einfach zu überwachen ist und von den Beschuldigten akzeptiert wird.[891] Von den befragten Beamten, die in der Einführung der Richtlinien einen Fortschritt für ihre tagtägliche Arbeit sahen, waren 13 Prozent der Ansicht, der Fortschritt liege auch darin, dass den Jugendlichen Grenzen aufgezeigt werden.[892] Es war daher zu erwarten, dass Arbeitsmaßnahmen deutlich zunehmen würden, wenn Polizeibeamte die Möglichkeit haben, diese anzuregen. Allerdings „wehren" sich die Staatsanwälte auch nicht gegen diese Verschärfung, indem sie den Polizeibeamten während des Telefonats von seinem Vorschlag abbringen.

---

891 Zu den Einzelheiten oben S. 264 ff.

892 Dabei handelte es sich um eine offene Frage ohne vorgegebene Antworten. Es ist davon auszugehen, dass die Quote noch höher läge, wenn diese Antwort zur Auswahl gestanden hätte.

Die Verlagerung von Kompetenzen auf die Polizei hat tatsächlich zu einer Verschärfung geführt. Für die Beschuldigten hatte dies jedenfalls zur Folge, dass sie häufiger erzieherische Maßnahmen ableisteten. Die Veränderung ist mit § 45 Abs. 2 JGG im Einklang und somit von dieser Warte aus betrachtet nicht zu beanstanden. Es gehen auch keine eklatanten juristischen Fehlentscheidungen mit dieser Praxis einher.[893] Aus der Sicht des Abbaus von Stigmatisierung ist der deutliche Anstieg an Arbeitsmaßnahmen jedoch eindeutig ein Rückschritt. In einigen Fällen bestand keine Notwendigkeit für eine Arbeitsauflage. Im ersten Halbjahr 1998 kam man mit deutlich weniger Maßnahmen aus. Allerdings kann zur Effektivität des vermehrten Gebrauchs von Erziehungsmaßnahmen nur bedingt Stellung genommen werden. Gegen den vermehrten Einsatz erzieherischer Maßnahmen sprechen allerdings einige zentrale Ziele der Diversion, die für sich genommen wissenschaftlich untersucht sind und deren Umsetzung allgemein als erstrebenswert angesehen wird. Der vermehrte Einsatz von Diversion soll schließlich nicht dazu führen, dass im Vorverfahren härter durchgegriffen wird, sondern dass eine Stigmatisierung weitestgehend verhindert wird. Alte Strafkonzepte unter neuem Namen weiterzuverfolgen, kann nicht Sinn des Verfahrens sein.[894]

B. Landesweite Gleichbehandlung

Ziel der Diversionsrichtlinien ist auch eine landesweite Gleichbehandlung von Tätern im Bagatellbereich. Das Bundesverfassungsgericht hat im Zusammenhang mit Verfahrenseinstellungen nach § 31 a BtMG festgestellt, dass die Länder eine Pflicht treffe, für eine im Wesentlichen einheitliche Einstellungspraxis der Staatsanwaltschaft zu sorgen. Es handele sich um das den Einzelnen besonders belastende Gebiet der Strafverfolgung.[895] Dieser Gedanke ist letztlich auf das Gleichbehandlungsgebot des Art. 3 GG zurückzuführen, welches gebietet, dass wesentlich Gleiches nicht willkürlich ungleich und wesentlich Ungleiches nicht willkürlich gleich behandelt werden darf.[896]

Die Folgen einer Tat können nicht davon abhängig gemacht werden, ob der Beschuldigte beim Ladendiebstahl in Lübeck oder in Kiel gestellt wird. Tatsächlich ist dies aber der Fall. Schon ein Blick auf die sehr unterschiedliche

---

893 Fälle, in denen die Polizisten oder die Staatsanwaltschaft falsch lagen, wurden beispielhaft oben S. 213 ff. dargestellt.

894 So auch *Hering/Sessar* „Praktizierte Diversion", S. 133; *v. d. Woldenberg*, S. 75.

895 Vgl. BVerfGE 90, 145, 190.

896 Siehe ausführlich in *Schmidt-Bleibtreu/Klein* Art. 3, Rdnr. 1 und 2; *Gubelt* in *Münch/Kunig* Art. 3, Rdnr. 10 und 11.

Quote bei den Verfahrenseinstellungen nach § 45 Abs. 1 und Abs. 2 JGG zeigt, dass Beschuldigte in Lübeck im Durchschnitt eher mit einer Verfahrenseinstellung nach § 45 Abs. 1 JGG rechnen dürfen. Auch ein Blick auf die angeregten Maßnahmen in den untersuchten Akten zeigt, dass die Palette für vergleichbare Fälle vom Verzicht auf eine Vernehmung bis hin zu einem mehrstündigen Arbeitseinsatz reichen kann.

Inwiefern die einzelnen Fälle wirklich vergleichbar waren, muss allerdings offen bleiben, da lediglich der Polizeibeamte den Beschuldigten persönlich vor Augen hatte. Die Schwere und Form des Delikts können nur Indiz dafür sein, dass zwei Fälle vergleichbar sind. Die individuellen Persönlichkeiten der Beschuldigten verlangen nach einer individuellen Reaktion. Bei ein und demselben Delikt können folglich unterschiedlich intensiv eingreifende Reaktionen angebracht sein. Insofern befindet sich die Richtlinie in einem Dilemma. Einerseits soll sie die Gleichbehandlung der Beschuldigten fördern, andererseits soll sie möglichst viele Reaktionsmöglichkeiten offen lassen, um eine individuelle Reaktion zu ermöglichen.

Da die individuelle Reaktion gerade im Umgang mit jugendlichen Beschuldigten besonders wichtig ist, darf eine konsequente Gleichbehandlung diese nicht blockieren. Im utopischen Fall, dass stets die richtige Reaktion verfügt würde, wäre eine Ungleichbehandlung auch nicht zu beanstanden, obwohl bei gleichen Delikten unterschiedliche Maßnahmen durchgeführt oder angeregt würden. Jeder Fall ist nur bis zu einem gewissen Grad mit einem Parallelfall vergleichbar. Die Anforderungen an die Gleichbehandlung dürfen daher nicht überspannt werden. Es muss zudem beachtet werden, dass die Entscheidungen von verschiedenen Personen getroffen werden. Zum einen ist es objektiv unmöglich, dass jeder Polizeibeamte sämtliche Fälle und Reaktionen seiner Kollegen vor Augen hat. Zum anderen ist es stets eine Entscheidung des Einzelnen. Das heißt, er bringt bei dieser Entscheidung seinen persönlichen Horizont an Erfahrung und Wissen ein. Die unterschiedlichen, teilweise vollkommen konträren Antworten bei den befragten Polizisten und Staatsanwälten machten diesen Umstand deutlich. Innerhalb ein und desselben Reviers könnte auf dieselbe Tat also unterschiedlich reagiert werden.[897]

Es muss allerdings gewährleistet sein, dass die individuelle Entscheidung an bestimmte Grenzen gebunden ist. Dabei ist erneut zu beachten, dass nicht eine parallele Ebene neben der formellen Strafverfolgung geschaffen wird, in der die Reaktionen grundsätzlich härter ausfallen, als vor Gericht. Dieser Rahmen

---

897 Auch *Hering/Sessar* „Praktizierte Diversion", S. 32, sprechen von „Ungleichbehandlungen in ein und derselben Behörde"; ähnlich *v. d. Woldenberg*, S. 125, die auf unterschiedliche Reaktionsstile in einzelnen Landgerichtsbezirken hinweist.

ist in den ursprünglichen Richtlinien nicht deutlich genug abgesteckt worden. Allerdings wurde durch den zusätzlichen Erlass der Forderung nach Hilfestellung bei der Entscheidung Rechnung getragen. Insbesondere die Höchstgrenze für die Zahl der Arbeitsstunden ist hervorzuheben. Trotzdem fordern Polizisten vereinzelt immer noch eine Hilfestellung für ihre Vorschläge.

Dass die Richtlinien eine absolute Gleichbehandlung nicht sicherstellen können, liegt auf der Hand. Durch das Festlegen einer Höchstgrenze ist aber zumindest eine größere Rechtssicherheit für die Beschuldigten erreicht worden. Ein engeres Korsett würde die notwendige Flexibilität einschränken.[898] Da individuelle Maßnahmen erforderlich sind, ist davon auszugehen, dass sich die Unterschiede im Reaktionsstil noch in einem rechtsstaatlich zulässigen Rahmen bewegen.[899]

Staatsanwaltschaft und Polizei sehen die Möglichkeit einer Gleichbehandlung der Beschuldigten aufgrund der Richtlinien unterschiedlich:

Schaubild 76: Gleichbehandlung von Beschuldigten aufgrund der Richtlinien aus Sicht von Staatsanwaltschaft und Polizei (in Prozent)

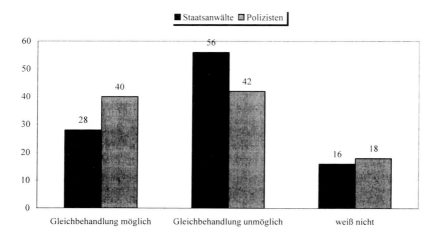

---

898 *Diemer* JGG § 45 Rdnr. 5.

899 *V. d. Woldenberg*, S. 127.

Die Polizeibeamten schätzten die Wirkung der Richtlinien auf die landesweite Gleichbehandlung etwas optimistischer ein. Dies zeigt einmal mehr die positive Grundeinstellung der Polizei gegenüber den Richtlinien. Die Staatsanwälte waren darüber hinaus gefragt worden, warum sie von einer stärkeren Gleichbehandlung oder der Unmöglichkeit einer solchen ausgehen. Im Wesentlichen wurde ein Problem darin gesehen, dass die Möglichkeiten zu flexibel und komplex zugleich seien, um zu einer einheitlichen Anwendung zu gelangen. Bei einem Blick auf die angeregten Maßnahmen wäre es eher zu wünschen, dass die Maßnahmen vielfältiger und individueller ausfielen, als dass wegen möglichst großer Vergleichbarkeit die Bandbreite an Alternativen auf einen engen Maßnahmenkatalog zusammengeschnürt würden. Lediglich beim erzieherischen Gespräch sollten die Richtlinien die Gestaltung genau vorgeben und damit zu einer größeren Vereinheitlichung des Verfahrens beitragen.

C. Schutz des Erziehungsrechts der Eltern

An dieser Stelle soll kurz auf die Rechte der Erziehungsberechtigten und gesetzlichen Vertreter eingegangen werden, wobei dieser Personenkreis nahezu identisch ist.[900] Die große Mehrheit der Beschuldigten im Diversionsverfahren ist minderjährig. Das Durchschnittsalter lag im ersten Halbjahr 2000 gerade einmal bei 15,5 Jahren.[901] Grundsätzlich liegt das Erziehungsmonopol bei den Erziehungsberechtigten, in den meisten Fällen also bei den Eltern der Beschuldigten. Die Richtlinien betonen, wie auch das gesamte Jugendstrafrecht, stets den Erziehungsgedanken. Es scheint daher ein Konflikt mit den Erziehungsberechtigten und deren Kompetenzen vorprogrammiert, wenn aufgrund eines Diversionsverfahrens erzieherische Maßnahmen von Außen in dieses Monopol eingreifen. Sowohl Jugendliche als auch deren Eltern sehen in strafrechtlichen Verfahren oft eine existentielle Bedrohung für das Familienleben.[902]

In Art. 6 Abs. 2 GG heißt es: „Pflege und Erziehung der Kinder sind das natürliche Recht der Eltern und die zuvörderst ihnen obliegende Pflicht." Das Recht der Eltern wird allerdings durch das Kindeswohl begrenzt.[903] Demgemäß darf der Staat erst bei einer Gefährdung des Kindeswohls eingreifen. Im Interesse der Funktionsfähigkeit der Gemeinschaft kann das Erziehungsrecht

---

900 Zur Begriffsbestimmung vgl. *Richmann*, S. 54 ff.

901 Vgl. ausführlich zum Alter der Beschuldigten oben S. 112 ff.

902 *Lehmann*, S. 175.

903 *Coester-Waltjen* in *Münch/Kunig* Art. 6, Rdnr. 77; *Lehmann*, S. 173; *Ostendorf* in DVJJ 4/1991, S. 353 spricht von einem „sekundären staatlichen Erziehungsrecht".

also nicht von jeglicher Kontrolle freigestellt werden.[904] Die Strafverfolgungsbehörden dürfen den Eltern aber im Normalfall nicht vorschreiben, wie
sie in Zukunft ihr Kind zu erziehen haben oder welche Erziehungsmaßnahme
anzuwenden sei.[905] Von Anfang an sind die Erziehungsberechtigten daher miteinzubeziehen, wenn es zu einem Diversionsverfahren kommt.[906] Das ergibt
sich schon aus § 43 JGG, wonach der Erziehungsberechtigte und der gesetzliche Vertreter möglichst gehört werden soll. Dies sollte auch bezüglich der anzuregenden Maßnahmen berücksichtigt werden. Die Eltern haben oftmals
schon vor der Vernehmung auf das Fehlverhalten des Beschuldigten reagiert.
Die erzieherischen Regelungen im privaten Lebenskreis des Jugendlichen gehen dem Eingriff justitieller Organe grundsätzlich vor.[907] Sie sind zu respektieren, es sei denn, sie sind äußerst fragwürdig.[908] Bei fragwürdigen Erzie-
hungsmethoden sollte auf die Vermeidung solcher Maßnahmen hingewirkt
werden.[909] Sie sind jedoch nach dem Grundsatz „ne bis in idem" trotz allem in
die Diversionsentscheidung einzubeziehen.[910] Dem Jugendlichen soll schließlich nicht in zweifacher Hinsicht Unrecht widerfahren.

Die Erziehungsberechtigten haben in der Regel auf die 14- bis 17-jährigen
Jugendlichen noch erzieherischen Einfluss, der nicht unbemerkt und auch
nicht ungenutzt bleiben sollte. Selbst bei Eintritt der Volljährigkeit muss eine
komplette Ablösung der Kinder von den Eltern nicht erfolgen, so dass auch in
solchen Fällen die Familiensituation berücksichtigt werden sollte.[911] In einer
intakten Familie dürfte das Bekanntwerden des Normverstoßes häufig zu einer
ausreichenden Maßnahme führen, die den Beschuldigten von zukünftigen Taten abhält. Trotzdem ist der Umstand zu berücksichtigen, dass Beschuldigte
mit einer staatlichen Reaktion rechnen und dass diese Erwartungshaltung
nicht enttäuscht werden darf.[912]

---

904 *Lehmann*, S. 172.

905 *Schröer* spricht jedoch davon, dass die jugendstrafrechtliche Reaktion einen völlig anderen Er-
ziehungstyp darstelle als die Erziehung in der Familie. Deshalb könne sie auch nicht subsidiär
sein.

906 *Richmann*, S. 43.

907 *Eisenberg* JGG § 45 Rdnr. 20; *Brunner/Dölling* § 45 JGG Rdnr. 18.

908 In einer der Akten erklärte ein Vater der Polizei, sie könne von weiteren Maßnahmen absehen,
da der Junge bereits von ihm mehrfach heftig durchgeprügelt worden sei.

909 *Eisenberg* JGG § 45 Rdnr. 20.

910 *Eisenberg* JGG § 45 Rdnr. 20.

911 *Richmann*, S. 283.

912 *Lehmann*, S. 86.

Die Richtlinien sehen nichts vor, was per se unzulässig ins Erziehungsrecht der Eltern eingreift.[913] Auf Informationspflichten wird sogar ausdrücklich hingewiesen.[914] Es kommt einmal mehr auf die praktische Umsetzung an. Dabei lässt sich grundsätzlich feststellen, dass die Eltern zwar in der Regel ausreichend einbezogen werden, dass aber in den meisten Fällen noch Potential zu einer Verbesserung vorhanden ist. Dies mag in Einzelfällen mit „schwierigen" Eltern problematisch sein, doch lohnt es sich, wenn man einen optimalen Erfolg für das Diversionsverfahren erreichen möchte.

Die Staatsanwälte antworteten auf die Frage, ob Erziehungsberechtigte stärker einbezogen werden sollten, in der Mehrzahl, dass der Status quo ausreiche. Manche waren der Ansicht, dass ein verstärkter Einbezug sinnvoll sei, um ein Problembewusstsein bei den Erziehungsberechtigten zu entwickeln oder zu verstärken. Aber auch Gegenteiliges wurde angesprochen. Den Eltern wurde vorgeworfen, das Verfahren zu stören oder unnötig zu verzögern. Dies darf aber selbstverständlich nicht dazu führen, die Rechte der Eltern zu untergraben. Anhaltspunkte für eine solche Entwicklung haben die Untersuchungen jedoch nicht ergeben.

Falls Defizite erkennbar sind, kann es auch die Pflicht des Polizeibeamten sein, Maßnahmen zu ergreifen, um das Kindeswohl zu sichern. In Fällen, in denen sich das Problem innerhalb der Familie lösen lässt, sollte er aber besonderen Wert auf die behutsame Einflussnahme auf die Eltern legen. Davon können im Zweifel alle nur profitieren.

Es lässt sich also festhalten, dass das Erziehungsrecht der Eltern durch die Richtlinien nicht beeinträchtigt wird, aber die Zusammenarbeit mit den Erziehungsberechtigten ausbaufähig ist.

D. Fazit bezüglich der Bedenken zur Rechtsstaatlichkeit

Sowohl die Richtlinien selbst, als auch die Umsetzung des Diversionsverfahrens in die Praxis geben aus rechtsstaatlicher Sicht Anlass zur Sorge. Zwar stellen sich viele Befürchtungen als übertrieben dar, trotzdem besteht ein dringender Handlungsbedarf. Allem voran bedarf es einer verbesserten und regelmäßigeren Schulung jedes Polizeibeamten, der in Diversionsverfahren Verantwortung übernimmt. Die Richtlinien selbst sprechen von speziell ausgebildeten Sachbearbeitern. Nur diese können die anspruchs- und verantwor-

---

913 Vgl. unter anderem *v. Friedrichs*, S. 75, wonach ein staatsanwaltlicher Vorschlag nicht ins Elternrecht eingreift.

914 Die Informationspflicht ergibt sich grundsätzlich aus der MiStra.

tungsvolle Aufgabe in Diversionsverfahren übernehmen. Die Pflicht den Beschuldigten darüber aufzuklären, dass ihm nur ein Vorschlag unterbreitet wird, muss besonders verantwortungsbewusst wahrgenommen werden. Bei einem Diversionsverfahren bestimmt die Art und Weise der Aufklärung in besonderem Maße, ob das Verfahren rechtmäßig oder rechtswidrig verläuft. Eine Schulung ersetzt keine Ausbildung[915], aber sie muss wenigstens zu einer stärkeren Sensibilisierung bezüglich der rechtsstaatlichen Problematik im Diversionsverfahren führen. Der Polizeibeamte muss sich bewusst sein, dass er Gefahr läuft, rechtsstaatswidrig zu handeln und gegen mehrere Verfassungsprinzipien zu verstoßen, wenn er sich nicht genau an die Vorgaben in den Richtlinien hält.

Die Vorgaben selbst müssen zudem klarer umrissen werden. Dem Polizeibeamten kann eine Anregungskompetenz nicht übertragen werden. Ihm fehlt vor allem eine entsprechende juristische Ausbildung, auf deren Grundlage es rechtsstaatlich noch vertretbar erscheint, dem Staatsanwalt eine solche Kompetenz zuzubilligen. Da die Anregungskompetenz jedoch beim Staatsanwalt verbleiben kann, ohne dass das gesamte Konzept der Richtlinien geändert werden müsste, ist diese Schwierigkeit leicht zu beheben. Das erzieherische Gespräch muss zudem auf eine erzieherisch ausgeprägte Vernehmung reduziert werden. Vor allem separate erzieherische Gespräche stehen einer Sanktion gleich und verstoßen gegen die Gewaltenteilung und die Unschuldsvermutung. Die Richtlinien sind so zu ergänzen, dass der Ablauf der erzieherisch ausgeprägten Vernehmung genau vorgegeben ist. Dies fördert auch die landesweite Gleichbehandlung der Beschuldigten im Diversionsverfahren.

Die vollkommene Gleichbehandlung der Beschuldigten im Diversionsverfahren kann aufgrund der einzelfallbezogenen Vorgehensweise nicht sichergestellt werden. Eine rechtsstaatswidrige Ungleichbehandlung ist darin allerdings nicht zu sehen. Ebenso wird das Erziehungsrecht der Eltern in den Diversionsverfahren nicht untergraben.

Die Vorprüfkompetenz des Polizeibeamten lässt sich nicht verhindern. Die Staatsanwaltschaft sollte aber die ihr verbliebenen Kontrollmöglichkeiten besser nutzen, um ihre Position als Herrin des Vorverfahrens nicht zu gefährden.

Sofern die Anregungskompetenz wieder zurück auf den Staatsanwalt übertragen wird, das erzieherische Gespräch in eine erzieherische Vernehmung umgestaltet wird und die Schulung der Polizeibeamten dem hohen Anspruch, den die Richtlinien stellen, gerecht wird, dürfte eine rechtsstaatlich verträgliche Diversionspraxis möglich sein. Angesichts der Vorteile des Diversionsverfahrens

---

915 So wird dies von *Engel* in DVJJ 3/1998, S. 258 angemahnt.

sind dies lohnende Anstrengungen. Dass eine formal einwandfreie Regelung rechtsmissbräuchlich angewandt wird, lässt sich niemals ausschließen. Die vorgeschlagenen Änderungen sollten diese Gefahr allerdings auf ein erträgliches Maß reduzieren.

Achtes Kapitel
Resümee

Bei einer Gesamtbetrachtung der aktuellen Richtlinien und ihrer praktischen Anwendung zeigt sich ein ambivalentes Bild. Die Erneuerung der Diversionsrichtlinien hat nicht auf allen Gebieten zu Fortschritten geführt. Angesichts der vielen Faktoren, die auf die Bagatell- und Jugendkriminalität Einfluss nehmen, war auch nicht zu erwarten, dass die Richtlinien alle Probleme beseitigen und alle Kritiker befriedigen würden. Während einige der eingeführten Änderungen rechtsstaatlich bedenklich sind, haben andere das Diversionskonzept in Schleswig-Holstein bereichert. Bloße organisatorische Verbesserungen[916] hätten nicht in gleicher Weise zu den positiven Änderungen geführt. Der verbindliche Charakter einer Verwaltungsvorschrift ist nicht nur von Vorteil, sondern notwendig, um landesweit Erfolge zu erzielen. Den Kritikern ist allerdings zuzugestehen, dass sich die Vorteile und Nachteile der Neuerungen in etwa die Waage halten. Während Diversion ohne Frage der richtige Weg ist, sind die aktuellen Richtlinien nur ein kleiner Schritt in Richtung effektiver Bekämpfung von Bagatellkriminalität und verantwortungsvollem Umgang mit jungen Straftätern. Weitere Anstrengungen müssen folgen. Im Ergebnis sollten die Richtlinien deshalb weder abgeschafft werden, noch unverändert bleiben. Um den Anforderungen des Diversionsgedankens gerecht zu werden, würde es zunächst genügen, die Richtlinien in den Bereichen zu überarbeiten, die eine Veränderung unter den Gesichtspunkten der Rechtsstaatlichkeit und Effizienz bedürfen.

Es wäre möglich gewesen, die Handhabung der Richtlinien grundsätzlich als rechtsstaatswidrig abzutun. Dies kann aber nicht das Ziel einer konstruktiven Arbeit sein. Solange es möglich ist, mit wenigen Änderungen einen für Anwender, Betroffene und auch Kritiker der Polizeidiversion erträglichen Kompromiss zu erzielen, sollte die Energie in diese Bemühungen fließen.

Im Folgenden werden einige der Ergebnisse der Untersuchung kurz zusammengefasst und gegebenenfalls Änderungsvorschläge unterbreitet.

---

916 *Engel* in DVJJ 3/98, S. 258.

A. Der Beschuldigte: Kein Anlass zur Besorgnis

Die Untersuchung bestätigte die Richtlinien insoweit, als es sich bei den Beschuldigten um gewöhnliche Jugendliche handelte, die sich kaum von ihren Alters- und Geschlechtsgenossen unterschieden.[917]

Die Beschuldigten waren im ersten Halbjahr 2000 durchschnittlich 15,5 Jahre alt. In der Regel wohnten sie bei ihren Eltern und gingen zur Schule. Auffällige Defizite waren nur äußerst selten zu beobachten.[918] Der einzige deutliche Unterschied zu anderen Jugendlichen im entsprechenden Alter war der hohe Anteil an Hauptschülern unter den Beschuldigten. In der Regel handelte es sich bei den Beschuldigten um Ersttäter. Die verübten Delikte entsprachen fast sämtlich denen, die im Anhang der Richtlinien aufgeführt sind. Der Diebstahl, insbesondere derjenige von geringwertigen Sachen, ließ mit einem Anteil von gut der Hälfte an allen Delikten die übrigen Straftaten weit hinter sich. Die Taten waren „jugendtypisch" motiviert. Die Untersuchung hat deutlich gemacht, dass Bagatellkriminalität zum Erwachsenwerden gehört. Die Jugendlichen übertreten die ihnen gesetzten Grenzen und loten dabei aus, wie weit sie gehen können. Außerdem kann festgehalten werden, dass sich im Vergleichszeitraum bei den Beschuldigten keine großen Veränderungen ergeben haben. Von einer bedrohlichen Entwicklung bei den Jugendlichen kann daher keine Rede sein.

All dies macht deutlich, dass bei den Beschuldigten kein besonderer erzieherischer Aufwand betrieben werden muss.[919] Dieser sollte den Intensivtätern vorbehalten bleiben. Die Beschuldigten hatten keine grundsätzlichen Probleme damit, sich in die Gesellschaft zu integrieren. Ihnen musste in den Diversionsverfahren in der Regel lediglich ihre Verfehlung aufgezeigt werden. Das vielfach vor allem in den Medien gezeichnete Bild unserer Gesellschaft und insbesondere der heutigen Jugend muss säuberlich vom Ist-Zustand im Bereich der Bagatellkriminalität getrennt werden. „Wehret den Anfängen" ist die falsche Parole. Solche „Anfänge" werden seit Ewigkeiten beschworen und haben mit jugendlichen Ladendieben nichts zu tun. Das Jugendamt einzuschalten oder ähnlich aufwändige Maßnahmen sind grundsätzlich überflüssig.[920] Die Familienverhältnisse fast aller Beschuldigten waren intakt und sta-

---

917 Davon geht auch der Diversionsgedanke aus. Vgl. *Diemer* JGG, § 45 Rdnr. 4; *Heinz/Storz*, S. 3; *Brunner/Dölling* § 45 JGG Rdnr. 4; Sessar, S. 69 und 74, 75.

918 Dann standen die Jugendlichen allerdings meistens schon unter der Beobachtung des Jugendamts.

919 Dieser Ansicht ist auch *Lehmann*, S. 26.

920 So auch *Trenczek* in DVJJ 171991, S. 8.

bil. Eine Destabilisierung durch vermehrte Einmischung kann nicht Ziel des Diversionsverfahrens sein.

Angesichts der Arbeitsbelastung der Polizei sollten alle Beteiligten zufrieden sein, dass die Beschuldigten dieser Untersuchung nur einen kurzen Moment der Aufmerksamkeit durch die Strafverfolgungsbehörden brauchten und keine Betreuung für ihr künftiges Leben.

B. Kein Einbezug weiterer Personen in das Diversionsverfahren

Aus den soeben genannten Gründen sollte darauf geachtet werden, dass Diversionsverfahren nicht zu aufwändig gestaltet werden. Deshalb sollte auch die Anzahl der an einem Diversionsverfahren beteiligten Personen begrenzt sein. Diesem Gedanken tragen die aktuellen Richtlinien im Wesentlichen Rechnung. Sie fördern die Vernetzung zwischen den einzelnen Institutionen kaum mehr als notwendig. Dies sollte so beibehalten werden.[921]

Als überflüssig kann in erster Linie ein über das jetzige Maß hinausgehender Einbezug von Hilfspolizisten, Pädagogen und Richtern angesehen werden.[922] Allen diesen Personengruppen gemein wäre es, dass sich durch ihr Einschalten das Verfahren unnötig verlängern würde. Angesichts der rechtsstaatlichen Problematik, die durch die Verlagerung von Kompetenzen auf die Polizei entsteht, ist eine Verlagerung einer Anregungskompetenz auf Hilfspolizisten strikt abzulehnen. Hilfspolizisten, wie z. B. die im Kieler Stadtteil Gaarden eingesetzten Sozialhilfeempfänger, können den Anforderungen eines Diversionsverfahrens in keiner Weise gerecht werden. Die bestehende Praxis lässt bereits die von den Richtlinien geforderte Fachkompetenz bei den professionellen Polizeibeamten in manchem Fall vermissen.

Pädagogen können bereits über Hilfsangebote in ausreichendem Maß einbezogen werden. Von wenigen Ausnahmen abgesehen bedürfen die Beschuldigten jedoch keiner professionellen Hilfe. Die erzieherische Wirkung wird bereits durch das Einleiten eines Verfahrens und die Erfahrungen bei der Vernehmung ausreichend sichergestellt. Ein separates erzieherisches Gespräch durch professionelle Erzieher ist daher aus verfahrensökonomischen Gründen überflüssig und wäre auch aus rechtsstaatlicher Sicht abzulehnen. Die Richter sind schließlich über § 45 Abs. 3 JGG ausreichend in das Verfahren involviert. Der Gesetzgeber hat den Einsatz des Richters mit Bedacht erst für einen

---

Abgesehen von dem Vorschlag, einen monatlichen Austausch mit dem Jugendamt wahrzunehmen.

922 Vgl. dazu oben S. 188 ff. und 324 ff.

Zeitpunkt bestimmt, wenn andere Maßnahmen keinen Erfolg mehr versprechen.

Jugendamt und Jugendgerichtshilfe nehmen auf das Verfahren genügend Einfluss. Die Praxis hat die Regelung in den Richtlinien als überzogen entlarvt.
Monatliche Treffen mit dem Jugendamt sind ohne konkreten Fallbezug überflüssig.[923] Anders sieht dies bezüglich des Einbezugs der Erziehungsberechtigten aus. In diesem Bereich gibt es noch Nachholbedarf. Der Einfluss der Erziehungsberechtigten wird in der Regel in dem Maß unterschätzt, mit dem der
Einfluss der Strafverfolgungsbehörden und des gesamten Justizsystems überschätzt wird. Das heißt nicht, dass das Verfahren wesentlich umfangreicher
werden sollte. Es liegt aber auf der Hand, dass gerade die Zusammenarbeit mit
den Eltern gefragt ist, bei deren Kindern sich Defizite gleich welcher Art offenbaren. Außerdem sind die bereits von den Erziehungsberechtigten getroffe-
nen erzieherischen Maßnahmen zu respektieren und in eine Diversionsentscheidung unbedingt mit einzubeziehen.[924] Ebenso verhält es sich mit Maßnahmen von dritter Seite, die nicht von den Erziehungsberechtigten ausgehen.
Auch ohne das Einschreiten der Strafverfolgungsbehörden wird der Beschuldigte von vielen Seiten spezialpräventiv beeinflusst.[925] Dem ist Rechnung zu
tragen.

C. Beibehalten von Bewährtem

Diversion hat sich bewährt. Gleiches gilt auch für viele Bestimmungen der
Richtlinien. Manches davon geht bereits auf Bemühungen oder Richtlinien
aus der Zeit vor der Einführung der aktuellen Richtlinien zurück.

Ein äußerst positives Ergebnisse der Untersuchung ist die Verkürzung der
Verfahrensdauer. Der Umgang mit jugendlichen Straftätern erfordert, die Reaktion möglichst schnell auf die strafbewehrte Handlung folgen zu lassen.[926]
Dies wird in den Richtlinien nicht nur betont, sondern mit deren Hilfe auch
erreicht. Insbesondere die Verfahrenseinstellungen nach § 45 Abs. 2 JGG

---

923 Diese Feststellung bezieht sich auf den Informationsaustausch bei Diversionsmaßnahmen. Das
    heißt nicht, dass es nicht aus anderen Gründen von Vorteil sein kann, einen solchen Austausch
    zwischen den Institutionen zu fördern; beispielsweise, wenn es um Strategien für Präventions-
    maßnahmen geht.

924 Darauf weist auch *Lehmann*, S. 174 hin.

925 *Karstedt-Henke* in DVJJ 2/1991, S. 110.

926 Dies ist ein zentrales Ziel der Diversion. Vgl. *Schaffstein/Beulke*, S. 225; *Heinz/Storz*, S. 8;
    Hering/Sessar „Praktizierte Diversion", S. 99 und *v. d. Woldenberg*, S. 97 weisen auf die Ver-
    hinderung einer Neutralisierungsstrategie beim Beschuldigten, wenn man schnell eingreift.

konnten beschleunigt werden. Wesentlich für die Beschleunigung des Verfahrens verantwortlich ist das Telefonat zwischen Polizei und Staatsanwaltschaft. Dieses fördert auf relativ unbürokratischem Weg eine schnelle Verständigung zwischen beiden Behörden. Darüber hinaus hat das Telefongespräch auch zu einem besseren Verhältnis zwischen Polizei und Staatsanwaltschaft geführt. Am Telefonat sollte daher festgehalten werden. Da sowohl Polizisten als auch Staatsanwälte den Status quo im großen und ganzen begrüßen, sollten die Anrufe weder verstärkt noch reduziert werden. Es sollte auch nicht an der Praxis gerüttelt werden, dass statt des Bereitschaftsstaatsanwalts der zuständige Staatsanwalt angerufen wird. Dies gewährleistet eine bessere Kontrolle des polizeilichen Handelns.

Ein weiterer Grund für den schnelleren Verfahrensablauf war der vorsichtige Umgang mit dem förmlichen Täter-Opfer-Ausgleich zugunsten des vermehrten Gebrauchs einer formlosen Entschuldigung. Diese aus der Praxis geborene Entwicklung ist grundsätzlich beizubehalten. Im Bagatellbereich der Jugendkriminalität kennen sich Opfer und Täter meistens. Da die Taten regelmäßig nicht so schwer ins Gewicht fallen, dass eine Annäherung zwischen beiden Seiten nur mit professioneller Hilfe möglich ist, sollte eine formlose Entschuldigung in Diversionsverfahren in der überwiegenden Zahl der Fälle ausreichen. Der förmliche Täter-Opfer-Ausgleich ist wegen des damit verbundenen Aufwands auf Fälle der mittleren Kriminalität und damit den Anwendungsbereich des § 45 Abs. 2 JGG zu beschränken.[927] In diesem Bereich hat er innerhalb der Reaktionspalette in Diversionsverfahren seine Berechtigung und ist heranzuziehen, um eine Anklage zu vermeiden.

Auf die Beschuldigten muss weiterhin möglichst individuell eingegangen werden.[928] Die unterschiedliche Behandlung der Fälle ist notwendig und verstößt nicht gegen das Gleichbehandlungsgebot aus Art. 3 Abs. 1 GG.[929] Auch die positive Grundeinstellung, die vor allem Polizeibeamte der Diversion entgegenbringen, muss unbedingt erhalten bleiben. Da der Polizist mit zusätzlicher Arbeit belastet wird, ist es von Vorteil, wenn ihm der Erfolg der Diversion ein persönliches Anliegen ist.

---

927 *Schwenkel-Omar*, S. 268 warnt vor der Belastung eines Beschuldigten, die von einem TOA ausgeht; ebenso *Bannenberg* in DVJJ 4/2000, S. 156; auch *Keudel*, S. 26 spricht sich dafür aus, dass der TOA keine Anwendung im Bagatellbereich finden sollte.

928 Die Individualität betreffend ist sogar noch Raum für Verbesserungen. Es werden zu häufig gemeinnützige Arbeitsstunden angeregt.

929 *V. d. Woldenberg*, S. 127.

D. Bessere Schulung

Nach den Richtlinien sollen nur entsprechend ausgebildete Polizeibeamte mit einem Diversionsverfahren betraut werden. Die Untersuchung der Praxis zeigt, dass Anspruch und Wirklichkeit auf diesem Gebiet deutlich auseinanderfallen.[930] Darunter haben im Endeffekt alle Beteiligten zu leiden. Zunächst einmal der Polizist selbst, der mit Aufgaben konfrontiert wird, die im Einzelfall ohne entsprechende Schulung nur schwer zu meistern sind. Der Beschuldigte leidet unter der mangelnden Professionalität und muss unter Umständen rechtsstaatswidrige Behandlungen über sich ergehen lassen.[931] Schließlich betrifft dieses Problem auch die Staatsanwälte: Zum einen müssen sie nach Vorlage der Akten begangene Fehler korrigieren, zum anderen werden sie von Polizeibeamten angerufen, die den Staatsanwalt möglicherweise zur eigenen Schulung „missbrauchen".

Die Richtlinien müssen sich an ihrem eigenen Anspruch messen lassen, und das bedeutet auch, dass für eine entsprechende Schulung der Polizeibeamten Sorge zu tragen ist. Besonders bedauerlich ist es, dass die vorhandenen Schulungsplätze nicht optimal verteilt werden. Solange ein Schulungsdefizit besteht, dürfen keine Personen geschult werden, die in ihrer praktischen Tätigkeit mit Diversion so gut wie nie konfrontiert werden. Ebenso muss verhindert werden, dass einige Polizisten auf Kosten anderer mehrfach geschult werden. Es ist die Frage, ob Diversion in der jetzigen Art und Weise überhaupt angeboten werden darf, wenn dafür ausgebildete Sacharbeiter nicht in ausreichender Zahl zur Verfügung stehen. Die Kenntnis der Richtlinien allein ist zwar hilfreich, reicht aber nicht aus, um dem Anspruch der Richtlinien gerecht zu werden.

E. Weniger Stigmatisierung

Es stellt eines der größten Versäumnisse der Richtlinien dar, dass die vorrangige Anwendung des § 153 StPO nicht herausgestellt wird. § 153 StPO wird in den Richtlinien als Ausnahmeregelung zu § 45 Abs. 1 JGG begriffen, der dann zur Anwendung kommt, wenn keine Eintragung ins Erziehungsregister notwendig erscheint. Dies verkennt eine wesentliche Aussage des Diversionsgedankens. Der Beschuldigte ist so wenig wie möglich zu stigmatisieren, da in der Regel davon auszugehen ist, dass Jugendkriminalität episodenhaft ist.[932]

---

930 Eine schlechte allgemeine Schulung der Polizei im Bereich des Umgang mit jugendlichen Straftätern bemängeln *Hübner/Kerner/Kunath/Planas* in DVJJ 1/1997, S. 27.

931 Z. B. separate erzieherische Gespräche.

932 Dies ist eines der Hauptanliegen der Diversion. Vgl. *Heinz/Storz*, S. 8.

Ein Eintrag ins Erziehungsregister stellt ein Stigma dar[933], auch wenn daraus nur in den seltensten Fällen ein echter Nachteil erwächst. § 153 StPO ist die Einstellungsnorm, die den geringsten Eingriff für den Beschuldigten beinhaltet. In den Richtlinien sollte daher der Absatz über die Verfahrenseinstellung nach § 153 StPO insoweit geändert werden, als der Vorrang dieser Norm zweifelsfrei herausgestellt wird. Dem Staatsanwalt bleibt es ohnehin unbenommen, sich später vom Vorschlag des Polizeibeamten zu lösen.

Gemeinnützige Arbeitsmaßnahmen werden deutlich zu häufig vorgeschlagen. Sie sind erzieherische Maßnahmen von großer Intensität.[934] Angesichts des episodenhaften Charakters der Jugendkriminalität waren nur wenige dieser Anregungen wirklich notwendig. Und nur, wenn etwas unbedingt notwendig ist, sollte es in einem Diversionsverfahren zum Einsatz kommen. Die Staatsanwälte sind an dieser Stelle gefragt, die Vorschläge der Polizei nicht kritiklos zu übernehmen, sondern auf eine unnötige Stigmatisierung hin zu überprüfen. Positiv anzumerken ist allerdings, dass die Höchstzahl der Arbeitsstunden mittels eines ergänzenden Erlasses festgelegt wurde. Während Arbeitsstunden im Jugendstrafrecht ansonsten in beliebiger Höhe angeordnet werden können, sind die Polizeibeamten im Diversionsverfahren an eine Höchstgrenze von maximal acht Stunden gebunden. Auf diese Weise ist gewährleistet, dass die erzieherischen Maßnahmen nicht vollkommen außer Verhältnis zur Bagatelltat stehen.

Dem Grundgedanken der Diversion folgend, sollte dem Beschuldigten sein Fehlverhalten vor Augen geführt werden, ohne ihn von seinem Weg zum verantwortungsvollen Erwachsenen abzubringen.[935] Es ist vor dem Trend zu warnen, gegen Bagatellkriminalität immer härter vorzugehen. Diversion war jahrelang aufgrund ihres Erfolges zu Recht gepriesen worden und sollte nicht einem Modetrend geopfert werden. Es darf nicht dazu kommen, dass unter „moderner" Diversion mehr Erziehung und weniger Toleranz zu verstehen ist.[936] Ansätze zu dieser Entwicklung finden sich auch in den untersuchten Richtlinien, wie die Zunahme der Arbeitsleistungen gezeigt hat.

---

933 Siehe *Trenczek* in DVJJ 1/1991, S. 8; *Ostendorf* „Das Jugendstrafverfahren", S. 21; *Lehmann*, S. 267 weist zudem auf die mit der Eintragung verbundene Ungleichbehandlung gegenüber Erwachsenen hin.

934 Vgl. *Trenczek* in DVJJ 1/1991, S. 9; *Schneider, U.* in Monatsschrift für Kriminologie 2001, S. 275.

935 *Lehmann*, S. 71.

936 Vor einer solchen Entwicklung warnt unter anderem *Hering/Sessar* „Praktizierte Diversion", S. 133.

Außerdem sollte darauf geachtet werden, dass es nicht zu einer Verengung des Anwendungsbereichs der Diversion kommt. Damit ginge eine Stigmatisierung derjenigen einher, die nach dem Willen des Gesetzgebers grundsätzlich für ein Diversionsverfahren geeignet wären. Die Untersuchung hat einen Trend bezüglich einer Ausklammerung von mittlerer Kriminalität nicht belegen können. Die Abnahme der schwereren Delikte im Untersuchungszeitraum war zu gering, als dass sich daraus Erkenntnisse für eine Verschiebung des Anwendungsbereichs ableiten ließen. Gleichwohl ist vor einer solchen Entwicklung zu warnen, da eine Verschärfung der Praxis nicht notwendig ist und das grundsätzlich bewährte Diversionsverfahren möglichst umfassend genutzt werden sollte.

F. Notwendige Änderungen der Richtlinien und ihrer praktischen Umsetzung

Einige Passagen der Richtlinien sollten geändert werden, um der Gefahr des Verstoßes gegen rechtsstaatliche Prinzipien vorzubeugen oder eine rechtsstaatlich bedenkliche Praxis zu ändern.

Ein separates erzieherisches Gespräch ist abzulehnen, da es einer Ermahnung durch den Jugendrichter gleicht und aufgrund der Verwandtschaft zur Sanktion nicht in die Hände der Polizei als Organ der Exekutive gehört. Zudem verstößt die Durchführung erzieherischer Maßnahmen ohne explizites Einverständnis durch den Betroffenen gegen die für den Tatverdächtigen streitende Unschuldsvermutung. Im Übrigen wäre der Polizeibeamte – aufgrund seiner Ausbildung – in der Regel auch aus pädagogischer Sicht gar nicht befähigt, ein längeres erzieherisches Gespräch zu führen. In der Praxis wird meistens lediglich eine erzieherisch ausgeprägte Vernehmung geführt oder das Gespräch direkt im Anschluss an die Vernehmung ohne erkennbaren Übergang vorgenommen. Die erzieherische geprägte Vernehmung ist die effektivste Form, pädagogisch auf den Beschuldigten einzuwirken, wenn man Aufwand und Ergebnis ins Verhältnis setzt. Unter bestimmten Voraussetzungen ist diese Handhabung auch rechtsstaatlich zu tolerieren: Die Vernehmung sollte im Vordergrund stehen, der erzieherische Anteil an der Vernehmung muss möglichst abstrakt gehalten werden und die Richtlinien müssen den Ablauf einer solchen erzieherisch ausgeprägten Vernehmung genau vorgeben.

Dieser Gestaltungsvorschlag dürfte den Rechten der Beschuldigten mindestens so gerecht werden wie die Forderung, auf Erziehung durch Polizeibeamte ganz zu verzichten. Der vollkommene Verzicht auf erzieherisches Einwirken erscheint jedoch wirklichkeitsfremd. Keine Vorschrift kann verhindern, dass Polizisten im Vernehmungsgespräch Jugendlichen gegenüber erzieherische

Anmerkungen einfließen lassen. Da mit dieser Praxis gerechnet werden muss, ist es besser, die erzieherischen Möglichkeiten, welche die Richtlinien vorsehen, auf ein realistisches Maß zusammenzustreichen und die Grenzen dafür klarer zu umreißen.

Bezüglich der Anregungskompetenz ist ebenfalls eine entscheidende Änderung vorzunehmen. Diese Kompetenz ist mittels der Richtlinien ohne Not auf den Polizeibeamten übertragen worden. Aus rechtsstaatlicher Sicht wäre es allenfalls vertretbar, diese Kompetenz dem Staatsanwalt zuzugestehen.[937] Die geltende Praxis ist rechtswidrig. Die in den Richtlinien genannten Gründe, warum es dem Polizeibeamten zugestanden werden muss, diese Kompetenz auszuüben, können nicht überzeugen. Es ginge insbesondere nicht zu Lasten der Verfahrensdauer, wenn der Polizist wegen seiner Sachnähe dem Staatsanwalt einen Vorschlag unterbreiten würde und dieser aufgrund der Schilderung des Polizisten eine Entscheidung über die weitere Vorgehensweise trifft. Das Ergebnis könnte der Polizist dem Beschuldigten als Anregung des Staatsanwalts vorstellen. Auf die wichtigen Informationen des Polizeibeamten als demjenigen, der am nächsten am Fall ist, bräuchte auf diese Weise nicht verzichtet zu werden.[938] Diese auf den ersten Blick geringfügige Veränderung würde nicht nur die Anregungskompetenz in kompetentere Hände legen, sondern auch dazu beitragen, dass Polizisten sich stärker bewusst machen, dass sie Vorschläge unterbreiten und keine Anordnungen treffen. Dieses Bewusstsein ist entscheidend dafür, ob die Rechte des Beschuldigten gewahrt bleiben. Jede Maßnahme, die dieses Bewusstsein stärkt, ist unbedingt zu fördern, insbesondere da Schulungen nicht jeden Polizeibeamten erreichen.

Die Passage über die Anregungen von Entschuldigungen und eine Schadenswiedergutmachung vor Ort sollte aus den Richtlinien herausgenommen werden. In der Praxis haben Polizeibeamte schon immer vor Ort darauf hingewirkt, dass beispielsweise gestohlene Güter herausgegeben werden. Dafür braucht es keine ausdrückliche Regelung in den Richtlinien. Dieser Passus führt in einzelnen Fällen lediglich dazu, dass die Polizeibeamten im Zweifel mehr anregen, als ihnen zusteht.

Der Text der Richtlinien bedarf ebenfalls an einigen Stellen der Überarbeitung. Schließlich soll er in erster Linie eine eindeutige Auslegungshilfe für Polizeibeamte und Staatsanwälte sein. Unbestimmte Rechtsbegriffe, wie „nicht ernstlich bestreiten" oder unbestimmte Angaben wie „im Rahmen der verantwortlichen Vernehmung" sind keine Hilfe für denjenigen, der die Ein-

---

937 Vgl. dazu auch *Heinz* in DVJJ 2/1999, S. 137; *Brunner/Dölling* § 45 JGG Rdnr. 21.

938 Die Informationen des Polizeibeamten hält unter anderem *Ostendorf* „Wieviel Strafe braucht die Gesellschaft?", S. 103 für unverzichtbar.

stellungsvoraussetzungen in den Richtlinien nachschlagen möchte.[939] In diesen beiden Beispielsfällen sollte besser darauf hingewiesen werden, dass ein Geständnis für eine Verfahrenseinstellung nicht erforderlich ist und wie sich der Ablauf eines erzieherischen Gesprächs gestalten muss. Der Absatz bezüglich § 153 StPO ist mehrdeutig und sollte abgeändert werden. Der Hinweis auf den Intensivtäter in der Einleitung ist ebenfalls überflüssig und verstärkt nur das Misstrauen gegenüber den Beschuldigten.

Da es an Schulungen mangelt und in den Schulungen nicht ausreichend auf die rechtsstaatliche Problematik eingegangen wird, muss in den Richtlinien deutlicher auf die Gefahren einer rechtswidrigen Handhabung hingewiesen werden. Es muss dem Anwender verdeutlicht werden, dass das Abweichen von der in den Richtlinien vorgestellten Verfahrensweise zu nicht akzeptablen Ergebnissen führt.

Die Polizeibeamten haben außerdem eine faktische Vorprüfkompetenz.[940] Diese lässt sich nicht verhindern. Die Staatsanwaltschaft sollte jedoch von ihren Kontrollmöglichkeiten, wie z. B. durch Nachfragen beim Telefonat, stärker Gebrauch machen, um den Polizeibeamten das Vorverfahren nicht weitestgehend zu überlassen.

Die an dieser Stelle vorgeschlagenen Veränderungen reichen zwar nicht aus, um ein vollkommenes Diversionsverfahren zu garantieren, sie sind aber dringlich und teilweise notwendig, um die Rechtsstaatlichkeit des Diversionsverfahrens zu gewährleisten. Die Änderungsvorschläge sind nicht von radikaler Natur. Sie orientieren sich an der jetzigen Praxis und lassen sich leicht umsetzen. Zwar sind die Folgen für die Beschuldigten, die durch die momentane Handhabung erwartet werden können, nicht dramatisch. Trotzdem gibt es vor allem aus rechtsstaatlicher Sicht keinen Grund, die Änderungen hinauszuschieben.

Die Richtlinien sollten sich ernsthaft mit den Argumenten der Gegner einer Polizeidiversion auseinandersetzen. Deren Befürchtungen sind im Kern berechtigt. Die Lösung liegt wie so oft in der Mitte. Die Richtlinien zielen mit ihren Vorstellungen über das notwendige Ziel hinaus. Zudem gehen sie von einem umfassend geschulten, verantwortungsvollen Polizeibeamten aus. Diese Voraussetzung liegt aber in der Regel nicht vor. Die Richtlinien müssen daher der Praxis angepasst werden und den möglichen, vielleicht auch unbewussten Missbrauch berücksichtigen. Genauso sollten die Kritiker der Richtlinien zur

---

939 Auch wenn die Formulierung „nicht ernstlich bestreiten" aus den bundeseinheitlichen Richtlinien zum JGG entliehen wurde. Die Richtlinien sind u. a. bei *Ostendorf* „Das Jugendstrafverfahren", S. 101 ff. abgedruckt.

940 Darauf weist auch *Heinz* in DVJJ 2/1999, S. 141 hin.

Kenntnis nehmen, dass es eine überzogene Forderung ist, die gängige Praxis einfach abzuschaffen. Eine Dramatisierung der tatsächlichen Lage ist nicht förderlich. Die meisten Ansätze des mit den Richtlinien verfolgten Konzepts sind weder rechtsstaatswidrig noch überflüssig. Bei allen Meinungsverschiedenheiten steht jedoch eines fest: An Diversion führt auch in Zukunft kein Weg vorbei.

> „Man kann schon zufrieden sein, wenn die Jugend sich auf dem Wege befindet tugendhaft zu werden und sich willig so lange durch die Vernunft anderer führen lässt, bis die eigene erstarkt ist, um den Willen zu bestimmen."[941]

---

941 *Gaal*, S. 973.

Verzeichnis der Tabellen und Schaubilder

Literaturverzeichnis

Achenbach, Dirk — „Der Diversionstag"
in DVJJ 4/2000, S. 384-387

Albrecht, Peter-Alexis — „Kriminologie: Ein Studienbuch"
2. Aufl., München 2002

Althoff, Martina — „Die soziale Konstruktion von Fremdenfeindlichkeit"
Opladen/Wiesbaden 1998

Bannenberg, Britta — „TOA – Standortbestimmung und empirische
Ergebnisse"
in DVJJ 2/1993, S. 153-161

Beisel, Horst — „Deeskalation von Konflikten durch den Täter-
Opfer-Ausgleich"
in DVJJ 2/1996, S. 184, 185

Bilsky, Wolfgang — „Steigende Kriminalitätsfurcht – Gesichertes Wissen
oder Trugschluss?"
in Kriminologisches Journal 1996, S. 284-286

Blau, Günther — „Diversion unter nationalem und internationalem Aspekt"
in Kury, Helmut (Hrsg.): Kriminologische Forschung in der
Diskussion: Berichte, Standpunkte, Analysen. Köln 1985,
S. 311-339

Bock, Michael — „Kriminologie"
2. Aufl., München 2000

Bodenburg, Winfried — „Die besondere Lebenssituation von jungen
Aussiedlerinnen und Aussiedlern"
in DVJJ 1/1999, S. 73-74

Böhm, Alexander — „Zur Änderung des Jugendgerichtsgesetzes"
in NJW 1991, S. 534-538

Böttcher, Reinhard
Weber, Klaus — „Erstes Gesetz zur Änderung des
Jugendgerichtsgesetzes"
in Neue Zeitschrift für Strafrecht 1990 S. 561-566 und 1991
S. 7-11

Bohnert, Joachim

„Die Reichweite der staatsanwaltschaftlichen Einstellung im Jugendstrafrecht"
in NJW 1980 S. 1927-1931

Brakhage, Monika
Drewniak, Regine

„Sonst wäre ich im Knast gelandet..."
Baden-Baden 1999

Brunner, Rudolf
Dölling, Dieter

„Jugendgerichtsgesetz Kommentar"
10. Aufl., Berlin 1996

Diemer, Herbert
Schoreit, Armin
Sonnen, Berns-Rüdiger
Diersch, Thomas

„JGG Kommentar zum Jugendgerichtsgesetz"
2. Aufl., Heidelberg 1995
„Die Fangprämie beim Ladendiebstahl"
Frankfurt a. M. 2000

Dirnaichner, Udo

„Der Nordamerikanische Diversionsansatz und rechtliche Grenzen seiner Rezeption im bundesdeutschen Jugendstrafrecht"
Frankfurt a.m. 1990

Dölling, Dieter
Hartmann, Arthur
Traulsen, Monika

„Legalbewährung nach Täter-Opfer-Ausgleich im Jugendstrafrecht"
in Monatsschrift für Kriminologie 2002, S. 185-193

Dorfner, Manfred

„Haus des Jugendrechts"
in Minthe, Eric (Hrsg.) Neues in der Kriminalpolitik
Wiesbaden 2003

Eisenberg, Ulrich

„Anwendungsmodifizierung bzw. Sperrung von Normen der StPO durch Grundsätze des JGG"
in NStZ 1999, S. 281-286

Eisenberg, Ulrich

„Jugendgerichtsgesetz"
9. Aufl., München 2002

Eisenberg, Ulrich

„Kriminologie"
5. Aufl., München 2000

Eisenberg, Ulrich

„Kriminologie, Jugendstrafrecht, Strafvollzug"
6. Aufl., München 2000

Engel, Erika

„Stellungnahme zu den Schleswig-Holsteinischen Richtlinien zur Förderung der Diversion bei jugendlichen und heranwachsenden Beschuldigten vom 24.06.1998"
in DVJJ- Journal 3/98 S. 257 f.

Feles, Harald
Binder, Jörg

„MESTA – verbesserter Informationsfluss Polizei –
Justiz"
in Minthe, Eric (Hrsg.) Neues in der Kriminalpolitik
Wiesbaden 2003

Feuerhelm, Wolfgang
Kügler, Nicole

„Das ‚Haus des Jugendrechts' in Stuttgart-Bad Cannstatt.
Ergebnisse einer Evaluation"
Mainz 2003

Frehsee, Detlev

„Schleswig-Holstein: Von den Chancen und Schwierigkeiten
einer neuen Regierung, eine neue Kriminalpolitik zu machen"
in Maelicke, Bernd/Ortner, Helmut (Hrsg.) Thema Kriminalpolitik. Krisenmanagement oder neuer Aufbruch?
Baden-Baden 1991

Frehsee, Detlev

„Sinnvoller Umgang mit straffälligem Verhalten
Jugendlicher in einer sich wandelnden Gesellschaft"
in DVJJ 2/1997, S. 115-121

von Friedrichs, Ursula

„Reaktionsformen bei Ladendiebstahl"
Berlin 2003

von Gaal, Georg

„Sprichwörterbuch in sechs Sprachen"
Wien 1830

Geisler, Claudius

„Anspruch und Wirklichkeit des Legalitätsprinzips"
in Geisler, Claudius (Hrsg.) Das Ermittlungsverhalten der
Polizei und die Einstellungspraxis der Staatsanwaltschaften –
Bestandsaufnahme, Erfahrungen und Perspektiven
Wiesbaden 1999

Haustein, Renate
Nithammer, Doris

„Das Berliner Büro für Diversionsberatung und
-vermittlung"
in DVJJ 4/1999, S. 427-435

Heinz, Wolfgang

„Diversion im Jugendstrafrecht und im Allgemeinen
Strafrecht"
Teil 1 in DVJJ- Journal 3/1998, S. 245 ff
Teil 2 in DVJJ- Journal 1/1999, S. 11 ff.
Teil 3 in DVJJ- Journal 2/1999, S. 131 ff.

Heinz, Wolfgang

„Das Erste Gesetz zur Änderung des
Jugendgerichtsgesetzes (1. JGGAÄndG)"
in Zeitschrift für Rechtspolitik 1990, S. 183-189

Heinz, Wolfgang	„Deutschland" in Frieder Dünkel, Anton von Kalmthout, Horst Schüler-Springorum (Hrsg.), Entwicklungstendenzen und Reformstrategien im Jugendstrafrecht im europäischen Vergleich Mönchengladbach 1997
Heinz, Wolfgang	„Die Abschlussentscheidung des Staatsanwalts aus rechtstatsächlicher Sicht" in Geisler, Claudius (Hrsg.) Das Ermittlungsverhalten der Polizei und die Einstellungspraxis der Staatsanwaltschaften – Bestandsaufnahme, Erfahrungen und Perspektiven – Wiesbaden 1999
Heinz, Wolfgang Storz, Renate	„Diversion im Jugendstrafverfahren der Bundesrepublik Deutschland" Bonn 1992
Heinz, Wolfgang	„Jugendkriminalität zwischen Verharmlosung und Dramatisierung" in DVJJ 3/1997, S. 270-293
Henninger, Susanne	„Nichtdeutsche Beschuldigte im Jugendstrafverfahren" Herbolzheim 2003
Hering, Eike Sessar, Klaus	„Bedeutung und Reichweite pädagogisch gemeinter Einstellungen durch den Jugendstaatsanwalt. Das Beispiel des Lübecker Modells." in Kury, Helmut (Hrsg.): Kriminologische Forschung in der Diskussion: Berichte, Standpunkte, Analysen; Köln 1985, S. 371-415
Hering, Eike Sessar, Klaus	„Praktizierte Diversion. Das ‚Modell Lübeck' sowie die Diversionsprogramme in Köln, Braunschweig und Hamburg" Pfaffenweiler 1990
Herrlinger, Wolfgang	„Landesgruppe Berlin der DVJJ: Stellungnahme zum Entwurf der Diversionsrichtlinie" in DVJJ 2/1999; S. 149-151
Herrlinger, Wolfgang	„Polizeidiversion in Berlin – ohne Rücksicht auf Verluste" in DVJJ-Journal 2/1999 S. 148-149
Höynck, Theresia	„Versicherungsrechtliche Fragen bei Auflagen und Weisungen im Rahmen des JGG" in DVJJ 3/2000, S. 285-287

Hübner, Gerd-Ekkehard „Mindeststandards polizeilicher Jugendarbeit"
Kerner, Stefan in DVJJ 1/1997, S. 26-36
Kunath, Werner
Planas, Heide

Hüneke, Arnd „Mehr geklaut, mehr geraubt, mehr geschlagen"
in ZJJ 2/2003, S. 178-182

Kaiser, Günther „Kriminologie: Eine Einführung in die Grundlagen"
10. Aufl. Heidelberg 1997

Karstedt-Henke, „Diversion- Ein Freibrief für Straftaten?"
Susanne in DVJJ 2/1991, S. 108-113

Keudel, Anke „Die Effizienz des Täter-Opfer-Ausgleichs"
Mainz 2000

Kiehl, Walter H. „Sind jugendliche Ausländer krimineller,
verdächtiger oder Gesetzestreuer als Deutsche?"
in DVJJ 1/1996, S. 19-27

Kowalzyck, Markus „Das neue Jugendstrafrecht in den Niederlanden"
in DVJJ 4/2002, S. 378-387

Kuhlen, Lothar „Diversion im Jugendstrafverfahren"
Heidelberg 1988

Kunz, Karl-Ludwig „Kriminologie: Eine Grundlegung"
3. Aufl. Bern, Stuttgart, Wien 2001

Kury, Helmut „Wie restitutiv eingestellt ist die Bevölkerung?"
in Monatsschrift für Kriminologie 1995, S. 84-98

Lamnek, Siegfried „Medien und Kriminalpolitik"
in DVJJ 3/1995, S. 301-311

Lamnek, Siegfried „Theorien abweichenden Verhaltens"
3. Auflage, München 1988

Laubenthal, Klaus „Strafvollzug"
Berlin u.a. 1995

Lehmann, Jürgen „Sanktionslosigkeit jugendlicher
Bagatellkriminalität"
Aachen1995

Lemke, Michael,
Julius, Karl-Peter
Krel, Christoph
Kurth, Hans-Joachim
Rautenberg, Erardo
Cristoforo
Temming, Dieter

„Heidelberger Kommentar zur Strafprozessordnung"
3. Aufl. Heidelberg 2001

Löhr, Eva-Holle

„Kriminalität, Medien und Kriminalpolitik"
in "Neue Wege in der Kriminalpolitik"
Sierksdorf 2001

Luff, Johannes

„Kriminalität von Aussiedlern"
München 2000

Matheis, Bernhard

„Intervenierende Diversion. Eine empirische Untersuchung
unterschiedlicher Verfahrens- und Reaktionsalternativen in
Jugendverfahren im Landgerichtsbezirk Kaiserslautern."
Mainz 1991

Matt, Eduard

„Episode und ‚Doppelleben': Zur Delinquenz
Jugendlicher"
in Monatsschrift für Kriminologie 1995, S. 153-164

Meier, Bernd-Dieter
Rössner, Dieter
Schöch, Heinz

„Jugendstrafrecht"
München 2003

Meyer-Goßner, Lutz

„Strafprozessordnung"
46. Aufl. München 2003

Mijnarends, Elisabath

„'Die Alternative': Ein Beispiel für Diversion in den
Niederlanden"
in DVJJ 1/2000, S. 21-22

von Münch, Ingo
Kunig, Philip

„Grundgesetzkommentar"
5. Aufl., München 2000

Ohlemacher, Thomas

„Die Polizei in schwierigem Gelände: Ein Plädoyer
für eine veränderte Perspektive und neue empirische
Projekte"
in Monatszeitschrift für Kriminologie 2000, S. 1-10

Ostendorf, Heribert

„Anstieg der Jugendkriminalität?"
in DVJJ 4/1996, S. 361-364

| Ostendorf, Heribert | „Das Jugendstrafverfahren"
Köln u.a. 2001 |

Ostendorf, Heribert — „Erziehung im Jugendstrafrecht – Anspruch und Wirklichkeit"
in DVJJ 4/1991, S. 351-356

Ostendorf, Heribert — „Jugendgerichtsgesetz Kommentar"
6. Aufl. Köln, Berlin, Bonn, München 2003

Ostendorf, Heribert — „Jugendstrafrecht am Scheideweg"
in DVJJ 3-4/1994 S. 229-233

Ostendorf, Heribert — „Ladendiebe an den Pranger? Ein Plädoyer für einen Nüchternen, pragmatischen Umgang"
in DVJJ 4/1999, S. 354-359

Ostendorf, Heribert — „Neue Entwicklungen im Jugendstrafrecht, insbesondere zur Diversion oder Gegenreform durch Kompetenzverlagerungen"
in Minthe, Eric (Hrsg.) Neues in der Kriminalpolitik Wiesbaden 2003

Ostendorf, Heribert — „Plädoyer für einen rationalen Umgang mit Jugendkriminalität"
in DVJJ 1/1997, S. 58-61

Ostendorf, Heribert — „Stellungnahme zu den neuen Richtlinien zum Jugendgerichtsgesetz"
in DVJJ 2/1994, S. 191-193

Ostendorf, Heribert — „Wieviel Strafe braucht die Gesellschaft"
Baden- Baden 2000

Patra, Wolfgang
Schmitt, Angelika — „Graffiti – Eine Jugendkultur?"
in DVJJ 2/2001, S. 168-171

Peterich, Petra — „75 Jahre Erziehung im JGG!"
in DVJJ 1/1998 S. 10-11

Peters, Helge — „Als Partisanenwissenschaft ausgedient, als Theorie aber nicht sterblich: der labeling approach"
in Kriminologisches Journal 1996, S. 107-115

Pfeiffer, Christian — „Eine Explosion des Verbrechens"
in Kriminologisches Journal 1996, S. 289-290

Pfeiffer, Gerd	„Karlsruher Kommentar zur Strafprozessordnung" Hrsg: Gerd Pfeiffer; 5. Aufl. München 2003
Pfeiffer, Gerd	„Kommentar zur Strafprozessordnung und Gerichtsverfassungsgesetz" 3. Aufl. München 2001
Richmann, Anke	„Die Beteiligung des Erziehungsberechtigten und des gesetzlichen Vertreters am Jugendstrafverfahren" Göttingen 2001
Ruf, Andreas	„Gemeinnützige Arbeit als Sanktion im Jugendstrafrecht und die Rolle der Jugendgerichtshilfe bei der Umsetzung" in DVJJ 1/2001, S. 63-71
Sack, Fritz	„Definition von Kriminalität als politisches Handeln: der labeling approach" Kriminologisches Journal 1972, S. 3-31
Schady, Jan	„Die Praxis des Jugendstrafrechts in der Weimarer Republik" Baden-Baden 2003
Schaffstein, Friedrich Beulke, Werner	„Jugendstrafrecht" 14. Aufl., Stuttgart u. a., 2002
Schmidt, Martin H. Lay, Barbara Ihle, Wolfgang Esser, Günther	„Bedeutung von Dunkelfelddelikten für episodische und fortgesetzte Delinquenz" in Monatsschrift für Kriminologie 2001, S. 25-36
Schmidt-Bleibtreu, Bruno Klein, Franz	„Kommentar zum Grundgesetz" 9. Aufl., Neuwied 1999
Schneider, Hendrik	„Schöpfung aus dem Nichts – Missverständnisse in der deutschen Rezeption des Labeling Approach und ihre Folgen im Jugendstrafrecht" in Monatsschrift für Kriminologie 1999, S. 202-213
Schneider, Ursula	„Gemeinnützige Arbeit als ‚Zwischensanktion'" in Monatsschrift für Kriminologie 2001, S. 273-287
Schöch, Heinz	„Empirische Grundlagen der Generalprävention" in Theo Vogler (Hrsg.), Festschrift für Hans-Heinrich Jescheck Berlin 1985 S. 1081 ff.

Schönke, Adolf Schröder, Horst	„Strafgesetzbuch – Kommentar" 6. Aufl., München 2001
Schreckling, Jürgen	„Zehn Jahre Täter-Opfer-Ausgleich: Was haben wir gewollt, was haben wir erreicht?" in Elke Hassemer/Erich Marks/Klaus Meyer (Hrsg.), Zehn Jahre Täter-Opfer-Ausgleich und Konfliktschlichtung. Der Täter-Opfer-Ausgleich als Teil einer gesellschaftlichen Entwicklung zu mehr außergerichtlicher Konfliktregulierung? Bonn 1997, S. 85 ff.
Schröder, Herbert	„Drogentherapie nach den §§ 93 a JGG, 35 ff. BtMG" Frankfurt u.a. 1986
Schröer, Norbert	„Strukturelle Aspekte diversionsorientierter Polizeitätigkeit" in DVJJ 4/1991, S. 310-316
Schwenkel-Omar, Ilse	„Täter-Opfer-Ausgleich im Hamburger Diversionsprogramm" in Erich Marks/Dieter Rössner (Hrsg.), Täter-Opfer-Ausgleich, Vom zwischenmenschlichen Weg zur Wiederherstellung des Rechtsfriedens" Bonn 1989, S. 267 ff.
Semrau, Michael Kubink, Michael Walter, Michael	„Verteidigung junger Beschuldigter aus der Sicht von Rechtsanwälten" in DVJJ 2/1995, S. 215-219
Sessar, Klaus	„Kriminologische Erkenntnisse zur Entwicklung und zum Verlauf von Jugendkriminalität und Folgerungen für die Kriminalpolitik" in Frieder Dünkel, Anton von Kalmthout, Horst Schüler-Springorum (Hrsg.), Entwicklungstendenzen und Reformstrategien im Jugendstrafrecht im europäischen Vergleich Mönchengladbach 1997
Streng, Franz	„Jugendstrafrecht" Heidelberg 2003
Sutor, Andreas	„Der hundert-Augige blinde Argos, und zwey-Gesichtige Janus, oder Latinum Chaos etc." Augsburg und München 1740
Traulsen, Monika	„Entwarnung – Zur Entwicklung der Kriminalität junger Ausländer" in DVJJ 4/2000, S. 398-402

Traulsen, Monika   „Zur Delinquenz der 12- und 13-Jährigen"
                          in DVJJ 1/1997, S. 47-48

Trenczek, Thomas   „Möglichkeiten und Grenzen der Diversion nach dem neuen
                          Jugendstrafrecht"
                          in DVJJ 1/1991, S. 8-12

Trenczek, Thomas   „Täter-Opfer-Ausgleich – Grundgedanken und
                          Mindeststandards"
                          in Zeitschrift für Rechtspolitik 1992 S. 130-132

Tröndle, Herbert   „Strafgesetzbuch und Nebengesetze – Kommentar"
Fischer, Thomas   51. Aufl., München 2003

Walter, Michael   „Kriminalpolitik mit der Polizeilichen Kriminalstatistik"
                          in DVJJ 3/1996, S. 209-214

Walter, Michael   „Über Kriminalität als Gegenstand öffentlicher Debatten"
                          in Monatsschrift für Kriminologie 1998, S. 433-440

Weßlau, Edda   „In welche Richtung geht die Reform des
                          Sanktionensystems?"
                          in StV 5/99, S.278-287

Weyel, Frank Heiner   „Helfen oder Strafen – Müssen Jugendliche härter
                          bestraft werden?"
                          in DVJJ 3/1998, S. 205-208

Wieben, Hans-Jürgen   „Aufgaben der Polizei im jugendstrafrechtlichen Vorverfah-
                          ren"
                          in DVJJ 1-2/1992, S. 65-68

Wimmer, Günter   „Versicherungsrechtliche Fragen bei
                          Weisungen/Auflagen nach dem Jugendgerichtsgesetz"
                          in DVJJ 1/1998 S. 35-38

Winter, Frank   „Deutschland brutal – Massenmedien flippen aus!"
                          in DVJJ 3/1996, S. 291-292

Wölffel, Gaby   „Diversion im Hamburger Jugendstrafverfahren: Jugendbe-
                          währungshilfe als neuer Diversionsagent"
                          Bonn 1993

van den Woldenberg,   „Diversion im Spannungsfeld zwischen
Andrea   ‚Betreuungsjustiz' und Rechtsstaatlichkeit"
                          Frankfurt am Main u.a. 1993

Anhang

Anhang 1

RICHTLINIEN ZUR FÖRDERUNG DER DIVERSION BEI JUGENDLICHEN UND HERANWACHSENDEN BESCHULDIGTEN[941]

Gem. RndErl. des MJBE, des IM und des MFJWS vom 24.06.1998

(Schleswig-Holstein)

1.   Allgemeines

Jugendkriminalität ist häufig ein entwicklungsbedingtes und daher episoden-haftes Verhalten. Die meisten Jugendlichen stellen im Verlauf des Erwach-senwerdens dieses Verhalten ein, ohne daß es bekanntgeworden ist.

In bestimmten Fällen deuten Straftaten Jugendlicher allerdings den Beginn einer kriminellen Karriere an und sind das erste Warnsignal für das Abgleiten in die Kriminalität.

Aufgabe der Verfahrensbeteiligten ist es, auf beide Fallgruppen gestuft und pädagogisch sinnvoll zu reagieren. Hierbei kommt der Polizei aufgrund ihrer örtlichen und persönlichen Nähe zu den Beschuldigten eine besondere Bedeu-tung zu.

Das Jugendgerichtsgesetz verlagert den Schwerpunkt staatlicher Reaktion auf Straftaten von der Strafverfolgung weg zu erzieherischen Reaktionen. Da die-se durch Veränderungen der gesellschaftlichen Rahmenbedingungen nicht immer gewährleistet sind, sollen sie durch den vorliegenden Erlaß gefördert werden. In Ermittlungsverfahren gegen Jugendliche und – sofern Jugendstraf-recht anzuwenden ist – Heranwachsende kann im Bereich der leichten und im Grenzbereich zur mittelschweren Kriminalität auf strafrechtliche Verfolgung im Hinblick auf bereits durchgeführte oder noch durchzuführende erzieheri-sche Reaktionen verzichtet werden (Diversion).

Zur Förderung einer einheitlichen Handhabung werden die Verfahren zur Di-version für Staatsanwaltschaft, Polizei und Jugendgerichtshilfe wie folgt gere-gelt:

---

941 Quelle: DVJJ 3/1998, S. 260-263.

2. Anwendungsbereich

2.1 § 170 StPO

Bei der Anwendung des § 45 JGG ist der Vorrang des § 170 StPO zu beachten. Erzieherische Ziele dürfen nicht zu einer Einschränkung der Unschuldsvermutung und von Verteidigungsrechten führen.

Liegt kein für eine Anklageerhebung ausreichender Tatverdacht vor, so ist das Verfahren nach § 170 Abs. 2 StPO einzustellen.

2.2 § 153 StPO

§ 45 Abs. 1 JGG eröffnet die Möglichkeit, ohne richterliche Zustimmung von der Verfolgung abzusehen, wenn die Voraussetzungen des § 153 StPO vorliegen. Daneben sollte § 153 StPO angewendet werden, wenn es angebracht erscheint, die mit eine Einstellung nach § 45 Abs. 1 JGG verbundene Eintragung in das Erziehungsregister (§ 60 Abs. 1 Nr. 7 BZRG) zu vermeiden. Ein entsprechender Vorrang besteht für die Anwendung des § 154 StPO gegenüber § 45 JGG.

2.3 § 31 a BtMG

nach § 31 a BtMG verfügt die Staatsanwaltschaft über weitreichende Einstellungsmöglichkeiten im Bereich des sogenannten Konsumentenverfahren. Sind die Voraussetzungen dieser Vorschrift erfüllt (vgl. dazu die „Gemeinsame Richtlinien zur Umsetzung des § 31 a BtMG" vom 13.05.1993 – V 310/4061 – 75 c SH –, < Amtsbl. Schl.-H., S. 675 >); so hat § 31 a BtMG Vorrang vor § 45 JGG.

2.4 § 45 Abs. 1 JGG

Insbesondere bei Taten erstmals auffällig gewordener Jugendlicher und Heranwachsender ist die Anwendbarkeit von § 45 Abs. 1 JGG zu prüfen, wenn es sich um jugendtypisches Fehlverhalten mit geringem Schuldgehalt und geringen Auswirkungen handelt, das über die bereits von der Entdeckung der Tat und dem Ermittlungsverfahren ausgehenden Wirkung hinaus keine erzieherischen Maßnahmen erfordert. Der Erziehungsgedanke des Jugendgerichtsgesetzes unter Abkehr von Strafverfolgung setzt allerdings voraus, daß eine erzieherische Wirkung des Ermittlungsverfahrens sichergestellt wird.

Die Anwendung des § 45 Abs. 1 JGG ist auch möglich bei nichtgeständigen Beschuldigten, sofern der Tat- und Schuldnachweis auf andere Weise geführt werden kann und die oder der Beschuldigte nicht widerspricht.

Im Wiederholungsfall kann von der Verfolgung nach dieser Vorschrift abgesehen werden, wenn die oder der Beschuldigte längere Zeit nicht auffällig geworden ist oder die frühere Straftat im Hinblick auf das geschützte Rechtsgut oder die Art der Tatbegehung von derjenigen Straftat erheblich abweicht, die Gegenstand des Verfahrens ist.

Als Straftaten geringen Gewichts, die die Anwendung des § 45 Abs. 1 JGG rechtfertigen können, kommen beispielhaft die in der Anlage genannten allgemeinen Straftaten, Verkehrsstraftaten und Verstöße gegen strafrechtliche Nebengesetze und Verstöße gegen strafrechtliche Nebengesetze in Betracht.

2.5   § 45 Abs. 2 JGG

Eine Einstellung des Verfahrens nach § 45 Abs. 2 JGG kommt regelmäßig erst dann in Betracht, wenn § 45 Abs. 1 JGG nicht anzuwenden ist.

Die Staatsanwaltschaft prüft neben der Art und Schwere der Tat insbesondere die Eignung der erzieherischen Maßnahmen. Diese sollen im sozialen Umfeld der Jugendlichen und Heranwachsenden ansetzen, die Einsicht in das Unrecht der Tat und deren Folgen fördern und Hilfen zur Vermeidung weiterer Straftaten beinhalten. Der Begriff „erzieherische Maßnahmen" umfaßt alle Initiativen, die zur pädagogischen Einwirkung von privater und öffentlicher Seite ergriffen werden. Einer erzieherischen Maßnahme steht das Bemühen der oder des Beschuldigten gleich, einen Ausgleich mit der oder dem Verletzten zu erreichen (Täter-Opfer-Ausgleich).

2.6   § 45 Abs. 3 JGG

Das richterliche Erziehungsverfahren stellt im System der in § 45 JGG geregelten Einstellungsmöglichkeiten die letzte und nach der Reaktionsschwere höchste Stufe dar. Es hat gegenüber dem förmlichen Jugendstrafverfahren insbesondere den Vorteil, daß die richterliche Reaktion schnell auf die Tat folgt. Diese Vorschrift ist anzuwenden, wenn ein Geständnis vorliegt oder anzunehmen ist, daß ein solches abgelegt wird und die Sanktionsmöglichkeiten dieser Vorschrift notwendig sind.

3. Verfahren und Verfahrensbeteiligte

3.1 Polizei

In Fällen, in denen aus Sicht der Polizei im Hinblick auf diese Richtlinien eine Verfahrenseinstellung nach § 45 JGG in Betracht kommt, gilt folgendes:

3.1.1 Sind Beschuldigte geständig oder bestreiten sie nicht ernstlich den Tatvorwurf, ist zunächst die Ausführung des Erziehungsgedankens des Jugendgerichtsgesetzes sicherzustellen, daß von dem Ermittlungsverfahren eine erzieherische Wirkung ausgeht. Anläßlich der verantwortlichen Vernehmung hat die Polizei deshalb ein erzieherisches Gespräch mit den Beschuldigten zu führen, das der Normverdeutlichung dient und die erzieherische Wirkungen des Ermittlungsverfahrens unterstützen soll. Gleichzeitig sollen die Beschuldigten in geeigneten Fällen auf Hilfsangebote staatlicher und sozialer Organisationen, insbesondere von Trägern der Jugendhilfe, hingewiesen werden.

Vorladungen Jugendlicher sind an die Erziehungsberechtigten und die gesetzlichen Vertreter zu richten (Nr. 3.3 der Polizeidienstvorschrift 382).

3.1.1.1 Als eine weitere erzieherische Reaktion kommt eine sofortige Entschuldigung beim Opfer sowie eine sofortige Schadenswiedergutmachung in Betracht. In geeigneten Fällen hat die Polizei aufgrund ihrer Führsorgepflicht gegenüber den Beschuldigten diese Wiedergutmachung an Ort und Stelle anzuregen, weil sie einen positiven Einfluß auf die Abschlußentscheidung der Staatsanwaltschaft haben kann.

Hält die Polizei danach weitere Maßnahmen für entbehrlich, so teilt sie dies unter gleichzeitiger Übersendung der Akten der Staatsanwaltschaft mit und schlägt eine Einstellung nach § 45 Abs. 1 JGG vor.

3.1.1.2 Hält die Polizei vor Ort darüber hinausgehende Maßnahmen für erforderlich (z. B. gemeinnützige Arbeit, Arbeit zur Schadenswiedergutmachung, kleinere Geldzahlungen an gemeinnützige Einrichtungen, förmlicher Täter-Opfer-Ausgleich, Teilnahme am Verkehrsunterricht), handelt es sich hierbei um erzieherische Maßnahmen im Sinne des § 45 Abs. 2 JGG. Die Zuständigkeit zur Anregung Maßnahmen liegt nach dem Jugendgerichtsgesetz bei der Staatsanwaltschaft. Erzieherische Aspekte erfordern jedoch, daß die Maßnahme so unbürokratisch und zeitnah wie möglich erfolgt. In diesen Fällen schlägt daher in der Regel die Polizei der Staatsanwaltschaft – möglichst telefonisch – eine angemessene erzieherische Maßnahme vor und holt hierzu deren Zustimmung ein. Anschließend bespricht sie die erzieherische Maßnahme mit den Erziehungsberechtigten und den Beschuldigten. Dabei ist klarzustellen, daß es sich nicht um eine staatliche Anordnung, sondern lediglich um eine Anregung handelt, die unter Fürsorgegesichtspunkten im Hinblick auf eine spätere Einstellung des Ermittlungsverfahrens durch die Staatsanwaltschaft gegeben wird. Erforderlich ist weiter, dass die Beschuldigten die Anregung annehmen und die Erziehungsberechtigten und die gesetzlichen Vertreter nicht widersprechen. Die Polizei stellt fest, ob und inwieweit eine angeregte oder vermittelte erzieherische Maßnahme durchgeführt wurde. Sie übersendet sodann die Akten der Staatsanwaltschaft, wobei sie – sollte die Maßnahme erfolgreich durchgeführt worden sein – die Einstellung nach § 45 Abs. 2 JGG vorschlägt.

3.1.2 Erscheinen Beschuldigte nicht bei der Polizei, machen sie von ihrem Aussageverweigerungsrecht Gebrauch oder bestreiten sie ernstlich den Tatvorwurf, sieht die Polizei von Reaktionen nach 3.1.1 ab und übersendet die Vorschläge nach Abschluß der Ermittlungen der Staatsanwaltschaft.

3.1.3 Die Polizei unterrichtet die Jugendgerichtshilfe, wenn ein unterstützendes Erziehungsangebot zur Vermeidung künftiger strafbarer Handlungen hilfreich erscheint. Die Notwendigkeit der Unterrichtung des Jugendamtes nach Nr. 3.2.7 der Polizeidienstvorschrift 382 oder nach anderen Vorschriften bleibt unberührt.

Polizei und Jugendamt führen mindestens einmal monatlich einen Informationsaustausch durch.

3.1.4 In allen übrigen Fällen übermittelt die Polizei die Akten der Staatsanwaltschaft mit einem Vorschlag über die in Betracht zu ziehenden Reaktionen.

3.1.5 Mit der Bearbeitung der vorgenannten Jugendsachen sind besonders geschulte Polizeibeamtinnen und Polizeibeamte (Jugendsachbearbeiterinnen/Jugendsachbearbeiter) zu beauftragen.

3.2 Staatsanwaltschaft

3.2.1 Hat die Staatsanwaltschaft das Ermittlungsverfahren nach § 45 Abs. 1 JGG eingestellt, muß der Inhalt der Einstellungsnachricht eine erzieherische Ausprägung enthalten.

3.2.2 Kommt eine Einstellung des Verfahrens nach § 45 Abs. 2 JGG in Betracht, ist aber noch keine angemessene erzieherische Reaktion erfolgt, so prüft die Staatsanwaltschaft, ob sie selbst die Voraussetzungen für die Einstellung des Verfahrens herbeiführen kann. Nr. 3.1.1.2 Satz 7 gilt entsprechend.

3.2.3 Liegen die Voraussetzungen für eine Einstellung des Verfahrens nach § 45 Abs. 3 JGG vor, so übersendet die Staatsanwaltschaft dem Jugendgericht den Vorgang und regt eine Maßnahme nach § 45 Abs. 3 Satz 1 JGG an.

3.2.4 Unbeschadet der vorstehenden Hinweise ist die Staatsanwaltschaft im Rahmen ihres Beurteilungs- und Ermessensspielraums nicht gehindert, bei Vorliegen der dort angenommenen Voraussetzungen andere Reaktionsmöglichkeiten zu ergreifen oder auch in den dort nicht aufgeführten Fällen die Voraussetzungen des § 45 JGG als gegeben anzunehmen.

4. Statistische Erfassung

Bei der Staatsanwaltschaft sind die Einstellungen in Verfahren gegen jugendliche und heranwachsende Beschuldigte getrennt nach den in Betracht kommenden Vorschriften (§ 170 Abs. 2 StPO, § 153 Abs. 1 StPO, § 31 a BtMG, § 45 Abs. 1 JGG, § 45 Abs. 2 JGG und § 45 Abs. 3 JGG) zu erfassen. Dabei sollen weibliche und männliche Beschuldigte getrennt ausgewiesen werden.

5. Inkrafttreten

Diese Richtlinien treten am 1. Juli 1998 in Kraft. Gleichzeitig tritt der Gemeinsame Erlaß des Justizministers und des Innenministers vom 10 April 1990 – V 250/4210 – 173 SH – bzw. – IV 410 b – 32.11 – (SchlHA S. 83) außer Kraft.

Anlage zu Nr. 2.4

Der nachstehende Straftatenkatalog schließt weder Diversionsvorschläge bei anderen Straftaten aus, noch ist er für die Anwendung der Diversionsrichtlinien verpflichtend.

Allgemeine Straftaten

- Alle Fälle, in denen ein Strafgesetz auf § 248 a StGB („geringwertige Sachen") verweist;

- Diebstahl (§ 242 StGB), Unterschlagung (§ 246 StGB) und Betrug (§ 263 StGB), wenn die Höhe des Schadens oder der Wert der Sache nicht mehr als etwa 100,- DM beträgt (geringer Schaden);

- leichte Fälle von Urkundenfälschung, ggf. in Tateinheit mit Betrug, bei Preisetikettenaustausch (§§ 263, 267 StGB);

- leichte Fälle des Fahrraddiebstahls (§§ 242, 243 StGB);

- leichte Fälle des Automatenaufbruchs (§§ 242, 243 StGB);

- unbefugter Gebrauch eines Fahrzeugs (§ 248 b StGB);

- Hehlerei (§ 259 StGB);

- Sachbeschädigung (§§ 303, 304 StGB) ohne feste Wertgrenze; entscheidend ist die jugendtypische Motivation oder Situation;

- vorsätzliche Körperverletzung (§§ 223, 224 StGB), bei leichtem Angriff und leichten Folgen sowie bei leichtem Angriff und schweren Folgen, wenn trotz der schweren Folgen aufgrund besonderer Umstände der Schuldgehalt als gering anzusehen ist;

- fahrlässige Körperverletzung (§ 229 StGB);

- leichte Fälle der Nötigung und Bedrohung (§§ 240. 241 StGB);

- Hausfriedensbruch (§ 123 StGB);

- Beleidigung (§ 185);

- Mißbrauch von Notrufen (§ 145 StGB) und Vortäuschen einer Straftat (§ 145 d StGB), z. B. wenn diese den Charakter eines „Streiches" haben;

- Beförderungserschleichung (§ 265 a StGB);

Verkehrsstraftaten

- Fahren ohne Fahrerlaubnis (§ 21 StVG);

- leichte Verstöße gegen das Pflichtversicherungsgesetz (§§ 1, 6 PflVG) bzw. Kraftfahrzeugsteuergesetz (§§ 1, 4 KfzStG) in Verbindung mit leichten Vergehen gegen die Abgabenordnung (§ 370 AO);

- leichte Fälle des unerlaubten Entfernens vom Unfallort (§ 142 StGB);

Verstöße gegen strafrechtliche Nebengesetze

- geringfügige Vergehen nach dem Waffengesetz sofern ein Verzicht auf die Rückgabe der sichergestellten Waffen vorliegt;

- geringfügige Verstöße gegen das Urheberrechtsgesetz;

- geringfügige Verstöße gegen das Ausländergesetz und das Asylverfahrensgesetz.

Anhang 2

**Statistischer Erfassungsbogen
zur Untersuchung der neueren Schleswig-Holsteinischen Diversionsrichtlinien
für Polizeibeamte**

Allgemeines

1. Für wie beeindruckend halten Sie die polizeiliche Entdeckung der Tat und die erste polizeiliche Vernehmung für einen jugendlichen Straftäter?

☐ äußerst beeindruckend ☐ weniger beeindruckend

☐ überhaupt nicht beeindruckend ☐ unterschiedlich, meistens aber wenig beeindruckend

☐ unterschiedlich, meistens aber sehr beeindruckend

2. Wie wichtig ist eine zeitnahe Reaktion auf eine Straftat für einen Straftäter?

☐ entscheidend ☐ sehr wichtig ☐ wichtig ☐ weniger wichtig

☐ überhaupt nicht wichtig

3. Sind die Strafen/ bzw. erzieherischen Maßnahmen im Bagatellbereich Ihrer Meinung nach angemessen?

☐ sind angemessen ☐ sind zu eher zu mild

☐ sind eher zu hart

4. Wie beurteilen Sie aus ihrer Praxis heraus die Geständnisbereitschaft Jugendlicher?

☐ sie sind regelmäßig geständig ☐ nach einem Gespräch räumen sie meist alles ein

☐ sie bestreiten meistens die Tat ☐ bewiesene Taten werden meistens zugegeben

☐ sie machen von ihrem Recht auf Aussageverweigerung häufig Gebrauch

5. Wie groß ist der Anteil von Jugendsachen innerhalb ihrer Arbeit?

☐ 90 - 100 % ☐ 30 - 50%

☐ 70 - 90 % ☐ 10 - 30 %

☐ 50 - 70 % ☐ unter 10 %

6. Welchen Anteil hat ihre Arbeit in Jugendsachen bezogen auf alle Jugendsachen in ihrer Polizeistelle

☐ 100% ☐ 60 - 80 % ☐ 20 - 40 %

☐ 80 - 100 % ☐ 40 - 60 % ☐ unter 20 %

Zu den Richtlinien

7. Gab es Anlaufschwierigkeiten bei der Einführung der Richtlinien?

☐ weiß nicht

☐ nein

☐ ja, folgende: ....

8. Wie würden sie das Interesse ihrer Kollegen auf einer Skala von 1 bis 6 bewerten?
(1=sehr interessiert bis 6=überhaupt nicht interessiert)

1 ☐   4 ☐
2 ☐   5 ☐
3 ☐   6 ☐

9. Wie steht ihr Vorgesetzter dazu?
(1=sehr interessiert bis 6=überhaupt nicht interessiert)

1 ☐   4 ☐
2 ☐   5 ☐
3 ☐   6 ☐

10. Verursachen die Richtlinien Mehrarbeit?

☐ nein, nicht mehr als vorher   ☐ es wird zukünftige Arbeit eingespart

☐ ein wenig, aber unproblematisch   ☐ es ist deutlich mehr Arbeit als vorher

11. Hat sich Ihre Arbeit durch die Richtlinien verändert?

☐ nein

☐ ja, folgendes: ....

12. Sind Sie der Meinung, dass die Einführung der Richtlinien für Ihre tagtägliche Arbeit
ein Fortschritt war?

☐ es hat sich nichts geändert

☐ nein, weil: ....

....

☐ ja, weil: ....

....

☐ weiß nicht

13. Können diese Richtlinien Ihrer Meinung nach zu einer landesweiten Gleichbehandlung
jugendlicher Täter führen?

☐ ja   ☐ nein   ☐ weiß nicht

Zum normverdeutlichenden Gespräch

14. Wann führen Sie das normverdeutlichende Gespräch mit dem Jugendlichen?

☐ während der Vernehmung kommen erzieherische Aspekte zur Sprache

☐ direkt vor der Vernehmung   ☐ direkt nach der Vernehmung

☐ zu einem gesonderten Termin   ☐ ich führe keine normverdeutlichende Gespräche

15. Wie lange dauert ein solches Gespräch?

☐ die Vernehmung ist dadurch etwa 5-10 min länger

☐ die Vernehmung dauert mehr als 10 min länger

☐ das gesonderte Gespräch dauert weniger als 5 min

☐ das gesonderte Gespräch dauert zwischen 5 min und 15 min

☐ das gesonderte Gespräch dauert länger als 15 min.

16. Werden die Erziehungsberechtigten miteinbezogen?

☐ nein   ☐ ja, telefonisch

☐ ja, mündlich   ☐ ja, schriftl. Vorabinformation

☐ sie sind beim Gespräch anwesend

17. Halten Sie den Einbezug von Erziehungsberechtigten bei einer Diversionsentscheidung für sinnvoll?

☐ er ist geboten   ☐ er ist sinnvoll

☐ er ist weniger sinnvoll   ☐ er ist überflüssig

☐ er sollte verstärkt werden

18. Kommt es vor, dass Jugendliche ein normverdeutlichendes Gespräch ablehnen?

☐ nein   ☐ selten   ☐ häufiger

19. Halten Sie ein solches Gespräch für sinnvoll?

☐ ja   ☐ nein   ☐ weiß nicht

20. In Berlin werden Gespräche zur Normverdeutlichung von Pädagogen geführt. Sind Sie der Auffassung, dass hierfür auch in Schleswig-Holstein ein Pädagoge eingeschaltet werden sollte?

☐ ja, das hätte Vorteile   ☐ nur in Einzelfällen

☐ weiß nicht   ☐ nein, die Wirkung wäre negativ

☐ nein der Aufwand wäre zu groß

☐ nein, aber das Gespräch sollte von folgender Person geführt werden:

....

Zur Schulung

21. Fühlen Sie sich bezüglich des Diversionsverfahrens ausreichend informiert?

☐ uneingeschränkt ja   ☐ im großen und ganzen ja

☐ teilweise ja

☐ nein, weil: ....

22. Sind Sie speziell für ein normverdeutlichendes Gespräch geschult worden?

☐ ja   ☐ nein

23. Wenn ja, wie erfolgte die Schulung?

....

....

24. Könnte man etwas bei diesen Schulungen verbessern?

☐ nein

☐ ja, folgendes ....

....

25. Sollten mehr Schulungen bezüglich Diversion durchgeführt werden?

☐ ja   ☐ nein

26. In welchen Abständen sollten solche Schulungen durchgeführt werden?

☐ halbjährlich   ☐ jährlich   ☐ alle zwei Jahre

Zum Verhältnis Polizei/Staatsanwaltschaft

27. Hat sich ihre Zusammenarbeit mit der Staatsanwaltschaft durch die Einführung der Richtlinien verändert?

☐ nein

☐ kaum

☐ ja, wie folgt: ....

Zu dem in den Richtlinien für eine Einstellung nach § 45 II JGG vorgesehenen Telefonat mit der Staatsanwaltschaft

28. Wie lang dauert das Gespräch durchschnittlich?

☐ bis zu 5 min   ☐ 5 - 10 min

☐ 10 - 15 min   ☐ länger als 15 min

29. Wird über das persönliche Umfeld des Täters und dessen Persönlichkeit gesprochen?

☐ immer und ausführlich ☐ immer, aber nur kurz

☐ meistens ☐ nur in schweren Fällen ☐ manchmal

☐ nie

30. Welche Maßnahmen schlagen Sie in der Regel vor und warum?
(Mehrfachnennung möglich)

....

31. Werden ihre Vorschläge bereits am Telefon vom Staatsanwalt verworfen?

☐ nein, nie ☐ manchmal ☐ häufig ☐ immer

32. Warum werden ihre Vorschläge gleich verworfen?

☐ dem Staatsanwalt reicht die Information am Telefon nicht aus

☐ der Staatsanwalt hat Bedenken bezüglich der Strafbarkeit

☐ der Staatsanwalt wünscht eine härtere Sanktion

☐ der Staatsanwalt möchte ohne Maßnahme einstellen

☐ andere Gründe, nämlich ....

33. Halten Sie den Anruf für notwendig?

☐ ja ☐ nein ☐ meistens ☐ manchmal

34. Halten Sie den Inhalt dieses Telefonats schriftlich fest?

☐ ja ☐ nein

35. Könnte die Zusammenarbeit mit der Staatsanwaltschaft in diesem Bereich
verbessert werden?

☐ weiß nicht ☐ nein

☐ ja, folgendes könnte verbessert werden:...

....

Zur vorgeschlagenen Maßnahme:

36. Wie machen Sie dem Jugendlichen und/oder seinen Erziehungsberechtigten klar,
dass es sich bei der Maßnahme nur um einen Vorschlag handelt, den er freiwillig
befolgen kann?

☐ Ich weise darauf ausdrücklich hin

☐ das ergibt sich aus dem Gespräch

☐ das vergesse ich manchmal

☐ manchmal verzichte ich bewusst darauf, damit die Maßnahme akzeptiert wird

37. Wie wird überwacht, dass der Jugendliche die Maßnahme durchführt?

....

....

38. Könnte die Überwachung der Maßnahme auf andere übertragen werden und wer wäre geeignet?

☐ nein   ☐ weiß nicht

412

☐ ja, auf: ....

....

39. Schlagen Sie den Täter-Opfer-Ausgleich als Maßnahme vor?

☐ ja, häufig   ☐ ja, manchmal   ☐ ja, selten   ☐ nein, nie

40. Entsteht mehr Arbeit durch die Überwachung der Maßnahme?

☐ nein   ☐ weiß nicht   ☐ ja, es ist mit mehr Arbeit verbunden

☐ um die Überwachung kann ich mich nicht kümmern

Zusammenarbeit mit anderen Stellen

41. Schalten Sie die Jugendgerichtshilfe bei der Diversion ein?

☐ ja, sofort   ☐ ja, nach Abschluss der Ermittlungen

☐ nein   ☐ selten, nur in besonderen Fällen

42. Kommt es zum monatlichen Austausch mit dem Jugendamt, wie in den Richtlinien vorgesehen?

☐ ja   ☐ unregelmäßig   ☐ anderer, regelmäßiger Austausch vereinbart

☐ es finden keine Treffen oder Verständigungen statt

☐ weiß nicht

43. Sollte der Austausch mit Jugendamt/ Jugendgerichtshilfe intensiviert werden?

☐ ja, weil   ....

....

☐ nein, weil   ....

....

☐ weiß nicht

Anhang 3

Statistischer Erfassungsbogen
zur Untersuchung der neuen Schleswig-Holsteinischen
Diversionsrichtlinie
für Staatsanwälte

Ich arbeite für die Staatsanwaltschaft bei dem Landgericht ....

Zum Dezernat

1. Wie groß ist der Anteil von Jugendsachen innerhalb Ihres Dezernats?

   ☐ 100%   ☐ 30 - 50%

   ☐ 70 - 90 %   ☐ 10 - 30 %

   ☐ 50 - 70 %   ☐ unter 10 %

Zur Sanktionierung in Jugendsachen im Allgemeinen

2. Sollten Erziehungsberechtigte stärker miteinbezogen werden?

   ☐ ja, weil: ....

   ....

   ☐ nein, weil: ....

   ....

3. Sind die Strafen/ bzw. erzieherischen Maßnahmen im Bagatellbereich Ihrer Meinung nach angemessen?

   ☐ sind angemessen   ☐ sind eher zu mild

   ☐ sind eher zu hart

4. Wie sehen Sie das Verhältnis von § 153 StPO zu § 45 JGG?

   ☐ § 153 StPO hat Vorrang   ☐ es gibt kein Stufenverhältnis

   ☐ § 45 JGG hat Vorrang   ☐ § 153 StPO ist neben § 45 JGG nicht
                                           anwendbar

5. Wie stehen Sie zur Eintragung ins Erziehungsregister?

   ☐ sollte bei Jugendlichen auch bei § 153 StPO erfolgen

   ☐ die Eintragung sollte mehr enthalten   ☐ sollte abgeschafft werden

   ☐ sollte so bleiben   ☐ sollte bei § 31 a BtMG Anwendung finden

6. Wie ist die Geständnisbereitschaft Jugendlicher?

☐ sie sind regelmäßig geständig

☐ sie bestreiten meistens die Tat

☐ sie machen von ihrem Recht auf Aussageverweigerung häufig Gebrauch

7. Sollte Diversion Ihrer Meinung nach gefördert werden?

☐ auf jeden Fall   ☐ Diversion wird genügend gefördert

☐ weiß nicht   ☐ Diversion ist eine überschätzte Modeerscheinung

☐ insbesondere folgendes sollte gefördert werden ....

....

8. Sollten auch schwerere Delikte im Wege der Diversion erledigt werden?

☐ nein, so wie bisher   ☐ nein es werden bereits zu schwere
                                             Delikte miteinbezogen

☐ weiß nicht   ☐ ja, im Einzelfall

☐ ja, Diversion sollte deutlich ausgeweitet werden

Zu den Richtlinien

9. Halten Sie den von den Richtlinien vorgeschriebenen Aufwand für zu hoch?

☐ nein   ☐ weiß nicht

☐ ja, insbesondere ....

10. Gab es Anlaufschwierigkeiten bei der Einführung der Richtlinien?

☐ weiß nicht

☐ nein

☐ ja, folgende: ....

11. Wie steht Ihr Vorgesetzter dem Thema Diversion gegenüber?

☐ ablehnend   ☐ begeistert   ☐ interessiert   ☐ tolerant

☐ gleichgültig   ☐ belächelnd   ☐ weiß nicht

12. Verursachen die neuen Richtlinien Mehrarbeit?

☐ nein, nicht mehr als vorher   ☐ es wird Arbeit eingespart

☐ ein wenig, aber unproblematisch   ☐ es ist deutlich mehr Arbeit als vorher

☐ weiß nicht

13. Hat sich Ihre Arbeit durch die Richtlinien verändert?

☐ nein   ☐ weiß nicht

☐ ja, folgendes: ....

14. Haben Sie das Gefühl, dass die Einführung der Richtlinien ein Fortschritt war?

☐ es hat sich nichts geändert

☐ nein, weil: ....

☐ ja, weil: ....

☐ weiß nicht

15. Können diese Richtlinien Ihrer Meinung nach zu einer landesweiten Gleichbehandlung jugendlicher Täter führen?

☐ ja   ☐ nein   ☐ weiß nicht

ggf. Begründung: ....

16. Berücksichtigen Sie bei der Einstellungsnachricht erzieherische Belange?

☐ nein   ☐ ich schreibe eine einzelfallbezogene Einstellungsnachricht

☐ dafür benutze ich ein vorgefertigtes Formular

☐ das kommt auf den Fall an, mal Formular, mal einzelfallbezogen

Zum erzieherischen Gespräch

17. Halten Sie ein solches Gespräch für sinnvoll?

☐ ja   ☐ nein   ☐ weiß nicht

18. Sollte ein Pädagoge das erzieherische Gespräch führen?

☐ ja, das hätte Vorteile   ☐ nur in Einzelfällen

☐ weiß nicht   ☐ da fehlt es an der Zuständigkeit

☐ nein der Aufwand wäre zu groß   ☐ ein Polizeibeamter flößt mehr Respekt ein

☐ nein, aber das Gespräch sollte von folgender Person geführt werden:

....

Zur Schulung

19. Fühlen Sie sich bezüglich des Diversionsverfahrens ausreichend informiert?

☐ ja   ☐ ja, aber die Informationen könnten klarer sein

☐ im großen und ganzen ja, aber es gibt Probleme im Einzelfall

☐ nein, ich vermisse eine klare Linie

20. Auf welche Weise wurden Sie über die Richtlinien informiert?

☐ Rundverfügung der Behördenleitung

☐ eigene Kenntnis

☐ auf andere Weise, nämlich ....

....

21. Sollten mehr Schulungen in Bezug auf die Behandlung jugendlicher Straftäter durchgeführt werden?

☐ ja   ☐ nein

Zum Verhältnis Polizei/Staatsanwaltschaft

22. Hat sich die Zusammenarbeit mit der Polizei durch die Einführung der Richtlinien verändert?

☐ nein   ☐ kaum

☐ ja, wie folgt: ....

23. Werden Polizeibeamte den pädagogischen und juristischen Anforderungen gerecht, die durch die Richtlinien gestellt werden?

☐ die Richtlinien dürften zu hohe Anforderungen stellen

☐ bei entsprechender Schulung sehe ich kein Problem

☐ ein Jugendsachbearbeiter kann dies leisten

☐ da gibt es keine besonderen Anforderungen

☐ weiß nicht

<u>Zu dem in den Richtlinien für eine Einstellung nach § 45 II JGG vorgesehenen Telefon gespräch mit der Polizei</u>

24. Wie lang dauert das Gespräch durchschnittlich?

☐ bis zu 5 min   ☐ 5 - 10 min

☐ 10 - 15 min   ☐ länger als 15 min

25. Wird über das persönliche Umfeld des Täters und dessen Persönlichkeit gesprochen?

☐ immer, aber nur kurz   ☐ immer und ausführlich

☐ meistens   ☐ nur in besonderen Fällen   ☐ manchmal

☐ selten   ☐ nie

26. Wie werden Sie vom Polizeibeamten in die geplante Maßnahme einbezogen?

☐ der Polizeibeamte unterbreitet mir zunächst einen Vorschlag

☐ ich werde zunächst nach meiner Meinung gefragt

☐ ich diskutiere mit dem Beamten und dann wird sich geeinigt

☐ unterschiedlich, mal so, mal so

27. Welche Maßnahmen schlagen Sie in der Regel vor und warum?

....

28. Wird der Täter-Opfer-Ausgleich als Maßnahme vorgeschlagen?

☐ ja, häufig   ☐ ja, manchmal ☐ ja, selten   ☐ nein, nie

29. Korrigieren Sie den Vorschlag des Polizeibeamten am Telefon?

☐ nein, nie   ☐ manchmal   ☐ häufig   ☐ immer

30. Wie schätzen Sie die Vorprüfkompetenz des Polizeibeamten ein?

☐ Das lässt sich nicht ändern   ☐ der Polizeibeamte ist näher am Fall
                                        deswegen hat er im Einzelfall mehr Wissen.
☐ finde ich bedenklich, weil

....

☐ kein Problem

31. Halten Sie den Anruf für notwendig?

☐ ja   ☐ nein   ☐ meistens   ☐ manchmal

32. Sollte auch bei einer Einstellung nach § 45 I JGG vorher angerufen werden?

☐ ja, immer   ☐ manchmal

☐ nein, nie

33. Wie steht es mit der Häufigkeit der Anrufe?

☐ es sollte noch häufiger im Vorfeld angerufen werden

☐ es wird zu häufig angerufen   ☐ es wird genauso häufig, wie nötig
                                       angerufen

34. Könnte die Zusammenarbeit mit der Polizei in diesem Bereich
verbessert werden?

☐ weiß nicht   ☐ nein

☐ ja, folgendes könnte verbessert werden:......................................

....

35. Was halten Sie davon, einen Volljuristen in Polizeirevieren einzusetzen?

☐ unnötig   ☐ weiß nicht   ☐ das wäre von Vorteil

☐ unpraktikabel   ☐ unbezahlbar   ☐ bedenklich, weil Trennung STA/Pol.
                                             aufgehoben

ggf. Begründung ....

....

<u>Zur Zusammenarbeit mit anderen Stellen</u>

36. Wird die Jugendgerichtshilfe bei Bagatellen informiert?

☐ ja, immer   ☐ ja, nach Abschluss der Ermittlungen

☐ nein   ☐ selten, nur in besonderen Fällen

37. Sollte der Informationsaustausch mit Jugendamt/ Jugendgerichtshilfe intensiviert werden?

☐ ja, weil ....

....

☐ nein, weil ....

.... ☐ weiß nicht

38. Sollten Richter stärker in das Diversionsverfahren miteinbezogen werden?

☐ nein, das würde alles nur noch mehr verzögern ☐ weiß nicht

☐ nur im Falle von § 45 III JGG nötig

☐ ja, dies könnte folgende Vorteile haben ....

....

Vielen Dank für die Beantwortung der Fragen. Falls Sie sich über die gemachten Angaben hinaus äußern wollen, können Sie gerne den Platz auf dieser Seite dazu nutzen.

Anhang 4

Erfassungsbogen zur Aktenanalyse

AZ:

Sachverhalt:

männlich [ ]   weiblich [ ]

Alter zum Tatzeitpunkt:

Vorbelastung laut Polizei:

Ersttäter [ ]   Zweittäter [ ]   Dritttäter [ ]

Vorbelastung laut Register (wenn in Akte)

Ersttäter [ ]   Zweittäter [ ]   Dritttäter [ ]

Kein Hinweis auf Vortaten: [ ]

Vortaten bei Mehrfachtätern:

Laut Polizei:

Laut Register:

Beschreibung des/ der Täter(s) und seines/ deren Umfeld(s):

Tatvorwurf durch Polizei (Norm):   **Laut STA:**

Vorschlag der Polizei:

Einstellungsnorm

§ 45 I JGG [ ]   § 45 II JGG [ ]   §45 III JGG [ ]

§ 153 StPO [ ]   § 153 a StPO [ ]   § 31 a BtmG [ ]

Maßnahmen, die bereits auf pol. Anregung erfolgt sind:

Erz. Gespr. [ ]   Wiedergutmachung [ ]   Entschuldigung [ ]

Geldzahlung [ ]   Arbeitsleistung [ ]   weitere Maßnahmen [ ]
                                             nämlich:

eigene Bewertung der Maßnahmen:

Maßnahmen, die bereits freiwillig zuvor eingeleitet worden sind:

Maßnahmen, die der Staatsanwaltschaft vorgeschlagen werden:

Geldzahlung ☐   Arbeitsleistung ☐   TOA ☐

weiteres ☐   nämlich: kein Vorschlag ☐

Belehrung ☐   Hinweis auf Freiwilligkeit ☐

Einbezug der Erziehungsberechtigten ☐ wie:

Telefonat mit der STA ☐

Geständnis ☐

weitere Reaktion des Jugendlichen

wodurch ergab sich der Schuldnachweis:

Schulung des Polizeibeamten:

STA   schließt sich an ☐   weicht ab ☐

Grund für Abweichung:

Dauer des Verfahrens (Tat bis Einstellungsnachricht):

Dauer des Verfahrens (Ermittlungsbeginn bis Einstellungsnachricht):

Erzieherische Ausprägung der Einstellungsnachricht:

Widerspruch gegen Eintragung in Erziehungsregister ☐

Nachricht an: Jugendgerichtshilfe ☐   Jugendamt ☐

vor Abschluss ☐   vor Abschluss ☐

nach Abschluss ☐   nach Abschluss ☐

abschließende Wertung:

Anhang 5

Gesamtauswertung der Fragebögen für Polizeibeamte

Gesamtzahl der Fragebögen   307

zu Frage 5 Wie groß ist der Anteil von Jugendsachen innerhalb ihrer Arbeit?
vorgegebene
Antworten

90 - 100 %	20	anteilig in %	7%
70 - 90 %	26	anteilig in %	8%
50 - 70 %	29	anteilig in %	9%
30 - 50 %	54	anteilig in %	18%
10 - 30 %	120	anteilig in %	39%
unter 10 %	58	anteilig in %	19%

zu Frage 6 Welchen Anteil hat ihre Arbeit in Jugendsachen bezogen auf alle Jugendsachen in
vorgegebene ihrer Polizeistelle
Antworten

100%	25	anteilig in %	8%
80 - 100 %	32	anteilig in %	10%
60 - 80 %	27	anteilig in %	9%
40 - 60 %	55	anteilig in %	18%
20 - 40 %	80	anteilig in %	26%
unter 20 %	88	anteilig in %	29%

zu Frage 1 Für wie beeindruckend halten Sie die polizeiliche Entdeckung der Tat und die
vorgegebene erste polizeiliche Vernehmung für einen jugendlichen Straftäter?
Antworten

äußerst beeindruckend	39	anteilig in %	13%
weniger beindruckend	21	anteilig in %	7%
überhaupt nicht beeindruckend	0	anteilig in %	0%
unterschiedlich, meistens aber wenig beeindruckend	68	anteilig in %	22%
unterschiedlich, meistens aber sehr beeindruckend	179	anteilig in %	58%

zu Frage 2 Wie wichtig ist eine zeitnahe Reaktion auf eine Straftat für einen Straftäter?
vorgegebene
Antworten

entscheidend	73	anteilig in %	24%
sehr wichtig	159	anteilig in %	52%
wichtig	60	anteilig in %	20%
weniger wichtig	14	anteilig in %	5%
überhaupt nicht wichtig	0	anteilig in %	0%

zu Frage 3 Sind die Strafen/ bzw. erzieherischen Maßnahmen im Bagatellbereich Ihrer Meinung
vorgegebene nach angemessen?
Antworten

sind angemessen	170	anteilig in %	55%
sind eher zu hart	2	anteilig in %	1%
sind eher zu mild	135	anteilig in %	44%

zu Frage 4 Wie beurteilen Sie aus ihrer Praxis heraus die Geständnisbereitschaft Jugendlicher?
vorgegebene
Antworten

sie sind regelmäßig geständig	31	anteilig in %	7%
sie bestreiten meistens die Tat	38	anteilig in %	9%
sie machen von ihrem Recht auf Aussage-verweigerung häufig Gebrauch	4	anteilig in %	1%
nach einem Gespräch räumen sie meist alles ein	160	anteilig in %	37%
bewiesene Taten werden meistens zugegeben	201	anteilig in %	46%

zu Frage 7
offene Frage
bezügl. "ja"

Gab es Anlaufschwierigkeiten bei der Einführung der Richtlinien?

weiß nicht	58	anteilig in %	20%
nein	169	anteilig in %	59%
ja, wegen folgendem	61	anteilig in %	21%
Staatsanwälte nicht zu erreichen	6	anteilig in %	7%
keine Akzeptanz bei Kollegen	3	anteilig in %	3%
keine Akzeptanz beim Vorgesetzten	3	anteilig in %	3%
unterschiedliche Praxis bei StA	13	anteilig in %	15%
Versicherungsfragen häufig nicht geklärt	6	anteilig in %	7%
kein Maßstab für die Höhe der Arbeitsstd.	15	anteilig in %	17%
geeignete Stellen für Arbeit mussten gefunden werden	14	anteilig in %	16%
Abstimmungsprobleme mit anderen Stationen (Wohnortprinzip)	16	anteilig in %	18%
keine Schulung	10	anteilig in %	11%
Jugendamt verweigert die Mitarbeit	1	anteilig in %	1%

zu Frage 8
vorgegebene
Antworten

Wie würden sie das Interesse ihrer Kollegen auf einer Skala von 1 bis 6 bewerten?
(1=sehr interessiert bis 6=überhaupt nicht interessiert)

1	22	anteilig in %:	7%
2	71	anteilig in %:	24%
3	132	anteilig in %:	45%
4	53	anteilig in %:	18%
5	14	anteilig in %:	5%
6	3	anteilig in %:	1%
		Durchschnitt:	2,92

zu Frage 9
vorgegebene
Antworten

Wie steht ihr Vorgesetzter dazu?
(1=sehr interessiert bis 6=überhaupt nicht interessiert)

1	89	anteilig in %:	30%
2	109	anteilig in %:	37%
3	69	anteilig in %:	24%
4	19	anteilig in %:	7%
5	4	anteilig in %:	1%
6	2	anteilig in %:	1%
		Durchschnitt:	2,13

zu Frage 10
vorgegebene
Antworten

Verursachen die Richtlinien Mehrarbeit?

nein, nicht mehr als vorher	29	anteilig in %	10%
ein wenig, aber unproblematisch	160	anteilig in %	53%
es wird zukünftige Arbeit eingespart	12	anteilig in %	4%
es ist deutlich mehr Arbeit als vorher	99	anteilig in %	33%

zu Frage 11
offene Frage
bezügl. "ja"

Hat sich Ihre Arbeit durch die Richtlinien verändert?

nein	182	anteilig in %	61%
ja wegen folgendem:	114	anteilig in %	39%
ja, mehr Kontakt zur Täterfamilie	19	anteilig in %	10%
ja, mehr Kontakt zum Jugendamt	7	anteilig in %	4%
mehr Kontakt zum Täter	34	anteilig in %	18%
mehr Absprachen mit der StA	25	anteilig in %	13%
Maßnahmenkontrollen durchführen	21	anteilig in %	11%
Abbau von Anonymität	15	anteilig in %	8%
mehr Zeitaufwand	50	anteilig in %	26%
mehr Verantwortung	20	anteilig in %	10%

Christian Grote

zu Frage 12 Sind Sie der Meinung, dass die Einführung der Richtlinien für Ihre tagtägliche Arbeit
offene Frage ein Fortschritt war?
bezügl. "ja" und
"nein"

es hat sich nichts geändert	118	anteilig in %	40%
nein, wegen folgendem:	16	anteilig in %	5%
zu wenig Akzeptanz	5	anteilig in %	29%
Arbeits- und Zeitaufwand wurde	7	anteilig in %	41%
auf Polizei abgewälzt			
landesweit ungleiche Handhabung	5	anteilig in %	29%
ja wegen folgendem:	117	anteilig in %	40%
weil der Kontakt zur Jugend und zu	43	anteilig in %	23%
Jugendinstitutionen besser geworden ist			
auf den Jugendlichen wird individueller	54	anteilig in %	28%
eingegangen			
dem Jugendlichen werden Grenzen gezeigt	24	anteilig in %	13%
schnelle Reaktion möglich	60	anteilig in %	32%
weniger Straftaten	4	anteilig in %	2%
klare Arbeitsanweisung	5	anteilig in %	3%
weiß nicht	44	anteilig in %	15%

zu Frage 13 Können diese Richtlinien Ihrer Meinung nach zu einer landesweiten Gleichbehandlung
vorgegebene jugendlicher Täter führen?
Antworten

ja	118	anteilig in %:	40%
nein	123	anteilig in %:	42%
weiß nicht	55	anteilig in %:	19%

zu Frage 14 Wann führen Sie das normverdeutlichende Gespräch mit dem Jugendlichen?
vorgegebene
Antworten

während der Vernehmung kommen erzieh-	193	anteilig in %	44%
erische Aspekte zur Sprache			
direkt vor der Vernehmung	75	anteilig in %	17%
direkt nach der Vernehmung	145	anteilig in %	33%
zu einem gesonderten Termin	16	anteilig in %	4%
ich führe keine normverdeutlichende	7	anteilig in %	######
Gespräche			

zu Frage 15 Wie lange dauert ein solches Gespräch?
vorgegebene
Antworten

die Vernehmung ist dadurch etwa 5-10 min	119	anteilig in %	32%
länger			
die Vernehmung dauert mehr als 10 min	99	anteilig in %	27%
länger			
das gesonderte Gespräch dauert weniger als	5	anteilig in %	1%
5 min			
das gesonderte Gespräch dauert zwischen	117	anteilig in %	######
5 min und 15 min			
das gesonderte Gespräch dauert länger als	33	anteilig in %	9%
15 min			

zu Frage 16 Werden die Erziehungsberechtigten miteinbezogen?
vorgegebene
Antworten

nein	15	anteilig in %	3%
ja, mündlich	130	anteilig in %	26%
sie sind beim Gespräch anwesend	181	anteilig in %	36%
ja, telefonisch	124	anteilig in %	24%
ja, schriftl. Vorabinformation	57	anteilig in %	11%

zu Frage 17 Halten Sie den Einbezug von Erziehungsberechtigten bei einer Diversionsentscheidung
vorgegebene für sinnvoll?
Antworten

er ist geboten	85	anteilig in %	26%
er ist sinnvoll	171	anteilig in %	53%
er ist weniger sinnvoll	36	anteilig in %	11%
er ist überflüssig	9	anteilig in %	3%
er sollte verstärkt werden	21	anteilig in %	7%

zu Frage 18 Kommt es vor, dass Jugendliche ein normverdeutlichendes Gespräch ablehnen?
vorgegebene
Antworten

nein	207	anteilig in %:	69%
selten	93	anteilig in %:	31%
häufiger	2	anteilig in %:	1%

zu Frage 19 Halten Sie ein solches Gespräch für sinnvoll?
vorgegebene
Antworten

ja	273	anteilig in %:	90%
nein	14	anteilig in %:	5%
weiß nicht	15	anteilig in %:	5%

zu Frage 20 In Berlin werden Gespräche zur Normverdeutlichung von Pädagogen geführt.
offene Frage Sind Sie der Auffassung, dass hierfür auch in Schleswig-Holstein ein Pädagoge
bezügl. wer eingeschaltet werden sollte?
das Gespräch
führen sollte

ja, das hätte Vorteile	21	anteilig in %	6%
nur in Einzelfällen	107	anteilig in %	33%
weiß nicht	6	anteilig in %	2%
nein, die Wirkung wäre negativ	41	anteilig in %	13%
nein der Aufwand wäre zu groß	132	anteilig in %	41%
nein, aber das Gespräch sollte von	17	anteilig in %	5%
folgender Person geführt werden:			
Staatsanwalt:	1	anteilig in %	6%
<u>geschulte</u> Jugendsachbearbeiter	13	anteilig in %	72%
Richter	1	anteilig in %	6%
Polizist + Lehrer	3	anteilig in %	17%

zu Frage 21 Fühlen Sie sich bezüglich des Diversionsverfahrens ausreichend informiert?
offene Frage
bezügl. "nein"

uneingeschränkt ja	38	anteilig in %	12%
im großen und ganzen ja	214	anteilig in %	70%
teilweise ja	39	anteilig in %	13%
nein wegen folgendem:	14	anteilig in %	5%
zu wenig Fortbildung	13	anteilig in %	87%
Unklarheiten bezüglich	1	anteilig in %	7%
Abstufungen der Maßnahme			
Austausch im ländlichen Bereich	1	anteilig in %	7%
schwierig			

zu Frage 22 Sind Sie speziell für ein normverdeutlichendes Gespräch geschult worden?
vorgegebene
Antworten

ja	18	anteilig in %:	6%
nein	288	anteilig in %:	94%

zu Frage 23 Wenn ja, wie erfolgte die Schulung?
offene Frage

habe an einem Seminar teilgenommen	11	anteilig in %	61%
Lehrgang für Jugendsachbearbeiter	6	anteilig in %	33%
Unterlagen	1	anteilig in %	6%

zu Frage 24	Könnte man etwas bei diesen Schulungen verbessern?		
offene Frage			
bezüglich "ja"	nein	29 anteilig in %	62%
	ja, folgendes	18 anteilig in %	38%
	mehr Angebote schaffen	14 anteilig in %	78%
	mehr Austausch hinterher	1 anteilig in %	6%
	Nachschulung fehlt	1 anteilig in %	6%
	Schwerpunkt auf erz. Gespräch legen	1 anteilig in %	6%
	mehr Praxisrelevanz	1 anteilig in %	6%

zu Frage 25	Sollten mehr Schulungen bezüglich Diversion durchgeführt werden?		
vorgegebene			
Antworten	ja	212 anteilig in %:	74%
	nein	74 anteilig in %:	26%

zu Frage 26	In welchen Abständen sollten solche Schulungen durchgeführt werden?		
vorgegebene			
Antworten	halbjährlich	18	anteilig in %	8%
	jährlich	93	anteilig in %	39%
	alle zwei Jahre	128	anteilig in %	54%

zu Frage 27	Hat sich ihre Zusammenarbeit mit der Staatsanwaltschaft durch die Einführung		
offene Frage	der Richtlinien verändert?		
bezüglich "ja"			
	nein	73 anteilig in %	24%
	kaum	104 anteilig in %	34%
	ja, wie folgt:	127 anteilig in %	42%
	mehr Gespräche mit StA/ besserer Kontakt	120 anteilig in %	85%
	mehr fachlicher Austausch	13 anteilig in %	9%
	Sanktionen werden abgestimmt	8 anteilig in %	6%

zu Frage 28	Wie lang dauert das Gespräch durchschnittlich?		
vorgegebene			
Antworten	bis zu 5 min	173	anteilig in %	58%
	5-10 min	109	anteilig in %	37%
	10-15 min	12	anteilig in %	4%
	länger als 15 min	2	anteilig in %	1%

zu Frage 29	Wird über das persönliche Umfeld des Täters und dessen Persönlichkeit gesprochen?		
vorgegebene			
Antworten	immer und ausführlich	42	anteilig in %	14%
	immer, aber nur kurz	69	anteilig in %	23%
	meistens	82	anteilig in %	28%
	nur in schweren Fällen	36	anteilig in %	12%
	manchmal	63	anteilig in %	21%
	nie	6	anteilig in %	2%

zu Frage 30 Welche Maßnahmen schlagen Sie in der Regel vor und warum?
offene Frage (Mehrfachnennung möglich)

Maßnahme	gemeinnützige Arbeit	204	anteilig in %	55%

weil: Faulheit bekämpfen; gut zu überwachen; wird verstanden;
es gibt keine anderen Möglichkeiten; StA will das so;
gute Strafe; öffentlich=peinlich; Auseinandersetzung m. d. Tat;
Tatbezug; ist spürbar; für Zweittäter; schärfstes Schwert;
Eigenleistung; Geldstrafen belasten nur die Eltern; sinnvolle Tätigkeit;
weniger Rückfall; gerechte Strafe; Abschreckung für andere;
soziale Verantwortung lernen; Jugendliche sollen enst genommen
werden und erwarten eine Reaktion; erzieherischer Gedanke

Maßnahme Arbeit zur Schadenswieder-   53 anteilig in %   14%
gutmachung
weil: Tatbezug; gut auch für Verletzten; schaden wird schnell reguliert;
Einsicht in die Folgen der Tat; besser als durch Geld der Eltern;
leicht umzusetzen

Maßnahme nichtförml. TOA (Entschuld.)   77 anteilig in %   21%
weil: Tatbezug; Überwindung für den Täter; gut auch für Verletzten;
sehr plastisch; ins Opfer hineinversetzen; Jugendliche
erwarten eine Reaktion; leichter umzusetzen als förml. TOA

Maßnahme förmlicher TOA   17 anteilig in %   5%
weil: Tatbezug; selten, weil Opfer häufig nicht wollen

Maßnahme richterliche Ermahnung   1 anteilig in %   0%
weil:

Maßnahme Verkehrsunterricht   21 anteilig in %   6%
weil: Tatbezug

zu Frage 31 Werden ihre Vorschläge bereits am Telefon vom Staatsanwalt verworfen?
vorgegebene
Antworten

nein, nie	167	anteilig in %:	56%
manchmal	127	anteilig in %:	43%
häufig	1	anteilig in %:	0%
immer	1	anteilig in %:	0%

zu Frage 32 Warum werden ihre Vorschläge gleich verworfen?
vorgegebene
Antworten

dem Staatsanwalt reicht die Information am Telefon nicht aus	25	anteilig in %	18%
der Staatsanwalt hat Bedenken bezüglich der Strafbarkeit	14	anteilig in %	10%
der Staatsanwalt wünscht eine härtere Sanktion	39	anteilig in %	29%
der Staatsanwalt möchte ohne Maßnahme einstellen	46	anteilig in %	34%
Staatsanwalt wünscht eine mildere Sanktion	10	anteilig in %	7%
Staatsanwalt wünscht eine andere Sanktion	2	anteilig in %	1%

zu Frage 33 Halten Sie den Anruf für notwendig?
vorgegebene
Antworten

ja	141	anteilig in %:	47%
nein	39	anteilig in %:	13%
meistens	56	anteilig in %:	19%
manchmal	62	anteilig in %:	21%

zu Fragen Anzahl derjenigen, die einen Anruf für nicht oder nur manchmal notwendig halten
31+33 und vom Staatsanwalt häufig oder immer korrigiert werden
0   anteilig in %   0%

zu Frage 34 Halten Sie den Inhalt dieses Telefonats schriftlich fest?
vorgegebene
Antworten

ja	254	anteilig in %:	85%
nein	45	anteilig in %:	15%

zu Frage 35 Könnte die Zusammenarbeit mit der Staatsanwaltschaft in diesem Bereich
offene Frage verbessert werden?
bezügl. "ja"

weiß nicht	80	anteilig in %	27%
nein	153	anteilig in %	52%
ja, folgendes	64	anteilig in %	22%
gemeinsame Fortbildungsmaßnahme	5	anteilig in %	6%
feste Ansprechpartner	21	anteilig in %	27%
persönliches Treffen	19	anteilig in %	25%
Einseitigkeit der Kontaktaufnahme	7	anteilig in %	9%
Erreichbarkeit des JugendstAs verbessern	18	anteilig in %	23%
Anruf einsparen	3	anteilig in %	4%
mehr Kompetenz im Bagatellbereich	1	anteilig in %	1%
Maßnahmenkatalog	3	anteilig in %	4%

zu Frage 36 Wie machen Sie dem Jugendlichen und/oder seinen Erziehungsberechtigten klar,
vorgegebene dass es sich bei der Maßnahme nur um einen Vorschlag handelt, den er freiwillig
Antworten befolgen kann?

Ich weise darauf ausdrücklich hin	216	anteilig in %	69%
das ergibt sich aus dem Gespräch	73	anteilig in %	23%
das vergesse ich manchmal	3	anteilig in %	1%
manchmal verzichte ich bewusst darauf, damit die Maßnahme akzeptiert wird	22	anteilig in %	7%

zu Frage 37 Wie wird überwacht, dass der Jugendliche die Maßnahme durchführt?
offene Frage

mache ich selbst	54	anteilig in %	16%
schriftl. Bestätigung durch dortige Institution (Laufzettel)	84	anteilig in %	25%
JGH	11	anteilig in %	3%
Aufsichtsperson der dortigen Institution	60	anteilig in %	18%
telef. Nachfrage bei dortiger Institution	111	anteilig in %	33%
Jugendamt	9	anteilig in %	3%
gar nicht	4	anteilig in %	1%

zu Frage 38 Könnte die Überwachung der Maßnahme auf andere übertragen werden und
offene Frage wer wäre geeignet?
bezügl. "ja"

nein	202	anteilig in %	71%
weiß nicht	49	anteilig in %	17%
ja, auf:	33	anteilig in %	12%
Jugendamt	21	anteilig in %	50%
JGH	4	anteilig in %	10%
Bürgermeister der Gemeinde	2	anteilig in %	5%
Dienstvorgesetzte	1	anteilig in %	2%
Streetworker	12	anteilig in %	29%
zentrale Stelle	1	anteilig in %	2%
Staatsanwalt	1	anteilig in %	2%

zu Frage 39 Schlagen Sie den Täter-Opfer-Ausgleich als Maßnahme vor?
vorgegebene
Antworten

ja, häufig	38	anteilig in %:	13%
ja, manchm	115	anteilig in %:	38%
ja, selten	102	anteilig in %:	34%
nein, nie	44	anteilig in %:	15%

zu Frage 40 Entsteht mehr Arbeit durch die Überwachung der Maßnahme?
vorgegebene
Antworten

nein	69	anteilig in %:	23%
weiß nicht	6	anteilig in %:	2%
ja, es ist mit mehr Arbeit verbunden	204	anteilig in %:	68%
um die Überwachung kann ich mich nicht kümmern	21	anteilig in %:	7%

zu Frage 41 Schalten Sie die Jugendgerichtshilfe bei der Diversion ein?
vorgegebene
Antworten

ja, sofort	6	anteilig in %:	2%
ja, nach Abschluss der Ermittlungen	26	anteilig in %:	9%
nein	102	anteilig in %:	34%
selten, nur in besonderen Fällen	165	anteilig in %:	55%

zu Frage 42 Kommt es zum monatlichen Austausch mit dem Jugendamt, wie in den Richtlinien
vorgegebene vorgesehen?
Antworten

ja	21	anteilig in %	7%
unregelmäßig	86	anteilig in %	28%
anderer, regelmäßiger Austausch vereinbart	29	anteilig in %	10%
es finden keine Treffen oder Verständigungen statt	151	anteilig in %	50%
weiß nicht	15	anteilig in %	5%

zu Frage 43 Sollte der Austausch mit Jugendamt/ Jugendgerichtshilfe intensiviert werden?
offene Frage
bezüglich "ja"
und "nein"

ja, wegen folgendem	121	anteilig in %	40%
Erfahrungsaustausch nötig	107	anteilig in %	66%
Beschleunigung des Verfahrens	3	anteilig in %	2%
Jugendamt die Situation vor Ort kennt	22	anteilig in %	14%
nur in schweren Fällen	3	anteilig in %	2%
sich mit dem Jugendlichen von allen Seiten beschäftigt wird	26	anteilig in %	16%
nein, wegen folgendem	99	anteilig in %	33%
weil es so gut läuft	60	anteilig in %	58%
weil es nichts bringt	16	anteilig in %	16%
weil das JA kein Interesse hat	14	anteilig in %	14%
zu hoher Zeitaufwand	13	anteilig in %	13%
weiß nicht	81	anteilig in %	27%

Anhang 6

Gesamtauswertung der Staatsanwaltsbefragung

Gesamtzahl der Fragebögе   33

zu Frage 1 Wie groß ist der Anteil von Jugendsachen innerhalb Ihres Dezernats?

100%	10	anteilig in %:	37%
70 - 90 %	5	anteilig in %:	19%
50 - 70 %	3	anteilig in %:	11%
30 - 50%	6	anteilig in %:	22%
10 - 30 %	3	anteilig in %:	11%
unter 10 %	0	anteilig in %:	0%

zu Frage 2 Sollten Erziehungsberechtigte stärker miteinbezogen werden?

ja, wegen folgendem:	9 anteilig in %:	28%
Problembewusstsein wird aufgebaut:	5 anteilig in %:	500%
nein wegen folgendem:	23 anteilig in %:	72%
stören gelegentlich	2 anteilig in %:	10%
werden ausreichend informiert	12 anteilig in %:	60%
offizielle Stellen machen mehr Eindruck	2 anteilig in %:	10%
verzögern nur alles	4 anteilig in %:	20%

zu Frage 3 Sind die Strafen/ bzw. erzieherischen Maßnahmen im Bagatellbereich Ihrer Meinung nach angemessen

sind angemessen	28 anteilig in %:	88%
sind eher zu hart	1 anteilig in %:	3%
sind eher zu mild	3 anteilig in %:	9%

zu Frage 4 Wie sehen Sie das Verhältnis von § 153 StPO zu § 45 JGG?

§ 153 StPO hat Vorrang	7 anteilig in %:	21%
§ 45 JGG hat Vorrang	12 anteilig in %:	36%
es gibt kein Stufenverhältnis	13 anteilig in %:	39%
§ 153 StPO ist neben § 45 JGG nicht anwendbar	1 anteilig in %:	3%

zu Frage 5 Wie stehen Sie zur Eintragung ins Erziehungsregister?

sollte bei Jugendlichen auch bei § 153 StPO erfolgen	0 anteilig in %:	0%
die Eintragung sollte mehr enthalten	2 anteilig in %:	5%
sollte so bleiben	27 anteilig in %:	73%
sollte abgeschafft werden	0 anteilig in %:	0%
sollte bei § 31 a BtMG Anwendung finden	8 anteilig in %:	22%

zu Frage 6 Wie ist die Geständnisbereitschaft Jugendlicher?

sie sind regelmäßig geständig	32 anteilig in %:	74%
sie bestreiten meistens die Tat	5 anteilig in %:	12%
sie machen von ihrem Recht auf Aussageverweigerung häufig Gebrauch	6 anteilig in %:	14%

zu Frage 7 Sollte Diversion Ihrer Meinung nach gefördert werden?

auf jeden Fall	18	anteilig in %:	56%
Diversion wird genügend gefördert	13	anteilig in %:	41%
Diversion ist eine überschätzte Modeerscheinung	1	anteilig in %:	3%
weiß nicht	0	anteilig in %:	0%

insbesondere folgendes sollte gefördert werden:
Fahrverbot als Sanktion hinzunehmen
Maßnahmen müssen sofort nach Vernehmung eingeleitet werden

zu Frage 8 Sollten auch schwerere Delikte im Wege der Diversion erledigt werden?

nein, so wie bisher	18	anteilig in %:	55%
nein es werden bereits zu schwere Delikte miteinbezogen	1	anteilig in %:	3%
ja, im Einzelfall	13	anteilig in %:	39%
weiß nicht	0	anteilig in %:	0%
ja, Diversion sollte deutlich ausge- weitet werden	1	anteilig in %:	3%

zu Frage 9 Halten Sie den von den Richtlinien vorgeschriebenen Aufwand für zu hoch?

nein	29	anteilig in %:	88%
weiß nicht	2	anteilig in %:	6%
ja, insbesondere folgendes:	2	anteilig in %:	6%
Arbeitsmaßnahmen für Polizei	2		

zu Frage 10 Gab es Anlaufschwierigkeiten bei der Einführung der Richtlinien?

weiß nicht	16	anteilig in %:	48%
nein	13	anteilig in %:	39%
ja, folgende:	4	anteilig in %:	12%
Polizeibeamte unterschiedlich gut informiert	2		
Polizeibeamte unsicher, wann Verhalten strafbar ist	2		

zu Frage 11 Wie steht Ihr Vorgesetzter dem Thema Diversion gegenüber?

begeistert	3	anteilig in %:	9%
interessiert	23	anteilig in %:	72%
gleichgültig	1	anteilig in %:	3%
tolerant	2	anteilig in %:	6%
belächelnd	0	anteilig in %:	0%
ablehnend	0	anteilig in %:	0%
weiß nicht	3	anteilig in %:	9%

zu Frage 12 Verursachen die neuen Richtlinien Mehrarbeit?

nein, nicht mehr als vorher	8	anteilig in %:	24%
ein wenig, aber unproblematisch	10	anteilig in %:	29%
es wird Arbeit eingespart	1	anteilig in %:	3%
es ist deutlich mehr Arbeit als vorher	3	anteilig in %:	9%
weiß nicht	12	anteilig in %:	35%

zu Frage 13 Hat sich Ihre Arbeit durch die Richtlinien verändert?

nein	16	anteilig in %:	50%
weiß nicht	11	anteilig in %:	34%
ja, folgende:	5	anteilig in %:	16%
mehr Telefonate mit der Polizei	4		
etwas mehr Arbeit	1		

zu Frage 14 Haben Sie das Gefühl, dass die Einführung der Richtlinien ein Fortschritt war?

es hat sich nichts geändert	7 anteilig in %:	23%
nein, wegen folgendem:	0 anteilig in %:	0%
ja, wegen folgendem:	13 anteilig in %:	42%
schnellere Reaktion	9 anteilig in %:	69%
Diversion wurde "offziell"	1	
Polizeibeamter ist dem Besch. bekannt	1	
mehr erzieherische Einwirkung	1	
weiß nicht	11 anteilig in %:	35%

zu Frage 15 Können diese Richtlinien Ihrer Meinung nach zu einer landesweiten Gleichbehandlung jugendlicher Täter führen?

ja	9 anteilig in %:	28%
bei gleichmäßiger Beachtung	2 anteilig in %:	100%
nein	18 anteilig in %:	56%
zu komplex und flexibel zugleich	10 anteilig in %:	100%
weiß nicht	5 anteilig in %:	16%

zu Frage 16 Berücksichtigen Sie bei der Einstellungsnachricht erzieherische Belange?

nein	2 anteilig in %:	6%
ich schreibe eine einzelfallbezogene Einstellungsnachricht	0 anteilig in %:	0%
dafür benutze ich ein vorgefertigtes Formular	14 anteilig in %:	42%
das kommt auf den Fall an, mal Formular, mal einzelfallbezogen	17 anteilig in %:	55%

zu Frage 17 Halten Sie ein solches Gespräch für sinnvoll?

ja	32	anteilig in %:	100%
nein	0	anteilig in %:	0%
weiß nicht	0	anteilig in %:	0%

zu Frage 18 Sollte ein Pädagoge das erzieherische Gespräch führen?

ja, das hätte Vorteile	1 anteilig in %:	2%
nur in Einzelfällen	10 anteilig in %:	20%
weiß nicht	0 anteilig in %:	0%
da fehlt es an der Zuständigkeit	2 anteilig in %:	4%
nein der Aufwand wäre zu groß	11 anteilig in %:	22%
ein Polizeibeamter flößt mehr Respekt ein	21 anteilig in %:	41%
nein, aber das Gespräch sollte von folgender Person geführt werden	6 anteilig in %:	12%
geschulte Jugendsachbearb. d. Polizei	6 anteilig in %:	600%

zu Frage 19 Fühlen Sie sich bezüglich des Diversionsverfahrens ausreichend informiert?

ja	26 anteilig in %:	79%
ja, aber die Informationen könnten klarer sein	2 anteilig in %:	6%
im großen und ganzen ja, aber es gibt Probleme im Einzelfall	2 anteilig in %:	6%
nein, ich vermisse eine klare Linie	3 anteilig in %:	9%

zu Frage 20 Auf welche Weise wurden Sie über die Richtlinien informiert?

Rundverfügung der Behördenleitung	21	anteilig in %: 53%
eigene Kenntnis	11	anteilig in %: 28%
auf andere Weise, nämlich	8	anteilig in %: 20%
gemeinsame Fortbildung mit Polizei	1	
univisitäre Ausbildung	1	anteilig in %: 14%
gar nicht	1	
Kollegen	6	anteilig in %: 86%

zu Frage 21 Sollten mehr Schulungen in Bezug auf die Behandlung jugendlicher Straftäter durchgeführt werden?

ja	15	anteilig in %: 47%
nein	17	anteilig in %: 53%

zu Frage 22 Hat sich die Zusammenarbeit mit der Polizei durch die Einführung der Richtlinien verändert?

nein	5	anteilig in %: 16%
kaum	16	anteilig in %: 52%
ja, wie folgt	10	anteilig in %: 32%
engerer, regelmäßiger Kontakt	9	anteilig in %: 900%
zeitraubende Gespräche	1	

zu Frage 23 Werden Polizeibeamte den pädagogischen und juristischen Anforderungen gerecht, die durch die Richtlinien gestellt werden?

die Richtlinien dürften zu hohe Anforderungen stellen	0	anteilig in %: 0%
bei entsprechender Schulung sehe ich kein Problem	18	anteilig in %: 46%
ein Jugendsachbearbeiter kann dies leisten	19	anteilig in %: 49%
da gibt es keine besonderen Anforderungen	0	anteilig in %: 0%
weiß nicht	2	anteilig in %: 5%

zu Frage 24 Wie lang dauert das Gespräch durchschnittlich?

bis zu 5 min	25	anteilig in %: 78%
5 - 10 min	6	anteilig in %: 19%
10 - 15 min	1	anteilig in %: 3%
länger als 15 min	0	anteilig in %: 0%

zu Frage 25 Wird über das persönliche Umfeld des Täters und dessen Persönlichkeit gesprochen?

immer und ausführlich	5	anteilig in %: 15%
immer, aber nur kurz	5	anteilig in %: 15%
meistens	13	anteilig in %: 39%
manchmal	4	anteilig in %: 12%
nur in besonderen Fällen	5	anteilig in %: 15%
selten	1	anteilig in %: 3%
nie	0	anteilig in %: 0%

zu Frage 26 Wie werden Sie vom Polizeibeamten in die geplante Maßnahme einbezogen?

der Polizeibeamte unterbreitet mir zunächst einen Vorschlag	15	anteilig in %: 41%
ich werde zunächst nach meiner Meinung gefragt	3	anteilig in %: 8%
ich diskutiere mit dem Beamten und dann wird sich geeinigt	6	anteilig in %: 16%
unterschiedlich, mal so, mal so	13	anteilig in %: 35%

zu Frage 27   Welche Maßnahmen schlagen Sie in der Regel vor und warum?

Maßnahme:	gemeinnützige Arbeit	26 anteilig in %: 59%
weil:	fallbezogen; flexibel; angemessen; einfach zu organisieren	

Maßnahme:	Arbeit zur Schadenswieder-gutmachung	6 anteilig in %: 14%
weil:	Opferinteressen berücksichtigen	

Maßnahme:	TOA	8 anteilig in %: 18%
weil:	fallbezogen	

Maßnahme:	richterliche Ermahnung	0 anteilig in %: 0%
weil:		

Maßnahme:	Verkehrsunterricht	4 anteilig in %: 9%
weil:	fallbezogen	

zu Frage 28   Wird der Täter-Opfer-Ausgleich als Maßnahme vorgeschlagen?

ja, häufig	3	anteilig in %:	9%
ja, manchm	15	anteilig in %:	45%
ja, selten	11	anteilig in %:	33%
nein, nie	4	anteilig in %:	12%

zu Frage 29   Korrigieren Sie den Vorschlag des Polizeibeamten am Telefon?

nein, nie	0	anteilig in %:	0%
manchmal	32	anteilig in %:	97%
häufig	1	anteilig in %:	3%
immer	0	anteilig in %:	0%

zu Frage 30   Wie schätzen Sie die Vorprüfkompetenz des Polizeibeamten ein?

Das lässt sich nicht ändern	2 anteilig in %: 5%
der Polizeibeamte ist näher am Fall deswegen hat er im Einzelfall mehr Wissen	23 anteilig in %: 64%
finde ich bedenklich, weil kein Studium	2 anteilig in %: 5%
kein Problem	11 anteilig in %: 31%

zu Frage 31   Halten Sie den Anruf für notwendig?

ja	24	anteilig in %:	73%
nein	0	anteilig in %:	0%
meistens	3	anteilig in %:	9%
manchmal	6	anteilig in %:	18%

zu Frage 32   Sollte auch bei einer Einstellung nach § 45 I JGG vorher angerufen werden?

ja, immer	9	anteilig in %:	28%
manchmal	17	anteilig in %:	53%
nein, nie	6	anteilig in %:	19%

zu Frage 33   Wie steht es mit der Häufigkeit der Anrufe?

es sollte noch häufiger im Vorfeld angerufen werden	11 anteilig in %: 34%
es wird zu häufig angerufen	4 anteilig in %: 13%
es wird genauso häufig, wie nötig angerufen	17 anteilig in %: 53%

zu Frage 34 Könnte die Zusammenarbeit mit der Polizei in diesem Bereich
verbessert werden?

weiß nicht	6 anteilig in %:	20%
nein	14 anteilig in %:	47%
ja, folgendes könnte verbessert werden	10 anteilig in %:	33%
mehr Anrufe	2	
gemeinsame Treffen	1	
Motivationssteigerung	1	
keine Anrufe bei § 45 I JGG	1	
bessere Schulung der Polizei	2	
mehr § 45 II JGG	1	

zu Frage 35 Was halten Sie davon, einen Volljuristen in Polizeirevieren einzusetzen?

unnötig	22 anteilig in %:	54%
weiß nicht	2 anteilig in %:	5%
das wäre von Vorteil	1 anteilig in %:	2%
unpraktikabel	2 anteilig in %:	5%
unbezahlbar	6 anteilig in %:	15%
bedenklich, weil Trennung STA/Pol. aufgehoben	8 anteilig in %:	20%
Anruf genügt	1	
in der Regel gut ausgebildet	1	

zu Frage 36 Wird die Jugendgerichtshilfe bei Bagatellen informiert?

ja, immer	2 anteilig in %:	6%
ja, nach Abschluss der Ermittlungen	15 anteilig in %:	43%
selten, nur in besonderen Fällen	14 anteilig in %:	40%
nein	4 anteilig in %:	11%

zu Frage 37 Sollte der Informationsaustausch mit Jugendamt/ Jugendgerichtshilfe
intensiviert werden?

ja, wegen folgendem:	6 anteilig in %:	18%
geeignete Maßnahmen können früher ergriffen werden	1 anteilig in %:	25%
bessere Abstimmung	3 anteilig in %:	75%
Hemmschwellen abbauen	1 anteilig in %:	20%
nein, wegen folgendem:	23 anteilig in %:	70%
weil es so gut läuft	16 anteilig in %:	89%
zu aufwändig	2 anteilig in %:	11%
weiß nicht	4 anteilig in %:	12%

zu Frage 38 Sollten Richter stärker in das Diversionsverfahren miteinbezogen werden?

nein, das würde alles nur noch mehr verzögern	11 anteilig in %:	31%
nur im Falle von § 45 III JGG nötig	25 anteilig in %:	69%
ja, dies könnte folgende Vorteile haben	0 anteilig in %:	0%
weiß nicht	0 anteilig in %:	0%

Anhang 7

Einige Ergebnisse der Auswertung der Diversionserfassungsbögen

Anzahl der Fälle: 1015

männlich: 700 (69 %)   **weiblich**: 315 (31 %)

Ersttäter: (830) 82 %   **Zweittäter**: (133) 13 %   **Dritttäter**: (52) 5 %

Durchschnittsalter: 15.5 Jahre

Delikte: Diebstahl 511 (50,3 %)   Körperverletzung: 135 (13,3 %)

Sachbeschädigung: 135 (13,3 %)   Fahren ohne Fahrerl.: 89 (8,7 %)

Hausfriedensbruch: 12 (1,2 %)   Erschl. von Leistungen: 43 (4,2 %)

Verstoß gg PflichtversG: 20 (2 %)   Hausfriedensbruch: 12 (1,2 %)

Beleidigung: 10 (1 %)   Unterschlagung: 10 (1 %)

Verstoß gg WaffenG: 8 (0,8 %)   Rest: 42 (4,2 %)

§ 45 I JGG: 818 (80,6 %)

ohne Maßnahme: 108 (13,2 %)

erzieherisches Gespräch: 696 (85 %)

sofortige Entschuldigung: 196 (24 %)

sofortige Schadenswiedergutmachung: 96 (11 %)

Hilfsangebote: 2 (0,2 %)

Arbeitsleistung: 20 (2,4 %)

§ 45 II JGG: 182 (17,9 %)

    gemeinnützige Arbeit: 158 (86,8 %)

    Arbeit zur Schadenswiedergutmachung: 8 (4,4 %)

    Ausgleich mit dem Verletzten: 10 (5,5 %)

    TOA: 4 (2,2 %)

    Infogespräch bei Karstadt: 5 (2,2 %)

    Teilnahme am Verkehrsunterricht: 6 3,3 %)

§ 45 III JGG: 15 (1,5 %)

    Zustimmung zu § 45 I JGG: 159 (21,9 %)   **Zustimmung zu § 45 II JGG**: 164 (90,1 %)

    JGH unterrichtet: 40 (3,9 %)

    Korrektur: (10,5 %)   **problematisch**: (0,8 %)

Christian Grote

Anhang 8

Aktenauswertung Schleswig-Holstein 1. HJ 2000

Allgemeines:

Zahl der Beschuldigten:	320						
männlich:	235	anteilig in %	73%	weiblich:	85	anteilig in %	27%

Ersttäter:

Ersttäter:	257	Anteil an der Zahl der Beschuldigten:	80%	
männliche Ersttäter:	180	Anteil an den Ersttätern:		70%
Ersttäteranteil unter den männlichen Beschuldigten:		77%		
männlich -15:	108	anteilig in % auf die Zahl der Beschuldigten:		34%
		anteilig in % auf die Zahl der männlichen Besch.:		46%
		anteilig in % auf die Zahl der Ersttäter:		42%
		anteilig in % auf die Zahl der männlichen Ersttäter:		60%
männlich 16-17:	56	anteilig in % auf die Zahl der Beschuldigten:		18%
		anteilig in % auf die Zahl der männlichen Besch.:		24%
		anteilig in % auf die Zahl der Ersttäter:		22%
		anteilig in % auf die Zahl der männlichen Ersttäter:		31%
männlich 18-20:	16	anteilig in % auf die Zahl der Beschuldigten:		5%
		anteilig in % auf die Zahl der männlichen Besch.:		7%
		anteilig in % auf die Zahl der Ersttäter:		6%
		anteilig in % auf die Zahl der männlichen Ersttäter:		9%
weibliche Ersttäter:	77	Anteil an den Ersttätern:		30%
Ersttäteranteil unter den weiblichen Besch.:		91%		
weiblich - 15:	53	anteilig in % auf die Zahl der Beschuldigten:		17%
		anteilig in % auf die Zahl der weiblichen Besch.:		62%
		anteilig in % auf die Zahl der Ersttäter:		21%
		anteilig in % auf die Zahl der weiblichen Ersttäter:		69%
weiblich 16-17:	20	anteilig in % auf die Zahl der Beschuldigten:		6%
		anteilig in % auf die Zahl der weiblichen Besch.:		24%
		anteilig in % auf die Zahl der Ersttäter:		8%
		anteilig in % auf die Zahl der weiblichen Ersttäter:		26%
weiblich 18-20:	4	anteilig in % auf die Zahl der Beschuldigten:		1%
		anteilig in % auf die Zahl der weiblichen Besch.:		5%
		anteilig in % auf die Zahl der Ersttäter:		2%
		anteilig in % auf die Zahl der weiblichen Ersttäter:		5%

Zweittäter:

Zweittäter:	43	Anteil an der Zahl der Beschuldigten:	13%	
männliche Zweittäter:	37	Anteil an den Zweittätern:		86%
Zweittäteranteil unter den männlichen Beschuldigten:		16%		
männlich -15:	15	anteilig in % auf die Zahl der Beschuldigten:		5%
		anteilig in % auf die Zahl der männlichen Besch.:		6%
		anteilig in % auf die Zahl der Zweittäter:		35%
		anteilig in % auf die Zahl der männl. Zweittäter:		41%
männlich 16-17:	17	anteilig in % auf die Zahl der Beschuldigten:		5%
		anteilig in % auf die Zahl der männlichen Besch.:		7%
		anteilig in % auf die Zahl der Zweittäter:		40%
		anteilig in % auf die Zahl der männl. Zweittäter:		46%
männlich 18-20:	5	anteilig in % auf die Zahl der Beschuldigten:		2%
		anteilig in % auf die Zahl der männlichen Besch.:		2%
		anteilig in % auf die Zahl der Zweittäter:		12%
		anteilig in % auf die Zahl der männl. Zweittäter:		14%

weibliche Zweittäter:	6	Anteil an den Zweittätern:	14%
Zweittäteranteil unter den weiblichen Beschuldigten:		7%	
weiblich -15:	3 anteilig in % auf die Zahl der Beschuldigten:		1%
	anteilig in % auf die Zahl der weiblichen Besch.:		4%
	anteilig in % auf die Zahl der Zweittäter:		7%
	anteilig in % auf die Zahl der weibl. Zweittäter:		50%
weiblich 16-17:	1 anteilig in % auf die Zahl der Beschuldigten:		0%
	anteilig in % auf die Zahl der weiblichen Besch.:		1%
	anteilig in % auf die Zahl der Zweittäter:		2%
	anteilig in % auf die Zahl der weibl. Zweittäter:		17%
weiblich 18-20:	2 anteilig in % auf die Zahl der Beschuldigten:		1%
	anteilig in % auf die Zahl der weiblichen Besch.:		2%
	anteilig in % auf die Zahl der Zweittäter:		5%
	anteilig in % auf die Zahl der weibl. Zweittäter:		33%

Dritttäter:

Dritttäter:	20 Anteil an der Zahl der Beschuldigten:	6%	
männliche Dritttäter:	18	Anteil an den Dritttätern:	90%
Dritttäteranteil unter den männlichen Beschuldigten:		8%	
männlich -15:	6 anteilig in % auf die Zahl der Beschuldigten:		2%
	anteilig in % auf die Zahl der männlichen Besch.:		3%
	anteilig in % auf die Zahl der Dritttäter:		30%
	anteilig in % auf die Zahl der männl. Dritttäter:		33%
männlich 16-17:	10 anteilig in % auf die Zahl der Beschuldigten:		3%
	anteilig in % auf die Zahl der männlichen Besch.:		4%
	anteilig in % auf die Zahl der Dritttäter:		50%
	anteilig in % auf die Zahl der männl. Dritttäter:		56%
männlich 18-20:	2 anteilig in % auf die Zahl der Beschuldigten:		1%
	anteilig in % auf die Zahl der männlichen Besch.:		1%
	anteilig in % auf die Zahl der Dritttäter:		10%
	anteilig in % auf die Zahl der männl. Dritttäter:		11%
weibliche Dritttäter:	2	Anteil an den Dritttätern:	10%
Dritttäteranteil unter den weiblichen Beschuldigten:		2%	
weiblich -15:	1 anteilig in % auf die Zahl der Beschuldigten:		0%
	anteilig in % auf die Zahl der weiblichen Besch.:		1%
	anteilig in % auf die Zahl der Dritttäter:		5%
	anteilig in % auf die Zahl der weibl. Dritttäter:		50%
weiblich 16-17:	1 anteilig in % auf die Zahl der Beschuldigten:		0%
	anteilig in % auf die Zahl der weiblichen Besch.:		1%
	anteilig in % auf die Zahl der Dritttäter:		5%
	anteilig in % auf die Zahl der weibl. Dritttäter:		50%

Vortaten:

einschlägige Vortat:	9	Anteil bei den mehrfach auffälligen Beschuldigten:	14%
Anteil an den Beschuldigten insgesamt:		3%	
männlich -15:	3 anteilig in % auf die Zahl der Beschuldigten:		1%
	anteilig in % auf die Zahl der männlichen Besch.:		1%
	anteilig in % auf die Zahl der mehrfach Auffälligen:		5%
männlich 16-17:	3 anteilig in % auf die Zahl der Beschuldigten:		1%
	anteilig in % auf die Zahl der männlichen Besch.:		1%
	anteilig in % auf die Zahl der mehrfach Auffälligen:		5%
männlich 18-20:	1 anteilig in % auf die Zahl der Beschuldigten:		0%
	anteilig in % auf die Zahl der männlichen Besch.:		0%
	anteilig in % auf die Zahl der mehrfach Auffälligen:		2%
weiblich -15:	1 anteilig in % auf die Zahl der Beschuldigten:		0%
	anteilig in % auf die Zahl der weiblichen Besch.:		1%
	anteilig in % auf die Zahl der mehrfach Auffälligen:		2%
weiblich 18-20:	1 anteilig in % auf die Zahl der Beschuldigten:		0%
	anteilig in % auf die Zahl der weiblichen Besch.:		1%
	anteilig in % auf die Zahl der mehrfach Auffälligen:		2%

Alter:

Alter		Anteil an den Beschuldigten insgesamt			
12 Jahre	1	Anteil an den Beschuldigten insgesamt:		0%	
		davon weiblich:	1 anteilig in %	100%	Anteil an den w. B.: 1%
13 Jahre	2	Anteil an den Beschuldigten insgesamt:		1%	
		davon männlich:	1 anteilig in %:	50%	Anteil an den m.b.: 0%
		davon weiblich:	1 anteilig in %	50%	Anteil an den w. B.: 1%
14 Jahre	96	Anteil an den Beschuldigten insgesamt:		30%	
		davon männlich:	68 anteilig in %:	71%	Anteil an den m.b.: 29%
		davon weiblich:	28 anteilig in %	29%	Anteil an den w. B.: 33%
15 Jahre	87	Anteil an den Beschuldigten insgesamt:		27%	
		davon männlich:	60 anteilig in %:	69%	Anteil an den m.b.: 26%
		davon weiblich:	27 anteilig in %	31%	Anteil an den w. B.: 32%
16 Jahre	64	Anteil an den Beschuldigten insgesamt:		20%	
		davon männlich:	49 anteilig in %:	77%	Anteil an den m.b.: 21%
		davon weiblich:	15 anteilig in %	23%	Anteil an den w. B.: 18%
17 Jahre	41	Anteil an den Beschuldigten insgesamt:		13%	
		davon männlich:	34 anteilig in %:	83%	Anteil an den m.b.: 14%
		davon weiblich:	7 anteilig in %	17%	Anteil an den w. B.: 8%
18 Jahre	16	Anteil an den Beschuldigten insgesamt:		5%	
		davon männlich:	14 anteilig in %:	88%	Anteil an den m.b.: 6%
		davon weiblich:	2 anteilig in %	13%	Anteil an den w. B.: 2%
19 Jahre	8	Anteil an den Beschuldigten insgesamt:		3%	
		davon männlich:	6 anteilig in %:	75%	Anteil an den m.b.: 3%
		davon weiblich:	2 anteilig in %	25%	Anteil an den w. B.: 2%
20 Jahre	5	Anteil an den Beschuldigten insgesamt:		2%	
		davon männlich:	3 anteilig in %:	60%	Anteil an den m.b.: 1%
		davon weiblich:	2 anteilig in %	40%	Anteil an den w. B.: 2%

Durchschnittsalter aller Beschuldigter in Jahren: 15,4625
Durchschnittsalter männlicher Beschuldigter in Jahren: 15,54468
Durchschnittsalter weiblicher Beschuldigter in Jahren: 15,23529

Delikt:

§ 242 StGB — 33 Anteil an der Gesamtzahl aller Delikte: 10%
männliche Besch.: 15 Anteil an allen Delikten männlicher Besch.: 6%
Anteil männlicher Beschuldigten bei diesem Delikt: 45%
männl. - 15 J: 11 männl. 16-17J: 3 männl. 18-20 J.: 1
anteilig in %: 5% anteilig in %: 1% anteilig in %: 0%
weibliche Besch.: 18 Anteil an allen Delikten weiblicher Besch.: 21%
Anteil weiblicher Beschuldigter bei diesem Delikt: 55%
weibl. - 15 J.: 15 weibl. 16-17: 3
anteilig in %: 18% anteilig in %: 4%

§242,248 a StGB — 107 Anteil an der Gesamtzahl aller Delikte: 33%
männliche Besch.: 59 Anteil an allen Delikten männlicher Besch.: 25%
Anteil männlicher Beschuldigter bei diesem Delikt: 55%
männl. - 15 J: 34 männl. 16-17J: 19 männl. 18-20 J.: 6
anteilig in %: 14% anteilig in %: 8% anteilig in %: 3%
weibliche Besch.: 48 Anteil an allen Delikten weiblicher Besch.: 56%
Anteil weiblicher Beschuldigter bei diesem Delikt: 45%
weibl. - 15 J.: 35 weibl. 16-17: 11 weibl. 18-20 J.: 2
anteilig in %: 41% anteilig in %: 13% anteilig in %: 2%

§ 242,244 StGB — 4 Anteil an der Gesamtzahl aller Delikte: 1%
männliche Besch.: 4 Anteil an allen Delikten männlicher Besch.: 2%
Anteil männlicher Beschuldigter bei diesem Delikt: 100%
männl. - 15 J: 2 männl. 16-17J: 2
anteilig in %: 1% anteilig in %: 1%

Diebstähle insges. — 144 Anteil an der Gesamtzahl aller Delikte: 45%
männliche Besch.: 78 Anteil an allen Delikten männlicher Besch.: 33%
Anteil männlicher Beschuldigter bei diesem Delikt: 54%
männl. - 15 J: 47 männl. 16-17J: 24 männl. 18-20 J.: 7
anteilig in %: 20% anteilig in %: 10% anteilig in %: 3%
weibliche Besch.: 66 Anteil an allen Delikten weiblicher Besch.: 78%
Anteil weiblicher Beschuldigter bei diesem Delikt: 46%
weibl. - 15 J.: 50 weibl. 16-17: 14 weibl. 18-20 J.: 2
anteilig in %: 59% anteilig in %: 16% anteilig in %: 2%

§ 293 StGB | 1 Anteil an der Gesamtzahl aller Delikte: 0%
| männliche Besch.: | 1 Anteil an allen Delikten männlicher Besch.: | 0%
| Anteil männlicher Beschuldigten bei diesem Delikt: | 0%
| männl. - 15 J: | 1
| anteilig in %: | 0%

§ 246 StGB | 6 Anteil an der Gesamtzahl aller Delikte: 2%
| männliche Besch.: | 6 Anteil an allen Delikten männlicher Besch.: | 3%
| Anteil männlicher Beschuldigten bei diesem Delikt: | 100%
| männl. - 15 J: | 4 männl. 16-17J: | 2
| anteilig in %: | 2% anteilig in %: | 1%

§ 223 StGB | 30 Anteil an der Gesamtzahl aller Delikte: 9%
| männliche Besch.: | 28 Anteil an allen Delikten männlicher Besch.: | 12%
| Anteil männlicher Beschuldigten bei diesem Delikt: | 93%
| männl. - 15 J: | 19 männl. 16-17J: | 7 männl. 18-20 J.: | 2
| anteilig in %: | 8% anteilig in %: | 3% anteilig in %: | 1%
| weibliche Besch.: | 2 Anteil an allen Delikten weiblicher Besch.: | 2%
| weibl. - 15 J.: | 1 weibl. 16-17: | 1
| anteilig in %: | 1% anteilig in %: | 1%

§ 224 StGB | 5 Anteil an der Gesamtzahl aller Delikte: 2%
| männliche Besch.: | 5 Anteil an allen Delikten männlicher Besch.: | 2%
| Anteil männlicher Beschuldigten bei diesem Delikt: | 100%
| männl. - 15 J: | 3 männl. 16-17J: | 2
| anteilig in %: | 1% anteilig in %: | 1%

§ 229 StGB | 1 Anteil an der Gesamtzahl aller Delikte: 0%
| männliche Besch.: | 1 Anteil an allen Delikten männlicher Besch.: | 0%
| Anteil männlicher Beschuldigten bei diesem Delikt: | 100%
| männl. - 15 J: | 1
| anteilig in %: | 0%

§ 303 StGB | 46 Anteil an der Gesamtzahl aller Delikte: 14%
| männliche Besch.: | 44 Anteil an allen Delikten männlicher Besch.: | 19%
| Anteil männlicher Beschuldigten bei diesem Delikt: | 96%
| männl. - 15 J: | 23 männl. 16-17J: | 17 männl. 18-20 J.: | 4
| anteilig in %: | 10% anteilig in %: | 7% anteilig in %: | 2%
| weibliche Besch.: | 2 Anteil an allen Delikten weiblicher Besch.: | 2%
| weibl. - 15 J.: | 1 weibl. 18-20 J.: | 1
| anteilig in %: | 1% anteilig in %: | 1%

§ 304 StGB | 8 Anteil an der Gesamtzahl aller Delikte: 3%
| männliche Besch.: | 8 Anteil an allen Delikten männlicher Besch.: | 3%
| Anteil männlicher Beschuldigten bei diesem Delikt: | 100%
| männl. - 15 J: | 4 männl. 16-17J: | 2 männl. 18-20 J.: | 2
| anteilig in %: | 2% anteilig in %: | 1% anteilig in %: | 1%

§ 21 StVG | 28 Anteil an der Gesamtzahl aller Delikte: 9%
| männliche Besch.: | 27 Anteil an allen Delikten männlicher Besch.: | 11%
| Anteil männlicher Beschuldigten bei diesem Delikt: | 96%
| männl. - 15 J: | 9 männl. 16-17J: | 15 männl. 18-20 J.: | 3
| anteilig in %: | 4% anteilig in %: | 6% anteilig in %: | 1%
| weibliche Besch.: | 1 Anteil an allen Delikten weiblicher Besch.: | 1%
| weibl. 16-17: | 1
| anteilig in %: | 1%

§ 248 b StGB | 2 Anteil an der Gesamtzahl aller Delikte: 1%
| männliche Besch.: | 2 Anteil an allen Delikten männlicher Besch.: | 1%
| Anteil männlicher Beschuldigten bei diesem Delikt: | 100%
| männl. - 15 J: | 2
| anteilig in %: | 1%

Missbr. von Notr. | 3 Anteil an der Gesamtzahl aller Delikte: 1%
| männliche Besch.: | 2 Anteil an allen Delikten männlicher Besch.: | 1%
| Anteil männlicher Beschuldigten bei diesem Delikt: | 67%
| männl. - 15 J: | 1 männl. 18-20 J.: | 1
| anteilig in %: | 0% anteilig in %: | 0%
| weibliche Besch.: | 1 Anteil an allen Delikten weiblicher Besch.: | 1%
| weibl. 16-17: | 1
| anteilig in %: | 1%

§ 123 StGB | 11 Anteil an der Gesamtzahl aller Delikte: 3%
| männliche Besch.: | 11 Anteil an allen Delikten männlicher Besch.: | 5%
| Anteil männlicher Beschuldigter bei diesem Delikt: | 100%
| männl. - 15 J: | 4 männl. 16-17J: | 5 männl. 18-20 J.: | 2
| anteilig in %: | 2% anteilig in %: | 2% anteilig in %: | 1%

§ 6 PflVersG   7 Anteil an der Gesamtzahl aller Delikte: 2%
männliche Besch.:   6 Anteil an allen Delikten männlicher Besch.:   3%
Anteil männlicher Beschuldigter bei diesem Delikt: 86%
männl. - 15 J: 3 männl. 16-17J: 3
anteilig in %:   1% anteilig in %:   1%
weibliche Besch.:   1 Anteil an allen Delikten weiblicher Besch.:   1%
weibl. - 15 J.:   1
anteilig in %:   1%

§ 308 StGB   1 Anteil an der Gesamtzahl aller Delikte: 0%
männliche Besch.:   1 Anteil an allen Delikten männlicher Besch.:   0%
Anteil männlicher Beschuldigten bei diesem Delikt: 100%
männl. - 15 J: 1
anteilig in %:   0%

§ 316 StGB   1 Anteil an der Gesamtzahl aller Delikte: 0%
männliche Besch.:   1 Anteil an allen Delikten männlicher Besch.:   0%
Anteil männlicher Beschuldigten bei diesem Delikt: 100%
männl. - 15 J: 1
anteilig in %:   0%

§ 315 b StGB   1 Anteil an der Gesamtzahl aller Delikte: 0%
männliche Besch.:   1 Anteil an allen Delikten männlicher Besch.:   0%
Anteil männlicher Beschuldigten bei diesem Delikt: 100%
männl. - 15 J: 1
anteilig in %:   0%

Verst. Gg. WaffG   2 Anteil an der Gesamtzahl aller Delikte: 1%
männliche Besch.:   2 Anteil an allen Delikten männlicher Besch.:   1%
Anteil männlicher Beschuldigten bei diesem Delikt: 100%
männl. - 15 J: 2
anteilig in %:   1%

§ 265 a StGB   12 Anteil an der Gesamtzahl aller Delikte: 4%
männliche Besch.:   7 Anteil an allen Delikten männlicher Besch.:   3%
Anteil männlicher Beschuldigten bei diesem Delikt: 58%
männl. - 15 J: 2 männl. 16-17J: 5
anteilig in %:   1% anteilig in %:   2%
weibliche Besch.:   5 Anteil an allen Delikten weiblicher Besch.:   6%
weibl. - 15 J.:   1 weibl. 16-17:   2 weibl. 18-20 J.:   2
anteilig in %:   1% anteilig in %:   2% anteilig in %:   2%

§ 185 StGB   4 Anteil an der Gesamtzahl aller Delikte: 1%
männliche Besch.:   1 Anteil an allen Delikten männlicher Besch.:   0%
männl. - 15 J: 1
anteilig in %:   0%
weibliche Besch.:   3 Anteil an allen Delikten weiblicher Besch.:   4%
weibl. - 15 J.:   2 weibl. 18-20 J.:   1
anteilig in %:   2% anteilig in %:   1%

§ 259 StGB   5 Anteil an der Gesamtzahl aller Delikte: 2%
männliche Besch.:   2 Anteil an allen Delikten männlicher Besch.:   1%
männl. - 15 J: 1 männl. 18-20 J.:   1
anteilig in %:   0% anteilig in %:   0%
weibliche Besch.:   3 Anteil an allen Delikten weiblicher Besch.:   4%
weibl. - 15 J.:   2 weibl. 16-17:   1
anteilig in %:   2% anteilig in %:   1%

§ 267 StGB   1 Anteil an der Gesamtzahl aller Delikte: 0%
weibliche Besch.:   1 Anteil an allen Delikten weiblicher Besch.:   1%
weibl. 16-17:   1
anteilig in %:   1%

§ 164 StGB   1 Anteil an der Gesamtzahl aller Delikte: 0%
männliche Besch.:   1 Anteil an allen Delikten männlicher Besch.:   0%
männl. - 15 J: 1
anteilig in %:   0%

zur Tat:
Tat gleich gestanden: 243 Anteil an den Taten insgesamt: 76%
bei männl. Besch.:   173 Anteil an den Taten männl. Beschuldigter: 74%
männliche Besch. bis 15 Jahre: 94 anteilig in % bei bis 15 J.:   73%
männl. Besch. 16-17 Jahre: 64 anteilig in % bei 16-17 J.:   77%
männl. Besch. 18 - 20 Jahre: 15 anteilig in % bei 18-20 J.:   65%
bei weibl. Besch.:   70 Anteil an den Taten weibl. Beschuldigter: 82%
weibliche Besch. bis 15 Jahre: 49 anteilig in % bei bis 15 J.:   86%
weibl. Besch. 16-17 Jahre   17 anteilig in % bei 16-17 J.:   77%
weibl. Besch. 18-20 Jahre: 4 anteilig in % bei 18-20 J.:   67%

Tat nach Zögern gestanden	50	Anteil an den Taten insgesamt:		16%
bei männl. Besch.:		42	Anteil an den Taten männl. Beschuldigter:	18%
männliche Besch. bis 15 Jahre:		24	anteilig in % bei bis 15 J.:	19%
männl. Besch. 16-17 Jahre:		14	anteilig in % bei 16-17 J.:	17%
männl. Besch. 18 - 20 Jahre:		4	anteilig in % bei 18-20 J.:	17%
bei weibl. Besch.:		8	Anteil an den Taten weibl. Beschuldigter:	9%
weibliche Besch. bis 15 Jahre:		5	anteilig in % bei bis 15 J.:	9%
weibl. Besch. 16-17 Jahre		3	anteilig in % bei 16-17 J.:	14%
Tat unter Druck gestanden	19	Anteil an den Taten insgesamt:		6%
bei männl. Besch.:		17	Anteil an den Taten männl. Beschuldigter:	7%
männliche Besch. bis 15 Jahre:		9	anteilig in % bei bis 15 J.:	7%
männl. Besch. 16-17 Jahre:		4	anteilig in % bei 16-17 J.:	5%
männl. Besch. 18 - 20 Jahre:		4	anteilig in % bei 18-20 J.:	17%
bei weibl. Besch.:		2	Anteil an den Taten weibl. Beschuldigter:	2%
weibliche Besch. bis 15 Jahre:		2	anteilig in % bei bis 15 J.:	4%
Tat geleugnet:	8	Anteil an den Taten insgesamt:		3%
bei männl. Besch.:		3	Anteil an den Taten männl. Beschuldigter:	1%
männliche Besch. bis 15 Jahre:		1	anteilig in % bei bis 15 J.:	1%
männl. Besch. 16-17 Jahre:		2	anteilig in % bei 16-17 J.:	2%
bei weibl. Besch.:		5	Anteil an den Taten weibl. Beschuldigter:	6%
weibliche Besch. bis 15 Jahre:		1	anteilig in % bei bis 15 J.:	2%
weibl. Besch. 16-17 Jahre		2	anteilig in % bei 16-17 J.:	9%
weibl. Besch. 18-20 Jahre:		2	anteilig in % bei 18-20 J.:	33%
spontane Tat:	226	Anteil an den Taten insgesamt:		71%
bei männl. Besch.:		158	Anteil an den Taten männl. Beschuldigter:	67%
männliche Besch. bis 15 Jahre:		94	anteilig in % bei bis 15 J.:	73%
männl. Besch. 16-17 Jahre:		50	anteilig in % bei 16-17 J.:	60%
männl. Besch. 18 - 20 Jahre:		14	anteilig in % bei 18-20 J.:	61%
bei weibl. Besch.:		68	Anteil an den Taten weibl. Beschuldigter:	80%
weibliche Besch. bis 15 Jahre:		45	anteilig in % bei bis 15 J.:	79%
weibl. Besch. 16-17 Jahre		17	anteilig in % bei 16-17 J.:	77%
weibl. Besch. 18 - 20 Jahre:		6	anteilig in % bei 18-20 J.:	100%
geplante Tat:	85	Anteil an den Taten insgesamt:		27%
bei männl. Besch.:		69	Anteil an den Taten männl. Beschuldigter:	29%
männliche Besch. bis 15 Jahre:		31	anteilig in % bei bis 15 J.:	24%
männl. Besch. 16-17 Jahre:		30	anteilig in % bei 16-17 J.:	36%
männl. Besch. 18 - 20 Jahre:		8	anteilig in % bei 18-20 J.:	35%
bei weibl. Besch.:		16	Anteil an den Taten weibl. Beschuldigter:	19%
weibliche Besch. bis 15 Jahre:		11	anteilig in % bei bis 15 J.:	19%
weibl. Besch. 16-17 Jahre		5	anteilig in % bei 16-17 J.:	23%
fahrlässige Tat:	9	Anteil an den Taten insgesamt:		3%
bei männl. Besch.:		8	Anteil an den Taten männl. Beschuldigter:	3%
männliche Besch. bis 15 Jahre:		4	anteilig in % bei bis 15 J.:	3%
männl. Besch. 16-17 Jahre:		3	anteilig in % bei 16-17 J.:	4%
männl. Besch. 18 - 20 Jahre:		1	anteilig in % bei 18-20 J.:	4%
bei weibl. Besch.:		1	Anteil an den Taten weibl. Beschuldigter:	1%
weibliche Besch. bis 15 Jahre:		1	anteilig in % bei bis 15 J.:	2%
Motivation:				
aus Geldmangel:	14	Anteil an allen Taten:	4%	
Motiv für männl. Besch.:		11	Anteil bei allen männlichen Beschuldigten:	5%
für männl. Besch. bis 15 J.		7	Anteil bei allen männl. Besch. bis 15 J.:	5%
für männl. Besch. 16-17 J		4	Anteil bei allen männl. Besch. von 16-17 J.:	5%
Motiv für weibl. Besch.:		3	Anteil bei allen weiblichen Beschuldigten:	4%
für weibl. Besch. bis 15 J		2	Anteil bei allen w anteilig in % bei bis 15 J.:	4%
für weibl. Besch. 16-17 J		1	Anteil bei allen w anteilig in % bei 16-17 J.:	5%
aus Neugier	26	Anteil an allen Taten:	8%	
Motiv für männl. Besch.:		21	Anteil bei allen männlichen Beschuldigten:	9%
für männl. Besch. bis 15 J		16	Anteil bei allen männl. Besch. bis 15 J.:	12%
für männl. Besch. 16-17 J		2	Anteil bei allen männl. Besch. von 16-17 J.:	2%
für männl. Besch. 18-20 J		3	Anteil bei allen männl. Besch. Von 18-20 J.:	13%
Motiv für weibl. Besch.:		5	Anteil bei allen weiblichen Beschuldigten:	6%
für weibl. Besch. bis 15 J		3	Anteil bei allen weibl. Besch.bis 15 J.:	5%
für weibl. Besch. 16-17 J		2	Anteil bei allen weibl. Besch. 16-17 J.:	9%

Christian Grote

weil andere schon erfolgreich waren	43	Anteil an allen Taten:	13%
Motiv für männl. Besch.:	21	Anteil bei allen männlichen Beschuldigten:	9%
für männl. Besch. bis 15 J.	7	Anteil bei allen männl. Besch. bis 15 J.:	5%
für männl. Besch. 16-17 J	14	Anteil bei allen männl. Besch. von 16-17 J.:	17%
für männl. Besch. 18-20 J	0		
Motiv für weibl. Besch.:	22	Anteil bei allen weiblichen Beschuldigten:	26%
für weibl. Besch. bis 15 J	16	Anteil bei allen weibl. Besch.bis 15 J.:	28%
für weibl. Besch. 16-17 J	4	Anteil bei allen weibl. Besch. 16-17 J.:	18%
für weibl. Besch. 18-20 J	2	Anteil bei allen weibl. Besch. 18-20 J.:	33%
aus Wut	34	Anteil an allen Taten:	11%
Motiv für männl. Besch.:	29	Anteil bei allen männlichen Beschuldigten:	12%
für männl. Besch. bis 15 J.	16	Anteil bei allen männl. Besch. bis 15 J.:	12%
für männl. Besch. 16-17 J	13	Anteil bei allen männl. Besch. von 16-17 J.:	16%
Motiv für weibl. Besch.:	5	Anteil bei allen weiblichen Beschuldigten:	6%
für weibl. Besch. bis 15 J	2	Anteil bei allen weibl. Besch.bis 15 J.:	4%
für weibl. Besch. 16-17 J	1	Anteil bei allen weibl. Besch. 16-17 J.:	5%
für weibl. Besch. 18-20 J	2	Anteil bei allen weibl. Besch. 18-20 J.:	33%
Gruppenzwang:	33	Anteil an allen Taten:	10%
Motiv für männl. Besch.:	17	Anteil bei allen männlichen Beschuldigten:	7%
für männl. Besch. bis 15 J.	8	Anteil bei allen männl. Besch. bis 15 J.:	6%
für männl. Besch. 16-17 J	9	Anteil bei allen männl. Besch. von 16-17 J.:	11%
Motiv für weibl. Besch.:	16	Anteil bei allen weiblichen Beschuldigten:	19%
für weibl. Besch. bis 15 J	13	Anteil bei allen weibl. Besch. bis 15 J.:	23%
für weibl. Besch. 16-17 J	3	Anteil bei allen weibl. Besch. 16-17 J.:	14%
aus Langeweile:	42	Anteil an allen Taten:	13%
Motiv für männl. Besch.:	40	Anteil bei allen männlichen Beschuldigten:	17%
für männl. Besch. bis 15 J.	26	Anteil bei allen männl. Besch. bis 15 J.:	20%
für männl. Besch. 16-17 J	9	Anteil bei allen männl. Besch. von 16-17 J.:	11%
für männl. Besch. 18-20 J	5	Anteil bei allen männl. Besch. von 18-20 J.:	22%
Motiv für weibl. Besch.:	2	Anteil bei allen weiblichen Beschuldigten:	2%
für weibl. Besch. bis 15 J	1	Anteil bei allen weibl. Besch. bis 15 J.:	2%
für weibl. Besch. 16-17 J	1	Anteil bei allen weibl. Besch. 16-17 J.:	5%
Gelegenheit:	74	Anteil an allen Taten:	23%
Motiv für männl. Besch.:	46	Anteil bei allen männlichen Beschuldigten:	20%
für männl. Besch.bis 15 J.	23	Anteil bei allen männl. Besch. bis 15 J.:	18%
für männl. Besch. 16-17 J	15	Anteil bei allen männl. Besch. von 16-17 J.:	18%
für männl. Besch. 18-20 J	8	Anteil bei allen männl. Besch. von 18-20 J.:	35%
Motiv für weibl. Besch.:	18	Anteil bei allen weiblichen Beschuldigten:	21%
für weibl. Besch. bis 15 J	16	Anteil bei allen weibl. Besch. bis 15 J.:	28%
für weibl. Besch. 18-20 J	2	Anteil bei allen weibl. Besch. 18-20 J.:	33%
Nervenkitzel:	39	Anteil an allen Taten:	12%
Motiv für männl. Besch.:	38	Anteil bei allen männlichen Beschuldigten:	16%
für männl. Besch. bis 15 J.	21	Anteil bei allen männl. Besch. bis 15 J.:	16%
für männl. Besch. 16-17 J	12	Anteil bei allen männl. Besch. von 16-17 J.:	14%
für männl. Besch. 18-20 J	5	Anteil bei allen männl. Besch. von 18-20 J.:	22%
Motiv für weibl. Besch.:	1	Anteil bei allen weiblichen Beschuldigten:	1%
für weibl. Besch. bis 15 J	1	Anteil bei allen weibl. Besch. bis 15 J.:	2%
kein Motiv er-sichtlich	15	Anteil an allen Taten:	5%
Motiv für männl. Besch.:	12	Anteil bei allen männlichen Beschuldigten:	5%
für männl. Besch. bis 15 J.	5	Anteil bei allen männl. Besch. bis 15 J.:	4%
für männl. Besch. 16-17 J	5	Anteil bei allen männl. Besch. bis 15 J.:	6%
für männl. Besch. 18-20 J	2	Anteil bei allen männl. Besch. von 18-20 J.:	9%
Motiv für weibl. Besch.:	3	Anteil bei allen weiblichen Beschuldigten:	4%
für weibl. Besch. bis 15 J	3	Anteil bei allen weibl. Besch. bis 15 J.:	5%
Schwere der Tat:			
Bagatelle:	294	Anteil an allen Taten:	92%
bei männl. Beschuldigten:	213	Anteil bei Taten männlicher Beschuldigten:	91%
Bagatelltaten Besch. bis 15 Jahre:	116	Anteil in dieser Gruppe in %:	90%
Bagatelltaten Besch. 16-17 Jahre:	74	Anteil in dieser Gruppe in %:	89%
Bagatelltaten Besch. 18-20 Jahre:	23	Anteil in dieser Gruppe in %:	100%
bei weibl. Beschuldigten:	81	Anteil bei Taten weiblicher Beschuldigter:	95%
Bagatelltaten Besch. bis 15 Jahre:	55	Anteil in dieser Gruppe in %:	96%
Bagatelltaten Besch. 16-17 Jahre:	20	Anteil in dieser Gruppe in %:	91%
Bagatelltaten Besch. 18-20 Jahre:	6	Anteil in dieser Gruppe in %:	100%

mittelschwere Tat:	26	Anteil an allen Taten:	8%	
	bei männl. Beschuldigten:	22 Anteil bei Taten männlicher Beschuldigter:		9%
	bei Beschuldigten bis 15 Jahre:	13 Anteil in dieser Gruppe in %:		10%
	bei Beschuldigten von 16-17 J.:	9 Anteil in dieser Gruppe in %:		11%
	bei weibl. Beschuldigten:	4 Anteil bei Taten weiblicher Beschuldigter:		5%
	bei Beschuldigten bis 15 Jahre:	2 Anteil in dieser Gruppe in %:		4%
	bei Beschuldigten von 16-17 J.:	2 Anteil in dieser Gruppe in %:		9%

wie wurde die Tat nachgewiesen:

durch Zeugen:	288	Anteil an den Taten insgesamt:	90%	
	bei männl. Besch.:	211 Anteil an den Taten männl. Beschuldigter:		90%
	männliche Besch. bis 15 Jahre:	113 anteilig in % bei bis 15 J.:		88%
	männl. Besch. 16-17 Jahre:	76 anteilig in % bei 16-17 J.:		92%
	männl. Besch. 18 - 20 Jahre:	22 anteilig in % bei 18-20 J.:		96%
	bei weibl. Besch.:	77 Anteil an den Taten weibl. Beschuldigter:		91%
	weibliche Besch. bis 15 Jahre:	52 anteilig in % bei bis 15 J.:		91%
	weibl. Besch. 16-17 Jahre	19 anteilig in % bei 16-17 J.:		86%
	weibl. Besch. 18-20 Jahre:	6 anteilig in % bei 18-20 J.:		100%
durch Geständnis:	309	Anteil an den Taten insgesamt:	97%	
	bei männl. Besch.:	230 Anteil an den Taten männl. Beschuldigter:		98%
	männliche Besch. bis 15 Jahre:	125 anteilig in % bei bis 15 J.:		97%
	männl. Besch. 16-17 Jahre:	82 anteilig in % bei 16-17 J.:		99%
	männl. Besch. 18 - 20 Jahre:	23 anteilig in % bei 18-20 J.:		100%
	bei weibl. Besch.:	79 Anteil an den Taten weibl. Beschuldigter:		93%
	weibliche Besch. bis 15 Jahre:	54 anteilig in % bei bis 15 J.:		95%
	weibl. Besch. 16-17 Jahre	20 anteilig in % bei 16-17 J.:		91%
	weibl. Besch. 18-20 Jahre:	5 anteilig in % bei 18-20 J.:		83%
durch Tatmittel:	33	Anteil an den Taten insgesamt:	10%	
	bei männl. Besch.:	32 Anteil an den Taten männl. Beschuldigter:		14%
	männliche Besch. bis 15 Jahre:	14 anteilig in % bei bis 15 J.:		11%
	männl. Besch. 16-17 Jahre:	15 anteilig in % bei 16-17 J.:		18%
	männl. Besch. 18 - 20 Jahre:	3 anteilig in % bei 18-20 J.:		13%
	bei weibl. Besch.:	1 Anteil an den Taten weibl. Beschuldigter:		1%
	weibliche Besch. bis 15 Jahre:	1 anteilig in % bei bis 15 J.:		2%
durch Beute:	142	Anteil an den Taten insgesamt:	44%	
	bei männl. Besch.:	76 Anteil an den Taten männl. Beschuldigter:		32%
	männliche Besch. bis 15 Jahre:	47 anteilig in % bei bis 15 J.:		37%
	männl. Besch. 16-17 Jahre:	21 anteilig in % bei 16-17 J.:		25%
	männl. Besch. 18 - 20 Jahre:	8 anteilig in % bei 18-20 J.:		40%
	bei weibl. Besch.:	66 Anteil an den Taten weibl. Beschuldigter:		78%
	weibliche Besch. bis 15 Jahre:	48 anteilig in % bei bis 15 J.:		87%
	weibl. Besch. 16-17 Jahre	16 anteilig in % bei 16-17 J.:		73%
	weibl. Besch. 18-20 Jahre:	2 anteilig in % bei 18-20 J.:		50%
durch Kontrolle:	44	Anteil an den Taten insgesamt:	14%	
	bei männl. Besch.:	36 Anteil an den Taten männl. Beschuldigter:		15%
	männliche Besch. bis 15 Jahre:	12 anteilig in % bei bis 15 J.:		9%
	männl. Besch. 16-17 Jahre:	22 anteilig in % bei 16-17 J.:		27%
	männl. Besch. 18 - 20 Jahre:	2 anteilig in % bei 18-20 J.:		9%
	bei weibl. Besch.:	8 Anteil an den Taten weibl. Beschuldigter:		9%
	weibliche Besch. bis 15 Jahre:	2 anteilig in % bei bis 15 J.:		4%
	weibl. Besch. 16-17 Jahre	4 anteilig in % bei 16-17 J.:		18%
	weibl. Besch. 18-20 Jahre:	2 anteilig in % bei 18-20 J.:		33%
ungenügender Beweis:	3	Anteil an den Taten insgesamt:	1%	
	bei männl. Besch.:	2 Anteil an den Taten männl. Beschuldigter:		1%
	männliche Besch. bis 15 Jahre:	1 anteilig in % bei bis 15 J.:		2%
	männl. Besch. 16-17 Jahre:	1 anteilig in % bei 16-17 J.:		1%
	bei weibl. Besch.:	1 Anteil an den Taten weibl. Beschuldigter:		1%
	weibl. Besch. 18-20 Jahre:	1 anteilig in % bei 18-20 J.:		17%

zum persönlichen Umfeld des Beschuldigten:

wohnt bei Eltern:	220	Anteil bezogen auf alle Beschuldigten:	69%	
	bei männl. Beschuldigten:	161 Anteil bei allen männlichen Beschuldigten:		69%
	männliche Besch. bis 15 Jahre:	93 anteilig in % bei bis 15 J.:		72%
	männl. Besch. 16-17 Jahre:	57 anteilig in % bei 16-17 J.:		69%
	männl. Besch. 18 - 20 Jahre:	11 anteilig in % bei 18-20 J.:		48%
	bei weibl. Besch.:	59 Anteil bei allen weiblichen Beschuldigten:		69%
	weibliche Besch. bis 15 Jahre:	42 anteilig in % bei bis 15 J.:		74%
	weibl. Besch. 16-17 Jahre	14 anteilig in % bei 16-17 J.:		64%
	weibl. Besch. 18-20 Jahre:	3 anteilig in % bei 18-20 J.:		50%

wohnt in einer jugendbetreuenden Einrichtung	14	Anteil bezogen auf alle Beschuldigten:	4%	
		bei männl. Beschuldigten:	11 Anteil bei allen männlichen Beschuldigten:	5%
		männliche Besch. bis 15 Jahre:	7 anteilig in % bei bis 15 J.:	5%
		männl. Besch. 16-17 Jahre:	3 anteilig in % bei 16-17 J.:	4%
		männl. Besch. 18 - 20 Jahre:	1 anteilig in % bei 18-20 J.:	4%
		bei weibl. Besch.:	3 Anteil bei allen weiblichen Beschuldigten:	4%
		weibliche Besch. bis 15 Jahre:	2 anteilig in % bei bis 15 J.:	4%
		weibl. Besch. 16-17 Jahre	1 anteilig in % bei 16-17 J.:	25%
wohnt allein	6	Anteil bezogen auf alle Beschuldigten:	2%	
		bei männl. Beschuldigten:	3 Anteil bei allen männlichen Beschuldigten:	1%
		männl. Besch. 18 - 20 Jahre:	3 anteilig in % bei 18-20 J.:	13%
		bei weibl. Besch.:	1 Anteil bei allen weiblichen Beschuldigten:	1%
		weibl. Besch. 18-20 Jahre:	1 anteilig in % bei 18-20 J.:	17%
wohnt bei Mutter/ Vater	62	Anteil bezogen auf alle Beschuldigten:	19%	
		bei männl. Beschuldigten:	45 Anteil bei allen männlichen Beschuldigten:	19%
		männliche Besch. bis 15 Jahre:	25 anteilig in % bei bis 15 J.:	19%
		männl. Besch. 16-17 Jahre:	17 anteilig in % bei 16-17 J.:	20%
		männl. Besch. 18 - 20 Jahre:	3 anteilig in % bei 18-20 J.:	13%
		bei weibl. Besch.:	17 Anteil bei allen weiblichen Beschuldigten:	20%
		weibliche Besch. bis 15 Jahre:	10 anteilig in % bei bis 15 J.:	18%
		weibl. Besch. 16-17 Jahre	7 anteilig in % bei 16-17 J.:	32%
wohnt bei Pflege- eltern	8	Anteil bezogen auf alle Beschuldigten:	3%	
		bei männl. Beschuldigten:	7 Anteil bei allen männlichen Beschuldigten:	3%
		männliche Besch. bis 15 Jahre:	3 anteilig in % bei bis 15 J.:	2%
		männl. Besch. 16-17 Jahre:	3 anteilig in % bei 16-17 J.:	4%
		männl. Besch. 18 - 20 Jahre:	1 anteilig in % bei 18-20 J.:	4%
		bei weibl. Besch.:	1 Anteil bei allen weiblichen Beschuldigten:	1%
		weibliche Besch. bis 15 Jahre:	1 anteilig in % bei bis 15 J.:	2%
wohnt bei Ver- wandten	3	Anteil bezogen auf alle Beschuldigten:	1%	
		bei männl. Beschuldigten:	2 Anteil bei allen männlichen Beschuldigten:	1%
		männl. Besch. 16-17 Jahre:	2 anteilig in % bei 16-17 J.:	2%
		bei weibl. Besch.:	1 Anteil bei allen weiblichen Beschuldigten:	1%
		weibliche Besch. bis 15 Jahre:	1 anteilig in % bei bis 15 J.:	2%
keine Angaben:	7			
nichts über das Verhältnis zu den Erziehungsber. erwähnt	210	Anteil bezogen auf alle Beschuldigten:	66%	
		bei männl. Beschuldigten:	157 Anteil bei allen männlichen Beschuldigten:	67%
		männliche Besch. bis 15 Jahre:	79 anteilig in % bei bis 15 J.:	61%
		männl. Besch. 16-17 Jahre:	59 anteilig in % bei 16-17 J.:	71%
		männl. Besch. 18 - 20 Jahre:	19 anteilig in % bei 18-20 J.:	83%
		bei weibl. Besch.:	53 Anteil bei allen weiblichen Beschuldigten:	62%
		weibliche Besch. bis 15 Jahre:	35 anteilig in % bei bis 15 J.:	61%
		weibl. Besch. 16-17 Jahre	14 anteilig in % bei 16-17 J.:	64%
		weibl. Beschuldigte 18-20 J.:	4 anteilig in % bei 18-20 J.:	67%

die Zahlen über gute Beziehung zu den Eltern und Probleme wurden mit der Gesamtzahl derer ins Verhältnis gesetzt, die Angaben gemacht haben.

gutes Verhält- nis zu den Erzieh- hungsberechtigten	75	Anteil bezogen auf die Beschuldigten:	68%	
		bei männl. Beschuldigten:	53 Anteil bei den männlichen Beschuldigten:	68%
		männliche Besch. bis 15 Jahre:	37 anteilig in % bei bis 15 J.:	74%
		männl. Besch. 16-17 Jahre:	13 anteilig in % bei 16-17 J.:	54%
		männl. Besch. 18 - 20 Jahre:	3 anteilig in % bei 18-20 J.:	75%
		bei weibl. Besch.:	22 Anteil bei allen weiblichen Beschuldigten:	69%
		weibliche Besch. bis 15 Jahre:	16 anteilig in % bei bis 15 J.:	73%
		weibl. Besch. 16-17 Jahre	6 anteilig in % bei 16-17 J.:	75%
Probleme zu Hause	35	Anteil bezogen auf alle Beschuldigten:	32%	
		bei männl. Beschuldigten:	25 Anteil bei allen männlichen Beschuldigten:	32%
		männliche Besch. bis 15 Jahre:	13 anteilig in % bei bis 15 J.:	26%
		männl. Besch. 16-17 Jahre:	11 anteilig in % bei 16-17 J.:	46%
		männl. Besch. 18 - 20 Jahre:	1 anteilig in % bei 18-20 J.:	25%
		bei weibl. Besch.:	8 Anteil bei allen weiblichen Beschuldigten:	25%
		weibliche Besch. bis 15 Jahre:	4 anteilig in % bei bis 15 J.:	18%
		weibl. Besch. 16-17 Jahre	2 anteilig in % bei 16-17 J.:	25%
		weibl. Beschuldigte 18-20 J.:	2 anteilig in % bei 18-20 J.:	100%

Geschwister:	113	keine Angaben zu Geschwistern:	207	
keine Angaben zu dem Familien-	29	Anteil bezogen auf alle Beschuldigten:	9%	
stand der Eltern	bei männl. Beschuldigten:	18 Anteil bei allen männlichen Beschuldigten:		8%
	männliche Besch. bis 15 Jahre:	9 anteilig in % bei bis 15 J.:		7%
	männl. Besch. 16-17 Jahre:	2 anteilig in % bei 16-17 J.:		2%
	männl. Besch. 18 - 20 Jahre:	7 anteilig in % bei 18-20 J.:		30%
	bei weibl. Besch.:	11 Anteil bei den weiblichen Beschuldigten:		13%
	weibliche Besch. bis 15 Jahre:	9 anteilig in % bei bis 15 J.:		16%
	weibliche Besch. 16-17 Jahre	1 anteilig in % bei 16-17 J.:		5%
	weibl. Beschuldigte 18-20 J.:	1 anteilig in % bei 18-20 J.:		17%

Die folgenden Zahlen zum Familienstand der Eltern wurden nur zu den Fällen ins Verhältnis gesetzt, in denen zum Familienstand Angaben gemacht wurden

Eltern leben zu-sammen	212	Anteil bezogen auf die Beschuldigten:	73%	
	bei männl. Beschuldigten:	157 Anteil bei den männlichen Beschuldigten:		72%
	männliche Besch. bis 15 Jahre:	89 anteilig in % bei bis 15 J.:		74%
	männl. Besch. 16-17 Jahre:	57 anteilig in % bei 16-17 J.:		70%
	männl. Besch. 18 - 20 Jahre:	11 anteilig in % bei 18-20 J.:		69%
	bei weibl. Besch.:	55 Anteil bei den weiblichen Beschuldigten:		74%
	weibliche Besch. bis 15 Jahre:	36 anteilig in % bei bis 15 J.:		75%
	weibliche Besch. 16-17 Jahre	15 anteilig in % bei 16-17 J.:		71%
	weibl. Beschuldigte 18-20 J.:	4 anteilig in % bei 18-20 J.:		80%
Eltern sind ge-schieden bzw. leben getrennt	71	Anteil bezogen auf die Beschuldigten:	24%	
	bei männl. Beschuldigten:	54 Anteil bei den männlichen Beschuldigten:		25%
	männliche Besch. bis 15 Jahre:	29 anteilig in % bei bis 15 J.:		24%
	männl. Besch. 16-17 Jahre:	20 anteilig in % bei 16-17 J.:		25%
	männl. Besch. 18 - 20 Jahre:	5 anteilig in % bei 18-20 J.:		31%
	bei weibl. Besch.:	17 Anteil bei den weiblichen Beschuldigten:		23%
	weibliche Besch. bis 15 Jahre:	11 anteilig in % bei bis 15 J.:		23%
	weibliche Besch. 16-17 Jahre	5 anteilig in % bei 16-17 J.:		24%
	weibl. Beschuldigte 18-20 J.:	1 anteilig in % bei 18-20 J.:		20%
ein Elternteil ist tot	8	Anteil bezogen auf die Beschuldigten:	3%	
	bei männl. Beschuldigten:	6 Anteil bei den männlichen Beschuldigten:		3%
	männliche Besch. bis 15 Jahre:	2 anteilig in % bei bis 15 J.:		2%
	männl. Besch. 16-17 Jahre:	4 anteilig in % bei 16-17 J.:		5%
	bei weibl. Besch.:	2 Anteil bei den weiblichen Beschuldigten:		3%
	weibliche Besch. bis 15 Jahre:	1 anteilig in % bei bis 15 J.:		2%
	weibliche Besch. 16-17 Jahre	1 anteilig in % bei 16-17 J.:		5%
keine Angaben über Schule bzw. Beruf	34	Anteil bezogen auf alle Beschuldigten:	11%	
	bei männl. Beschuldigten:	23 Anteil bei allen männlichen Beschuldigten:		10%
	männliche Besch. bis 15 Jahre:	13 anteilig in % bei bis 15 J.:		10%
	männl. Besch. 16-17 Jahre:	7 anteilig in % bei 16-17 J.:		8%
	männl. Besch. 18 - 20 Jahre:	3 anteilig in % bei 18-20 J.:		13%
	bei weibl. Besch.:	11 Anteil bei allen weiblichen Beschuldigten:		13%
	weibliche Besch. bis 15 Jahre:	8 anteilig in % bei bis 15 J.:		14%
	weibl. Besch. 16-17 Jahre	2 anteilig in % bei 16-17 J.:		9%
	weibl. Beschuldigte 18-20 J.:	1 anteilig in % bei 18-20 J.:		17%

die folgenden Zahlen wurden ins Verhältnis zu den Fällen gesetzt, bei denen konkrete Angaben erfolgten

geht zur Schule	241	Anteil bezogen auf die Beschuldigten:	84%	
	bei männl. Beschuldigten:	175 Anteil bei den männlichen Beschuldigten:		83%
	männliche Besch. bis 15 Jahre:	114 anteilig in % bei bis 15 J.:		98%
	männl. Besch. 16-17 Jahre:	53 anteilig in % bei 16-17 J.:		70%
	männl. Besch. 18 - 20 Jahre:	8 anteilig in % bei 18-20 J.:		40%
	bei weibl. Besch.:	66 Anteil bei den weiblichen Beschuldigten:		89%
	weibliche Besch. bis 15 Jahre:	48 anteilig in % bei bis 15 J.:		98%
	weibl. Besch. 16-17 Jahre	16 anteilig in % bei 16-17 J.:		80%
	weibl. Beschuldigte 18-20 J.:	2 anteilig in % bei 18-20 J.:		40%
Azubi	24	Anteil bezogen auf die Beschuldigten:	8%	
	bei männl. Beschuldigten:	20 Anteil bei den männlichen Beschuldigten:		9%
	männliche Besch. bis 15 Jahre:	1 anteilig in % bei bis 15 J.:		1%
	männl. Besch. 16-17 Jahre:	15 anteilig in % bei 16-17 J.:		20%
	männl. Besch. 18 - 20 Jahre:	4 anteilig in % bei 18-20 J.:		20%
	bei weibl. Besch.:	4 Anteil bei den weiblichen Beschuldigten:		5%
	weibl. Besch. 16-17 Jahre	2 anteilig in % bei 16-17 J.:		10%
	weibl. Beschuldigte 18-20 J.:	2 anteilig in % bei 18-20 J.:		40%

Beruf	3	Anteil bezogen auf die Beschuldigten:	1%	
		bei männl. Beschuldigten:	3 Anteil bei den männlichen Beschuldigten:	1%
		männl. Besch. 16-17 Jahre:	1 anteilig in % bei 16-17 J.:	1%
		männl. Besch. 18 - 20 Jahre:	2 anteilig in % bei 18-20 J.:	10%
arbeitslos	19	Anteil bezogen auf die Beschuldigten:	7%	
		bei männl. Beschuldigten:	14 Anteil bei den männlichen Beschuldigten:	7%
		männl. Besch. 16-17 Jahre:	8 anteilig in % bei 16-17 J.:	11%
		männl. Besch. 18 - 20 Jahre:	6 anteilig in % bei 18-20 J.:	30%
		bei weibl. Besch.:	5 Anteil bei den weiblichen Beschuldigten:	7%
		weibliche Besch. bis 15 Jahre:	1 anteilig in % bei bis 15 J.:	2%
		weibl. Besch. 16-17 Jahre	3 anteilig in % bei 16-17 J.:	15%
		weibl. Beschuldigte 18-20 J.:	1 anteilig in % bei 18-20 J.:	20%
Sonderschule	10	Anteil bezogen auf die Beschuldigten:	3%	
		bei männl. Beschuldigten:	6 Anteil bei den männlichen Beschuldigten:	18%
		männliche Besch. bis 15 Jahre:	5 anteilig in % bei bis 15 J.:	4%
		männl. Besch. 16-17 Jahre:	1 anteilig in % bei 16-17 J.:	1%
		bei weibl. Besch.:	4 Anteil bei den weiblichen Beschuldigten:	5%
		weibliche Besch. bis 15 Jahre:	4 anteilig in % bei bis 15 J.:	8%
Förderschule	17	Anteil bezogen auf die Beschuldigten:	6%	
		bei männl. Beschuldigten:	15 Anteil bei den männlichen Beschuldigten:	7%
		männliche Besch. bis 15 Jahre:	11 anteilig in % bei bis 15 J.:	9%
		männl. Besch. 16-17 Jahre:	4 anteilig in % bei 16-17 J.:	5%
		bei weibl. Besch.:	2 Anteil bei den weiblichen Beschuldigten:	3%
		weibliche Besch. bis 15 Jahre:	2 anteilig in % bei bis 15 J.:	4%
Hauptschule	133	Anteil bezogen auf die Beschuldigten:	47%	
		bei männl. Beschuldigten:	99 Anteil bei den männlichen Beschuldigten:	47%
		männliche Besch. bis 15 Jahre:	66 anteilig in % bei bis 15 J.:	57%
		männl. Besch. 16-17 Jahre:	31 anteilig in % bei 16-17 J.:	41%
		männl. Besch. 18 - 20 Jahre:	2 anteilig in % bei 18-20 J.:	10%
		bei weibl. Besch.:	34 Anteil bei den weiblichen Beschuldigten:	46%
		weibliche Besch. bis 15 Jahre:	26 anteilig in % bei bis 15 J.:	53%
		weibl. Besch. 16-17 Jahre	8 anteilig in % bei 16-17 J.:	40%
Realschule	49	Anteil bezogen auf die Beschuldigten:	17%	
		bei männl. Beschuldigten:	30 Anteil bei den männlichen Beschuldigten:	14%
		männliche Besch. bis 15 Jahre:	19 anteilig in % bei bis 15 J.:	16%
		männl. Besch. 16-17 Jahre:	11 anteilig in % bei 16-17 J.:	14%
		bei weibl. Besch.:	19 Anteil bei den weiblichen Beschuldigten:	26%
		weibliche Besch. bis 15 Jahre:	13 anteilig in % bei bis 15 J.:	27%
		weibl. Besch. 16-17 Jahre	6 anteilig in % bei 16-17 J.:	30%
Gymnasium:	32	Anteil bezogen auf die Beschuldigten:	11%	
		bei männl. Beschuldigten:	25 Anteil bei den männlichen Beschuldigten:	12%
		männliche Besch. bis 15 Jahre:	14 anteilig in % bei bis 15 J.:	12%
		männl. Besch. 16-17 Jahre:	5 anteilig in % bei 16-17 J.:	7%
		männl. Besch. 18 - 20 Jahre:	6 anteilig in % bei 18-20 J.:	30%
		bei weibl. Besch.:	7 Anteil bei den weiblichen Beschuldigten:	9%
		weibliche Besch. bis 15 Jahre:	3 anteilig in % bei bis 15 J.:	6%
		weibl. Besch. 16-17 Jahre	2 anteilig in % bei 16-17 J.:	10%
		weibl. Beschuldigte 18-20 J.:	2 anteilig in % bei 18-20 J.:	40%

Angaben über Schulleistungen:	101			
	davon gute Leistungen:	14 Leistung o.k.	56 schlechte Leistung:	31
	anteilig in %	14% anteilig in %	55% anteilig in %	31%
	davon bei männl. Besch.	78		
	davon gute Leistungen:	11 Leistung o.k.	42 schlechte Leistung:	25
	anteilig in %	14% anteilig in %	54% anteilig in %	32%
	davon bei Besch. bis 15 J.	56		
	davon gute Leistungen:	8 Leistung o.k.	31 schlechte Leistung:	17
	anteilig in %	14% anteilig in %	55% anteilig in %	30%
	davon bei Besch. 16-17 J.	21		
	davon gute Leistungen:	3 Leistung o.k.	10 schlechte Leistung:	8
	anteilig in %	14% anteilig in %	48% anteilig in %	38%
	davon bei Besch. 18-20 J.	1		
		Leistung o.k.	1 schlechte Leistung:	0
		anteilig in %	100% anteilig in %	0%

bei weibl. Beschuldigten:	23			
davon gute Leistungen:	3	Leistung o.k.	14 schlechte Leistung:	6
anteilig in %	13%	anteilig in %	61% anteilig in %	26%
davon bei Besch. bis 15 J.	17			
davon gute Leistungen:	2	Leistung o.k.	11 schlechte Leistung:	4
anteilig in %	12%	anteilig in %	65% anteilig in %	24%
davon bei Besch. 16-17 J.	5			
davon gute Leistungen:	1	Leistung o.k.	3 schlechte Leistung:	1
anteilig in %	20%	anteilig in %	60% anteilig in %	20%
davon bei Besch. 18-20 J.	1			
			schlechte Leistung:	1
			anteilig in %	100%

konkreter Berufswunsch: 24

bei männl. Beschuldigten:	17
männliche Besch. bis 15 Jahre:	11
männl. Besch. 16-17 Jahre:	5
männl. Besch. 18 - 20 Jahre:	1
bei weibl. Beschuldigten:	7
weibliche Besch. bis 15 Jahre:	3
weibl. Besch. 16-17 Jahre	4
weibl. Besch. 18-20 Jahre:	0

die folgenden Zahlen wurden ins Verhältnis zu den Fällen gesetzt, bei denen konkrete Angaben erfolgten

Schule, Lehre oder Beruf abgebrochen	2	(2x männl. 18-20 J.)	1%

Freizeit

keine Angaben zur Freizeit	187	Anteil bezogen auf alle Beschuldigten:	58%
	bei männl. Beschuldigten:	134 Anteil bei allen männlichen Beschuldigten:	57%
	männliche Besch. bis 15 Jahre:	58 anteilig in % bei bis 15 J.:	45%
	männl. Besch. 16-17 Jahre:	61 anteilig in % bei 16-17 J.:	73%
	männl. Besch. 18 - 20 Jahre:	15 anteilig in % bei 18-20 J.:	65%
	bei weibl. Besch.:	53 Anteil bei allen weiblichen Beschuldigten:	62%
	weibliche Besch. bis 15 Jahre:	34 anteilig in % bei bis 15 J.:	60%
	weibl. Besch. 16-17 Jahre	14 anteilig in % bei 16-17 J.:	64%
	weibl. Besch. 18-20 Jahre:	5 anteilig in % bei 18-20 J.:	83%

die folgenden Zahlen wurden ins Verhältnis zu den Fällen gesetzt, bei denen konkrete Angaben erfolgten

Sport	70	Anteil bezogen auf die Beschuldigten:	53%
	bei männl. Beschuldigten:	53 Anteil bei den männlichen Beschuldigten:	52%
	männliche Besch. bis 15 Jahre:	41 anteilig in % bei bis 15 J.:	58%
	männl. Besch. 16-17 Jahre:	7 anteilig in % bei 16-17 J.:	32%
	männl. Besch. 18 - 20 Jahre:	5 anteilig in % bei 18-20 J.:	63%
	bei weibl. Besch.:	17 Anteil bei allen weiblichen Beschuldigten:	53%
	weibliche Besch. bis 15 Jahre:	11 anteilig in % bei bis 15 J.:	48%
	weibl. Besch. 16-17 Jahre	6 anteilig in % bei 16-17 J.:	75%

Freundeskreis	81	Anteil bezogen auf die Beschuldigten:	61%
	bei männl. Beschuldigten:	59 Anteil bei den männlichen Beschuldigten:	58%
	männliche Besch. bis 15 Jahre:	40 anteilig in % bei bis 15 J.:	56%
	männl. Besch. 16-17 Jahre:	16 anteilig in % bei 16-17 J.:	73%
	männl. Besch. 18 - 20 Jahre:	3 anteilig in % bei 18-20 J.:	38%
	bei weibl. Besch.:	22 Anteil bei den weiblichen Beschuldigten:	69%
	weibliche Besch. bis 15 Jahre:	15 anteilig in % bei bis 15 J.:	65%
	weibl. Besch. 16-17 Jahre	6 anteilig in % bei 16-17 J.:	75%
	weibl. Besch. 18-20 Jahre:	1 anteilig in % bei 18-20 J.:	100%

Computer	18	Anteil bezogen auf den Beschuldigten:	14%
	bei männl. Beschuldigten:	18 Anteil bei den männlichen Beschuldigten:	18%
	männliche Besch. bis 15 Jahre:	14 anteilig in % bei bis 15 J.:	20%
	männl. Besch. 16-17 Jahre:	4 anteilig in % bei 16-17 J.:	18%

deutsche Staatsangehörigkeit	298	Anteil bezogen auf alle Beschuldigten:	93%
	bei männl. Beschuldigten:	218 Anteil bei allen männlichen Beschuldigten:	93%
	männliche Besch. bis 15 Jahre:	119 anteilig in % bei bis 15 J.:	92%
	männl. Besch. 16-17 Jahre:	78 anteilig in % bei 16-17 J.:	94%
	männl. Besch. 18 - 20 Jahre:	21 anteilig in % bei 18-20 J.:	91%
	bei weibl. Besch.:	80 Anteil bei allen weiblichen Beschuldigten:	94%
	weibliche Besch. bis 15 Jahre:	55 anteilig in % bei bis 15 J.:	96%
	weibl. Besch. 16-17 Jahre	19 anteilig in % bei 16-17 J.:	86%
	weibl. Beschuldigte 18-20 Jahre:	6 anteilig in % bei 18-20 J.:	100%

ausländische
Staatsangehörig- 22 Anteil bezogen auf alle Beschuldigten: 7%
keit bei männl. Beschuldigten: 17 Anteil bei allen männlichen Beschuldigten: 7%
männliche Besch. bis 15 Jahre: 10 anteilig in % bei bis 15 J.: 8%
männl. Besch. 16-17 Jahre: 5 anteilig in % bei 16-17 J.: 6%
männl. Besch. 18 - 20 Jahre: 2 anteilig in % bei 18-20 J.: 9%
bei weibl. Besch.: 5 Anteil bei allen weiblichen Beschuldigten: 6%
weibliche Besch. bis 15 Jahre: 2 anteilig in % bei bis 15 J.: 4%
weibl. Besch. 16-17 Jahre 3 anteilig in % bei 16-17 J.: 14%
im Ausland ge-
boren 44 Anteil bezogen auf alle deutsch. Besch.: 14%
bei männl. deutsch. Besch. 30 Anteil bei allen männlichen deutsch. Besch.: 13%
männliche Besch. bis 15 Jahre: 14 anteilig in % bei bis 15 J.: 11%
männl. Besch. 16-17 Jahre: 12 anteilig in % bei 16-17 J.: 14%
männl. Besch. 18 - 20 Jahre: 4 anteilig in % bei 18-20 J.: 17%
bei weibl. Besch.: 14 Anteil bei allen weiblichen deutsch. Besch.: 16%
weibliche Besch. bis 15 Jahre: 9 anteilig in % bei bis 15 J.: 16%
weibl. Besch. 16-17 Jahre 3 anteilig in % bei 16-17 J.: 14%
weibl. Beschuldigte 18-20 Jahre: 2 anteilig in % bei 18-20 J.: 33%

Einstellungsnorm:
Einstellungsvorschlag der Polizei:
§ 45 I JGG 253 Anteil bezogen auf alle Beschuldigten: 79%
bei männl. Beschuldigten: 174 Anteil bei allen männlichen Beschuldigten: 74%
männliche Besch. bis 15 Jahre: 97 anteilig in % bei bis 15 J.: 75%
männl. Besch. 16-17 Jahre: 59 anteilig in % bei 16-17 J.: 71%
männl. Besch. 18 - 20 Jahre: 18 anteilig in % bei 18-20 J.: 78%
bei weibl. Besch.: 79 Anteil bei allen weiblichen Beschuldigten: 93%
weibliche Besch. bis 15 Jahre: 54 anteilig in % bei bis 15 J.: 95%
weibl. Besch. 16-17 Jahre 20 anteilig in % bei 16-17 J.: 91%
weibl. Beschuldigte 18-20 Jahre: 5 anteilig in % bei 18-20 J.: 83%
§ 45 II JGG 57 Anteil bezogen auf alle Beschuldigten: 18%
bei männl. Beschuldigten: 54 Anteil bei allen männlichen Beschuldigten: 23%
männliche Besch. bis 15 Jahre: 28 anteilig in % bei bis 15 J.: 22%
männl. Besch. 16-17 Jahre: 22 anteilig in % bei 16-17 J.: 27%
männl. Besch. 18 - 20 Jahre: 4 anteilig in % bei 18-20 J.: 17%
bei weibl. Besch.: 3 Anteil bei allen weiblichen Beschuldigten: 4%
weibliche Besch. bis 15 Jahre: 1 anteilig in % bei bis 15 J.: 2%
weibl. Besch. 16-17 Jahre 2 anteilig in % bei 16-17 J.: 9%
allgemeiner 7 Anteil bezogen auf alle Beschuldigten: 2%
Vorschlag
bei männl. Beschuldigten: 4 Anteil bei allen männlichen Beschuldigten: 2%
männliche Besch. bis 15 Jahre: 2 anteilig in % bei bis 15 J.: 2%
männl. Besch. 16-17 Jahre: 2 anteilig in % bei 16-17 J.: 2%
bei weibl. Besch.: 3 Anteil bei allen weiblichen Beschuldigten: 4%
weibliche Besch. bis 15 Jahre: 2 anteilig in % bei bis 15 J.: 4%
weibl. Beschuldigte 18-20 Jahre: 1 anteilig in % bei 18-20 J.: 17%
§ 45 III JGG 3 Anteil bezogen auf alle Beschuldigten: 1%
bei männl. Beschuldigten: 3 Anteil bei allen männlichen Beschuldigten: 1%
männliche Besch. bis 15 Jahre: 2 anteilig in % bei bis 15 J.: 2%
männl. Besch. 18 - 20 Jahre: 1 anteilig in % bei 18-20 J.: 4%
tatsächliche Einstellungen:
§ 45 I JGG 173 Anteil bezogen auf alle Beschuldigten: 54%
bei männl. Beschuldigten: 117 Anteil bei allen männlichen Beschuldigten: 50%
männliche Besch. bis 15 Jahre: 68 anteilig in % bei bis 15 J.: 53%
männl. Besch. 16-17 Jahre: 40 anteilig in % bei 16-17 J.: 48%
männl. Besch. 18 - 20 Jahre: 9 anteilig in % bei 18-20 J.: 39%
bei weibl. Besch.: 56 Anteil bei allen weiblichen Beschuldigten: 66%
weibliche Besch. bis 15 Jahre: 40 anteilig in % bei bis 15 J.: 70%
weibl. Besch. 16-17 Jahre 12 anteilig in % bei 16-17 J.: 55%
weibl. Beschuldigte 18-20 Jahre: 4 anteilig in % bei 18-20 J.: 67%
§ 45 II JGG 90 Anteil bezogen auf alle Beschuldigten: 28%
bei männl. Beschuldigten: 76 Anteil bei allen männlichen Beschuldigten: 32%
männliche Besch. bis 15 Jahre: 40 anteilig in % bei bis 15 J.: 31%
männl. Besch. 16-17 Jahre: 29 anteilig in % bei 16-17 J.: 35%
männl. Besch. 18 - 20 Jahre: 7 anteilig in % bei 18-20 J.: 30%
bei weibl. Besch.: 14 Anteil bei allen weiblichen Beschuldigten: 16%
weibliche Besch. bis 15 Jahre: 6 anteilig in % bei bis 15 J.: 11%
weibl. Besch. 16-17 Jahre 7 anteilig in % bei 16-17 J.: 32%
weibl. Beschuldigte 18-20 Jahre: 1 anteilig in % bei 18-20 J.: 17%

§ 153 StPO	25	Anteil bezogen auf alle Beschuldigten:		8%	
		bei männl. Beschuldigten:	13	Anteil bei allen männlichen Beschuldigten:	6%
		männliche Besch. bis 15 Jahre:	9	anteilig in % bis 15 J.:	7%
		männl. Besch. 16-17 Jahre:	3	anteilig in % bei 16-17 J.:	4%
		männl. Besch. 18 - 20 Jahre:	1		
		bei weibl. Besch.:	12	Anteil bei allen weiblichen Beschuldigten:	14%
		weibliche Besch. bis 15 Jahre:	9	anteilig in % bei bis 15 J.:	16%
		weibl. Besch. 16-17 Jahre	3	anteilig in % bei 16-17 J.:	14%
§ 170 II StPO	24	Anteil bezogen auf alle Beschuldigten:		8%	
		bei männl. Beschuldigten:	22	Anteil bei allen männlichen Beschuldigten:	9%
		männliche Besch. bis 15 Jahre:	11	anteilig in % bei bis 15 J.:	9%
		männl. Besch. 16-17 Jahre:	7	anteilig in % bei 16-17 J.:	8%
		männl. Besch. 18 - 20 Jahre:	4	anteilig in % bei 18-20 J.:	17%
		bei weibl. Besch.:	2	Anteil bei allen weiblichen Beschuldigten:	2%
		weibliche Besch. bis 15 Jahre:	1	anteilig in % bei bis 15 J.:	2%
		weibl. Beschuldigte 18-20 Jahre:	1	anteilig in % bei 18-20 J.:	17%
Anklage	2	Anteil bezogen auf alle Beschuldigten:		1%	
		bei männl. Beschuldigten:	2	Anteil bei allen männlichen Beschuldigten:	1%
		männl. Besch. 16-17 Jahre:	2	anteilig in % bei 16-17 J.:	2%
§ 45 III JGG	6	Anteil bezogen auf alle Beschuldigten:		2%	
		bei männl. Beschuldigten:	5	Anteil bei allen männlichen Beschuldigten:	2%
		männliche Besch. bis 15 Jahre:	1	anteilig in % bei bis 15 J.:	1%
		männl. Besch. 16-17 Jahre:	2	anteilig in % bei 16-17 J.:	2%
		männl. Besch. 18 - 20 Jahre:	2	anteilig in % bei 18-20 J.:	9%
		bei weibl. Besch.:	2	Anteil bei allen weiblichen Beschuldigten:	2%
		weibliche Besch. bis 15 Jahre:	1	anteilig in % bei bis 15 J.:	2%
		weibl. Beschuldigte 18-20 Jahre:	1	anteilig in % bei 18-20 J.:	17%

Änderungen der StA:

von § 45 I JGG auf § 153 StPO wegen Subsidiarität: 21

Anteil bezogen auf alle Beschuldigten:		7%	
bei männl. Beschuldigten:	10	Anteil bei allen männlichen Beschuldigten:	4%
männliche Besch. bis 15 Jahre:	6	anteilig in % bei bis 15 J.:	5%
männl. Besch. 16-17 Jahre:	3	anteilig in % bei 16-17 J.:	4%
männl. Besch. 18 - 20 Jahre:	1	anteilig in % bei 18-20 J.:	4%
bei weibl. Besch.:	11	Anteil bei allen weiblichen Beschuldigten:	13%
weibliche Besch. bis 15 Jahre:	9	anteilig in % bei bis 15 J.:	16%
weibl. Besch. 16-17 Jahre	2	anteilig in % bei 16-17 J.:	9%

von § 45 I JGG auf § 45 II JGG wegen Schwere der Tat: 7

Anteil bezogen auf alle Beschuldigten:		2%	
bei männl. Beschuldigten:	7	Anteil bei allen männlichen Beschuldigten:	3%
männliche Besch. bis 15 Jahre:	5	anteilig in % bei bis 15 J.:	4%
männl. Besch. 16-17 Jahre:	2	anteilig in % bei 16-17 J.:	2%

von § 45 I JGG auf § 45 II JGG ohne ersichtlichen Grund: 26

Anteil bezogen auf alle Beschuldigten:		8%	
bei männl. Beschuldigten:	18	Anteil bei allen männlichen Beschuldigten:	8%
männliche Besch. bis 15 Jahre:	12	anteilig in % bei bis 15 J.:	9%
männl. Besch. 16-17 Jahre:	4	anteilig in % bei 16-17 J.:	5%
männl. Besch. 18 - 20 Jahre:	2	anteilig in % bei 18-20 J.:	9%
bei weibl. Besch.:	8	Anteil bei allen weiblichen Beschuldigten:	9%
weibliche Besch. bis 15 Jahre:	4	anteilig in % bei bis 15 J.:	7%
weibl. Besch. 16-17 Jahre	4	anteilig in % bei 16-17 J.:	18%

von § 45 I JGG auf § 45 II JGG wegen Vortat: 7

Anteil bezogen auf alle Beschuldigten:		2%	
bei männl. Beschuldigten:	4	Anteil bei allen männlichen Beschuldigten:	2%
männliche Besch. bis 15 Jahre:	2	anteilig in % bei bis 15 J.:	2%
männl. Besch. 16-17 Jahre:	1	anteilig in % bei 16-17 J.:	1%
männl. Besch. 18 - 20 Jahre:	1	anteilig in % bei 18-20 J.:	4%
bei weibl. Besch.:	3	Anteil bei allen weiblichen Beschuldigten:	4%
weibliche Besch. bis 15 Jahre:	1	anteilig in % bei bis 15 J.:	2%
weibl. Besch. 16-17 Jahre	1	anteilig in % bei 16-17 J.:	5%
weibl. Beschuldigte 18-20 Jahre:	1	anteilig in % bei 18-20 J.:	17%

von § 45 I JGG auf § 45 III JGG wegen Vortat: 2

Anteil bezogen auf alle Beschuldigten:		1%	
bei männl. Beschuldigten:	2	Anteil bei allen männlichen Beschuldigten:	1%
männl. Besch. 16-17 Jahre:	2	anteilig in % bei 16-17 J.:	2%

von § 45 I JGG auf § 45 III JGG wegen Schwere der Tat: 1

Anteil bezogen auf alle Beschuldigten:		0%	
bei männl. Beschuldigten:	1	Anteil bei allen männlichen Beschuldigten:	0%
männl. Besch. 18 - 20 Jahre:	1	anteilig in % bei 18-20 J.:	4%

```
von § 45 I JGG auf § 170 II StPO wegen fehlendem Antrag:            18
      Anteil bezogen auf alle Beschuldigten:                       6%
          bei männl. Beschuldigten:        17 Anteil bei allen männlichen Beschuldigten:    7%
          männliche Besch. bis 15 Jahre:    8 anteilig in % bei bis 15 J.:                  6%
          männl. Besch. 16-17 Jahre:        6 anteilig in % bei 16-17 J.:                   7%
          männl. Besch. 18 - 20 Jahre:      3 anteilig in % bei 18-20 J.:                  13%
          bei weibl. Besch.:                1 Anteil bei allen weiblichen Beschuldigten:    1%
          weibl. Beschuldigte 18-20 Jahre:  1 anteilig in % bei 18-20 J.:                  17%
von § 45 I JGG auf § 170 II StPO da keine Straftat:                5
      Anteil bezogen auf alle Beschuldigten:                       2%
          bei männl. Beschuldigten:         4 Anteil bei allen männlichen Beschuldigten:    2%
          männliche Besch. bis 15 Jahre:    2 anteilig in % bei bis 15 J.:                  2%
          männl. Besch. 16-17 Jahre:        1 anteilig in % bei 16-17 J.:                   1%
          männl. Besch. 18 - 20 Jahre:      1 anteilig in % bei 18-20 J.:                   4%
          bei weibl. Besch.:                1 Anteil bei allen weiblichen Beschuldigten:    1%
          weibliche Besch. bis 15 Jahre:    1 anteilig in % bei bis 15 J.:                  2%
von § 45 II JGG auf § 45 I JGG wegen Subsidiarität:                2
      Anteil bezogen auf alle Beschuldigten:                       1%
          bei männl. Beschuldigten:         2 Anteil bei allen männlichen Beschuldigten:    1%
          männliche Besch. bis 15 Jahre:    2 anteilig in % bei bis 15 J.:                  2%
von § 45 II JGG auf § 153 StPO wegen Subsidiarität:                3
      Anteil bezogen auf alle Beschuldigten:                       1%
          bei männl. Beschuldigten:         3 Anteil bei allen männlichen Beschuldigten:    1%
          männliche Besch. bis 15 Jahre:    3 anteilig in % bei bis 15 J.:                  2%
von § 45 II JGG auf Anklage wegen Vortat:          2
      Anteil bezogen auf alle Beschuldigten:                       1%
          bei männl. Beschuldigten:         2 Anteil bei allen männlichen Beschuldigten:    1%
          männl. Besch. 16-17 Jahre:        2 anteilig in % bei 16-17 J.:                   2%
von § 45 III JGG auf § 45 I JGG wegen mangelndem Vorsatz:          1
      Anteil bezogen auf alle Beschuldigten:                       0%
          bei männl. Beschuldigten:         1 Anteil bei allen männlichen Beschuldigten:    0%
          männliche Besch. bis 15 Jahre:    1 anteilig in % bei bis 15 J.:                  1%
Änderungen insgesamt:       95
      Anteil bezogen auf alle Beschuldigten:                      30%
          bei männl. Beschuldigten:        71 Anteil bei allen männlichen Beschuldigten:   30%
          männliche Besch. bis 15 Jahre:   41 anteilig in % bei bis 15 J.:                 32%
          männl. Besch. 16-17 Jahre:       21 anteilig in % bei 16-17 J.:                  25%
          männl. Besch. 18 - 20 Jahre:      9 anteilig in % bei 18-20 J.:                  39%
          bei weibl. Besch.:               24 Anteil bei allen weiblichen Beschuldigten:   28%
          weibliche Besch. bis 15 Jahre:   15 anteilig in % bei bis 15 J.:                 26%
          weibl. Besch. 16-17 Jahre         7 anteilig in % bei 16-17 J.:                  32%
          weibl. Beschuldigte 18-20 J.:     2 anteilig in % bei 18-20 J.:                  33%
```

polizeiliche Anregung, ohne die Staatsanwaltschaft zu fragen

```
ohne Maßnahme    32    Anteil bezogen auf § 45 I JGG:                    13%
                       Anteil bezogen auf alle Taten:                    10%
          bei männl. Beschuldigten:        19 bezogen auf männl. Besch. nach § 45 I JGG:   11%
                                              bezogen auf alle männliche Beschuldigte:      8%
          männliche Besch. bis 15 Jahre:    8 anteilig nach § 45 I JGG:                     8%
                                              bezogen auf alle Besch.:                       6%
          männl. Besch. 16-17 Jahre:        9 anteilig nach § 45 I JGG:                     15%
                                              bezogen auf alle Besch.:                      11%
          männl. Besch. 18 - 20 Jahre:      2 anteilig nach § 45 I JGG:                     11%
                                              bezogen auf alle Besch.:                       9%
          bei weibl. Beschuldigten:        13 bezogen auf weibl. Besch. nach § 45 I JGG:   16%
                                              bezogen auf alle weibliche Beschuldigte:      15%
          weibliche Besch. bis 15 Jahre:    7 anteilig nach § 45 I JGG:                     13%
                                              bezogen auf alle Besch.:                      12%
          weibl. Besch. 16-17 Jahre         3 anteilig nach § 45 I JGG:                     15%
                                              bezogen auf alle Besch.:                      14%
          weibl. Beschuldigte 18-20 J.:     3 anteilig nach § 45 I JGG:                     60%
                                              bezogen auf alle Besch.:                      50%
erzieherisches  221    Anteil bezogen auf § 45 I JGG:                    87%
Gespräch               Anteil bezogen auf alle Taten:                    69%
          bei männl. Beschuldigten:       151 bezogen auf männl. Besch. nach § 45 I JGG:   87%
                                              bezogen auf alle männliche Beschuldigte:      64%
          männliche Besch. bis 15 Jahre:   88 anteilig nach § 45 I JGG:                     91%
                                              bezogen auf alle Besch.:                      68%
```

	männl. Besch. 16-17 Jahre:	50 anteilig nach § 45 I JGG:	85%
		bezogen auf alle Besch.:	60%
	männl. Besch. 18 - 20 Jahre:	13 anteilig nach § 45 I JGG:	72%
		bezogen auf alle Besch.:	57%
	bei weibl. Beschuldigten:	70 bezogen auf weibl. Besch. nach § 45 I JGG:	89%
		bezogen auf alle weibliche Beschuldigte:	82%
	weibliche Besch. bis 15 Jahre:	51 anteilig nach § 45 I JGG:	94%
		bezogen auf alle Besch.:	89%
	weibl. Besch. 16-17 Jahre	17 anteilig nach § 45 I JGG:	85%
		bezogen auf alle Besch.:	77%
	weibl. Beschuldigte 18-20 J.:	2 anteilig nach § 45 I JGG:	40%
		bezogen auf alle Besch.:	33%
Wiedergut-machung	21	Anteil bezogen auf § 45 I JGG:	8%
		Anteil bezogen auf alle Taten:	7%
	bei männl. Beschuldigten:	20 bezogen auf männl. Besch. nach § 45 I JGG:	11%
		bezogen auf alle männliche Beschuldigte:	9%
	männliche Besch. bis 15 Jahre:	10 anteilig nach § 45 I JGG:	10%
		bezogen auf alle Besch.:	8%
	männl. Besch. 16-17 Jahre:	9 anteilig nach § 45 I JGG:	15%
		bezogen auf alle Besch.:	11%
	männl. Besch. 18 - 20 Jahre:	1 anteilig nach § 45 I JGG:	6%
		bezogen auf alle Besch.:	4%
	bei weibl. Beschuldigten:	1 bezogen auf weibl. Besch. nach § 45 I JGG:	1%
		bezogen auf alle weibliche Beschuldigte:	1%
	weibliche Besch. bis 15 Jahre:	1 anteilig nach § 45 I JGG:	2%
		bezogen auf alle Besch.:	2%
Entschuldigung	51	Anteil bezogen auf § 45 I JGG:	20%
		Anteil bezogen auf alle Taten:	16%
	bei männl. Beschuldigten:	42 bezogen auf männl. Besch. nach § 45 I JGG:	24%
		bezogen auf alle männliche Beschuldigte:	18%
	männliche Besch. bis 15 Jahre:	27 anteilig nach § 45 I JGG:	28%
		bezogen auf alle Besch.:	21%
	männl. Besch. 16-17 Jahre:	11 anteilig nach § 45 I JGG:	19%
		bezogen auf alle Besch.:	13%
	männl. Besch. 18 - 20 Jahre:	4 anteilig nach § 45 I JGG:	22%
		bezogen auf alle Besch.:	17%
	bei weibl. Beschuldigten:	9 bezogen auf weibl. Besch. nach § 45 I JGG:	11%
		bezogen auf alle weibliche Beschuldigte:	11%
	weibliche Besch. bis 15 Jahre:	9 anteilig nach § 45 I JGG:	17%
Geldzahlung	0		
Arbeitsleistung	6	Anteil bezogen auf § 45 I JGG:	2%
		Anteil bezogen auf alle Taten:	2%
	bei männl. Beschuldigten:	6 bezogen auf männl. Besch. nach § 45 I JGG:	3%
		bezogen auf alle männliche Beschuldigte:	3%
	männl. Besch. bis 15 Jahre:	4 anteilig nach § 45 I JGG:	4%
		bezogen auf alle Besch.:	3%
	männl. Besch. 16-17 Jahre:	1 anteilig nach § 45 I JGG:	2%
		bezogen auf alle Besch.:	1%
	männl. Besch. 18 - 20 Jahre:	1 anteilig nach § 45 I JGG:	6%
		bezogen auf alle Besch.:	4%

der StA vorgeschlagene Maßnahmen:

Geldzahlung	3	Anteil bezogen auf § 45 I JGG:	1%
		Anteil bezogen auf alle Taten:	1%
	bei männl. Beschuldigten:	3 bezogen auf männl. Besch. nach § 45 I JGG:	6%
		bezogen auf alle männliche Beschuldigte:	1%
	männl. Besch. 16-17 Jahre:	1 anteilig nach § 45 I JGG:	5%
		bezogen auf alle Besch.:	1%
	männl. Besch. 18 - 20 Jahre:	2 anteilig nach § 45 I JGG:	50%
		bezogen auf alle Besch.:	9%
Arbeitsleistung	49	Anteil bezogen auf § 45 II JGG:	86%
		Anteil bezogen auf alle Taten:	15%
	bei männl. Beschuldigten:	47 bezogen auf männl. Besch. nach § 45 II JGG:	87%
		bezogen auf alle männliche Beschuldigte:	20%
	männliche Besch. bis 15 Jahre:	25 anteilig nach § 45 II JGG:	89%
		bezogen auf alle Besch.:	19%
	männl. Besch. 16-17 Jahre:	20 anteilig nach § 45 II JGG:	91%
		bezogen auf alle Besch.:	24%
	männl. Besch. 18 - 20 Jahre:	2 anteilig nach § 45 II JGG:	50%
		bezogen auf alle Besch.:	9%

bei weibl. Beschuldigten:	2	bezogen auf weibl. Besch. nach § 45 I JGG:	3%
		bezogen auf alle weibliche Beschuldigte:	2%
weibl. Besch. 16-17 Jahre	2	anteilig nach § 45 I JGG:	10%
		bezogen auf alle Besch.:	9%
TOA	6	Anteil bezogen auf § 45 II JGG:	11%
		Anteil bezogen auf alle Taten:	2%
bei männl. Beschuldigten:	5	bezogen auf männl. Besch. nach § 45 II JGG:	9%
		bezogen auf alle männliche Beschuldigte:	2%
männliche Besch. bis 15 Jahre:	2	anteilig nach § 45 II JGG:	7%
		bezogen auf alle Besch.:	2%
männl. Besch. 16-17 Jahre:	2	anteilig nach § 45 II JGG:	9%
		bezogen auf alle Besch.:	2%
männl. Besch. 18 - 20 Jahre:	1	anteilig nach § 45 II JGG:	25%
		bezogen auf alle Besch.:	4%
bei weibl. Beschuldigten:	1	bezogen auf weibl. Besch. nach § 45 I JGG:	1%
		bezogen auf alle weibliche Beschuldigte:	1%
weibliche Besch. bis 15 Jahre:	1	anteilig nach § 45 I JGG:	2%
		bezogen auf alle Besch.:	2%
Verkehrsunterr.	2	Anteil bezogen auf § 45 II JGG:	4%
		Anteil bezogen auf alle Taten:	1%
bei männl. Beschuldigten:	2	bezogen auf männl. Besch. nach § 45 II JGG:	4%
		bezogen auf alle männliche Beschuldigte:	1%
männliche Besch. bis 15 Jahre:	2	anteilig nach § 45 II JGG:	7%
		bezogen auf alle Besch.:	2%

Sanktionierung im Umfeld des Beschuldigten:

nichts beschrieben worden	131	Anteil bezogen auf alle Beschuldigten:	41%
bei männl. Beschuldigten:	103	Anteil bei allen männlichen Beschuldigten:	44%
männliche Besch. bis 15 Jahre:	55	anteilig in % bei bis 15 J.:	43%
männl. Besch. 16-17 Jahre:	36	anteilig in % bei 16-17 J.:	43%
männl. Besch. 18 - 20 Jahre:	12	anteilig in % bei 18-20 J.:	52%
bei weibl. Besch.:	28	Anteil bei allen weiblichen Beschuldigten:	33%
weibliche Besch. bis 15 Jahre:	16	anteilig in % bei bis 15 J.:	28%
weibl. Besch. 16-17 Jahre	10	anteilig in % bei 16-17 J.:	45%
weibl. Beschuldigte 18-20 J.:	2	anteilig in % bei 18-20 J.:	33%

die folgenden Zahlen wurden ins Verhältnis zu den Fällen gesetzt, bei denen konkrete Angaben erfolgten

Hausverbot	56	Anteil bezogen auf die Beschuldigten:	30%
bei männl. Beschuldigten:	23	Anteil bei den männlichen Beschuldigten:	17%
männl. Besch. bis 15 Jahre:	12	anteilig in % bei bis 15 J.:	16%
männl. Besch. 16-17 Jahre:	10	anteilig in % bei 16-17 J.:	21%
männl. Besch. 18 - 20 Jahre:	1	anteilig in % bei 18-20 J.:	9%
bei weibl. Besch.:	33	Anteil bei den weiblichen Beschuldigten:	58%
weibliche Besch. bis 15 Jahre:	23	anteilig in % bei bis 15 J.:	56%
weibl. Besch. 16-17 Jahre	9	anteilig in % bei 16-17 J.:	75%
weibl. Beschuldigte 18-20 J.:	1	anteilig in % bei 18-20 J.:	25%
Hausarrest	13	Anteil bezogen auf die Beschuldigten:	7%
bei männl. Beschuldigten:	8	Anteil bei den männlichen Beschuldigten:	6%
männliche Besch. bis 15 Jahre:	5	anteilig in % bei bis 15 J.:	7%
männl. Besch. 16-17 Jahre:	3	anteilig in % bei 16-17 J.:	6%
bei weibl. Besch.:	5	Anteil bei den weiblichen Beschuldigten:	9%
weibliche Besch. bis 15 Jahre:	5	anteilig in % bei bis 15 J.:	12%
anderes Verbot durch die Erziehungsberechtigten	15	Anteil bezogen auf die Beschuldigten:	8%
bei männl. Beschuldigten:	11	Anteil bei den männlichen Beschuldigten:	8%
männliche Besch. bis 15 Jahre:	9	anteilig in % bei bis 15 J.:	12%
männl. Besch. 16-17 Jahre:	2	anteilig in % bei 16-17 J.:	4%
bei weibl. Besch.:	4	Anteil bei den weiblichen Beschuldigten:	7%
weibliche Besch. bis 15 Jahre:	4	anteilig in % bei bis 15 J.:	10%
Entschuldigung beim Opfer	62	Anteil bezogen auf die Beschuldigten:	33%
bei männl. Beschuldigten:	56	Anteil bei den männlichen Beschuldigten:	42%
männliche Besch. bis 15 Jahre:	36	anteilig in % bei bis 15 J.:	49%
männl. Besch. 16-17 Jahre:	12	anteilig in % bei 16-17 J.:	26%
männl. Besch. 18 - 20 Jahre:	8	anteilig in % bei 18-20 J.:	73%
bei weibl. Besch.:	6	Anteil bei den weiblichen Beschuldigten:	11%
weibliche Besch. bis 15 Jahre:	6	anteilig in % bei bis 15 J.:	15%

Gespräch mit den Eltern	35	Anteil bezogen auf die Beschuldigten:	19%	
		bei männl. Beschuldigten:	21 Anteil bei den männlichen Beschuldigten:	16%
		männliche Besch. bis 15 Jahre:	10 anteilig in % bei bis 15 J.:	14%
		männl. Besch. 16-17 Jahre:	8 anteilig in % bei 16-17 J.:	17%
		männl. Besch. 18 - 20 Jahre:	3 anteilig in % bei 18-20 J.:	27%
		bei weibl. Besch.:	14 Anteil bei den weiblichen Beschuldigten:	25%
		weibliche Besch. bis 15 Jahre:	14 anteilig in % bei bis 15 J.:	34%
Wiedergutmachen	55	Anteil bezogen auf die Beschuldigten:	29%	
		bei männl. Beschuldigten:	43 Anteil bei den männlichen Beschuldigten:	33%
		männliche Besch. bis 15 Jahre:	17 anteilig in % bei bis 15 J.:	23%
		männl. Besch. 16-17 Jahre:	21 anteilig in % bei 16-17 J.:	45%
		männl. Besch. 18 - 20 Jahre:	5 anteilig in % bei 18-20 J.:	45%
		bei weibl. Besch.:	12 Anteil bei den weiblichen Beschuldigten:	21%
		weibliche Besch. bis 15 Jahre:	5 anteilig in % bei bis 15 J.:	12%
		weibl. Besch. 16-17 Jahre	4 anteilig in % bei 16-17 J.:	33%
		weibl. Beschuldigte 18-20 J.:	3 anteilig in % bei 18-20 J.:	75%

zur Maßnahme:

Maßnahme o.k.	79	Anteil bezogen auf alle Beschuldigten:	25%	
		bei männl. Beschuldigten:	73 Anteil bei allen männlichen Beschuldigten:	31%
		männliche Besch. bis 15 Jahre:	41 anteilig in % bei bis 15 J.:	32%
		männl. Besch. 16-17 Jahre:	24 anteilig in % bei 16-17 J.:	29%
		männl. Besch. 18 - 20 Jahre:	8 anteilig in % bei 18-20 J.:	35%
		bei weibl. Besch.:	6 Anteil bei den weiblichen Beschuldigten:	7%
		weibliche Besch. bis 15 Jahre:	2 anteilig in % bei bis 15 J.:	4%
		weibl. Besch. 16-17 Jahre	2 anteilig in % bei 16-17 J.:	9%
		weibl. Beschuldigte 18-20 J.:	2 anteilig in % bei 18-20 J.:	33%
erzieherisches Gespräch während Vernehmung	197	Anteil bezogen auf alle erzieh. Gespräche	89%	
		bei männl. Beschuldigten:	131 anteilig auf alle erzieherische Gespräche:	87%
		männliche Besch. bis 15 Jahre:	75 anteilig in % bei bis 15 J.:	85%
		männl. Besch. 16-17 Jahre:	43 anteilig in % bei 16-17 J.:	86%
		männl. Besch. 18 - 20 Jahre:	13 anteilig in % bei 18-20 J.:	100%
		bei weibl. Besch.:	63 Anteil bei allen erzieherische Gespräche:	90%
		weibliche Besch. bis 15 Jahre:	47 anteilig in % bei bis 15 J.:	92%
		weibl. Besch. 16-17 Jahre	14 anteilig in % bei 16-17 J.:	82%
		weibl. Beschuldigte 18-20 J.:	2 anteilig in % bei 18-20 J.:	100%
erzieherisches Gespräch separat	27	Anteil bezogen auf alle erzieh. Gespräche	12%	
		bei männl. Beschuldigten:	20 anteilig auf alle erzieherische Gespräche:	13%
		männliche Besch. bis 15 Jahre:	13 anteilig in % bei bis 15 J.:	15%
		männl. Besch. 16-17 Jahre:	7 anteilig in % bei 16-17 J.:	14%
		bei weibl. Besch.:	7 Anteil bei allen erzieherische Gespräche:	10%
		weibliche Besch. bis 15 Jahre:	4 anteilig in % bei bis 15 J.:	8%
		weibl. Besch. 16-17 Jahre	3 anteilig in % bei 16-17 J.:	18%
§ 153 StPO hätte ausgereicht	143	Anteil bezogen auf alle Taten:	45%	
		bei männl. Beschuldigten:	90 Anteil bei allen männlichen Beschuldigten:	38%
		männliche Besch. bis 15 Jahre:	51 anteilig in % bei bis 15 J.:	40%
		männl. Besch. 16-17 Jahre:	30 anteilig in % bei 16-17 J.:	36%
		männl. Besch. 18 - 20 Jahre:	9 anteilig in % bei 18-20 J.:	39%
		bei weibl. Besch.:	53 Anteil bei allen weiblichen Beschuldigten:	62%
		weibliche Besch. bis 15 Jahre:	37 anteilig in % bei bis 15 J.:	65%
		weibl. Besch. 16-17 Jahre	15 anteilig in % bei 16-17 J.:	68%
		weibl. Beschuldigte 18-20 J.:	1 anteilig in % bei 18-20 J.:	17%
Arbeitsleistung mit § 45 I JGG verknüpft	6	Anteil bezogen auf alle Taten:	2%	
		bei männl. Beschuldigten:	6 Anteil bei allen männlichen Beschuldigten:	3%
		männliche Besch. bis 15 Jahre:	4 anteilig in % bei bis 15 J.:	3%
		männl. Besch. 16-17 Jahre:	1 anteilig in % bei 16-17 J.:	1%
		männl. Besch. 18 - 20 Jahre:	1 anteilig in % bei 18-20 J.:	4%
Stundenanzahl bei Arbeitsleistung sehr hoch	1	Anteil bezogen auf alle Taten:	0%	
		bei weibl. Besch.:	1 Anteil bei allen weiblichen Beschuldigten:	1%
		weibl. Besch. 16-17 Jahre	1 anteilig in % bei 16-17 J.:	5%
bei Arbeitsleistg. keine Rücksprache gehalten	7	Anteil bezogen auf alle Taten:	2%	
		bei männl. Beschuldigten:	7 Anteil bei allen männlichen Beschuldigten:	3%
		männliche Besch. bis 15 Jahre:	5 anteilig in % bei bis 15 J.:	4%
		männl. Besch. 16-17 Jahre:	2 anteilig in % bei 16-17 J.:	2%

zu milde Ein- stellungsnorm	18	Anteil bezogen auf alle Taten:	6%
vorgeschlagen	bei männl. Beschuldigten:	16 Anteil bei allen männlichen Beschuldigten:	7%
	männliche Besch. bis 15 Jahre:	8 anteilig in % bei bis 15 J.:	6%
	männl. Besch. 16-17 Jahre:	5 anteilig in % bei 16-17 J.:	6%
	männl. Besch. 18 - 20 Jahre:	3 anteilig in % bei 18-20 J.:	13%
	bei weibl. Besch.:	2 Anteil bei allen weiblichen Beschuldigten:	2%
	weibliche Besch. bis 15 Jahre:	2 anteilig in % bei 15 J.:	4%
§ 170 II StPO übersehen	24	Anteil bezogen auf alle Beschuldigten:	8%
	bei männl. Beschuldigten:	18 Anteil bei allen männlichen Beschuldigten:	8%
	männliche Besch. bis 15 Jahre:	11 anteilig in % bei bis 15 J.:	9%
	männl. Besch. 16-17 Jahre:	5 anteilig in % bei 16-17 J.:	6%
	männl. Besch. 18 - 20 Jahre:	2 anteilig in % bei 18-20 J.:	9%
	bei weibl. Besch.:	6 Anteil bei allen weiblichen Beschuldigten:	7%
	weibliche Besch. bis 15 Jahre:	5 anteilig in % bei bis 15 J.:	9%
	weibl. Beschuldigte 18-20 J.:	1 anteilig in % bei 18-20 J.:	17%
Gleichbehandlung trotz Unter- schieden	16	Anteil bezogen auf alle Taten:	5%
	bei männl. Beschuldigten:	9 Anteil bei allen männlichen Beschuldigten:	4%
	männliche Besch. bis 15 Jahre:	3 anteilig in % bei bis 15 J.:	2%
	männl. Besch. 16-17 Jahre:	4 anteilig in % bei 16-17 J.:	5%
	männl. Besch. 18 - 20 Jahre:	2 anteilig in % bei 18-20 J.:	9%
	bei weibl. Besch.:	7 Anteil bei allen weiblichen Beschuldigten:	8%
	weibliche Besch. bis 15 Jahre:	4 anteilig in % bei bis 15 J.:	7%
	weibl. Besch. 16-17 Jahre	3 anteilig in % bei 16-17 J.:	14%
überzogene Sank- tion	5	Anteil bezogen auf alle Beschuldigten:	2%
	bei männl. Beschuldigten:	1 Anteil bei allen männlichen Beschuldigten:	2%
	männl. Besch. 18 - 20 Jahre:	1 anteilig in % bei 18-20 J.:	4%
	bei weibl. Besch.:	3 Anteil bei allen weiblichen Beschuldigten:	4%
	weibliche Besch. bis 15 Jahre:	2 anteilig in % bei bis 15 J.:	4%
	weibl. Beschuldigte 18-20 J.:	1 anteilig in % bei 18-20 J.:	17%
§ 45 I JGG hätte ausgereicht	1	Anteil bezogen auf alle Beschuldigten:	0%
	bei männl. Beschuldigten:	1 Anteil bei allen männlichen Beschuldigten:	0%
	männl. Besch. 16-17 Jahre:	1 anteilig in % bei 16-17 J.:	5%
auf Freiwilligkeit hingewiesen:	29 nicht nachvollziehbar:	291

Einbezug anderer:

Erziehungsbe- rechtigte waren bei Gespräch anwesend	75	Anteil bezogen auf alle Gespräche:	36%
	bei männl. Beschuldigten:	39 Anteil bei allen Gesprächen männl. Besch.:	28%
(Volljährige aus- genommen)	männliche Besch. bis 15 Jahre:	27 anteilig in % bei bis 15 J.:	31%
	männl. Besch. 16-17 Jahre:	12 anteilig in % bei 16-17 J.:	24%
	bei weibl. Besch.:	35 Anteil bei allen Gesprächen weibl. Besch.:	51%
	weibliche Besch. bis 15 Jahre:	35 anteilig in % bei bis 15 J.:	69%
Erziehungsbe- rechtigte ließen Beschuldigten allein zum Ge- spräch	131	Anteil bezogen auf alle Gespräche:	64%
	bei männl. Beschuldigten:	99 Anteil bei allen Gesprächen männl. Besch.:	72%
	männliche Besch. bis 15 Jahre:	61 anteilig in % bei bis 15 J.:	69%
	männl. Besch. 16-17 Jahre:	38 anteilig in % bei 16-17 J.:	76%
	bei weibl. Besch.:	33 Anteil bei allen Gesprächen weibl. Besch.:	49%
	weibliche Besch. bis 15 Jahre:	16 anteilig in % bei bis 15 J.:	31%
	weibl. Besch. 16-17 Jahre	17 anteilig in % bei 16-17 J.:	100%

Heranwachsender, daher keine Information der Erziehungsberechtigten notwendig: 15

Telefonat mit der StA	111	Anteil bezogen auf alle Fälle:	35%	
		bei männl. Beschuldigten:	94 Anteil bei allen männlichen Beschuldigten:	40%
		männliche Besch. bis 15 Jahre:	48 anteilig in % bei bis 15 J.:	37%
		männl. Besch. 16-17 Jahre:	36 anteilig in % bei 16-17 J.:	43%
		männl. Besch. 18 - 20 Jahre:	10 anteilig in % bei 18-20 J.:	43%
		bei weibl. Besch.:	17 Anteil bei allen weiblichen Beschuldigten:	20%
		weibliche Besch. bis 15 Jahre:	11 anteilig in % bei bis 15 J.:	19%
		weibl. Besch. 16-17 Jahre	6 anteilig in % bei 16-17 J.:	27%
Telefonat wegen § 45 I JGG	60	Anteil bezogen auf Fälle nach § 45 I JGG:	24%	
		bei männl. Beschuldigten:	46 Anteil bei allen männlichen Beschuldigten:	26%
		männliche Besch. bis 15 Jahre:	25 anteilig in % bei bis 15 J.:	26%
		männl. Besch. 16-17 Jahre:	15 anteilig in % bei 16-17 J.:	25%
		männl. Besch. 18 - 20 Jahre:	6 anteilig in % bei 18-20 J.:	33%
		bei weibl. Besch.:	14 Anteil bei allen weiblichen Beschuldigten:	16%
		weibliche Besch. bis 15 Jahre:	10 anteilig in % bei bis 15 J.:	19%
		weibl. Besch. 16-17 Jahre	4 anteilig in % bei 16-17 J.:	20%
Telefonat wegen § 45 II JGG	51	Anteil bezogen auf Fälle nach § 45 II JGG:	89%	
		bei männl. Beschuldigten:	48 Anteil bei allen männlichen Beschuldigten:	89%
		männliche Besch. bis 15 Jahre:	23 anteilig in % bei bis 15 J.:	82%
		männl. Besch. 16-17 Jahre:	21 anteilig in % bei 16-17 J.:	95%
		männl. Besch. 18 - 20 Jahre:	4 anteilig in % bei 18-20 J.:	100%
		bei weibl. Besch.:	3 Anteil bei allen weiblichen Beschuldigten:	100%
		weibliche Besch. bis 15 Jahre:	1 anteilig in % bei bis 15 J.:	100%
		weibl. Besch. 16-17 Jahre	2 anteilig in % bei 16-17 J.:	100%
Jugendamt vor Abschluss	6	Anteil bezogen auf alle Fälle:	2%	
		bei männl. Beschuldigten:	6 Anteil bei allen männlichen Beschuldigten:	3%
		männliche Besch. bis 15 Jahre:	5 anteilig in % bei bis 15 J.:	4%
		männl. Besch. 16-17 Jahre:	1 anteilig in % bei 16-17 J.:	1%
Jugendamt nach Abschluss	184	Anteil bezogen auf alle Fälle:	58%	
		bei männl. Beschuldigten:	134 Anteil bei allen männlichen Beschuldigten:	57%
		männliche Besch. bis 15 Jahre:	79 anteilig in % bei bis 15 J.:	61%
		männl. Besch. 16-17 Jahre:	45 anteilig in % bei 16-17 J.:	54%
		männl. Besch. 18 - 20 Jahre:	10 anteilig in % bei 18-20 J.:	43%
		bei weibl. Besch.:	50 Anteil bei allen weiblichen Beschuldigten:	59%
		weibliche Besch. bis 15 Jahre:	36 anteilig in % bei bis 15 J.:	63%
		weibl. Besch. 16-17 Jahre	11 anteilig in % bei 16-17 J.:	50%
		weibl. Beschuldigte 18-20 J.:	3 anteilig in % bei 18-20 J.:	50%
JGH vor Abschluss:	7	Anteil bezogen auf alle Fälle:	2%	
		bei männl. Beschuldigten:	7 Anteil bei allen männlichen Beschuldigten:	3%
		männliche Besch. bis 15 Jahre:	3 anteilig in % bei bis 15 J.:	2%
		männl. Besch. 16-17 Jahre:	3 anteilig in % bei 16-17 J.:	4%
		männl. Besch. 18 - 20 Jahre:	1 anteilig in % bei 18-20 J.:	4%
JGH nach Abschl.:	5	Anteil bezogen auf alle Fälle:	2%	
		bei männl. Beschuldigten:	4 Anteil bei allen männlichen Beschuldigten:	2%
		männliche Besch. bis 15 Jahre:	2 anteilig in % bei bis 15 J.:	2%
		männl. Besch. 16-17 Jahre:	1 anteilig in % bei 16-17 J.:	1%
		männl. Besch. 18 - 20 Jahre:	1 anteilig in % bei 18-20 J.:	4%
		bei weibl. Besch.:	1 Anteil bei allen weiblichen Beschuldigten:	1%
		weibliche Besch. bis 15 Jahre:	1 anteilig in % bei bis 15 J.:	2%

Reaktion des Jugendlichen:

Einsicht	274	Anteil bezogen auf alle Fälle:	86%	
		bei männl. Beschuldigten:	201 Anteil bei allen männlichen Beschuldigten:	86%
		männliche Besch. bis 15 Jahre:	109 anteilig in % bei bis 15 J.:	84%
		männl. Besch. 16-17 Jahre:	74 anteilig in % bei 16-17 J.:	89%
		männl. Besch. 18 - 20 Jahre:	18 anteilig in % bei 18-20 J.:	78%
		bei weibl. Besch.:	73 Anteil bei allen weiblichen Beschuldigten:	86%
		weibliche Besch. bis 15 Jahre:	50 anteilig in % bei bis 15 J.:	88%
		weibl. Besch. 16-17 Jahre	20 anteilig in % bei 16-17 J.:	91%
		weibl. Beschuldigte 18-20 Jahre:	3 anteilig in % bei 18-20 J.:	50%

Reue — 262 — Anteil bezogen auf alle Fälle: 82%

bei männl. Beschuldigten:	190 Anteil bei allen männlichen Beschuldigten:	81%
männliche Besch. bis 15 Jahre:	104 anteilig in % bei bis 15 J.:	81%
männl. Besch. 16-17 Jahre:	68 anteilig in % bei 16-17 J.:	82%
männl. Besch. 18 - 20 Jahre:	18 anteilig in % bei 18-20 J.:	78%
bei weibl. Besch.:	72 Anteil bei allen weiblichen Beschuldigten:	85%
weibliche Besch. bis 15 Jahre:	50 anteilig in % bei bis 15 J.:	88%
weibl. Besch. 16-17 Jahre:	19 anteilig in % bei 16-17 J.:	86%
weibl. Beschuldigte 18-20 Jahre:	3 anteilig in % bei 18-20 J.:	50%

will aktiv etwas unternehmen — 45 — Anteil bezogen auf alle Fälle: 14%

bei männl. Beschuldigten:	43 Anteil bei allen männlichen Beschuldigten:	18%
männliche Besch. bis 15 Jahre:	22 anteilig in % bei bis 15 J.:	17%
männl. Besch. 16-17 Jahre:	18 anteilig in % bei 16-17 J.:	22%
männl. Besch. 18 - 20 Jahre:	3 anteilig in % bei 18-20 J.:	13%
bei weibl. Besch.:	2 Anteil bei allen weiblichen Beschuldigten:	2%
weibl. Besch. 16-17 Jahre	1 anteilig in % bei 16-17 J.:	5%
weibl. Beschuldigte 18-20 Jahre:	1 anteilig in % bei 18-20 J.:	17%

uneinsichtig — 18 — Anteil bezogen auf alle Fälle: 6%

bei männl. Beschuldigten:	12 Anteil bei allen männlichen Beschuldigten:	5%
männliche Besch. bis 15 Jahre:	7 anteilig in % bei bis 15 J.:	5%
männl. Besch. 16-17 Jahre:	3 anteilig in % bei 16-17 J.:	4%
männl. Besch. 18 - 20 Jahre:	2 anteilig in % bei 18-20 J.:	9%
bei weibl. Besch.:	6 Anteil bei allen weiblichen Beschuldigten:	7%
weibliche Besch. bis 15 Jahre:	4 anteilig in % bei bis 15 J.:	7%
weibl. Besch. 16-17 Jahre	1 anteilig in % bei 16-17 J.:	5%
weibl. Beschuldigte 18-20 Jahre:	1 anteilig in % bei 18-20 J.:	17%

rechtfertige sich — 16 — Anteil bezogen auf alle Fälle: 5%

bei männl. Beschuldigten:	12 Anteil bei allen männlichen Beschuldigten:	5%
männliche Besch. bis 15 Jahre:	8 anteilig in % bei bis 15 J.:	6%
männl. Besch. 16-17 Jahre:	3 anteilig in % bei 16-17 J.:	4%
männl. Besch. 18 - 20 Jahre:	1 anteilig in % bei 18-20 J.:	4%
bei weibl. Besch.:	4 Anteil bei allen weiblichen Beschuldigten:	5%
weibliche Besch. bis 15 Jahre:	1 anteilig in % bei bis 15 J.:	2%
weibl. Besch. 16-17 Jahre	1 anteilig in % bei 16-17 J.:	5%
weibl. Beschuldigte 18-20 Jahre:	2 anteilig in % bei 18-20 J.:	33%

Schulung des Polizeibeamten:

keine Aussage möglich — 167 — Anteil bezogen auf alle Fälle: 52%

bei männl. Beschuldigten:	120 Anteil bei allen männlichen Beschuldigten:	51%
männliche Besch. bis 15 Jahre:	58 anteilig in % bei bis 15 J.:	45%
männl. Besch. 16-17 Jahre:	46 anteilig in % bei 16-17 J.:	55%
männl. Besch. 18 - 20 Jahre:	16 anteilig in % bei 18-20 J.:	70%
bei weibl. Besch.:	47 Anteil bei allen weiblichen Beschuldigten:	55%
weibliche Besch. bis 15 Jahre:	33 anteilig in % bei bis 15 J.:	58%
weibl. Besch. 16-17 Jahre	11 anteilig in % bei 16-17 J.:	50%
weibl. Beschuldigte 18-20 Jahre:	3 anteilig in % bei 18-20 J.:	50%

ausführlicher Vermerk — 63 — Anteil bezogen auf alle Fälle: 20%

bei männl. Beschuldigten:	44 Anteil bei allen männlichen Beschuldigten:	19%
männliche Besch. bis 15 Jahre:	26 anteilig in % bei bis 15 J.:	20%
männl. Besch. 16-17 Jahre:	17 anteilig in % bei 16-17 J.:	20%
männl. Besch. 18 - 20 Jahre:	1 anteilig in % bei 18-20 J.:	1%
bei weibl. Besch.:	19 Anteil bei allen weiblichen Beschuldigten:	22%
weibliche Besch. bis 15 Jahre:	12 anteilig in % bei bis 15 J.:	21%
weibl. Besch. 16-17 Jahre	6 anteilig in % bei 16-17 J.:	27%
weibl. Beschuldigte 18-20 Jahre:	1 anteilig in % bei 18-20 J.:	17%

Diversionsverfahren erläutert — 100 — Anteil bezogen auf alle Fälle: 31%

bei männl. Beschuldigten:	88 Anteil bei allen männlichen Beschuldigten:	37%
männliche Besch. bis 15 Jahre:	50 anteilig in % bei bis 15 J.:	39%
männl. Besch. 16-17 Jahre:	33 anteilig in % bei 16-17 J.:	40%
männl. Besch. 18 - 20 Jahre:	5 anteilig in % bei 18-20 J.:	22%
bei weibl. Besch.:	27 Anteil bei allen weiblichen Beschuldigten:	32%
weibliche Besch. bis 15 Jahre:	17 anteilig in % bei bis 15 J.:	30%
weibl. Besch. 16-17 Jahre	9 anteilig in % bei 16-17 J.:	41%
weibl. Beschuldigte 18-20 Jahre:	1 anteilig in % bei 18-20 J.:	17%

unsicher	11	Anteil bezogen auf alle Fälle:	3%
	bei männl. Beschuldigten:	10 Anteil bei allen männlichen Beschuldigten:	4%
	männliche Besch. bis 15 Jahre:	9 anteilig in % bei bis 15 J.:	7%
	männl. Besch. 18 - 20 Jahre:	1 anteilig in % bei 18-20 J.:	4%
	bei weibl. Besch.:	1 Anteil bei allen weiblichen Beschuldigten:	1%
	weibliche Besch. bis 15 Jahre:	0	
	weibl. Besch. 16-17 Jahre	0	
	weibl. Beschuldigte 18-20 Jahre:	1 anteilig in % bei 18-20 J.:	17%

Dauer des Verfahrens:

1 Wo	2 Wo	3 Wo	4 Wo	5 Wo	6 Wo	7 Wo	8 Wo
0	5	12	32	21	19	21	35

9 Wo	10 Wo	11 Wo	12 Wo	13 Wo	14 Wo	15 Wo	16 Wo
14	33	13	30	9	19	4	13

17 Wo	18 Wo	19 Wo	20 Wo	21 Wo	22 Wo	23 Wo	24 Wo
2	1	3	9	1	4	1	3

mehr als 24 Wo	16	Durchschnitt in Wochen:	11,203125	ohne "Nachzügler" in Wochen:	9,61513

Nachzügler: 2x25 Wo ohne ersichtlichen Grund; 1x28 Wo ohne ersichtlichen Grund; 1x28 Wo wegen Umzug der Beschuldigten; 1x32 Wo wegen schwieriger Gespräche bei TOA; 1x36 Wo ohne ersichtlichen Grund; 2x40 Wo wegen aufwändiger Maßnahme; 1x 44 Wo weil Beschuldigter untergetaucht war; 7x52 Wo bei einem einzigen Fall ohne ersichtlichen Grund

0-6 Wochen	89	Anteil bezogen auf alle Fälle:	28%
	bei männl. Beschuldigten:	61 Anteil bei allen männlichen Beschuldigten:	26%
	männliche Besch. bis 15 Jahre:	32 anteilig in % bei bis 15 J.:	25%
	männl. Besch. 16-17 Jahre:	23 anteilig in % bei 16-17 J.:	28%
	männl. Besch. 18 - 20 Jahre:	6 anteilig in % bei 18-20 J.:	26%
	bei weibl. Besch.:	28 Anteil bei allen weiblichen Beschuldigten:	33%
	weibliche Besch. bis 15 Jahre:	21 anteilig in % bei bis 15 J.:	37%
	weibl. Besch. 16-17 Jahre	6 anteilig in % bei 16-17 J.:	27%
	weibl. Beschuldigte 18-20 J.:	1 anteilig in % bei 18-20 J.:	17%

7-12 Wochen	146	Anteil bezogen auf alle Fälle:	46%
	bei männl. Beschuldigten:	107 Anteil bei allen männlichen Beschuldigten:	46%
	männliche Besch. bis 15 Jahre:	71 anteilig in % bei bis 15 J.:	55%
	männl. Besch. 16-17 Jahre:	26 anteilig in % bei 16-17 J.:	31%
	männl. Besch. 18 - 20 Jahre:	10 anteilig in % bei 18-20 J.:	43%
	bei weibl. Besch.:	39 Anteil bei allen weiblichen Beschuldigten:	46%
	weibliche Besch. bis 15 Jahre:	27 anteilig in % bei bis 15 J.:	47%
	weibl. Besch. 16-17 Jahre	9 anteilig in % bei 16-17 J.:	41%
	weibl. Beschuldigte 18-20 J.:	3 anteilig in % bei 18-20 J.:	50%

13-18 Wochen	48	Anteil bezogen auf alle Fälle:	15%
	bei männl. Beschuldigten:	37 Anteil bei allen männlichen Beschuldigten:	16%
	männliche Besch. bis 15 Jahre:	15 anteilig in % bei bis 15 J.:	12%
	männl. Besch. 16-17 Jahre:	20 anteilig in % bei 16-17 J.:	24%
	männl. Besch. 18 - 20 Jahre:	2 anteilig in % bei 18-20 J.:	9%
	bei weibl. Besch.:	11 Anteil bei allen weiblichen Beschuldigten:	13%
	weibliche Besch. bis 15 Jahre:	5 anteilig in % bei bis 15 J.:	9%
	weibl. Besch. 16-17 Jahre	5 anteilig in % bei 16-17 J.:	23%
	weibl. Beschuldigte 18-20 J.:	1 anteilig in % bei 18-20 J.:	17%

19-24 Wochen	21	Anteil bezogen auf alle Fälle:	7%
	bei männl. Beschuldigten:	19 Anteil bei allen männlichen Beschuldigten:	8%
	männliche Besch. bis 15 Jahre:	7 anteilig in % bei bis 15 J.:	5%
	männl. Besch. 16-17 Jahre:	10 anteilig in % bei 16-17 J.:	12%
	männl. Besch. 18 - 20 Jahre:	2 anteilig in % bei 18-20 J.:	9%
	bei weibl. Besch.:	2 Anteil bei allen weiblichen Beschuldigten:	2%
	weibl. Besch. 16-17 Jahre	1 anteilig in % bei 16-17 J.:	5%
	weibl. Beschuldigte 18-20 J.:	1 anteilig in % bei 18-20 J.:	17%

mehr als 24 Wo	16	Anteil bezogen auf alle Fälle:	5%
	bei männl. Beschuldigten:	11 Anteil bei allen männlichen Beschuldigten:	5%
	männliche Besch. bis 15 Jahre:	4 anteilig in % bei bis 15 J.:	3%
	männl. Besch. 16-17 Jahre:	4 anteilig in % bei 16-17 J.:	5%
	männl. Besch. 18 - 20 Jahre:	3 anteilig in % bei 18-20 J.:	13%
	bei weibl. Besch.:	5 Anteil bei allen weiblichen Beschuldigten:	6%
	weibliche Besch. bis 15 Jahre:	4 anteilig in % bei bis 15 J.:	7%
	weibl. Besch. 16-17 Jahre	1 anteilig in % bei 16-17 J.:	5%

Tat wurde erst zu einem späteren Zeitpunkt bekannt: 32

Einstellungsnachricht:

individuell:	14	Anteil bezogen auf alle Fälle:	4%
		bei männl. Beschuldigten: 14 Anteil bei allen männlichen Beschuldigten:	6%
		männliche Besch. bis 15 Jahre: 6 anteilig in % bei bis 15 J.:	5%
		männl. Besch. 16-17 Jahre: 4 anteilig in % bei 16-17 J.:	5%
		männl. Besch. 18 - 20 Jahre: 4 anteilig in % bei 18-20 J.:	17%
Formular:	278	Anteil bezogen auf alle Fälle:	87%
		bei männl. Beschuldigten: 197 Anteil bei allen männlichen Beschuldigten:	84%
		männliche Besch. bis 15 Jahre: 115 anteilig in % bei bis 15 J.:	90%
		männl. Besch. 16-17 Jahre: 67 anteilig in % bei 16-17 J.:	81%
		männl. Besch. 18 - 20 Jahre: 15 anteilig in % bei 18-20 J.:	75%
		bei weibl. Besch.: 81 Anteil bei allen weiblichen Beschuldigten:	95%
		weibliche Besch. bis 15 Jahre: 55 anteilig in % bei bis 15 J.:	100%
		weibl. Besch. 16-17 Jahre 21 anteilig in % bei 16-17 J.:	95%
		weibl. Beschuldigte 18-20 J.: 5 anteilig in % bei 18-20 J.:	125%
Widerspruch gegen Eintragung:		1	

problematisch:

insgesamt:	50	Anteil bezogen auf alle Fälle:	16%
		bei männl. Beschuldigten: 34 Anteil bei allen männlichen Beschuldigten:	14%
		männliche Besch. bis 15 Jahre: 24 anteilig in % bei bis 15 J.:	19%
		männl. Besch. 16-17 Jahre: 5 anteilig in % bei 16-17 J.:	6%
		männl. Besch. 18 - 20 Jahre: 5 anteilig in % bei 18-20 J.:	25%
		bei weibl. Besch.: 16 Anteil bei allen weiblichen Beschuldigten:	19%
		weibliche Besch. bis 15 Jahre: 10 anteilig in % bei bis 15 J.:	18%
		weibl. Besch. 16-17 Jahre 4 anteilig in % bei 16-17 J.:	18%
		weibl. Beschuldigte 18-20 J.: 2 anteilig in % bei 18-20 J.:	50%
nicht ausreichend bewiesen	4	Anteil bezogen auf alle Fälle:	1%
		bei männl. Beschuldigten: 2 Anteil bei allen männlichen Beschuldigten:	1%
		männliche Besch. bis 15 Jahre: 1 anteilig in % bei bis 15 J.:	1%
		männl. Besch. 16-17 Jahre: 1 anteilig in % bei 16-17 J.:	1%
		bei weibl. Besch.: 2 Anteil bei allen weiblichen Beschuldigten:	2%
		weibliche Besch. bis 15 Jahre: 1 anteilig in % bei bis 15 J.:	2%
		weibl. Beschuldigte 18-20 Jahre: 1 anteilig in % bei 18-20 J.:	17%
Strafantrag wurde deutlich vor Maßnahme zurückgenommen	4	Anteil bezogen auf alle Fälle:	1%
		bei männl. Beschuldigten: 4 Anteil bei allen männlichen Beschuldigten:	7%
		männliche Besch. bis 15 Jahre: 3 anteilig in % bei bis 15 J.:	2%
		männl. Besch. 16-17 Jahre: 1 anteilig in % bei 16-17 J.:	1%
mangelnde Reife des Jugendlichen übersehen	2	Anteil bezogen auf alle Fälle:	1%
		bei weibl. Besch.: 2 Anteil bei allen weiblichen Beschuldigten:	2%
		weibliche Besch. bis 15 Jahre: 2 anteilig in % bei bis 15 J.:	4%
Kinder wurden zum erzieherischen Gespräch geladen	3	Anteil bezogen auf alle Fälle:	1%
		bei männl. Beschuldigten: 1 Anteil bei allen männlichen Beschuldigten:	0%
		männliche Besch. bis 15 Jahre: 1 anteilig in % bei bis 15 J.:	1%
		bei weibl. Besch.: 2 Anteil bei allen weiblichen Beschuldigten:	2%
		weibliche Besch. bis 15 Jahre: 2 anteilig in % bei bis 15 J.:	4%
Fall für eine Einstellung nach § 153 StPO wurde nach § 45 II JGG eingestellt.	19	Anteil bezogen auf alle Fälle:	6%
		bei männl. Beschuldigten: 11 Anteil bei allen männlichen Beschuldigten:	5%
		männliche Besch. bis 15 Jahre: 6 anteilig in % bei bis 15 J.:	5%
		männl. Besch. 16-17 Jahre: 2 anteilig in % bei 16-17 J.:	2%
		männl. Besch. 18 - 20 Jahre: 3 anteilig in % bei 18-20 J.:	2%
		bei weibl. Besch.: 8 Anteil bei allen weiblichen Beschuldigten:	9%
		weibliche Besch. bis 15 Jahre: 4 anteilig in % bei bis 15 J.:	7%
		weibl. Besch. 16-17 Jahre 4 anteilig in % bei 16-17 J.:	18%
unzulässige Vereinbarung zw. Polizei und StA	5	Anteil bezogen auf alle Fälle:	2%
		bei männl. Beschuldigten: 5 Anteil bei allen männlichen Beschuldigten:	2%
		männliche Besch. bis 15 Jahre: 5 anteilig in % bei bis 15 J.:	4%

kein Vorsatz deshalb § 170 II StPO übersehen	3	Anteil bezogen auf alle Fälle:		1%
		bei männl. Beschuldigten:	3 Anteil bei allen männlichen Beschuldigten:	1%
		männliche Besch. bis 15 Jahre:	1 anteilig in % bei bis 15 J.:	1%
		männl. Besch. 16-17 Jahre:	1 anteilig in % bei 16-17 J.:	1%
		männl. Besch. 18 - 20 Jahre:	1 anteilig in % bei 18-20 J.:	1%
Fall für Anklage sollte nach § 45 I JGG eingestellt werden	1	Anteil bezogen auf alle Fälle:		0%
		bei männl. Beschuldigten:	1 Anteil bei allen männlichen Beschuldigten:	0%
		männliche Besch. bis 15 Jahre:	1 anteilig in % bei bis 15 J.:	1%
keine Rücksprache gehalten bei § 45 II JGG	1	Anteil bezogen auf alle Fälle:		0%
		bei männl. Beschuldigten:	1 Anteil bei allen männlichen Beschuldigten:	0%
		männliche Besch. bis 15 Jahre:	1 anteilig in % bei bis 15 J.:	1%
Fall für § 45 I JGG wurde nach § 45 III JGG eingestellt	4	Anteil bezogen auf alle Fälle:		1%
		bei männl. Beschuldigten:	3 Anteil bei allen männlichen Beschuldigten:	1%
		männliche Besch. bis 15 Jahre:	2 anteilig in % bei bis 15 J.:	2%
		männl. Besch. 18 - 20 Jahre:	1 anteilig in % bei 18-20 J.:	4%
		bei weibl. Besch.:	1 Anteil bei allen weiblichen Beschuldigten:	1%
		weibliche Besch. bis 15 Jahre:	1 anteilig in % bei bis 15 J.:	2%
Notwehr verkannt deshalb auch von StA § 170 II StPO übersehen	1	Anteil bezogen auf alle Fälle:		0%
		bei weibl. Besch.:	1 Anteil bei allen weiblichen Beschuldigten:	1%
		weibl. Beschuldigte 18-20 Jahre:	1 anteilig in % bei 18-20 J.:	17%
wegen falschem Delikt eingestellt	1	Anteil bezogen auf alle Fälle:		0%
		bei männl. Beschuldigten:	1 Anteil bei allen männlichen Beschuldigten:	0%
		männliche Besch. bis 15 Jahre:	1 anteilig in % bei bis 15 J.:	1%
keine Rücksprache bei Arbeitsleistung gehalten	2	Anteil bezogen auf alle Fälle:		1%
		bei männl. Beschuldigten:	2 Anteil bei allen männlichen Beschuldigten:	1%
		männliche Besch. bis 15 Jahre:	2 anteilig in % bei bis 15 J.:	2%

Christian Grote

Anhang 9

Aktenauswertung Schleswig-Holstein 1. HJ 1998

Allgemeines:
Zahl der Beschuldigten: 160
   männlich: 112   anteilig in %   70%   weiblich: 48   anteilig in %   30%

Ersttäter:

Ersttäter:	140 Anteil an der Zahl der Beschuldigten:	88%	
männliche Ersttäter:	96	Anteil an den Ersttätern:	69%
Ersttäteranteil unter den männlichen Beschuldigten:		86%	
männlich -15:	42 anteilig in % auf die Zahl der Beschuldigten:		26%
	anteilig in % auf die Zahl der männlichen Besch.:		38%
	anteilig in % auf die Zahl der Ersttäter:		30%
	anteilig in % auf die Zahl der männlichen Ersttäter:		44%
männlich 16-17:	24 anteilig in % auf die Zahl der Beschuldigten:		15%
	anteilig in % auf die Zahl der männlichen Besch.:		21%
	anteilig in % auf die Zahl der Ersttäter:		17%
	anteilig in % auf die Zahl der männlichen Ersttäter:		25%
männlich 18-20:	30 anteilig in % auf die Zahl der Beschuldigten:		19%
	anteilig in % auf die Zahl der männlichen Besch.:		27%
	anteilig in % auf die Zahl der Ersttäter:		21%
	anteilig in % auf die Zahl der männlichen Ersttäter:		31%
weibliche Ersttäter:	44	Anteil an den Ersttätern:	31%
Ersttäteranteil unter den weiblichen Besch.:		92%	
weiblich - 15:	22 anteilig in % auf die Zahl der Beschuldigten:		14%
	anteilig in % auf die Zahl der weiblichen Besch.:		46%
	anteilig in % auf die Zahl der Ersttäter:		16%
	anteilig in % auf die Zahl der weiblichen Ersttäter:		50%
weiblich 16-17:	19 anteilig in % auf die Zahl der Beschuldigten:		12%
	anteilig in % auf die Zahl der weiblichen Besch.:		40%
	anteilig in % auf die Zahl der Ersttäter:		14%
	anteilig in % auf die Zahl der weiblichen Ersttäter:		43%
weiblich 18-20:	3 anteilig in % auf die Zahl der Beschuldigten:		2%
	anteilig in % auf die Zahl der weiblichen Besch.:		6%
	anteilig in % auf die Zahl der Ersttäter:		2%
	anteilig in % auf die Zahl der weiblichen Ersttäter:		7%

Zweittäter:

Zweittäter:	14 Anteil an der Zahl der Beschuldigten:	9%	
männliche Zweittäter:	11	Anteil an den Zweittätern:	79%
Zweittäteranteil unter den männlichen Beschuldigten:		10%	
männlich 16-17:	5 anteilig in % auf die Zahl der Beschuldigten:		3%
	anteilig in % auf die Zahl der männlichen Besch.:		4%
	anteilig in % auf die Zahl der Zweittäter:		36%
	anteilig in % auf die Zahl der männl. Zweittäter:		45%
männlich 18-20:	6 anteilig in % auf die Zahl der Beschuldigten:		4%
	anteilig in % auf die Zahl der männlichen Besch.:		5%
	anteilig in % auf die Zahl der Zweittäter:		43%
	anteilig in % auf die Zahl der männl. Zweittäter:		55%
weibliche Zweittäter:	3	Anteil an den Zweittätern:	21%
Zweittäteranteil unter den weiblichen Beschuldigten:		6%	
weiblich -15:	2 anteilig in % auf die Zahl der Beschuldigten:		1%
	anteilig in % auf die Zahl der weiblichen Besch.:		4%
	anteilig in % auf die Zahl der Zweittäter:		14%
	anteilig in % auf die Zahl der weibl. Zweittäter:		67%
weiblich 18-20:	1 anteilig in % auf die Zahl der Beschuldigten:		1%
	anteilig in % auf die Zahl der weiblichen Besch.:		2%
	anteilig in % auf die Zahl der Zweittäter:		7%
	anteilig in % auf die Zahl der weibl. Zweittäter:		33%

Drittäter:

Drittäter:	6	Anteil an der Zahl der Beschuldigten:	4%	
männliche Drittäter:	5	Anteil an den Drittätern:		83%
Drittäteranteil unter den männlichen Beschuldigten:		4%		
männlich -15:	1	anteilig in % auf die Zahl der Beschuldigten:		1%
		anteilig in % auf die Zahl der männlichen Besch.:		1%
		anteilig in % auf die Zahl der Drittäter:		17%
		anteilig in % auf die Zahl der männl. Drittäter:		20%
männlich 16-17:	2	anteilig in % auf die Zahl der Beschuldigten:		1%
		anteilig in % auf die Zahl der männlichen Besch.:		2%
		anteilig in % auf die Zahl der Drittäter:		33%
		anteilig in % auf die Zahl der männl. Drittäter:		40%
männlich 18-20:	2	anteilig in % auf die Zahl der Beschuldigten:		1%
		anteilig in % auf die Zahl der männlichen Besch.:		2%
		anteilig in % auf die Zahl der Drittäter:		33%
		anteilig in % auf die Zahl der männl. Drittäter:		40%
weibliche Drittäter:	1	Anteil an den Drittätern:		17%
Drittäteranteil unter den weiblichen Beschuldigten:		2%		
weiblich 16-17:	1	anteilig in % auf die Zahl der Beschuldigten:		1%
		anteilig in % auf die Zahl der weiblichen Besch.:		2%
		anteilig in % auf die Zahl der Drittäter:		17%
		anteilig in % auf die Zahl der weibl. Drittäter:		100%

Vortaten:

einschlägige Vortat:	2	Anteil bei den mehrfach auffälligen Beschuldigten:		10%
Anteil an den Beschuldigten insgesamt:		1%		

Alter:

14 Jahre	32	Anteil an den Beschuldigten insgesamt:		20%		
		davon männlich:	20	anteilig in %:	63% Anteil an den m.B.:	18%
		davon weiblich:	12	anteilig in %	38% Anteil an den w. B.:	25%
15 Jahre	35	Anteil an den Beschuldigten insgesamt:		22%		
		davon männlich:	23	anteilig in %:	66% Anteil an den m.B.:	21%
		davon weiblich:	12	anteilig in %	34% Anteil an den w. B.:	25%
16 Jahre	30	Anteil an den Beschuldigten insgesamt:		19%		
		davon männlich:	20	anteilig in %:	67% Anteil an den m.B.:	18%
		davon weiblich:	10	anteilig in %	33% Anteil an den w. B.:	21%
17 Jahre	22	Anteil an den Beschuldigten insgesamt:		14%		
		davon männlich:	12	anteilig in %:	55% Anteil an den m.B.:	11%
		davon weiblich:	10	anteilig in %	45% Anteil an den w. B.:	21%
18 Jahre	17	Anteil an den Beschuldigten insgesamt:		11%		
		davon männlich:	16	anteilig in %:	94% Anteil an den m.B.:	14%
		davon weiblich:	1	anteilig in %	6% Anteil an den w. B.:	2%
19 Jahre	13	Anteil an den Beschuldigten insgesamt:		8%		
		davon männlich:	10	anteilig in %:	77% Anteil an den m.B.:	9%
		davon weiblich:	3	anteilig in %	23% Anteil an den w. B.:	6%
20 Jahre	11	Anteil an den Beschuldigten insgesamt:		7%		
		davon männlich:	11	anteilig in %:	100% Anteil an den m.B.:	10%
Durchschnittsalter aller Beschuldigter in Jahren:			16,25			
Durchschnittsalter männlicher Beschuldigter in Jahren:			16,49107			
Durchschnittsalter weiblicher Beschuldigter in Jahren:			16,10417			

Delikt:

§ 242 StGB	15	Anteil an der Gesamtzahl aller Delikte:		9%		
		männliche Besch.:	11	Anteil an allen Delikten männlicher Besch.:		10%
		Anteil männlicher Beschuldigten bei diesem Delikt:			73%	
		männl. - 15 J.:	4	männl. 16-17	3 männl. 18-20 J.:	4
		anteilig in %:	4%	anteilig in %:	3% anteilig in %:	4%
		weibliche Besch.:	4	Anteil an allen Delikten weiblicher Besch.:		8%
		Anteil weiblicher Beschuldigter bei diesem Delikt:			27%	
		weibl. - 15 J.:	1	weibl. 16-17:	3	
		anteilig in %:	2%	anteilig in %:	6%	
§242,248 a StGB	71	Anteil an der Gesamtzahl aller Delikte:		44%		
		männliche Besch.:	42	Anteil an allen Delikten männlicher Besch.:		38%
		Anteil männlicher Beschuldigten bei diesem Delikt:			59%	
		männl. - 15 J.:	19	männl. 16-17	13 männl. 18-20 J.:	10
		anteilig in %:	17%	anteilig in %:	12% anteilig in %:	9%
		weibliche Besch.:	29	Anteil an allen Delikten weiblicher Besch.:		60%
		Anteil weiblicher Beschuldigter bei diesem Delikt:			41%	
		weibl. - 15 J.:	15	weibl. 16-17:	13 weibl. 18-20 J.:	1
		anteilig in %:	31%	anteilig in %:	27% anteilig in %:	2%

Diebstähle insges. 86 Anteil an der Gesamtzahl aller Delikte: 54%
männliche Besch.: 53 Anteil an allen Delikten männlicher Besch.: 47%
Anteil männlicher Beschuldigten bei diesem Delikt: 62%
männl. - 15 J.: 23 männl. 16-17 16 männl. 18-20 J.: 14
anteilig in %: 21% anteilig in %: 14% anteilig in %: 13%
weibliche Besch.: 33 Anteil an allen Delikten weiblicher Besch.: 69%
Anteil weiblicher Beschuldigter bei diesem Delikt: 38%
weibl. - 15 J.: 16 weibl. 16-17: 16 weibl. 18-20 J.: 1
anteilig in %: 33% anteilig in %: 33% anteilig in %: 2%

§ 246 StGB 2 Anteil an der Gesamtzahl aller Delikte: 1%
männliche Besch.: 2 Anteil an allen Delikten männlicher Besch.: 2%
Anteil männlicher Beschuldigten bei diesem Delikt: 100%
männl. 18-20 J.: 2
anteilig in %: 2%

§ 223 StGB 11 Anteil an der Gesamtzahl aller Delikte: 7%
männliche Besch.: 8 Anteil an allen Delikten männlicher Besch.: 7%
Anteil männlicher Beschuldigten bei diesem Delikt: 73%
männl. - 15 J: 4 männl. 16-17 3 männl. 18-20 J.: 1
anteilig in %: 4% anteilig in %: 3% anteilig in %: 1%
weibliche Besch.: 3 Anteil an allen Delikten weiblicher Besch.: 6%
weibl. - 15 J.: 1 weibl. 16-17: 1 weibl. 18-20 J.: 1
anteilig in %: 2% anteilig in %: 2% anteilig in %: 2%

§ 224 StGB 6 Anteil an der Gesamtzahl aller Delikte: 4%
männliche Besch.: 5 Anteil an allen Delikten männlicher Besch.: 4%
Anteil männlicher Beschuldigten bei diesem Delikt: 83%
männl. - 15 J: 2 männl. 16-17 1 männl. 18-20 J.: 2
anteilig in %: 2% anteilig in %: 1% anteilig in %: 2%
weibliche Besch.: 1 Anteil an allen Delikten weiblicher Besch.: 2%
weibl. 16-17: 1
anteilig in %: 2%

§ 229 StGB 2 Anteil an der Gesamtzahl aller Delikte: 1%
weibliche Besch.: 2 Anteil an allen Delikten weiblicher Besch.: 4%
weibl. - 15 J.: 2
anteilig in %: 4%

§ 303 StGB 6 Anteil an der Gesamtzahl aller Delikte: 4%
männliche Besch.: 6 Anteil an allen Delikten männlicher Besch.: 5%
Anteil männlicher Beschuldigten bei diesem Delikt: 100%
männl. - 15 J: 2 männl. 16-17 4
anteilig in %: 2% anteilig in %: 4%

§ 304 StGB 2 Anteil an der Gesamtzahl aller Delikte: 1%
männliche Besch.: 2 Anteil an allen Delikten männlicher Besch.: 2%
Anteil männlicher Beschuldigten bei diesem Delikt: 100%
männl. 16-17 1 männl. 18-20 J.: 1
anteilig in %: 1% anteilig in %: 1%

§ 21 StVG 3 Anteil an der Gesamtzahl aller Delikte: 2%
männliche Besch.: 3 Anteil an allen Delikten männlicher Besch.: 3%
Anteil männlicher Beschuldigten bei diesem Delikt: 100%
männl. 16-17 1 männl. 18-20 J.: 2
anteilig in %: 1% anteilig in %: 2%

§ 142 StGB 2 Anteil an der Gesamtzahl aller Delikte: 1%
männliche Besch.: 2 Anteil an allen Delikten männlicher Besch.: 2%
Anteil männlicher Beschuldigten bei diesem Delikt: 100%
männl. 18-20 J.: 2
anteilig in %: 2%

§ 92 AuslG 2 Anteil an der Gesamtzahl aller Delikte: 1%
männliche Besch.: 2 Anteil an allen Delikten männlicher Besch.: 2%
Anteil männlicher Beschuldigten bei diesem Delikt: 100%
männl. 18-20 J.: 2
anteilig in %: 2%

§ 123 StGB 2 Anteil an der Gesamtzahl aller Delikte: 1%
männliche Besch.: 1 Anteil an allen Delikten männlicher Besch.: 1%
Anteil männlicher Beschuldigter bei diesem Delikt: 50%
männl. 18-20 J.: 1
anteilig in %: 1%
weibliche Besch.: 1 Anteil an allen Delikten weiblicher Besch.: 2%
weibl. - 15 J.: 1
anteilig in %: 2%

§ 6 PflVersG	7 Anteil an der Gesamtzahl aller Delikte:			4%	
	männliche Besch.:	6 Anteil an allen Delikten männlicher Besch.:			5%
	Anteil männlicher Beschuldigter bei diesem Delikt:			86%	
	männl. - 15 J:	2 männl. 16-17	1 männl. 18-20 J.:		3
	anteilig in %:	2% anteilig in %:	1% anteilig in %:		3%
	weibliche Besch.:	1 Anteil an allen Delikten weiblicher Besch.:			2%
			weibl. 18-20 J.:		1
			anteilig in %:		2%
§ 308 StGB	1 Anteil an der Gesamtzahl aller Delikte:			1%	
	männliche Besch.:	1 Anteil an allen Delikten männlicher Besch.:			1%
	Anteil männlicher Beschuldigten bei diesem Delikt:			100%	
	männl. - 15 J:	1			
	anteilig in %:	1%			
Verst. gg. BtMG	2 Anteil an der Gesamtzahl aller Delikte:			1%	
	männliche Besch.:	1 Anteil an allen Delikten männlicher Besch.:			1%
	Anteil männlicher Beschuldigten bei diesem Delikt:			50%	
			männl. 18-20 J.:		1
			anteilig in %:		2%
	weibliche Besch.:	1 Anteil an allen Delikten weiblicher Besch.:			2%
		weibl. 16-17:	1		
		anteilig in %:	2%		
§ 263 StGB	1 Anteil an der Gesamtzahl aller Delikte:			1%	
	männliche Besch.:	1 Anteil an allen Delikten männlicher Besch.:			1%
	Anteil männlicher Beschuldigten bei diesem Delikt:			100%	
	männl. - 15 J:	1			
	anteilig in %:	1%			
Verst. Gg. WaffG	1 Anteil an der Gesamtzahl aller Delikte:			1%	
	männliche Besch.:	1 Anteil an allen Delikten männlicher Besch.:			1%
	Anteil männlicher Beschuldigten bei diesem Delikt:			100%	
			männl. 18-20 J.:		1
			anteilig in %:		1%
§ 265 a StGB	8 Anteil an der Gesamtzahl aller Delikte:			5%	
	männliche Besch.:	6 Anteil an allen Delikten männlicher Besch.:			5%
	Anteil männlicher Beschuldigten bei diesem Delikt:			75%	
	männl. - 15 J.:	1 männl. 16-17	2 männl. 18-20 J.:		3
	anteilig in %:	1% anteilig in %:	2% anteilig in %:		3%
	weibliche Besch.:	2 Anteil an allen Delikten weiblicher Besch.:			4%
	weibl. - 15 J.:	1	weibl. 18-20 J.:		1
	anteilig in %:	2%	anteilig in %:		2%
§ 185 StGB	1 Anteil an der Gesamtzahl aller Delikte:			1%	
	männliche Besch.:	1 Anteil an allen Delikten männlicher Besch.:			1%
		männl. 16-17	1		
		anteilig in %:	1%		
§§ 255,22,23 StGB	2 Anteil an der Gesamtzahl aller Delikte:			1%	
	männliche Besch.:	2 Anteil an allen Delikten männlicher Besch.:			2%
	männl. - 15 J:	1 männl. 16-17	1		
	anteilig in %:	1%			
§ 267 StGB	6 Anteil an der Gesamtzahl aller Delikte:			4%	
	männliche Besch.:	4 Anteil an allen Delikten männlicher Besch.:			4%
	männl. - 15 J:	2 männl. 16-17	1 männl. 18-20 J.:		1
	anteilig in %:	2% anteilig in %:	1% anteilig in %:		1%
	weibliche Besch.:	2 Anteil an allen Delikten weiblicher Besch.:			4%
	weibl. - 15 J.:	1 weibl. 16-17:	1		
	anteilig in %:	2% anteilig in %:	2%		
§ 164 StGB	1 Anteil an der Gesamtzahl aller Delikte:			1%	
	weibliche Besch.:	1 Anteil an allen Delikten weiblicher Besch.:			2%
	weibl. - 15 J.:	1			
	anteilig in %:	2%			
§ 240 StGB	2 Anteil an der Gesamtzahl aller Delikte:			1%	
	männliche Besch.:	2 Anteil an allen Delikten männlicher Besch.:			2%
	männl. - 15 J:	1	männl. 18-20 J.:		1
	anteilig in %:	1%	anteilig in %:		1%
§ 17 TierSchG	1 Anteil an der Gesamtzahl aller Delikte:			1%	
	männliche Besch.:	1 Anteil an allen Delikten männlicher Besch.:			1%
	männl. - 15 J:	1			
	anteilig in %:	1%			
§ 263 a StGB	1 Anteil an der Gesamtzahl aller Delikte:			1%	
	männliche Besch.:	1 Anteil an allen Delikten männlicher Besch.:			1%
	männl. - 15 J:	1			
	anteilig in %:	1%			

§ 241 StGB   1 Anteil an der Gesamtzahl aller Delikte: 1%
                    männliche Besch.:   1 Anteil an allen Delikten männlicher Besch.:   1%
                    männl. - 15 J: 1
                    anteilig in %:   1%
zur Tat:
Tat gleich gestanden: 125   Anteil an den Taten insgesamt: 78%
                    bei männl. Besch.:   87 Anteil an den Taten männl. Beschuldigter: 78%
                    männliche Besch. bis 15 Jahre: 37   anteilig in % bei bis 15 J.:   86%
                    männl. Besch. 16-17 Jahre: 25   anteilig in % bei 16-17 J.:   78%
                    männl. Besch. 18 - 20 Jahre: 25   anteilig in % bei 18-20 J.:   68%
                    bei weibl. Besch.:   38 Anteil an den Taten weibl. Beschuldigter: 79%
                    weibliche Besch. bis 15 Jahre: 21   anteilig in % bei bis 15 J.:   88%
                    weibl. Besch. 16-17 Jahre   15   anteilig in % bei 16-17 J.:   75%
                    weibl. Besch. 18-20 Jahre: 2   anteilig in % bei 18-20 J.:   50%
Tat nach Zögern gestanden 13   Anteil an den Taten insgesamt: 8%
                    bei männl. Besch.:   10 Anteil an den Taten männl. Beschuldigter: 9%
                    männliche Besch. bis 15 Jahre: 2   anteilig in % bei bis 15 J.:   5%
                    männl. Besch. 16-17 Jahre: 4   anteilig in % bei 16-17 J.:   13%
                    männl. Besch. 18 - 20 Jahre: 4   anteilig in % bei 18-20 J.:   11%
                    bei weibl. Besch.:   3 Anteil an den Taten weibl. Beschuldigter: 6%
                    weibliche Besch. bis 15 Jahre: 1   anteilig in % bei bis 15 J.:   4%
                    weibl. Besch. 16-17 Jahre   2   anteilig in % bei 16-17 J.:   10%
Tat unter Druck gestanden 2   Anteil an den Taten insgesamt: 1%
                    bei männl. Besch.:   2 Anteil an den Taten männl. Beschuldigter: 2%
                    männliche Besch. bis 15 Jahre: 1   anteilig in % bei bis 15 J.:   2%
                    männl. Besch. 16-17 Jahre: 1   anteilig in % bei 16-17 J.:   3%
Tat geleugnet: 21   Anteil an den Taten insgesamt: 13%
                    bei männl. Besch.:   15 Anteil an den Taten männl. Beschuldigter: 13%
                    männliche Besch. bis 15 Jahre: 3   anteilig in % bei bis 15 J.:   7%
                    männl. Besch. 16-17 Jahre: 3   anteilig in % bei 16-17 J.:   9%
                    männl. Besch. 18 - 20 Jahre: 9   anteilig in % bei 18-20 J.:   24%
                    bei weibl. Besch.:   6 Anteil an den Taten weibl. Beschuldigter: 13%
                    weibliche Besch. bis 15 Jahre: 2   anteilig in % bei bis 15 J.:   8%
                    weibl. Besch. 16-17 Jahre   2   anteilig in % bei 16-17 J.:   10%
                    weibl. Besch. 18-20 Jahre: 2   anteilig in % bei 18-20 J.:   50%
spontane Tat: 125   Anteil an den Taten insgesamt: 78%
                    bei männl. Besch.:   87 Anteil an den Taten männl. Beschuldigter: 78%
                    männliche Besch. bis 15 Jahre: 36   anteilig in % bei bis 15 J.:   84%
                    männl. Besch. 16-17 Jahre: 23   anteilig in % bei 16-17 J.:   72%
                    männl. Besch. 18 - 20 Jahre: 28   anteilig in % bei 18-20 J.:   76%
                    bei weibl. Besch.:   38 Anteil an den Taten weibl. Beschuldigter: 79%
                    weibliche Besch. bis 15 Jahre: 21   anteilig in % bei bis 15 J.:   88%
                    weibl. Besch. 16-17 Jahre   14   anteilig in % bei 16-17 J.:   70%
                    weibl. Besch. 18 - 20 Jahre: 3   anteilig in % bei 18-20 J.:   75%
geplante Tat: 29   Anteil an den Taten insgesamt: 18%
                    bei männl. Besch.:   22 Anteil an den Taten männl. Beschuldigter: 20%
                    männliche Besch. bis 15 Jahre: 7   anteilig in % bei bis 15 J.:   16%
                    männl. Besch. 16-17 Jahre: 8   anteilig in % bei 16-17 J.:   25%
                    männl. Besch. 18 - 20 Jahre: 7   anteilig in % bei 18-20 J.:   19%
                    bei weibl. Besch.:   7 Anteil an den Taten weibl. Beschuldigter: 15%
                    weibliche Besch. bis 15 Jahre: 1   anteilig in % bei bis 15 J.:   4%
                    weibl. Besch. 16-17 Jahre   6   anteilig in % bei 16-17 J.:   30%
fahrlässige Tat: 6   Anteil an den Taten insgesamt: 4%
                    bei männl. Besch.:   3 Anteil an den Taten männl. Beschuldigter: 3%
                    männliche Besch. bis 15 Jahre: 1   anteilig in % bei bis 15 J.:   2%
                    männl. Besch. 18 - 20 Jahre: 2   anteilig in % bei 18-20 J.:   5%
                    bei weibl. Besch.:   3 Anteil an den Taten weibl. Beschuldigter: 6%
                    weibliche Besch. bis 15 Jahre: 2   anteilig in % bei bis 15 J.:   8%
                    weibl. Besch. 18 - 20 Jahre: 1   anteilig in % bei 18-20 J.:   25%
Motivation:
aus Geldmangel: 19   Anteil an allen Taten: 12%
                    Motiv für männl. Besch.:   16 Anteil bei allen männlichen Beschuldigten: 14%
                    für männl. Besch. bis 15 J.   8 Anteil bei allen männl. Besch. bis 15 J.:   19%
                    für männl. Besch. 16-17 J   5 Anteil bei allen männl. Besch. von 16-17 J.:   16%
                    für männl. Besch. 18-20 J   3 Anteil bei allen männl. Besch. Von 18-20 J.:   8%
                    Motiv für weibl. Besch.:   3 Anteil bei allen weiblichen Beschuldigten: 6%
                    für weibl. Besch. 16-17 J   3 Anteil bei alle anteilig in % bei 16-17 J.:   15%

aus Neugier	10 Anteil an allen Taten:	6%	
	Motiv für männl. Besch.:	9 Anteil bei allen männlichen Beschuldigten:	8%
	für männl. Besch. bis 15 J.	6 Anteil bei allen männl. Besch. bis 15 J.:	14%
	für männl. Besch. 18-20 J	3 Anteil bei allen männl. Besch. Von 18-20 J.:	8%
	Motiv für weibl. Besch.:	1 Anteil bei allen weiblichen Beschuldigten:	2%
	für weibl. Besch. bis 15 J	1 Anteil bei allen weibl. Besch.bis 15 J.:	4%
weil andere schon erfolgreich waren	34 Anteil an allen Taten:	21%	
	Motiv für männl. Besch.:	22 Anteil bei allen männlichen Beschuldigten:	20%
	für männl. Besch. bis 15 J.	5 Anteil bei allen männl. Besch. bis 15 J.:	12%
	für männl. Besch. 16-17 J	7 Anteil bei allen männl. Besch. von 16-17 J.:	22%
	für männl. Besch. 18-20 J	10 Anteil bei allen männl. Besch. Von 18-20 J.:	27%
	Motiv für weibl. Besch.:	12 Anteil bei allen weiblichen Beschuldigten:	25%
	für weibl. Besch. bis 15 J	4 Anteil bei allen weibl. Besch.bis 15 J.:	17%
	für weibl. Besch. 16-17 J	6 Anteil bei allen weibl. Besch. 16-17 J.:	30%
	für weibl. Besch. 18-20 J	2 Anteil bei allen weibl. Besch. 18-20 J.:	50%
aus Wut	16 Anteil an allen Taten:	10%	
	Motiv für männl. Besch.:	15 Anteil bei allen männlichen Beschuldigten:	13%
	für männl. Besch. bis 15 J.	6 Anteil bei allen männl. Besch. bis 15 J.:	14%
	für männl. Besch. 16-17 J	6 Anteil bei allen männl. Besch. von 16-17 J.:	19%
	für männl. Besch. 18-20 J	3 Anteil bei allen männl. Besch. Von 18-20 J.	8%
	Motiv für weibl. Besch.:	1 Anteil bei allen weiblichen Beschuldigten:	2%
	für weibl. Besch. bis 15 J	1 Anteil bei allen weibl. Besch.bis 15 J.:	4%
Gruppenzwang:	12 Anteil an allen Taten:	8%	
	Motiv für männl. Besch.:	6 Anteil bei allen männlichen Beschuldigten:	5%
	für männl. Besch. bis 15 J.	2 Anteil bei allen männl. Besch. bis 15 J.:	5%
	für männl. Besch. 16-17 J	3 Anteil bei allen männl. Besch. von 16-17 J.:	9%
	für männl. Besch. 18-20 J	1 Anteil bei allen männl. Besch. Von 18-20 J.:	3%
	Motiv für weibl. Besch.:	6 Anteil bei allen weiblichen Beschuldigten:	13%
	für weibl. Besch. bis 15 J	3 Anteil bei allen weibl. Besch. bis 15 J.:	13%
	für weibl. Besch. 16-17 J	2 Anteil bei allen weibl. Besch. 16-17 J.:	10%
	für weibl. Besch. 18-20 J	1 Anteil bei allen weibl. Besch. 18-20 J.:	25%
aus Langeweile:	7 Anteil an allen Taten:	4%	
	Motiv für männl. Besch.:	4 Anteil bei allen männlichen Beschuldigten:	4%
	für männl. Besch. bis 15 J.	1 Anteil bei allen männl. Besch. bis 15 J.:	2%
	für männl. Besch. 16-17 J	2 Anteil bei allen männl. Besch. von 16-17 J.:	6%
	für männl. Besch. 18-20 J	1 Anteil bei allen männl. Besch. von 18-20 J.:	3%
	Motiv für weibl. Besch.:	3 Anteil bei allen weiblichen Beschuldigten:	6%
	für weibl. Besch. bis 15 J	1 Anteil bei allen weibl. Besch. bis 15 J.:	4%
	für weibl. Besch. 16-17 J	2 Anteil bei allen weibl. Besch. 16-17 J.:	10%
Gelegenheit:	39 Anteil an allen Taten:	24%	
	Motiv für männl. Besch.:	24 Anteil bei allen männlichen Beschuldigten:	21%
	für männl. Besch.bis 15 J.	12 Anteil bei allen männl. Besch. bis 15 J.:	28%
	für männl. Besch. 16-17 J	3 Anteil bei allen männl. Besch. von 16-17 J.:	9%
	für männl. Besch. 18-20 J	9 Anteil bei allen männl. Besch. von 18-20 J.:	24%
	Motiv für weibl. Besch.:	15 Anteil bei allen weiblichen Beschuldigten:	31%
	für weibl. Besch. bis 15 J	8 Anteil bei allen weibl. Besch. bis 15 J.:	33%
	für weibl. Besch. 16-17 J	7 Anteil bei allen weibl. Besch. 16-17J.:	35%
Nervenkitzel:	10 Anteil an allen Taten:	6%	
	Motiv für männl. Besch.:	10 Anteil bei allen männlichen Beschuldigten:	9%
	für männl. Besch. bis 15 J.	4 Anteil bei allen männl. Besch. bis 15 J.:	9%
	für männl. Besch. 16-17 J	5 Anteil bei allen männl. Besch. von 16-17 J.:	16%
	für männl. Besch. 18-20 J	1 Anteil bei allen männl. Besch. von 18-20 J.:	3%
kein Motiv ersichtlich	12 Anteil an allen Taten:	8%	
	Motiv für männl. Besch.:	6 Anteil bei allen männlichen Beschuldigten:	5%
	für männl. Besch. bis 15 J.	1 Anteil bei allen männl. Besch. bis 15 J.:	2%
	für männl. Besch. 18-20 J	5 Anteil bei allen männl. Besch. von 18-20 J.:	14%
	Motiv für weibl. Besch.:	6 Anteil bei allen weiblichen Beschuldigten:	13%
	für weibl. Besch. bis 15 J	5 Anteil bei allen weibl. Besch. bis 15 J.:	21%
	für weibl. Besch. 18-20 J	1 Anteil bei allen weibl. Besch. 18-20 J.:	25%
Schwere der Tat:			
Bagatelle:	142 Anteil an allen Taten:	89%	
	bei männl. Beschuldigten:	98 Anteil bei Taten männlicher Beschuldigten:	88%
	Bagatelltaten Besch. bis 15 Jahre:	39 Anteil in dieser Gruppe in %:	91%
	Bagatelltaten Besch. 16-17 Jahre:	28 Anteil in dieser Gruppe in %:	88%
	Bagatelltaten Besch. 18-20 Jahre:	31 Anteil in dieser Gruppe in %:	84%
	bei weibl. Beschuldigten:	44 Anteil bei Taten weiblicher Beschuldigter:	92%
	Bagatelltaten Besch. bis 15 Jahre:	22 Anteil in dieser Gruppe in %:	92%
	Bagatelltaten Besch. 16-17 Jahre:	18 Anteil in dieser Gruppe in %:	90%
	Bagatelltaten Besch. 18-20 Jahre:	4 Anteil in dieser Gruppe in %:	100%

mittelschwere Tat:	18	Anteil an allen Taten	11%
bei männl. Beschuldigten:	15	Anteil bei Taten männlicher Beschuldigter:	13%
bei Beschuldigten bis 15 Jahre:	4	Anteil in dieser Gruppe in %:	9%
bei Beschuldigten von 16-17 J.:	4	Anteil in dieser Gruppe in %:	13%
bei Beschuldigten von 18-20 J.:	7	Anteil in dieser Gruppe in %:	19%
bei weibl. Beschuldigten:	3	Anteil bei Taten weiblicher Beschuldigter:	6%
bei Beschuldigten bis 15 Jahre:	1	Anteil in dieser Gruppe in %:	4%
bei Beschuldigten von 16-17 J.:	2	Anteil in dieser Gruppe in %:	10%

wie wurde die Tat nachgewiesen:

durch Zeugen:	148	Anteil an den Taten insgesamt:	93%
bei männl. Besch.:	102	Anteil an den Taten männl. Beschuldigter:	91%
männliche Besch. bis 15 Jahre:	42	anteilig in % bei bis 15 J.:	98%
männl. Besch. 16-17 Jahre:	29	anteilig in % bei 16-17 J.:	91%
männl. Besch. 18 - 20 Jahre:	31	anteilig in % bei 18-20 J.:	84%
bei weibl. Besch.:	46	Anteil an den Taten weibl. Beschuldigter:	96%
weibliche Besch. bis 15 Jahre:	22	anteilig in % bei bis 15 J.:	92%
weibl. Besch. 16-17 Jahre	20	anteilig in % bei 16-17 J.:	100%
weibl. Besch. 18-20 Jahre:	4	anteilig in % bei 18-20 J.:	100%
durch Geständnis:	136	Anteil an den Taten insgesamt:	85%
bei männl. Besch.:	96	Anteil an den Taten männl. Beschuldigter:	86%
männliche Besch. bis 15 Jahre:	39	anteilig in % bei bis 15 J.:	91%
männl. Besch. 16-17 Jahre:	30	anteilig in % bei 16-17 J.:	94%
männl. Besch. 18 - 20 Jahre:	27	anteilig in % bei 18-20 J.:	73%
bei weibl. Besch.:	40	Anteil an den Taten weibl. Beschuldigter:	83%
weibliche Besch. bis 15 Jahre:	21	anteilig in % bei bis 15 J.:	88%
weibl. Besch. 16-17 Jahre	17	anteilig in % bei 16-17 J.:	85%
weibl. Besch. 18-20 Jahre:	2	anteilig in % bei 18-20 J.:	50%
durch Tatmittel:	23	Anteil an den Taten insgesamt:	14%
bei männl. Besch.:	19	Anteil an den Taten männl. Beschuldigter:	17%
männliche Besch. bis 15 Jahre:	5	anteilig in % bei bis 15 J.:	12%
männl. Besch. 16-17 Jahre:	6	anteilig in % bei 16-17 J.:	19%
männl. Besch. 18 - 20 Jahre:	8	anteilig in % bei 18-20 J.:	22%
bei weibl. Besch.:	4	Anteil an den Taten weibl. Beschuldigter:	8%
weibliche Besch. bis 15 Jahre:	2	anteilig in % bei bis 15 J.:	8%
weibl. Besch. 16-17 Jahre	1	anteilig in % bei 16-17 J.:	5%
weibl. Besch. 18-20 Jahre:	1	anteilig in % bei 18-20 J.:	25%
durch Beute:	87	Anteil an den Taten insgesamt:	54%
bei männl. Besch.:	56	Anteil an den Taten männl. Beschuldigter:	50%
männliche Besch. bis 15 Jahre:	24	anteilig in % bei bis 15 J.:	56%
männl. Besch. 16-17 Jahre:	17	anteilig in % bei 16-17 J.:	53%
männl. Besch. 18 - 20 Jahre:	15	anteilig in % bei 18-20 J.:	58%
bei weibl. Besch.:	31	Anteil an den Taten weibl. Beschuldigter:	65%
weibliche Besch. bis 15 Jahre:	15	anteilig in % bei bis 15 J.:	63%
weibl. Besch. 16-17 Jahre	16	anteilig in % bei 16-17 J.:	80%
durch polizeiliche Kontrolle	12	Anteil an den Taten insgesamt:	8%
bei männl. Besch.:	11	Anteil an den Taten männl. Beschuldigter:	10%
männliche Besch. bis 15 Jahre:	2	anteilig in % bei bis 15 J.:	5%
männl. Besch. 16-17 Jahre:	2	anteilig in % bei 16-17 J.:	6%
männl. Besch. 18 - 20 Jahre:	7	anteilig in % bei 18-20 J.:	19%
bei weibl. Besch.:	1	Anteil an den Taten weibl. Beschuldigter:	2%
weibl. Besch. 18-20 Jahre:	1	anteilig in % bei 18-20 J.:	25%
ungenügender Beweis:	9	Anteil an den Taten insgesamt:	6%
bei männl. Besch.:	7	Anteil an den Taten männl. Beschuldigter:	6%
männl. Besch. 16-17 Jahre:	1	anteilig in % bei 16-17 J.:	3%
männl. Besch. 18 - 20 Jahre:	6	anteilig in % bei 18-20 J.:	16%
bei weibl. Besch.:	2	Anteil an den Taten weibl. Beschuldigter:	4%
weibliche Besch. bis 15 Jahre:	2	anteilig in % bei bis 15 J.:	8%

zum persönlichen Umfeld des Beschuldigten:

wohnt bei Eltern:	58	Anteil bezogen auf alle Beschuldigten:	36%
bei männl. Beschuldigten:	39	Anteil bei allen männlichen Beschuldigten:	35%
männliche Besch. bis 15 Jahre:	17	anteilig in % bei bis 15 J.:	40%
männl. Besch. 16-17 Jahre:	14	anteilig in % bei 16-17 J.:	44%
männl. Besch. 18 - 20 Jahre:	8	anteilig in % bei 18-20 J.:	22%
bei weibl. Besch.:	19	Anteil bei allen weiblichen Beschuldigten:	40%
weibliche Besch. bis 15 Jahre:	9	anteilig in % bei bis 15 J.:	38%
weibl. Besch. 16-17 Jahre	9	anteilig in % bei 16-17 J.:	45%
weibl. Besch. 18-20 Jahre:	1	anteilig in % bei 18-20 J.:	25%

wohnt in einer   7   Anteil bezogen auf alle Beschuldigten: 4%
jugendbetreuenden
Einrichtung   bei männl. Beschuldigten: 6 Anteil bei allen männlichen Beschuldigten: 5%
    männliche Besch. bis 15 Jahre: 2   anteilig in % bei bis 15 J.:   5%
    männl. Besch. 16-17 Jahre: 4   anteilig in % bei 16-17 J.:   13%
    bei weibl. Besch.:   1 Anteil bei allen weiblichen Beschuldigten: 2%
    weibliche Besch. bis 15 Jahre: 1   anteilig in % bei bis 15 J.:   4%

wohnt allein   4   Anteil bezogen auf alle Beschuldigten: 3%
    bei männl. Beschuldigten: 3 Anteil bei allen männlichen Beschuldigten: 3%
    männl. Besch. 18 - 20 Jahre: 3   anteilig in % bei 18-20 J.:   8%
    bei weibl. Besch.:   1 Anteil bei allen weiblichen Beschuldigten: 2%
    weibl. Besch. 18-20 Jahre: 1   anteilig in % bei 18-20 J.:   25%

wohnt bei Mutter   41   Anteil bezogen auf alle Beschuldigten: 26%
/Vater
    bei männl. Beschuldigten: 28 Anteil bei allen männlichen Beschuldigten: 25%
    männliche Besch. bis 15 Jahre: 16   anteilig in % bei bis 15 J.:   37%
    männl. Besch. 16-17 Jahre: 7   anteilig in % bei 16-17 J.:   22%
    männl. Besch. 18 - 20 Jahre: 5   anteilig in % bei 18-20 J.:   14%
    bei weibl. Besch.:   13 Anteil bei allen weiblichen Beschuldigten: 27%
    weibliche Besch. bis 15 Jahre: 9   anteilig in % bei bis 15 J.:   38%
    weibl. Besch. 16-17 Jahre   4   anteilig in % bei 16-17 J.:   20%

wohnt bei Pflege-   2   Anteil bezogen auf alle Beschuldigten: 1%
eltern
    bei männl. Beschuldigten: 2 Anteil bei allen männlichen Beschuldigten: 2%
    männliche Besch. bis 15 Jahre: 1   anteilig in % bei bis 15 J.:   2%
    männl. Besch. 16-17 Jahre: 1   anteilig in % bei 16-17 J.:   3%

wohnt bei Ver-   0
wandten
keine Angaben: 48
nichts über das   125   Anteil bezogen auf alle Beschuldigten: 78%
Verhältnis zu den
Erziehungsber.   bei männl. Beschuldigten: 88 Anteil bei allen männlichen Beschuldigten: 79%
erwähnt
    männliche Besch. bis 15 Jahre: 30   anteilig in % bei bis 15 J.:   70%
    männl. Besch. 16-17 Jahre: 22   anteilig in % bei 16-17 J.:   69%
    männl. Besch. 18 - 20 Jahre: 36   anteilig in % bei 18-20 J.:   97%
    bei weibl. Besch.:   37 Anteil bei allen weiblichen Beschuldigten: 77%
    weibliche Besch. bis 15 Jahre: 17   anteilig in % bei bis 15 J.:   71%
    weibl. Besch. 16-17 Jahre   16   anteilig in % bei 16-17 J.:   80%
    weibl. Beschuldigte 18-20 J.:   4   anteilig in % bei 18-20 J.:   100%

die Zahlen über gute Beziehung zu den Eltern und Probleme wurden mit der Gesamtzahl derer ins
Verhältnis gesetzt, die Angaben gemacht haben.

gutes Verhält-   23   Anteil bezogen auf die Beschuldigten: 66%
nis zu den Erzieh-
hungsberechtigten   bei männl. Beschuldigten: 16 Anteil bei den männlichen Beschuldigten: 67%
    männliche Besch. bis 15 Jahre: 8   anteilig in % bei bis 15 J.:   62%
    männl. Besch. 16-17 Jahre: 8   anteilig in % bei 16-17 J.:   80%
    bei weibl. Besch.:   7 Anteil bei allen weiblichen Beschuldigten: 64%
    weibliche Besch. bis 15 Jahre: 4   anteilig in % bei bis 15 J.:   57%
    weibl. Besch. 16-17 Jahre   3   anteilig in % bei 16-17 J.:   75%

Probleme zu   12   Anteil bezogen auf alle Beschuldigten: 34%
Hause
    bei männl. Beschuldigten: 8 Anteil bei allen männlichen Beschuldigten: 33%
    männliche Besch. bis 15 Jahre: 6   anteilig in % bei bis 15 J.:   46%
    männl. Besch. 16-17 Jahre: 1   anteilig in % bei 16-17 J.:   10%
    männl. Besch. 18 - 20 Jahre: 1   anteilig in % bei 18-20 J.:   100%
    bei weibl. Besch.:   4 Anteil bei allen weiblichen Beschuldigten: 36%
    weibliche Besch. bis 15 Jahre: 3   anteilig in % bei bis 15 J.:   43%
    weibl. Besch. 16-17 Jahre   1   anteilig in % bei 16-17 J.:   25%

Geschwister: 32   keine Angaben zu Geschwistern: 128
keine Angaben   55   Anteil bezogen auf alle Beschuldigten: 34%
zu dem Familien-
stand der Eltern   bei männl. Beschuldigten: 42 Anteil bei allen männlichen Beschuldigten: 38%
    männliche Besch. bis 15 Jahre: 10   anteilig in % bei bis 15 J.:   23%
    männl. Besch. 16-17 Jahre: 8   anteilig in % bei 16-17 J.:   25%
    männl. Besch. 18 - 20 Jahre: 24   anteilig in % bei 18-20 J.:   65%
    bei weibl. Besch.:   13 Anteil bei den weiblichen Beschuldigten: 27%
    weibliche Besch. bis 15 Jahre: 3   anteilig in % bei bis 15 J.:   13%
    weibliche Besch. 16-17 Jahre   7   anteilig in % bei 16-17 J.:   35%
    weibl. Beschuldigte 18-20 J.:   3   anteilig in % bei 18-20 J.:   75%

Christian Grote

Die folgenden Zahlen zum Familienstand der Eltern wurden nur zu den Fällen ins Verhältnis gesetzt, in denen zum Familienstand Angaben gemacht wurden

Eltern leben zusammen   58   Anteil bezogen auf die Beschuldigten: 55%

bei männl. Beschuldigten:	37	Anteil bei den männlichen Beschuldigten:	53%
männliche Besch. bis 15 Jahre:	17	anteilig in % bei bis 15 J.:	52%
männl. Besch. 16-17 Jahre:	12	anteilig in % bei 16-17 J.:	50%
männl. Besch. 18 - 20 Jahre:	8	anteilig in % bei 18-20 J.:	62%
bei weibl. Besch.:	21	Anteil bei den weiblichen Beschuldigten:	60%
weibliche Besch. bis 15 Jahre:	10	anteilig in % bei bis 15 J.:	48%
weibliche Besch. 16-17 Jahre	10	anteilig in % bei 16-17 J.:	77%
weibl. Beschuldigte 18-20 J.:	1	anteilig in % bei 18-20 J.:	100%

Eltern sind geschieden bzw. leben getrennt   45   Anteil bezogen auf die Beschuldigten: 43%

bei männl. Beschuldigten:	32	Anteil bei den männlichen Beschuldigten:	46%
männliche Besch. bis 15 Jahre:	16	anteilig in % bei bis 15 J.:	48%
männl. Besch. 16-17 Jahre:	11	anteilig in % bei 16-17 J.:	46%
männl. Besch. 18 - 20 Jahre:	5	anteilig in % bei 18-20 J.:	38%
bei weibl. Besch.:	13	Anteil bei den weiblichen Beschuldigten:	37%
weibliche Besch. bis 15 Jahre:	11	anteilig in % bei bis 15 J.:	52%
weibliche Besch. 16-17 Jahre	2	anteilig in % bei 16-17 J.:	15%

ein Elternteil ist tot   2   Anteil bezogen auf die Beschuldigten: 2%

bei männl. Beschuldigten:	1	Anteil bei den männlichen Beschuldigten:	1%
männliche Besch. bis 15 Jahre:	1	anteilig in % bei bis 15 J.:	3%
bei weibl. Besch.:	1	Anteil bei den weiblichen Beschuldigten:	3%
weibliche Besch. 16-17 Jahre	1	anteilig in % bei 16-17 J.:	8%

keine Angaben über Schule bzw. Beruf   56   Anteil bezogen auf alle Beschuldigten: 35%

bei männl. Beschuldigten:	40	Anteil bei allen männlichen Beschuldigten:	36%
männliche Besch. bis 15 Jahre:	13	anteilig in % bei bis 15 J.:	30%
männl. Besch. 16-17 Jahre:	8	anteilig in % bei 16-17 J.:	25%
männl. Besch. 18 - 20 Jahre:	19	anteilig in % bei 18-20 J.:	51%
bei weibl. Besch.:	15	Anteil bei allen weiblichen Beschuldigten:	31%
weibliche Besch. bis 15 Jahre:	6	anteilig in % bei bis 15 J.:	25%
weibl. Besch. 16-17 Jahre	8	anteilig in % bei 16-17 J.:	40%
weibl. Beschuldigte 18-20 J.:	1	anteilig in % bei 18-20 J.:	25%

die folgenden Zahlen wurden ins Verhältnis zu den Fällen gesetzt, bei denen konkrete Angaben erfolgten

geht zur Schule   80   Anteil bezogen auf die Beschuldigten: 77%

bei männl. Beschuldigten:	51	Anteil bei den männlichen Beschuldigten:	71%
männliche Besch. bis 15 Jahre:	29	anteilig in % bei bis 15 J.:	97%
männl. Besch. 16-17 Jahre:	17	anteilig in % bei 16-17 J.:	71%
männl. Besch. 18 - 20 Jahre:	5	anteilig in % bei 18-20 J.:	28%
bei weibl. Besch.:	29	Anteil bei den weiblichen Beschuldigten:	88%
weibliche Besch. bis 15 Jahre:	18	anteilig in % bei bis 15 J.:	100%
weibl. Besch. 16-17 Jahre	10	anteilig in % bei 16-17 J.:	83%
weibl. Beschuldigte 18-20 J.:	1	anteilig in % bei 18-20 J.:	33%

Azubi   7   Anteil bezogen auf die Beschuldigten: 7%

bei männl. Beschuldigten:	7	Anteil bei den männlichen Beschuldigten:	10%
männl. Besch. 16-17 Jahre:	5	anteilig in % bei 16-17 J.:	21%
männl. Besch. 18 - 20 Jahre:	2	anteilig in % bei 18-20 J.:	11%

Beruf   10   Anteil bezogen auf die Beschuldigten: 10%

bei männl. Beschuldigten:	8	Anteil bei den männlichen Beschuldigten:	11%
männl. Besch. 16-17 Jahre:	1	anteilig in % bei 16-17 J.:	8%
männl. Besch. 18 - 20 Jahre:	7	anteilig in % bei 18-20 J.:	39%
bei weibl. Besch.:	2	Anteil bei den weiblichen Beschuldigten:	4%
weibl. Beschuldigte 18-20 J.:	2	anteilig in % bei 18-20 J.:	67%

arbeitslos   6   Anteil bezogen auf die Beschuldigten: 6%

bei männl. Beschuldigten:	6	Anteil bei den männlichen Beschuldigten:	8%
männl. Besch. 16-17 Jahre:	1	anteilig in % bei 16-17 J.:	8%
männl. Besch. 18 - 20 Jahre:	5	anteilig in % bei 18-20 J.:	28%

Sonderschule   2   Anteil bezogen auf die Beschuldigten: 2%

bei männl. Beschuldigten:	2	Anteil bei den männlichen Beschuldigten:	3%
männliche Besch. bis 15 Jahre:	2	anteilig in % bei bis 15 J.:	7%

Förderschule   4   Anteil bezogen auf die Beschuldigten: 4%

bei männl. Beschuldigten:	3	Anteil bei den männlichen Beschuldigten:	4%
männliche Besch. bis 15 Jahre:	2	anteilig in % bei bis 15 J.:	7%
männl. Besch. 16-17 Jahre:	1	anteilig in % bei 16-17 J.:	4%
bei weibl. Besch.:	1	Anteil bei den weiblichen Beschuldigten:	3%
weibliche Besch. bis 15 Jahre:	1	anteilig in % bei bis 15 J.:	6%

Hauptschule 47 Anteil bezogen auf die Beschuldigten: 45%
 bei männl. Beschuldigten: 34 Anteil bei den männlichen Beschuldigten: 47%
 männliche Besch. bis 15 Jahre: 23 anteilig in % bei bis 15 J.: 77%
 männl. Besch. 16-17 Jahre: 10 anteilig in % bei 16-17 J.: 42%
 männl. Besch. 18 - 20 Jahre: 1 anteilig in % bei 18-20 J.: 6%
 bei weibl. Besch.: 13 Anteil bei den weiblichen Beschuldigten: 39%
 weibliche Besch. bis 15 Jahre: 9 anteilig in % bei bis 15 J.: 50%
 weibl. Besch. 16-17 Jahre 4 anteilig in % bei 16-17 J.: 33%

Realschule 21 Anteil bezogen auf die Beschuldigten: 20%
 bei männl. Beschuldigten: 9 Anteil bei den männlichen Beschuldigten: 13%
 männliche Besch. bis 15 Jahre: 2 anteilig in % bei bis 15 J.: 7%
 männl. Besch. 16-17 Jahre: 5 anteilig in % bei 16-17 J.: 21%
 männl. Besch. 18 - 20 Jahre: 2 anteilig in % bei 18-20 J.: 11%
 bei weibl. Besch.: 12 Anteil bei den weiblichen Beschuldigten: 36%
 weibliche Besch. bis 15 Jahre: 7 anteilig in % bei bis 15 J.: 39%
 weibl. Besch. 16-17 Jahre 4 anteilig in % bei 16-17 J.: 33%
 weibl. Beschuldigte 18-20 J.: 1 anteilig in % bei 18-20 J.: 33%

Gymnasium: 6 Anteil bezogen auf die Beschuldigten: 6%
 bei männl. Beschuldigten: 3 Anteil bei den männlichen Beschuldigten: 4%
 männl. Besch. 16-17 Jahre: 1 anteilig in % bei 16-17 J.: 4%
 männl. Besch. 18 - 20 Jahre: 2 anteilig in % bei 18-20 J.: 11%
 bei weibl. Besch.: 3 Anteil bei den weiblichen Beschuldigten: 9%
 weibliche Besch. bis 15 Jahre: 1 anteilig in % bei bis 15 J.: 6%
 weibl. Besch. 16-17 Jahre 2 anteilig in % bei 16-17 J.: 17%

Angaben über Schulleistungen: 15
 davon gute Leistungen: 3 Leistung o.k. 10 schlechte Leistung: 2
 anteilig in % 20% anteilig in % 67% anteilig in % 13%
 davon bei männl. Besch. 11
 davon gute Leistungen: 3 Leistung o.k. 7 schlechte Leistung: 1
 anteilig in % 27% anteilig in % 64% anteilig in % 9%
 davon bei Besch. bis 15 J. 8
 davon gute Leistungen: 3 Leistung o.k. 4 schlechte Leistung: 1
 anteilig in % 38% anteilig in % 50% anteilig in % 13%
 davon bei Besch. 16-17 J. 2
 Leistung o.k. 2
 anteilig in % 100%
 davon bei Besch. 18-20 J. 1
 Leistung o.k. 1
 anteilig in % 100%
 bei weibl. Beschuldigten: 4
 Leistung o.k. 4
 anteilig in % 100%
 davon bei Besch. bis 15 J. 3
 Leistung o.k. 3
 anteilig in % 100%
 davon bei Besch. 16-17 J. 1
 Leistung o.k. 1
 anteilig in % 100%

konkreter Berufswunsch: 7
 bei männl. Beschuldigten: 6
 männliche Besch. bis 15 Jahre: 3
 männl. Besch. 16-17 Jahre: 3
 männl. Besch. 18 - 20 Jahre: 0
 bei weibl. Beschuldigten: 1
 weibliche Besch. bis 15 Jahre: 0
 weibl. Besch. 16-17 Jahre 1
 weibl. Besch. 18-20 Jahre: 0

die folgenden Zahlen wurden ins Verhältnis zu den Fällen gesetzt, bei denen konkrete Angaben erfolgten
Schule, Lehre 2 (1 x männl. 15 J.; 1x männl. 18-20 J.) 2%
oder Beruf abge-
brochen
Freizeit
keine Angaben 127 Anteil bezogen auf alle Beschuldigten: 79%
zur Freizeit
 bei männl. Beschuldigten: 88 Anteil bei allen männlichen Beschuldigten: 79%
 männliche Besch. bis 15 Jahre: 31 anteilig in % bei bis 15 J.: 72%
 männl. Besch. 16-17 Jahre: 22 anteilig in % bei 16-17 J.: 69%
 männl. Besch. 18 - 20 Jahre: 35 anteilig in % bei 18-20 J.: 95%

bei weibl. Besch.:	39	Anteil bei allen weiblichen Beschuldigten:	81%
weibliche Besch. bis 15 Jahre:	16	anteilig in % bei bis 15 J.:	67%
weibl. Besch. 16-17 Jahre	19	anteilig in % bei 16-17 J.:	95%
weibl. Besch. 18-20 Jahre:	4	anteilig in % bei 18-20 J.:	100%

die folgenden Zahlen wurden ins Verhältnis zu den Fällen gesetzt, bei denen konkrete Angaben erfolgten

Sport	19	Anteil bezogen auf die Beschuldigten:	58%
bei männl. Beschuldigten:	16	Anteil bei den männlichen Beschuldigten:	67%
männliche Besch. bis 15 Jahre:	10	anteilig in % bei bis 15 J.:	83%
männl. Besch. 16-17 Jahre:	6	anteilig in % bei 16-17 J.:	60%
bei weibl. Besch.:	3	Anteil bei allen weiblichen Beschuldigten:	33%
weibliche Besch. bis 15 Jahre:	3	anteilig in % bei bis 15 J.:	38%
Freundeskreis	20	Anteil bezogen auf die Beschuldigten:	61%
bei männl. Beschuldigten:	14	Anteil bei den männlichen Beschuldigten:	58%
männliche Besch. bis 15 Jahre:	7	anteilig in % bei bis 15 J.:	58%
männl. Besch. 16-17 Jahre:	6	anteilig in % bei 16-17 J.:	60%
männl. Besch. 18 - 20 Jahre:	1	anteilig in % bei 18-20 J.:	50%
bei weibl. Besch.:	6	Anteil bei den weiblichen Beschuldigten:	67%
weibliche Besch. bis 15 Jahre:	5	anteilig in % bei bis 15 J.:	63%
weibl. Besch. 16-17 Jahre	1	anteilig in % bei 16-17 J.:	100%
Computer	3	Anteil bezogen auf den Beschuldigten:	9%
bei männl. Beschuldigten:	3	Anteil bei den männlichen Beschuldigten:	13%
männliche Besch. bis 15 Jahre:	2	anteilig in % bei bis 15 J.:	17%
männl. Besch. 18 - 20 Jahre:	1	anteilig in % bei 18-20 J.:	50%
deutsche Staats- angehörigkeit	129	Anteil bezogen auf alle Beschuldigten:	81%
bei männl. Beschuldigten:	88	Anteil bei allen männlichen Beschuldigten:	79%
männliche Besch. bis 15 Jahre:	34	anteilig in % bei bis 15 J.:	79%
männl. Besch. 16-17 Jahre:	28	anteilig in % bei 16-17 J.:	88%
männl. Besch. 18 - 20 Jahre:	26	anteilig in % bei 18-20 J.:	70%
bei weibl. Besch.:	41	Anteil bei allen weiblichen Beschuldigten:	85%
weibliche Besch. bis 15 Jahre:	22	anteilig in % bei bis 15 J.:	92%
weibl. Besch. 16-17 Jahre	15	anteilig in % bei 16-17 J.:	75%
weibl. Beschuldigte 18-20 Jahre:	4	anteilig in % bei 18-20 J.:	100%
ausländische Staatsangehörig- keit	30	Anteil bezogen auf alle Beschuldigten:	19%
bei männl. Beschuldigten:	23	Anteil bei allen männlichen Beschuldigten:	21%
männliche Besch. bis 15 Jahre:	9	anteilig in % bei bis 15 J.:	21%
männl. Besch. 16-17 Jahre:	4	anteilig in % bei 16-17 J.:	13%
männl. Besch. 18 - 20 Jahre:	10	anteilig in % bei 18-20 J.:	27%
bei weibl. Besch.:	7	Anteil bei allen weiblichen Beschuldigten:	15%
weibliche Besch. bis 15 Jahre:	2	anteilig in % bei bis 15 J.:	8%
weibl. Besch. 16-17 Jahre	5	anteilig in % bei 16-17 J.:	25%
im Ausland ge- boren	14	Anteil bezogen auf alle deutsch. Besch.:	9%
bei männl. deutsch. Besch.	10	Anteil bei allen männlichen deutsch. Besch.:	9%
männliche Besch. bis 15 Jahre:	3	anteilig in % bei bis 15 J.:	7%
männl. Besch. 16-17 Jahre:	3	anteilig in % bei 16-17 J.:	9%
männl. Besch. 18 - 20 Jahre:	4	anteilig in % bei 18-20 J.:	11%
bei weibl. Besch.:	4	Anteil bei allen weiblichen deutsch. Besch.:	8%
weibl. Besch. 16-17 Jahre	3	anteilig in % bei 16-17 J.:	15%
weibl. Beschuldigte 18-20 Jahre:	1	anteilig in % bei 18-20 J.:	25%

Einstellungsnorm:

Einstellungsvorschlag der Polizei:

ohne Vorschlag	144	Anteil bezogen auf alle Beschuldigten:	90%
bei männl. Beschuldigten:	102	Anteil bei allen männlichen Beschuldigten:	91%
männliche Besch. bis 15 Jahre:	36	anteilig in % bei bis 15 J.:	84%
männl. Besch. 16-17 Jahre:	29	anteilig in % bei 16-17 J.:	91%
männl. Besch. 18 - 20 Jahre:	37	anteilig in % bei 18-20 J.:	100%
bei weibl. Besch.:	42	Anteil bei allen weiblichen Beschuldigten:	88%
weibliche Besch. bis 15 Jahre:	22	anteilig in % bei bis 15 J.:	92%
weibl. Besch. 16-17 Jahre	16	anteilig in % bei 16-17 J.:	80%
weibl. Beschuldigte 18-20 Jahre:	4	anteilig in % bei 18-20 J.:	100%
Einstellung nach § 45 I JGG	7	Anteil bezogen auf alle Beschuldigten:	4%
bei männl. Beschuldigten:	4	Anteil bei allen männlichen Beschuldigten:	4%
männliche Besch. bis 15 Jahre:	2	anteilig in % bei bis 15 J.:	5%
männl. Besch. 16-17 Jahre:	2	anteilig in % bei 16-17 J.:	6%
bei weibl. Besch.:	3	Anteil bei allen weiblichen Beschuldigten:	6%
weibliche Besch. bis 15 Jahre:	1	anteilig in % bei bis 15 J.:	4%
weibl. Besch. 16-17 Jahre	2	anteilig in % bei 16-17 J.:	10%

Einstellung nach § 45 II JGG	7	Anteil bezogen auf alle Beschuldigten:		4%	
	bei männl. Beschuldigten:	5	Anteil bei allen männlichen Beschuldigten:		4%
	männliche Besch. bis 15 Jahre:	4	anteilig in % bei bis 15 J.:		9%
	männl. Besch. 16-17 Jahre:	1	anteilig in % bei 16-17 J.:		3%
	bei weibl. Besch.:	2	Anteil bei allen weiblichen Beschuldigten:		4%
	weibliche Besch. bis 15 Jahre:	1	anteilig in % bei bis 15 J.:		4%
	weibl. Besch. 16-17 Jahre	1	anteilig in % bei 16-17 J.:		5%
Einstellung nach § 153 StPO	2	Anteil bezogen auf alle Beschuldigten:		1%	
	bei männl. Beschuldigten:	1	Anteil bei allen männlichen Beschuldigten:		1%
	männliche Besch. bis 15 Jahre:	1	anteilig in % bei bis 15 J.:		2%
	bei weibl. Besch.:	1	Anteil bei allen weiblichen Beschuldigten:		2%
	weibl. Besch. 16-17 Jahre	1	anteilig in % bei 16-17 J.:		5%
tatsächliche Einstellungen:					
§ 45 I JGG	119	Anteil bezogen auf alle Beschuldigten:		74%	
	bei männl. Beschuldigten:	80	Anteil bei allen männlichen Beschuldigten:		71%
	männliche Besch. bis 15 Jahre:	31	anteilig in % bei bis 15 J.:		72%
	männl. Besch. 16-17 Jahre:	22	anteilig in % bei 16-17 J.:		69%
	männl. Besch. 18 - 20 Jahre:	27	anteilig in % bei 18-20 J.:		73%
	bei weibl. Besch.:	39	Anteil bei allen weiblichen Beschuldigten:		81%
	weibliche Besch. bis 15 Jahre:	16	anteilig in % bei bis 15 J.:		67%
	weibl. Besch. 16-17 Jahre	19	anteilig in % bei 16-17 J.:		95%
	weibl. Beschuldigte 18-20 Jahre:	4	anteilig in % bei 18-20 J.:		100%
§ 45 II JGG	32	Anteil bezogen auf alle Beschuldigten:		20%	
	bei männl. Beschuldigten:	24	Anteil bei allen männlichen Beschuldigten:		21%
	männliche Besch. bis 15 Jahre:	10	anteilig in % bei bis 15 J.:		23%
	männl. Besch. 16-17 Jahre:	7	anteilig in % bei 16-17 J.:		22%
	männl. Besch. 18 - 20 Jahre:	7	anteilig in % bei 18-20 J.:		19%
	bei weibl. Besch.:	8	Anteil bei allen weiblichen Beschuldigten:		17%
	weibliche Besch. bis 15 Jahre:	7	anteilig in % bei bis 15 J.:		29%
	weibl. Besch. 16-17 Jahre	1	anteilig in % bei 16-17 J.:		5%
§ 153 StPO	3	Anteil bezogen auf alle Beschuldigten:		2%	
	bei männl. Beschuldigten:	3	Anteil bei allen männlichen Beschuldigten:		3%
	männliche Besch. bis 15 Jahre:	2	anteilig in % bei bis 15 J.:		5%
	männl. Besch. 18 - 20 Jahre:	1	anteilig in % bei 18-20 J.:		3%
§ 170 II StPO	3	Anteil bezogen auf alle Beschuldigten:		2%	
	bei männl. Beschuldigten:	3	Anteil bei allen männlichen Beschuldigten:		3%
	männl. Besch. 18 - 20 Jahre:	3	anteilig in % bei 18-20 J.:		8%
Anklage	2	Anteil bezogen auf alle Beschuldigten:		1%	
	bei männl. Beschuldigten:	1	Anteil bei allen männlichen Beschuldigten:		1%
	männl. Besch. 16-17 Jahre:	1	anteilig in % bei 16-17 J.:		3%
	bei weibl. Besch.:	1	Anteil bei allen weiblichen Beschuldigten:		2%
	weibl. Besch. 16-17 Jahre	1	anteilig in % bei 16-17 J.:		5%
§ 45 III JGG	1	Anteil bezogen auf alle Beschuldigten:		1%	
	bei männl. Beschuldigten:	1	Anteil bei allen männlichen Beschuldigten:		1%
	männl. Besch. 16-17 Jahre:	1	anteilig in % bei 16-17 J.:		3%

polizeiliche Anregung, ohne die Staatsanwaltschaft zu fragen

ohne Maßnahme	37	Anteil bezogen auf alle Taten:		23%	
	bei männl. Beschuldigten:	28	bezogen auf alle männliche Beschuldigte:		25%
	männliche Besch. bis 15 Jahre:	10	bezogen auf alle Besch.:		23%
	männl. Besch. 16-17 Jahre:	4	bezogen auf alle Besch.:		13%
	männl. Besch. 18 - 20 Jahre:	14	bezogen auf alle Besch.:		38%
	bei weibl. Beschuldigten:	9	bezogen auf alle weibliche Beschuldigte:		19%
	weibliche Besch. bis 15 Jahre:	4	bezogen auf alle Besch.:		17%
	weibl. Besch. 16-17 Jahre	4	bezogen auf alle Besch.:		20%
	weibl. Beschuldigte 18-20 J.:	1	bezogen auf alle Besch.:		25%
Vernehmung	123	Anteil bezogen auf alle Taten:		77%	
	bei männl. Beschuldigten:	84	bezogen auf alle männliche Beschuldigte:		75%
	männliche Besch. bis 15 Jahre:	34	bezogen auf alle Besch.:		79%
	männl. Besch. 16-17 Jahre:	27	bezogen auf alle Besch.:		84%
	männl. Besch. 18 - 20 Jahre:	23	bezogen auf alle Besch.:		62%
	bei weibl. Beschuldigten:	39	bezogen auf alle weibliche Beschuldigte:		81%
	weibliche Besch. bis 15 Jahre:	19	bezogen auf alle Besch.:		79%
	weibl. Besch. 16-17 Jahre	17	bezogen auf alle Besch.:		85%
	weibl. Beschuldigte 18-20 J.:	3	bezogen auf alle Besch.:		75%

Ermahnung	16	Anteil bezogen auf alle Taten:		10%
		bei männl. Beschuldigten:	11 bezogen auf alle männliche Beschuldigte:	10%
		männliche Besch. bis 15 Jahre:	7 bezogen auf alle Besch.:	16%
		männl. Besch. 16-17 Jahre:	4 bezogen auf alle Besch.:	13%
		bei weibl. Beschuldigten:	5 bezogen auf alle weibliche Beschuldigte:	10%
		weibliche Besch. bis 15 Jahre:	4 bezogen auf alle Besch.:	17%
		weibl. Besch. 16-17 Jahre	1 bezogen auf alle Besch.:	5%
Wiedergut-machung	7	Anteil bezogen auf alle Taten:		4%
		bei männl. Beschuldigten:	5 bezogen auf alle männliche Beschuldigte:	4%
		männliche Besch. bis 15 Jahre:	3 bezogen auf alle Besch.:	7%
		männl. Besch. 18 - 20 Jahre:	2 bezogen auf alle Besch.:	5%
		bei weibl. Beschuldigten:	2 bezogen auf alle weibliche Beschuldigte:	4%
		weibliche Besch. bis 15 Jahre:	1 bezogen auf alle Besch.:	4%
		weibl. Beschuldigte 18-20 J.:	1 bezogen auf alle Besch.:	25%
Entschuldigung	6	Anteil bezogen auf alle Taten:		4%
		bei männl. Beschuldigten:	4 bezogen auf alle männliche Beschuldigte:	4%
		männliche Besch. bis 15 Jahre:	2 bezogen auf alle Besch.:	5%
		männl. Besch. 16-17 Jahre:	2 bezogen auf alle Besch.:	6%
		bei weibl. Beschuldigten:	2 bezogen auf alle weibliche Beschuldigte:	4%
		weibliche Besch. bis 15 Jahre:	1 bezogen auf alle Besch.:	4%
		weibl. Besch. 16-17 Jahre	1 bezogen auf alle Besch.:	5%
Geldzahlung	0			
Arbeitsleistung	0			

Sanktionierung im Umfeld des Beschuldigten:

nichts beschrie-ben worden	57	Anteil bezogen auf alle Beschuldigten:		36%
		bei männl. Beschuldigten:	42 Anteil bei allen männlichen Beschuldigten:	38%
		männliche Besch. bis 15 Jahre:	11 anteilig in % bei bis 15 J.:	26%
		männl. Besch. 16-17 Jahre:	13 anteilig in % bei 16-17 J.:	41%
		männl. Besch. 18 - 20 Jahre:	18 anteilig in % bei 18-20 J.:	49%
		bei weibl. Besch.:	15 Anteil bei allen weiblichen Beschuldigten:	31%
		weibliche Besch. bis 15 Jahre:	7 anteilig in % bei bis 15 J.:	29%
		weibl. Besch. 16-17 Jahre	5 anteilig in % bei 16-17 J.:	25%
		weibl. Beschuldigte 18-20 J.:	3 anteilig in % bei 18-20 J.:	75%

die folgenden Zahlen wurden ins Verhältnis zu den Fällen gesetzt, bei denen konkrete Angaben erfolgten

Hausverbot	66	Anteil bezogen auf die Beschuldigten:		64%
		bei männl. Beschuldigten:	41 Anteil bei den männlichen Beschuldigten:	59%
		männliche Besch. bis 15 Jahre:	20 anteilig in % bei bis 15 J.:	63%
		männl. Besch. 16-17 Jahre:	10 anteilig in % bei 16-17 J.:	53%
		männl. Besch. 18 - 20 Jahre:	11 anteilig in % bei 18-20 J.:	58%
		bei weibl. Besch.:	25 Anteil bei den weiblichen Beschuldigten:	76%
		weibliche Besch. bis 15 Jahre:	11 anteilig in % bei bis 15 J.:	65%
		weibl. Besch. 16-17 Jahre	13 anteilig in % bei 16-17 J.:	87%
		weibl. Beschuldigte 18-20 J.:	1 anteilig in % bei 18-20 J.:	100%
Hausarrest	7	Anteil bezogen auf die Beschuldigten:		7%
		bei männl. Beschuldigten:	4 Anteil bei den männlichen Beschuldigten:	6%
		männliche Besch. bis 15 Jahre:	2 anteilig in % bei bis 15 J.:	6%
		männl. Besch. 16-17 Jahre:	1 anteilig in % bei 16-17 J.:	5%
		männl. Besch. 18 - 20 Jahre:	1	
		bei weibl. Besch.:	3 Anteil bei den weiblichen Beschuldigten:	9%
		weibliche Besch. bis 15 Jahre:	2 anteilig in % bei bis 15 J.:	12%
		weibl. Besch. 16-17 Jahre	1 anteilig in % bei 16-17 J.:	7%
anderes Verbot durch die Erziehungsbe-rechtigten	1	Anteil bezogen auf die Beschuldigten:		1%
		bei männl. Beschuldigten:	1 Anteil bei den männlichen Beschuldigten:	1%
		männliche Besch. bis 15 Jahre:	1 anteilig in % bei bis 15 J.:	3%
Entschuldigung beim Opfer	15	Anteil bezogen auf die Beschuldigten:		15%
		bei männl. Beschuldigten:	12 Anteil bei den männlichen Beschuldigten:	17%
		männliche Besch. bis 15 Jahre:	7 anteilig in % bei bis 15 J.:	22%
		männl. Besch. 16-17 Jahre:	4 anteilig in % bei 16-17 J.:	21%
		männl. Besch. 18 - 20 Jahre:	1 anteilig in % bei 18-20 J.:	5%
		bei weibl. Besch.:	3 Anteil bei den weiblichen Beschuldigten:	9%
		weibliche Besch. bis 15 Jahre:	2 anteilig in % bei bis 15 J.:	12%
		weibl. Besch. 16-17 Jahre	1 anteilig in % bei 16-17 J.:	5%

Gespräch mit den Eltern	20	Anteil bezogen auf die Beschuldigten:		19%	
		bei männl. Beschuldigten:	11	Anteil bei den männlichen Beschuldigten:	16%
		männliche Besch. bis 15 Jahre:	7	anteilig in % bei bis 15 J.:	22%
		männl. Besch. 16-17 Jahre:	4	anteilig in % bei 16-17 J.:	21%
		bei weibl. Besch.:	9	Anteil bei den weiblichen Beschuldigten:	27%
		weibliche Besch. bis 15 Jahre:	5	anteilig in % bei bis 15 J.:	29%
		weibl. Besch. 16-17 Jahre	4	anteilig in % bei 16-17 J.:	27%
Wiedergutmachen	25	Anteil bezogen auf die Beschuldigten:		24%	
		bei männl. Beschuldigten:	23	Anteil bei den männlichen Beschuldigten:	33%
		männliche Besch. bis 15 Jahre:	5	anteilig in % bei bis 15 J.:	16%
		männl. Besch. 16-17 Jahre:	9	anteilig in % bei 16-17 J.:	47%
		männl. Besch. 18 - 20 Jahre:	9	anteilig in % bei 18-20 J.:	47%
		bei weibl. Besch.:	2	Anteil bei den weiblichen Beschuldigten:	6%
		weibliche Besch. bis 15 Jahre:	2	anteilig in % bei bis 15 J.:	12%

zu Maßnahmen von Polizei und StA:

Arbeitsstunden d. StA	3	Anteil bezogen auf alle Beschuldigten:		2%	
		bei männl. Beschuldigten:	3	Anteil bei allen männlichen Beschuldigten:	3%
		männliche Besche bis 15 Jahre:	2	anteilig in % bei bis 15 J.:	5%
		männl. Besch. 18 - 20 Jahre:	1	anteilig in % bei 18-20 J.:	3%
TOA durch StA durchgeführt worden	7	Anteil bezogen auf alle Beschuldigten:		4%	
		bei männl. Beschuldigten:	5	Anteil bei allen männlichen Beschuldigten:	4%
		männliche Besch. bis 15 Jahre:	2	anteilig in % bei bis 15 J.:	5%
		männl. Besch. 16-17 Jahre:	1	anteilig in % bei 16-17 J.:	3%
		männl. Besch. 18 - 20 Jahre:	2	anteilig in % bei 18-20 J.:	5%
		bei weibl. Besch.:	2	Anteil bei den weiblichen Beschuldigten:	4%
		weibliche Besch. bis 15 Jahre:	1	anteilig in % bei bis 15 J.:	4%
		weibl. Besch. 16-17 Jahre	1	anteilig in % bei 16-17 J.:	5%
Jugendrichterliche Ermahnung	2	Anteil bezogen auf alle Beschuldigten:		1%	
		bei männl. Beschuldigten:	2	Anteil bei allen männlichen Beschuldigten:	2%
		männliche Besch. bis 15 Jahre:	1	anteilig in % bei bis 15 J.:	9%
		männl. Besch. 16-17 Jahre:	1	anteilig in % bei 16-17 J.:	33%
§ 153 StPO hätte ausgereicht	103	Anteil bezogen auf alle Taten:		64%	
		bei männl. Beschuldigten:	68	Anteil bei allen männlichen Beschuldigten:	61%
		männliche Besch. bis 15 Jahre:	29	anteilig in % bei bis 15 J.:	67%
		männl. Besch. 16-17 Jahre:	21	anteilig in % bei 16-17 J.:	66%
		männl. Besch. 18 - 20 Jahre:	18	anteilig in % bei 18-20 J.:	49%
		bei weibl. Besch.:	35	Anteil bei allen weiblichen Beschuldigten:	73%
		weibliche Besch. bis 15 Jahre:	18	anteilig in % bei bis 15 J.:	75%
		weibl. Besch. 16-17 Jahre	14	anteilig in % bei 16-17 J.:	70%
		weibl. Beschuldigte 18-20 J.:	3	anteilig in % bei 18-20 J.:	75%
Arbeitsleistung mit § 45 I JGG verknüpft	1	Anteil bezogen auf alle Taten:		1%	
		bei männl. Beschuldigten:	1	Anteil bei allen männlichen Beschuldigten:	1%
		männl. Besch. 18 - 20 Jahre:	1	anteilig in % bei 18-20 J.:	3%
Ermahnung des Jugendrichters mit § 45 I JGG verknüpft	1	Anteil bezogen auf alle Taten:		1%	
		bei männl. Beschuldigten:	1	Anteil bei allen männlichen Beschuldigten:	1%
		männliche Besch. bis 15 Jahre:	1	anteilig in % bei bis 15 J.:	2%
zu milde Ein-stellungsnorm	3	Anteil bezogen auf alle Taten:		2%	
		bei männl. Beschuldigten:	3	Anteil bei allen männlichen Beschuldigten:	3%
		männliche Besch. bis 15 Jahre:	1	anteilig in % bei bis 15 J.:	2%
		männl. Besch. 18 - 20 Jahre:	2	anteilig in % bei 18-20 J.:	5%

§ 170 II StPO übersehen	7	Anteil bezogen auf alle Beschuldigten:		4%
	bei männl. Beschuldigten:	4	Anteil bei allen männlichen Beschuldigten:	4%
	männl. Besch. 16-17 Jahre:	1	anteilig in % bei 16-17 J.:	3%
	männl. Besch. 18 - 20 Jahre:	3	anteilig in % bei 18-20 J.:	8%
	bei weibl. Besch.:	3	Anteil bei allen weiblichen Beschuldigten:	6%
	weibliche Besch. bis 15 Jahre:	3	anteilig in % bei bis 15 J.:	13%
Gleichbehandlung trotz Unterschieden	1	Anteil bezogen auf alle Taten:		1%
	bei männl. Beschuldigten:	1	Anteil bei allen männlichen Beschuldigten:	1%
	männliche Besch. bis 15 Jahre:	1	anteilig in % bei bis 15 J.:	2%
überzogene Sanktion	0			
§ 45 I JGG hätte ausgereicht	1	Anteil bezogen auf alle Beschuldigten:		1%
	bei männl. Beschuldigten:	1	Anteil bei allen männlichen Beschuldigten:	1%
	männl. Besch. 16-17 Jahre:	1	anteilig in % bei 16-17 J.:	5%

Einbezug anderer:

Erziehungsberechtigte waren bei Vernehmung anwesend (Volljährige ausgenommen)	21	Anteil bezogen auf alle Vernehmung:		22%
	bei männl. Beschuldigten:	15	Anteil bei allen Gesprächen männl. Besch.:	25%
	männliche Besch. bis 15 Jahre:	12	anteilig in % bei bis 15 J.:	35%
	männl. Besch. 16-17 Jahre:	3	anteilig in % bei 16-17 J.:	11%
	bei weibl. Besch.:	6	Anteil bei allen Gesprächen weibl. Besch.:	17%
	weibliche Besch. bis 15 Jahre:	6	anteilig in % bei bis 15 J.:	32%
Erziehungsberechtigte ließen Beschuldigten allein zur Vernehmung	74	Anteil bezogen auf alle Vernehmungen		76%
	bei männl. Beschuldigten:	45	Anteil bei allen Gesprächen männl. Besch.:	74%
	männliche Besch. bis 15 Jahre:	20	anteilig in % bei bis 15 J.:	59%
	männl. Besch. 16-17 Jahre:	25	anteilig in % bei 16-17 J.:	93%
	bei weibl. Besch.:	29	Anteil bei allen Gesprächen weibl. Besch.:	81%
	weibliche Besch. bis 15 Jahre:	13	anteilig in % bei bis 15 J.:	68%
	weibl. Besch. 16-17 Jahre	16	anteilig in % bei 16-17 J.:	94%
Heranwachsender, daher keine Information der Erziehungsberechtigten notwendig:				22
Telefonat mit der StA	1	Anteil bezogen auf alle Fälle:		1%
	bei männl. Beschuldigten:	1	Anteil bei allen männlichen Beschuldigten:	1%
	männliche Besch. bis 15 Jahre:	1	anteilig in % bei bis 15 J.:	2%
Jugendamt vor Abschluss	9	Anteil bezogen auf alle Fälle:		6%
	bei männl. Beschuldigten:	8	Anteil bei allen männlichen Beschuldigten:	7%
	männliche Besch. bis 15 Jahre:	5	anteilig in % bei bis 15 J.:	12%
	männl. Besch. 16-17 Jahre:	3	anteilig in % bei 16-17 J.:	9%
	bei weibl. Besch.:	1	Anteil bei allen weiblichen Beschuldigten:	2%
	weibl. Besch. 16-17 Jahre	1	anteilig in % bei 16-17 J.:	5%
Jugendamt nach Abschluss	97	Anteil bezogen auf alle Fälle:		61%
	bei männl. Beschuldigten:	64	Anteil bei allen männlichen Beschuldigten:	57%
	männliche Besch. bis 15 Jahre:	31	anteilig in % bei bis 15 J.:	72%
	männl. Besch. 16-17 Jahre:	20	anteilig in % bei 16-17 J.:	63%
	männl. Besch. 18 - 20 Jahre:	13	anteilig in % bei 18-20 J.:	35%
	bei weibl. Besch.:	33	Anteil bei allen weiblichen Beschuldigten:	69%
	weibliche Besch. bis 15 Jahre:	19	anteilig in % bei bis 15 J.:	79%
	weibl. Besch. 16-17 Jahre	13	anteilig in % bei 16-17 J.:	65%
	weibl. Beschuldigte 18-20 J.:	1	anteilig in % bei 18-20 J.:	25%

JGH vor Abschluss 3	Anteil bezogen auf alle Fälle:		2%	
	bei männl. Beschuldigten:	3	Anteil bei allen männlichen Beschuldigten:	3%
	männliche Besch. bis 15 Jahre:	2	anteilig in % bei bis 15 J.:	5%
	männl. Besch. 16-17 Jahre:	1	anteilig in % bei 16-17 J.:	3%
JGH nach Abschl.: 2	Anteil bezogen auf alle Fälle:		1%	
	bei männl. Beschuldigten:	2	Anteil bei allen männlichen Beschuldigten:	2%
	männliche Besch. bis 15 Jahre:	1	anteilig in % bei bis 15 J.:	2%
	männl. Besch. 16-17 Jahre:	1	anteilig in % bei 16-17 J.:	3%
Reaktion des Jugendlichen:				
Einsicht	133	Anteil bezogen auf alle Fälle:		83%
	bei männl. Beschuldigten:	92	Anteil bei allen männlichen Beschuldigten:	82%
	männliche Besch. bis 15 Jahre:	37	anteilig in % bei bis 15 J.:	86%
	männl. Besch. 16-17 Jahre:	27	anteilig in % bei 16-17 J.:	84%
	männl. Besch. 18 - 20 Jahre:	28	anteilig in % bei 18-20 J.:	76%
	bei weibl. Besch.:	41	Anteil bei allen weiblichen Beschuldigten:	85%
	weibliche Besch. bis 15 Jahre:	21	anteilig in % bei bis 15 J.:	88%
	weibl. Besch. 16-17 Jahre:	18	anteilig in % bei 16-17 J.:	90%
	weibl. Beschuldigte 18-20 Jahre:	2	anteilig in % bei 18-20 J.:	50%
Reue	109	Anteil bezogen auf alle Fälle:		68%
	bei männl. Beschuldigten:	73	Anteil bei allen männlichen Beschuldigten:	65%
	männl. Besch. bis 15 Jahre:	32	anteilig in % bei bis 15 J.:	74%
	männl. Besch. 16-17 Jahre:	23	anteilig in % bei 16-17 J.:	72%
	männl. Besch. 18 - 20 Jahre:	18	anteilig in % bei 18-20 J.:	49%
	bei weibl. Besch.:	36	Anteil bei allen weiblichen Beschuldigten:	75%
	weibliche Besch. bis 15 Jahre:	20	anteilig in % bei bis 15 J.:	83%
	weibl. Besch. 16-17 Jahre:	15	anteilig in % bei 16-17 J.:	75%
	weibl. Beschuldigte 18-20 Jahre:	1	anteilig in % bei 18-20 J.:	25%
will aktiv etwas unternehmen	18	Anteil bezogen auf alle Fälle:		11%
	bei männl. Beschuldigten:	15	Anteil bei allen männlichen Beschuldigten:	13%
	männl. Besch. bis 15 Jahre:	5	anteilig in % bei bis 15 J.:	12%
	männl. Besch. 16-17 Jahre:	7	anteilig in % bei 16-17 J.:	22%
	männl. Besch. 18 - 20 Jahre:	3	anteilig in % bei 18-20 J.:	8%
	bei weibl. Besch.:	3	Anteil bei allen weiblichen Beschuldigten:	6%
	weibliche Besch. bis 15 Jahre:	2	anteilig in % bei bis 15 J.:	8%
	weibl. Besch. 16-17 Jahre	1	anteilig in % bei 16-17 J.:	5%
uneinsichtig	21	Anteil bezogen auf alle Fälle:		13%
	bei männl. Beschuldigten:	15	Anteil bei allen männlichen Beschuldigten:	13%
	männliche Besch. bis 15 Jahre:	4	anteilig in % bei bis 15 J.:	9%
	männl. Besch. 16-17 Jahre:	4	anteilig in % bei 16-17 J.:	13%
	männl. Besch. 18 - 20 Jahre:	7	anteilig in % bei 18-20 J.:	19%
	bei weibl. Besch.:	6	Anteil bei allen weiblichen Beschuldigten:	13%
	weibliche Besch. bis 15 Jahre:	2	anteilig in % bei bis 15 J.:	8%
	weibl. Besch. 16-17 Jahre	2	anteilig in % bei 16-17 J.:	10%
	weibl. Beschuldigte 18-20 Jahre:	2	anteilig in % bei 18-20 J.:	50%
rechtfertigte sich	8	Anteil bezogen auf alle Fälle:		5%
	bei männl. Beschuldigten:	7	Anteil bei allen männlichen Beschuldigten:	6%
	männliche Besch. bis 15 Jahre:	3	anteilig in % bei bis 15 J.:	7%
	männl. Besch. 16-17 Jahre:	1	anteilig in % bei 16-17 J.:	3%
	männl. Besch. 18 - 20 Jahre:	3	anteilig in % bei 18-20 J.:	8%
	bei weibl. Besch.:	1	Anteil bei allen weiblichen Beschuldigten:	2%
	weibliche Besch. bis 15 Jahre:	1	anteilig in % bei bis 15 J.:	4%

Schulung des Polizeibeamten:

keine Aussage möglich	144	Anteil bezogen auf alle Fälle:		90%

bei männl. Beschuldigten:	99	Anteil bei allen männlichen Beschuldigten:	88%
männliche Besch. bis 15 Jahre:	33	anteilig in % bei bis 15 J.:	77%
männl. Besch. 16-17 Jahre:	29	anteilig in % bei 16-17 J.:	91%
männl. Besch. 18 - 20 Jahre:	37	anteilig in % bei 18-20 J.:	100%
bei weibl. Besch.:	45	Anteil bei allen weiblichen Beschuldigten:	94%
weibliche Besch. bis 15 Jahre:	22	anteilig in % bei bis 15 J.:	92%
weibl. Besch. 16-17 Jahre	19	anteilig in % bei 16-17 J.:	95%
weibl. Beschuldigte 18-20 Jahre:	4	anteilig in % bei 18-20 J.:	100%

ausführlicher Vermerk	16	Anteil bezogen auf alle Fälle:		10%

bei männl. Beschuldigten:	13	Anteil bei allen männlichen Beschuldigten:	12%
männliche Besch. bis 15 Jahre:	10	anteilig in % bei bis 15 J.:	23%
männl. Besch. 16-17 Jahre:	3	anteilig in % bei 16-17 J.:	9%
bei weibl. Besch.:	3	Anteil bei allen weiblichen Beschuldigten:	6%
weibliche Besch. bis 15 Jahre:	2	anteilig in % bei bis 15 J.:	8%
weibl. Besch. 16-17 Jahre	1	anteilig in % bei 16-17 J.:	5%

unsicher	0			

Dauer des Verfahrens:

1 Wo	2 Wo	3 Wo	4 Wo	5 Wo	6 Wo	7 Wo	8 Wo
0	1	6	15	17	12	14	22
9 Wo	10 Wo	11 Wo	12 Wo	13 Wo	14 Wo	15 Wo	16 Wo
7	9	5	11	0	1	2	1
17 Wo	18 Wo	19 Wo	20 Wo	21 Wo	22 Wo	23 Wo	24 Wo
0	1	1	4	0	3	3	9

mehr als 24 Wo	16	Durchschnitt in Wochen:	13,3125	ohne "Nachzügler" in Wochen:	9,576

Nachzügler: 1x 34 Wo wegen TOA; 1x 40 Wo wegen Arbeitsleistung; 1x 120 Wo wegen Ermittlungen und Weglaufen der Beschuldigten; 1x 36 Wo wegen mehrerer Beschuldigter; 1x 44 Wo da Täter ermittelt werden musste; 2x 52 Wo ohne ersichtlichen Grund; 1 x 40 Wo wegen kompliziertem Verfahren; 1x 28 Wo da Täter noch ermittelt werden musste; 1x 44 Wo wegen TOA; 1x 53 Wo ohne ersichtlichen Grund; 1x 28 Wo wegen richterlicher Ermahnung; 1x 36 Wo wegen TOA; 1x 52 Wo wegen TOA; 1x 40 Wo wegen vieler Ermittlungen; 1x 52 Wo wegen Ermittlungen

0-6 Wochen	51	Anteil bezogen auf alle Fälle:		32%

bei männl. Beschuldigten:	38	Anteil bei allen männlichen Beschuldigten:	34%
männliche Besch. bis 15 Jahre:	18	anteilig in % bei bis 15 J.:	42%
männl. Besch. 16-17 Jahre:	11	anteilig in % bei 16-17 J.:	34%
männl. Besch. 18 - 20 Jahre:	9	anteilig in % bei 18-20 J.:	24%
bei weibl. Besch.:	13	Anteil bei allen weiblichen Beschuldigten:	27%
weibliche Besch. bis 15 Jahre:	6	anteilig in % bei bis 15 J.:	25%
weibl. Besch. 16-17 Jahre	6	anteilig in % bei 16-17 J.:	30%
weibl. Beschuldigte 18-20 J.:	1	anteilig in % bei 18-20 J.:	25%

7-12 Wochen	69	Anteil bezogen auf alle Fälle:		43%

bei männl. Beschuldigten:	44	Anteil bei allen männlichen Beschuldigten:	39%
männliche Besch. bis 15 Jahre:	16	anteilig in % bei bis 15 J.:	37%
männl. Besch. 16-17 Jahre:	12	anteilig in % bei 16-17 J.:	38%
männl. Besch. 18 - 20 Jahre:	16	anteilig in % bei 18-20 J.:	43%
bei weibl. Besch.:	25	Anteil bei allen weiblichen Beschuldigten:	52%
weibliche Besch. bis 15 Jahre:	14	anteilig in % bei bis 15 J.:	58%
weibl. Besch. 16-17 Jahre	9	anteilig in % bei 16-17 J.:	45%
weibl. Beschuldigte 18-20 J.:	2	anteilig in % bei 18-20 J.:	50%

13-18 Wochen	5	Anteil bezogen auf alle Fälle:		3%	
		bei männl. Beschuldigten:	4	Anteil bei allen männlichen Beschuldigten:	4%
		männliche Besch. bis 15 Jahre:	1	anteilig in % bei bis 15 J.:	2%
		männl. Besch. 16-17 Jahre:	1	anteilig in % bei 16-17 J.:	3%
		männl. Besch. 18 - 20 Jahre:	2	anteilig in % bei 18-20 J.:	5%
		bei weibl. Besch.:	1	Anteil bei allen weiblichen Beschuldigten:	2%
		weibl. Beschuldigte 18-20 J.:	1	anteilig in % bei 18-20 J.:	25%
19-24 Wochen	20	Anteil bezogen auf alle Fälle:		13%	
		bei männl. Beschuldigten:	15	Anteil bei allen männlichen Beschuldigten:	13%
		männliche Besch. bis 15 Jahre:	5	anteilig in % bei bis 15 J.:	12%
		männl. Besch. 16-17 Jahre:	5	anteilig in % bei 16-17 J.:	16%
		männl. Besch. 18 - 20 Jahre:	5	anteilig in % bei 18-20 J.:	14%
		bei weibl. Besch.:	5	Anteil bei allen weiblichen Beschuldigten:	10%
		weibliche Besch. bis 15 Jahre:	2	anteilig in % bei bis 15 J.:	8%
		weibl. Besch. 16-17 Jahre	3	anteilig in % bei 16-17 J.:	15%
mehr als 24 Wo	16	Anteil bezogen auf alle Fälle:		10%	
		bei männl. Beschuldigten:	11	Anteil bei allen männlichen Beschuldigten:	10%
		männliche Besch. bis 15 Jahre:	4	anteilig in % bei bis 15 J.:	9%
		männl. Besch. 16-17 Jahre:	3	anteilig in % bei 16-17 J.:	9%
		männl. Besch. 18 - 20 Jahre:	4	anteilig in % bei 18-20 J.:	11%
		bei weibl. Besch.:	5	Anteil bei allen weiblichen Beschuldigten:	10%
		weibliche Besch. bis 15 Jahre:	3	anteilig in % bei bis 15 J.:	13%
		weibl. Besch. 16-17 Jahre	2	anteilig in % bei 16-17 J.:	10%
Tat wurde erst zu einem späteren Zeitpunkt bekannt:			7		
Einstellungsnachricht:					
individuell:	3	Anteil bezogen auf alle Fälle:		2%	
		bei männl. Beschuldigten:	2	Anteil bei allen männlichen Beschuldigten:	2%
		männliche Besch. bis 15 Jahre:	1	anteilig in % bei bis 15 J.:	2%
		männl. Besch. 16-17 Jahre:	1	anteilig in % bei 16-17 J.:	3%
		bei weibl. Besch.:	1	Anteil bei allen weiblichen Beschuldigten:	2%
		weibl. Besch. 16-17 Jahre	1	anteilig in % bei 16-17 J.:	5%
Formular:	154	Anteil bezogen auf alle Fälle:		96%	
		bei männl. Beschuldigten:	108	Anteil bei allen männlichen Beschuldigten:	96%
		männliche Besch. bis 15 Jahre:	42	anteilig in % bei bis 15 J.:	98%
		männl. Besch. 16-17 Jahre:	30	anteilig in % bei 16-17 J.:	94%
		männl. Besch. 18 - 20 Jahre:	36	anteilig in % bei 18-20 J.:	97%
		bei weibl. Besch.:	46	Anteil bei allen weiblichen Beschuldigten:	96%
		weibliche Besch. bis 15 Jahre:	24	anteilig in % bei bis 15 J.:	100%
		weibl. Besch. 16-17 Jahre	18	anteilig in % bei 16-17 J.:	90%
		weibl. Beschuldigte 18-20 J.:	4	anteilig in % bei 18-20 J.:	100%
Widerspruch gegen Eintragung:			0		
problematisch:					
insgesamt:	11	Anteil bezogen auf alle Fälle:		7%	
		bei männl. Beschuldigten:	6	Anteil bei allen männlichen Beschuldigten:	5%
		männliche Besch. bis 15 Jahre:	2	anteilig in % bei bis 15 J.:	5%
		männl. Besch. 16-17 Jahre:	1	anteilig in % bei 16-17 J.:	3%
		männl. Besch. 18 - 20 Jahre:	3	anteilig in % bei 18-20 J.:	8%
		bei weibl. Besch.:	5	Anteil bei allen weiblichen Beschuldigten:	10%
		weibliche Besch. bis 15 Jahre:	5	anteilig in % bei bis 15 J.:	21%
nicht ausreichend bewiesen	5	Anteil bezogen auf alle Fälle:		3%	
		bei männl. Beschuldigten:	3	Anteil bei allen männlichen Beschuldigten:	3%
		männl. Besch. 18 - 20 Jahre:	3	anteilig in % bei 18-20 J.:	8%
		bei weibl. Besch.:	2	Anteil bei allen weiblichen Beschuldigten:	4%
		weibliche Besch. bis 15 Jahre:	2	anteilig in % bei bis 15 J.:	8%
mangelnde Reife des Jugendlichen übersehen	1	Anteil bezogen auf alle Fälle:		1%	
		bei männl. Beschuldigten:	0		
		bei weibl. Besch.:	1	Anteil bei allen weiblichen Beschuldigten:	2%
		weibliche Besch. bis 15 Jahre:	1	anteilig in % bei bis 15 J.:	4%
Fall für eine Einstellung nach § 153 StPO wurde nach § 45 II JGG eingestellt.	5	Anteil bezogen auf alle Fälle:		3%	
		bei männl. Beschuldigten:	3	Anteil bei allen männlichen Beschuldigten:	3%
		männliche Besch. bis 15 Jahre:	2	anteilig in % bei bis 15 J.:	5%
		männl. Besch. 16-17 Jahre:	1	anteilig in % bei 16-17 J.:	3%
		bei weibl. Besch.:	2	Anteil bei allen weiblichen Beschuldigten:	4%
		weibliche Besch. bis 15 Jahre:	2	anteilig in % bei bis 15 J.:	8%

Veröffentlichungen
der Kriminologischen Zentralstelle e.V.

Im Eigenverlag der Kriminologischen Zentralstelle, Wiesbaden, sind seit 1998 erschienen:[*]

(Bestellungen direkt – Kaufpreis zzgl. Portokosten – oder über den Buchhandel)

Bereits vergriffene Publikationen sind in dieser Liste nicht enthalten

Schriftenreihe „Kriminologie und Praxis" (KUP)

Band 27: Egg, Rudolf (Hrsg.): *Sexueller Mißbrauch von Kindern: Täter und Opfer.* 1999. ISBN 3-926371-44-7 € 17.50

Band 29: Egg, Rudolf (Hrsg.): *Behandlung von Sexualstraftätern im Justizvollzug: Folgerungen aus den Gesetzesänderungen.* 2000. ISBN 3-926371-48-X € 19.00

Band 30: Egg, Rudolf & Geisler, Claudius (Hrsg.): *Alkohol, Strafrecht und Kriminalität.* 2000. ISBN 3-926371-49-8 € 21,00

Band 31: Geisler, Claudius (Hrsg.): *Verdeckte Ermittler und V-Personen im Strafverfahren.* 2001. ISBN 3-926371-50-1 € 16,00

Band 32: Nowara, Sabine: *Sexualstraftäter und Maßregelvollzug: Eine empirische Untersuchung zu Legalbewährung und kriminellen Karrieren.* 2001. ISBN 3-926371-51-X € 14,00

Band 33: Elz, Jutta: *Legalbewährung und kriminelle Karrieren von Sexualstraftätern: Sexuelle Mißbrauchsdelikte.* 2001. ISBN 3-926371-52-8 € 21.00

Band 34: Elz, Jutta: *Legalbewährung und kriminelle Karrieren von Sexualstraftätern: Sexuelle Gewaltdelikte.* 2002. ISBN 3-926371-53-6 € 21.00

Band 35: Bieschke, Volker & Egg, Rudolf (Hrsg.): *Strafvollzug im Wandel: Neue Wege in Ost- und Westdeutschland.* 2001. ISBN 3-926371-54-4 € 19.00

Band 36: Egg, Rudolf (Hrsg.): *Tötungsdelikte: mediale Wahrnehmung, kriminologische Erkenntnisse, juristische Aufarbeitung.* 2002. ISBN 3-926371-55-2 € 19.00

Band 37: Minthe, Eric (Hrsg.): *Illegale Migration und Schleusungskriminalität.* 2002. ISBN 3-926371-56-0 € 15.00

Band 38: Elz, Jutta & Fröhlich, Almut: *Sexualstraftäter in der DDR: Ergebnisse einer empirischen Untersuchung.* 2002. ISBN 3-926371-57-9 € 19,00

Band 39: Minthe, Eric: *Soforteinbehalt bei Ladendiebstahl: Begleitforschung eines Modellversuchs in Nürnberg.* 2003. ISBN 3-926371-59-5 € 15,00

Band 40: Egg, Rudolf & Minthe, Eric (Hrsg.): *Opfer von Straftaten: Kriminologische, rechtliche und praktische Aspekte.* 2003. ISBN 3-926371-60-9 € 21,00

Band 41: Elz, Jutta: *Sexuell deviante Jugendliche und Heranwachsende.* 2003. ISBN 3-926371-61-7 € 18,00

---

[*] Verzeichnis aller Publikationen seit 1986 siehe unter http://www.krimz.de

Band 43: Elz, Jutta; Jehle, Jörg-Martin; Kröber, Hans-Ludwig (Hrsg.): *Exhibitionisten: Täter, Taten, Rückfall.* 2004. ISBN 3-926371-63-3 € 19,00

Band 44: Egg, Rudolf (Hrsg.): *Ambulante Nachsorge nach Straf- und Maßregelvollzug: Konzepte und Erfahrungen.* 2004. ISBN 3-926371-65-X € 25,00

Band 45: Heinz, Wolfgang & Jehle, Jörg-Martin (Hrsg.): *Rückfallforschung.* 2004. ISBN 3-926371-66-8 € 23,00

Band 46: Baltzer, Ulrich: *Die Sicherung des gefährlichen Gewalttäters: eine Herausforderung an den Gesetzgeber.* 2005. ISBN 3-926371-67-6 € 25,00

Band 47: Egg, Rudolf (Hrsg.): *„Gefährliche Straftäter": Eine Problemgruppe der Kriminalpolitik?* 2005. ISBN 3-926371-68-4 € 19,00

Band 48: Steinbrenner, Christian: *Zur Verurteilungspraxis deutscher Gerichte auf dem Gebiet der Schleuserkriminalität.* 2005. ISBN 3-926371-69-2 € 20,00

Schriftenreihe „Berichte · Materialien · Arbeitspapiere" (B · M · A)

Heft 14: Sohn, Werner (Bearb.): *Referatedienst Kriminologie. - Ausgabe 1998 · Folge 8. Schwerpunkt Kriminalprävention.* 1998. ISBN 3-926371-38-2 € 15,00

Heft 16: Kurze, Martin & Feuerhelm, Wolfgang: *Soziale Dienste zwischen Bewahrung und Innovation: Die Erprobung der Bewährungs- und Gerichtshilfe für den Landgerichtsbezirk Flensburg bei dem Generalstaatsanwalt.* 1999. ISBN 3-926371-46-3 € 14,00

Heft 17: Sohn, Werner (Bearb.): *Referatedienst Kriminologie. - Ausgabe 1999 · Folge 9. Schwerpunkt Kriminalprävention.* 1999. ISBN 3-926371-47-1 € 15,00

Heft 18: Sohn, Werner (Hrsg.): *Partnerschaft für Prävention: Aus der Arbeit des Europarats.* 2003. ISBN 3-926371-58-1 € 15,00

Sonstige Monographien aus der Arbeit der KrimZ

Rautenberg, Marcus: *Zusammenhänge zwischen Devianzbereitschaft, kriminellem Verhalten und Drogenmißbrauch. Eine Expertise der Kriminologischen Zentralstelle e.V.* (Hrsg.: Das Bundesministerium für Gesundheit) Schriftenreihe des Bundesministeriums für Gesundheit; Band 103. 1998. - ISBN 3-7890-5442-9

Kristin Schulz (Bearb.): *Sozialtherapie im Strafvollzug 2005: Ergebnisübersicht zur Stichtagserhebung vom 31.3.2005*

Sohn, Werner: *Will they do it again? Angloamerikanische Untersuchungen zur Rückfälligkeit gewalttätiger Sexualstraftäter – Zwischenresultate einer Sekundäranalyse.* 2004. - 2. Aufl. 2005. - ISBN 3-926371-64-1 € 8,00

Sohn, Werner: *Bekämpfung des Rechtsextremismus : Konzepte, Programme, Projekte ; 2000 - 2005.* 2005. - ISBN 3-926371-72-2 € 8,00